デイサービス
機能訓練指導員
の実践的教科書 改訂4版

改訂4版 刊行にあたり

2018年度介護報酬改定の全体像を把握するには，まずは以下の4つを理解する必要があります。

1．「地域包括ケアシステム」の推進
中重度の要介護者も含め，どこに住んでいても適切な医療・介護サービスを切れ目なく受けることができる体制を整備

2．自立支援・重度化防止に資する質の高い介護サービスの実現
介護保険の理念や目的を踏まえ，安心・安全で，自立支援・重度化防止に資する質の高い介護サービスを実現

3．多様な人材の確保と生産性の向上
人材の有効活用・機能分化，ロボット技術等を用いた負担軽減，各種基準の緩和などを通じた効率化を推進

4．介護サービスの適正化・重点化を通じた制度の安定性・持続可能性の確保
介護サービスの適正化・重点化を図ることにより，制度の安定性・持続可能性を確保

2018年度介護報酬改定においては，1時間ごとの単位設定やADL維持等加算など，デイサービスにおけるサービスの質向上につながる内容が出てきました。デイサービス事業所は収益減となるところが多く，自立支援の理念に基づいて個別機能訓練加算（Ⅰ）・（Ⅱ）を両方算定できるサービスを提供する事業所も増えてきました。利用者にとっては，デイサービスに行くと機能訓練や入浴，物理療法など，することが多くてのんびりと座っていられないと感じる方も増えていることでしょう。心身機能や生活機能に関する個別機能訓練を行うことで，利用者のADL能力を維持できている事業所は，優良事業所として認められ，次年度に加算報酬が得られます。事業所としては，優良事業所となるべく，不断の努力が求められます。

また，興味・関心チェックシートや居宅訪問チェックシートなどで得られた情報や口腔内の状況，服薬状況，栄養状況，排泄状況などをケアマネジャーに提供し，個別機能訓練加算やその他加算に関連する日常生活上の解決すべき課題（ニーズ）を導き出してもらう必要がありますので，ケアマネジャーとの連携もこれまで以上に重要となります。

今は機能訓練指導員にも説明能力が求められています。利用者や家族にADL能力向上に関する訓練の内容を説明し，自宅で自主訓練を実施するように分かりやすく依頼しなければなりません。生活相談員や管理者などの協力を得ながら，説明をする能力の向上も目指しましょう。

2018年12月

藤田健次

Contents

1 デイサービス機能訓練指導員の実務　7

- デイサービスにおける機能訓練指導員の役割 ... 8
- 利用者の心身機能を正しく評価するポイント ... 40
- 個別機能訓練内容・効果と困難事例への対応ポイント—基本動作編 ... 63
- 個別機能訓練内容・効果と困難事例への対応ポイント—応用動作・認知機能編 ... 91
- グループ別個別機能訓練内容と実施方法 ... 113
- 個別機能訓練計画書の作り方 ... 156
- 個別機能訓練実施記録と評価 ... 161
- 家族やケアマネジャーとのかかわり方 ... 164

2 個別機能訓練計画関連書式集　167

介護給付 編

- ①居宅サービス計画書（1） ... 168
- ②居宅サービス計画書（2） ... 169
- ③通所介護アセスメントシート ... 170
- ④興味・関心チェックシート ... 172
- ⑤居宅訪問チェックシート ... 173
- ⑥Barthel Index ... 174
- ⑦通所介護機能訓練評価シート ... 175
- ⑧通所介護計画書 ... 176
- ⑨通所介護個別機能訓練計画書 ... 177
- ⑩体操・レク計画表 ... 178
- ⑪通所介護実施記録用紙 ... 179

予防給付 編

- ①基本チェックリスト ... 180
- ②介護予防サービス・支援計画表（1） ... 181
- ③介護予防サービス・支援計画表（2） ... 182
- ④介護予防通所介護アセスメントシート ... 184
- ⑤運動器の機能向上プログラム事前・事後アセスメントシート ... 186
- ⑥興味・関心チェックシート ... 187
- ⑦居宅訪問チェックシート ... 188
- ⑧介護予防通所介護機能訓練評価シート ... 189
- ⑨介護予防通所介護計画書 ... 190
- ⑩介護予防通所介護個別機能訓練計画書 ... 191
- ⑪介護予防通所介護実施記録用紙 ... 192
- ⑫グループ活動計画表 ... 193

3　個別機能訓練計画記載事例集　195

- 事例①　要支援1　糖尿病で足のしびれがありながら歩行を頑張る利用者 ... 196
- 事例②　要支援2　片麻痺でありながら努力や工夫をしている利用者 ... 214
- 事例③　要支援2　身体機能やIADL動作の向上を目指している利用者 ... 232
- 事例④　要支援2　転倒を予防し，活動的な生活を実現したい利用者 ... 250
- 事例⑤　要支援2　家庭でできることを取り戻そうとしている利用者 ... 268
- 事例⑥　要支援2　買い物や調理ができるようになりたい利用者 ... 285

事例⑦	要介護1	認知症で脳への刺激が必要な利用者	302
事例⑧	要介護2	関節が硬くならないように痛みをこらえている利用者	319
事例⑨	要介護2	自宅での入浴を希望する認知症の利用者	336
事例⑩	要介護2	夫の介護と家事の手伝いを希望する利用者	353
事例⑪	要介護3	脊髄小脳変性症のため身体的動作訓練が中心になる利用者	370
事例⑫	要介護3	退院後にデイサービスを導入する予定の利用者	387
事例⑬	要介護3	部屋の片付けができて，衛生的な生活を望んでいる利用者	404
事例⑭	要介護4	寝たきりであっても機能を維持したい利用者	421

4 デイサービス 機能訓練指導員の実務Q&A　439

＊2019年5月に元号が改まることから，時系列の分かりやすさも考慮して，本書では厚生労働省が公表している資料を含め，すべて西暦で表記しています。

1

デイサービス機能訓練指導員の実務

デイサービスにおける機能訓練指導員の役割

個別機能訓練とは

　まず，デイサービスにおける機能訓練の意味を考えてみましょう。個別機能訓練加算（Ⅰ）のポイントは，次に紹介する一文の下線部①～④と言えます。

　「個別機能訓練計画の作成及び実施において①利用者の自立の支援と日常生活の充実に資するよう②複数の機能訓練の項目を準備し，その項目の選択に当たっては，③利用者の生活意欲が増進されるよう利用者を援助し，④心身の状況に応じた機能訓練が適切に提供されていること」[1]。

　最初のポイントは，自立の支援は介護保険法の考えそのものですから，すべてのサービスに共通であり，過介護になるようなサービスの提供を慎むことは言うまでもありません。機能訓練においては，利用者自らが力を入れて動くことを援助する行為という意味で合致していますが，頑張りすぎる危険性もあります。また，日常生活の充実は，身体機能がレベルアップしなくても，代替手段や周りのちょっとした配慮に加え，一緒に過ごし参加したことが心身機能に刺激を与え，日常生活の充実につながると考えられます。こう書くと，今までと特に変わっていないのではないかと思われがちですが，下線③④も含めて考えると，利用者の生活意欲が増進されるような訓練を考えなければなりません。つまり，デイサービスに来ている場面だけを考えるのではなく，「1日の生活全体を考えて，日常生活が充実して生活意欲が増す」というような意味が期待されています。「デイサービスに来て仲間と楽しく過ごせるから日常生活が充実しているし，生活意欲が維持できている」このような旧来の考えからの脱却を求められていると思います。

　市町村が認可する地域密着型サービスでは，小規模多機能型居宅介護が増えつつありますが，この小規模多機能型居宅介護はデイサービスにとって強力なライバルとなる要素を持ち合わせています。居宅のケアマネジャーは家族からこのような話を聞いています。「デイサービスはいいけれど，すぐに帰ってくる。ショートステイの方が夜も見てくれるからお手頃感がある」「小規模多機能というサービスは一月が定額でデイやショートが自由に組めるらしい」。つまり，デイサービスは利益を得やすい事業ではなくなりつつあるように思います。

　2つめのポイントは，複数の機能訓練項目についてです。個別機能訓練加算（Ⅰ）では，介護報酬関係通知に「利用者が選択した項目ごとにグループに分かれて活動することで，心身の状況に応じた機能訓練が適切に提供されることが要件となる」[2]と記載されています。これは，いろいろな訓練のグループをつくり，2つのメニューが同時刻に進行するイメージになると思います。例えば，歩行訓練グループを機能訓練指導員が担当し，もう一つは，介護職員が担当するレクグループや作品づくりグループなどが，隣で実施されている状況が理想的です（**資料1**）。9時30分から16時までの間は，機能訓練指導員だけが訓練を行い，他の職員が入浴を実施していたり，昼食

資料1　デイサービス運営スケジュールの一例

時間	内容1	機能訓練指導員がかかわる内容	内容2	かかわる職員
8：30〜9：30	送迎			全員
9：30〜9：45	朝の会, バイタル	呼吸・言語訓練	朝の会, バイタル	全員
9：45〜11：45	作品づくり	手の訓練	入浴, のんびり	介護職員・相談員
11：45〜12：00	トイレ移動歩行訓練	移動・移乗練習	トイレ休憩	全員
12：00〜13：00	昼食	（食事訓練）	昼食介助	全員
13：00〜13：30	体操	全身運動	体操	全員
13：30〜15：00	個別機能訓練	機能訓練	脳トレーニング	介護職員・相談員
15：00〜15：30	おやつ	（食事訓練）	おやつ介助	全員
15：30〜16：00	歌, 終わりの会	呼吸・言語訓練	歌, 終わりの会	全員
16：00〜17：00	送迎			全員
17：00〜17：30	記録など			全員

前には全体でトイレの時間になりますが，トイレの場所を利用して移動や移乗の訓練を行います。機能訓練指導員がもう1人配置されていれば，個別機能訓練加算（Ⅱ）の生活機能を向上させる訓練を浴室やトイレ，食事の場面などで機能訓練として実施することも可能です。また，朝や終わりの会の際にも，言語訓練や呼吸訓練であると考えてかかわっていく状況になると思います。

　3つめのポイントは，機能訓練項目の選択に当たり，利用者の生活意欲が増進されるよう利用者を援助することです。では，ここでいう生活意欲とはどのように考えればよいのでしょうか。デイサービスに来て楽しい時間を過ごすだけでは，生活意欲が豊かであるとは考えにくいと思います。それよりも，デイサービスの機能訓練で維持・向上される心身機能によって，生活動作を自ら行ったり，家族との会話が交わされる，家庭内での役割を維持・復活させる，いわゆる生き生きとした家庭生活につながっていくことを想定して機能訓練内容を提示し，選んでもらうことが期待されているのです。

　最後のポイントは，心身の状況に応じた機能訓練が適切に提供される部分です。「心身の状況に応じ」ていると証明するには，居宅訪問チェックシートなどの評価用紙に豊富な記録が必要になると考えられます。ですから，必ず居宅訪問チェックシートなどを利用して定期的に心身の状況を把握し，その状況に合った機能訓練項目および内容を示した計画書が必要となります。また，「適切に提供されている」ということは，利用者が複数のメニューから選べるような状況にあること。加えて，そのメニューに参加した場合においては，体調などを踏まえて計画した内容が，いつ，どのように実施され，その時の状況はどうであったかを定期的に見直し，計画に修正を加えることができて，はじめて適切であると言えます。適切に実施しているということは，記録によって証明をしなければならないのですから，定期的評価の記録や日々の記録は大切なのです。

表1　個別機能訓練加算（Ⅰ）と（Ⅱ）の違い

項目	個別機能訓練加算（Ⅰ）	個別機能訓練加算（Ⅱ）
職員配置	サービス提供時間	看護職員等との兼務も可能
評価	計画を作成するにおいて評価が必要であり，計画と同様に評価も3カ月に1回実施する必要がある	同左
計画	3カ月に1回，機能訓練指導員，看護職員，介護職員，生活相談員その他の職種の者が共同して作成する	同左
訓練内容	複数の種類の機能訓練項目を準備し，項目の選択に当たっては機能訓練指導員が利用者の選択を援助し，選択した項目ごとにグループに分かれてサービスを提供	身体機能そのものの回復を主たる目的とする訓練ではなく，残存する身体機能を活用して生活機能の維持・向上を図り，利用者が居宅において可能な限り自立して暮らし続けることを目的とする訓練　5人程度以下の小集団で実施

個別機能訓練加算（Ⅰ）と（Ⅱ）の違い

　個別機能訓練加算の（Ⅰ）と（Ⅱ）では，その訓練内容の質に違いがあります（**表1**）ので，具体的にその中身を比較してみましょう。

　個別機能訓練加算（Ⅰ）では，集団での体操や筋肉トレーニング，レクリエーションや作品作り，脳の活性化トレーニングなど身体や心に関する多種多様の訓練をいろいろ組み合わせて行うことで十分でしたが，個別機能訓練加算（Ⅱ）は，それとは別に，生活行為に関する訓練を中心としたものでなければなりません（**資料2**）。

　生活行為に関連する訓練内容については，次のQ&Aが参考になります。

> **問：2012年度介護報酬改定において新設された個別機能訓練加算Ⅱは例えばどのような場合に算定するのか。**
> 答え：新設された個別機能訓練加算Ⅱは，利用者の自立支援を促進するという観点から，利用者個別の心身の状況を重視した機能訓練（生活機能の向上を目的とした訓練）の実施を評価するものである。
> 　例えば「1人で入浴する」という目標を設定する場合，利用者に対して適切なアセスメントを行いADL（IADL）の状況を把握の上，最終目標を立て，また，最終目標を達成するためのわかりやすい段階的な目標を設定することが望ましい（例：1月目は浴室への移動及び脱衣，2月目は温度調整及び浴室内への移動，3月目は洗身・洗髪）。訓練内容については，浴室への安全な移動，着脱衣，湯はり（温度調節），浴槽への安全な移動，洗体・洗髪・すすぎ等が想定され，その方法としては利用者個々の状況に応じて事業所内の浴室設備を用いるなど実践的な訓練を反復的に行うこととなる。また，実践的な訓練と併せて，上記入浴動作を実施するために必要な訓練（柔軟体操，立位・座位訓練，歩行訓練等）を，5人程度の小集団で実施することは差し支えない。

2012年度介護報酬改定に関するQ&A（Vol.2）（2012年3月30日）

資料2　デイサービスの運営イメージ例：7〜9時間で個別機能訓練加算（Ⅰ）と（Ⅱ）を多くの対象者に算定

時間帯	全体の流れ	機能訓練指導員（Ⅰ）常勤	機能訓練指導員（Ⅱ）常勤	他の職員
9：20〜9：40	朝の会，バイタルチェック	バイタルチェックなど	バイタルチェックなど	バイタルチェックなど
9：40〜11：40	入浴，個別機能訓練	個別機能訓練（Ⅰ）（関節可動域訓練，筋力強化訓練など），運動器機能向上訓練	生活機能向上訓練（入浴動作訓練，トイレ動作訓練など）	入浴介助など，脳トレ
11：40〜12：00	機能訓練評価，昼食準備	機能訓練評価	機能訓練評価	評価に参加，昼食準備トイレ介助
12：00〜13：00	昼食	休憩	食事動作訓練，休憩	昼食介助，休憩
13：00〜13：30	集団体操	個別機能訓練（Ⅰ）（体操），体操指導	休憩	体操指導
13：30〜15：00	個別機能訓練，レクなど	個別機能訓練（Ⅰ）（歩行訓練，起居動作訓練など），運動器機能向上訓練	生活機能向上訓練（掃除訓練，洗濯訓練など）	レク，作品作りなど
15：00〜15：30	おやつ	個別機能訓練（Ⅰ）（座位保持訓練），休憩	生活機能向上訓練（調理訓練など），休憩	おやつ介助，休憩
15：30〜16：30	生活機能向上時間	個別機能訓練（Ⅰ）（認知面への刺激，回想法，学習療法など）	生活機能向上訓練（応用歩行訓練，屋外歩行，階段昇降訓練など）	生活機能向上グループ活動（生きがい活動）
16：30〜16：50	帰りの会	帰りの会運営や記録	帰りの会運営や記録	帰りの会運営や記録

　また，個別機能訓練は，予防給付の生活機能向上グループ活動とも別に実施しなければなりません。加えて，生活に関する意欲の向上につながり，家庭生活でADLやIADLの行為が改善される必要があると考えられます。そうすると，利用者の生活情報をしっかりと得て，生活上のしづらさや意欲低下を改善することを目指さなければなりません。

　今まで以上に居宅介護支援事業所のケアマネジャーに情報を求め，生活上の機能に関する訓練メニューを展開しなければならないのです。

　ここで，個別機能訓練加算の持つ意味を整理しておきましょう。個別機能訓練加算の要件として，個別の機能訓練計画を立てることが義務付けられているだけで，個別対応の訓練（マンツーマンでの訓練）が義務付けられているわけではありません。ただし，計画は個人ごとに作成しているので，グループで体操を実施したのであれば，すべての条件をクリアできたというものでもないのです。条件として必要なことは，3点考えられます。

　第1点は，定期的に個別に評価する機会があることです。計画を作成するためには，現状の心身機能や活動能力，興味や関心などを把握することが必要です。普段は機能訓練指導員という視点で見ることなく，評価日だけ評価表をながめながら該当する機能や能力をチェックするだけでは「評価している」とは言えません。つまり，利用者を見て，触れて，動かして，日常生活動作（以下，ADL）の状況を見て，会話の様子などを総

合的に評価することが必要であり，その過程で利用者と共に現状を認識し合うのです。その機会が3カ月に1度は定期的に持たれることが重要ですが[3]，3カ月では大きな変化は見られないかもしれません。しかし，だからと言って書類に記入するだけで，確認行為を飛ばしてしまえば，利用者とじっくり話のできる機会を逸していることになります。

　第2点は，定期的な評価結果および計画の説明や同意の機会があることです。先ほどの評価とつながっていますが，評価結果を利用者に分かりやすい表現で説明し，その状況で今までと同じ訓練を継続していくのか，新たな目標を設定し内容を変更していくのか共に考え，「もう一度3カ月やってみましょう」と同意を得ることです。評価の結果によっては，ケアマネジャーに「もう個別機能訓練を終わりましょう」と提案する必要があります。加算に関係し，利用者負担も増えるので，利用開始時だけお金がかかることに関する了解を得てしまえば，後は機能訓練の効果や訓練の内容等について触れることなく，「年をとっていくのだから」とか「現状維持で十分」と説明を簡単に終わらせてしまう姿勢で臨む機能訓練指導員と，しっかりと説明して現状と変化はなくとも納得を得られる機能訓練指導員とでは，利用者や家族の訓練に対する意識付けや事業所の姿勢全体に対しても，格段の差ができてくると思います。

　第3点は，利用者の状況に応じた機能訓練が実施される機会（対個人，対集団を問わない）があることです。誤解がないように具体的に説明しましょう。

　デイサービスの個別機能訓練加算を利用する人は（Ⅰ），（Ⅱ）に関係なく，グループでの訓練が基本となります。しかし，個別対応も可能ですので，事業所はグループや個人のスケジュールを上手に調整しなければなりません。加えて，平成24年の改定で6～8時間が5～7時間か7～9時間に変更されたことを受けて，事業所ではデイサービスの営業時間を延長して，サービスの方向性を再構築していることでしょう。事業所全体で運営のスタイルを見直し，新たに職員を採用して機能訓練を強化しているデイサービス事業所も多いと思います。

　2012年4月に変更された個別機能訓練加算（Ⅱ）や予防給付の生活機能向上グループ活動加算に関連する生活機能向上訓練について確認してみましょう。それぞれの運営基準介護報酬通知を見てみましょう（**資料3，4**）。

　これらの資料から読み取れることは，生活機能の中のADLおよびIADLを中心とした反復的で継続的な訓練が求められ，その目標を3カ月間で達成し，利用者の日常生活が豊かになることを目指していると言えます。その運営に関しては，同じ目的を持った複数の利用者がお互いに協力したり，意欲を高め合ったりするグループの効果を利用する点が重要であると考えられます。

　上述の生活機能に関する訓練は，家庭生活に貢献することを基本に考えています。つまり，家族や他の在宅サービスと協力しながら，3カ月または6カ月で生活行為の自立を目指すことを実現させる高いハードルを設定しつつあるのです。

　また，デイサービスで生活機能の向上を目指すには，まず利用者の家庭生活におけるADLやIADLの実行状況や社会的（家庭内）役割・活動状況をしっかりと把握する視点を持たなければなりません。デイサービス事業所内でのADLやIADL状況ではありませんので，視点を変える必要があります。利用者の家庭環境（物的環境や人的環境など）と似たような状況をつくりだし，家庭環境に応じた訓練を計画しなければ加算の対象

資料3　個別機能訓練加算（Ⅱ）に関する運営基準介護報酬通知

　個別機能訓練加算（Ⅱ）に係る機能訓練は，専ら機能訓練指導員の職務に従事する理学療法士等を一名以上配置して行うものであること。この場合において，例えば，一週間のうち特定の曜日だけ理学療法士等を配置している場合は，その曜日において理学療法士等から直接訓練の提供を受けた利用者のみが当該加算の算定対象となる。ただし，この場合，理学療法士等が配置される曜日はあらかじめ定められ，利用者や居宅介護支援事業者に周知されている必要がある。なお，通所介護事業所の看護職員が当該加算に係る機能訓練指導員の職務に従事する場合には，当該職務の時間は，通所介護事業所における看護職員としての人員基準の算定に含めない。

　個別機能訓練を行うに当たっては，機能訓練指導員，看護職員，介護職員，生活相談員その他の職種の者が共同して，利用者ごとにその目標，実施時間，実施方法等を内容とする個別機能訓練計画を作成し，これに基づいて行った個別機能訓練の効果，実施時間，実施方法等について評価等を行う。なお，通所介護においては，個別機能訓練計画に相当する内容を通所介護計画の中に記載する場合は，その記載をもって個別機能訓練計画の作成に代えることができるものとすること。

　個別機能訓練加算（Ⅱ）に係る機能訓練は，身体機能そのものの回復を主たる目的とする訓練ではなく，残存する身体機能を活用して生活機能の維持・向上を図り，利用者が居宅において可能な限り自立して暮らし続けることを目的として実施するものである。具体的には，適切なアセスメントを経て利用者のADL及びIADLの状況を把握し，日常生活における生活機能の維持・向上に関する目標（一人で入浴が出来るようになりたい等）を設定のうえ，当該目標を達成するための訓練を実施すること。上記の目標については，利用者又は家族の意向及び利用者を担当する介護支援専門員の意見も踏まえ策定することとし，当該利用者の意欲の向上につながるよう，段階的な目標を設定するなど可能な限り具体的かつ分かりやすい目標とすること。

　個別機能訓練加算（Ⅱ）に係る機能訓練は，類似の目標を持ち同様の訓練内容が設定された五人程度以下の小集団（個別対応を含む）に対して機能訓練指導員が直接行うこととし，必要に応じて事業所内外の設備を用いた実践的かつ反復的な訓練とすること。実施時間については，個別機能訓練計画に定めた訓練内容の実施に必要な一回あたりの訓練時間を考慮し適切に設定すること。また，生活機能の維持・向上のための訓練を効果的に実施するためには，計画的・継続的に行う必要があることから，概ね週一回以上実施することを目安とする。

　個別機能訓練を行う場合は，開始時及びその後三月ごとに一回以上利用者又はその家族に対して個別機能訓練計画の内容（評価も含む）を説明し，記録する。また，評価内容や目標の達成度合いについて，当該利用者を担当する介護支援専門員等に適宜報告・相談し，必要に応じて利用者又は家族の意向を確認の上，当該利用者のADL及びIADLの改善状況を踏まえた目標の見直しや訓練内容の変更など適切な対応を行うこと。

　個別機能訓練に関する記録（実施時間，訓練内容，担当者等）は，利用者ごとに保管され，常に当該事業所の個別機能訓練の従事者により閲覧が可能であるようにすること。

　個別機能訓練加算（Ⅰ）を算定している者であっても，別途個別機能訓練加算（Ⅱ）に係る訓練を実施した場合は，同一日であっても個別機能訓練加算（Ⅱ）を算定できるが，この場合にあっては，個別機能訓練加算（Ⅰ）に係る常勤専従の機能訓練指導員は，個別機能訓練加算（Ⅱ）に係る機能訓練指導員として従事することはできず，別に個別機能訓練加算（Ⅱ）に係る機能訓練指導員の配置が必要である。また，それぞれの加算の目的・趣旨が異なることから，それぞれの個別機能訓練計画に基づいた訓練を実施する必要がある。

とはなりません。つまり，家庭生活と似たような状況でADLやIADLが向上しなければ意味がないのです。

　また，利用者が周りの人々とどのような関係を持っているかを把握する必要があります。グループ活動での効果を期待するには，家庭生活における家族との関係や知人・友人との関係性の把握が必要です。加えて，デイサービス場面での他利用者との関係も把握する必要があると思います。

資料4　生活機能向上グループ活動加算に関する運営基準介護報酬通知

（生活機能向上グループ活動加算）
　生活機能向上グループ活動加算は，自立した日常生活を営むための共通の課題を有する利用者に対し，グループで生活機能の向上を目的とした活動を行った場合に算定できる。また，集団的に行われるレクリエーションや創作活動等の機能訓練を実施した場合には算定できないこと。なお，当該加算を算定する場合は，次の①から③までを満たすことが必要である。

①生活機能向上グループ活動の準備
ア　利用者自らが日常生活上の課題に応じて活動を選択できるよう，次に揚げる活動項目を参考に，日常生活に直結した活動項目を複数準備し，時間割を組むこと。

（活動項目の例）
家事関連活動
衣：洗濯機・アイロン・ミシン等の操作，衣服の手入れ（ボタンつけ等）等
食：献立作り，買い出し，調理家電（電子レンジ，クッキングヒーター，電気ポット等）・調理器具（包丁，キッチン鋏，皮むき器等）の操作，調理（炊飯，総菜，行事食等），パン作り等
住：日曜大工，掃除道具（掃除機，モップ等）の操作，ガーデニング等
通信・記録関連活動：機器操作（携帯電話操作，パソコン操作等），記録作成（家計簿，日記，健康ノート等）

イ　一つのグループの人数は六人以下とすること。

②利用者ごとの日常生活上の課題の把握と達成目標の設定
　介護職員，生活相談員，看護職員，機能訓練指導員その他の職種の者（以下この項において「介護職員等」という。）が生活機能向上グループ活動サービスを行うに当たっては，次のアからエまでに揚げる手順により行うものとする。なお，アからエまでの手順により得られた結果は，介護予防通所介護計画に記録すること。
ア　当該利用者が，（一）要支援状態に至った理由と経緯，（二）要支援状態となる直前の日常生活上の自立の程度と家庭内での役割の内容，（三）要支援状態となった後に自立してできなくなったこと若しくは支障を感じるようになった後に自立してできなくなったこと，（四）現在の居宅における家事遂行の状況と家庭内での役割の内容，（五）近隣との交流の状況等について把握すること。把握に当たっては，当該利用者から聞き取るほか，家族や介護予防支援事業者等から必要な情報を得るよう努めること。
イ　アについて把握した上で，具体的な日常生活上の課題及び到達目標を当該利用者と共に設定すること，到達目標は，概ね三月程度で達成可能な目標とし，さらに段階的に目標を達成するために概ね一月程度で達成可能な目標（以下「短期目標」という。）を設定すること。到達目標及び短期目標については，当該利用者の介護予防サービス計画と整合性のとれた内容とすること。
ウ　介護職員等は，当該利用者の同意を得た上で到達目標を達成するために適切な活動項目を選定すること。当該利用者の活動項目の選定に当たっては，生活意欲を引き出すなど，当該利用者が主体的に参加できるよう支援すること。
エ　生活機能向上グループ活動の（一）実施時間は，利用者の状態や活動の内容を踏まえた適切な時間とし，（二）実施頻度は1週につき一回以上行うこととし，（三）実施期間は概ね三月以内とする。介護職員等は，（一）から（三）までについて，当該利用者に説明し，同意を得ること。

③生活機能向上グループ活動の実施方法
ア　介護職員等は，予め生活機能向上グループ活動に係る計画を作成し，当該活動項目の具体的な内容，進め方及び実施上の留意点等を明らかにしておくこと。
イ　生活機能向上グループ活動は，一つのグループごとに，当該生活機能向上グループ活動の実施時間を通じて一人以上の介護職員等を配置することとし，同じグループに属する利用者が相互に協力しながら，それぞれが有する能力を発揮できるよう適切な支援を行うこと。
ウ　介護職員等は，当該サービスを実施した日ごとに，実施時間，実施内容，参加した利用者の人数及び氏名等を記録すること。
エ　利用者の短期目標に応じて，概ね一月毎に，利用者の当該短期目標の達成度と生活機能向上グループ活動における当該利用者の客観的な状況についてモニタリングを行うとともに，必要に応じて，生活機能向上グループ活動に係る計画の修正を行うこと。
オ　実施期間終了後，到達目標の達成状況及び②のアで把握した現在の居宅における家事遂行の状況と家庭内での役割，近隣との交流の状況等について確認すること。その結果，当該到達目標を達成している場合には，当該利用者に対する当該生活機能向上グループ活動を終了し，当該利用者を担当する介護予防支援事業者に報告すること。また，当該到達目標を達成していない場合には達成できなかった理由を明らかにするとともに，当該サービスの継続の必要性について当該利用者及び介護予防支援事業者と検討すること。その上で，当該サービスを継続する場合は，適切に実施方法及び実施内容を見直すこと。

資料5　入浴に関するかかわりの変化例A

今までの入浴（機能訓練は別の時間）		2012年4月以降で個別機能訓練加算（Ⅱ）算定	
時間	かかわり内容	時間	かかわり内容
10：00～10：30	入浴見守り	10：00～10：40	入浴中に入浴訓練を実施

資料6　入浴に関するかかわりの変化例B

今までの入浴（機能訓練は別の時間）		2012年4月以降で個別機能訓練加算（Ⅱ）算定	
時間	かかわり内容	時間	かかわり内容
10：00～10：30	入浴見守り	10：00～10：30	入浴見守り
		13：30～13：50	浴槽内で立ち上がりの機能訓練

資料7　生活機能向上グループ活動の例

調理グループ（機能訓練指導員）		日記作りグループ（介護職員）	
時間	内容	時間	内容
11：00～11：50	下ごしらえ 調理 盛り付け	11：00～11：50	新聞やテレビの話題集め 利用者個人の出来事紹介 通所での記事集め 日記づくり

　個別機能訓練加算（Ⅱ）では，機能訓練指導員は，通所介護利用時間帯の中で個別に時間を設けて個別機能訓練を実施します。かかわり方は，同じ目的を持った5人以下の利用者やマンツーマンで実施し，訓練内容を実施するのに必要な時間を訓練時間として設定するのです。例えば，家庭での入浴の自立を目指す場合は通所事業所の浴室を利用して浴槽からの立ち上がり訓練を20分程度実施することになります。また，別の時間に低いいすから手すりを持って立ち上がる訓練をしたり，足に1.5kgのおもりを付けて持ち上げるなどの訓練を加えるとより効果的でしょう。この訓練は，今まで入浴介助や見守りをしていた時間帯を入浴訓練に変更して入浴中に訓練を実施したり（**資料5**），入浴時間帯とは別に浴室を利用して訓練をしたり（**資料6**）もできます。ただし，変化例B（**資料6**）の場合は，利用者が混乱しないようにするべきでしょう。また，午後の訓練時間には浴槽に湯をはらない状態で訓練するなど，身体的負担を考える必要があります。変化例A（**資料5**）の場合は，入浴が訓練に変わるのですから，体がしんどくならないように，また，くつろぐ時間も確保できるような配慮が必要です。

　予防給付の生活機能向上グループ活動加算の場合は，介護給付の個別機能訓練よりもグループの意識を持ったかかわりが重要です。一度に2つのグループを運営し，その中で選んで参加してもらうのが理想的であり，機能訓練指導員や介護職員など全職員が協力してその態勢を作り上げる必要があります。予防給付の場合は6人以下のグループとなりますが，利用者同士が協力し合ってグループ活動が出来上がるような配慮が特に必要だと言えます（**資料7**）。

さらに，個別機能訓練を行った結果を少なくとも3カ月に1度は定期的にモニタリングすることが必要です。できれば毎月状況を確認し，ケアマネジャーに報告・相談をした方がよいでしょう。その結果，個別機能訓練内容が変更されて，個別機能訓練計画書も再度作成される場合があると思います。モニタリングの際に大切なことは，できるようになった要因やできない要因を細かく分析することであり，その分析が次の3カ月間の計画に生かされるのです。また，予防給付の場合は，1カ月ごとに短期目標の達成度と，生活機能向上グループ活動における利用者の状況についてモニタリングを行う必要がありますので，より細かな観察が重要となります。この場合も，細かな分析の視点の重要性は言うまでもないでしょう。

　最後に，デイサービス場面でできるようになったことを家庭で実行してもらわなければなりません。機能訓練指導員や生活相談員などが直接指導をしたり，ケアマネジャーに依頼して行ってもらったりすることもあるでしょう。また，新たな目標めがけて訓練をする声かけを行い，利用者と共に個別機能訓練計画を作成できれば理想的です。この目標の共有と計画作成業務を意図的に行い，ケアマネジャーに報告すると，ケアマネジャーは手間が省けたと喜ぶはずです。ケアマネジャーとの円満な関係づくりにも貢献できると思います。

2015年度介護保険制度改正・介護報酬改定の内容について

　2015年度の介護保険制度改正では，リハビリテーションや機能訓練の方向性に関してしっかりとした方針転換が示されました[4]。

　通所サービスに関する基本方針について（居宅基準第75条および第110条等関係）では，通所介護における基本方針の中に次のリハビリテーションの考えを取り入れています。

> 　リハビリテーションは「心身機能」，「活動」，「参加」などの生活機能の維持・向上を図るものでなければならないことについて，訪問・通所リハビリテーションに関する基本方針に規定する（訪問看護，通所介護，認知症対応型通所介護も同様）。
> 　個別機能訓練加算（Ⅰ）は身体機能への働きかけを中心に行うものであるが，個別機能訓練加算（Ⅱ）は，心身機能への働きかけだけでなく，ADL（食事，排泄，入浴等）やIADL（調理，洗濯，掃除等）などの活動への働きかけや，役割の創出や社会参加の実現といった参加への働きかけを行い，心身機能，活動，参加といった生活機能にバランスよく働きかけるものである。

居宅基準報酬告示に関する通知案：指定居宅サービスに要する費用の額の算定に関する基準及び指定居宅介護支援に要する費用の額の算定に関する基準の制定に伴う実施上の留意事項について

　今までの要介護者や要支援者に対するリハビリテーションや機能訓練は，心身機能面を重視し，日常生活における活動までを主な訓練内容としていました。しかし，いくら心身機能や活動が向上しても，社会参加が乏しく生き生きとした生活にはつながっていなかったり，利用者の置かれている生活環境に応じて効果を発揮できていなかったりするのであれば，ただ漫然と機能訓練を継続しているだけに過ぎません。今までのリハビリテーションや機能訓練に関する反省を踏まえて今後期待されていることは，ICFで表現される「活動」や「参加」を重視したリハビリテーションや機能訓

練を行うことです。また，利用者の居宅における自立支援を重視する考えから，居宅における生活環境や個人の生活状況をしっかりと把握することも当然要求されています。軽度の利用者ばかりではなく，認知症高齢者や中重度者へのかかわりも期待され，さらに，利用者がデイサービスを利用しない日も含めて利用者を支える地域の拠点としての機能を担うべきであると国は考えているのです。つまり，利用者が地域で生き生きと暮らすこと全体を支える機能がデイサービスには求められているのです。

デイサービスと関係が深い通所リハビリテーションにおいても，大きな改正がありました。通所リハビリテーションは短期的にリハビリテーションを積極的に行い，その後はデイサービスへと移行する通過的なサービスとしての色が濃くなり，心身機能や活動および参加を中心とした機能訓練が行われた後は，デイサービスで生きがいや社会生活活動を目指すような流れを国は描いていると考えられます。しかし，この点については，現在の通所リハビリテーション事業所が利用を終了するという区切りを設けることにかなりの抵抗感があるため，すぐには進まず緩やかに進むと考えられます。デイサービスとしてもその受け皿づくりが重要となるでしょう。

上記の方針を踏まえたデイサービスに関する変更点と，機能訓練指導員に必要とされる考え方や実務の具体的ポイントを次に紹介します[5]。

（1）通所介護

在宅の認知症高齢者や中重度者を積極的に受け入れると加算算定できることから，認知症高齢者への個別機能訓練を充実することが必要と考えられます。認知症加算の対象者は認知症高齢者の日常生活自立度Ⅲ以上であり，中重度者ケア体制加算の対象者は要介護3以上です。個別機能訓練として従来から行われていた学習療法，現実見当識訓練，回想法などの認知機能面への訓練に加えて，認知機能の低下からくる不安へのかかわり方を事業所全体として考えなければなりません。また，中重度者の個別機能訓練は，個別機能訓練加算（Ⅰ）であれば心身機能面へのアプローチが妥当な選択であると考えられますが，個別機能訓練加算（Ⅱ）は，ADLやIADLを中心とした訓練のため算定は限定的であると考えた方がよいでしょう。つまり，認知症高齢者や中重度者を数多く受け入れて加算を算定しても，すべての利用者が個別機能訓練加算（Ⅱ）を算定できる状態にあるわけではないと考えられます。

個別機能訓練は，心身機能訓練から生活行為向上訓練までを総合的に行うことを目指しており，利用者宅を訪問し，自宅での生活状況や家族の状況を踏まえて機能訓練計画を作成することが必要です。また，これまで個別機能訓練加算（Ⅱ）56単位の内容は個別機能訓練加算（Ⅰ）46単位とほぼ同じ内容であったため，この状況を改善しようとしています。今後は，個別機能訓練加算（Ⅰ）・（Ⅱ）の目標や訓練内容をより具体的に示し，目的と訓練内容の違いを明確にしなければなりません（**資料8**）。機能訓練指導員は，利用者宅を訪問し，利用者の家屋・生活状況や家族の生活状況などを「興味・関心チェックシート」「居宅訪問チェックシート」（**資料8**参照）を使って把握し，それぞれの加算に対応した個別機能訓練計画を立てる必要があります。これまでも，多くの事業所では機能訓練指導員が送迎を行い，家庭環境を把握し，家族との情報交換や家庭内訓練に関する依頼などを実施しているでしょうから，この点について苦労することはないでしょう。

資料8　個別機能訓練加算に関する通知

老振発第0327第2号
2015年3月27日

各　都道府県
　　指定都市　介護保険主管部（局）長　殿
　　中核市

厚生労働省老健局振興課長
（公印省略）

通所介護及び短期入所生活介護における個別機能訓練加算に関する
事務処理手順例及び様式例の提示について

　通所介護における個別機能訓練加算を算定する利用者については，住み慣れた地域での在宅生活を継続することができるように，生活機能の維持又は向上を目指し機能訓練を実施することが求められる。
　個別機能訓練加算の算定要件については，より効果的に機能訓練を実施する観点から，平成27年度介護報酬改定において，利用者の居宅を訪問した上で利用者の居宅での生活状況を確認することを新たに加算の要件に加えたところであり，この算定要件については，別に通知する「指定居宅サービスに要する費用の額の算定に関する基準（訪問通所サービス，居宅療養管理指導及び福祉用具貸与に係る部分）及び指定居宅介護支援に要する費用の額の算定に関する基準の制定に伴う実施上の留意事項について」（平成12年老企第36号）及び「指定居宅サービスに要する費用の額の算定に関する基準（短期入所サービス及び特定施設入居者生活介護に係る部分）及び指定施設サービス等に要する費用の額の算定に関する基準の制定に伴う実施上の留意事項について」（平成12年老企第40号）において示しているところであるが，今般，あらためて，個別機能訓練加算の目的，趣旨の徹底を図るとともに，加算の実行性を担保するため，個別機能訓練加算の事務処理手順例及び様式例を下記のとおりお示しするので，御了知の上，管内市町村，関係団体，関係機関にその周知を図られたい。

記

1　通所介護における個別機能訓練加算の目的，趣旨等について

（1）個別機能訓練加算（Ⅰ）について
　　個別機能訓練加算（Ⅰ）は，常勤専従の機能訓練指導員を配置し，利用者の自立の支援と日常生活の充実に資するよう複数メニューから選択できるプログラムの実施が求められ，座る・立つ・歩く等ができるようになるといった身体機能の向上を目指すことを中心に行われるものである。

（2）個別機能訓練加算（Ⅱ）について
　ア　個別機能訓練加算（Ⅱ）は，専従の機能訓練指導員を配置し，利用者が居宅や住み慣れた地域において可能な限り自立して暮らし続けることができるよう，身体機能の向上を目的として実施するのではなく，①体の働きや精神の働きである「心身機能」，②ADL・家事・職業能力や屋外歩行といった生活行為全般である「活動」，③家庭や社会生活で役割を果たすことである「参加」といった生活機能の維持・向上を図るために，機能訓練指導員が訓練を利用者に対して直接実施するものである。
　イ　生活機能の維持・向上のための訓練を効果的に実施するためには，実践的な訓練を反復して行うことが中心となるため，身体機能を向上とすることを目的とした機能訓練とは異なるものである。実際の生活上の様々な行為を構成する実際的な行動そのものや，それを模した行動を反復して行うことにより，段階的に目標の行動ができるようになることを目指すことになることから，事業所内であれば実践的訓練に必要な浴室設備，調理設備・備品等を備えるなど，事業所内外の実地的な環境下で訓練を行うことが望ましい。
　　　従って，例えば，単に「関節可動域訓練」「筋力増強訓練」といった身体機能向上を中心とした目標ではなく，「週に1回，囲碁教室に行く」といった具体的な生活上の行為の達成が目標となる。また，居宅における生活行為（トイレに行く，自宅の風呂に一人で入る，料理を作る，掃除・洗濯をする等），地域における社会的関係の維持に関する行為（商店街に買い物に行く，孫とメールの交換をする，インターネットで手続きをする等）も目標となり得るものである。

資料8の続き

(3) 個別機能訓練加算（Ⅰ）と個別機能訓練加算（Ⅱ）の関係性

個別機能訓練加算（Ⅰ）については，身体機能の向上を目指すことを中心として行われるものであるが，個別機能訓練加算（Ⅰ）のみを算定する場合であっても，並行して生活機能の向上を目的とした訓練を実施することを妨げるものではない。

なお，個別機能訓練加算（Ⅰ）と個別機能訓練加算（Ⅱ）をそれぞれ算定する場合は，それぞれの加算の目的・趣旨が異なることから，別々の目標を明確に立てて訓練を実施する必要がある。

2　個別機能訓練の実務等について

(1) 個別機能訓練の体制

ア　個別機能訓練は，機能訓練指導員（理学療法士，作業療法士，言語聴覚士，看護職員，柔道整復師又はあん摩マッサージ指圧師。以下同じ。），看護職員，介護職員，生活相談員その他の職の者（以下「機能訓練指導員等」という。）が共同して，利用者ごとにその目標，実施時間，実施方法等を内容とする個別機能訓練計画を作成し行うものである。

イ　管理者は，個別機能訓練計画に関する手順（ニーズ把握・情報収集，アセスメント・評価，計画の作成，説明・同意等）をあらかじめ定める。

(2) 個別機能訓練の実務

ア　個別機能訓練開始時におけるニーズ把握・情報収集

機能訓練指導員等は，個別機能訓練を行う場合は，利用者の日常生活や人生の過ごし方についてのニーズを把握するとともに，利用者の居宅での生活状況（ADL，IADL等）を居宅訪問の上で確認するものとする。また，医師からは利用者のこれまでの医療提供の状況について，介護支援専門員からは，居宅サービス計画に基づいて利用者本人や家族の意向，総合的な支援方針，解決すべき課題，長期目標，短期目標，サービス内容などについて情報を得る。

なお，ニーズ把握には，**別紙様式1**の興味・関心チェックシートを参考にするとともに，居宅訪問の際のアセスメント項目は，**別紙様式2**の居宅訪問チェックシートを参考に確認する。

イ　個別機能訓練開始時におけるアセスメント・評価，計画の作成，説明・同意等

アで把握した利用者のニーズと居宅での生活状況を参考に，多職種協働でアセスメントとそれに基づく評価を行い，個別機能訓練計画を作成する。個別機能訓練計画は**別紙様式3**の様式を参考に作成する。なお，通所介護においては，個別機能訓練計画に相当する内容を通所介護計画の中に記載する場合は，その記載をもって個別機能訓練計画の作成に代えることができる。

また，居宅サービス計画，通所介護計画及び短期入所生活介護計画と連動し，これらの計画と整合性が保たれるように個別機能訓練計画を作成することが重要である。通所介護計画書は，**別紙様式4**を参考に作成する。

ウ　利用者又は家族への説明と同意

個別機能訓練計画の内容については，利用者又はその家族に分かりやすく説明を行い，同意を得る。その際，個別機能訓練計画の写しを交付することとする。

エ　個別機能訓練の実施

機能訓練指導員等は，個別機能訓練計画に沿った機能訓練を実施する。

オ　アからエまでの課程は3か月ごとに1回以上，個別機能訓練計画の進捗状況等に応じ，利用者やその家族の同意を得た上で，訓練内容の見直し等を行う。なお，利用者の心身の状態変化等により，必要と認められる場合は速やかに見直すこととする。

3　短期入所生活介護の個別機能訓練加算について

個別機能訓練の実務等については，2のとおり実施するものであるが，短期入所生活介護の個別機能訓練加算は，通所介護における個別機能訓練加算（Ⅱ）と同趣旨なので，当該加算と同様の対応を行うこと。

資料8の続き

興味・関心チェックシート

別紙様式1

生活行為	している	してみたい	興味がある	生活行為	している	してみたい	興味がある
自分でトイレへ行く				生涯学習・歴史			
一人でお風呂に入る				読書			
自分で服を着る				俳句			
自分で食べる				書道・習字			
歯磨きをする				絵を描く・絵手紙			
身だしなみを整える				パソコン・ワープロ			
好きなときに眠る				写真			
掃除・整理整頓				映画・観劇・演奏会			
料理を作る				お茶・お花			
買い物				歌を歌う・カラオケ			
家や庭の手入れ・世話				音楽を聴く・楽器演奏			
洗濯・洗濯物たたみ				将棋・囲碁・麻雀・ゲーム等			
自転車・車の運転				体操・運動			
電車・バスでの外出				散歩			
孫・子供の世話				ゴルフ・グラウンドゴルフ・水泳・テニスなどのスポーツ			
動物の世話				ダンス・踊り			
友達とおしゃべり・遊ぶ				野球・相撲等観戦			
家族・親戚との団らん				競馬・競輪・競艇・パチンコ			
デート・異性との交流				編み物			
居酒屋に行く				針仕事			
ボランティア				畑仕事			
地域活動（町内会・老人クラブ）				賃金を伴う仕事			
お参り・宗教活動				旅行・温泉			
その他（　　　　）				その他（　　　　）			
その他（　　　　）				その他（　　　　）			

資料8の続き

別紙様式2

居宅訪問チェックシート

利用者氏名			生年月日	年　月　日	男・女
訪問日	年　月　日（　）　：　～　：			要介護度	
訪問スタッフ			職種		

	項目	レベル	課題	環境 （実施場所・補助具等）	状況・生活課題
ADL	食事	・自立　・見守り ・一部介助　・全介助	有・無		
	排泄	・自立　・見守り ・一部介助　・全介助	有・無		
	入浴	・自立　・見守り ・一部介助　・全介助	有・無		
	更衣	・自立　・見守り ・一部介助　・全介助	有・無		
	整容	・自立　・見守り ・一部介助　・全介助	有・無		
	移乗	・自立　・見守り ・一部介助　・全介助	有・無		
IADL	屋内移動	・自立　・見守り ・一部介助　・全介助	有・無		
	屋外移動	・自立　・見守り ・一部介助　・全介助	有・無		
	階段昇降	・自立　・見守り ・一部介助　・全介助	有・無		
	調理	・自立　・見守り ・一部介助　・全介助	有・無		
	洗濯	・自立　・見守り ・一部介助　・全介助	有・無		
	掃除	・自立　・見守り ・一部介助　・全介助	有・無		

	項目	レベル	課題	状況・生活課題	
起居動作	起き上がり	・自立　・見守り ・一部介助　・全介助	有・無		
	座位	・自立　・見守り ・一部介助　・全介助	有・無		
	立ち上がり	・自立　・見守り ・一部介助　・全介助	有・無		
	立位	・自立　・見守り ・一部介助　・全介助	有・無		

資料8の続き

別紙様式3

【個別機能訓練計画書】

作成日： 年 月 日	前回作成日： 年 月 日	計画作成者：				
ふりがな	性別	大正 / 昭和	介護認定	管理者	看護	介護	機能訓練	相談員
氏名		年 月 日生（ 歳）						

本人の希望	家族の希望	障害老人の日常生活自立度 正常 J1 J2 A1 A2 B1 B2 C1 C2 認知症老人の日常生活自立度 正常 Ⅰ Ⅱa Ⅱb Ⅲa Ⅲb Ⅳ M
病名、合併症(心疾患、呼吸器疾患等) 運動時のリスク(血圧、不整脈、呼吸等)	生活課題	在宅環境(生活課題に関連する在宅環境課題)

個別機能訓練加算Ⅰ

長期目標： 年 月		目標達成度	達成・一部・未達
短期目標： 年 月		目標達成度	達成・一部・未達

プログラム内容	留意点	頻度	時間	主な実施者
①				
②				
③				

プログラム立案者：

個別機能訓練計画書Ⅱ

長期目標： 年 月		目標達成度	達成・一部・未達
短期目標： 年 月		目標達成度	達成・一部・未達

プログラム内容(何を目的に(〜のために)〜する)	留意点	頻度	時間	主な実施者
①				
②				
③				
④				

(注)目的を達成するための具体的内容を記載する。(例：買い物に行けるようになるために、屋外歩行を練習するなどを記載。)　プログラム立案者：

特記事項	プログラム実施後の変化(総括)　再評価日： 年 月 日

上記計画の内容について説明を受けました。 　　　　　　　　　　　　　　　年　月　日 ご本人氏名： ご家族氏名：	上記計画書に基づきサービスの説明を行い 内容に同意頂きましたので、ご報告申し上げます。 　　　　　　　　　　　　　　　年　月　日 介護支援専門員様/事業所様

通所介護○○○　　〒000-0000　住所：○○県○○市○○ 00-00 事業所No.000000000　　Tel.000-000-0000/Fax.000-000-0000	管理者： 説明者：

資料8の続き

別紙様式4

【通所介護計画書】

作成日： 年 月 日	前回作成日： 年 月 日	計画作成者：				
		管理者	看護	介護	機能訓練	相談員
ふりがな 氏名	性別	大正 / 昭和 年 月 日生 歳	介護認定				

通所介護利用までの経緯(活動歴や病歴)	本人の希望	障害老人の日常生活自立度
		正常 J1 J2 A1 A2 B1 B2 C1 C2
	家族の希望	認知症老人の日常生活自立度
		正常 Ⅰ Ⅱa Ⅱb Ⅲa Ⅲb Ⅳ M

健康状態(病名、合併症(心疾患、呼吸器疾患等)、服薬状況等)	ケアの上での医学的リスク(血圧、転倒、嚥下障害等)・留意事項

自宅での活動・参加の状況 （役割など）

利用目標

長期目標	設定日 年 月 達成予定日 年 月		目標達成度	達成・一部・未達
短期目標	設定日 年 月 達成予定日 年 月		目標達成度	達成・一部・未達

サービス提供内容

	目的とケアの提供方針・内容	評価		評価 効果、満足度など	迎え（有・無）	
		実施	達成			
①		実施	達成		プログラム（1日の流れ）	
		一部	一部		(予定時間)	(ｻｰﾋﾞｽ内容)
	月 日 ～ 月 日	未実施	未達			
②		実施	達成			
		一部	一部			
	月 日 ～ 月 日	未実施	未達			
③		実施	達成			
		一部	一部			
	月 日 ～ 月 日	未実施	未達			
④		実施	達成			
		一部	一部			
	月 日 ～ 月 日	未実施	未達			
⑤		実施	達成			
		一部	一部		送り（有・無）	
	月 日 ～ 月 日	未実施	未達			

特記事項	実施後の変化(総括)　再評価日： 年 月 日

上記計画の内容について説明を受けました。 　　　　　　　　　　　　　年　　月　　日 ご本人氏名： ご家族氏名：	上記計画書に基づきサービスの説明を行い 内容に同意頂きましたので、ご報告申し上げます。 　　　　　　　　年　　月　　日 　　　　　　　　　　　介護支援専門員様/事業所様

通所介護○○○　　〒000-0000　住所：○○県○○市○○ 00-00 事業所No.000000000　　　　Tel.000-000-0000/Fax.000-000-0000	管理者： 説明者：

表2　個別機能訓練加算（Ⅰ）・（Ⅱ）の訓練内容の例

	項目	訓練内容の例	ICF分類
個別機能訓練加算（Ⅰ）	関節可動域訓練	・体の各関節を他動的・自己他動的・自動的に動かす	心身機能
	筋力強化訓練	・上・下肢・体幹・頸部などの筋をゴムチューブやおもり，機能訓練指導員の手などの負荷をかけて鍛える	心身機能
	麻痺回復訓練	・麻痺により緊張が高まっている筋肉をゆっくりと伸ばし，その後利用者自身で動かす ・筋の緊張が動揺する状況をうまくコントロールする	心身機能
	痛みに関する訓練	・物理療法などで痛みを緩和する ・痛みが出そうな関節の位置までゆっくりと動かし，筋肉や靱帯などをゆっくりとストレッチする	心身機能
	体力向上などの関する訓練	・集団体操やレクリエーションなどで体を動かす	心身機能
	生活リズムや生活意欲改善につながる訓練	・集団体操やレクリエーションなどで体を動かす ・回想法などで他の利用者と話をする ・作品を作る	心身機能
	認知機能に関する訓練	・現実見当識訓練や回想法などで記憶を呼び起こす ・漢字や計算，パズルなどで思考や判断能力を刺激する ・成功体験や楽しい時間を過ごすことで感情をコントロールする	心身機能
	基本的なADLに関する訓練	・寝返り，起き上がり，座位保持，立ち上がり，立位保持，歩行などの基本的な動作訓練	活動
個別機能訓練加算（Ⅱ）	応用的なADLに関する訓練	・食事，衣服，入浴，整容，排泄などの応用的な動作訓練	活動
	IADLに関する訓練	・買い物，調理，掃除，金銭管理などに関する訓練	活動
	生きがいや社会参加に関する訓練	・趣味や生きがいにしていたことに関する訓練 ・家庭内役割や今までの役割を再度行えるようにする訓練 ・家業に関する簡単な手伝い訓練	参加

　それよりも大変なのは，個別機能訓練加算（Ⅱ）の目標設定や機能訓練内容を明確化することで，これまでの訓練方法や内容ががらりと変わり，利用者が混乱することだと考えられます。個別機能訓練加算（Ⅱ）を算定する場合，関節可動域訓練や筋力増強訓練などはほぼ実施しなくなるかわずかな時間しか実施しなくなることが予想され，利用者は「訓練をしてもらえなくなった」と感じるかもしれません。前述したように，家庭での生活状況を踏まえ，利用者や家族，またケアマネジャーとしっかりと話し合い，ADL訓練やIADL訓練などを行うだけでなく，趣味活動などで社会とのつながりを再度実現できるような訓練を行うのだと説明する必要があるでしょう。また，ケアプランの内容についても変更を依頼するなど，個別機能訓練の中身を事前に説明するべきです。

　個別機能訓練加算（Ⅰ）は「心身機能」と「活動」の中の基本的なADLに関する訓練として合致し，個別機能訓練加算（Ⅱ）は「活動」の中の応用的な日常生活動作訓練や「参加」の訓練になると思います。ここで，それぞれの個別機能訓練に関する内容を**表2**にまとめましたので，今一度確認しておきましょう。

　前述の「心身機能」「活動」「参加」などの生活機能の維持・向上を図ることが基本方針に規定された意味は，個別機能訓練加算（Ⅰ）・（Ⅱ）に関する訓練を総合的に行

うことで生活機能が維持・向上し，高齢者が自立した生活や生きがいを実感しながら生活を継続することが実現できるサービスとして期待されているためでしょう。そのことを踏まえると，機能訓練指導員としては今までの生活史，生きがい，興味・関心，家庭内の役割，社会とのつながりなど幅広い情報を入手し，人生を踏まえた機能訓練（かかわり）を考える必要があります。

書式については，2015年度介護報酬改定においてデイサービスにおける個別機能訓練加算の内容や様式の例が示されました。その内容は，より具体的なものが示され，今まで個別機能訓練加算（Ⅱ）を算定していた事業所に再考を促す内容となっているように感じられます。

資料8において，個別機能訓練加算（Ⅰ）は通所介護費における個別機能訓練加算の基準について「個別機能訓練計画の作成及び実施において利用者の自立の支援と日常生活の充実に資するよう複数の種類の機能訓練の項目を準備し，その項目の選択に当たっては，利用者の生活意欲が増進されるよう利用者を援助し，心身の状況に応じた機能訓練を適切に行っていること」としています。しかし，座る，立つ，歩くなどができるようになるといった身体機能の向上を目指すことが中心であるとなっていますので，心身機能の訓練に該当するものの，心身機能に分類される身体的な訓練（関節可動域訓練や筋力強化訓練など）や活動に分類されるADLの基本的な動作訓練までが個別機能訓練加算（Ⅰ）に該当すると考えられます。個別機能訓練加算（Ⅱ）は，ADLの衣服着脱，入浴，整容，食事などの行為を構成する実際的な行動そのものや，それを模した行動を反復して行うことにより，段階的に目標の行動ができるようになる訓練をしなければなりません。また，IADLの料理を作る，掃除や洗濯をするなどの訓練や，地域における社会的関係の維持につながること（商店街に買い物に行く，孫とメールの交換をする，インターネットで手続きをするなど）を実現する訓練が要求されているようです。

「入浴動作ができるようになる」と目標を立てて，ゴムチューブで下肢の筋力強化訓練を行っていたのでは個別機能訓練加算（Ⅱ）に該当するとは言いがたい内容であり，入浴動作であれば，実際の浴室で浴槽をまたぐ訓練を行うことが要求されていると考えるべきでしょう。

利用者の送迎に関しても大きく変わります。これまで，通所サービスを利用するための準備は，訪問介護を利用してその準備が行われる場合が少なからずありました。通所サービスの送迎は利用者の玄関に迎えに来て玄関まで送れば終了であるとしていた事業所が，今後は家の中まで入り，通所サービスを利用するための衣服の交換や，送りの時にベッド上で寝間着に着換えるまで行う事業所が出てくる可能性があります。デイサービスに関しては，基本報酬が抑えられ，送迎に力を入れることができる事業所はその点で穴埋めをしようとするでしょう。訪問介護サービスを同じ法人が行っている場合は，訪問介護とデイサービスの単位数の取り合いになり，別事業所であれば競争が激しくなると予想されます。これまで以上に送迎の組み方を考えなければならず，生活相談員は調整に頭を痛めることになるでしょう。生活相談員の業務は，事業所内にとどまらず地域ケア会議や地域包括支援センターなどとの連携が重視される内容に改定されましたので，さらに大変になることが想定されます。機能訓練指導員は，

資料9　通所型サービスの種類

○通所型サービスは，現行の通所介護に相当するものと，それ以外の多様なサービスからなる。
○多様なサービスについては，雇用労働者が行う緩和した基準によるサービスと，住民主体による支援，保健・医療の専門職により短期集中で行うサービスを想定。

基準	現行の通所介護相当	多様なサービス		
サービス種別	①通所介護	②通所型サービスA（緩和した基準によるサービス）	③通所型サービスB（住民主体による支援）	④通所型サービスC（短期集中予防サービス）
サービス内容	通所介護と同様のサービス 生活機能の向上のための機能訓練	ミニデイサービス 運動・レクリエーション 等	体操，運動等の活動など，自主的な通いの場	生活機能を改善するための運動器の機能向上や栄養改善等のプログラム
対象者とサービス提供の考え方	○既にサービスを利用しており，サービスの利用の継続が必要なケース ○「多様なサービス」の利用が難しいケース ○集中的に生活機能の向上のトレーニングを行うことで改善・維持が見込まれるケース ※状態等を踏まえながら，多様なサービスの利用を促進していくことが重要。	○状態等を踏まえながら，住民主体による支援等「多様なサービス」の利用を促進		・ADLやIADLの改善に向けた支援が必要なケース　等 ※3〜6カ月の短期間で実施
実施方法	事業者指定	事業者指定／委託	補助（助成）	直接実施／委託
基準	予防給付の基準を基本	人員等を緩和した基準	個人情報の保護等の最低限の基準	内容に応じた独自の基準
サービス提供者(例)	通所介護事業者の従事者	主に雇用労働者＋ボランティア	ボランティア主体	保健・医療の専門職（市町村）

厚生労働省ホームページ「第117回社会保障審議会介護給付費分科会資料」参考資料

衣服着脱の訓練や居宅内での移乗の訓練を行うこととなるでしょうから，積極的にかかわるイメージを持ち，家庭内での訓練，助言・指導に取り組むことが必要です。

（2）介護予防通所介護

　介護予防通所介護に関しては，大幅に変更されました。デイサービスとは違って長時間の利用は想定されないと考えられていますので，要支援1の場合2,115単位だったのが1,647単位に，要支援2の場合4,236単位だったのが3,377単位に減額されました。また，要支援者が利用する介護予防通所介護は，現在利用している要支援者でそのサービス利用の継続が必要とされる場合，集中的に生活機能の向上トレーニングを行えば改善・維持が見込まれる場合以外はその利用が難しくなる市町村が出てきました。この場合，介護予防・日常生活支援総合事業を開始する時期が市町村によって異なるため，2015年4月の改定ですぐにその影響を受けた利用者は少なかったと思われますが，2017年4月までにはすべての市町村で実施されました。こうした要支援者は，次の要支援認定時には多様なサービス（**資料9**）へと移行されることがほとんどとなりました。多様なサービスの通所型サービスAが今後の主流となり，ボランティアを活用した運動やレクリエーション，ADL・IADL訓練を主体とする個別機能

訓練に様変わりしていきます。市町村からの委託や事業所指定となり，報酬は低く抑えられる場合が多いため，機能訓練指導員は他職種やボランティアと協働して運動やレクリエーションを展開しなければなりません。同じ事業所で要介護者の個別機能訓練を行っていますから，その業務に支障のない範囲で行うこととなるでしょう。さらに，加算の単位数の低さや訓練を実施する準備の大変さ，実施内容の難しさから，生活機能向上グループ活動加算を実施している事業所はわずかでした。しかし，2015年度の改定により，生活機能の向上を目的としたグループ活動に取り組み，ADL・IADL能力の向上を目指すことを中心に置かなければならなくなりました。

他に注目すべき点は，通所型サービスCです。これは，従来の運動器を使った機能向上や栄養改善などのプログラムのことですが，対象者をADLやIADLの改善に向けた支援が必要な高齢者と限定し，3～6カ月の短期間で市町村が直接実施することもあります。しかし，市町村が直接実施することは現実として困難であり，多くの市町村はデイサービスを行っている事業所に委託をしています。つまり，事業所は運動器の機能向上訓練の委託を受けて短期間で効果を上げなければならないということです。これまでのように，訓練の効果が心身機能の維持だけであれば運動器の機能向上訓練は委託を打ち切られてしまう可能性があり，真剣に取り組まざるを得ないということです。また，その評価や記録に関しても提出を求められるかもしれませんので，個々の利用者についてしっかりとしたものを準備していることでしょう。

もう少し発展的に考えると，市町村の介護に関する担当課の職員や地域包括支援センターとの連携が重要であると考えられます。市町村の地域支援事業計画立案時に参画したり，計画実施時に積極的に協力すると特定高齢者への事業所周知（宣伝）が伴ってきます。特に地域密着型通所介護事業所においては，市町村が個別指導を実施しますので，なおさら意識するべきでしょう。

こうした方針を踏まえて，機能訓練指導員がなすべき考え方や行動をまとめます。

①利用者宅を訪問するなどして，これまで以上に利用者の家庭における生活状況や役割，興味・関心，生活環境や周りの人々との関係性などを把握する。利用者や家族が生活している場所で生活動作や環境を確認することで個別機能訓練の内容がイメージしやすくなり，利用者・家族と共通の目標を作りやすくなるため，サービスの質を高めるチャンスであると考え，積極的に利用者宅に出向く。

②心身機能と日常生活における活動状況や家庭内および社会的役割や生き甲斐となる活動などを結び付けて評価する。例えば，両膝関節に変形による痛みがあり筋力低下となっている女性の場合は，筋力低下による家事能力の低下状況や家庭内における主婦としての役割の達成状況などを結び付けて考える。心身機能の訓練ばかりを行っていたのであれば，個別機能訓練の主旨に立ち返ることができるチャンスだと考える。

③①，②の状況を踏まえ，日常生活に貢献し自立支援につながる個別機能訓練を計画し実践する。特に，生活機能向上を目指した個別機能訓練加算（Ⅱ）の実施を目指す。今回の改定で生活機能向上訓練の重要性がより深まったと考え，個別機能訓練加算（Ⅰ）だけではなく，個別機能訓練加算（Ⅱ）の追加や個別機能訓練加算（Ⅰ）から個別機能訓練加算（Ⅱ）への変更に取り組む。

④今後は家庭生活に貢献できる機能訓練が期待されており，通所の場面だけでは訓練

効果は望めない。利用者の家庭における自主訓練計画を利用者・家族と共に作成し，その実施を送迎の機会を有効に使って促し，実際に行う。

⑤要支援者の場合は，生活機能の向上がより求められる。利用者自身が自主的に活動を行うグループづくりが必要であり，楽しく行えるようなグループの場づくりを積極的に行う。生活機能向上グループ活動加算に取り組まない事業所が多かったが，今後は気持ちを切り替えて実現をしなければ要支援者の利用者数は減少し，事業所運営に影響が出てくることも考えられる。例えば，調理グループや俳句グループ，編み物グループなどの趣味的活動グループは取り組みやすいので，当面の目標にするとよい。

⑥多くの市町村等は，新たな地域支援事業を充実させる動きを加速させています。市町村との連携を強化し，運動器機能向上訓練の委託を受け，地域支援事業を共につくり上げていく。機能訓練指導員は，地域の高齢者リハビリテーションにかかわる一員として介護予防に関する教室を開催・運営などに協力し，地域支援事業を支える人的資源として活躍すること目指す。市町村の担当者との連携が深まれば，今後の利用者確保にもつながる。

　もう一つの考え方として，今後に通所型サービスAとならざるを得ない事態が出てくるかもしれません。それを踏まえると，ボランティア団体以外の地域の高齢者が行っているシニアボランティアとの交流を今のうちから深めておくことも重要でしょう。中には，シニアボランティア養成講座などを開き，着々と準備を進める事業所が出てくるかもしれません。

まとめ

　国は，デイサービスに対して認知症高齢者や中重度者の受け皿と要介護高齢者の生きがいを持った社会参加という両立しづらい2つを期待しています。その上，短期間で運動機能や生活機能を高めて要支援者を減らし，地域が主体となって介護予防に取り組むことを求めています。今までのように漫然と介護サービスを提供するのではなく，利用者の心身機能や生活機能が改善される機能訓練のサービスを積極的に取り組む事業所が残っていく時代に突入しようとしていると考えられます。

2018年度介護報酬改定のポイント整理

　2018年度の介護報酬改定では基本報酬が基本的に下がり，1時間単位に細分化されました。サービス提供時間が7時間10分程度で，所要時間7時間以上9時間未満で算定していた事業所などでは，基本報酬が下がることを受け入れるか，スタッフに残業代を支払うことでほぼ同額の報酬を得るか検討されたでしょうが，減額を受け入れたところがほとんどだったのではないでしょうか。

　個別機能訓練加算を算定しやすいように，機能訓練指導員の資格要件は「理学療法士，作業療法士，言語聴覚士，看護職員，柔道整復師又はあん摩マッサージ指圧師の資格を有する機能訓練指導員を配置した事業所で6か月以上の実務経験を有するはり師，きゅう師を追加する」[6)]と拡大されました。また，生活機能向上連携加算は通所介護や認知症対応型通所介護にも拡大されました。具体的には，次の要件を満たさなければなりません。

①指定訪問リハビリテーション事業所，指定通所リハビリテーション事業所又はリハビリテーションを実施している医療提供施設（病院にあっては，許可病床数が200床未満のもの又は当該病院を中心とした半径４キロメートル以内に診療所が存在しないものに限る。）の理学療法士，作業療法士，言語聴覚士又は医師（以下「理学療法士等」という。）が，当該指定通所介護事業所を訪問し，当該事業所の機能訓練指導員，看護職員，介護職員，生活相談員その他の職種の者（以下「機能訓練指導員等」という。）と共同してアセスメント，利用者の身体の状況等の評価及び個別機能訓練計画の作成を行っていること。その際，理学療法士等は，機能訓練指導員等に対し，日常生活上の留意点，介護の工夫等に関する助言を行うこと。この場合の「リハビリテーションを実施している医療提供施設」とは，診療報酬における疾患別リハビリテーション料の届出を行っている病院若しくは診療所又は介護老人保健施設，介護療養型医療施設若しくは介護医療院であること。

②①の個別機能訓練計画には，利用者ごとにその目標，実施時間，実施方法等の内容を記載しなければならない。目標については，利用者又はその家族の意向及び当該利用者を担当する介護支援専門員の意見も踏まえ策定することとし，当該利用者の意欲の向上につながるよう，段階的な目標を設定するなど可能な限り具体的かつ分かりやすい目標とすること。なお，個別機能訓練計画に相当する内容を通所介護計画の中に記載する場合は，その記載をもって個別機能訓練計画の作成に代えることができるものとすること。また，個別機能訓練加算を算定している場合は，別に個別機能訓練計画を作成する必要はないこと。

③個別機能訓練計画に基づき，利用者の身体機能又は生活機能の向上を目的とする機能訓練の項目を準備し，機能訓練指導員等が，利用者の心身の状況に応じて計画的に機能訓練を適切に提供していること。

④個別機能訓練計画の進捗状況等について，３月ごとに１回以上，理学療法士等が指定通所介護事業所を訪問し，機能訓練指導員等と共同で評価した上で，機能訓練指導員等が利用者又はその家族に対して個別機能訓練計画の内容（評価を含む。）や進捗状況等を説明し記録するとともに，必要応じて訓練内容の見直し等を行うこと。

⑤各月における評価内容や目標の達成度合いについて，機能訓練指導員等が，利用者又はその家族及び理学療法士等に報告・相談し，必要に応じて当該利用者又はその家族の意向を確認の上，理学療法士等から必要な助言を得た上で，当該利用者のADL（寝返り，起き上がり，移乗，歩行，着衣，入浴，排せつ等）及びIADL（調理，掃除，買物，金銭管理，服薬状況等）の改善状況を踏まえた目標の見直しや訓練内容の変更など適切な対応を行うこと。

⑥機能訓練に関する記録（実施時間，訓練内容，担当者等）は，利用者ごとに保管され，常に当該事業所の機能訓練指導員等により閲覧が可能であるようにすること。

厚生労働省老健局高齢者支援課・振興課・老人保健課：介護最新情報Vol.628「指定居宅サービスに要する費用の額の算定に関する基準（訪問通所サービス，居宅療養管理指導及び福祉用具貸与に係る部分）及び指定居宅介護支援に要する費用の額の算定に関する基準の制定に伴う実施上の留意事項について」等の一部改正について」等の送付について」（2018年３月22日）

加えて，ADLの維持・向上に向けて頑張っている事業所は，ADL維持等加算も算定できる可能性が出てきました。ADL維持等加算の算定が可能か否かを考える時のポイントを**表3**に示します。なお，ADL維持等加算は，中重度者の機能の維持向上を主眼としたものであり，介護給付（要介護状態）の利用者に関する加算です。予防給付（要支援状態）の利用者は該当しません。

表3　ADL維持等加算を算定する際のポイント

①事業所において評価対象となる利用者を設定する
　6カ月以上連続して利用している利用者が20人以上いることを条件とし，その20人以上の利用者が対象者である（**表4**を参照）。

②重度化に関する要件や要介護・支援状態になってから長期間であることを確認する
　要介護3以上の利用者が15％以上であること，初回からの要介護・支援認定があった月から起算して12カ月以内の利用者が15％以下であることが算定の条件である。

③Barthel Index（バーセル・インデックス：BI）で起算月と6カ月後を評価する
　利用者のBarthel Indexの利得（BI利得）＊が0以上であれば算定可能。
　＊6カ月後のBarthel Indexの評価点数が下がっていれば「－1」，同じであれば「0」，点数が上がっていれば「1」と採点し，6カ月後の点数から起算月の点数を引いたもの。

④BI利得が高い上位85％の利用者を合計する
　その合計が0以上であればADL維持等加算に該当する事業所として認められ，翌年の4月から3月までの1年間算定できる。

表4　評価対象となる利用者が20人の場合

対象者	初回要介護認定からの月数	要介護度	Barthel Index		BI利得
			起算月	6カ月後	
A	15カ月	要介護3	40	45	1
B	13カ月	要介護4	30	30	0
C	36カ月	要介護5	10	0	－1
D	40カ月	要介護2	80	80	0
E	14カ月	要介護1	75	75	0
F	15カ月	要介護2	60	60	0
G	20カ月	要介護1	80	80	0
H	48カ月	要介護1	75	75	0
I	18カ月	要介護1	75	80	1
J	9カ月	要介護3	30	40	1
K	28カ月	要介護2	50	40	－1
L	50カ月	要介護1	80	80	0
M	21カ月	要介護1	70	70	0
N	7カ月	要介護1	90	90	0
O	19カ月	要介護2	75	75	0
P	35カ月	要介護2	75	75	0
Q	30カ月	要介護1	85	80	－1
R	25カ月	要介護2	70	70	0
S	28カ月	要介護1	80	80	0
T	18カ月	要介護1	80	80	0
20人	12カ月以内が15％以下	要介護3以上が15％以上			0以上

ADL維持等加算の算定に関する留意事項は次のとおりです。

①ADLの評価は，Barthel Indexを用いて行うものとする。

②大臣基準告示第16号の２イ（４）におけるADL値の提出は，サービス本体報酬の介護給付費明細書の給付費明細欄の摘要欄に記載することで行う。

③大臣基準告示第16号の２ロ（２）におけるADL値の提出は，ADL維持等加算（Ⅱ）の介護給付費明細書の給付費明細欄の摘要欄に記載することによって行う。なお，当該提出は，当該提出の月の属する年の１月から12月までが評価対象期間となる際に大臣基準告示第16号の２イ（４）によって求められるADL値の提出を兼ねるものとする。

④2018年度については，2017年１月から12月までの評価対象期間について，次のイからハまでを満たしている場合に算定できることとする。

　イ　大臣基準告示第16号の２イ（１）から（３）までの基準を満たすことを示す書類を保存していること。

　ロ　同号イ（４）の基準（厚生労働大臣への提出を除く。）を満たすことを示す書類を保存していること。

　ハ　同号イ（５）中「提出者」を「ADL値が記録されている者」とした場合に，同号イ（５）の基準を満たすことを示す書類を保存していること。

⑤2019年度以降に加算を算定する場合であって，加算を算定する年度の初日の属する年の前年の１月から12月までの間に，指定居宅サービス介護給付費単位数表の通所介護費の注11に掲げる基準に適合しているものとして都道府県知事に届け出ている場合には，届出の日から同年12月までの期間を評価対象期間とする。

⑥提出されたデータについては，国民の健康の保持増進及びその有する能力の維持向上に資するため，適宜活用されるものである。

厚生労働省老健局高齢者支援課・振興課・老人保健課：介護最新情報Vol.628「指定居宅サービスに要する費用の額の算定に関する基準（訪問通所サービス，居宅療養管理指導及び福祉用具貸与に係る部分）及び指定居宅介護支援に要する費用の額の算定に関する基準の制定に伴う実施上の留意事項について」等の一部改正について」等の送付について」（2018年３月22日）

　表４からイメージできることは，６カ月経過すると機能が低下する人もいるでしょう。しかし，低下した人以上に機能が向上した者がいれば相殺されますので，ADL維持に貢献している事業所だと認めてもらえるということになります。デイサービス事業所としては，ADLの項目で改善の可能性がある利用者の存在を確認した上で，生活機能向上のための訓練を提案し，取り組むべきです。特に，個別機能訓練加算（Ⅱ）の食事・整容・着替え，個別機能訓練加算（Ⅰ）の歩行などは改善しやすいポイントです。

　Barthel Indexの特徴は，「できるADL」を評価する点で，FIMの「しているADL」とは解釈が異なることです。機能訓練の場面などでできればよいので，病室ではしていなくても「できる」と評価します。個別機能訓練加算を算定する上で必須とされている「居宅訪問チェックシート」はADLの行為を「している」か「していないか」で判断しますので，Barthel Indexとは違いが生じるかもしれません。できる限り「できるADL」は病室や居宅においても「しているADL」であるように努力することが大切です。

また，Barthel Indexは利用者のADL自立度を判断するものですが，ADL維持等加算は利用者全員のADL自立度の推移を確認するものであり，事業所の目標に掲げやすいと言えます。ですから，デイサービスではできる限り利用者自身に頑張ってもらい，できない部分のみを介助する雰囲気をつくらなければなりません。そのためには，介助サービスの質を転換しなければならないデイサービス事業所もあるかもしれません。

　機能訓練指導員としては，自事業所がADL維持等加算の対象事業所となるように，Barthel Indexの評価を開始し，能力向上の可能性がある利用者をリストアップして，重点的に訓練する計画を立てているでしょう。その内容は，個別機能訓練加算（Ⅰ）（Ⅱ）に関連していますので，新たな内容が2018年度の改定で増えたと考えられますが，より向上を意識した訓練内容になっているでしょう。居宅訪問チェックシートを使って聞き取りをする時に一緒にBarthel Indexで評価し，改善の可能性が考えられる項目については，最初から改善に向けた機能訓練を提案するのがよいと考えられます。これまでの「介助を中心としたサービス」ではなく，「生活機能の維持・向上を目指した利用者自らができる限り自分で行うことを増やすサービス」に変貌していく途中段階であると認識するべきでしょう。こうした方針を踏まえて，機能訓練指導員に必要な考え方や行動をまとめます。

1．事業所の中での利用者の動線と目的を書き出してみる

　利用者の動線と利用者が動く頻度，その目的を書き出してみます。ひょっとしたら，同じテーブルに座ったままで，トイレや入浴，歯磨き，レクリエーションの時に目的地まで動くだけという利用者が多くありませんか。このような事業所は，活動性が低く，利用者は何もしなくてよい事業所である可能性が高いと考えられます。利用者は，必要なこと以外に動く気持ちが薄れ，「してもらうことを待つ」姿勢になっているでしょう。

2．事業所の中での職員の動線と目的を書き出してみる

　職員についても同様に，動線と目的を書き出してみましょう。ものすごい量の動線が利用者のいるテーブルに向かって引かれていませんか。あなたの事業所が利用者に「座っていましょう」と声をかける頻度が多い事業所でないことを祈ります。もしも，「利用者に漢字のドリルを持っていく」「レクリエーション時に使う道具を持っていく」「お茶を渡す」「トイレ誘導のために声をかけに行く」など，利用者ができる・自ら行おうとすることまで職員がしてしまっていたとしても，改善の余地が残されています。利用者自らが行い，それを近くで見守る・声をかけるために職員が動いているのであれば，利用者の生活機能が向上する可能性は高まります。「漢字のドリルを持っていく」のではなく「利用者と共に漢字ドリルがある場所に行き，自ら選んでもらう」，「レクリエーション時に使う道具を持っていく」のではなく「レクリエーション時に使う道具をテーブルの上にまとめて置き，1人ずつ取りに来てもらう」，「お茶を渡す」のではなく「給茶機のところまで同行し，利用者にボタンを押してもらう」ようにすればよいのです。トイレに行く時間を決めることなく，「30分後にはお昼ご飯です。おトイレの方はいませんか」と声をかけ，利用者が自分の膀胱の状態を考えてスケジュールを決める援助ができれば，なおよいのではないでしょうか。

3．居宅訪問チェックシートや興味・関心チェックシートを活用し，利用者の家庭生活におけるADL状況や生活上の思いを知る

　加算を算定するのに必要だからという理由で聞くのではなく，利用者宅で聞き取りしながら一緒に生活を見つめ，「こうなりたい」「〇〇ができることを維持したい」「〇〇ができるようになりたい」「以前行っていた〇〇をもう一度したい」と言う利用者の思いを引き出すのです。前者と後者では，目的が大きく違うため，利用者や家族が主体性を持ってサービスを利用する意識も大きく違ってきます。サービス利用に対する意識を変えていかなければ，「デイサービスに行けばしてもらえる」「しんどいことはしたくない」「デイサービスでは介助をしてくれるからするけど，家ではしない」など，利用者や家族の意識は一向に変わりません。

4．利用者と職員が共に「できそうなこと」「やりたいこと」「過ごす時にあると良いこと」などを考える機会をつくる

　花を活ける，広告紙でゴミ箱を折る，事業所で使うタオルをたたむ，漢字や計算のドリルをする，歌詞を見ながら一緒に歌う，口腔体操を一緒にするなど事業所がすでに行っていること加えて，プランターで野菜を作る，日曜大工で本立てを作る，ビーズ手芸で事業所の暖簾を作る，俳句を一緒に作る，デイサービス新聞を一緒に作る，趣味の本を持ち寄りデイサービスに図書コーナーをつくる，個人の作品展を開催する，市町村の広報などを置いておく，近所に咲いている花の写真を飾るなど，利用者と職員が共に作ったり会話をしたりすることができるものを多くそろえましょう。つまり，生活上の見聞きすること，すること・したいことを増やすきっかけづくりが重要だということです。

5．事業所で行っている生活機能向上のための訓練を家庭内でもできるようにする

　事業所で行っている生活機能向上のための訓練（スプーンを使った食事訓練，ズボンを引き上げる衣服着脱の訓練，くしで髪をとく整容動作の訓練，前かがみの姿勢で腹圧をかける排泄動作の訓練，浴槽をまたぐ訓練，レンジで調理する訓練，掃除訓練など）が家庭生活においてもできるようにすることが個別機能訓練加算の目的です。送迎の機会に，できれば家に上がらせてもらって，事業所で行っている訓練を家でもできるかどうかを確認し，利用者や家族に注意事項を伝える手間を惜しまないことです。一緒に確認すると，家庭内での利用者の動作状況だけでなく，家族の介護状況も確認できます。場合によっては，家族の過介護によって，個別機能訓練の効果を発揮することができなくなっているかもしれません。この過程を3カ月ごとに行い，利用者や家族と共に生活の変化を確認し合えばよいのです。お互いの情報交換がなければ，効果は上がりません。

　ADL維持等加算は，個別機能訓練加算の効果が上がっているのかを実証するための大事な機会であると考えるべきです。個別機能訓練加算（Ⅰ）（Ⅱ）を両方算定しながらもADL維持等加算を算定できない事業所は，効果を上げられない，あるいは工夫が足りない事業所である可能性が高いと判断できます。能あるケアマネジャーや保険者は，その動向を注視していることでしょう。

　個別機能訓練とは直接関係ありませんが，栄養改善加算も見逃せない加算です。低栄養リスクのある人に対して多職種協働でカンファレンスを開き，栄養ケア計画を作

成するものです。2018年度の改定で外部の管理栄養士との連携でも算定が可能となりました。また，介護職でも利用者の栄養状態を定期的に検査をし，ケアマネジャーと情報を共有することで栄養スクリーニング加算を算定することができます。低栄養が原因で機能訓練の効果が出にくい場合もありますので，機能訓練への取り組みと同時に栄養状態の把握と改善を行わなければなりません。栄養状態や口腔機能，服薬状況など，利用者の健康管理に関するケアマネジャーとの情報共有が，今回の改定でより必要とされるようになりましたので，連携の強化が大切です。

Barthel Index評価におけるポイント

利用者の家庭で実際の様子を観察したり家族などから聞き取りを行ったりして，以下の状態像に近いものを選び判断しましょう。家庭内での生活状況を把握するのが難しければ，事業所内での様子を観察したり職員から聞き取りを行ったりして判断してもよいでしょう。いずれにしても，家庭でのことか事業所内でのことかを記載しておき，6カ月後に再評価をして機能訓練の効果についても判定します。

1．食事

自立（10点）：利用者個人にとって適切な時間で食べることができる状態。自助具などを活用しても構わない。

部分介助（5点）：食べ物を細かく切ったり，食器の配置を変えるなどの介助を要する状態。自助具などを活用しても構わない。

全介助（0点）：食事動作の全部またはほとんどに介助が必要な状態。

2．車いすからベッドへの移乗

自立（15点）：車いすやいすなどとベッド間の移乗がすべて自分でできる状態。

部分介助（10点）：車いすやいすなどとベッド間の移乗に介助が必要であるが，自分でできる状態。

部分介助（5点）：ベッドで起き上がり座っていることはできるが，移乗動作には介助が必要な状態。

全介助（0点）：移乗動作の全部またはほとんどに介助が必要な状態。

3．整容（手洗い，洗顔，歯磨き，ひげ剃り，化粧など）

自立（5点）：整容動作がすべて自分でできる状態。

全介助（0点）：整容動作に何らかの介助が必要となる状態。

4．トイレ動作

自立（10点）：トイレ動作がすべて自分でできる状態。ポータブルトイレや尿器，手すりなどの福祉用具類を活用しても構わない。

部分介助（5点）：ズボンのお尻部分を上げる，トイレットペーパーを取る，お尻を拭くなどの介助が必要であるが，その他はできる状態。立った状態で身体を支えるなどの介助が必要な状態。

全介助（0点）：トイレ動作の全部またはほとんどに介助が必要な状態。

5．入浴

自立（5点）：入浴動作がすべて自分でできる状態。浴槽に入る，シャワー浴をするなどの入浴方法のいずれかでできる状態。

全介助（0点）：入浴動作の全部またはほとんどに介助が必要な状態。

6．歩行

自立（15点）：見守りまたは介助なしで45m以上歩ける状態。義足，装具，杖，松葉杖，歩行器（車輪付きは除く）を使用しても構わない。

部分介助（10点）：見守りまたは少しの介助があれば45m以上歩ける状態。

部分介助（5点）：車いすで自走して45m以上移動ができる状態。

全介助（0点）：歩行または車いすでの移動の全部またはほとんどに介助が必要な状態。

7．階段昇降

自立（10点）：見守りまたは介助なしで階段昇降ができる状態。手すりや杖，松葉杖などを活用しても構わない。

部分介助（5点）：見守りまたは少しの介助で階段昇降ができる状態。

全介助（0点）：階段昇降の全部またはほとんどに介助が必要な状態。

8．着替え

自立（10点）：各種の衣類や靴，靴下，装具やコルセットなどの着脱ができる状態。

部分介助（5点）：着替えに介助を必要とするが，半分以上は自分でできる状態。

全介助（0点）：着替えの全部またはほとんどに介助が必要な状態。

9．排便コントロール

自立（10点）：失禁がなく，排便のコントロールが可能な状態。脊髄損傷者などでは坐薬や浣腸を活用しても構わない。

部分介助（5点）：坐薬や浣腸に介助が必要な状態。たまに便失禁がある状態。

全介助（0点）：常に便失禁があり，全部またはほとんどに介助が必要な状態。

10．排尿コントロール

自立（10点）：失禁がなく，排尿のコントロールが可能な状態。脊髄損傷者などでは収尿器を活用しても構わない。

部分介助（5点）：たまに尿器やトイレに行くまでに尿失禁がある状態。収尿器の着脱や管理に介助が必要となる。

全介助（0点）：常に尿失禁があり，全部またはほとんどに介助が必要な状態。

※ADL維持等加算の算定要件は6カ月後の点数で，対象者のBI利得は「0以上」が条件となりますが，本書の「3　個別機能訓練計画記載事例集」では便宜上，3カ月後の記載例を掲載します。

計画および訓練実施

　個別機能訓練計画書は，個別機能訓練加算（Ⅰ）（Ⅱ）共に3カ月ごとに作成しなければなりません。その根拠は，**資料8**（P.18～23）中にある「2　個別機能訓練の実務等について」の「（2）個別機能訓練の実務」項目「オ」に示されています。機能訓練指導員と他職種が共に同じ方向を向いて考え，それぞれの視点からの情報を持ち寄り，それを踏まえてこの計画を作成しなければなりません。

　例えば，心身機能の能力，ADL・IADL能力，動作の特徴に関する情報，機能訓練の内容に意見を持つ機能訓練指導員，疾病の経過，服薬状況，バイタルサインなどの

資料10　カンファレンスの例

時間	利用者	機能訓練指導員	他のスタッフ
11:30	他の利用者と少し離れた場所で，評価を始める		それぞれの仕事をしている
11:40	他のスタッフも集まり，機能訓練指導員から機能面評価のまとめの報告と，他のスタッフから職種の特徴を踏まえた情報報告と利用者も交えた意見交換		
11:50	利用者と他のスタッフも含めて，一緒に決定事項の確認作業（機能訓練指導員を中心として）		

情報，日々の体調に合わせたメニュー制限などの意見を持つ看護職員，日々の生活行為，会話から得られる興味・関心などの情報，理解しやすい言葉かけに関する意見などを持つ介護職員，家族や友人との関係についての情報，デイサービス場面での交流，家族との情報交換に関する意見を持ち，加えて家屋環境などの情報を持つ生活相談員などが集まり，お互いの情報と意見を尊重しながら，利用者の人生を踏まえた機能訓練はどうあるべきかなどが検討されるとよいのではないでしょうか。

　利用者と共に行うカンファレンス時の検討を具体的に説明します。

生活相談員：デイサービスの平行棒や廊下の手すりを持って歩いてみませんか。家では，家中に手すりは取り付けられないので，まず，部屋からトイレまで手すりを伝って歩いて行けることが実現できたらどうでしょう。

介護職員：夜間，1人でトイレに行けるのは素晴らしいことですよね。家族の介護負担も減りますよ。

看護職員：夜間の排尿は1回だと聞いていますので，起きた直後にふらふらしないようにすれば転倒を防げるはずです。

利用者：そうですね。歩く練習をしてみようかな。

機能訓練指導員：では，部屋からトイレまでの手すりのイメージに近い廊下の手すりで練習しましょう。計画を説明する時にその話をご家族にもしてみます。

　このような評価や計画を考えるカンファレンス（簡単な情報交換と検討会）が実施されると素晴らしいと思います。カンファレンスは，会議室で机を並べて行う必要はないと思います。新しい利用者が来所した日の昼前ごろに，利用者と一緒に評価と短時間のカンファレンスを行うのが現実的です。

　ある事業所では，**資料10**のように20〜25分程度で機能訓練評価とカンファレンスを行っていますが，1日状況を観察して帰る前に実施する場合もありますし，次回に行う場合もあります。

　個別機能訓練については，（Ⅰ）の場合は，通常規模であれば個別に15〜20分程度訓練を実施する場合が多く，大規模であれば他のスタッフに協力してもらい複数の集団中心のメニュー（20〜30分程度）を実施して，数多くの方に訓練を提供することになると思います。また，（Ⅱ）の場合は，個別の日常生活動作訓練を15〜20分程度実施する形が主流となります。

　マンツーマンの訓練は，それぞれの訓練メニューを利用者のすぐそばで手を貸しながら実施する場面をイメージしやすいと思いますが，集団メニューを機能訓練指導員が実施する場面をイメージしてもらうには，工夫が必要です。以下にいくつかのパ

表5　集団体操・集団筋トレ・合唱

メニュー	内容		機能訓練指導員の指導内容
集団体操	1. グー・パー（3〜5回行う） 2. 手をブラブラさせる 3. 腕をゴシゴシこする 4. バンザイをする 5. 背中（肩甲骨や腰）に手を回す 6. 肩をたたく 7. 首を前後右左 8. 深呼吸後に頬を膨らます	9. 息を長く吐く 10. 脇を肘で叩く 11. 身体をひねる 12. 腰を叩く 13. 足を上げる 14. 大腿から下腿まで叩く 15. 足首を上げる 16. 足首を回す 17. 深呼吸	・目前で動作を見せる ・近くで見せる工夫も必要 ・基本的に3〜5回実施 ・全体で20分程度 ・音楽を流しながら実施 ・痛みのない範囲で実施するように声かけする
集団筋トレ	〔利用者の体力に応じて手首におもりを付け〕 1. 肘を胸の辺りまで曲げ，その後上げる（20回） 〔利用者の体力に応じて足首におもりを付け〕 2. 膝を曲げたまま上げる（20回） 3. 膝を伸ばして上げる（20回）		・目の前で動作を見せる ・10回行ったら休憩し，また10回実施 ・全体で15分程度
合唱	1. ゆっくりとしたテンポの曲（唱歌や童謡など）を手を動かしながら歌う 2. 勇ましい曲を足踏みしながら歌う（『365歩のマーチ』など）		・指揮者のような動作をまねしてもらう ・座って足踏み動作をまねしてもらう ・全体で10分程度

ターン（**表5，6**）を紹介します。

　合唱は，皆で楽しく身体を動かすことが主眼となっていますので，大きな声が出なくてもよいと考えるべきです。また，歌については季節を考慮したり，リクエストに応じて変更したりする柔軟性も必要です。

　表6のタオル体操は，生活上行われる整容動作，入浴動作をイメージしています。個別機能訓練加算（Ⅰ）にあるように，日常生活の充実に資する点で考えると，その生活上動作の部分的なものではありますが，日常生活の練習につながっています。個別機能訓練加算（Ⅱ）の場合は，日常生活動作の訓練が主となり，その内容に身体機能の訓練を加えることは可能であるという逆の考えとなります。

　表5，6は，通常組み合わせながら1時間程度を想定しています。機能訓練指導員が1人で5〜20人程度の利用者を相手に実施し，隣で他のスタッフが作品作りをしているイメージを頭に浮かべてください。機能訓練指導員が動的，他のスタッフが静的な集団プログラムを同時に実施し，どちらか好みの方を選べるとよいのではないかと思います。

　表中に訓練回数が出てきましたので，回数について少し説明しておきます。筋力をつけようと思う場合は，通常は10回行って休憩を挟み，もう10回が有効でしょう。病後などで体力が落ちている場合は，5回以内でもよいでしょう。

　また，筋力をつけたい場合，どの程度の重さ（負荷）が妥当かと考えると，年齢や身長，体重，栄養状態，呼吸状態，体力，重さに対する主観など多くの要素で判断するべきなのですが，看護職員にすべての要素を考えてくださいと言うと嫌になるでしょう。ですから，一番分かりやすい指標として，そのおもりを付けて楽に上げるこ

表6　タオル体操・集団ゴムチューブ筋トレ・短歌

メニュー	内容	機能訓練指導員の指導内容
タオル体操	〔タオルをたたんで〕 1. 腕をこする 2. 顔をこする 3. 胸をこする 4. 背中にたすき掛けのようにして上下にこする 5. お尻をこする 6. 足をこする 7. 足の指の間をこする 〔タオルの両端を握って〕 8. 上に上げる 9. 肩の高さに上げたまま身体をひねる 10. 腰の後ろに回して両手でタオルを引っ張る（腰が伸びる） 11. 片足をタオルですくい上げる（足を持ち上げる） 12. タオルをねじる 13. タオルを絞る 14. タオルを上に投げてキャッチする 15. 深呼吸	・目前で動作を見せる ・近くで見せる工夫も必要 ・基本的に3〜5回実施 ・全体で20分程度 ・音楽を流しながら実施 ・痛みのない範囲で実施するように声かけする
集団ゴムチューブ筋トレ	〔ゴムチューブの両端を持ち〕 1. 胸の辺りで両方に引き延ばす（3〜5回） 2. 片側を足で踏んで腕を上げる（3回） 3. 片側を足で踏んで腕を後方に上げる（3回） 4. 両方を足首の辺りでしばって足を開く（3回） 5. 片側の足首をほどき，いすの足にしばって膝を伸ばす（3〜5回）	・目の前で動作を見せる ・基本的に3〜5回実施 ・一緒に数を数えながら実施 ・全体で20分程度
俳句	1. 季語やテーマを設定する 2. 最初の5字を考え，発表する 3. 別の人が7字で連想し，発表する 4. 2で出てきている5字で完成させる 5. できた俳句の解説をし，テーマを基に連想する	・身近なものでテーマを考える ・最初の5字はホワイトボードに書き出して見せる ・とりあえず，その中の1つを選択する ・その内容に合った7字を連想してもらい，発表する ・最後に合致しそうなものをホワイトボードの中から見つけて完成させる ・解説は意味を考え，連想はそのお題から回想法的に話を広げる ・全体で30分〜1時間程度

とはできるけれども，10回続けるとしんどくなってくる程度の重さが安全な負荷量であると言えるでしょう。専門的判断はリハビリテーションの専門家に任せた方がよいでしょうし，安全と思える程度で実施するべきだと思います。

個別機能訓練の時間設定については，次のＱ＆Ａが参考になります。

> **問：個別機能訓練加算Ⅱの訓練時間について「訓練を行うための標準的な時間」とされているが，訓練時間の目安はあるのか。**
>
> 答え：1回あたりの訓練時間は，利用者の心身の状況や残存する生活機能を踏まえて設定された個別機能訓練計画の目標等を勘案し，必要な時間数を確保するものである。例えば「自宅でご飯を食べたい」という目標を設定した場合の訓練内容は，配膳等の準備，箸（スプーン，フォーク）使い，下膳等の後始末等の食事に関する一連の行為の全部又は一部を実践的かつ反復的に行う訓練が想定される。これらの訓練内容を踏まえて利用日当日の訓

> 練時間を適正に設定するものであり，訓練の目的・趣旨を損なうような著しく短時間の訓練は好ましくない。なお，訓練時間については，利用者の状態の変化や目標の達成度等を踏まえ，必要に応じて適宜見直し・変更されるべきものである。

2012年度介護報酬改定に関するQ＆A（Vol.1）（2012年3月16日）

このことから考えられるのは，個別機能訓練の内容に応じて訓練時間は決まるものであり，一律ではないということです。つまり，利用者の状況に応じた訓練内容を複数設定し，その日の状況に応じて柔軟に決めていくべきであると言えます。

機能訓練指導員に求められること

　事業所内にレクリエーションを好み，それを得意とするスタッフが1人以上いれば，楽しい雰囲気がつくれます。しかし，機能訓練指導員という仕事を好み，それを得意とする人は，理学療法士や作業療法士，言語聴覚士が多く，看護職員には少ないかもしれません。

　歩行訓練や筋力強化訓練は，それ自体が楽しいものではなく，頑張って取り組んだ結果，楽しみや喜びがついてくるものです。しかし，訓練中に思わず笑みが出てくることは珍しくありません。例えば，訓練の効果を実感したり達成したりする喜びから生まれる笑顔です。そうした反応を分かりやすくかつ的確に，喜びも込めて利用者と機能訓練指導員が確認し合うことは重要ではないでしょうか。つまり，訓練中に笑みが出るのは，機能訓練指導員の適切なフィードバックと楽しい雰囲気づくりが前提にあるものだと思います。

　そのためには，機能訓練指導員は気さくな人柄で，利用者が安心できる雰囲気を兼ね備えることが必要です。利用者は，訓練中に痛みのことや訓練の仕方に関すること，家での出来事などいろいろなことを話しかけてきます。本来，機能訓練指導員は身体を動かし，話ばかりで過ごすものではありませんが，時には家での出来事などで話が盛り上がることもあるでしょう。

　もっとも，手足の機能を意識した運動や生活行為の反復練習だけが訓練ではないことは，言うまでもありません。日常の会話でも言葉を出したり，感情を表したりすることが口腔機能の訓練や呼吸機能を高める訓練になります。私は，午前中の機能訓練時に利用者の前で必ずその日の昼食を発表するのですが，利用者からは「やったー」「今日は梅干しが欲しいな」「今晩に期待しよう」などさまざまな反応が返ってきます。ここから会話はそのメニューに関すること，食材のこと，味付けのことはもちろん，利用者の調理の仕方，よく買い物に行く店，調理をする時の服装，ごみ捨てのことなど関連する話にどんどん広がり，ついにはそれぞれの生活や人生にまでつながっていきます。私もその会話の中にいるので，私の普段の生活は，友人よりも利用者の方がよく知っているかもしれません。会話だけでなく，しりとり，じゃんけん，短歌を作る，カラオケを歌う，おやつを作るなどの作業の際にも同じことが言えます。

　利用者と人生を語り合える機能訓練指導員の人柄が利用者にとって「豊かで楽しいデイサービス」につながるのではないでしょうか。

利用者の心身機能を正しく評価するポイント

ケアマネジャーからの情報だけでは不十分

　ケアマネジャーは，利用者のアセスメント（評価）を行い，居宅サービス計画書を作成してデイサービスに依頼します。ケアマネジャーが行うアセスメントの内容は，ケアマネジャーにとって必要な情報であることが多いと思います。中には，要介護認定の認定調査時の情報や主治医意見書から得た情報がそのままアセスメントとなっていることもあります。ですから，病気や服薬の経歴，家族の介護に関する理解度やかかわりの変遷など，デイサービスが必要とする情報が不足していることも多いのです。

　ケアマネジャーの大半は，所属する事業所で導入しているアセスメントツールを利用しています。アセスメント項目に沿って「できる」「できない」などを選んでいけばよいのですが，それだけでは状況の一端が分かるだけで，なぜその状況になっているのか，今の生活がどのようなことが関係し合ってできているのか，家族はどのような介護で大変な状況となっているのかといった根本のことは分かりません。

　このような状態で開かれるサービス担当者会議は，ケアマネジャーにとってはデイサービスを利用するためのサービス事業所の紹介や情報伝達の場であり，サービス事業所にとってはケアマネジャーからの依頼事項の確認の場でしかなく，短時間で終了してしまいます。そしてサービス事業所の説明および契約の場へと変身してしまうことが多いのです。

デイサービスのアセスメント

　デイサービスの現場責任者は，担当ケアマネジャーからアセスメント情報を入手し，通所時の送迎手段，入浴方法，昼食の形状，通所での過ごし方などを検討します（P.170，171，介護給付③「通所介護アセスメントシート」参照）。デイサービスの事業所としても，日中の過ごし方を中心にアセスメントをしますが，家での介助方法と通所場面での介助方法を統一する意識が少ない責任者も多いようです。その理由は，昼間の7時間程度を預かっているだけで，その中で最低限関係する入浴，排泄，更衣，食事，会話などを知ればサービス提供に支障はないと考えるからです。

　では，夜間のことや家での家事関連動作などは関係ないのでしょうか。生活機能を考えると，昼間の活動が夜間の良眠につながり，会話や交流で楽しめることが日々の意欲向上にもなり，通所場面での立ち上がりや立位保持，また歩行訓練などが家事動作を行う際の基本的能力につながっています。そう考えると，身体機能の訓練〔個別機能訓練加算（Ⅰ）〕だけでもよいのではないかという考えもあるでしょうが，家事動作や家庭内のADL〔個別機能訓練加算（Ⅱ）〕で直接的にその訓練を行った方が，より効果は得られるでしょう。また，個別機能訓練加算（Ⅰ）と（Ⅱ）の両方の訓練を利用することもよいことだと思います。そう考えると，アセスメントにおいては，興味・関心チェックシートや居宅訪問チェックシートを用いて家庭内のADLやIADL，社会的（家庭内）役割・活動の状況を十分にアセスメントし，それに直接的に貢献で

きる訓練も必要であると言えます（**表7**）。

　アセスメントの視点として重要なことは，興味・関心チェックシートや居宅訪問チェックシートを用いて家庭内のADLやIADLの状況と，屋外の段差，道路，近隣の環境，玄関や居室の環境，自宅のトイレ・浴室などの環境，人との関係性，近隣との交流の状況，普段の日中活動状況，介護者との関係性をしっかり見ておく必要があります。そしてその環境も含めて，デイサービス場面でどのように工夫すれば生活全般に貢献できる可能性があるのか，家庭内のADLやIADLが段階的にできるようになるには，どのようにして情報を得ながら適切な配慮の実践ができるのか，家族やケアマネジャーなどとしっかりと検討し，打ち合わせをしながら情報をまとめることだと思います。

　介護予防通所サービス利用者のアセスメントは，ADLやIADLに加えて，生きがい趣味活動など，より活動的な部分を意識してアセスメントするべきだと思います。予防給付の場合，認知面は低下していない利用者が多く，生活機能維持・向上サービスは介護給付より幅広く多彩な内容になってくると考えられるからです。

機能訓練指導員が行う評価（心身機能を中心とした評価）のポイント

　まず，評価（ケアマネジャーは「アセスメント」をよく使いますが，セラピストは通常「評価」を使います。ほぼ同じ意味を表しています）に要する時間は利用者にとって特別な意味を持つことを念頭に置かなければなりません。利用者は，自身の身体がどのような状況にあるのかを十分に理解できずに，不安を抱えていることも多いものです。膝や腰の痛み，歩き方などを時に専門家に診てもらいたいと思っているでしょう。この時間を単なる質問や動作の確認だけで終わらせてはいけません。また，評価の内容をメモすることに終始してしまうこともいけません。つまり，利用者と向き合い，しっかりと把握・理解する時間なのです。

　機能訓練の評価は，利用者の思いも含めて評価するべきであると思います。膝に痛みがあって動くとつらいが，トイレにだけは時間をかけてでも自分で行こうと思っている。食事は麻痺した右手にスプーンを持たせて半分程度までは食べるが，後半は疲れるので左手にスプーンを持って食べている。こういった利用者の思いをくみ取ることが大切です。再度言いますが，利用者の思いが含まれてこそ全人間的評価であり，デイサービスに生かせる評価になります。今回の改定で示された興味・関心チェックシートは，利用者の思いを聞き取るために活用できるものだと考えられます。

　利用者を評価することは，言わば「利用者の身体や心を理解するやりとり」です。利用者の身体を触りながら，表情を見ながら情報を得たり，利用者自身の思いに関するやりとりをすることで利用者の全体像が理解できると考えるべきです。そのためには「情報を知りたい」という姿勢で臨むのではなく，「あなたのことを教えてほしい」という気持ちで臨むべきだと思います。

　評価に関しては，居宅訪問チェックシートを活用し，可能な限り利用者と一緒に判断するとよいでしょう。また，状況や生活課題についても分かりやすく説明し，確認しながら利用者と共にまとめていきましょう。

表7 デイサービスのアセスメント項目

項目	内容
生活歴	生育歴，教育歴，職業歴，家族歴，子育ての状況，今までの生活状況，現在の生活状況や過ごし方
既往歴	今までの疾病やその経過，疾病に関する理解の度合い
現病歴	現在の病気の状態やその経過，治療の状況，受診の頻度，主治医，入退院状況，疾病に関する理解の度合い（家族の理解状況も含む）
リハビリ歴	病気等になってからのリハビリ内容とその経過，リハビリへの意欲
服薬内容と履歴	服薬の経過，服薬の状況，現在の薬の効き具合，薬の管理状況
バイタル状況	平熱，血圧，脈拍数，呼吸数，呼吸リズム，酸素飽和度
認知機能	物事の認識・理解度，BPSD
目の状態	視力，見え方，眼鏡の有無，点眼薬の使用状況
耳の状態	聴力，補聴器の有無
歯の状態	歯の喪失程度，義歯の状況，義歯の管理，口腔の清潔状況
皮膚の状態	張り，つや，皮膚疾患の有無と状況，浮腫の有無と状況
関節可動域	自動（自ら動かす）の可動域，拘縮の有無，関節の痛み
麻痺	麻痺の種類・程度
筋力	筋力，握力
起居動作	寝返り方，起き上がり方，座位保持能力，立ち上がり能力，立位保持能力，補助具使用の状況（ベッド，いす・車いすなど）
移動動作	歩行能力，補助具使用の状況，移動範囲
衣服関係	着脱動作能力，衣服の前・後ろの認識，好みの服，靴の種類（介護用靴，ひも靴，面ファスナー止め靴，スリッパなど），靴の着脱能力，着替え場所，暑さ寒さの感じ方
整容関係	手洗い動作能力，歯磨きの習慣，整髪習慣，ドライヤーの使用状況
入浴関係	洗身動作能力，洗髪動作能力，湯につかる時間や好みの湯温，家庭浴槽の形状，入浴関連福祉用具等の使用状況，手すり等の使用状況
排泄関係	尿意・便意，尿量・便量，排尿・排便の頻度，便の形状，踏ん張り方，排泄の姿勢と持つ場所，下剤の使用の有無と使用時の状況，おむつの使用の有無と使用するおむつの形状と使用状況，トイレットペーパーの使用状況，温水洗浄便座の使用状況
食事関係	食事制限，嚥下状況，食事の形態・量，水分摂取の形態・量，食事時間，好き嫌い，食事の時の姿勢，机の高さやいすの状況，使用道具と食べ方
コミュニケーション関係	意思表示の手段，意思伝達能力，指示の理解能力，他者に対する意思表示の積極性の有無，声の大きさ，普段よく使う言葉
睡眠の状況	睡眠時間・リズム，昼寝の習慣，眠剤使用状況，普段の覚醒レベル，寝る姿勢
家事の状況	買い物，調理，洗濯，掃除などへの関与（居宅訪問チェックシートを活用），金銭の管理能力
興味・関心	物事への興味・関心の内容（興味・関心チェックシートを活用），趣味や生きがい
家族との関係	家族状況，家族との力関係・親密度，発言力，家族の希望，連絡先
周りとの交流	今までの役割，現在の家庭生活への関与度，知人・友人関係の状況
環境	住宅環境（構造や広さ，段差の有無や手すり整備状況），居室の環境（部屋の中にある物や使用状況），利用者が持つ場所や動線，近隣の環境

※起居動作，移動動作，衣服関係，整容関係，入浴関係，排泄関係，食事関係，環境は，居宅訪問チェックシートを活用。

表8　多職種協働での評価と計画例

職種	情報や意見
機能訓練指導員	「両下肢の筋力が少し弱そうですね」 「両下肢の筋力強化が必要だと思います」 「おもりを付けて訓練を提案してみたらどうでしょうか」
看護職員	「左下肢や腰のしびれが気になるのですね」 「毎日湿布で我慢していると言われてましたね」
介護職員	「車いすから立って移乗する時に痛みで転倒しないだろうか」 「現時点では，移乗時の転倒に注意して介助する必要があると思います」 「訓練で両下肢の筋力がつくと楽にできるかもしれませんね」
生活相談員	「我慢強く頑張ろうという気持ちをお持ちですよね」 「転ばないように気をつけないといけないとお聞きしました」 「家でできる訓練も教えてほしいとご家族が言っておられましたよ」
利用者	「転ぶのは注意しないといけないと思う」 「下肢の力をつけたら，歩くのが楽になるだろうか」 「訓練は何をしたらよいだろうか」
まとめ （機能訓練指導員が中心となって）	「腰や下肢のしびれに注意して，移動する時や入浴時には転倒に注意するように声をかけてもらって動きましょうか」 「両下肢の筋力強化訓練を中心に機能訓練プログラムを組み，家庭でもできる練習は紙に書いて持って帰ってもらいましょう」 「筋力強化のおもりは，とりあえず1kgから試してみましょう」 「一緒に頑張りましょうね」

多職種協働で行う評価

　機能訓練評価は，基本的には機能訓練指導員が行いますが，他職種も評価に加わる必要があります。しかし，そこに専門的意見を求めると「分からない」とか「専門家がするべきだ」との声が返ってきます。多職種協働で評価して計画を作成するのが基本ですから，他職種から見た専門的な情報や意見を教えてもらい，利用者の思いを一緒に考えてみてはどうでしょうか。**表8**はその一例です。

　多職種協働で評価する場面においては，利用者と会話しながら，それぞれの視点で得られた身体機能面等の情報，利用者の話・表情，その他の観察内容などを出し合い，一緒に考えられるとよいと思います。例えば昼前のちょっとした時間に10〜15分程度で行うのであれば，お互い時間が取りやすいと思います。

身体機能を評価する

　身体機能の評価は行いやすいと思います。また，要介護認定調査の項目も関係することが多いので，ケアマネジャーを通じてかなりの情報を入手できます。利用者も，身体の機能を見てほしいと積極的に動作をしてくれます。評価の際は，必ず両側の関節や筋肉などを比較しながら評価してください。また，片麻痺の場合においても麻痺側と健側を比較して評価をします。本書で使用している写真は，右片麻痺を想定しています。右上肢は半分程度の麻痺，右下肢はかなり動かせるが麻痺の影響が残っているという設定です。私が片麻痺の状態をまねて写真に収めていますが，十分に表現しきれない部分はコメント等入れていますので，そのコメントも踏まえてご覧ください。

表9 触れると分かること

- 関節や骨の形・太さ
- 関節周囲にある靱帯（関節の周囲にある骨と骨をつなぐ強固な組織）の状態
- 関節の可動性（どれだけ動くか），安定性（ぐらぐらしていないか）
- 関節を動かした時のなめらかさや抵抗感（スムーズに動くのかぎこちない動きか）
- 筋肉の緊張①
- 筋力
- 腱（筋肉が骨に付く前の細くなっている部分）の硬さや張り具合②
- 浮腫の状態③
- 感覚の程度　など

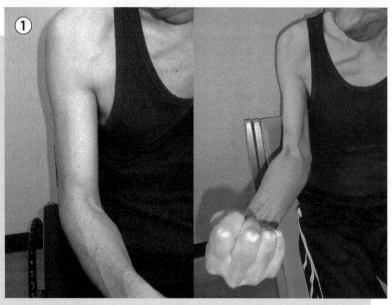

① 弛緩している　　　緊張している

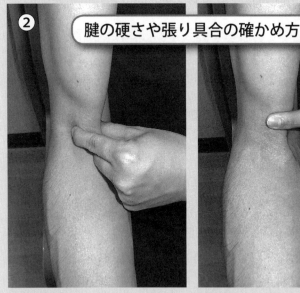
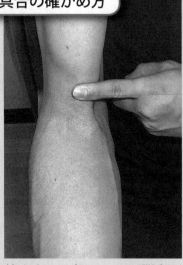

② 腱の硬さや張り具合の確かめ方

つまむと硬い筋のようなものに触れる。硬く張っていたら，これ以上腱を伸ばさない方がよい。

筋を上から押してまだ弾力があるようなら，もう少し筋肉を伸ばす（関節を動かす）ことができる。張っていてそれ以上伸ばすと痛みが出る場合は「危険」というサイン。それ以上伸ばさない。

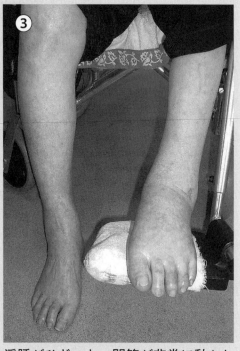

③ 浮腫がひどいと，関節が非常に動かしにくく，触っただけでも痛い場合がある。この場合も主治医や看護職員に相談し，ケアマネジャーに確認する。

　関節に関連する評価時には，評価者が関節部分を必ず触れた上で関節が動く時の音を聞くことが必要です（**表9**）。「グチ」「グニャ」「ゴリ」「グキ」など音の表現はいろいろとありますが，いずれにしても普通とは思えない音が関節部分から聞こえた場合は，主治医やリハビリテーションの専門家への相談や，ケアマネジャーに報告することをお勧めします。

（1）関節の動かし方

　さて，人の関節を動かす時にどこを持てばよいのでしょうか。通常強く握ることはないでしょうが，持つところが不適切だと神経を圧迫して，しびれや痛みを訴えることがあります（**写真1**）し，触ることが不快感につながる場合もありますので注意してください。

■写真1　肘の神経が通る所は押さえない

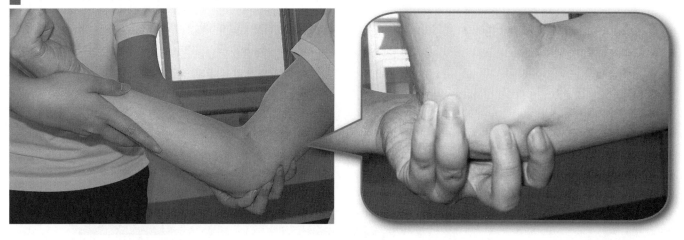

■写真2　肩を動かす時

■写真3　肘を動かす時

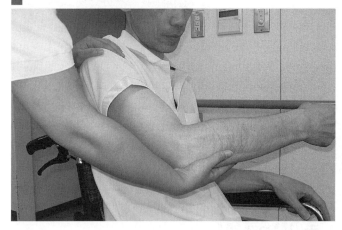
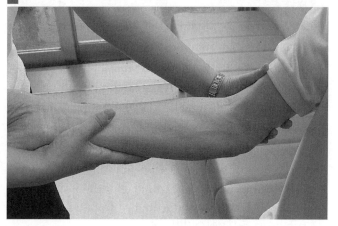

①肩・肘

　肩を動かす時は**写真2**のように腕を支えます。右肩の場合，機能訓練指導員は左手で肩関節の辺りを触りながら，右手で肘を下から支えるようにして，肩関節を動かします。また，肘の曲げ伸ばしをする時は，**写真3**のように上腕と前腕を持ち，上腕を持つ手の指を関節に当てて，その感触を感じ取ります。

　人の腕や足を動かす時は，麻痺の有無にかかわらず，腕や足全体を支えてゆっくりと持ち上げながら動かしてください。**写真2，3**のようなイメージです。関節が硬くなっている場合も多いので，動かした時に抵抗感があれば，必ず「痛みはないですか」と確認しながら動かしましょう。また，動かしている時に，抵抗があってもうこれ以上は動かしにくいなと感じたら，それ以上はリハビリテーションの専門家に任せます。麻痺をしている手足は，痛みが強く出る場合もありますので，十分に注意してください。

②手

　手を開く時は，**写真4**のように手首を曲げると，指が伸びやすくなります。手を握り締めている人の場合，この方法を使うと指先まで開けることができます。手のひらによく汗をかく利用者や，白癬症のある利用者の手指消毒や入浴の洗身時にもこの方法が使えます。

③下肢

　下肢の関節を見る時も，下肢を持つ場所に気をつけ，不快に感じることなくしっかりと持てる場所を探さなければなりません。下肢の場合には，機能訓練指導員の手先だけを使うのではなく，前腕で足全体を支えたり，腰や大腿などで利用者の足を支えたりして動かすとよいでしょう（**写真5**）。

写真4　手の開き方

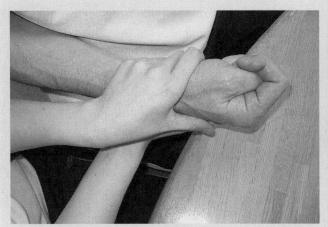
①利用者の手首を両手で持つ

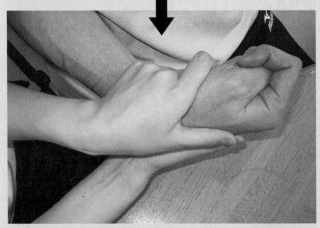
②手関節を内側へ曲げる

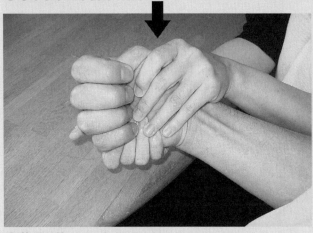
③指を潜り込ませる

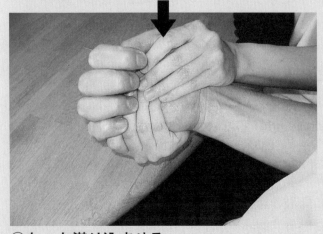
④もっと潜り込ませる

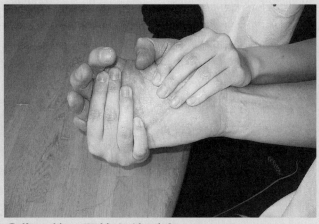
⑤指の第1関節を伸ばす

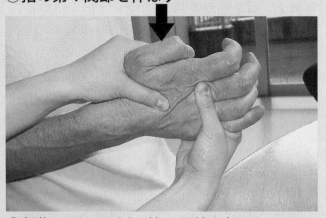
⑥親指で手の甲側の第1関節を押し，手のひらを開く

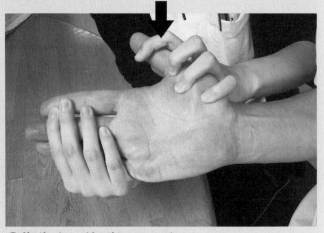
⑦指先まで伸ばしていく

写真5　機能訓練指導員は全身を使う

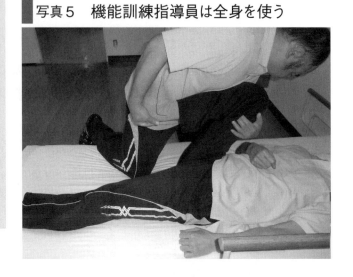

表10 痛みの原因と訓練や指導など

痛みの種類 (利用者がよく使う表現)	想定される痛みの原因	痛みを有する関節の動かし方
引っ張られるような痛み	関節よりも筋肉の腱が短くなっている	筋肉や腱の張り具合を見ながらゆっくりと動かす（筋肉を伸ばす）
チクッとするような鋭い痛み	関節の骨が変形している	音や抵抗の感じを見ながら，痛みが軽度の所までゆっくりと動かす
	関節の靱帯や関節包などが傷ついている	リハビリテーションの専門家に意見を求める
	神経に影響を及ぼしている	リハビリテーションの専門家に意見を求める
鈍い・重たい感じの痛み	関節の骨が変形している	音や抵抗の感じを見ながら，痛みが軽度の所までゆっくりと動かす
	関節の靱帯や関節包などが傷ついて痛みが慢性的になっている	リハビリテーションの専門家に意見を求める

(2) 痛みの評価

　関節を動かすと，時に痛みを伴います。痛みの原因は，関節そのものに異常がある場合と，関節周囲に問題がある場合，筋肉や腱に問題がある場合，神経に影響がある場合，心理的な要因がある場合など多種多様です。原因を判断することはやはり専門家に任せるべきですが，軽度の痛みの場合は，原因を想定して動きに関する訓練や指導などが求められると思います。代表的な痛みとその対処法を**表10**にまとめました。

　関節の動きや痛みについて利用者に聞く時は，その痛みに関する治療の状況と，その痛みをどのように我慢し，どのように対処しているのかを尋ねます。「痛み止めを飲んでも効くのはわずかの時間だけで，その後は湿布を貼って我慢する」とか「痛み止めの坐薬を頻回に使っていると効かなくなる」「温めると何とか我慢できる」，また「天気が崩れそうになるとしくしく痛む」など，痛みにまつわる多様な話を聞くことができます。さらに，「どのような治療をしているのですか」「どうやって我慢しているのですか」などの問いかけが重要です。

　そして，聞いた後には，「そうやって我慢しているのですね」と理解を示し，「ここにある電気治療の道具で痛みを紛らわしますか」「痛みそのものの治療ではありませんが，周りの筋肉を鍛えることで負担が減り，痛みの軽減ができると思いますが，訓練をしてみますか」というように積極的なプログラムを提案するのか，「痛みについてはかなりあるようなので，お医者さんでの治療を最優先した方がよさそうですね」というように医師やリハビリテーションの専門家に任せるのかを判断します。

麻痺と筋力

　筋力，関節可動域等の要介護認定と関係する項目はあらかじめ見ておきましょう。要介護認定では，麻痺は，筋力低下によって動かない場合も「麻痺」と考えており，注意が必要です。医師は主治医意見書で医学的な麻痺を記載しますが，現在介護の世界で広く流通しているケアマネジメントツールは，要介護認定と連動しており，麻痺と筋力低下の区別がつきにくくなっています。機能訓練指導員は，主治医意見書に書かれている麻痺や筋力低下の情報を基本に理解するとよいでしょう。

表11　筋の緊張から見た麻痺の分類

	筋緊張の状態	特徴
不全麻痺	強い	力は入ったとしても緊張が強いため，動作自体ができにくい
	弱い	基本的には力が弱い
	変動する	力は入るが持続が難しく，力がないと判断されることが多い
完全麻痺	ほとんどない	基本的に力が入ることはない。まれに何らかの刺激で動く場合がある

「緊張」の度合に注目して麻痺を分類してみましょう（**表11**）。

麻痺には，不全麻痺（改善の可能性がある麻痺）と完全麻痺（改善が見込めない麻痺）があります。ただし，不全麻痺であっても，原因によって（原因の発生場所や損傷の程度など）は改善が見込めない場合もあります。麻痺が改善する可能性についても医学的専門職の意見を得る方がよいでしょう。回復の見込みがほとんどない場合，力を入れることで筋肉の緊張が増し，筋肉や関節が硬くなって動作に制限が出てくることもあるからです。

緊張が強い麻痺の場合，腕が震えていたり，車いすのフットサポート上で足がガクガクと震えていたりするのをよく見かけます。人間には筋肉そのものの長さを調節する機能が備わっていますが，筋肉とその端である腱に存在する緊張状態（長さ）を感じる部分のコントロールがうまくできないと震えが生じるのです。具体的には，わずかな刺激によって，筋肉が「収縮→ゆるみ→収縮→ゆるみ」を繰り返します。このような状態の時には，震えている部分の筋肉をゆっくりと伸ばすと，そのわずかな刺激への反応にはなりにくいので震えが止まります。ガクガクする動きを止めようと，膝を上から押さえつけてはいけません（**写真6**）。力ずくで押さえつけても，手を離した途端またその動きが出現し，利用者には「止まらない→悪い」といったマイナス的感情が残ってしまいます。こういう時は，大腿を一度軽く持ち上げ（**写真7**），ゆっくりとフットサポートの上に下ろします（**写真8**）。ふくらはぎの筋肉やアキレス腱がゆっくりと伸ばされていくと，足がガクガクと震えるのは治まります。つまり，ふくらはぎの筋肉やアキレス腱がゆっくりと伸ばされると，筋

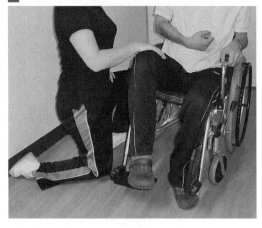
写真6　膝がガクガクとしていても上から押さえつけない

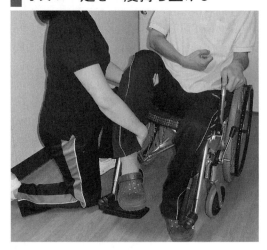
写真7　足を一度持ち上げる

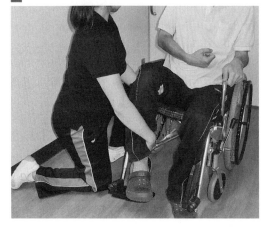
写真8　ゆっくりとフットサポートの上に下ろす

表12　筋力の評価

	具体的状況	専門的評価該当レベル
十分できる	・力が入ってその筋肉の動きができる ・動きを制限するように押さえても動かせるとか，おもりを付けた時のように負担がかかっても，できればより高い評価と考える ・**日常生活動作においてかなりできている状態であり，自立か遠方からの見守りでできる**	4, 5
何とかできる	・力は不十分だが，何とかその筋肉の動きができる ・**日常生活動作において，近くで見守りか部分的介助を要する**	3
できない	・筋肉が動かない，もしくは腕の重みなど重力の影響がない状態にすれば動かせる ・**日常生活動作においてほぼ全介助となる**	0, 1, 2

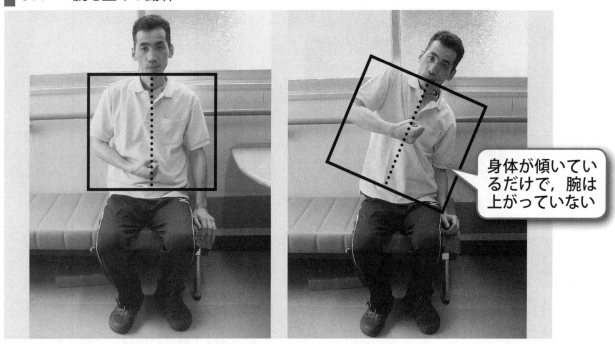

写真9　腕を上げる動作

身体が傾いているだけで，腕は上がっていない

肉そのものの長さを調節する機能が大丈夫と判断してくれるのです。

　リハビリテーションの専門家は，筋力を5段階で評価をしますが，機能訓練指導員は，3段階での評価（「十分できる」「何とかできる」「できない」：**表12**）を基本とすればよいでしょう。また，この3段階の評価に加え，抵抗を加えた際の感触を確認しておくと，評価はより正確なものになります。

　筋力を評価する時には，必死になってその動作をする人がいます。ですから，腕を持ち上げる動作で見てみましょう。**写真9**の2つを見比べると，右側の写真は一見腕が上がったかのように見えますが，身体が傾いているだけで，ほとんど上がっていないことが分かります。

　また，緊張の度合が変動する麻痺については，瞬間的にその動きができても，持続できない状況を評価しなければなりません。その時は，日常生活動作の自立度（**表12**の太字部分）を見て評価しましょう。瞬間的に動きができても，持続できなければ，日常生活動作はできないか，できにくいだろうという判断です。

利用者の自発的動きから評価する

　関節の可動性を見ることは非常に重要ですが，新規の利用者の場合は情報も乏しく痛みがどのような状況でどの程度出現するのか分からない場合も多いものです。その時にはまず，利用者に身体を動かしてもらい，その特徴を見つけましょう（**表13**）。

■表13　自発的動きによる評価方法

	動作		評価するところ	分かること
上肢	バンザイ		肩関節と肘関節の可動域	・肩関節の痛みの有無の程度 ・背中の伸び具合 ・上肢の大体の筋力
	グー・チョキ・パー		手関節と指関節の可動域	・手首や手指の痛みの有無と程度 ・指の開き具合
	指を握って引っ張り合い		上肢から体幹の筋力 座位バランス（背筋も含む）	・上肢の大体の筋力 ・指の開き具合 ・握力 ・背筋力
下肢	足上げ （膝を伸ばして足上げ）		股関節の可動域 （股関節・膝関節の可動域）	・股関節や膝関節の痛みの有無と程度 ・下肢の大体の筋力

下肢	機能訓練指導員が大腿膝を軽く押さえた状態で足を持ち上げる	下肢や背筋・腹筋の筋力	下肢の大体の筋力
	足首からつま先の上下	足関節の可動域	足関節の痛み

　上肢に関しては，バンザイをした後に，機能訓練指導員が行うグー・チョキ・パーの動作をまねしてもらいます。次に機能訓練指導員の指を2本程度握ってもらい，引っ張り合いをします。下肢に関しては，足上げをした後に，大腿の上に機能訓練指導員が手を置いた状態で上方に持ち上げてもらいます。最後に，かかとを床に着けてつま先を上げ下げします。

　評価は，左右の手足を実施して左右差を必ず見ておいてください。特に，片麻痺がある場合は左右差がはっきり現れます。利用者から「右が麻痺して力が入りにくい」とか「右肩の関節が痛くて上げられない」などの訴えが聞ける場合もあるでしょう。

　この動作をしてもらうと，言葉の理解力や動作の理解力などの精神面についても同時に評価できます。理解の程度が分かれば，その後は分かりやすい言葉やジェスチャーを利用することで評価がスムーズに進みます。

　利用者が自発的に動かす時には，「こう動かすと楽にできる」といった動かし方の特徴や，痛みのない範囲，痛みがあるものの何とか動かせる範囲などについても聞き取りをし，最後には大体の筋力も見ます。ここまで終えたら，ようやく機能訓練指導員が利用者の手足を動かします。

　肩関節を動かすに当たり，まず，肩関節の簡単な構造を理解しておきましょう。肩甲骨（**図1**）の肩甲棘を肩に向かってたどっていくと，先端部分が出っ張っているのが分かります。これが肩峰という部位で，肩関節の動きを見る時に重要なポイントです。そ

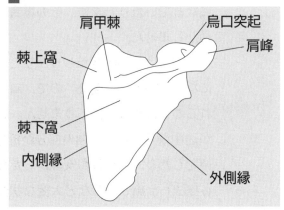

図1　肩甲骨

こから腕の方へ指を滑らせると，わずかにくぼみ（通常は5mm程度）を感じた後，丸みを帯びた硬い骨に触ります。そこが上腕骨頭辺りです（**写真10**）。この指を滑らせた時のくぼみが大きく，指が1cm以上入り込むようだと（**写真11**），動かした時に痛みを生じる場合があります。その時にはリハビリテーションの専門家に相談するか，ケアマネジャーに情報を提供し，医師に確認してもらうようにしましょう。

　肩関節と股関節は球関節と言われており，関節窩（かんせつか）（上腕骨などを受ける側の丸いくぼみ）の中で骨がスムーズに転がることで上肢や下肢を動かすことができます。上腕骨の位置が下がりスムーズに回らない状態が亜脱臼で，上腕骨が関節窩のどこかに当たると関節を痛める原因になります。リウマチや変形性関節症患者は，いろいろな関節が変形して通常よりも平ら，または膨れ上がった状態になっていたり，関節が固まって動かない状況になっていたりします。その場合は，無理に動かしません。

　股関節は，関節窩がしっかりと受ける構造になっています（**図2**）ので，肩のように外れることはめったにありません。しかし，骨が途中から曲がって頸の部分が折れると，手術をしたり，何ヵ月も安静にしたりして（保存療法）治癒させるなど大変な状況になることがあります。股関節に関係する部分で体表から触れるのが大転子（だいてんし）（股関節に関係する筋肉などがつく重要な場所）で，その動きを機能訓練指導員の手で触れて動きを感じます。股関節を曲げる時は回るように動き，外に開く時には少し内側に入り込みます。外に飛び出てくる場合は，普通では考えにくいことですので，リハビリテーションの専門家に相談した方がよいでしょう。骨折して手術をしている場合は，この大転子が触りにくかったり，逆に飛び出ていたりする場合もあります。その場合も主治医やケアマネジャーに確認した方がよいでしょう。

■写真10　肩関節に触れて確かめる

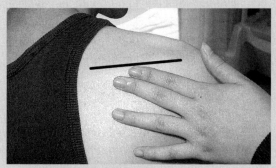
肩甲棘を肩に向かってたどる

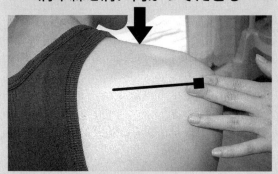
先端の部分が肩峰

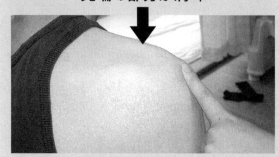
肩峰から指を滑らし，わずかにくぼみを感じた後にあるのが上腕骨頭

■写真11　肩峰と上腕骨頭との間のくぼみが大きい時は要注意

■図2　股関節の構造

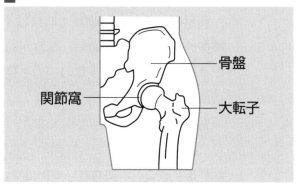
骨盤／関節窩／大転子

■ 写真12　杖をついて歩く人の介助

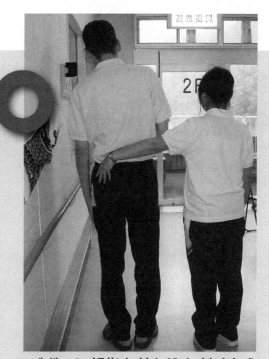

動きを制限することになり歩行動作がしづらい　　ズボンに親指を差し込むだけなら動きを制限しない

　膝関節は，半月板というクッションのようなものが間に存在します。しかし年をとってくると，半月板が傷ついたり弾力性が弱ったりしますので，痛みを生じることが多いのも特徴です。膝の左右へのぐらつき具合を評価しますが，ぐらつきが大きい人は立位保持や歩行が不安定になりやすいので，膝の周囲筋肉を鍛える必要があります。

　その他にも，さまざまな関節（肘関節，手関節，足関節，椎間関節など）があります。いずれも利用者に自分で動かしてもらい，動く程度や痛みの具合を確認した後，関節全体を触りながら，関節に関係する骨を軽く動かしていきます。小さな関節になればなるほど異常が分かりづらいので，気になる場合はリハビリテーションの専門家に確認しましょう。

姿勢や歩行状態を見る

　起き上がり動作や立ち上がり動作，立位・座位姿勢，歩行状態などは，安全にできるのか，そのスピードはどうか，しんどそうにしていないかなどに着目し，近くで見ます。大切なことは，その動作を行っている時に利用者が発する「助けが欲しい」「しんどいけど自分のためだと思って頑張っている」「休みながらなら動ける」「この道具があればできる」といった言葉です。これらは，デイサービスでの介助に関する情報としてとても大切なのです。

　例えば，杖をつけば歩けるけれど，不安定で転倒の危険性を日々感じている利用者であれば，「歩けるけど，ちょっと方向を変えようとするとふらつくので怖い」といった表現をするかもしれません。このような利用者の歩行を評価する時，ズボンのベルトの後ろ部分をしっかりと持ち，転倒しないように万全を期すのがよいと思うかもしれませんが，これでは逆に動きづらくしてしまう危険性があります。通常の歩行時は，いつふらついても大丈夫なように，身体の横に手を添えたり，後ろに手を回し，親指をズボンに差し込んだりする程度にして，動きをなるべく制限しないようにして，方向を転換する時には細心の注意を払うというのが適切な介助です（**写真12**）。

写真13　歩行介助の例

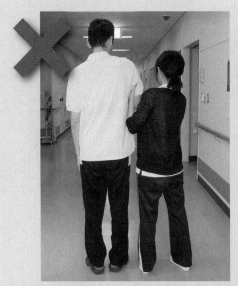

わきの下や麻痺している腕を持つと，バランスを崩した時にわきや麻痺しているところに過度の負担がかかる

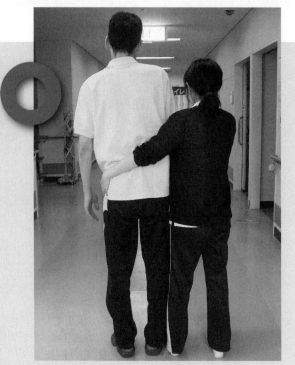

腰骨の辺りに手を添える

表14　歩行の評価の仕方

評価項目	評価のポイント
背筋の伸び具合	円背の程度，肩の左右の線の傾き（身体の傾きが少ない方がよい）
骨盤の左右回旋リズム	左右の足を振り出した時の腰の連動した動きの程度（腰の回旋があるとよい）
歩幅	足が前に出ている幅，足の出る方向（内側や外側）
スピード	歩く早さを3mや10mの指標でみる
膝の曲がり具合	足を振り出した時の膝の曲がり具合（しっかり曲がっているとよい）
つま先の上がり具合	足を振り出した時のつま先の上がり具合（つま先が上がるとよい）
歩くリズム	左右の足が支える時間の差（同じ長さがよい）
手の振り方	手の振り出し具合（しっかり振れているとよい）
視線	視線の高さや見る方向（前方を見ているとよい）
バランスを崩しそうになった時の足の動かし方	バランスの崩し方とその時の踏ん張り具合
手で持つ場所	歩く時の支えとする場所（膝，手すり，机など）
杖などの使用方法	杖の種類，杖の出し方，持ち方，歩行器の種類，もたれ方

　歩行を介助しながら評価する時は，利用者の斜め後ろに位置し，わきの下に手を入れたり，麻痺している腕を握ったりするのはやめましょう。利用者がバランスを崩した時に，麻痺した側のわきや肩関節や腕に過度の負担がかかり，痛みの原因となる恐れがあるからです。また，多くの利用者は麻痺している腕を握られることを，嫌がるというのも理由の一つです。二の腕の外側や肩，腰骨の辺りなど，その利用者に合った場所に手を添えるのがよいでしょう（**写真13**）。

　歩行の評価は，**表14**にまとめました。

立位を保持する時や移乗する時の評価の際，念のため介助する時も，肩と腰に手を添えて（**写真14**）身体の回転や上下動を機能訓練指導員がうまく調節するとよいでしょう。

写真14　肩と腰に手を添えてコントロールする

遠くから立っている状態や歩行状態を観察したことはあるでしょうか。身体の傾き具合や円背（腰が曲がり，背中が丸くなった状態）の状況，首の変形具合，肩の下がり具合，利用者の目線など，近くで介助している時には気づきにくいことがいろいろあります。他のスタッフの協力を得て観察してみましょう。

特に分かりやすいのは，肩の線を見ることで分かる身体全体の傾きです。片麻痺や円背で腰に痛みがある利用者などは，遠くから見ると身体の線がよく分かります。また，円背や側彎（脊柱が側方へ曲がり，ねじれもある状態），骨盤の傾き，O脚・X脚，脚長差などに気づくこともあります。

加えて，特徴的な歩行パターンであるぶん回し歩行（片麻痺特有の歩行）も遠くから見るとよく分かります。この歩行は，麻痺している側の足を振り出す時に外に大きく回し，身体も傾けて歩くことで，身体のゆがみに発展する場合があるので注意が必要です。このような利用者がいたら，つま先に注目しましょう。つま先が垂れ下がり床に擦りそうであれ

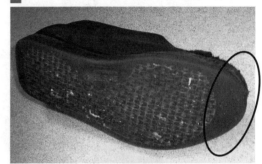

写真15　靴底の減り具合から，その利用者の歩行状態が分かる

ここがすり減っていると，転倒の危険がある。

ば，靴底を見せてもらってください。靴底のつま先部分の減り具合でつま先が上がっていないとか，外側の減り具合でO脚傾向だとかが分かります（**写真15**）。

座位の状態を見る時に大切なことは，骨盤がどのような状態になっているのかということです（**写真16**）。上体は真っ直ぐに座っているように見えても，骨盤が傾き，脊柱がゆがんでいる利用者は多いのです。

特に，車いすに座っている利用者は，上体は真っすぐに見えるのに，骨盤が傾いた状態になっている人がいます（**写真17**）。古い車いすは座面がたわみ，身体が傾きやすく，一度傾くと自分で姿勢を直すことは困難です。座面の状態と骨盤の傾きを腸骨で確かめてください（**写真18**）。

まず，両手でおなかを左右からはさむように持ち，下げていくと腸骨に触ります。その時の左右の高さを比べてみてください。骨盤が傾いていると左右の高さが違うはずです。骨盤を真っすぐにして，初めて身体の傾き具合に気づく利用者もいます。このような利用者にはクッションを使ったり，座面を修復したり（**写真19**）するなどの対応が必要です。

車いすやいすに座る時は，いすの前座高に注意します。デイサービスには，通常同じ高さのいすがそろえられていると思います。しかし，利用者の身長や体重はさまざ

写真16　骨盤がゆがんだ状態

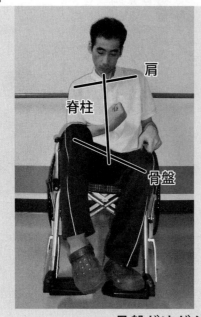
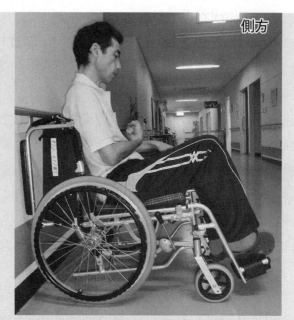

骨盤がゆがんでいる（背中も丸くなる）

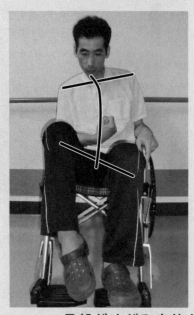
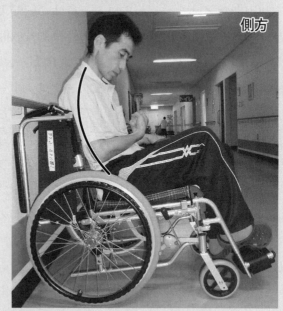

骨盤がゆがみ身体もゆがんでいる（背中も丸くなる）

写真17　上体はまっすぐに見えるが，骨盤はゆがんでいる

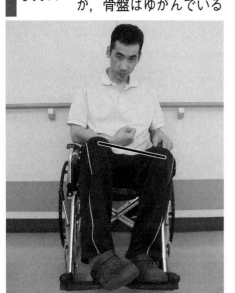

写真18　骨盤の傾きを腸骨で確認する

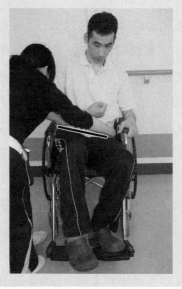
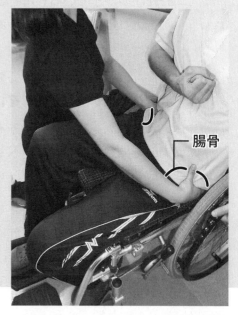

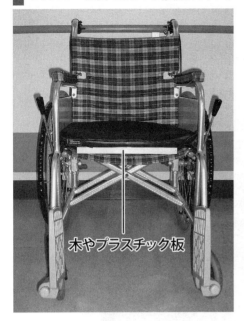
写真19 座面のたわみを修復した車いす
木やプラスチック板

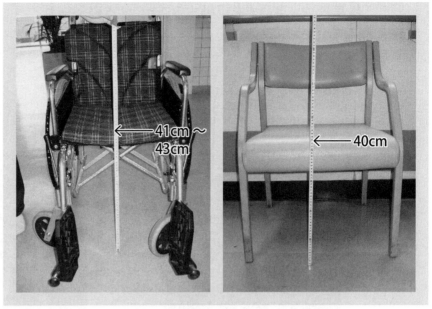
写真20 通常車いすは一般的な車いすよりも前座高が高い
41cm〜43cm
40cm

までですし，足の長さも違います。足が宙に浮いたまま座っている利用者や，足を床に着けるために浅く座っている利用者がいます。特に車いすは座面の前方が上がっており，足が床に着きにくい構造になっています。また，通常車いすの前座高は41〜43cm程度で，普通のいすよりも高い場合があります（**写真20**）。足台を利用したり（**写真21**），車いすからいすへ座りなおしたりしていると思いますが，そこには「遠慮」という難しさがあります。利用者の身長・体重を測る時は，膝から下の長さも測り，高さの合ったいすや車いすの利用を勧めてください。

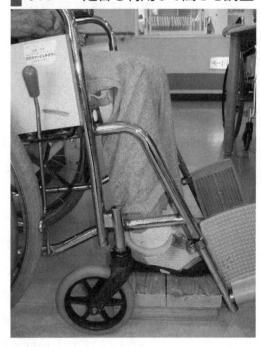
写真21 足台を利用して高さを調整

デイサービスで車いすを使っている利用者は，一日のうちに何回移乗するでしょうか。家のベッドから車いす，送迎車に乗る時，入浴の前後，トイレの前後。これに加えて車いすからいすへの移乗の機会が増えると，利用者の身体に負担がかかったり，介助者の手を借りる頻度が増えたりします。デイサービスに限らず，移乗という介助は，利用者が遠慮しなくても済むような事業所職員の配慮が必要となるのです。

車いすの利用状況は，さまざま場合が想定されます。家では手すりを伝って移動していても，デイサービスはトイレまでが遠いので車いすを利用したり，玄関から送迎場所までが遠いために，デイサービスの行き帰りだけ車いすを利用したりすることもあります。また，家の中では小型の車いすを使い，デイサービスでは別タイプの車いすを使っていることもあるでしょう。

車いすは，タイプや大きさが違えば駆動の仕方も違いますので，片手片足，両手，両足，両手と両足など，利用者に合った車いすを選ぶ必要があります。重要なのは，車いすを駆動している利用者が，車いすを駆動するために姿勢を崩してはいないかということです。なかでも，片手片足で車いすを駆動する片麻痺の利用者は，姿勢が崩

写真22　車いすを駆動することによる姿勢崩れ

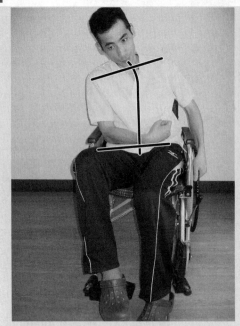
麻痺側に傾き麻痺側上・下肢の緊張も強くなる（逆に傾くこともある）。

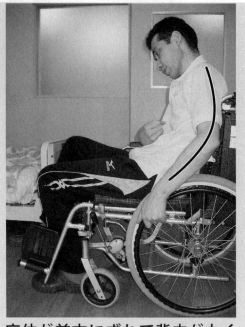
座位が前方にずれて背中が丸くなり，身体を起こせない。

れやすい傾向にあります。特に，高齢者は前かがみの姿勢がとりにくく，背もたれに寄りかかった状態で駆動するため，姿勢を崩しやすいのです。臀部がどんどん前にずれてきても，自分で姿勢を直すことができないとしんどくなり，動こうとしなくなる恐れがあります。その駆動方法が利用者に合っているのか，その駆動方法のしんどさはどの程度なのかも見極める必要があります。先ほど例に挙げたように，車いすの高さが合っていなければ無理な姿勢で駆動しがちです。駆動方法を考える前に，車いすと利用者の体格も確認しておかなければなりません。

写真22は，自分で車いすを努力して駆動している場合の写真です。努力することは全身の緊張につながり，骨盤と体幹がゆがんでしまいます。肩も傾き，この状態が続くと脊柱の変形がひどくなる恐れがあります。また側方から見ると，脊柱は丸くなり，骨盤が前にずれて仙骨座り（ずっこけ座り）になっています。この状態では車いすを駆動しにくく，より努力をするようになり，悪循環から抜け出すことができません。

こうして考えてくると，デイサービスでは同じいすや車いすをそろえるのではなく，多種多様なものをそろえる必要があることが分かります。これはいす・車いすだけのことではなく，机，便座やシャワーいす，歩行器なども同様です。また，送迎車のどの席に座るのが適当かということにもつながります。

ADLやIADLの評価

ADLやIADLについては，2015年度の介護報酬改定において個別機能訓練加算を算定する場合には，利用開始前や3カ月に1回は利用者宅を訪問してADLおよびIADLの情報を得ることになりました。ADLおよびIADLの状況を利用者の家庭で評価できるのですから，実態に即した評価となります。居宅訪問チェックシートを活用し，できれば居室や食堂，トイレ，浴室などで実際に行為を確認し，把握します。それを評価す

図3　ADLの評価のプロセス

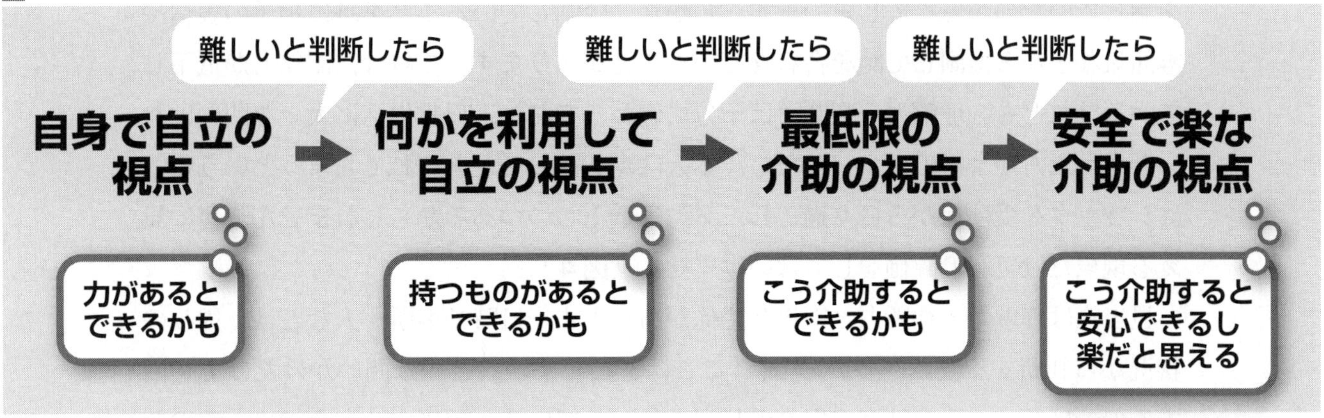

```
自身で自立の視点 → 何かを利用して自立の視点 → 最低限の介助の視点 → 安全で楽な介助の視点
  （難しいと判断したら）    （難しいと判断したら）    （難しいと判断したら）

力があると          持つものがあると        こう介助すると        こう介助すると
できるかも          できるかも              できるかも            安心できるし
                                                                 楽だと思える
```

る際には，具体的な生活動作が「できる」「できない」というだけではなく，その動作に関する環境や道具操作などを生活実態を踏まえて詳細に把握しなければなりません。

例えば，入浴という行為は，着替える，移動する，浴槽をまたぐ，湯につかる，立ち上がる，身体や頭髪を洗う，湯をかける，タオルで拭くなどの複合動作で構成されています。これら一連の動作を他職種と一緒に見て，「この時にもう少し筋力があると立ち上がれるかもしれない」とか「ここにつかまれるものがあれば移動や着替えが自分一人でできるのではないだろうか」などと自立に向けた可能性を探っていきます。まずは自立支援の理念に沿って，次に最低限の介助の視点で，最後に安全・安楽な介助の視点で検討していきます（**図3**）。

IADLは，買い物や調理，掃除，洗濯などに限らず，興味・関心チェックシートや居宅訪問チェックシートを用いて庭の手入れやごみ出し，服薬管理，友人が訪問してくれた際の茶菓の接待・会話など社会的役割や社会的活動などを幅広く評価します。ADLと同様，介助の度合いやIADLの行為に関する利用者特有の状況を把握し，自立の視点で家庭内の役割を再度担えるように考える必要があります。

心の評価

人は生活上の動作や身体の動き，社会的役割，周りの人や物との関係性，日々の生活スタイルなどにいろいろな思い（気持ち）を持つものです。機能訓練指導員は，身体の動きや生活上の動作部分に関する利用者の気持ちを聞くことが多いと思いますが，これが大切な評価となるのです。思い（気持ち）を知らずして評価は完成しないのです。ですから，関節を動かしたり動作を見せてもらったりする時に「痛みはありませんか」「楽に動かせますか」「それが精一杯ですか」などと心情も含めて問いかける必要があり，機能訓練指導員として必ず行うべき作業の一つと言えます。

次に必要なのが，物事の理解力・判断力です。主治医意見書にはよく改訂長谷川式簡易知能評価スケール（HDS-R）の結果が書かれていますが，理解力や判断力を評価する材料としては，これだけでは十分とは言えません。物事を理解・判断するには，まずいろいろな事象を五感で感じ取り，頭の中で解釈し理解します。その理解を基にして判断し表現された言葉や態度を機能訓練指導員は評価するのです。このプロセスのどこがどうなっているかをしっかりと見極めないと，理解力・判断力について評価していることにはなりません。

例えば，認知症で物忘れが出はじめた人は，人と会話していると少し前に何のことを話していたのか忘れてしまいます。しかし，今話していることを基に相手の表情や雰囲気などから推測して話を合わせていくことがあります。これは，記銘力が低下しているけれども，理解力・判断力は十分に備わっており，日常生活に大きな問題はないと考えた方がよいのです。ただし，本人は少し前のことを忘れてしまうということにショックを受けながら日々過ごし，気力は低下しつつあるかもしれません。目に見える現象だけで心の評価をしてはいけません（**図4**）。

　見当識は理解力・判断力と密接な関係があります。日時や場所，人などは，周りの状況から判断する要素が多いので，「ここはどこですか」という問いかけだけで判断するのではなく，その時々の周りの状況を分かっているか評価するべきです。そのためにはいろいろな場面での観察が大切で，その積み重ねが正しい評価につながります。ケアマネジャーは，主治医意見書や認定調査の内容，また家族からの情報に加えて利用者本人とやり取りの中で認知症の状況をある程度把握しています。デイサービスを利用しはじめたころはその情報を尊重しつつ，利用者が新しい環境をどのように理解し，どのように解釈して現実に向き合おうとしているのか観察を続けていくことが大切です。

　見当識に関する評価のポイントを具体的に挙げてみましょう。日時については，デイサービスの利用日を把握・理解しているかという点だけでなく，デイサービスを利用しない日のことをどのように表現しているか家族に尋ねてみましょう。もし，デイサービスを利用しない日に「今日はデイサービスのお迎えが来ないから電話してくれ」などと言っているようであれば日時に関する見当識に問題があると評価すべきかもしれません。場所については，トイレの場所やデイサービスでの座席だけでなく，自宅での認識の程度も確認します。また，人に関してはその人が誰だか分かるかどうかだけにとどまらず，その人と会話や意思疎通が成り立つのかというレベルまで把握するとよいでしょう。その人のことをちゃんと認識していても，人とうまくかかわりを持てないうつ状態の利用者や否定的な感情を持ちやすい利用者もいます。人に関しては，認識以上に感情的要素が関係することを覚えておきましょう。

　記銘・記憶に関しては，時間を区切って，ほんの少し前のことまで忘れてしまうのか，以前のエピソードや出来事まで忘れているかを，別々のものとして考え，評価し

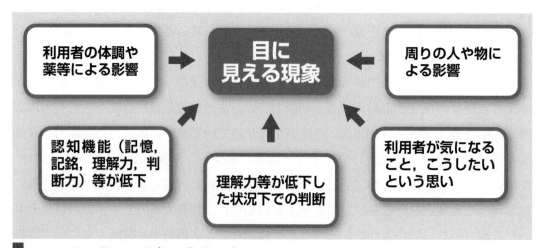

■図4　目に見える現象の背景を考える

ます。つまり，利用者の人生観や価値観，感情に深くかかわる出来事をいつ経験しているのかは人によって違うからです。そう考えれば，記銘・記憶については，ケアマネジャーからの情報が詳しいと評価しやすくなります。

判断能力について考える時は，周りの影響も含めて検討します。利用者は，年と共に家族の輪の中で一緒に判断する機会がどんどん少なくなってきます。つまり，家族との接触の機会が減って会話をしなくなり，一緒に思い悩んだり考えたりすることが少なくなります。判断能力は当然低下しますが，必要な時のみ問いかけられるのですから，家族に「どうしたらよいのか」と意見を求めたくなります。また，家族との関係の良し悪しで，判断能力は大きく変わります。

まとめると，家族関係や対人関係が判断能力にかなり影響を与えているといってよいでしょう。ですから，家族の情報や周りとの関係などの情報も得る必要があります。

興味・関心の内容も，利用者の機能訓練計画を考える際には重要な要素となります。周りの事象に興味や関心を示さない利用者は，その原因を含めて評価しなければなりません。身体を動かせない，視力や聴力に問題がある，仕事一筋に生きてきた，周りの人々や環境から影響を受けても緊張したり気持ちが動いたりしない，薬の副作用など，原因はさまざまです。

社会的（家庭内）役割や社会的活動に関する評価

興味・関心チェックシートには，高齢者が以前に行っていた可能性のある生活行為が多く挙がっています。利用者が以前行っていた趣味的活動や他者との交流，仕事や家庭内の役割などを把握し，その行為に関する興味や実現したいという希望を聞き取ります。デイサービスを利用しようとしている高齢者は，すでにその趣味的活動や他者との交流，仕事や家庭内の役割を行うことなく，関係性を断ち切ったり誰かに担ってもらったりしている場合が多いと考えられますので，その状況に関する心の中の思いを引き出さなければなりません。高齢者は，自分に関係ある人々を徐々に失っていくものです。そのたびにいろいろな思いが積み重なってマイナス的感情が大きくなることは避けられませんが，新たな場・人とのつながりをもたらすのがデイサービスの強みなのです。デイサービスとして社会的側面を評価しないわけにはいきません。

利用者のこれまでの歴史を踏まえて，新しい出会いやデイサービスでの居場所と周りの人々とのかかわりなどを考え，奥深く，細やかな聞き取りと日々の観察によってこの評価は完成されます。ですから，この評価は，初回利用時の評価だけでは十分とは言えません。

また，聞き取りには，テクニックが必要です。「昔は何をしていたのですか」などの漠然とした質問をするのではなく，利用者の生きてきた時代における出来事を語らう中で，「○○さんは，そのころどのような仕事をしていたのですか」「そのころの思い出はありますか」などと，回想法的に聞き取っていくことをお勧めします。昔の仕事や出来事に関する思い出，地域行事へのかかわりに関する思い出などは何人かで語り合うようにすると，どんどんと思い出されてきます。それこそが生きた情報と言えますので，機能訓練指導員や生活相談員などは利用者の力を引き出せる会話を心がけましょう。

評価のまとめ

　こうして行ってきた一連の評価（話をする，触れる，動きを見る，認知機能を観察するなど）を簡潔にまとめ，最後に利用者に伝えます。利用者は，今自分がどういう状態にあるのか教えてくれることを期待していますから，適切なタイミングで，簡潔に分かりやすく説明しましょう。

　まず，「全体として○○である」と話し，利用者と一緒に確認します。その時に発せられる利用者の言葉はしっかりと心に留めておいてください。つまり，機能訓練に寄せる期待は，一人ひとりさまざまでしょうから，評価結果に対する思いの変化がモニタリングの重要ポイントとなるのです。モニタリングは，そもそも利用者が日々の訓練を行って感じたことと，機能訓練指導員が感じた評価を合体させてでき上がるものであり，決して一方的なものではありません。

　表15に，評価の結果を分かりやすく説明するポイントをまとめておきます。

　利用者が理解できるように説明し，利用者と一緒に確認しながらであれば，互いに納得のいく機能訓練の計画ができ上がると思います。この説明の時には機能訓練指導員以外の他職種も加わって，それぞれの立場から「血圧の薬を飲んでるから，お風呂の前にはちゃんと血圧を測って安心して入りましょうね」などと評価および検討を行っていくことで，多職種協働での評価および計画作成となるのです。

表15　評価の結果をまとめる時の8つのポイント

1. **利用者の言葉を利用して説明する**
    例）膝の曲げ伸ばしについて「『この辺りで痛い』と言っていましたよね。ということは，かなり関節が硬くなっているということだと思いますよ」
2. **利用者の表情（思い）を代弁しながら状況を確認する**
    例）「立つ時には痛そうな表情をしていましたよ」
3. **利用者の頑張りを見つけて言う**
    例）「時間がかかっても自分で行っているということは素晴らしいですよね」
4. **杖や自助具などの道具の利用を肯定的に確認する**
    例）「この歩行器を使うと歩きやすいですよね」
    　　「道具を上手に使っているのは素晴らしいですね」
5. **活動的な生活や趣味の時間など自立につながる要素を確認する**
    例）「部屋でじっとしてテレビとお友達ではないみたいですね」
    　　「午後は散歩をして，近所の人と話したりするのですね」
6. **家族の協力も忘れずに付け加える**
    例）「夜のトイレも付いてきてもらっているから安心ですよね」
7. **顔や身体などの張りやつやから分かることを見逃さない**
    例）「この手は長年一生懸命農作業をやってきた手なのですね」
8. **最後に訓練の方向性を提案する**
    例）「私は○○がもう少しできるようになるとよいかなと思うのですが，そのために力をつけてみませんか」

個別機能訓練内容・効果と困難事例への対応ポイント──基本動作編

　基本動作とは，寝返り，起き上がり，座位保持，立ち上がり，立位保持，歩行などを言います。この中で，立ち上がりや歩行訓練は利用者もイメージしやすく，希望することが多い傾向です。歩くニーズを充足することは，利用者にとってかなり重要なことですから，居宅サービス計画書に記載される頻度が高いのは容易に理解できます。しかし，同じ歩くニーズであったとしても，どの辺りをどのように歩きたいのか，介助や見守りの程度はどれぐらいかなど，歩行にまつわる思い（気持ち）はさまざまです。

　基本動作の訓練はマンツーマンで行うイメージが強く，利用者も訓練をした実感が得られます。しかし，基本動作の訓練をするには機能面が不十分な利用者も少なくありません。そのような利用者には，基本動作訓練の前に地道な筋力強化訓練や関節をじっくりと動かして可動性を増す訓練が必要な場合もあります。ここでは，それぞれの動作に関する訓練内容を考えてみましょう。

寝返り

　個別機能訓練で寝返りや起き上がりの訓練を利用者から依頼されることはほとんどないと思いますが，ほぼ寝たきり状態で，褥瘡発生の可能性が高い利用者において，訪問リハビリテーションのスタッフやリハビリテーションに関する知識が豊富なケアマネジャーからの意見により，デイサービスで実施する場合があるかもしれません。

　まず，寝返りができる条件を見てみましょう。

①**頭を浮かせて寝返る方向を向くことができる**

　楽に寝返りをするには，頭を浮かせた状態になれることがポイントです。そのためには首の筋力が必要であり，連動して腹筋にも力が入るとより頭を浮かせやすくなります。首を回して寝返る方向を向く（**写真23**）ことができれば，自然に次の状態になっています。

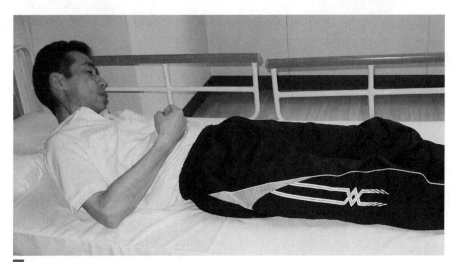

■写真23　首を寝返る方向に回す

> ### ワンポイントアドバイス❶
> ### ベッドに仰向けに寝て，おへそをのぞきこむ訓練をしましょう。
> おへそをのぞこうとすると，自然と首が上がります。しっかりとおへそをのぞけるようになると，首の筋力や腹筋がついてきます。地味な訓練ですが，効果は抜群です。
>
> <small>かけ声</small> 「おへそをのぞきましょう」　「はい，そのまま見続けて」
> 「なかなか見えないようだったら，見えるようにするにはおなかも引っ込めるかダイエットが必要ですね。頑張って」
> ※楽しい雰囲気もつくりながら行いましょう。

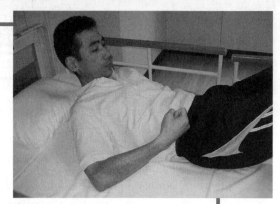

②寝返る方向に向かって肩を床から浮かすことができる

　片方の肩を床から浮かせる（**写真24**）ためには，首の筋肉や肩を持ち上げる筋肉（僧帽筋や肩甲挙筋など），また首から肩にかけての筋肉（大胸筋や三角筋など）に力が入らなければできません。そして，肩が床から浮くと腹筋に力が入りやすく，上体を回すことができます（**写真25**）。この時，当然下になった肩に重みがかかりますが，下側の肩や体幹全体に柔軟性があると身体が丸くなり，回転しやすくなります（**写真26**）。

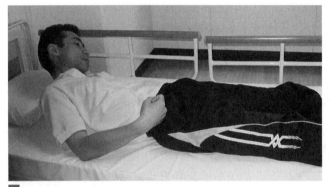

写真24　肩を浮かせる

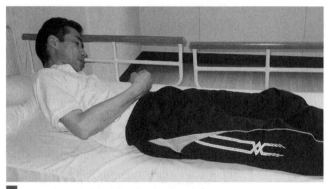

写真25　肩を浮かし上体を回す

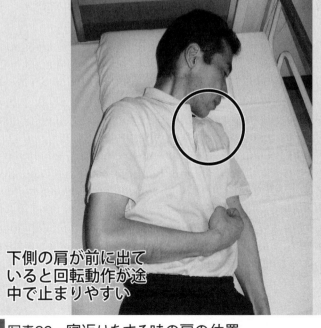

下側の肩が前に出ていると回転動作が途中で止まりやすい

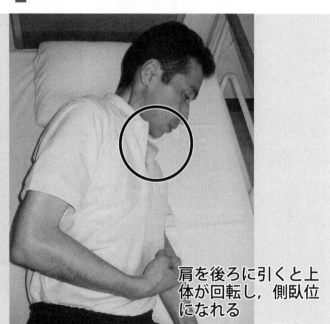

肩を後ろに引くと上体が回転し，側臥位になれる

写真26　寝返りをする時の肩の位置

ワンポイントアドバイス❷
腰の辺りをのぞきこむ訓練をしましょう。

　先ほどのおへそをのぞきこむ訓練の要領で，今度は寝返る時に下側になる腰に視線を移します。腰ではなく足先を見るようにしてもよいでしょう。首が上がり横を向けられるようになれば十分です。

　この時，首の辺りにはかなり力が入っているはずですので，利用者自身にも触ってもらい，実感してもらいましょう。

かけ声
「おへそをのぞきましょう」
「もっと向こうを見ましょう」
「自然と肩が浮きましたよ」

※よくできている時は，そのことを利用者に教えてあげましょう。

③上側の腕をおなかの上まで上げられる

　肩を浮かすことができるのに加えて，腕を腹部まで上げられる（**写真27**）と，上体はより回転しやすくなります。ここまでできるのであれば，腰の辺りまで浮かせることができるかもしれません。

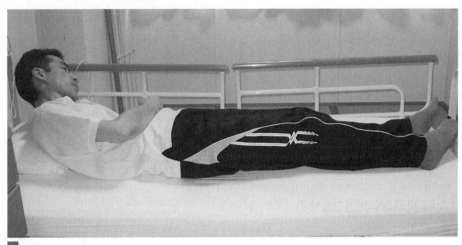

写真27　腕を腹部まで上げられる

ワンポイントアドバイス❸
上げた腕を伸ばす訓練をしましょう。

　首やおなかの筋力を強化する訓練です。先ほどの訓練の続きで行えば，上体がかなり起き上がってくるはずです。この時，腹筋にもかなり力が入っていますので，利用者にもおなかを触ってもらいましょう。

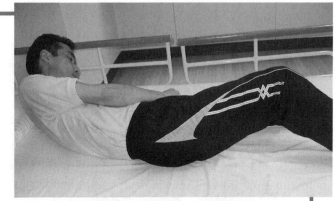

腕を伸ばすと寝返りしやすくなる

かけ声
「今度は手も伸ばしてみましょう」
「反対側の腰の辺りまで手が届きますか」

④浮かせた側の股関節や膝関節が曲げられる

仰向けで寝た状態で股関節と膝関節を曲げるためには，下肢を曲げる筋力が必要です。その状態に背筋や腹筋が加わると，臀部が床から持ち上がります（**写真28**）。

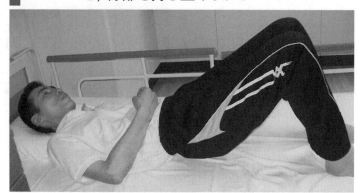
写真28　下肢を曲げられて，背筋や腹筋に力があると，臀部を持ち上げられる

> **ワンポイントアドバイス④**
>
> ### 仰向けで寝て膝を曲げる訓練をしましょう。
>
> 膝や腰の関節を曲げる時には腹筋にも力が入りやすくなります。膝を曲げる筋力が弱い利用者は，最初は曲げるのを介助し，足首を上げる訓練をします。足首を上げようとすると，膝や股の関節が曲がる方に力が入りやすくなります。
>
> かけ声「足首を天井に向けて上げましょう」
> 　　　「ついでに膝も曲げましょう」

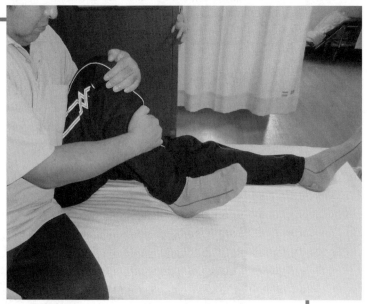
足首を上げながら膝を曲げる練習

⑤曲げた膝関節が内側に倒せる

これまでの訓練で膝が曲げられるようになれば，膝関節を内側に倒すことは難しくありません（**写真29**）。膝を内側に倒すと，膝を曲げた方の腰から背中全体にかけて床から浮き（**写真30**），それと同時に，骨盤も回り，その動きで上体も回ります。うまくいけば，膝を曲げて内側に倒すだけで寝返りができることもあります。

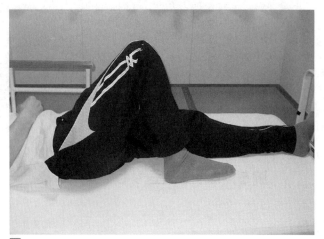
写真29　膝関節を内側に倒す

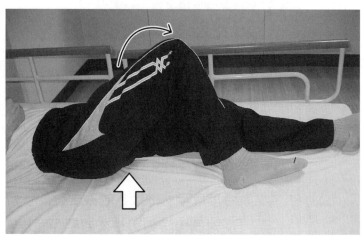
写真30　膝を倒すと腰が浮く

ワンポイントアドバイス⑤

膝を曲げて内外に倒す訓練をしましょう。

　曲げた膝を内側に倒し，次に外側に倒します。この動作は腰（骨盤）の回旋も伴いますので，起き上がりや座位，立位，歩行にも関連する動作です。朝晩の自主訓練として，しっかりとこの運動を実践してもらいましょう。そうすると体幹も柔らかくなります。

　加えて，膝を曲げた状態を保持できるのであれば，その状態でP.66の写真28のようにお尻を浮かせる練習をしましょう。ブリッジという訓練で，腹筋・背筋，下肢全体の筋力を強化できます。この動作訓練をしていると，寝たきり状態の利用者がおならをしたり，排便が誘発されたりすることがあります。これは腹部への刺激が腸の動きにつながった結果です。非常に喜ばしいことですから，臭いは気にせずに「出て良かったね」と一緒に喜びましょう。

　ベッドで寝ている利用者は，直腸肛門角が120度もあり，便はその山を乗り越えて肛門に向かわなければなりません。険しい山登りですから，腹筋や下肢筋の強化運動や身体を回旋させる，前かがみになるなどの身体を動かす運動，また，機能訓練指導員の手のひらで腹部を軽く押さえて，「の」の字を書く腹部マッサージなどで腸に刺激を与えて，快適な排便に貢献するのも重要な訓練効果です。

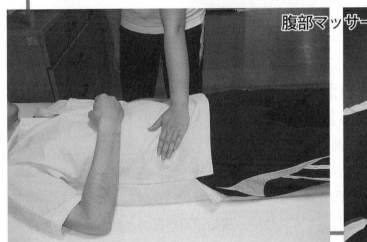
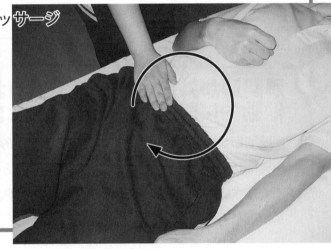

腹部マッサージ

　①〜⑤のどれがうまくできないのか，どのようにすればうまくできるようになるのか見極めなければなりません。その上で，リハビリテーションの専門家の意見を参考にして，現実に指導可能な訓練を考えましょう。

　もしも，ベッド上で訓練する機会が得にくい利用者がいたら，車いす上で体幹の回旋運動（**写真31**）を取り入れるとよいでしょう。この運動では，車いすのアームサポートを持ち，体幹をひねります。健側にひねる場合は，健側の肘をしっかりと後ろに引くと，ひねりやすくなります。地味な訓練ではありますが，身体の重要な動きの一つです。

写真31　体幹の回旋運動

起き上がり

次に，起き上がりができる条件を見てみましょう。

寝返りができる5つの条件に加え，6つの条件があります。

①起き上がる側の肘を約45〜60度外に開けられる（写真32）

起き上がる際には，上体を上方向に持ち上げる（押し上げる）ことが必要です。効率よくこの動作をするために，肘を外に開いて上体を起こす支えにします。肘を支えるには，肘関節を90度程度曲げられなければいけません。

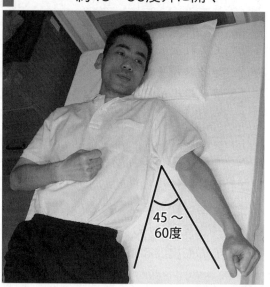

写真32　起き上がる側の肘を約45〜60度外に開く

ワンポイントアドバイス❻
肩関節が外に開きにくい場合は，他動的に関節可動域訓練をしましょう。

肩関節全体を機能訓練指導員の手で包み込み，肘の少し前をもって開いていきます。開く角度は利用者によって異なり，P.44に示したとおり関節を動かした時の抵抗感や音で判断してください。「ぐちゃ」「ごりごり」などは危険な音です。肩関節に亜脱臼がある場合などもリハビリテーションの専門家に相談してから行ってください。骨の位置が悪いと痛みが増す場合がありますので，しっかりと触りながら異常な動きや音に注意して，もし何らかの異常があればリハビリテーションの専門家に相談しましょう。

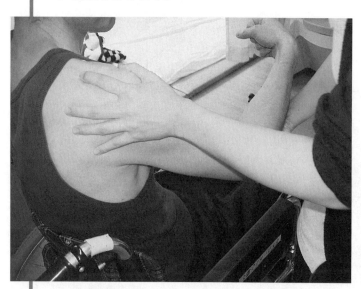

肩関節をしっかりと触りながら動かす

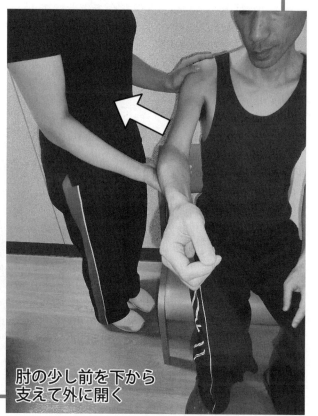

肘の少し前を下から支えて外に開く

②起き上がる側の肘を伸ばせる

　外側に開いた肘を支えにして，肘を伸ばしながら上体を起こしていきます。体幹の力が強ければ，肘を伸ばす力が弱くても起き上がれますが，体幹の力が弱いと，肘を伸ばす力が十分にないと起き上がることができません。起き上がる瞬間には手のひらをベッドや床に着けておくと，次の頭を起こしたり足を開いたりする動作がしやすくなります（**写真33**）。

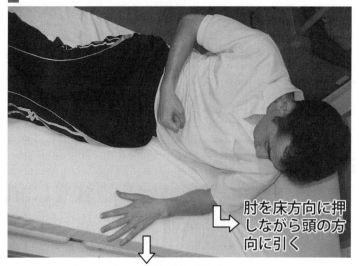

写真33　手のひらでベッドを押す

肘を床方向に押しながら頭の方向に引く

手のひらで床方向に押す

 ワンポイントアドバイス⑦

体を浮かせる訓練をしましょう。

　ベッド上に寝た状態で体の外側に手のひらや肘をつき，肘を床方向に押しながら頭の方に引く（**写真33**）と肩が浮いてきます。車いす上であれば，アームサポートを持ち，斜めに押す（片方のお尻を浮かす）運動を両側に取り入れます。肘を伸ばす力があると，立位も安定します。

 かけ声
「肘で床を押して身体を持ち上げましょう」
「片方のお尻を浮かせましょう」

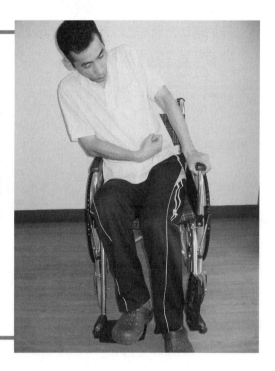

③腹筋や背筋に力がある

　起き上がろうとする瞬間に体幹に力が入らないと，起き上がろうにも身体が起き上がってきません。また，起き上がった後に「ぐにゃっ」となり，支えられない状態では座位が保持できず，倒れ込んでしまいます。起き上がる瞬間には腹筋が必要ですし，その状態を保つには腹筋と背筋が必要です。

 ワンポイントアドバイス⑧

体幹（腹筋や背筋）を鍛える訓練をしましょう。

　寝返りの時に行った「へそのぞき」とブリッジの訓練（P.64・67，ワンポイントアドバイス１・５）が効果的です。また，「へそのぞき」しながら身体をねじる運動（手と反対側の腰に手を伸ばす）をすると，体幹の力も強化できます。

④股関節や膝関節が曲げられる

　座位にもいろいろありますが，座位を保持するのに一番楽なのはベッド上端座位で，起き上がる時に両下肢をベッドの端から下に降ろします。しかし，座位になる時には，股関節を90度程度曲げなければなりません。さらに，長座位（両下肢を伸ばして座る姿勢）でなければ膝を曲げる必要があります。膝を曲げる角度は，ベッド上端座位になる時と床上で横座りになる時では違います。

> ### ワンポイントアドバイス⑨
> ### 膝関節と股関節を曲げる訓練をしましょう。
> 　寝返り時に行った膝と股関節を曲げる訓練（P.66，ワンポイントアドバイス４）が効果的です。床上で起き上がる場合は，膝をしっかりと曲げられるように関節可動域訓練も並行して行うとよいでしょう。股関節や膝関節を曲げる訓練は，P.46の**写真５**のように動かします。大腿部や足関節の辺りを持ち曲げてください。また，床上で起き上がり横座りになるには，床に着いた肘をしっかりと伸ばし，身体全体を起こす必要があります。そのためには腹筋や背筋などを鍛える（P.64・67，ワンポイントアドバイス１・５参照）ことも重要です。
>
>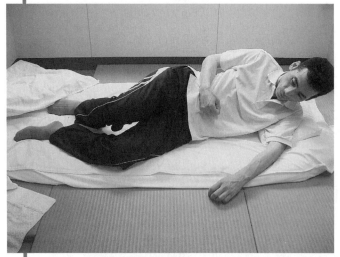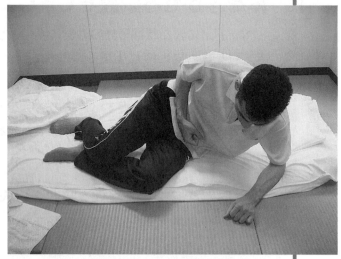
>
> 　股関節や膝関節を曲げる　　　　　　　肘で支えて起き上がる

⑤起き上がる側の手のひらを着ける。または，手首で身体を押し上げられる

　②の肘を伸ばす時に手のひらが着いていると，座位になる時に踏ん張りが利きます。また，座位になった時にバランスを保つ支えともなります。手のひらを着くことができなくても，こぶしの状態で手首に力を入れて押す力があれば，同じように起き上がることができます。起き上がりかけた瞬間にベッドの柵につかまって起き上がる人もいます。柵を握ったまま起き上がれない人は，体幹の力が弱いことが原因です。

ワンポイントアドバイス⑩
手首の可動性を高め，手で踏ん張る訓練をしましょう。

手を握り締めた状態でもできる訓練ですから，手首の可動性が低ければ無理に手首を上向きに曲げなくても構いません。

起き上がる動作の最後は，手首で床を押す力が必要です。握力を鍛えたり，ワンポイントアドバイス７（P.69）でやったように，車いす上でアームサポートを持ってお尻を浮かしたりする訓練が効果的です。その時にアームサポートをつかまず，手を開いて押す動作をやってみましょう。

力がつくと，手すりや杖やベッド柵も安定して持つことができます。

かけ声「手首で床を押して，肘を伸ばしましょう」

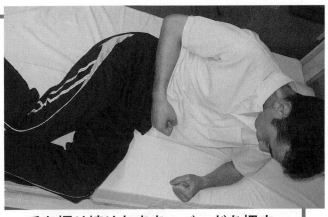
手を握り締めたまま，ベッドを押す

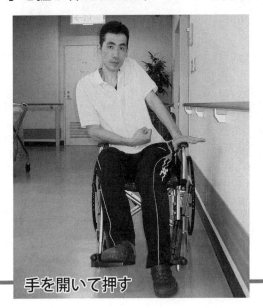
手を開いて押す

⑥座位になった時にバランスが保てる

骨盤がしっかりと床やベッド上にあり，大腿がベッド上や床に接していると，座位が安定します。さらに，足の裏はしっかりと床に着け，手は手すりやベッド柵などを持つか，大腿の上に置き支えると安定します（**写真34**）。腹筋や背筋にも力があると，何も持たずに安定した座位となります。

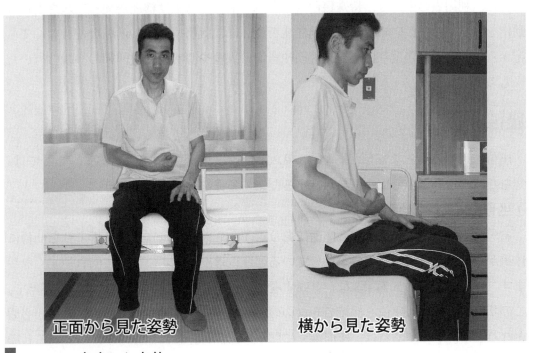
正面から見た姿勢　　横から見た姿勢

写真34　安定した座位

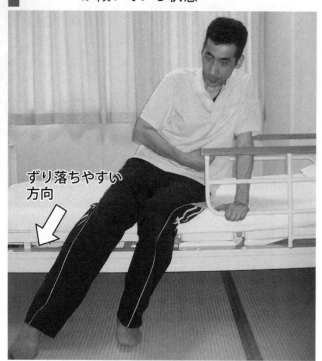

写真35 股関節が十分に曲がらず身体が傾いている状態

ずり落ちやすい方向

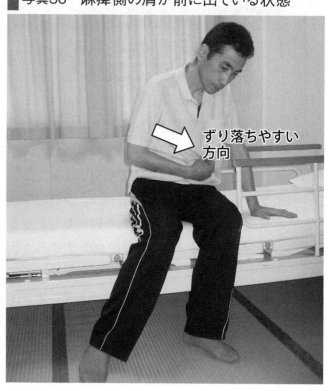

写真36 麻痺側の肩が前に出ている状態

ずり落ちやすい方向

　寝返りの時と同様に，これらの条件のどれがうまくできないのか，どのようにすればうまくできるようになるのか見極めなければなりません。その上で，リハビリテーションの専門家の意見を参考にして，現実に指導可能な訓練を考えましょう。

　起き上がる動作は，ベッド上かどうかで大きく違います。ベッドの利点は起き上がる途中で両膝から下（下腿）をベッドの横から下ろし，起き上がりしやすくなる点です。ただし，ベッドからずり落ちないように臀部の位置に注意が必要です。特に身体が硬く股関節の可動性も低下し，下肢が伸びていたり（**写真35**），片麻痺で麻痺側の肩が前に出ていたりする（**写真36**）と，そのまま前のめりに倒れる場合もありますので，注意してください。

　また，利用者の中には，特殊寝台（電動ベッド）で背上げ機能を使って起き上がり動作をしている人がいます。背上げ機能を使えば，腹筋や上肢の筋肉を使わなくても起きられますが，寝返りに必要な腹筋や背筋の訓練や膝関節や股関節の訓練は行いたいものです。

座位保持

　座位にはいろいろな種類がありますので，基本的な端座位で考えます。ここでは，背もたれがない場合で端座位を保持するための条件を見てみましょう。

①坐骨に体重が乗せられる

　お尻がベッド上またはいすの座面にありながらも，前方にずれて坐骨よりも仙骨に体重がかかり，後ろにもたれかかっていると座位は安定せずに後方に倒れやすくなります（ずっこけ座り・**写真37**）。車いすを使っている利用者によく見られる姿勢で，この状態でなければ座位を保持できないのであれば，ベッド上での座位は介助が必要となります。いすであれば，座面深くに腰かけ，仙骨辺りに体重がかかっている状態から坐骨に体重が乗るような良い座位姿勢（**写真38**）を目指しましょう。

写真37　ずっこけ座り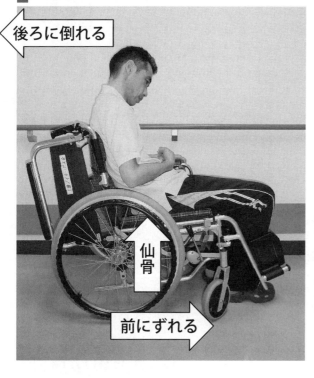
後ろに倒れる
仙骨
前にずれる

写真38　良い座位姿勢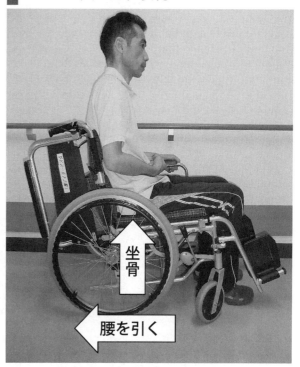
坐骨
腰を引く

ワンポイントアドバイス⑪

端座位になって前かがみの訓練をしましょう。

　ベッド上や車いす上でも構いません。ベッド上であれば柵や介助バー，車いすならばアームサポートにつかまって，転倒を防ぎましょう。

　まず，身体を傾けた状態でアームサポートを持ちます。健側の手で踏ん張り，同じ側の腰を浮かせながらお尻を後ろに引きます。同じ手で同様にアームサポートを持ち，肘をしっかりと曲げて反対側の腰を浮かせながら腰を後ろに引きます。次に，前かがみになり，床に足が着いていれば，お尻を左右交互に浮かせて座面の奥まで移動させ，骨盤を前傾状態にしましょう。骨盤が前傾している姿勢をとれれば，自ずと身体の重心が前に移動してきます。仙骨から坐骨へと体重を支持する箇所が変わることで，大腿部の裏面にも体重がかかるようになり，背筋が伸びやすくなります。

かけ声：「お辞儀をしましょう」
「次は，腰を浮かせて，お尻を後ろにずらしていきましょう」

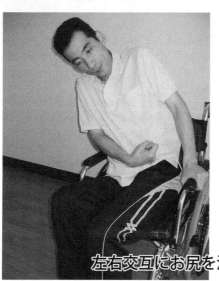
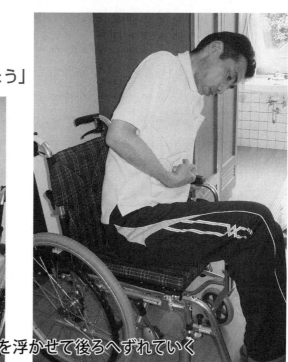

左右交互にお尻を浮かせて後ろへずれていく

写真39　膝の角度の違い

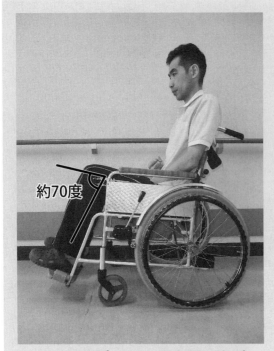

フットサポートに足を置いた時

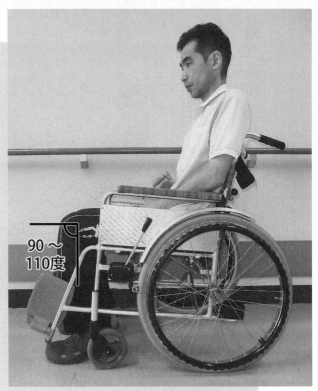

床に足を着けた時

②足の裏がしっかりと床に着いている

　一般的な車いすの前座高は多くが43cmに設定されており，小柄なお年寄りは車いすに乗った時に足が床に着きません。フットサポートに足を乗せたとしても踏ん張れるものではありませんし，そもそもフットサポートは移動時に足を引きずらないように足を乗せておく場所で，斜めになっていますし，安定感もありません。また，フットサポートに足を置いた時の膝の角度は70度程度で，床に着いた時の90〜110度程度とは違い，踏ん張ることはできません（**写真39**）。

　端座位を保持する際，足の裏が床にしっかりと着いているということはとても重要です。車いすに座って，フットサポートに足を乗せている姿をよく見かけますが，それで端座位を保持できると考えるのは早計です。足で踏ん張る力があり，その状態からズレずに座っていられなければ座位を保持しているとは言えません。

写真40　つま先が浮いていると体幹が後方に引かれがちになる

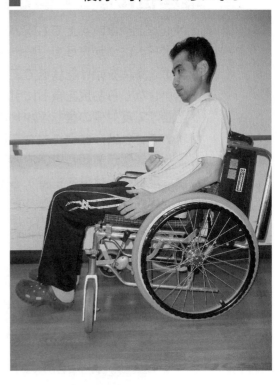

　足の裏が床に着き，つま先に力が入る状態（膝が90度以上曲がっている状態）であれば，座位を保ちやすいと言えます。かかとは着いていてもつま先が浮いていると（**写真40**），力が入らずに体幹が後方に引かれがちになります。

ワンポイントアドバイス ⑫
下肢の筋力を鍛える訓練をしましょう。

　足の裏を床に着けたまま後方に引いたり前方に出したり，あるいは足を広げたり狭めたりする訓練です。足の向きを少し斜め（体幹を回す方向とは逆）にして，移乗する時の感覚をつかむのもよいでしょう。

　また，足の指で物をつかむ訓練も下腿の筋力強化につながります。座位が安定してきたら，かかとを着けたままでつま先を上げたり，つま先で踏ん張ったりする訓練も行いましょう。このような訓練を行うことで，足の裏で体重を支えられるようになりますので歩行時の転倒防止につながります。

| かけ声 | 「足の指で物をつかみましょう」
「つま先を上げて，足をパタンパタンと鳴らしましょう」
「つま先を着けたまま，かかとを上げて」 |

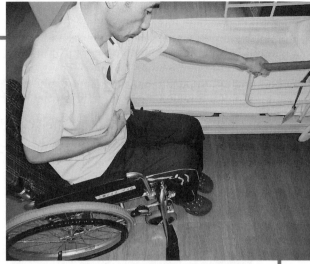

足の向きを少し斜めにして移乗する

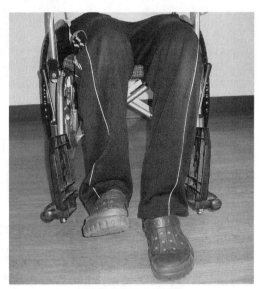

つま先を上げる

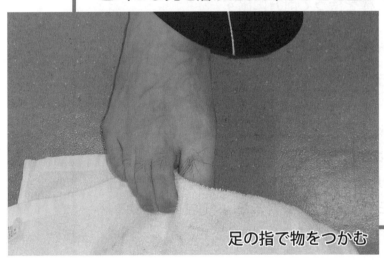

足の指で物をつかむ

③少し前方につかまるものがある

　少し前方につかまるものがあると，体が前かがみになり，重心が前方に移動します。大腿の裏面にも体重がかかってくるので，身体を支持する面積が増え，座位が安定するのです（**写真41**）。体幹の筋力が備わっていると，背筋が伸びた理想的な座位になります。

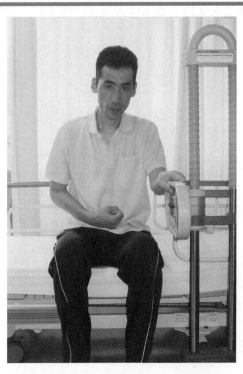

| 写真41 | 前方につかまるものがあると座位が安定する |

ワンポイントアドバイス⑬
両手を前に出す訓練をしましょう。

　手を組んで前方に出したり，杖などの棒を持って前方に出したりします。この時，背筋を伸ばしたまま，大腿の裏側に体重がかかっている状態を意識することが重要です。

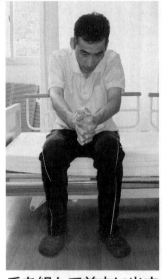
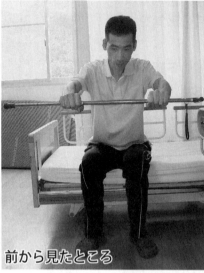
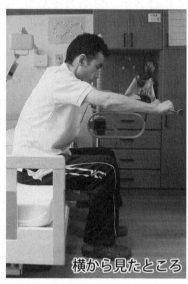

手を組んで前方に出す　　　　棒を持って前方に出す（前から見たところ）　　　　（横から見たところ）

かけ声　「前に押し出しましょう」「えんやーとっと」

※舟をこぐ感じをイメージしてもらいましょう。

　前方に出す程度は利用者の座位保持能力によって違いますので，利用者の能力を見ながら徐々にその範囲を広げていきましょう。前方に出すのが慣れてきたら斜め前にもチャレンジをしましょう。この時は，しっかりと足を広げ体を傾けていきますが，斜め前方に出した側と反対側の大腿の裏側が浮くことを感じながら行ってください。また，身体を回旋させる動きも座位を保持するには大切な訓練です。これもセットにして行ってください。

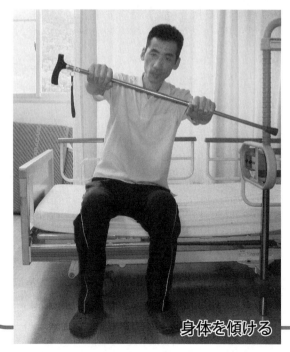
身体を傾ける

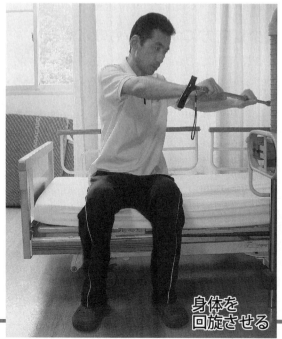
身体を回旋させる

④首や頭部がある程度上を向いている。

　いくら背筋が伸びていても，首に力が入らず頭部が下を向いていると，次第に姿勢が崩れてきます。例えば，円背になったり，頭が前方に出て前かがみになったりすると，転倒の危険が増えます（**写真42**）。人は見たいと思う方向に体や頭を向けたいものですから，この能力も座位保持には欠かせないものです。

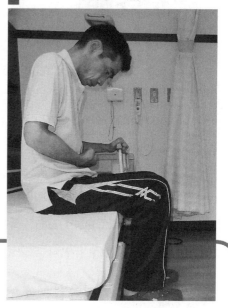

写真42　下を向いていると姿勢が崩れてくる

ワンポイントアドバイス⑭
顔を上げる訓練をしましょう。

　前方に鏡を置き，自分の姿勢や顔を見るように促しましょう。利用者は服装や髪形など普段あまり気にしていないかもしれません。年をとっても身だしなみに配慮することは生活意欲の向上にもつながりますので，姿勢や服装などの利用者個人のことに加えて周りの景色などにも注目するよう声をかけ，顔を上げることを意識付けましょう。

ワンポイントアドバイス⑮
横にいざる訓練をしましょう。

　座位を安定させるための訓練で，車いす上でアームサポートを持ち，腰を前方に出し，元へ戻す訓練です（P.73，ワンポイントアドバイス11の方法）。よりよい方法は，腰を上に持ち上げることです。また，ベッド上端座位で横にいざる運動も重要です。横にいざるには，身体を傾け重心を移さなければなりませんので，バランス能力を高めることができ，筋力強化にもつながります。ベッド上でいざる方向とは逆に身体を傾けて，いざる方のお尻を少し浮かせます（写真では右のお尻をわずかに浮かせています）。身体を支えている腕と両足の踏ん張りで横にいざります（写真では右足の方向へいざる）。

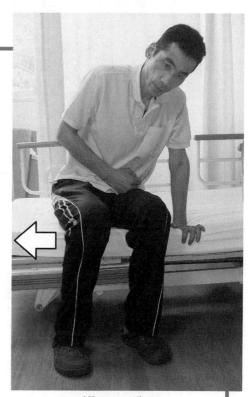

横へいざる

かけ声

「お尻を持ち上げましょう」
「今日のお尻は重たいかな？」

※でき具合を聞いてみましょう。訓練中のかけ声は，訓練を楽しくする一つの要素ですので，かけ声にも気を配りましょう。

（隣に座って）「さて，ちょっと横に寄ってみましょうよ」
「私のお尻で押してあげるから」

※楽しい雰囲気もつくりながら行いましょう。

立ち上がり

　高齢者にとって楽な立ち上がり方は，一時的に頭を前方に出した後に背筋全体を上方かつ後方に伸ばしていきます。身体の重心を前に動かした後にカーブを描きながら同じ位置の上方に移動します（**写真43**）。座位バランスの悪い人は，**写真43**④の状態の時に前方に何かつかまるものがあると，立ち上がりの動作が安定します。身体の横に置いた手で押さえるようにして立ち上がる利用者もいますし，少し前方にあるものを自分の方に引っ張るようにして立ち上がる利用者もいます。その人の体形や今までの生活環境，動きのパターンの影響によって，前かがみになって立ち上がる楽な立ち上がり方と異なっても，その人のやりやすい方法に合わせましょう。

　では，立ち上がるための条件を見てみましょう。

写真43　高齢者の楽な立ち上がり方

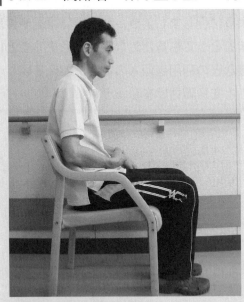

①足をそろえた状態から立ち上がろうとする

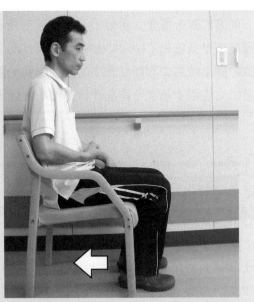

②立ち上がりやすくするために足を少し後方に引き，膝関節を90度以上曲げる

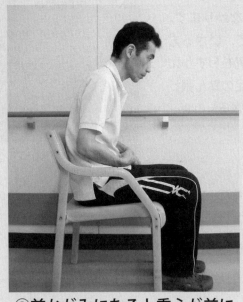

③前かがみになると重心が前に移動する

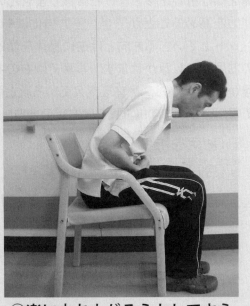

④楽に立ち上がろうとしてさらに前方にかがむ

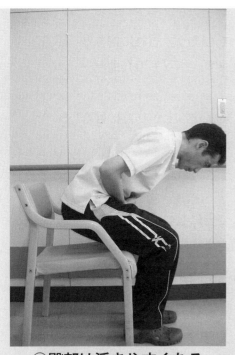
⑤臀部は浮きやすくなる

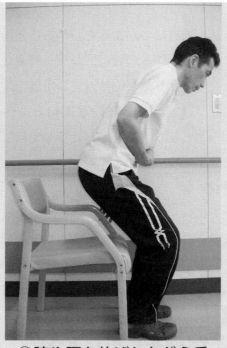
⑥膝や腰を伸ばしながら重心を上方に持ち上げる

⑦しっかりと腰を伸ばして立ち上がり動作の完了

①足の裏がしっかりと床に着いている

　座った姿勢で足の裏がつま先までしっかりと床に着いているのが理想的です。そのためには，膝や股関節がしっかりと曲げられなければいけません。

> **ワンポイントアドバイス⓰**
> ### 足の筋力を強化する訓練をしましょう。
>
> 　負荷をかけた筋力訓練です。靴を脱いでいすに座ってもらい，機能訓練指導員の手の上に足を乗せます。その手を踏みつけるつもりで踏ん張ってもらいましょう（膝伸ばし訓練）。
> 　これで力がつけば，立ち上がりが非常に楽になります。負荷の度合いは自由に変えられますから，最初ちょっと手に力を入れて抵抗してみて，途中から少し力を抜き，「いいですね」とフィードバックしてあげると利用者のやる気も出てきます。
>
>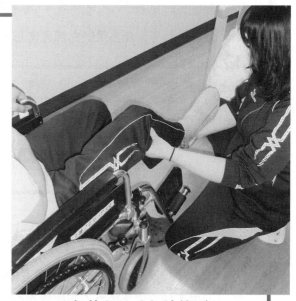
> 負荷をかけた膝伸ばし
>
> **かけ声**　「この手を踏んづけるように踏ん張って」

②足を少し後ろに引き，膝を90度以上曲げられる

　足を後ろに引くのは，前かがみになって体重を前方にかけるためですが，この時膝関節の痛みが多少はあっても強くないことが大切です。膝の曲げ伸ばし動作時に膝関節の痛みを訴える利用者が多く，痛みが立ち上がり動作困難につながりやすいのです。立ち上がる時や階段を上り下りする時，膝には相当な負担がかかります。その負

担を少しでも減らすため、前方につかまるものがあるとよいでしょう。それに寄りかかるようにして立ち上がると、膝への負担はかなり軽減されます。ベッドの介助バーはそのためのもので、立ち上がりや移乗に役立つ用具です。

膝関節が90度以上曲げられないとP.78の**写真43**のような楽な立ち上がり方にはならずに手すりや柵を引っ張ったり、机を押したりして何とか立つようになり、転倒の危険が増えてしまいます。

③前かがみ姿勢がとれる

①と②に加えて、前方に体重をかけてお辞儀をしたような姿勢になれると立ち上がりがさらに楽になります。この姿勢をとった時点で重心は前方に移動し、お尻も浮きやすくなっています。

ワンポイントアドバイス⑰

下肢で体重を支える訓練をしましょう。

ベッド柵や介助バー、手すりなどにつかまって行います。これが十分にできると、立ち上がりは楽にできます。

かけ声
「お辞儀をしましょう」
「そしてお尻も上げて」
「お尻は浮きましたか」
「おならが出そうじゃないですか」

※気分が乗ってきたら笑いも加えましょう。

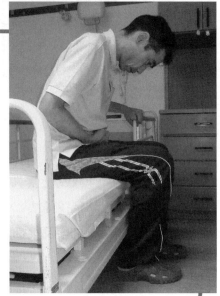

---

④立ち上がりながら頭を上向きに上げていける

③の前かがみになってお尻を浮かせた姿勢から、膝や腰を伸ばしていくと、上体が上がってきます。この動きに加えて、頭も上向きになると背筋もどんどん伸びていきます。

ワンポイントアドバイス⑱

車いすの利用者はお辞儀で訓練しましょう。

いつも車いすに座っている利用者の場合、廊下の手すりや机を持ってお辞儀するだけでも両下肢に体重がかけられます。

かけ声
「お辞儀をしましょう」
「お尻を上げましょう」
「最後に前を見ましょう」
「ほら、美人が鏡に映っている」

※思わず前を見てしまうような声かけをすると、動作を行いやすいでしょう。

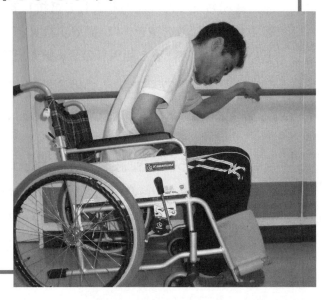

立位保持

立位保持は，何か物を持つか否かで生活動作にかなり違いが出てきます。まず，立位を保持するための条件を見てみましょう。

①足の裏がしっかりと床に着けられる

立った状態を保持するとなれば，立ち上がる時よりもさらに安定して足の裏が床に着いている必要があります。場合によっては，その状態で，体重をつま先の方にかけたり，かかとの方にかけたりする身体の重心の微調整ができると，立位や歩行が安定します（**写真44**）。

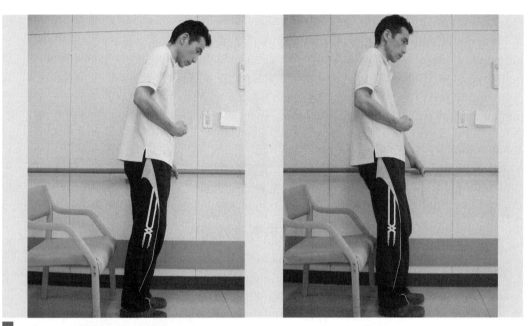

写真44　体重をつま先にかけたりかかとにかけたりできる

ワンポイントアドバイス⑲

足指を動かす訓練をしましょう。

1）座って行う訓練

足指を使ったじゃんけんやタオル引き寄せなどの訓練が効果的です。足じゃんけんのパーは足の指を全部開き，グーは全部曲げます。チョキは親指だけ上げるなどで表現すればよいと思います。普通，足でじゃんけんをすることはありませんので，レクリエーションに取り入れるのもよいでしょう。また，タオル引き寄せは，素足で床の上に敷いたタオルの上に足を置き，指で引き寄せてください。

かけ声　「頑張れ」「足首を上げながら指を開いて」

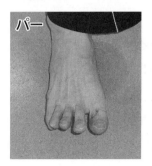
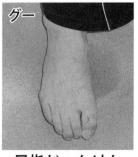
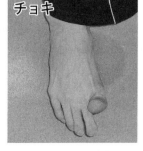
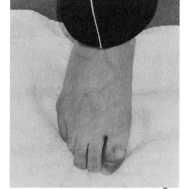

足指じゃんけん　　　　　　　　タオル引き寄せ

2）立って行う訓練

　つま先に体重を乗せたり，かかとに体重を乗せたりする，いわゆる前後のバランス訓練です。この運動は，下肢全体の踏ん張りやつま先で踏ん張りになる運動です。加えて，つま先を内寄せ外開きする運動です。かかとを支点にしてつま先を外や内に動かし，次につま先を支点にしてかかとを外や内に動かします。

かけ声　「がに股に開いて，次は内股にしましょう」

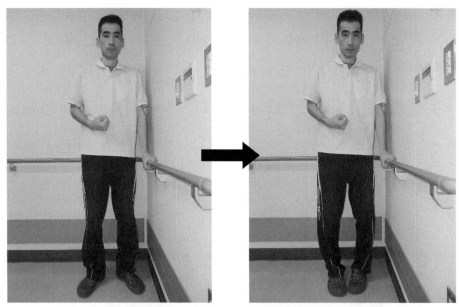

つま先を支点に内寄せ外開き

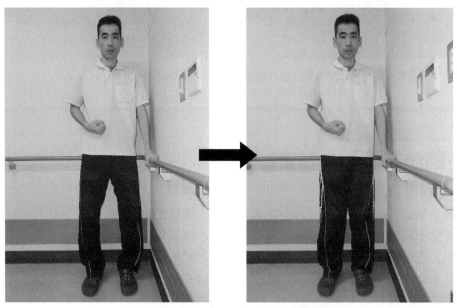

かかとを支点に内寄せ外開き

②膝を伸ばす筋や腰を伸ばす筋や背筋・腹筋などの筋力がある程度備わっている

　立ち上がるだけで力尽きて腰が曲がってきたり，身体が左右に傾いてきたりするようでは，立位を保持することはできません。立ち上がった時と，立位が保持できなくなった時の膝関節や股関節の高さを見比べて，膝の筋力が弱くて膝が曲がってくるのか，痛みのために膝が曲がってくるのかなど，立位を保持できない姿勢の変化（**写真45**）とその原因を見極めましょう。

写真45 立位がとれても，膝の筋力が弱かったり，痛みがあったりすると曲がってくる

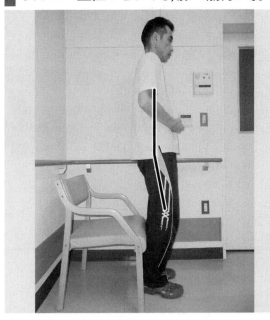
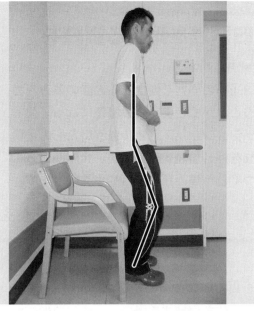

ワンポイントアドバイス⑳
膝の筋力をつける訓練をしましょう。

　立った状態で，膝を軽く曲げ伸ばしする運動です。まだ力が十分と思えない時は見合わせましょう。できるだけ背筋を伸ばして，へっぴり腰にならないように注意して行ってください。慣れてきたら膝を伸ばした時につま先立ちになりましょう。これは，かなり筋力強化になります。

かけ声
「膝を少し曲げて」
「伸ばして」
「お尻が出てきてますよ。お尻は出さないで」
※楽しい雰囲気もつくりながら行いましょう。

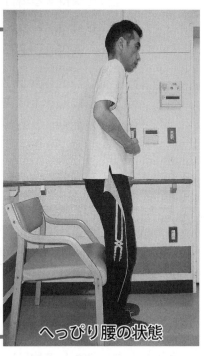

へっぴり腰の状態

③膝や腰などに強い痛みがない

　立位保持ができない原因が痛みの場合は，痛みのある関節が急に「ガクッ」と崩れてしまう危険があります。腕の力だけで立ち上がってしまう（**写真46**）利用者は，このような現象によるものが多いです。ですから，立ち上がりの練習をする時には，腕の力に頼るのではなく，下肢で踏ん張ることを促してください。しかし，痛みが強い場合は，治療を優先しましょう。慢性的な痛みの場合は，関節の周りを筋肉で支えて，短時間の立位保持を目標としてもよいでしょう。

写真46 腕の力に頼って立ち上がろうとしている

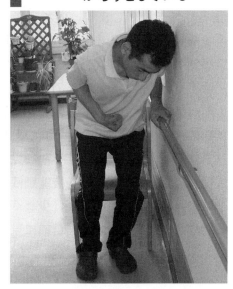

ワンポイントアドバイス㉑
大腿四頭筋を鍛える訓練をしましょう。

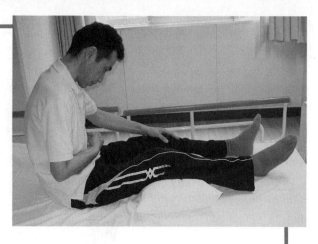

　大腿四頭筋の筋力を強化すると膝の痛みをカバーすることができます。長座位になって膝の下にクッションかバスタオルを巻いたものを置き、それを押しつぶす訓練です。大腿四頭筋の筋力がつくと、痛みが軽減しやすくなります。

かけ声　「クッションを押しつぶしましょう」

④首や頭部をある程度上に向けられる

　立位を保持する場合は、座位を保持する時以上に周りからの情報を得て、自分の身体の傾き具合がどうなっているかを判断し、調整する必要があります。歩く練習を始めると、転ばないようにと床に目がいきがちになりますので、立位保持練習ではいろいろな方向を見る練習を行ってください。前、横、下を交互に見る練習です。「下を見てすぐに顔を上げましょう」「横を見て元へ戻しましょう」などの声かけで素早く顔や首を動かしてもらいます。また、前方に鏡を置いて自分の立位姿勢を確認することも重要です。いろいろな方向を見る訓練は、バランスの練習にもなります。とにかく、歩行練習の一歩手前ですから、立位でのバランス訓練は重要なのです。

ワンポイントアドバイス㉒
立位でのバランス訓練をしましょう。

　手すりにつかまって身体を前後に動かして足や膝で踏ん張る動作（P.81、**写真44**）や、身体を左右に動かして片足に体重をかけて踏ん張る動作（P.88、ワンポイントアドバイス26参照）、身体をひねって骨盤を柔軟にして膝で踏ん張る動作を訓練します。慣れてきたら、片手を離してやってみましょう。さらにバランス感覚や膝・足が鍛えられます。

手すりにつかまり足を前後に動かす
（下を見がちになる）

　また、手すりにつかまったままで片足を上げたり、前へ出して戻したりする練習をすると歩く状態に近くなります。片足で立つとバランスがとりにくくなり、どうしても下を見がちになりますので、下を見たらすぐ前を見るように声をかけましょう。

　さらに慣れてきたら、足踏みを機能訓練指導員と一緒に行いましょう。この時に膝が安定していれば歩行時に膝折れの心配が少なくなります。機能訓練指導員は前方でしっかりと足を上げる動作を示してください。目前に見本があると足を上げやすくなると思います。

表16 老人車や歩行器のブレーキ（代表的なもの）

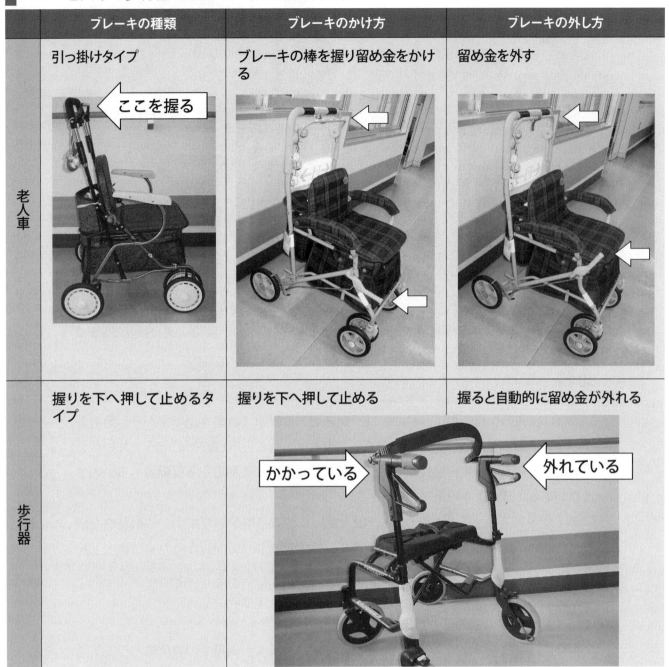

　立位を保持する時につかまるものとして想定されるのはどんなものでしょうか。利用者の周りには，手すり，ベッド柵，ベッド介助バー，机，重いいす，壁，タンス，重いポータブルトイレなど簡単に動かないものと，杖，歩行器，老人車，車いす，軽いいす，軽いポータブルトイレ，介助者の手，天井などから垂れ下がった紐，ドアなどの簡単に動くものがあります。つかまるものがどちらなのかをしっかり認識していないと転倒する危険が高くなりますので，その点を評価しておく必要があります。

　また，動くものであればそのものが通常どこにあり，誰がどう管理するのかも転倒を防ぐ上では重要です。車いすや歩行器等は，ブレーキのかけ方（**表16**）や効き具合，タイヤの空気圧，タイヤの溝の形状や摩耗状態，老人車や車いすの前輪可動範囲やその滑り具合など，チェック項目は多数に上ります。動きにくいものであっても，そのもののどこをどう持つか，持ちやすい状態であるか，高さなどもしっかりと認識していなければ，転倒を防ぐことはできません。

写真47　歩行器の使い方

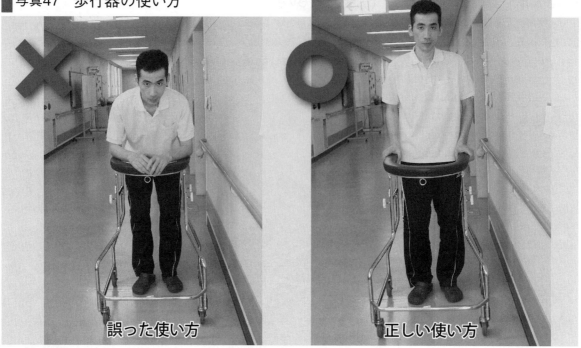

誤った使い方　　　　　　　　　　正しい使い方

歩行

　歩行は，複雑な動作が絡み合い，バランス能力も要求されます。ですから，筋力等が不十分であると，立つことはできても，歩きはじめると「膝が折れそうで怖い」といった不安要素を訴え，屋外やデイサービスでは車いすを利用する高齢者も多いのではないでしょうか。

　デイサービスには1人当たり3m²以上という設置基準があります。この基準を満たした広い空間にあるのは机かいす程度で，壁の手すりまでが遠かったり，自宅と比べてトイレまでが遠かったりします。デイサービスを安心して利用してもらうためにも歩行訓練は重要です。歩行できる条件を見てみましょう。

①**腰や膝や背中などの筋力がある程度ある**

　歩行には，立位を保持する以上に筋力が要求されます。両足での立位のバランスを崩しながら片足でバランスを保ち，また片足を出していくことの連続なのです。下肢には力を入れたり，緩めたりと細かい調整をし続けなければなりません。歩行器，杖，手すりなどで筋力を補いながら歩くこともできますが，できれば何も使わずに歩行できるようになりたいものです。

　歩行器を使っている利用者をよく見かけますが，誤った使い方をしている場合が多いようです。腰を曲げて歩行器に持たれるように歩いている（**写真47**）と，筋力の向上は望めません。

ワンポイントアドバイス㉓
歩くための準備運動をしましょう。

　歩く訓練をする前の準備運動として，足踏みは欠かせません。まずは座位で行い，立つ準備をします。十分に足踏みをして立ち上がってもすぐに歩きはじめてはいけません。前後・左右のバランスを確かめた後に歩きはじめます。

②腰や膝などに強い痛みがない

　歩行中，痛みや筋力低下が原因で，膝が「ガクッ」となる利用者を時々見ます。痛みに対する不安があると，思いきって足を出すことができず，歩幅が小さくなり，ちょこちょこ歩くようになってしまいます。膝や腰にサポーターや軟性コルセットを巻いている利用者もよく見かけますが，常にその状態でいると，さらに筋力を低下させ，痛みが強くなるかもしれないということを覚えておきましょう。

ワンポイントアドバイス㉔

膝の裏の筋肉を鍛えましょう。

　端座位で足を床に着けたまま後ろに引いていきます。機能訓練指導員はふくらはぎに手を添えて後ろ向きに動かしにくいように意地悪をしてください。抵抗に打ち勝って動かそうとすることで筋力はついてきます。

（途中で力を少し緩めて）
「大丈夫，力が入ってますよ」

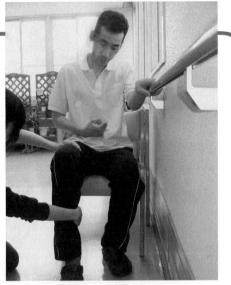
ふくらはぎに負荷をかける

③片方の足で体重を支え，もう一方の足を前に振り出せる

　体の重心を移動させて，片足で体重を支えます。そしてもう一方の足を前に振り出します。ほんの一瞬ですが，膝には大きな負担がかかります。また，体重が片方の足に乗る瞬間は，膝が少し曲がり，かかとからつま先まで重心が移動していきます。重心移動が難しい利用者はゆっくりとした動きで体重を乗せたまま片足を前に出します。小刻み歩行を除き，リズム良く足が出ている利用者は重心移動やバランスが良いことを意味しています。

ワンポイントアドバイス㉕

足の指を鍛える訓練をしましょう。

　いすに座った状態での足じゃんけんを行います。歩行が十分にできるようになったら，立位でも構いませんが，初めのうちは座位で行いましょう。素早い動きが重要ですので，スピード感をもって真剣勝負で足じゃんけんをします。

④骨盤を回旋することができる

　歩く時には身体をねじりながら動いています。片足を振り出す瞬間に骨盤も回旋し，スムーズな動きとなるのです。片麻痺の場合，骨盤の回旋がうまくできず，足を外に振り回すようにして歩く場合があります。これは，骨盤の回旋と股関節と膝関節を曲げる筋肉がうまく働いていないためです。

ワンポイントアドバイス㉖
腰をねじる訓練をしましょう。

　立位で手すりなどにつかまって腰の回旋運動をします。最初は回旋のみ，次は足を上げて行います。この運動に慣れてくると身体の回旋がスムーズになり，歩き方がきれいに見えます。

かけ声　「はい，ワン，ツー，ワン，ツー」

※エアロビクスのインストラクターのように雰囲気を盛り上げましょう。

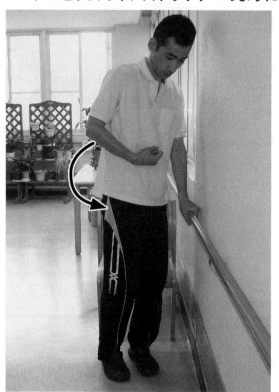 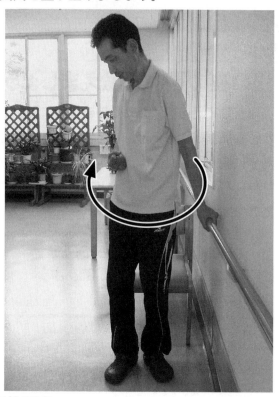

立位での回旋運動

 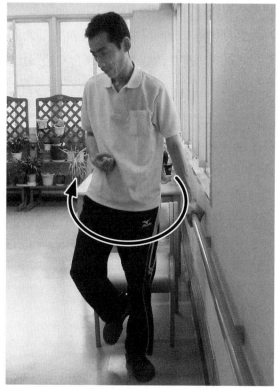

足を上げて回旋運動

⑤首や頭部がある程度上を向いている

　歩行練習をしていると，足の出具合や床を気にする利用者が大勢います。転倒の危険性が常に頭の中にあるためだとは思いますが，下を向くと自然に背中や腰が曲がり，股関節や膝関節も曲がりやすくなってしまいます。

> **ワンポイントアドバイス㉗**
> ## 前を向いて歩く練習をしましょう。
> 　平行棒は安定・安心感を得やすいため，歩行訓練によく使われます。平行棒を使った歩行練習の時には，しっかりと前を向き歩くことを意識しましょう。訓練室に大きな鏡があるとさらに効果的です。

困難事例への対応ポイント

①訓練に集中することが困難な利用者

　機能訓練に集中できない理由はさまざまです。認知症などの疾患で改善が困難な場合は，ある程度やむを得ないかもしれません。しかし，機能訓練指導員としてのかかわり方を再検討し，訓練場面を変えたり，訓練時の声のかけ方に工夫をこらす必要があります。

②常に訓練の効果を求めて，効果が感じられないとその理由を問う利用者

　このような場合，ケアマネジャーの最初のアセスメント内容をしっかりと確認していなかったり，主治医からこれ以上の機能回復は困難と説明されているにもかかわらず正しく理解していない上に，何カ月も漫然と訓練をしている場合が少なくありません。訓練の効果に期待し，努力を重ねる姿勢は重要なことですが，訓練によっては緩やかなカーブを描くように効果の表れるものや，効果が出るまでに長い期間を必要とするものもあります。また，年齢や病気の進行度などから，機能の回復は望めず維持するだけで精一杯ということもあります。

　大切なことは，最初の評価時にしっかりと状況を確認し合い，それを基本として日々の変化を確認しながら訓練を続けていくことです。

③痛みが一時期的に発生する訓練に対し否定的な感情を持ち，その後も言い続ける利用者

　機能訓練を行うと，一時的に筋肉痛や関節に痛みを生じる場合があります。その状況が想定される場合，訓練前にきちんと説明して，同意を得ておかなければなりません。その場合は医師やリハビリテーションの専門家にも相談し，意見を聞いておくことが重要です。そうすることで，機能訓練指導員だけが責められることを防げるのです。とにかく，説明と同意および日々の説明と確認作業が重要です。

④機能訓練指導員の指導方法に強い意見を持つ利用者

　機能訓練指導員は，通常専門家として機能訓練に関する指導および直接的補助を行います。しかし，その指導などに利用者の思い（気持ち）がマッチしないと，多くの利用者は目的とする動きをしなかったり，動作はするものの気持ちがこもらなかったりして，頑張りが不十分なまま訓練時間が過ぎていくことになります。一方で，「それは痛みが強くなるからしたくない」「なぜその動作が必要なのか」など，訓練内容や指導内容に対して批判的な思い（気持ち）をストレートに表現する利用者もいます。利用者からの疑問や批判的意見はありがたく受け止め，機能訓練指導員自身のかかわり方（説明の仕方，声のかけ方，表情，時間配分，訓練補助の仕方など）を見直さなければなりません。そのためには，訓練に関して利用者がどのようなイメージを持っているのか聞き，機能訓練指導員の考え方も伝えて，お互いが納得のいくやり方を見つけることが必要です。

⑤しんどい訓練・おもしろくない訓練を嫌うが，効果を求める利用者

　しんどい訓練・おもしろくない訓練はしたがらないのに，訓練の効果に期待の大きい利用者は多いと思います。年齢を重ねている利用者は，頑張りたくてもしんどくてできないかもしれません。しかし，よくなりたいという思い（気持ち）はしっかりと汲み取り，「もう少しよくなりたいよね」と一緒に望みをつぶやきたいものです。これは，利用者と機能訓練指導員の心が通い合って初めてできることで，期間でも頻度でもありません。訓練を通してのかかわりが，しっかりとできていることがポイントです。

⑥機能訓練よりもおしゃべりに重きを置いている利用者

　「訓練時間は会話時間」と考えている利用者もいます。おしゃべりを通して機能訓練指導員との交流を大切にしている利用者もいるでしょう。しかし，おしゃべりが一番の目的になっている利用者には，機能訓練指導員として訓練時間の意義を説明すべきです。訓練時間中であっても楽しい会話は必要ですが，会話にのめり込むのは趣旨が異なりますし，真剣に取り組んでいる利用者からの目も厳しくなります。

　いずれにしても，サービスを提供する機能訓練指導員が困難事例であると思い込んではいけません。機能訓練指導員の説明や確認作業が不十分なことがこうした事例を生んでいることも多いのです。最初に評価をしっかり行い，利用者と心を通わせることができれば，困難事例にはなりません。

個別機能訓練内容・効果と困難事例への対応ポイント——応用動作・認知機能編

　応用動作には，衣服の着脱，入浴，食事，排泄，家事，コミュニケーションなどが該当します。この中で，排泄や入浴は，自分でやりたいという利用者のニーズは高く，居宅サービス計画書に記載されることもしばしばです。しかし，家事やコミュニケーションなどの行為は，一人暮らしでなければあまり困ることはありませんし，デイサービスで行う訓練に関係しているとは認識されていないのが現状です。

　応用動作の訓練は，デイサービス利用時に実際の場面で実施するのが効果的ですが，利用者にとっては訓練をしたという実感が伴いにくいものです。しかも，入浴前に衣服の着脱訓練をしようとすれば，入浴を楽しみにしていた気持ちもそがれて嫌々訓練することにもなりかねません。そこは機能訓練指導員側が気を利かせて，ゆっくりと時間が取れる時に実施したり，風呂上がりに行ってみるなどの工夫が必要です。

衣服着脱

　衣服着脱の動作は，入浴の前後，排泄時で求められます。腕を通しやすくするために大きめのシャツを着たり，ボタンをファスナーに変えたりするなど，着替えやすいように工夫している利用者も多いと思います。しかし，できる能力を持ちながらも，時間がかかるために家族が介助してしまう場合も多く見受けられ，自立支援の観点からは疑問符がつく場合も少なくありません。まず，衣服着脱ができるための条件を見てみましょう。

①座位が安定している

　両足が肩幅に開いてしっかりと床に着き，左右均等に体重がかかり背筋が伸びていると安定した座位と言えます。ほとんどの場合，着脱の動作は座位で行います。そうすると，長時間座位を保持する能力が必要なことはもちろん，体を前後・左右に動かしてもバランスを保つ能力が求められます。

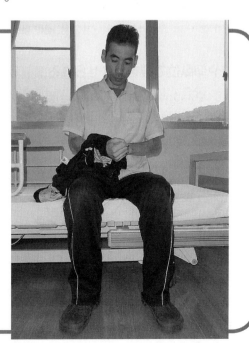

ワンポイントアドバイス㉘

踏ん張る訓練をしましょう。

　基本的には座位保持訓練と同じですが，着脱行為の場合は，手の支えなしで座位を保持する必要があります。ですから，安定した座位ができるようにしっかりと足を着き，肩幅に開いて踏ん張る練習が必要です。

②肩関節が60度程度上げられる

かぶりシャツを着る時には，肩の関節可動域が最低60度程度必要です（**写真48**）。関節可動域に制限があるなら，時間をかけてゆっくりと関節を動かしましょう。関節可動域が広がれば，着脱がしやすくなるだけでなく，他の動作もしやすくなりますし，スピードアップにもつながるでしょう。

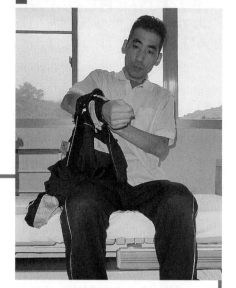

写真48　肩関節が60度程度上がる

> **ワンポイントアドバイス㉙**
> ## 肩関節の可動域を広げる訓練をしましょう。
>
> 利用者が自分でできるようであれば，自分で痛みの度合いを確かめながら，もう少しなら大丈夫というところまで動かしてもらいます。自分で動かすことが難しければ，機能訓練指導員が行います。
>
> 肩関節は，前後（屈曲と伸展），左右（内転と外転），ねじる（内旋と外旋）の3方向に動きます。上腕骨は通常肩が上がるにつれて内側に入り込み，肩関節の前面にくぼみができやすくなります。前面がくぼまずに逆に盛り上がったり，痛みが出たりするようであれ
>
>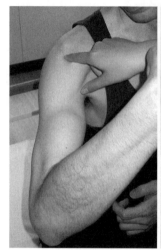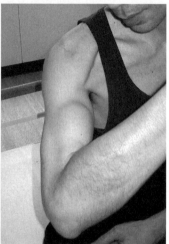
>
> くぼみの部分　　　上腕骨が肩の内側に入り込む時にできるくぼみ
>
> ばリハビリテーションの専門家に相談してください。関節から伝わってくるいろいろなサイン（音，動かした時の抵抗感，筋肉の張り具合，痛みの表情など）を総合的に見て動かしますが，専門家でなければ正しく判断することが難しいので，決して無理をすることのないようにしてください。

③座位や仰臥位で腰を浮かせられる

ズボンやパンツの着脱の際は，腰を浮かして臀部を通り越さなければなりません。座位の時に腰を上げる方法としては，左右片側ずつ浮かせるやり方（**写真49**）と，立ち上がり気味に両方を一度に浮かせるやり方があると思います。いずれも座位を保持するバランス能力や立ち上がり能力が必要です。しかも，その瞬間に手でズボンを上げる・下げる動作

写真49　片足ずつ腰を浮かせつつズボンを上げ下げする

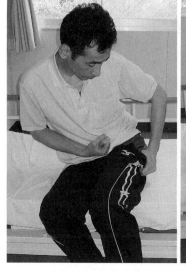 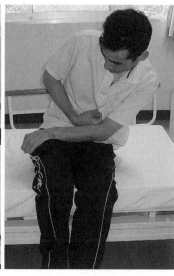

をする必要がありますから、難易度の高い動きと言えます。

　仰臥位で腰を浮かす時は、P.66の**写真28**のように臀部を持ち上げてズボンやパンツの着脱をします。

> **ワンポイントアドバイス㉚**
> ## 座位で身体を傾けてズボンを引き上げる訓練をしましょう。
>
> 　写真49のように身体を傾ける訓練です。可能であれば、トイレで訓練を行います。便座は狭くくぼんでおり、中央には穴が開いていて不安定なのですが、側方には手すりや壁があり、もたれかかることができます。ただし、短時間で行う方がよいでしょう。
>
> 　ズボン上げ下げするには、握力や肘を曲げる力が必要です。腕におもりを巻いて持ち上げる訓練をするのも効果的でしょう。

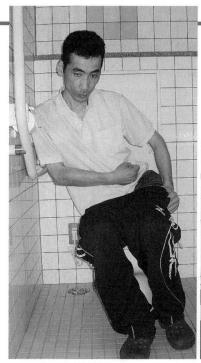

④座位で前かがみになり手がつま先に届く

　靴下や靴を履く場合には、つま先辺りまで手が届かなければなりません。この姿勢は股関節や体幹の柔軟性が必要となり、転倒の危険性が出てきます。利用者の中には、片足を膝の上に乗せて靴や靴下を履く人もいます。この方法も、バランス能力と体幹の柔軟性が必要です（**写真50**）。

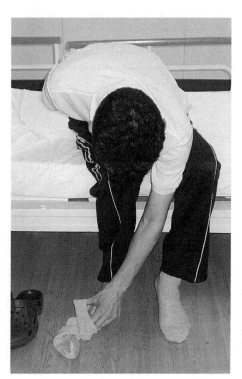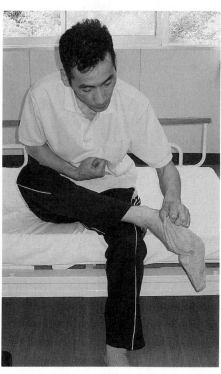

写真50
どちらの方法も、座位を保持するバランス能力と柔軟性が必要

ワンポイントアドバイス㉛
つま先に手が届くようにする訓練です。

■ 前にかがむ場合

機能訓練指導員は，利用者が倒れ込んだら受け止められるように利用者の前（靴下や靴を履く足の近く）に位置取り，バランスを崩した時に支えられるよう利用者の近くに手を構えておきます。膝から少しずつ手を下げていき，届く所まで手を伸ばしてもらいましょう。

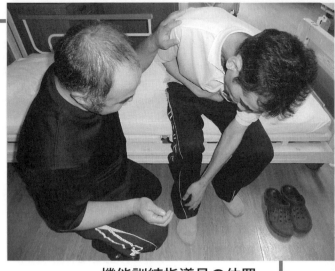

機能訓練指導員の位置

■ 足を膝に乗せる場合

足を持ち上げて抱え込む練習をします。これが十分にできれば，膝の上に足を乗せることができます。足を上げられない場合は，上述の前かがみになる練習を中心に行いましょう。いずれの動作も安全面への配慮が必要です。

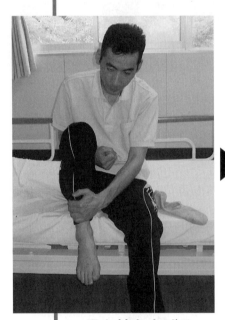
足を持ち上げる

持ち上げた足を胸に付ける

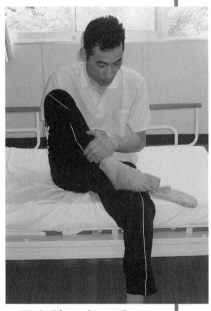
足を膝の上に乗せる

⑤ 服に腕や足を通せる

上着に腕を通す時は，上肢が動かせるか，肘関節に可動域制限があるかで状況が違ってきます。片麻痺のように上肢が上がらずに肘関節も曲がっていると，肘の関節可動域訓練と，上肢を伸ばす訓練が必要になります。**写真51**のように上腕と前腕を持ち，ゆっくりと伸ばしてください。また，P.92の**ワンポイントアドバイス29**の肩関節を動かす訓練を行ってください。

ズボンに足を通す時は，膝を伸ばす力が必要であり，股関節や膝関節を90度以上曲げられることが必要となります。

■ 写真51　関節可動域訓練

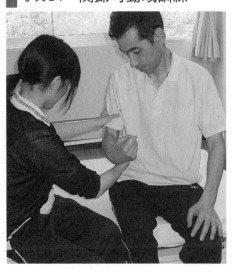

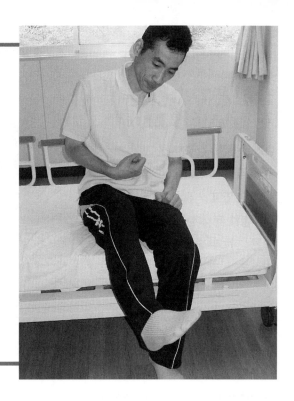

> **ワンポイントアドバイス㉜**
> ### 座位で片足を伸ばす訓練をしましょう。
> この時も機能訓練指導員は，横にいて後ろや横に倒れないように腰の後ろに手を添えたりして注意を払いましょう。ズボンに足を通す時は，つま先も伸ばしましょう。
>
> かけ声
> 「つま先を伸ばして」

⑥ボタンやファスナーの開閉ができる

ボタンやファスナーを開閉するには，手先の細かな動作が要求されます。また，首元のボタンは見えませんので，手先の感覚が頼りです。

> **ワンポイントアドバイス㉝**
> ### 入浴後の時間を使って訓練しましょう。
> 首元のボタンは声かけで応援しましょう。上着を着た状態で首元のボタンの開閉が難しい場合は，服を脱いだ状態で練習をしましょう。

衣服着脱の動作は，排泄や入浴に伴う動作です。デイサービス利用中に何度も行う動作ですが，その都度じっくりと時間をかけづらい動作でもあります。ですから，スタッフは，排泄後や入浴後に訓練という視点を持ってかかわっていくことが重要です。職場のスタッフ全員がこの視点でかかわらないと，利用者は機能訓練指導員が意地悪をしているように感じるかもしれませんので，職場内ミーティングでしっかりと意思統一をしておきましょう。

入浴

デイサービスは，ほとんどの利用者が入浴サービスを利用し，見守りや介助を受けています。浴室は滑りやすい場所であり，一度に何人もの利用者が入浴するので訓練中にも常に気を配る必要があります。

入浴動作ができるための条件を見てみましょう。

①浴室や浴槽まで安定して移動できる

デイサービスの浴室は広く，浴室の出入り口から浴槽までは手すりがありません。また，浴槽は家のものに比べて大きくて浅めで，階段や手すりが付いている場合が多いと思います。浴槽までは手引き歩行で移動する場合が多く，膝折れが気になる場合は車いすを利用することもあります。

ワンポイントアドバイス 34
手引きなどでの歩行訓練を行いましょう。

滑りやすい場所ですから、立った状態から座る時にもたれかからないことも重要です。機能訓練指導員は、利用者に身体を密着させて、利用者の腰に片手を回し、骨盤をしっかりと支えます。手引き歩行の途中で、機能訓練指導員は腰に回した手で骨盤を前後に動かして身体の回旋動作も訓練しましょう。

②浴槽のまたぎ越しができる

　デイサービスの浴槽は、銭湯のように浴槽の縁が床からわずかに上がっている程度（10～20cm）に埋め込まれており、階段を下りるようにして湯につかるタイプが多く見られます。歩いて入浴することを前提に作られていますから、そこに入ろうとすれば、職員が手引き歩行をすることになるのです。

　一方、家庭では、床から浴槽の縁までの高さは、40cm程度あります。それをまたぐには、当然足をそれ以上上げないとまたぐことができません。加えて、身体も傾けないとできない状況の利用者も多くいます。不安定な体勢になりますので、手すりの助けを借りる人が多いと思いますが、中には浴槽の縁を持ってまたぐ人もいるでしょう（**写真52**）。いずれも転倒の危険性は高く、高齢者の家庭における理想的な浴槽への入り方は、座位で浴槽をまたぐ方法です。**写真53**のようにシャワーいすを利用し、健側からまたぎます。次に麻痺側の足を介助してまたぎ、浴槽に入ります。出る時は、先にシャワーいすに腰を下ろし、麻痺側、健側の順で出ます。

写真53　座位での浴槽またぎ

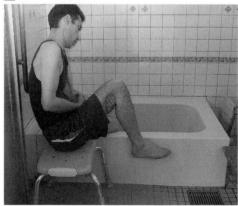

写真52　よく見られる浴槽のまたぎ方

浴槽の縁を持って

手すりにつかまって

> **ワンポイントアドバイス㉟**
> ### 片足を上げる訓練をしましょう。
>
> 　手すりや平行棒を持ち，足を外に広げながら後ろに上げます。加えて身体も傾けるようにすれば，またぎ越しの状態になります。
> 　下肢におもりを付けて持ち上げる訓練も重要です。0.5kg程度の重さから始めて，少しずつ重くしていきましょう。

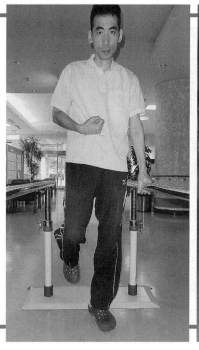
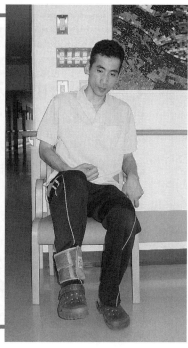

③浴槽内で腰を下ろし，立ち上がれる

　デイサービスの浴槽の深さは40cm程度ですが，一般の浴槽では50cm前後あります。浴槽が深いほど腰を下まで下ろした後の立ち上がり動作の負担が大きくなります。一般浴槽の場合は，20cm程度の浴槽台（**写真54**）を利用しましょう。股関節と膝関節をしっかりと曲げて（**写真55**），前かがみ姿勢になり，手すりを持ち，腕の力と足の踏ん張りで立ち上がっていきます。浴槽内で立ったり座ったりする時は横手すりが有効（**写真56**）で，浴槽をまたぐ時には縦手すりが有効（**写真57**）です。

写真54　浴槽台

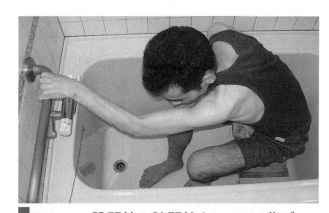

写真55　股関節や膝関節をしっかり曲げる

写真56　座る時と立ち上がる時は横手すり

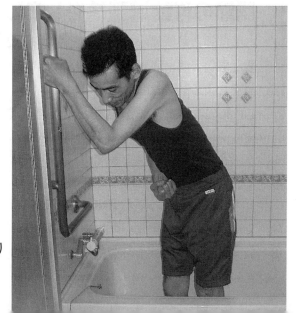

写真57　浴槽をまたぐ時は縦手すり

> **ワンポイントアドバイス㊱**
> ### 膝関節や股関節を しっかりと曲げる 訓練をしましょう。
>
> いす座位になり片足ずつ膝を曲げ，いすの上に乗せます。その状態で胸を前に出し，足と胸をできるだけ近づけます。膝関節や股関節に痛みがある場合は，できる範囲にとどめてください。いすの上に足が乗らない場合は，腕で引き寄せる程度でも構いません。
>
> 足がいすの座面まで上げられるようになったら，いすの肘かけを押してお尻を浮かせてみましょう。あまり浮かしすぎるとバランスを崩しかねないので，1～2cm浮く程度で十分です。

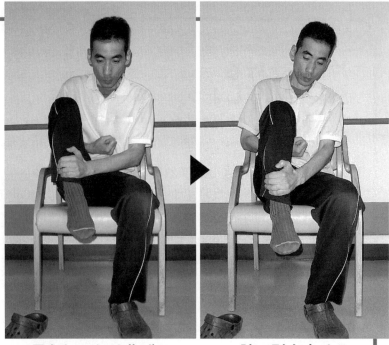

足をしっかり曲げて いすの上に乗せる　　腕で引き寄せる

④腰や膝，背中などにある程度筋力がある

　前述したいす座位から立ち上がる時と比べ，低い位置から立ち上がる時は，腰や膝の筋力が「十分にできる程度」は必要です。加えて上肢の力も必要となります（麻痺している場合は「なんとか曲げられる程度」の力）。

⑤腰や股・膝関節などに強い痛みがない

　家庭にある一般浴槽で入浴する時は，膝関節を大きく曲げなければいけません。膝に痛みがある利用者にとっては非常につらい動作です。浴槽台（P.97，**写真54**参照）を使えないようであれば，浴槽を取り替えたりシャワー浴にしたりすることが必要かもしれません。デイサービス利用時に広い浴槽で入浴するのもよいでしょう。

> **ワンポイントアドバイス㊲**
> ### 関節の可動域訓練をしましょう。
>
> 　股関節と膝関節をしっかりと曲げるため，痛みをこらえながらの訓練になると思います。無理をせず，リハビリテーションの専門家と相談しながら行いましょう。
> 　P.46の写真5のように股関節と膝関節を同時に曲げる訓練が一般的です。

⑥浴槽内での座位が安定している

　高さ20cm程度の小さな浴槽台での座位は，不安定さが残ります。その上，湯につかっていると，浮力が働くため，安定して座ることは結構難しいものです。やせた利用者は，浴槽の手すりなどを持つとよいでしょう。

ワンポイントアドバイス㊳

体幹を真っすぐに保つ訓練をしましょう。

股関節と膝関節を曲げた状態で安定した姿勢を保持するには，体幹を真っすぐに保つ腹筋や背筋の力が必要です。いすか車いすにずっこけ座りの姿勢になって身体が真っすぐになるまで起こしてくる練習をしましょう（P.73，ワンポイントアドバイス11参照）。ずっこけ座りからずり落ちてしまうことのないように，慎重に行いましょう。

食事

食事動作は，テーブルといすとの位置関係や姿勢，上肢の動作能力のほかに食事に関する意欲などを総合的に考える必要があります。加えて，食器などの検討も必要かもしれません。車いすに座ったままで食事をする姿をよく見かけますが，車いすでの姿勢は食事に適しているとは言えません（**表17**）。食べづらい姿勢は食欲に直結しますので，姿勢を工夫する必要があります。

まず，食事が実施しやすい条件を見てみましょう。

①座位が安定している

車いすに座った姿勢といすに座った姿勢を比較してみましょう（**写真58**）。座面の違いは骨盤の安定に深く関係しています。また，足の位置や股・膝関節の曲がり具合も影響を及ぼします。ですから，車いすの場合は足台などを利用することが多いでしょう。いすは肘かけの有無で側方の安定性が違ってきますので，肘かけのあるいすの方が好まれます。

表17　介護用いすと車いすの違い

	介護用いすの場合	車いすの場合
座面	・ほぼ平らだが，後ろが少し下がっている。 ・クッションが利いている。	・薄いシートで，真中が垂れていることが多く，後ろが下がっている。 ・通常クッションはない。
座面の高さ	40cm前後	38～45cmで，高さが変えられる場合もあるが，古い車いすは43cmまたは45cmと高い。
足の接地状況	通常は足が接地しやすい。	フットサポートから足を下ろすと，足が浮く場合がある。
背もたれ	丸みを帯び，しっかりとした背もたれがある。	薄いシートで，後ろにたわみやすい。
食事への影響	骨盤が安定して背筋が伸びやすいため，食事しやすい。	食器から身体が遠く，身体を前に起こしてくる必要がある。

写真58　車いすといすでの座位の比較

車いすは，座面がたわみ，後ろにもたれやすく背中が丸くなる

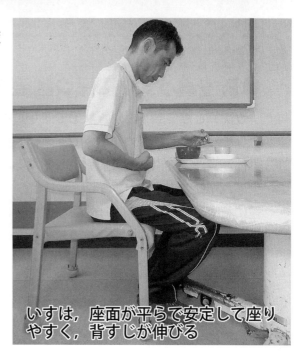
いすは，座面が平らで安定して座りやすく，背すじが伸びる

ワンポイントアドバイス㊴

踏ん張る訓練をしましょう。

座位保持の時の訓練と同じですが，食事の時は手で体を支えることができません。ですから，安定した座位を保持できるように足をしっかりと床に着け，肩幅程度に開いてうつむき姿勢（**写真59参照**）になり，踏ん張りましょう。

②少しうつむくことができる

　食事の時は，食物を口へ入れる時や飲み込む時に背もたれから背を離し，少しうつむいた姿勢をとる必要があります（**写真59**）。車いすでずっこけ座りになると，頭部が上を向き，首が起きたような状態になり（**写真60**），食事姿勢を保持するだけでも疲れますし，誤嚥の危険性が高まります。誤嚥性肺炎や脱水は高齢者に多い疾患です。命にかかわる状態になることもありますので，十分に注意してください。

写真59　うつむき姿勢だと誤嚥の危険性が低い

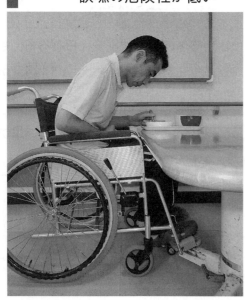

写真60　ずっこけ座り姿勢だと誤嚥の危険性が高い

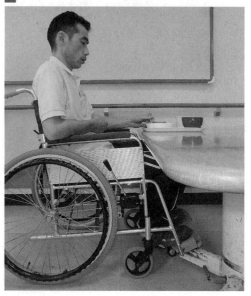

> **ワンポイントアドバイス㊵**
>
> ## 正しい座位をとり直す訓練をしましょう。
>
> 　車いすのアームサポートやいすの肘かけ，前方のテーブルを持ち，お尻を持ち上げて前かがみ姿勢をとります。うまくできなければ，前かがみ姿勢をとるだけでもよいと思います。その状態になってもらい，機能訓練指導員が下肢を後ろに引く（膝関節を90度以上曲げる）と，良い姿勢になることができます。利用者が全部の行為をできなくても，できる部分だけでもよいと思います。
>
> 　座り直しができるということは，褥瘡ができる可能性が低いということです。また，長時間座位になって行う活動もしやすくなり，外出も増えるかもしれません。

③手が口元まで動き，箸やスプーンなどを使える

　手で箸やスプーンを持ち，食物を口まで運ばなければ食べることはできません。肩や肘，手首などをうまく動かして，スプーンや箸で食物を落とさずに口まで運ぶには，筋力や握力だけではなく，目と手の協調性や手先の巧緻性も必要です。

> **ワンポイントアドバイス㊶**
>
> ## 指先の訓練をしましょう。
>
> 　お皿に乗せた豆や小さく切ったスポンジを箸でつまんだり，スプーンですくったりする訓練をします。その動作に加えて，箸やスプーンで寄せる，突き刺すなどの動きもやってみましょう。

④食器や配膳が工夫されている

　食器を手で口元まで持っていくことができれば，こぼさずに食べられますし，汁物も飲めます。食器については，適度に深さのある食器であれば，箸やスプーンを上手に使えない利用者でも食物をこぼさずに口に運べるでしょう。

　片麻痺の場合，自助食器や特殊なスプーンのほかに滑り止めシートを利用したり，食器を置く位置を考えたりする必要があります（**写真61**）。

⑤口に運びやすく，食べやすい食形態である

　箸やスプーン操作がうまくできない利用者の場合，箸でつかみやすく，スプーンですくいやすい大きさの食形態（**写真62**）が望まれます。

写真61　自助食器，特殊スプーン，滑り止めシートなど

写真62　食べやすい食形態

スプーンですくうには，1 cm² 程度に食材を刻むとよい

⑥口腔機能と呼吸機能が備わっている

　口腔機能の状態によっては，訓練が必要な場合があります。舌の運動（**写真63**）や口腔周囲の運動（**写真64**）を行いましょう。食物を口に取り込む・噛む・舌を動かす・飲み込むなどの食べる動作・行為は，視覚や聴覚，臭覚，味覚，触覚など五感のすべてを使い，おいしい，うれしい，満足したなどの感情も加わる生活上の大切な行為です。経管栄養になると，気力も体力も低下する確率が高くなりますので，できる限り口から食べるリハビリテーションは続けたいものです。加えて，呼吸に関連する訓練も実施するとよいと思います。食事に限らず腹式呼吸の比率が高いと，胃腸の動きを促進しますので，深呼吸をして胸郭を動かしたり，腹式呼吸（**写真65**）をしたりすることは，体力維持のためには重要であると思います。

　腹式呼吸は，息を吸う時はおなかに当てた手を押し出すようにして息を吸い込みます。また，吐く時はおなかをへこませるようにして息を吐きます。

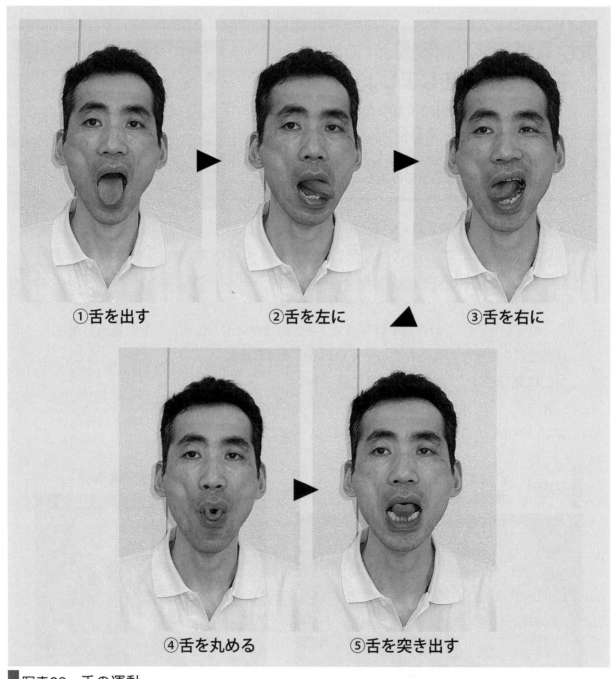

①舌を出す　　②舌を左に　　③舌を右に
④舌を丸める　　⑤舌を突き出す

写真63　舌の運動

写真64　口腔周囲の運動

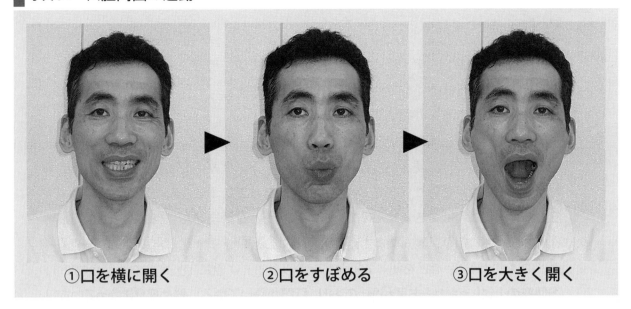

①口を横に開く　　②口をすぼめる　　③口を大きく開く

写真65　腹式呼吸

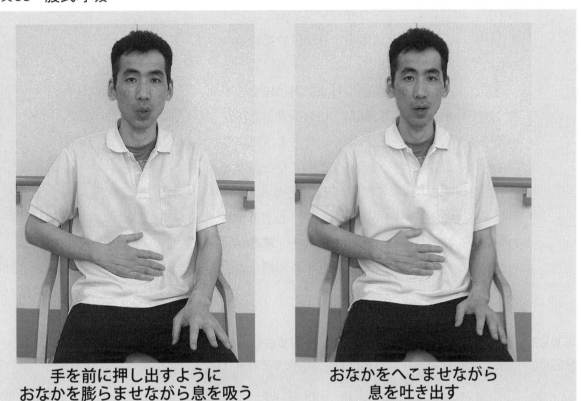

手を前に押し出すように
おなかを膨らませながら息を吸う

おなかをへこませながら
息を吐き出す

ワンポイントアドバイス42

舌や口腔周辺を動かしましょう。

　舌の運動や口腔機能の訓練は発声にも効果があります。上述の運動以外にも，頬を膨らます，笑顔をつくる，額を動かすなどがあります。また，「あ・い・う・え・お」などの口の形を作ったり，舌を鳴らしたり，深呼吸をして息を止めた後に少しずつ吐き出したり，口笛を吹いたりするなどの訓練を実施するとよいでしょう。

　口腔機能と呼吸機能が協調することでできる発声は，人との関係を維持するためにも重要です。「パ・タ・カ」の練習や，「ぎゃ，ぎゅ，ぎょ」の練習などいろいろな発声練習がありますので，言語聴覚士に相談し，利用者に合った訓練法を選択してください。

排泄

排泄動作は，家でもデイサービスでも行うものです。最近は洋式トイレが多くなっていますので，洋式トイレでの動作について考えます。

排泄動作ができる条件を見てみましょう。

①両足がしっかりと床に着いている

デイサービスでは，便器が複数あると思いますが，便座の高さは一定でしょう。背の低い利用者は足を着こうとして浅座り姿勢になっていませんか。足が宙に浮いていると踏ん張ることはできませんので，そうならざるを得ません。当然，膝関節を曲げる角度が小さくなり，踏ん張る力が弱くなってしまいます。足が宙に浮いてしまう利用者には，足置き台などを使って足がしっかりと着くように工夫することが必要です。

②便座の上にしっかりとお尻が乗っており（肛門が開いている），斜め座りになっていない

デイサービスのトイレは，家庭のトイレよりは広めで，壁にはL字手すりが付いていると思います。中には，スイング式の手すりが付いているかもしれません（**写真66**）。

通常，L字手すりや便座に対して斜めに車いすをつけて移乗します（**写真67**）が，移乗をした後が重要です。しっかりと真っすぐになるように座り替えを行わなければ，斜め座りで手すりを持ったまま用を足すことになるでしょう。そうなると，仕方なく手すりを持ち踏ん張りますが，L字手すりの縦部分を持ったり，横部分を持ったり（**写真68**），その利用者にとって踏ん張ろうとする姿勢は違います。

写真66 L字手すりとスイング式の手すり

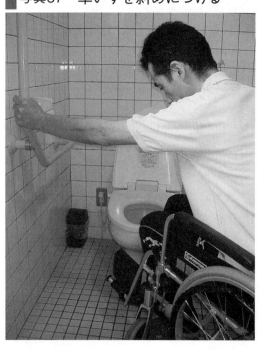

写真67 車いすを斜めにつける

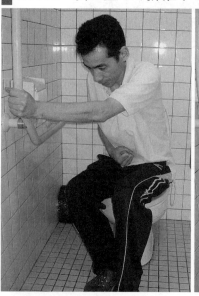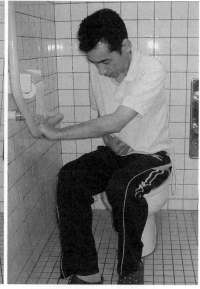

写真68 斜め座りで排泄する

前方の縦手すりを持ち，前かがみで排泄する　　横手すりを持ち，背すじを起こして排泄する

便座に正しく座れていれば，身体の重みでお尻が便座の穴に少し落ち込み，肛門が開きます。斜め座りの状態では，片方のお尻は落ち込みますが，もう一方が落ち込まないため肛門が半分閉じたような状態になります。これでは，いくら踏ん張っても排泄しづらいでしょう。

また，身体は真っすぐでも，お尻が半分しか便座に乗っていない（**写真69**）のはもっといけません。肛門は完全に閉じており，いくら踏ん張っても出そうにありません。介助する時は，便座の上に乗せたから大丈夫と思わず，便座上でしっくりとくる位置に座っているかを確認してください。

写真69　便座上にお尻が半分しか乗っていない

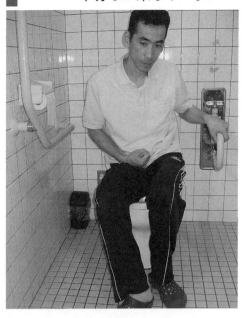

ワンポイントアドバイス㊸
座位で座り直す訓練をしましょう。

　最初は，ベッド上端座位で横に動いたり，斜めに向いたり元に戻ったりする練習です。
　次に，腰を浮かせる訓練です。わずかでもよいので，手すりや介助バーにつかまって腰を浮かす訓練をしましょう。
　最後は便座の上で手すりにつかまって横を向いたり回旋したりする練習です。その時に，お尻はしっくりとした位置にあって，肛門はしっかり開いているかどうかを確認することを忘れないでください。

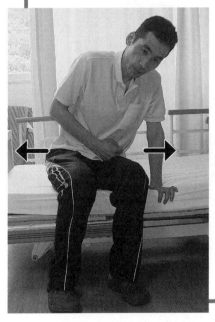 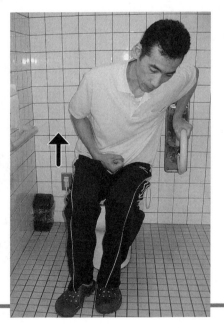 

③座位が左右に傾いていない

　便座上のお尻の位置はよいが，身体が傾いている場合があります。片麻痺の場合は，特にその傾向が見られますので注意が必要です。手すりの持つ位置や股関節の曲がり具合が関係している場合が多いと思いますので，その点を確認してください。**写真70**は，手すりが身体から離れて後方になってしまい，不安定な姿勢になってしまってい

ます。円背や側彎（そくわん）など脊柱が変形している場合は，修正が困難な場合もありますので，脊柱に変形がある場合や便座上座位保持が不安定な場合は，前方のもたれ手すりを利用しましょう（**写真71**）。もたれ手すりがない場合は，車いすを前方に横向きに置き，アームサポートを持つ方法もあります（P.107, **写真76**参照）。ただし，車いすは動きやすいので，もたれすぎないように注意して使用してください。

写真70　手すりが後方にあり，不安定な姿勢

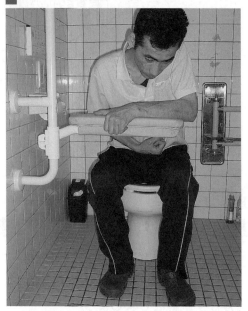

写真71　前方のもたれ手すりを利用する

ワンポイントアドバイス㊹
いす座位で背すじを伸ばす訓練をしましょう。

脊柱が側方に曲がっている場合，手すりなどを両手もしくは片手で持ち背を伸ばします。限界はありますので，痛みに注意しながら行いましょう。

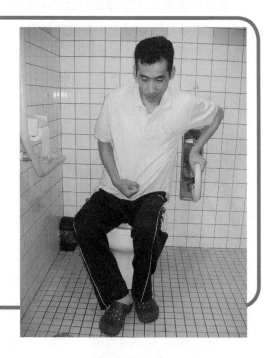

④座位で前かがみ姿勢をとれる

　排泄後のお尻の拭き方は，いろいろです。前かがみになりお尻を浮かせて拭く方法は，お尻を浮かせた時に両手がフリーな状態で保持できるのが理想です（**写真72**）。それが難しいようであれば，手すりを持ちながら身体を前かがみで斜めに傾けて，お尻を拭く方がよいかもしれません（**写真73**）。体幹の柔軟性と座位のバランスが良好な利用者であれば，前方からお尻を拭けます（**写真74**）。この方法をできる利用者は限られていると思いますので，こだわる必要はありません。

写真72　両手がフリーな状態でお尻を浮かせられるとよい

写真73　身体を傾けて拭く方法

写真74　前方から拭く方法

> **ワンポイントアドバイス㊺**
> **前かがみ姿勢で頭も下げた姿勢を保持する訓練をしましょう。**
> バランスの悪い姿勢なので，転倒に注意して行ってください。機能訓練指導員は，必ず前方に位置します。その上で，前かがみの姿勢を取り，頭を下げてもらいます。機能訓練指導員は，いつ倒れてきても大丈夫なように手を添えておきましょう。

⑤前方につかまるものがある

　前かがみになると，腹圧をかけやすくなり，排泄しやすくなります。前かがみ姿勢を自分で支えられればよいのですが，通常，洋式トイレは前方につかまったりもたれたりするところはありません。横手すりの前の方を持つか，前方のもたれ手すりを利用することをお勧めしたいと思います（**写真75**）。前方のもたれ手すりがない場合は，車いすを前方に横向きに置き，アームサポートを持つ方法（**写真76**）があります。ただし，車いすは動きやすいのでもたれすぎないように注意してください。

写真75　前方の手すりなどを持つ

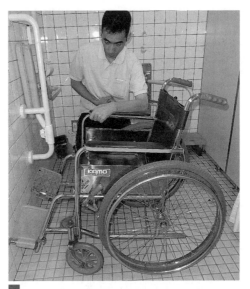
写真76　車いすのアームサポートにもたれる

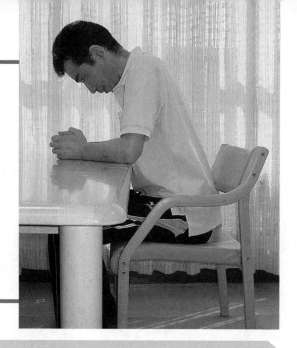

 ワンポイントアドバイス㊻

前方に机や台を置いてもたれる訓練をしましょう。

もたれやすい高さは人によって違いますので，その人が腹圧をかけやすい高さに設定しましょう。その姿勢で腹圧をかける訓練もしますが，上肢だけではなく体幹や下肢にも力を入れるよう声をかけましょう。

買い物，調理，掃除，洗濯など

　これらの生活関連動作は，家庭の状況によって異なりますが，身体の運動機能がある程度できている状況に加えて，腕の力，体力，身体のバランス能力，思考能力などが必要な動作です。買い物，調理，掃除，洗濯などができるための条件を見てみましょう*。

①自分の能力を知っている

　体力，筋力，握力，金銭管理能力，冷蔵庫の中身管理能力，関連する道具を操作する能力，必要な食材を手に入れるのに必要な能力など生活に必要とされるいろいろな能力はどの程度なのか，また，生活関連動作を行う場所や使用する用具などの環境面も含めて利用者・家族と機能訓練指導員とで現状を把握する必要があります。例えば，長男家族と同居している高齢者の場合，長男の妻が調理を担うようになったことで長期にわたり調理メニューを考えることもなく，調理場にも立たなくなったというのであれば，お互いの立場を尊重しながら今までの経緯や現在の能力を確認し，お互いが気持ち良く暮らせるように家庭内の役割や生活上のルールなどを話し合います。その際には興味・関心チェックシートや居宅訪問チェックシートを活用するとよいでしょう。できない部分については，何らかの介助が必要ですが，デイサービスで生活機能向上訓練を通して自立を目指すことも可能です。

 ワンポイントアドバイス㊼

　家庭内の家事動作をデイサービスの場面で訓練する可能性が増してきました。まずデイサービスで食事メニュー作りに参加したり，おやつ作りの計画に参画したりすることが訓練の一環になります。少しずつ自信を付けて買い物や調理の自立を目指しましょう。また，外出（ドライブ）レクリエーションでのお土産の買い物などもよい機会になるでしょう。

＊ここからの解説は，機能訓練指導員の心構えに関する内容が中心です。デイサービスは身体機能訓練が中心となっていますので，生活上の行為をデイサービスの場面で訓練するという意識が利用者にはあまりないと思います。そこに，生活上の行為を少し組み込んでいくことは必要ですが，利用者はそれだけでは訓練という意識に至らないので，このような心構えレベルになります。機能訓練指導員は，デイサービスのさまざまな場面で生活上の行為を意識し，訓練的イメージでかかわることを継続すれば，利用者にも理解してもらえるでしょう。

②自分がどのような協力ができるか判断できる

　生活上の動作が自分で全部できなくても，一部分ならできるということは大いにあります。自分自身ができる部分を明確にし，手伝ってもらう部分を生活機能向上訓練でできるようにしていくこともよいでしょう。この点についても家族の協力が必要ですので，家族の理解が得られるように配慮しながら進めていきます。

ワンポイントアドバイス㊽

　作品作りの時に自分で準備をしたり，一緒に作業する利用者に教えたりすることが訓練になります。また，手作業は調理などの作業に近い動作と考えられますので，その訓練にもなるでしょう。おやつ作りや手打ちうどん作りなど簡単な調理を中心としたグループ訓練に参加するとよいと思います。

③家族等の状況を踏まえて，協力を申し出たり，自らベッド周りを片付けたり，
　買い物で必要な品物を伝えたりできる

　買い物，調理，掃除，洗濯などは，日常生活上することがなくなっている利用者も多いと思います。自分に関係する部分の掃除をしたり，生活上必要な物品（食料や日用品）の買い物を依頼できる能力は必要ですし，身体機能が高ければ，野菜の下ごしらえや洗濯物たたみなどの協力も可能です。

ワンポイントアドバイス㊾

家事動作に近い動きをする訓練を考えましょう。

　機能訓練指導員は，買い物，調理，掃除，洗濯などは，日常生活上の情報をできる範囲で入手して，どのようにすればその動作に近い訓練が行えるだろうかと考えなければなりません。例えば，ベッド上に物を置いているか，水分や食事・お菓子などを誰が部屋に運び，誰が後片付けするのかなどの情報から，デイサービスでの配膳・片付け，作業道具や材料の準備や片付けにどのように関与してもらうべきか考えて，訓練を組み立てていきましょう。

会話や交流

　デイサービスにおいて，会話や交流は，多くの利用者から要求される重要な事柄です。利用者の性格や友人関係の築きやすさなどの個人的要素によって左右されがちですが，デイサービスの交流スペースの雰囲気や，職員のかかわり方など環境からの影響も多くあります。

　会話や交流に関する条件や訓練内容を見てみましょう。

①人が集まり雰囲気がよい

　デイサービスの食堂兼集会スペースには，机といすがあり，適度の広さがあって交流できるようになっています。中には，ソファ，畳，クッション，ぬいぐるみ，花，植物，音楽，絵画，写真，雑誌，デイサービスで作った作品など，くつろぐのに必要なものがあったり，職員がその雰囲気をうまくつくったりしている事業所もあります。

ある特定の場所に利用者が集まってくるには，そこに集まりたいと思わせる何かがあります。くつろげる場所だから，あの人がいるからなどのポジティブな気持ちもあるでしょうが，他の場所には居づらいから，人が大勢いる所は好きではないが入浴サービスを利用したいからなどのネガティブな気持ちの場合もあるでしょう。

> **ワンポイントアドバイス㊿**
>
> 利用者の気持ちに沿ったかかわりをしましょう。そのためにはまず，個人個人がそこにいる理由を知っておく必要があります。
>
> ○「ここにいると楽しいおしゃべりができる」：会話や笑顔などがある空間を好む気持ち，またはおしゃべりを聞くことに楽しみを感じ，その場所にいたい気持ち
>
> ○「皆と一緒だと安心できる」：人が集まっている雰囲気の中に身を置きたい気持ち
>
> ○「この場所からのながめが良い」：周りの景色や人の動きなどを見ているのに丁度よい場所である，その場所にいたい気持ち
>
> ○「ここで将棋や囲碁等をするのが楽しみ」：人とゲームなどでの交流を楽しむ気持ち
>
> ○「ここは新聞を読んだりするのによい」「ここでのんびりしたい」：自分の時間の過ごし方を持っている利用者がその時間をそこで過ごしたい気持ち
>
> ○「静かな場所が好きだ」：デイサービスと言えども静かな空間で過ごしたい気持ち
>
> ○「居眠りをしたい」：休息や睡眠を求めたい気持ち
>
> ○「他に行く所がない」：利用者自身にとって，よいと思える空間が見当たらないが，中でもここであれば何とか過ごせるという気持ち
>
> 上記の気持ちを理解したかかわりが，機能訓練の一環になると解釈できると思います。人と会話をしたいという気持ちがある利用者には，会話が多くできるようなレクリエーション種目に参加してもらったり，レクリエーション時のリーダー的役割を担ってもらったりします。静かな場所にいたいと思う人もいるでしょうが，デイサービス利用中すべての時間を静かに過ごしたいと思っているわけではないでしょう。今なら少し会話をしても大丈夫というタイミングを逃さずに，軽い会話を心がけましょう。ちょっとした会話で気持ち（心）は動くものです。気持ちが動けば身体は動き，会話は弾みます。会話だけの訓練はありませんが，休憩時間や食事時の会話は認知機能を刺激する大事な訓練であると思います。

②話題がある

デイサービスでの話題は，家のこと，近所のこと，最近の出来事，昔のこと，今日の昼食のこと，レク内容のこと，他の利用者のこと，職員のこと，お金のこと，病気のこと，薬のことなどさまざまです。利用者自らが話し出すものもあれば，職員が意図的に話し出すものもあるでしょう。ネガティブな話題が続くこともありますが，無理に明るい話題に変える必要はありません。デイサービスでつらい・しんどい気持ちを吐き出し，少しすっきりして家に帰ることも大事だからです。

> **ワンポイントアドバイス 51**
>
> 　個別機能訓練を行っている時などに「今日の昼食メニューは○○です」などと話題を提供しましょう。利用者の中には，そのメニューに「やったー」と喜ぶ利用者もいれば，「えー」と嫌いであることを表現する利用者もいます。職員の家の昼食メニューなどを披露すれば，調理方法や使う食材の違いなどで盛り上がるかもしれません。機能訓練指導員の日常生活を伝えることで，利用者からも話が出やすくなりますし，利用者と職員間の距離が縮まります。
> 　どのような話題を提供するにせよ，生活に密着した話題の方が会話は広がりやすいでしょう。

③家族とのつながりや日々の交流を把握できている

　デイサービスの職員は，利用者が常日頃家族とどのような会話をしているか把握しているでしょうか。BPSDが見られる場合，家族が怒って「こう言うのだけど」「言うことを聞かない」といった話を聞くことはあるでしょうが，それ以外の日常のスムーズな会話や本人がデイサービスは楽しかったと言っていたというような情報を入手しているでしょうか。

　送迎時は，単なる送り迎えであるとは思わず，利用者家族と情報交換をする大切な時間だと考えましょう。

> **ワンポイントアドバイス 52**
>
> 　回想法などの会話を引き出す手法が利用できます。利用者の自由な語りを引き出す方法であれば何でもいろいろ駆使すればよいのであって，特定の方法を行う必要はないと思います。
> 　興味・関心チェックシートや連絡帳を有効に活用し，情報のやりとりをするのがよいでしょう。例えば，デイサービスのレクリエーションの場面の様子を伝えると同時に，それに関する質問を一つだけ書いてみるのです。「昔の趣味に関するエピソードを教えてください」とか「○○さんの性格がよく分かるようなエピソードはありますか」「日頃の会話でよく話題になるのはどのようなことですか」などと書くと，「このことがそうなのかな」と家族が利用者のことを思う時間がつくれますし，情報を教えてくれることになるでしょう。

認知機能の低下から生じやすい不安や混乱

　認知機能が低下すると，生活上でいろいろな不安や混乱が生じてくると思います。例えば，お金の計算が分かりにくくなってショックだったが，買い物には行かなければならず，おつりをもらえばいいように毎回大きな札で支払いをしている。連続ドラマを見ても前回の内容が思い出せず，面白くないので見なくなった。外に出ることもないし，他にすることがないのでじっとしていることが多くなったなど，不安や混乱の世界にいながらも，その状況下で判断し行動しています。その不安を誰かに話す人もいれば，じっと自分で抱え込んでいる人もいるでしょう。その不安の全容を把握することは難しいと思いますが，少しでも多くの情報を得て，その人の抱えている不安の世界を想像し，どうかかわればよいのか検討する必要があります。

まず，認知機能によい刺激を与えるための条件を見てみましょう。

①認知機能への刺激を受け入れられる

認知機能の低下を防止するために，学習療法的な作業を取り入れているデイサービスは多いと思います。利用者は計算や間違い探しで頭を使っていることでしょう。しかし，勉強が嫌いな利用者や，引き算はいいけど掛け算は嫌という利用者，間違い探しで見つけられないといらいらしてしまう利用者など，マイナス感情を持ってしまう利用者がいることも忘れてはいけません。

ワンポイントアドバイス㊷

その利用者に合ったレベルの計算や間違い探しなどを提供する必要があります。朝の会等で，「今日は何日，何曜日」などと尋ねることがあると思います。うまく答えられない利用者にとって，毎回その質問をされることは大きな苦痛でしょう。うまく答えられるような工夫をしながら，利用者が自分で気づいたり分かったりする体験ができるようにかかわってほしいと思います。

②不安の要素を関係者がしっかり把握できている

認知症の利用者は，周りの物や人などの環境的要因や利用者自身の身体的要因，心理的要因などから影響を受けやすく（**表18**），何が不穏の原因になるのかはその時々によって違います。周りからの影響がなくても，ふと昔のことが頭の中に浮かび，その世界に支配されてしまうこともあるでしょう。機嫌が良い場合もあれば，不安が強くていてもたってもいられなくなることもあり，原因が分からないこともしばしばあります。担当のケアマネジャーにデイサービスでの状況や，家族から得られた情報を提供して，利用者の不安要素が何であるのかをまとめてもらえるよう依頼しましょう。

ワンポイントアドバイス㊸

訓練というよりもかかわり方です。まず，デイサービスにおける利用者の言動を集め分析しましょう。その情報をケアマネジャーに伝えます。また，デイサービスでも仮説を立ててかかわりを行い，その反応から考えていきます。その繰り返しで，安心できるかかわりが実現できていくのだと思います。

■表18　認知症利用者の不穏につながる誘因

誘因	具体例
身体的要因	水分・電解質の異常／便秘，下痢／発熱／体調の崩れ 痛みやかゆみ／疲労／睡眠不足／薬の副作用
心理・社会的要因	不安／孤独／恐れ／抑圧／過度のストレス 無為／プライドの失墜／自信の低下／無力感 死の恐れ／気がかり／苦しみ／悲しみ
環境的要因	不適切な環境刺激 （音，光，陰，風，空間の広がりや圧迫）

日比野正己他：図解痴呆バリア・フリー百科，P.55，TBSブリタニカ，2002.を基に筆者作成

グループ別個別機能訓練内容と実施方法

基本動作訓練グループ

　訓練内容と効果で，どの条件ができていて，どの条件が不十分なのかを見極めて，訓練内容を提案するべきでしょう。しかし，その前にケアマネジャーから依頼されている内容と合致しているか確認することを忘れないでください。そこがずれているとおかしな計画書ができ上がりますので，利用者や家族から「話が違うけど」と指摘があるかもしれません。ケアマネジャーの作成した居宅サービス計画書がどうもおかしいと感じられる内容であれば，修正を依頼する必要があります。

　実施にあたっては，ベッドや平行棒等の道具を使用しますので，安全を第一に考えなければなりません。月に1回は，ねじの緩みがないかなど，道具の保守・点検を行ってください。また，清潔に保たれた気持ちの良い環境で訓練をしたいものです。

　基本動作訓練は，利用者ごとに実施しますので，実施時間と周りの運営状況とをうまく調整することが必要です。機能訓練指導員は短時間の訓練を次々に行っていきますので，実施後の簡単なメモ記入や気持ちのリセットをしながら行ってください。

基本動作訓練グループの具体的イメージ

　基本動作訓練グループは，個別に15〜20分程度ずつ訓練にかかわりますので，グループというよりも個別訓練をしている集団といったイメージでしょうか（**資料11**）。40〜60分の訓練時間中に，順番を待ちながら自主訓練を行い，訓練実施後には休憩をして満足感に浸っていたり，風呂に入ったりの状況になると思います。

■資料11　基本動作訓練グループのスケジュール（例）

■筋力強化や関節可動域改善を目的とした訓練の場合

時間	訓練内容	機能訓練指導員のかかわり
10:00〜 10:15	下肢筋力強化おもり1.5kgで10回×2（自主）	他利用者にかかわりながら見守り
10:15〜 10:30	立ち上がり訓練3回，股関節と膝関節の可動域訓練	直接かかわる
10:30〜 10:45	両下肢の関節可動域訓練（自主） 訓練内容を自分で行ってみる	他利用者にかかわりながら見守り

■座位保持・立位保持や移乗の改善を目的とした訓練の場合※

時間	訓練内容	機能訓練指導員の かかわり
10:00〜 10:12	起き上がりから座位保持訓練3分 ベッド上で自分で起き上がるように声かけをし、見守りで行ってもらう。 起き上がったら棒を持ち、前後・左右に動かす運動も自主的に行う。　座位保持の訓練終了後、ボールを使って座位バランス訓練と全身の筋力強化を図る。	直接かかわる
10:12〜 10:17	立ち上がり訓練3回、最後に立位保持を1分 少し休憩をしたら、見守りで立ち上がりの練習。　最後は、手すりを持って立位を保持する訓練。	直接かかわる
10:17〜 10:20	休憩	
10:20〜 10:25	いす座位から車いすへの移乗訓練2回	直接かかわる

※この場合、機能訓練指導員は、1人の利用者と直接かかわる時間が多くなりますので、多くの利用者に同時に基本動作訓練のサービスを提供することは難しいでしょう。ただし、この基本動作を希望する利用者は少ないと思いますので、できる限り個別の時間を持ちましょう。

興味・関心チェックシート

基本動作グループ（変形性股関節症のある人）の記載例

| 氏名 | ○○○○ | | | | 生年月日 | ○年○月○日 | 年齢 | 80歳 | 性別 | 女 |

生活行為	している	してみたい	興味がある	生活行為	している	してみたい	興味がある
自分でトイレへ行く	○			生涯学習・歴史			
一人でお風呂に入る				読書			
自分で服を着る	○			俳句			
自分で食べる	○			書道・習字			
歯磨きをする	○			絵を描く・絵手紙			
身だしなみを整える	○			パソコン・ワープロ			
好きなときに眠る	○			写真			
掃除・整理整頓				映画・観劇・演奏会			
料理を作る				お茶・お花			
買い物			○	歌を歌う・カラオケ			
家や庭の手入れ・世話				音楽を聴く・楽器演奏			
洗濯・洗濯物たたみ				将棋・囲碁・麻雀・ゲーム等			
自転車・車の運転				体操・運動			
電車・バスでの外出				散歩			
孫・子供の世話				ゴルフ・グラウンドゴルフ・水泳・テニスなどのスポーツ			
動物の世話				ダンス・踊り			
友達とおしゃべり・遊ぶ			○	野球・相撲等観戦			
家族・親戚との団らん				競馬・競輪・競艇・パチンコ			
デート・異性との交流				編み物			
居酒屋に行く				針仕事			
ボランティア				畑仕事			
地域活動（町内会・老人クラブ）				賃金を伴う仕事			
お参り・宗教活動				旅行・温泉			
その他（　　　）				その他（　　　）			
その他（　　　）				その他（　　　）			

居宅訪問チェックシート

利用者氏名	○○○○			生年月日	○年○月○日	年齢	80歳	性別	女
訪問日・時間	○年○月○日（○） 16：40 ～ 17：00							要介護度	3
訪問スタッフ	○○		職種	機能訓練指導員			被聞取り者	利用者，家族	

	項目	レベル	課題	環境（実施場所・補助具等）	状況・生活課題
ADL	食事	□自立　☑見守り　□一部介助　□全介助	無	食堂で家族と食べる。	変形性股関節症による股関節や膝関節の可動域制限と痛みがあり，しびれ感も存在する。両下肢共に筋力低下による移乗動作の不安定性が見られる。機械浴で入浴し，衣服も下衣は介助を要する。
	排泄	□自立　□見守り　☑一部介助　□全介助	有	洋式トイレで，L字手すりを使用する。夜間はポータブルトイレを使用。	
	入浴	□自立　□見守り　□一部介助　☑全介助	有	自宅の浴槽は和式型で，浴槽をまたぐことが困難。　〔自宅での入浴の可能性を検討する〕	
	更衣	□自立　□見守り　☑一部介助　□全介助	有	ベッド上端座位で着替える。	
	整容	☑自立　□見守り　□一部介助　□全介助	無		
	移乗	□自立　☑見守り　□一部介助　□全介助	有	ベッド柵やたんすなどにつかまって行う。　〔見守りにならざるを得ない要素を検討する〕	
IADL	屋内移動	□自立　□見守り　□一部介助　☑全介助	有	歩行困難で，車いすを利用する。	歩行困難で，屋内は基本的に車いす移動である。家事は家族が行い，参加することはない。
	屋外移動	□自立　□見守り　□一部介助　☑全介助	有	歩行困難で，車いすを利用する。	
	階段昇降	□自立　□見守り　□一部介助　☑全介助	有	昇降機を利用する。　〔家族の操作状況を確認し，検討する〕	
	調理	□自立　□見守り　□一部介助　☑全介助	有	家族が行う。　〔利用者本人ができる可能性を検討する〕	
	洗濯	□自立　□見守り　□一部介助　☑全介助	有	家族が行う。	
	掃除	□自立　□見守り　□一部介助　☑全介助	有	家族が行う。	

	項目	レベル	課題	状況・生活課題
起居動作	起き上がり	☑自立　□見守り　□一部介助　□全介助	無	変形性股関節による筋力低下のため，立ち上がりや立位保持に不安定さが見られる。日によっては，なかなか立てない日がある。
	座位	☑自立　□見守り　□一部介助　□全介助	無	
	立ち上がり	□自立　☑見守り　□一部介助　□全介助	有	〔見守りにならざるを得ない要素を検討する〕
	立位	□自立　☑見守り　□一部介助　□全介助	有	

身体機能：股関節・膝関節に可動域制限があり，痛みとしびれもある。腰にも痛みがある。　〔専門家の意見を聞き，訓練の方針を検討する〕

精神・心理機能：特に問題はない。

通所介護 機能訓練評価シート

評価者	○○	（訪問）評価日	○年○月○日

氏名	○○○○	性別	女	障害高齢者自立度	B1	要介護度	3
生年月日	○年○月○日	年齢	80	認知症高齢者自立度	Ⅰ		

関節可動域		肩：**年齢相応**・制限あり（　　　　　） 肘：**年齢相応**・制限あり（　　　　　） 手：**年齢相応**・制限あり（　　　　　） 股：年齢相応・**制限あり**（左股関節は120度程度までなら曲げられる。） 膝：年齢相応・**制限あり**（十分には伸びない。） 足：**年齢相応**・制限あり（　　　　　）
痛みや痺れ等		痛み：**あり**・なし（立ち上がる時や歩く時に腰と股関節が少し痛む。） 痺れ：**あり**・なし（腰と左膝に常時重たいしびれ感があり，湿布を貼る。）
筋力	上肢	腕を曲げる：**十分に曲げられる**・何とか曲げられる・曲げられない（　） 腕を伸ばす：**十分に伸ばせる**・何とか伸ばせる・伸ばせない（　）
	下肢	足を後ろに引く：十分に引ける・**何とか引ける**・引けない（膝に痛みがある。） 足を伸ばす：十分に伸ばせる・**何とか伸ばせる**・伸ばせない（腰に痛みがあり，膝の伸展制限も影響。）
	体幹	へそのぞき：十分にのぞける・**何とかのぞける**・のぞけない（わずかな時間であれば可能。） 背を伸ばす：**十分に伸ばせる**・何とか伸ばせる・伸ばせない（　）
家庭での ADL	起き上がり	**できる**・介助でできる・できない（　）
	座位保持	**できる**・介助でできる・できない（　）
	歩行	できる・**介助でできる**・できない（立位保持は手すりを持って支える。）
	車いす駆動	できる・**介助でできる**・できない（方向の修正が必要。）
	食事	できる・**介助でできる**・できない（配膳と声かけ介助が必要。）
	衣服・整容	できる・**介助でできる**・できない（ズボンの上げ・下ろしを介助。）
	入浴	できる・介助でできる・**できない**（浴槽をまたげない。機械浴。）
	排泄	できる・**介助でできる**・できない（夜間はポータブルトイレを使用。）
	会話	**できる**・介助でできる・できない（　）
家庭での IADL	買い物	できる・介助でできる・**できない**（家族が行っている。）
	調理	できる・介助でできる・**できない**（家族が行っている。）
	掃除・洗濯	できる・介助でできる・**できない**（家族が行っている。）
認知機能	見当識	日時：**分かる**・時々分かる・分からない（　） 場所や人：**分かる**・時々分かる・分からない（　）
	記銘・記憶	短期：**覚えている**・不確か・忘れることが多い（　） 長期：覚えている・**不確か**・忘れることが多い（昔のことはよく覚えている。）
	判断能力	簡単な内容：**できる**・意見を求める・できない（　） 複雑な内容：できる・**意見を求める**・できない（家族にどうしたらよいか聞く。）
	BPSD（幻覚・妄想・易怒・意欲低下等）	幻覚や妄想はなし。
麻痺回復（麻痺なし）	肩や腕	かなり動かせる・半分程度・わずかに動かせる（　）
	手指	かなり動かせる・半分程度・わずかに動かせる（　）
	下肢	かなり動かせる・半分程度・わずかに動かせる（　）
興味・関心・生きがい・役割		デイサービスに参加するのを楽しみにしている。会話する時間も多い。物忘れはわずかにあるが，気になるほどではない。
生活スタイル・活動量・交流		身体を動かしたい気持ちがある。
訓練効果，実施方法に関する評価 実施日：○.○.○		機能訓練指導員：両下肢の筋力強化が必要，おもりを付けての訓練を提案したい。 看護職員：腰や膝に痺れがあり，湿布を貼っている。 介護職員：立ち上がりや移乗時の転倒に注意する必要がある。 生活相談員：家族ができる関節可動域訓練指導を希望している。

※ 専門家の意見を聞くこと
※ 立位や歩行時の膝の痛み，腰の痛みに気をつける
※ 機械浴でも動ける部分は自分で動いてもらう
※ 身体を動かす訓練が必要

通所介護個別機能訓練計画書

作成日	○年○月○日	前回作成日	○年○月○日	計画作成者	○○				
ふりがな 氏名	○○○○	性別	生年月日	年齢	要介護度	管理者	看護	介護	機能訓練	相談員
		女	○年○月○日	80	3	○○	○○	○○	○○	○○

【本人の希望】 寝たきりを防ぎたい。 立てるようになりになりになりたい。	【家族の希望】 少しでも立てるようになってほしい。	【障害自立度】 B1
		【認知症自立度】 I
【病名,合併症（心疾患,呼吸器疾患等）】 変形性股関節症（○年7月）	【生活課題】 変形性股関節症で両下肢の筋力が低下し、立ち上がりや立位保持が不安定。日常生活動作や家事動作が困難となっている。	【在宅環境（生活課題に関連する在宅環境課題）】 長男夫婦と3人暮らしである。長男は不規則勤務で長男の妻もパートの仕事をしている。
【運動時のリスク（血圧,不整脈,呼吸等）】 関節の痛みに注意する。		

（吹き出し：医療面に関する情報を入手しておく）
（吹き出し：生活全般に関する課題から機能訓練の方向性を考える）

個別機能訓練加算Ⅰ

長期目標： ○年○月	股関節・膝関節の拘縮を予防する。 両下肢筋力を強化して立ち上がり動作を自立させる。	目標達成度 達成・(一部)・未達
短期目標： ○年○月	股関節・膝関節の可動域を広げる。 両下肢筋力を強化して，立ち上がりが楽にする。	目標達成度 (達成)・一部・未達

プログラム内容（何を目的に〈〜のために〉〜する）	留意点	頻度	時間	主な実施者
①股・膝関節の可動性を増すために下肢関節可動域訓練 5回×2	ゆっくりと行う。	週3回	10：40〜11：00	山田
②両下肢の筋力強化のために1.5kgのおもりを10回×2上げる。		週3回	11：30〜11：45	山田
③				

プログラム立案者：山田

（吹き出し：具体的に記載する）

個別機能訓練加算Ⅱ

長期目標： 　年　月		目標達成度 達成・一部・未達
短期目標： 　年　月		目標達成度 達成・一部・未達

プログラム内容（何を目的に〈〜のために〉〜する）	留意点	頻度	時間	主な実施者
①				
②				
③				
④				

プログラム立案者：

【特記事項】 関節の痛みに注意して行う。	【プログラム実施後の変化（総括）】 再評価日：○年○月○日 両下肢のおもり1.5kgは、楽に上がるようになりました。次回までに2kgを達成できると考えられます。

（吹き出し：医療的対応などを記載する）

上記計画の内容について説明を受けました。 　　　　　　　　　　　　　　○年　○月　○日 ご本人氏名：○○○○ ご家族氏名：○○○○	上記計画書に基づきサービスの説明を行い内容に同意頂きましたので，ご報告申し上げます。 　　　　　　　　　　　　　　○年　○月　○日 ○○　介護支援専門員様／事業所様

通所介護事業所○○　　〒000-0000　住所：○○県○○市○○○○-○○　　管理者：○○
　　　　　　　　　　　Tel. 000-000-0000／Fax. 000-000-0000　　説明者：○○

歩行訓練グループ

歩けるようになりたいと願う利用者は多く，歩行訓練は最もニーズの高い訓練の一つです。訓練実施時には安全であることを最優先します。歩けているから大丈夫と気を緩めず，目を離さないようにしましょう。また，早めに休憩をとり，膝折れなどの危険を避けることも大切です。

ケアマネジャーから歩く練習をしてほしいと依頼があった場合，利用者の歩行に関する機能はどの程度なのか，訓練が負担になりすぎることはないのかなど，再度確認をしておきましょう。

歩行訓練グループの具体的イメージ

歩行訓練グループは，平行棒を使い，1～2往復した後に一度座ってもらうのが一般的です（**資料12**）。歩行訓練を行う利用者が多いと，休憩を挟みながら利用者が交互に歩く訓練をすることになりますので，順番を待ちながら自主訓練を行います。

資料12　歩行訓練グループのスケジュール（例）

時間	訓練内容	機能訓練指導員のかかわり
10：20～ 10：25	立ち上がり訓練3回 平行棒の端でいすに座り，立ち上がりの訓練。立ち上がる前に，足踏みをしたり，前かがみ練習をしたりして，準備をしてから行う。	自主訓練
10：25～ 10：35	立位保持訓練，片足立ち訓練 立ち上がった後は，前後・左右に体を傾けてバランスを保つ訓練を行う。転倒の危険性があるので，後ろにいすを置き，できるだけ近くで見守る。	自主訓練

	より高度なバランス訓練。膝を曲げながら片足を上げていく。	
10：35〜10：40	平行棒内歩行2往復 平行棒の両端に順番待ちの利用者がいて、お互いに譲り合いながら歩行訓練を行う。	直接かかわる
10：40〜10：50	歩行訓練10m 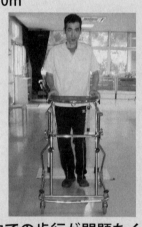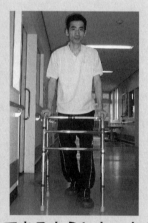 平行棒内での歩行が問題なくできるようになったら、歩行器歩行の訓練をする（写真左）。利用者の下肢の支持性が不十分で、足を前方に出す能力が低下している場合は、交互歩行器（タイヤがついていない歩行器）で訓練することもある（写真右）。  T字杖　　　　　　4点杖 杖の選択については、リハビリテーションの専門家に相談するとよい。	直接かかわる

興味・関心チェックシート

歩行訓練グループ（脳梗塞後遺症のある人）の記載例

氏名	○○○○				生年月日	○年○月○日	年齢	82歳	性別	男

生活行為	している	してみたい	興味がある	生活行為	している	してみたい	興味がある
自分でトイレへ行く	○			生涯学習・歴史			
一人でお風呂に入る		○		読書			
自分で服を着る	○			俳句			
自分で食べる	○			書道・習字			
歯磨きをする	○			絵を描く・絵手紙			
身だしなみを整える	○			パソコン・ワープロ			
好きなときに眠る	○			写真			
掃除・整理整頓	○			映画・観劇・演奏会			
料理を作る				お茶・お花			
買い物				歌を歌う・カラオケ			○
家や庭の手入れ・世話				音楽を聴く・楽器演奏	○		
洗濯・洗濯物たたみ				将棋・囲碁・麻雀・ゲーム等			
自転車・車の運転				体操・運動			○
電車・バスでの外出				散歩			
孫・子供の世話				ゴルフ・グラウンドゴルフ・水泳・テニスなどのスポーツ			
動物の世話				ダンス・踊り			
友達とおしゃべり・遊ぶ				野球・相撲等観戦			
家族・親戚との団らん				競馬・競輪・競艇・パチンコ			
デート・異性との交流				編み物			
居酒屋に行く				針仕事			
ボランティア				畑仕事			
地域活動（町内会・老人クラブ）				賃金を伴う仕事			
お参り・宗教活動				旅行・温泉			
その他（　　　）				その他（　　　）			
その他（　　　）				その他（　　　）			

居宅訪問チェックシート

利用者氏名	○○○○			生年月日	○年○月○日	年齢	82歳	性別	男
訪問日・時間	○年○月○日（○）　16：40　～　17：00							要介護度	2
訪問スタッフ	○○，○○			職種	機能訓練指導員，生活相談員	被聞取り者		利用者，家族	

	項目	レベル	課題	環境（実施場所・補助具等）	状況・生活課題
ADL	食事	☑自立　□見守り □一部介助　□全介助	無	食堂で一人で食べることが多い。	脳梗塞後遺症による左片麻痺で，左上肢が動かしにくく衣服着脱に時間がかかる。また，下肢が上がりにくいため，浴槽をまたぐ際に足が引っ掛かりやすい。移乗は何かにつかまればできるが，ふらつくことがある。
	排泄	□自立　☑見守り □一部介助　□全介助	有	洋式トイレで，L字手すりを使用する。夜間はポータブルトイレを使用。	
	入浴	□自立　□見守り ☑一部介助　□全介助	有	自宅の浴槽は和洋折衷型で，浴槽またぎで足が引っ掛かりやすい。	［自宅での入浴の可能性を検討する］
	更衣	☑自立　□見守り □一部介助　□全介助	有	ベッド上端座位で着替える。	
	整容	☑自立　□見守り □一部介助　□全介助	無		
	移乗	□自立　☑見守り □一部介助　□全介助	有	ベッド柵や机などにつかまるか，杖を持って行っている。	［見守りにならざるを得ない要素を検討する］
IADL	屋内移動	□自立　☑見守り □一部介助　□全介助	有	杖を持って歩けるが，つま先が引っ掛かりそうになる。	杖を持って歩けるが，転倒の危険性があり，屋外では特に注意が必要である。家事は今まで家族が担っており，特に問題とはならない。
	屋外移動	□自立　□見守り ☑一部介助　□全介助	有	杖を持って歩けるが，つま先が引っ掛かりそうになる。	
	階段昇降	□自立　□見守り ☑一部介助　□全介助	有	手すりにつかまって行うが，つま先が引っ掛かりそうになり，介助してもらう。	
	調理	□自立　□見守り □一部介助　☑全介助	無	家族が行う。	
	洗濯	□自立　□見守り □一部介助　☑全介助	無	家族が行う。	
	掃除	□自立　☑見守り □一部介助　□全介助	無	自室は自分で簡単に行う。	［利用者本人ができる可能性を検討する］

	項目	レベル	課題	状況・生活課題	
起居動作	起き上がり	☑自立　□見守り □一部介助　□全介助	無	左片麻痺の影響で体が傾きやすい。立ち上がりは，介助バーなどを持てば楽にできる。	
	座位	☑自立　□見守り □一部介助　□全介助	無		
	立ち上がり	☑自立　□見守り □一部介助　□全介助	無		
	立位	□自立　☑見守り □一部介助　□全介助	有	［見守りにならざるを得ない要素を検討する］	

身体機能：左の手先が動かしにくく，また足のつま先も動かしにくい。
　　　　　左半身にはしびれ感もある。

精神・心理機能：特に問題はない。

［専門家の意見を聞き，訓練の方針を検討する］

通所介護機能訓練評価シート

評価者	○○	（訪問）評価日	○年○月○日

氏名	○○○○	性別	男	障害高齢者自立度	A2	要介護度	2
生年月日	○年○月○日	年齢	82	認知症高齢者自立度	Ⅰ		

関節可動域		肩：年齢相応・**制限あり**（左肩関節120度までは上がる。） 肘：**年齢相応**・制限あり（　） 手：年齢相応・**制限あり**（左手首が少し硬い。） 股：**年齢相応**・制限あり（　） 膝：**年齢相応**・制限あり（　） 足：**年齢相応**・制限あり（　）　※自主訓練で動かしているので訓練は必要ない
痛みや痺れ等		痛み：**あり**・なし（左肩関節に軽度の痛みがある。）※痛みに気をつけながら動かす 痺れ：**あり**・なし（左上肢全体にしびれ感あり。）
筋力	上肢	腕を曲げる：**十分に曲げられる**・何とか曲げられる・曲げられない（　） 腕を伸ばす：十分に伸ばせる・**何とか伸ばせる**・伸ばせない（　）
	下肢	足を後ろに引く：十分に引ける・**何とか引ける**・引けない（　） 足を伸ばす：**十分に伸ばせる**・何とか伸ばせる・伸ばせない（立位時に膝が震える。）※左下肢を動きやすくする必要がある
	体幹	へそのぞき：十分にのぞける・**何とかのぞける**・のぞけない（わずかな時間であれば可能。） 背を伸ばす：**十分に伸ばせる**・何とか伸ばせる・伸ばせない（　）
家庭でのADL	起き上がり	**できる**・介助でできる・できない（　）
	座位保持	**できる**・介助でできる・できない（　）
	歩行	**できる**・介助でできる・できない（杖を持って歩けるが，つま先が引っ掛かりそうになる。）
	車いす駆動	できる・介助でできる・できない（　）
	食事	**できる**・介助でできる・できない（右手スプーンでできる。）
	衣服・整容	**できる**・介助でできる・できない（時間はかかるができる。）
	入浴	できる・**介助でできる**・できない（浴槽またぎの介助が必要。）※通常の浴槽なら，座位でまたぎ入浴できると考えられる
	排泄	**できる**・介助でできる・できない（夜間はポータブルトイレを使用。）
	会話	**できる**・介助でできる・できない（　）
家庭でのIADL	買い物	できる・介助でできる・**できない**（家族が行っている。）
	調理	できる・介助でできる・**できない**（家族が行っている。）
	掃除・洗濯	できる・**介助でできる**・できない（家族が行っている。）
認知機能	見当識	日時：**分かる**・時々分かる・分からない（　） 場所や人：**分かる**・時々分かる・分からない（　）
	記銘・記憶	短期：**覚えている**・不確か・忘れることが多い（　） 長期：**覚えている**・不確か・忘れることが多い（　）
	判断能力	簡単な内容：**できる**・意見を求める・できない（　） 複雑な内容：できる・**意見を求める**・できない（　）
	BPSD（幻覚・妄想・易怒・意欲低下等）	特になし
麻痺回復（左）	肩や腕	**かなり動かせる**・半分程度・わずかに動かせる（　）
	手指	かなり動かせる・**半分程度**・わずかに動かせる（指を伸ばしにくい。）※指先を動かした方がよいと考えるが，本人は足を動かすことを希望している
	下肢	**かなり動かせる**・半分程度・わずかに動かせる（　）
興味・関心・生きがい・役割		身体を動かす練習に興味がある。※レクリエーションよりも個別訓練を中心にするとよい
生活スタイル・活動量・交流		会話はあまり好きではない様子。 歌を歌うのが好き。
訓練効果，実施方法に関する評価 実施日：○．○．○		機能訓練指導員：左下肢を動かしやすくする練習が必要である。 看護職員：左上肢の痺れに湿布を貼っている。 介護職員：移乗時の転倒に注意して介助する必要がある。 生活相談員：家での自主訓練を教えてほしいと希望があり，積極的である。

通所介護個別機能訓練計画書

作成日	○年○月○日		前回作成日	○年○月○日	計画作成者	○○			
ふりがな 氏名	○○○○	性別	生年月日	年齢	要介護度	管理者	看護	介護	機能訓練	相談員
		男	○年○月○日	82	2	○○	○○	○○	○○	○○

【本人の希望】 左片麻痺で足が上がらずつまずきそうになるので，楽に歩けるようになりたい。	【家族の希望】 歩くことを安定させて，転ばないようにしてほしい。	【障害自立度】 A2
		【認知症自立度】 Ⅰ
【病名，合併症（心疾患，呼吸器疾患等）】 脳梗塞後遺症（○年）	【生活課題】 脳梗塞等の後遺症で左片麻痺となり片手で日常生活動作を行っているが，手先が動かしにくいので時間がかかってしまう。	【在宅環境（生活課題に関連する在宅環境課題）】 長男夫婦と孫の5人暮らしだが，長男夫婦は農作業のため日中は家にいない。玄関や屋外の段差には手すり設置済み。
【運動時のリスク（血圧，不整脈，呼吸等）】 血圧が180mmHgを超えたら運動を控える。		

吹き出し： 生活全般に関する課題から機能訓練の方向性を考える／医療面に関する情報を入手しておく／生活全般に関する課題をまとめる

個別機能訓練加算Ⅰ

長期目標： ○年○月	左下肢の麻痺が回復し，杖歩行が安定する。				目標達成度 達成・(一部)・未達
短期目標： ○年○月	足のつま先が上がりやすくなる。				目標達成度 (達成)・一部・未達
プログラム内容（何を目的に〈～のために〉～する）	留意点	頻度	時間	主な実施者
①左下肢のつま先が上がりやすくするために，つま先を上げる運動10回×3	ゆっくりと行う。	週3回	10：00～10：10	山田
②立位で股・膝・足関節を同時に曲げて足を上げる訓練 10回×3	平行棒内で行う。	週3回	10：10～10：15	山田
③				

プログラム立案者：山田

吹き出し： 具体的に記載する

個別機能訓練加算Ⅱ

長期目標： 　年　月					目標達成度 達成・一部・未達
短期目標： 　年　月					目標達成度 達成・一部・未達
プログラム内容（何を目的に〈～のために〉～する）	留意点	頻度	時間	主な実施者
①				
②				
③				
④				

プログラム立案者：

【特記事項】 バランスを崩して転倒しないように注意する。	【プログラム実施後の変化（総括）】 再評価日：○年○月○日 足のつま先は上がりやすくなりましたが，まだ引っ掛かりやすいので，現在の訓練内容を継続しましょう。

吹き出し： 医療的対応などを記載する

上記計画の内容について説明を受けました。 　　　　　　　　　　　　　　　○年　○月　○日 ご本人氏名：○○○○ ご家族氏名：○○○○	上記計画書に基づきサービスの説明を行い内容に同意頂きましたので，ご報告申し上げます。 　　　　　　　　　　　　　　　○年　○月　○日 　　○○　介護支援専門員様／事業所様

通所介護事業所○○　　〒000-0000　住所：○○県○○市○○00-00　　管理者：○○
　　　　　　　　　　Tel. 000-000-0000／Fax. 000-000-0000　　説明者：○○

作品作りグループ

　女性利用者は，趣味を生かして作品作りを楽しむことが多いと思います。これまで物作りをしたことがない利用者でも，新たに興味を持ち，新たな交流が生まれることもあります。共同で大きな作品を作る場合は，参加した利用者たちに一体感が生まれ，その作品を飾ることで他の利用者の目を楽しませることもできます。作品は作るだけではなく，作ったものをどのように有効活用するのか（その作品で遊ぶ，デイサービス内に飾る，家に持ち帰ってプレゼントにするなど）を考えることが重要だと言えます。

作品作りグループの具体的イメージ（資料13）

　作品作りグループは，作品選びから始まります。利用者と一緒に作品に関するアイデアや材料，デザイン，大きさなどを検討し，どんなものを作るのかイメージしていきます。認知症の利用者や長時間の座位保持が困難な利用者であっても，短時間ならば参加することもできますので，「しんどい」「分からない」などの言葉が出たりつらい表情を見せたりすることがないように，自由な雰囲気で参加できるようにしたいものです。皆が一緒に1時間程度その作業に没頭するような訓練になってしまうと，重苦しい雰囲気となってしまうかもしれませんので気をつけましょう。

（1）集団で大きな作品（ペーパーロールモザイクや貼り絵など）を作る訓練

　複数の利用者が協力して一つの作品を作り上げる場合，皆で同じ作業をする場合と分業する場合があります。この場合，利用者の状況や集団の持つ雰囲気に合わせて選択しましょう。いずれの場合も，許し合う気持ちと協力する気持ちが必要となりますが，こうした気持ちで取り組めるかどうかは職員のかかわり方によって左右されます。つまり，利用者の配置や声のかけ方の違いを理解してかかわり方を考えなければなりません（**表19**）。

　作品の内容は，単純な工程で見栄えのするおはながみ手芸（**写真77**）やペーパーロールモザイク，貼り絵，折り紙人形などで，材料は安価で（松ぼっくりや木の実などの自然のものでもよい）見栄えのするものがよいでしょう。

（2）個人での作品作り訓練

　個人で作品作りをする場合，1人の利用者に職員が長時間かかわることはできませんが，能力が高く作業を継続する意識の強い利用者であれば問題なくできるでしょう。また，助言や指示が必要な利用者の場合は，機能訓練指導員の前準備が必要となります。

資料13　作品作りグループのスケジュール（例）

時間	訓練内容	機能訓練指導員のかかわり
13：10〜13：20	作品作り準備	利用者と一緒に準備
13：20〜13：50	作品作り作業	利用者中心で，時に指示・助言や手伝い
13：50〜14：00	休憩（休憩後不参加もあり）	一緒に休憩
14：00〜14：30	作品作り後半と片付け	最後の片付けは一緒に，他は見守りで

表19　作業の進め方の違いによる比較

	同作業を一緒に行う	分業で行う
作品の選択	皆で決めやすいが，大きな作品となると，全体の気持ちが続かないこともある。	一人ですべてはできなくても部分的ならばできると考える人も多く，参加しやすい。ただし，作品作りを主体的に決めにくくなる。
利用者の配置	利用者の仲を考えて，隣の席を決めるなどの配慮がしやすい。	利用者の仲を考えて，隣の席を決めるなどの配慮がしづらい。
準備や進め方	・個人の差が全体の中で吸収され，全体として進める意識付けが必要となる。 ・それぞれが助け合う部分が出てきたり，手伝うことを説明したりする必要がある。 ・それぞれのペースで作業を進めることができる。	・個人の能力に合った作業を担当してもらうことができる。 ・分業した作業の進み具合に差ができると，そのコントロールが必要となる。 ・それぞれの分業内容に説明が必要となる。 ・一緒に作業をする人同士，相手に配慮が必要となることがある。
声のかけ方	・個人のやり方に着目した説明や褒め言葉が必要である。 ・全体を意識した声かけとなる。	・それぞれの状況や能力に合わせた声かけが必要となる。 ・それぞれの完成度に関する声かけも必要となる。
でき栄えの評価	全体としてのでき栄えを評価するので，個人の評価にはなりにくい。	分業した作業のでき栄えが評価されるが，大きな作品の場合は細かな粗は隠れやすい。
達成感	作品が皆の共有物となり，全体としての達成感がある。	個々の部分はありながらも，全体としての達成感はある。
継続性	次の作品作りが可能。	担当した工程に関する個人的マイナス感情がなければ可能。
職員の忙しさや雰囲気	一緒に同じ作業をしながら声かけや介助をするので，ゆったりとできる。	職員が少し動き回る必要があり，のんびりとできにくい傾向がある。

写真77　集団で作った作品

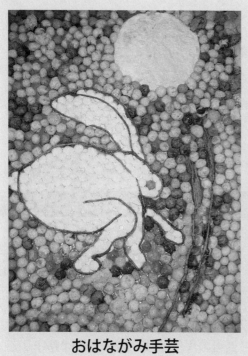

おはながみ手芸

制作中の様子

写真78　個人での作品作り

折り紙手芸

ちぎり絵

でき上がったものは,「自分の作品」ですので,喜びも大きく,達成感も強く残ります。

　個人作品の具体例は,縫い物,編み物,塗り絵,カレンダーなど多種多様です(**写真78**)。日々の実施においては,1時間程度の作業時間を設けて,その時間中に15〜20分程度個別にかかわります。それ以外の時間は各自で作品を作り,必要に応じて機能訓練指導員から声をかけるかかわりがよいでしょう。

　また,2〜3人の利用者がそれぞれ違う作品を同じ机で作業する場合もあるでしょう。一人ひとりの作業は違いますが,作品作りを通して楽しい会話をすることは重要です。この場合,機能訓練指導員はその作業場の雰囲気づくりのお手伝いをしましょう。

興味・関心チェックシート

作品作りグループ（脊髄損傷の人）の記載例

氏名	○○○○				生年月日	○年○月○日	年齢	84歳	性別	女

生活行為	している	してみたい	興味がある	生活行為	している	してみたい	興味がある
自分でトイレへ行く		○		生涯学習・歴史			
一人でお風呂に入る				読書			
自分で服を着る	○			俳句			
自分で食べる	○			書道・習字			
歯磨きをする	○			絵を描く・絵手紙			
身だしなみを整える	○			パソコン・ワープロ			
好きなときに眠る	○			写真			
掃除・整理整頓				映画・観劇・演奏会			
料理を作る				お茶・お花			
買い物				歌を歌う・カラオケ			
家や庭の手入れ・世話				音楽を聴く・楽器演奏			
洗濯・洗濯物たたみ				将棋・囲碁・麻雀・ゲーム等			
自転車・車の運転				体操・運動			
電車・バスでの外出				散歩			
孫・子供の世話				ゴルフ・グラウンドゴルフ・水泳・テニスなどのスポーツ			
動物の世話				ダンス・踊り			
友達とおしゃべり・遊ぶ			○	野球・相撲等観戦			
家族・親戚との団らん			○	競馬・競輪・競艇・パチンコ			
デート・異性との交流				編み物			
居酒屋に行く				針仕事			
ボランティア				畑仕事			
地域活動（町内会・老人クラブ）				賃金を伴う仕事			
お参り・宗教活動				旅行・温泉			
その他（　　　）				その他（手芸　　　）	○		
その他（　　　）				その他（　　　）			

居宅訪問チェックシート

利用者氏名	○○○○			生年月日	○年○月○日	年齢	84歳	性別	女
訪問日・時間	○年○月○日（○） 16：40 ～ 17：00							要介護度	2
訪問スタッフ	○○, ○○		職種	機能訓練指導員, 生活相談員		被聞取り者		利用者, 家族	

	項目	レベル	課題	環境（実施場所・補助具等）	状況・生活課題
ADL	食事	☑自立　☐見守り　☐一部介助　☐全介助	無	食堂で家族と食べる。	脊髄損傷による両下肢麻痺で両下肢の筋力が低下。しびれ感を伴い移乗動作が不安定である。排泄はおむつを使用し、自己導尿を行っている。機械浴で入浴し、衣服の着脱は下衣のみ介助を要する。
	排泄	☐自立　☐見守り　☑一部介助　☐全介助	有	洋式トイレで、L字手すりを使用する。夜間はポータブルトイレを使用。	
	入浴	☐自立　☐見守り　☐一部介助　☑全介助	有	自宅の浴槽は和式型で、浴槽をまたぐことが困難。	【自宅浴槽での入浴の可能性を検討する】
	更衣	☐自立　☐見守り　☑一部介助　☐全介助	有	ベッド上端座位で着替える。	
	整容	☑自立　☐見守り　☐一部介助　☐全介助	無		
	移乗	☐自立　☑見守り　☐一部介助　☐全介助	有	ベッド柵やたんすなどにつかまって行う。	【見守りにならざるを得ない要素を検討する】
IADL	屋内移動	☐自立　☑見守り　☐一部介助　☐全介助	有	歩行困難で、車いすを利用する。	歩行困難で、屋内外共に車いすで移動。玄関は昇降機を利用している。家事は家族が行い、参加することはない。
	屋外移動	☐自立　☐見守り　☑一部介助　☐全介助	有	歩行困難で、車いすを利用する。	
	階段昇降	☐自立　☐見守り　☐一部介助　☑全介助	有	昇降機を利用する。	【家族の操作状況を確認し、検討する】
	調理	☐自立　☐見守り　☐一部介助　☑全介助	無	家族が行う。	
	洗濯	☐自立　☐見守り　☐一部介助　☑全介助	無	家族が行う。	
	掃除	☐自立　☐見守り　☐一部介助　☑全介助	無	家族が行う。	【利用者本人ができる可能性を検討する】

	項目	レベル	課題	状況・生活課題	
起居動作	起き上がり	☑自立　☐見守り　☐一部介助　☐全介助	無	両下肢の筋力が低下したため、立ち上がりは上肢の力でかなり頑張っている。立位保持は棒を持って少し支えてもらうと安定する。	
	座位	☑自立　☐見守り　☐一部介助　☐全介助	無		
	立ち上がり	☐自立　☑見守り　☐一部介助　☐全介助	有	【見守りにならざるを得ない要素を検討する】	
	立位	☐自立　☐見守り　☑一部介助　☐全介助	有		

身体機能：両膝関節に可動域制限があり、下肢全体に痛みとしびれもある。また、腰痛もあり動作は緩慢となっている。　【専門家の意見を聞き、訓練の方針を検討する】

精神・心理機能：時に物忘れがある程度で特に問題はない。

通所介護機能訓練評価シート

評価者	○○	(訪問) 評価日	○年○月○日

氏名	○○○○	性別	女	障害高齢者自立度	B1	要介護度	
生年月日	○年○月○日	年齢	84	認知症高齢者自立度	Ⅰ	2	

関節可動域		肩：(年齢相応)・制限あり（　　　　　　　　　　　　　　　　　） 肘：(年齢相応)・制限あり（　　　　　　　　　　　　　　　　　） 手：(年齢相応)・制限あり（　　　　　　　　　　　　　　　　　） 股：(年齢相応)・制限あり（　　　　　　　　　　　　　　　　　） 膝：年齢相応・(制限あり)（十分には伸びない。） 足：年齢相応・(制限あり)（尖足傾向。）
痛みや痺れ等		痛み：(あり)・なし（軽度の腰痛がある。） 痺れ：(あり)・なし（腰から下に痺れ感あり。）
筋力	上肢	腕を曲げる：(十分に曲げられる)・何とか曲げられる・曲げられない（　　） 腕を伸ばす：十分に伸ばせる・(何とか伸ばせる)・伸ばせない（若干筋力低下あり。）
	下肢	足を後ろに引く：十分に引ける・何とか引ける・(引けない)（　　） 足を伸ばす：十分に伸ばせる・(何とか伸ばせる)・伸ばせない（　　）
	体幹	へそのぞき：十分にのぞける・(何とかのぞける)・のぞけない（わずかな時間であれば可能。） 背を伸ばす：十分に伸ばせる・(何とか伸ばせる)・伸ばせない（　　）
家庭でのADL	起き上がり	(できる)・介助でできる・できない（　　）
	座位保持	(できる)・介助でできる・できない（後ろに倒れそうになり柵を持つ。）
	歩行	できる・介助でできる・(できない)（立位保持は手すりを持って支えてもらえばわずかに可能。）
	車いす駆動	(できる)・介助でできる・できない（　　）
	食事	(できる)・介助でできる・できない（配膳が必要。）
	衣服・整容	できる・(介助でできる)・できない（ズボンの上げ・下ろしを介助。）
	入浴	できる・介助でできる・(できない)（浴槽をまたげないので，機械浴利用。）
	排泄	できる・(介助でできる)・できない（おむつ使用。自己導尿している。）
	会話	(できる)・介助でできる・できない（　　）
家庭でのIADL	買い物	できる・介助でできる・(できない)（家族が行っている。）
	調理	できる・介助でできる・(できない)（家族が行っている。）
	掃除・洗濯	できる・介助でできる・(できない)（家族が行っている。）
認知機能	見当識	日時：(分かる)・時々分かる・分からない（　　） 場所や人：(分かる)・時々分かる・分からない（　　）
	記銘・記憶	短期：(覚えている)・不確か・忘れることが多い（　　） 長期：覚えている・(不確か)・忘れることが多い（　　）
	判断能力	簡単な内容：(できる)・意見を求める・できない（　　） 複雑な内容：できる・(意見を求める)・できない（　　）
	BPSD（幻覚・妄想・易怒・意欲低下等）	幻覚や妄想はなし。
麻痺回復（下半身）	肩や腕	かなり動かせる・半分程度・わずかに動かせる（　　）
	手指	かなり動かせる・半分程度・わずかに動かせる（　　）
	下肢	かなり動かせる・半分程度・(わずかに動かせる)（　　）
興味・関心・生きがい・役割		手芸などは好き。
生活スタイル・活動量・交流		デイサービスでは昔からの友人と会話している。 レクリエーションや集団での作品作りは積極的。
訓練効果，実施方法に関する評価　実施日：○.○.○		機能訓練指導員：両上肢を動かす機会が必要。 看護職員：左下肢の痺れに湿布を貼っている。 介護職員：移乗時の転倒に注意して介助する必要あり。 生活相談員：特になし。

注釈：
- 関節可動域制限は軽度で訓練の必要性は低い
- 腰痛は湿布で対応
- 自分で上肢を動かしている（自主訓練の方法は理解して実施している）
- ADLの訓練は特に望んでいない
- 作品作りで時間を過ごしてもらうのが妥当である

通所介護個別機能訓練計画書

作成日	○年○月○日	前回作成日	○年○月○日	計画作成者	○○

ふりがな 氏名	性別	生年月日	年齢	要介護度	管理者	看護	介護	機能訓練	相談員
○○○○	女	○年○月○日	84	2	○○	○○	○○	○○	○○

【本人の希望】	【家族の希望】	【障害自立度】B1 【認知症自立度】Ⅰ
脊髄の麻痺で足は動かないが，手は何とか動かせるので，趣味を生かしながら生活したい。	車いすへの移乗を何とか頑張っているので続けてほしい。	

【病名，合併症（心疾患，呼吸器疾患等）】	【生活課題】	【在宅環境（生活課題に関連する在宅環境課題）】
第１腰椎脊髄損傷（○年） 【運動時のリスク（血圧，不整脈，呼吸等）】 移乗時の転倒に注意する。	脊髄損傷による両下肢麻痺で下肢の支持性が低下。歩行困難で，車いすの生活になっている。	夫と長男夫婦の４人暮らしであるが，夫も介護が必要な状態。長男は出張が多く，長男の妻はパートの仕事がある。

生活全般に関する課題から機能訓練の方向性を考える

医療面に関する情報を入手しておく

生活全般に関する課題をまとめる

個別機能訓練加算Ⅰ

長期目標：○年○月	腕に力をつけて手先を動かすことで手の機能を維持する。	目標達成度 達成・(一部)・未達
短期目標：○年○月	体を支えられる上肢の筋力が維持できる。	目標達成度 (達成)・一部・未達

プログラム内容（何を目的に〈～のために〉～する）	留意点	頻度	時間	主な実施者
①立ち上がりと立位が保持できるために腕に1.0kgのおもりを10回×２上げる。	ゆっくりと行う。	週３回	10：40～10：55	山田
②				
③				

具体的に記載する

プログラム立案者：山田

個別機能訓練加算Ⅱ

長期目標：○年○月	アクリル毛糸でたわしを編み，近所の人にプレゼントできる。	目標達成度 達成・(一部)・未達
短期目標：○年○月	たわしの編み方が分かり自身で作れる。	目標達成度 (達成)・一部・未達

プログラム内容（何を目的に〈～のために〉～する）	留意点	頻度	時間	主な実施者
①たわしの編み方をマスターするために鉤針編みを練習する。		週３回	15：00～15：30	藤田
②				
③				
④				

プログラム立案者：藤田

【特記事項】	【プログラム実施後の変化（総括）】
	再評価日：○年○月○日 両上肢のおもり1.0kgは，楽に上がるようになりました。立位も安定しています。また，他の利用者との会話も増えています。

上記計画の内容について説明を受けました。	上記計画書に基づきサービスの説明を行い内容に同意頂きましたので，ご報告申し上げます。
○年　○月　○日 ご本人氏名：○○○○ ご家族氏名：○○○○	○年　○月　○日 ○○　介護支援専門員様／事業所様

通所介護事業所○○　〒000－0000　住所：○○県○○市○○00－00　管理者：○○
Tel. 000－000－0000 ／ Fax. 000－000－0000　説明者：○○

レクリエーショングループ

　レクリエーションは，体操と合わせて30分～1時間程度が適切でしょう。身体を動かすことの多いレクリエーション種目の場合は，30分でもつらいと思う利用者がいるかもしれません。

　レクリエーションはデイサービスにとって欠かせないもので，通常は実施する時間も決まっています。「レクの時間ですよ」「さあ，集まってくださいね」のような呼びかけであると「今日は昼食をたくさん食べたから，ちょっと休憩していたい」「身体を動かす種目だったら今日は止めておこうか」などと思っている利用者も，とにかく集まらなければと無理をするかもしれません。一方，「皆さんで楽しい時間を過ごしたいと思います」「よかったらここに来てください」などのように緩やかに参加を促す呼びかけであれば，「今日は楽しそうだから参加してみるか」と，利用者は主体的な気持ちで参加することができます。このようなレクリエーションに対するイメージづくりは大切だと思います。

　レクリエーションには目的が必要です。訓練の一環でもありますから，何らかの効果をねらわなければなりません。しかし，全員に効果を求めることが難しいのであれば，「今日のねらいはAさん，Bさん，Cさんの積極性を引き出すこと」というように計画すればよいでしょう。参加人数にもよりますが，レクリエーション全体の進行係であるリーダー，補助的役割や盛り上げ係，トイレ介助の役割を担うサブリーダー2人の計3人のメンバーで行うと無理のない運営ができます。

　できるだけ計画書（**資料14**）を作成し，レクリエーションの準備や役割分担，ねらい，注意等についての情報を共有することが大切です。レクリエーションには起承転結が大切ですから，計画書を作成する時には，流れも考えながら作成しましょう。

レクリエーショングループの具体的イメージ（**資料15**）

　レクリエーショングループには，利用者と職員が一緒に楽しむ要素が必要です。職員だけがはしゃぎ，楽しんで周囲を笑わせているだけでは長続きはしませんし，利用者はやらされているという気持ちが強くなるかもしれません。個人競技のレクリエーションの場合は，自分の番が終わると次の番が回ってくるまで待ち時間が長く退屈してしまう恐れがありますので，工夫が必要です。

　レクリエーションには，さまざまな種類があり，それぞれに長所・短所がありますので，それらを踏まえて実施種目，時間，職員のかかわり方を計画する必要があります。

資料15　レクリエーショングループのスケジュール（例）

時間	訓練内容	機能訓練指導員のかかわり
13：00～13：10	レクリエーション準備	物品準備や集まる声かけ
13：10～13：40	レクリエーション実施	司会進行，盛り上げ
13：40～13：50	トイレ休憩	トイレ誘導介助
13：50～14：10	俳句作り	司会進行，会話の促進

資料14　計画書の例

体操・レクリエーション計画書

実施日　　○年○月○日（○）　13時20分～14時55分

体操内容	タオル体操
レク種目	だるま落とし
準備物	いす（人数分）＊25～30人参加予定 タオル（人数分） だるまセット（2）　ソフトバレーボール（2）
職員担当	F：司会進行 A：レク介助　B：レク介助　C：排泄対応とレク介助　D：排泄対応とレク介助
ねらい	タオル体操で全身運動（○さん, ○さん, ○さんに背筋を伸ばしてもらおう）。 だるま落としで笑いと大声を出す（特に, ○さんと○さんを注目）。
注意点	レク中移動の際，転倒に注意。 ボールが人に当たらないように注意。 ボールを投げる際，いすなどからの転倒に注意。
実施内容	＊あいさつ：今日は何の日？　　　　　　　　　　13:20～13:30（10分）
	＊まだ寒いと身体を縮こまらせないように体操をしましょう。 体操指導はF　　　　　　　　　　　　　　　　13:30～13:50（20分）
	タオル体操に関する話と学習　　　　　　　　　13:50～14:00（10分）
	トイレおよび休憩　　　　　　　　　　　　　　14:00～14:10（10分）
	＊だるま落としレクの目的説明と注意事項 　目的：ボールを投げてダンボールに当て，落ちた点数を競う。 　頭まで倒れたら0点 　準備は全員で　　　　　　　　　　　　　　　14:10～14:15（5分）
	＊レク（個人競技）実施 　ボールを2回投げて，落とした点数を合計する。 　最初に全部落としたら再度組み直して，2回目に投げて落とした点も加える。 　練習と本番，優勝決定戦などを行う。　　　　14:15～14:45（30分）
	＊得点発表と終わりのあいさつ　　　　　　　　14:45～14:55（10分）
伝達事項	ボールの空気が十分に入っているか確認しておくこと。
反省点	

（1） グループ対抗レク訓練

　2〜3のグループに分かれて競争するレクです。サブリーダーがグループをまとめたり，グループ内にリーダー的存在の利用者が奮起して対抗戦の勝利を目指します。勝ち負けよりも行っている途中の成功や努力，またハプニングを楽しみ，レク後も会話を弾ませることが大切です。レクにかかわる職員は，レク中の利用者の様子をしっかりと観察し，会話につなげましょう。

いじわる玉入れ合戦

（2） 集団で物事を成し遂げるレク訓練

　競争ではなく，皆の心を一つにして楽しい出来事や素晴らしい瞬間をつくります。一緒に協力する気持ちが生まれ，自然と笑顔が出てきます。身体機能の低い利用者がいても，近くにいる利用者が助けることで達成できる可能性があります。職員がうまくサポートできれば，良いものができ上がるでしょう。

うちわあおぎ

（3） 個人競技レク訓練

　個人競技は，自分が行っている以外は，次の番が回ってくるまで，長い間待たなければなりません。待ち時間の過ごし方に工夫が必要であり，リーダーの進め方やサブリーダーの声かけや配慮が重要となります。待ち時間が長すぎたり，職員の対応がもたついたりすると利用者から笑顔が消えて，時には文句も出ます。

　リーダーは，競技者に注目するのはもちろん，周りの利用者にも同時に声をかけていきます。例えば，「今○○さんが投げました」「□□さんと同じように右へ外れました」「今日は○○さんと□□さんは仲良しですね」といった具合です。こうした声かけで，待っている間にも自然と競技者に目が向き，レクに引き込まれていきます。

お手玉入れ

　サブリーダーの役割はより重要です。リーダーの意向を汲み取り，より盛り上がるように工夫を凝らす必要があります。また，トイレに行く人の介助や体調への配慮をした声かけをしなければなりません。つまり，リーダーよりも全体を見渡して配慮や声かけを行い，時にはジェスチャーなどで盛り上げる係なのです。サブリーダーがその役割をしっかりと実践できると充実したレクリエーションになります。

魚つり

興味・関心チェックシート

レクリエーショングループ（認知症の人）の記載例

氏名	○○○○				生年月日	○年○月○日	年齢	78歳	性別	女

生活行為	している	してみたい	興味がある	生活行為	している	してみたい	興味がある
自分でトイレへ行く	○			生涯学習・歴史			
一人でお風呂に入る		○		読書			
自分で服を着る	○			俳句			
自分で食べる	○			書道・習字			
歯磨きをする	○			絵を描く・絵手紙			
身だしなみを整える	○			パソコン・ワープロ			
好きなときに眠る	○			写真			
掃除・整理整頓				映画・観劇・演奏会			
料理を作る				お茶・お花			
買い物				歌を歌う・カラオケ	○		
家や庭の手入れ・世話				音楽を聴く・楽器演奏			
洗濯・洗濯物たたみ				将棋・囲碁・麻雀・ゲーム等			
自転車・車の運転				体操・運動			
電車・バスでの外出				散歩			
孫・子供の世話				ゴルフ・グラウンドゴルフ・水泳・テニスなどのスポーツ			
動物の世話				ダンス・踊り			
友達とおしゃべり・遊ぶ	○			野球・相撲等観戦			
家族・親戚との団らん	○			競馬・競輪・競艇・パチンコ			
デート・異性との交流				編み物			
居酒屋に行く				針仕事			
ボランティア				畑仕事			
地域活動（町内会・老人クラブ）				賃金を伴う仕事			
お参り・宗教活動				旅行・温泉			
その他（　　　）				その他（　　　）			
その他（　　　）				その他（　　　）			

居宅訪問チェックシート

利用者氏名	○○○○			生年月日	○年○月○日	年齢	78歳	性別	女
訪問日・時間	○年○月○日（○） 16：40 ～ 17：00							要介護度	1
訪問スタッフ	○○，○○		職種	機能訓練指導員，生活相談員		被聞取り者		利用者，家族	

	項目	レベル	課題	環境（実施場所・補助具等）	状況・生活課題
ADL	食事	☑自立　□見守り □一部介助　□全介助	無	食堂で一人で食べることが多い。	アルツハイマー型認知症のため，体や髪をしっかり洗うという認識がない。声かけと洗い直しが必要である。
	排泄	☑自立　□見守り □一部介助　□全介助	無	洋式トイレを使用。	
	入浴	□自立　□見守り ☑一部介助　□全介助	有	自宅の浴槽は和洋折衷型。 ← **自宅浴槽での入浴の可能性を検討する**	
	更衣	☑自立　□見守り □一部介助　□全介助	無		
	整容	☑自立　□見守り □一部介助　□全介助	無		
	移乗	☑自立　□見守り □一部介助　□全介助	無		
IADL	屋内移動	☑自立　□見守り □一部介助　□全介助	無		歩行は問題ないが，家事には興味・関心が乏しい。買い物は自分の好きなものを近所に買いに行くことができる。
	屋外移動	☑自立　□見守り □一部介助　□全介助	無		
	階段昇降	☑自立　□見守り □一部介助　□全介助	無		
	調理	□自立　□見守り □一部介助　☑全介助	有	家族が行う。	
	洗濯	□自立　□見守り □一部介助　☑全介助	有	本人はする気がないので家族が行う。 ← **利用者本人ができる可能性を検討する**	
	掃除	□自立　□見守り □一部介助　☑全介助	有	本人はする気がないので家族が行う。	

	項目	レベル	課題	状況・生活課題	
起居動作	起き上がり	☑自立　□見守り □一部介助　□全介助	無	起居動作は自立している。	
	座位	☑自立　□見守り □一部介助　□全介助	無		
	立ち上がり	☑自立　□見守り □一部介助　□全介助	無		
	立位	☑自立　□見守り □一部介助　□全介助	無		

身体機能：**身体機能面は特に問題なし。**

精神・心理機能：**特に問題はない。**

通所介護機能訓練評価シート

評価者	○○	（訪問）評価日	○年○月○日

氏名	○○○○	性別	女	障害高齢者自立度	J2	要介護度	
生年月日	○年○月○日	年齢	78	認知症高齢者自立度	Ⅱb		1

項目		内容
関節可動域		肩：(年齢相応)・制限あり（　　　　） 肘：(年齢相応)・制限あり（　　　　） 手：(年齢相応)・制限あり（　　　　） 股：(年齢相応)・制限あり（　　　　） 膝：(年齢相応)・制限あり（　　　　） 足：(年齢相応)・制限あり（　　　　）
痛みや痺れ等		痛み：あり・(なし)（　　　　） 痺れ：あり・(なし)（　　　　）
筋力	上肢	腕を曲げる：(十分に曲げられる)・何とか曲げられる・曲げられない（　　） 腕を伸ばす：(十分に伸ばせる)・何とか伸ばせる・伸ばせない（　　）
	下肢	足を後ろに引く：(十分に引ける)・何とか引ける・引けない（　　） 足を伸ばす：(十分に伸ばせる)・何とか伸ばせる・伸ばせない（　　）
	体幹	へそのぞき：(十分にのぞける)・何とかのぞける・のぞけない（　　） 背を伸ばす：(十分に伸ばせる)・何とか伸ばせる・伸ばせない（　　）
家庭でのADL	起き上がり	(できる)・介助でできる・できない（　　）
	座位保持	(できる)・介助でできる・できない（　　）
	歩行	(できる)・介助でできる・できない（　　）
	車いす駆動	できる・介助でできる・できない（　　）
	食事	(できる)・介助でできる・できない（　　）
	衣服・整容	(できる)・介助でできる・できない（　　）　※声かけと洗い直しなどが必要
	入浴	できる・(介助でできる)・できない（背中の洗身と洗髪に介助を要する。）
	排泄	(できる)・介助でできる・できない（　　）
	会話	(できる)・介助でできる・できない（　　）
家庭でのIADL	買い物	できる・(介助でできる)・できない（一人で近所の商店に行き，同じ物を買ってくる。）
	調理	できる・介助でできる・(できない)（家族が行っている。）
	掃除・洗濯	できる・介助でできる・(できない)（本人にする気がないので，家族が行っている。）
認知機能	見当識	日時：分かる・(時々分かる)・分からない（　　） 場所や人：(分かる)・時々分かる・分からない（　　）
	記銘・記憶	短期：覚えている・(不確か)・忘れることが多い（食事や薬を時々忘れる。） 長期：覚えている・不確か・(忘れることが多い)（昔のことも忘れがち。）
	判断能力	簡単な内容：できる・(意見を求める)・できない（すぐに家族に聞く。） 複雑な内容：できる・意見を求める・(できない)（分からないと言う。）
	BPSD（幻覚・妄想・易怒・意欲低下等）	物忘れはあるが，簡単な内容であれば会話を継続できる。　※楽しい会話は重要
麻痺回復（麻痺なし）	肩や腕	かなり動かせる・半分程度・わずかに動かせる（　　）
	手指	かなり動かせる・半分程度・わずかに動かせる（　　）
	下肢	かなり動かせる・半分程度・わずかに動かせる（　　）
興味・関心・生きがい・役割		歌を歌うのが好き。
生活スタイル・活動量・交流		デイサービスでは近所の農家仲間と会話している。 最近は薬やトイレの始末などの物忘れが目立つが，レクリエーションや集団での会話は積極的。　※レクリエーションでの交流は大切である
訓練効果，実施方法に関する評価　実施日：○.○.○		機能訓練指導員：レクリエーションを通じての訓練を提案したい。 看護職員：自分で認知機能の低下を認めない傾向がある。 介護職員：いろいろな人との会話ができる。 生活相談員：家族は夜間によく眠ってほしいと思っている。

通所介護個別機能訓練計画書

作成日	○年○月○日	前回作成日	○年○月○日	計画作成者	○○

ふりがな 氏名	性別	生年月日	年齢	要介護度	管理者	看護	介護	機能訓練	相談員
○○○○	女	○年○月○日	78	1	○○	○○	○○	○○	○○

【本人の希望】 皆と仲良く過ごしたい。	【家族の希望】 物忘れが進まないようにしてほしい。	【障害自立度】 J2 【認知症自立度】 Ⅱb
【病名，合併症（心疾患，呼吸器疾患等）】 アルツハイマー型認知症（○年） 【運動時のリスク（血圧，不整脈，呼吸等）】 特になし。	【生活課題】 認知症により家事に関心を寄せなくなり，夜間に歩き回るなどの家族として気になる行動がある。	【在宅環境（生活課題に関連する在宅環境課題）】 夫と２人暮らしだが，隣町に住む長男家族が時々訪ねてくれる。

生活全般に関する課題をまとめる

生活全般に関する課題から機能訓練の方向性を考える

個別機能訓練加算Ⅰ

長期目標： ○年○月	他者との交流で閉じこもりを防ぎ，認知症の進行も防ぐ。	目標達成度 達成・（一部）・未達
短期目標： ○年○月	活動的になり他者と会話が増える。	目標達成度 （達成）・一部・未達

プログラム内容（何を目的に〈～のために〉～する）	留意点	頻度	時間	主な実施者
①他者と交流するために集団レクリエーションに参加する。	ゆっくりと行う。	週３回	14：00～14：30	山田
②脳を活性化するために脳のトレーニングに参加し，会話しながらパズルをする。		週３回	10：10～10：30	山田
③				

具体的に記載する

プログラム立案者：山田

個別機能訓練加算Ⅱ

長期目標： 年　月		目標達成度 達成・一部・未達
短期目標： 年　月		目標達成度 達成・一部・未達

プログラム内容（何を目的に〈～のために〉～する）	留意点	頻度	時間	主な実施者
①				
②				
③				
④				

プログラム立案者：

【特記事項】 レクリエーションや学習を楽しく行う雰囲気を大切にする。	【プログラム実施後の変化（総括）】 再評価日：○年○月○日 他の利用者との会話が増えてきました。

医療的対応などを記載する

上記計画の内容について説明を受けました。 ○年　○月　○日 ご本人氏名：○○○○ ご家族氏名：○○○○	上記計画書に基づきサービスの説明を行い 内容に同意頂きましたので，ご報告申し上げます。 ○年　○月　○日 ○○　介護支援専門員様／事業所様

通所介護事業所○○　〒000－0000　住所：○○県○○市○○00－00　管理者：○○
Tel. 000－000－0000 ／ Fax. 000－000－0000　説明者：○○

脳の活性化グループ

　脳の活性化は一時のブームは過ぎましたが，今でも多くの利用者が計算，漢字，間違い探し，パズル，塗り絵などに真剣に向き合っています。こうしたものは，入浴の待ち時間や送迎の待ち時間など，短い時間にできるものとして大変よいものだと思いますが，どうも個人的に机に向かうイメージで，学習的な内容ばかりだと気分的にしんどくなり，長続きしない利用者もいるようです。

　そこで，レクリエーションの要素を含む脳の活性化レクはいかがでしょうか。例えば，ビンゴ作りゲーム（利用者自身がビンゴのシートを作り楽しむ），回想法的合唱，記憶と発想力の簡単なゲームなどが挙げられます。また，皆で短歌や俳句作りなどを楽しむのも面白いかもしれません。

　機能訓練指導員が，「今日は"秋風や"でイメージしてみましょう」と声をかけると，いろいろな言葉が出てきます。「落ち葉」「寒い」など字足らずの言葉であったり，「昼のカレー」とか「早く帰りたい」などの全くつながりのなさそうな言葉であったり，「すすきが揺れる」「紅葉がきれい」などの"秋風や"に関連した言葉などが出てきます。当然，秋に関係するような物や外の景色を指差したりして，イメージを膨らませる工夫をしながら皆で考えるのです。ある程度言葉が出尽くしたら，機能訓練指導員が皆に聞いた中から言葉を選び，「秋風や，お昼のカレー，サツマイモ」と合作を紹介します。「ところで，皆さんの家のカレーはジャガイモですか，ジャガイモ以外のお宅はありますか」と会話を促すと，「うちはかぼちゃを入れる」とか「サツマイモは意外においしい」などの会話が始まります。それをうまくまとめながら，「我が家もカレーにサツマイモを入れることがあります。おいしいですよ」「サトイモを入れるお宅はありますか」「今日の皆さんの中にはないようです」と笑って終了。

　このような脳の活性化レクはどうでしょうか。

脳の活性化グループの具体的イメージ（資料16）

　脳の活性化グループは，個人の脳の活性化を図りますが，個人の成績「今日も100点取れた」という満足感だけで考えない方がよいと思います。時には皆で一緒にチャレンジし，楽しい脳トレーニングの時間にしたいものです。

資料16　脳の活性化グループのスケジュール（例）

時間	訓練内容	機能訓練指導員のかかわり
13：20～13：50	ドリル	ドリルを準備し，時々ヒントを出す程度
13：50～14：00	ドリル採点および休憩	ドリルの採点
14：00～14：20	回想法的合唱	歌を決めたり指揮者的役割　歌詞をボードに貼る

（1） ドリル等脳の活性化訓練

複数人でドリル

ドリルは簡単な内容を採用することが多く，計算，漢字，四文字熟語，間違い探し，連想ドリル，パズル，写経，塗り絵などの幅広い種類の中から，利用者の能力に応じて選んでいきます。皆で一緒に実施する雰囲気があれば，継続して熱心に取り組むことも十分可能です。2人で一緒に考えるやり方が良い場合もありますので，利用者の能力や利用者の仲を踏まえて準備や声かけをしましょう。当然のことながら，解答の採点は職員が行いますので，一度に集中すると大変になる場合もありますから準備が大切です。

（2） 回想法的脳の活性化訓練

昔からなじみのある道具，玩具，衣服，写真，音楽などを五感で感じると，思い出やそれにまつわる感情などがわき起こりやすくなります。複数の利用者で一緒に行うと，他者の話からまた新たに連想できることもあるため，その効果がより増すこともあります。

職員は，集まる場所の雰囲気づくりから，道具の準備や話題を引き出す声かけ，話の流れに合わせて記憶を引き出す工夫など，たくさんの仕事があります。話の内容は，楽しい話題もあれば悲しい内容もあるでしょうから，職員が話題をうまくコントロールしながら集団での会話につなげなければなりません。職員は昔のことを教わる気持ちで臨むと，お互いに楽しい時間となるでしょう。

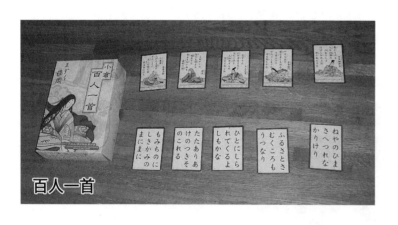

百人一首

郷土玩具

興味・関心チェックシート

脳の活性化グループ（認知症の人）の記載例

氏名	○○○○				生年月日	○年○月○日	年齢	80歳	性別	女

生活行為	している	してみたい	興味がある	生活行為	している	してみたい	興味がある
自分でトイレへ行く		○		生涯学習・歴史			
一人でお風呂に入る	○			読書			
自分で服を着る	○			俳句			
自分で食べる	○			書道・習字			
歯磨きをする	○			絵を描く・絵手紙			
身だしなみを整える	○			パソコン・ワープロ			
好きなときに眠る	○			写真			
掃除・整理整頓				映画・観劇・演奏会			
料理を作る	○			お茶・お花			
買い物	○			歌を歌う・カラオケ			
家や庭の手入れ・世話				音楽を聴く・楽器演奏			
洗濯・洗濯物たたみ	○			将棋・囲碁・麻雀・ゲーム等			
自転車・車の運転				体操・運動			
電車・バスでの外出				散歩			
孫・子供の世話				ゴルフ・グラウンドゴルフ・水泳・テニスなどのスポーツ			
動物の世話				ダンス・踊り			
友達とおしゃべり・遊ぶ			○	野球・相撲等観戦			
家族・親戚との団らん			○	競馬・競輪・競艇・パチンコ			
デート・異性との交流				編み物			
居酒屋に行く				針仕事			
ボランティア				畑仕事			
地域活動（町内会・老人クラブ）				賃金を伴う仕事			
お参り・宗教活動				旅行・温泉			
その他（　　　）				その他（脳トレ　）	○		
その他（　　　）				その他（　　　）			

居宅訪問チェックシート

利用者氏名	○○○○			生年月日	○年○月○日	年齢	80歳	性別	女
訪問日・時間	○年○月○日（○）　16：40　～　17：00							要介護度	1
訪問スタッフ	○○，○○		職種	機能訓練指導員，生活相談員			被聞取り者	利用者，家族	

	項目	レベル	課題	環境（実施場所・補助具等）	状況・生活課題
ADL	食事	☑自立　□見守り □一部介助　□全介助	無	食堂で家族と食べる。	認知症による実行機能障害のため，洗う道具の使い方がよく分からない。 衣服を何枚も重ね着をしたり，前後を間違えたりする。排泄は間に合わない時がある。
	排泄	□自立　☑見守り □一部介助　□全介助	有	洋式トイレで，L字手すりを使用する。時に間に合わないことがある。	
	入浴	□自立　☑見守り □一部介助　□全介助	有	自宅浴槽は和洋折衷型。	〔自宅浴槽での入浴の可能性を検討する〕
	更衣	□自立　□見守り ☑一部介助　□全介助	有	何枚も重ね着をすることがある。	
	整容	☑自立　□見守り □一部介助　□全介助	無		
	移乗	□自立　☑見守り □一部介助　□全介助	有	ベッド柵や机などにつかまり行っている。	〔見守りにならざるを得ない要素を検討する〕
IADL	屋内移動	□自立　☑見守り □一部介助　□全介助	有	杖歩行であるが，見守りが必要。	杖をつきながら歩行し，外へ買い物に行くことができる。 家事は家族が行い，声をかければ部分的に手伝える。
	屋外移動	□自立　☑見守り □一部介助　□全介助	有	杖歩行であるが，見守りが必要。	〔見守りにならざるを得ない要素を検討する〕
	階段昇降	□自立　☑見守り □一部介助　□全介助	有	玄関に手すりあり。杖歩行であるが，見守りが必要。	
	調理	□自立　□見守り ☑一部介助　□全介助	有	家族の手伝いをすることがある。	〔利用者本人ができる可能性を検討する〕
	洗濯	□自立　□見守り ☑一部介助　□全介助	有	洗濯物をたたむ。	
	掃除	□自立　□見守り ☑一部介助　□全介助	有	自室に掃除機をかけることはできるが，不十分である。	

	項目	レベル	課題	状況・生活課題	
起居動作	起き上がり	☑自立　□見守り □一部介助　□全介助	無	起居動作は特に問題なし。	
	座位	☑自立　□見守り □一部介助　□全介助	無		
	立ち上がり	☑自立　□見守り □一部介助　□全介助	無		
	立位	☑自立　□見守り □一部介助　□全介助	無		

身体機能：加齢による腰痛と下肢の筋力低下がある。

精神・心理機能：物忘れと実行機能障害があり，日常生活のいろいろな場面で家族による声かけが必要となる。　〔具体的に聞く〕

通所介護機能訓練評価シート

評価者	○○	（訪問）評価日	○年○月○日

氏名	○○○○	性別	女	障害高齢者自立度	A1	要介護度	
生年月日	○年○月○日	年齢	80	認知症高齢者自立度	Ⅱb		1

項目		内容
関節可動域		肩：**年齢相応**・制限あり（　　） 肘：**年齢相応**・制限あり（　　） 手：**年齢相応**・制限あり（　　） 股：**年齢相応**・制限あり（　　） 膝：**年齢相応**・制限あり（　　） 足：**年齢相応**・制限あり（　　）
痛みや痺れ等		痛み：**あり**・なし（　　）　※膝関節の変形で軽度の痛みがある程度。特に身体的訓練の必要なし 痺れ：あり・**なし**（　　）
筋力	上肢	腕を曲げる：**十分に曲げられる**・何とか曲げられる・曲げられない（　） 腕を伸ばす：**十分に伸ばせる**・何とか伸ばせる・伸ばせない（　）
	下肢	足を後ろに引く：**十分に引ける**・何とか引ける・引けない（　） 足を伸ばす：**十分に伸ばせる**・何とか伸ばせる・伸ばせない（　）
	体幹	へそのぞき：十分にのぞける・**何とかのぞける**・のぞけない（　） 背を伸ばす：**十分に伸ばせる**・何とか伸ばせる・伸ばせない（　）
家庭での ADL	起き上がり	**できる**・介助でできる・できない（　）
	座位保持	**できる**・介助でできる・できない（　）　※身体機能面はあまり問題ない
	歩行	できる・**介助でできる**・できない（杖をついているが，見守りで大丈夫。）※歩行は問題がないレベルと考えられる
	車いす駆動	できる・介助でできる・できない（　）
	食事	**できる**・介助でできる・できない（　）
	衣服・整容	できる・**介助でできる**・できない（何枚も重ね着をすることがある。）
	入浴	**できる**・介助でできる・できない（見守り程度。）
	排泄	できる・**介助でできる**・できない（間に合わないことがある。）
	会話	**できる**・介助でできる・できない（　）
家庭での IADL	買い物	できる・**介助でできる**・できない（家族と一緒に買い物に行く。）
	調理	できる・**介助でできる**・できない（家族の手伝いをすることがある。）
	掃除・洗濯	できる・**介助でできる**・できない（洗濯物畳みをする。）※物忘れの進行を予防すべき
認知機能	見当識	日時：分かる・**時々分かる**・分からない（月は分かる。） 場所や人：分かる・**時々分かる**・分からない（大体は分かっている。）
	記銘・記憶	短期：覚えている・**不確か**・忘れることが多い（薬やトイレの後始末を時々忘れる。） 長期：覚えている・**不確か**・忘れることが多い（昔のことはよく覚えている。）
	判断能力	簡単な内容：できる・**意見を求める**・できない（家族にどうしたらよいか聞く。） 複雑な内容：できる・意見を求める・**できない**（　）
	BPSD（幻覚・妄想・易怒・意欲低下等）	幻覚や妄想はなし。
麻痺回復（麻痺なし）	肩や腕	かなり動かせる・半分程度・わずかに動かせる（　）
	手指	かなり動かせる・半分程度・わずかに動かせる（　）
	下肢	かなり動かせる・半分程度・わずかに動かせる（　）
興味・関心・生きがい・役割		買い物が好き。　※得意なところを伸ばすという考え方でかかわればよい
生活スタイル・活動量・交流		デイサービスで仲の良い友達とよく会話をしている。 最近は薬やトイレの始末などの物忘れが目立つが，レクリエーションや脳トレーニングは積極的。
訓練効果，実施方法に関する評価　実施日：○．○．○		機能訓練指導員：脳のトレーニングで認知症の進行を防ぎたい。 看護職員：物忘れは気にしている様子。 介護職員：他の利用者との会話は長く続いている。 生活相談員：家族も刺激の重要性を思っている。

通所介護個別機能訓練計画書

作成日	○年○月○日	前回作成日	○年○月○日	計画作成者	○○				
ふりがな 氏名	○○○○	性別	生年月日	年齢	要介護度	管理者	看護	介護	機能訓練	相談員
		女	○年○月○日	80	1	○○	○○	○○	○○	○○

【本人の希望】 物忘れが心配だ。	【家族の希望】 認知症が進まないようにしてほしい。		【障害自立度】 A1
			【認知症自立度】 Ⅱb
【病名，合併症（心疾患，呼吸器疾患等）】 認知症（○年）	【生活課題】 認知症による物忘れと実行機能障害のため，洗う道具の使い方や服の着方などがよく分からない。		【在宅環境（生活課題に関連する在宅環境課題）】 約1年前から長女家族と同居しているが，長女の夫は単身赴任で，長女はパートの仕事がある。
【運動時のリスク（血圧，不整脈，呼吸等）】 移乗時の転倒に注意する。			

※ 生活全般に関する課題から機能訓練の方向性を考える
※ 医療面に関する情報を入手しておく
※ 生活全般に関する課題をまとめる

個別機能訓練加算Ⅰ

長期目標： ○年○月	認知症の進行を防ぐ。				目標達成度 達成・(一部)・未達
短期目標： ○年○月	デイサービスで楽しい時間を過ごし，家族に笑顔で話ができる。				目標達成度 (達成)・一部・未達
プログラム内容（何を目的に〈～のために〉～する）	留意点	頻度	時間	主な実施者
①脳を活性化するために脳のトレーニング（漢字，計算，パズルなど）を行う。	学習内容が難しすぎないようにする。	週3回	15：00～15：30	山田
②脳を活性化するため，回想法で思い出を語り，記憶への刺激を得る。		週3回	15：40～16：00	山田
③				
			プログラム立案者：山田	

※ 具体的に記載する

個別機能訓練加算Ⅱ

長期目標： 　年　月					目標達成度 達成・一部・未達
短期目標： 　年　月					目標達成度 達成・一部・未達
プログラム内容（何を目的に〈～のために〉～する）	留意点	頻度	時間	主な実施者
①				
②				
③				
④				
			プログラム立案者：	

【特記事項】	【プログラム実施後の変化（総括）】 再評価日：○年○月○日 回想法では楽しそうに話をしてくれます。他の利用者と会話をする時間が増えました。

上記計画の内容について説明を受けました。　　　　○年　○月　○日
ご本人氏名：○○○○
ご家族氏名：○○○○

上記計画書に基づきサービスの説明を行い内容に同意頂きましたので，ご報告申し上げます。
　　　　　　　　　　　　　　　　　　　　　　　　○年　○月　○日
　　　　　○○　介護支援専門員様／事業所様

通所介護事業所○○　　〒000-0000　住所：○○県○○市○○00-00　　管理者：○○
　　　　　　　　　　　Tel.000-000-0000／Fax.000-000-0000　　　　　説明者：○○

のんびりグループ・休憩グループ

のんびりグループや休憩グループには訓練という名前は付いていませんが，大切なグループであり，特に男性利用者には好評です。レクリエーションを途中から休憩したいとか作品作りに疲れたので休憩したいとかいう利用者も含めて，しっかりと名前を付けて，好きなことで短時間過ごしてもらいましょう（**資料17**）。

例えば，詰め将棋を指す，新聞を読む，ただ植物や熱帯魚を眺めているなどでよいのです。職員も「休憩しに来たよ」と何気なく隣に座り，二言三言話しをしてまた離れていくかかわりを持てばよいと思います。ゆっくりとした時間が流れている，ちょっとしたオアシス的空間をつくりましょう。その空間には，音楽が流れていたり，雑誌や新聞が備えられていたり，のんびりグループ利用者が育てる鉢植えがあったり，金魚や熱帯魚などがいる水槽があったりして，加えて，ひなたぼっこができるようになっていたりするとベストかもしれません。

このような心地よい空間は，昼食後の憩いの場になったり，職員の休憩の場になったりすることもあると思います。デイサービスでは，職員が昼休みを取りづらいこともありますので，利用者の近くにいながらも心休まる空間があると，午後の仕事も頑張れることでしょう。

休憩グループは休憩などで一時利用するものであり，個別機能訓練を全くしない場合とは違うことを押さえておきましょう。あくまでも加算に関連することですから，最初から個別機能訓練を利用しないという利用者と，訓練の合い間に休憩する利用者とは違います。また，今日はのんびりグループだけでという利用者の場合は，加算の算定はしないことが条件です。

資料17　のんびりグループのスケジュール（例）

時間	訓練内容	機能訓練指導員のかかわり
13：10～14：00	のんびりと過ごす（将棋・新聞・音楽鑑賞など）	必要な準備をするだけ
14：00～14：10	機能訓練指導員や他のスタッフが時折顔を出す	「遊びに来たよ」「ちょっと休憩」などの気楽な雰囲気で会話をする
14：10～15：00	のんびりと過ごす	おやつの声かけ

興味・関心チェックシート

のんびりグループ（多発性脳梗塞の人）の記載例

氏名	○○○○				生年月日	○年○月○日	年齢	76歳	性別	男

生活行為	している	してみたい	興味がある	生活行為	している	してみたい	興味がある
自分でトイレへ行く				生涯学習・歴史			
一人でお風呂に入る				読書			
自分で服を着る				俳句			
自分で食べる	○			書道・習字			
歯磨きをする				絵を描く・絵手紙			
身だしなみを整える				パソコン・ワープロ			
好きなときに眠る	○			写真			
掃除・整理整頓				映画・観劇・演奏会			
料理を作る				お茶・お花			
買い物				歌を歌う・カラオケ			
家や庭の手入れ・世話				音楽を聴く・楽器演奏	○		
洗濯・洗濯物たたみ				将棋・囲碁・麻雀・ゲーム等			
自転車・車の運転				体操・運動			
電車・バスでの外出				散歩			
孫・子供の世話				ゴルフ・グラウンドゴルフ・水泳・テニスなどのスポーツ			
動物の世話				ダンス・踊り			
友達とおしゃべり・遊ぶ				野球・相撲等観戦			
家族・親戚との団らん				競馬・競輪・競艇・パチンコ			
デート・異性との交流				編み物			
居酒屋に行く				針仕事			
ボランティア				畑仕事			
地域活動（町内会・老人クラブ）				賃金を伴う仕事			
お参り・宗教活動				旅行・温泉			
その他（　　　）				その他（　　　）			
その他（　　　）				その他（　　　）			

居宅訪問チェックシート

利用者氏名	○○○○			生年月日	○年○月○日	年齢	76歳	性別	男
訪問日・時間	○年○月○日（○）　16：40　〜　17：00							要介護度	4
訪問スタッフ	○○，○○			職種	機能訓練指導員，生活相談員	被聞取り者		利用者，家族	

	項目	レベル	課題	環境（実施場所・補助具等）	状況・生活課題
ADL	食事	☐自立　☐見守り ☑一部介助　☐全介助	有	自分の部屋で一人で食べることが多い。	脳梗塞の後遺症のため四肢麻痺がある。脳血管性認知症でADLはほとんど介助が必要な状態。
	排泄	☐自立　☐見守り ☐一部介助　☑全介助	有	おむつを使用しており介助してもらう。	
	入浴	☐自立　☐見守り ☐一部介助　☑全介助	有	自宅の浴槽は和洋折衷型。	〔自宅浴槽での入浴の可能性を検討する〕
	更衣	☐自立　☐見守り ☐一部介助　☑全介助	有	座位が安定しないので困難。	
	整容	☐自立　☐見守り ☑一部介助　☐全介助	有	いすや車いすに座って行う。	〔一部介助にならざるを得ない要素を検討する〕
	移乗	☐自立　☐見守り ☑一部介助　☐全介助	有	介助バーを利用し，体を支えてもらいながら移乗する。	
IADL	屋内移動	☐自立　☐見守り ☐一部介助　☑全介助	有	車いすを押してもらっている。	移動は全介助で，家事は家族に任せている。
	屋外移動	☐自立　☐見守り ☐一部介助　☑全介助	有	車いすを押してもらっている。	〔全介助にならざるを得ない要素を検討する〕
	階段昇降	☐自立　☐見守り ☐一部介助　☑全介助	有	スロープを利用する。	
	調理	☐自立　☐見守り ☐一部介助　☑全介助	無	家族が行う。	〔利用者本人ができる可能性を検討する〕
	洗濯	☐自立　☐見守り ☐一部介助　☑全介助	無	家族が行う。	
	掃除	☐自立　☐見守り ☐一部介助　☑全介助	無	家族が行う。	

	項目	レベル	課題	状況・生活課題	
起居動作	起き上がり	☑自立　☐見守り ☐一部介助　☐全介助	無	ベッド柵を利用して起き上がりは何とかできるが，座位は背もたれがないと不安定。立ち上がりなどは短時間なら介助バーを利用し，支えてもらって何とかできる。	
	座位	☐自立　☑見守り ☐一部介助　☐全介助	無		
	立ち上がり	☐自立　☐見守り ☑一部介助　☐全介助	有	〔一部介助にならざるを得ない要素を検討する〕	
	立位	☐自立　☐見守り ☑一部介助　☐全介助	有		

身体機能：四肢麻痺のため下肢は踏ん張りが利きにくい。上肢は右手で食事・整容動作がわずかにできる。

精神・心理機能：物忘れも多く，同じ話を何度もする。

通所介護機能訓練評価シート

評価者	○○	（訪問）評価日	○年○月○日

氏名	○○○○	性別	男	障害高齢者自立度	B2	要介護度	
生年月日	○年○月○日	年齢	76	認知症高齢者自立度	Ⅱb		4

項目		内容
関節可動域		肩：年齢相応・**制限あり**（ ） 肘：年齢相応・**制限あり**（ ） 手：年齢相応・**制限あり**（ ） 股：年齢相応・**制限あり**（両股関節は伸ばす動作に制限がある。） 膝：年齢相応・**制限あり**（膝の伸ばし−45度程度。） 足：年齢相応・**制限あり**（ ） ※関節の可動域制限はあるが，本人がその訓練を望んでいない
痛みや痺れ等		痛み：**あり**・なし（股関節や膝関節を動かすと痛みあり。） 痺れ：**あり**・なし（両下肢がしびれている。）
筋力	上肢	腕を曲げる：**十分に曲げられる**・何とか曲げられる・曲げられない（ ） 腕を伸ばす：十分に伸ばせる・**何とか伸ばせる**・伸ばせない（ ）
	下肢	足を後ろに引く：十分に引ける・**何とか引ける**・引けない（膝に痛みがある。） 足を伸ばす：十分に伸ばせる・**何とか伸ばせる**・伸ばせない（腰の痛みと膝拘縮。）
	体幹	へそのぞき：十分にのぞける・何とかのぞける・**のぞけない**（ ） 背を伸ばす：十分に伸ばせる・**何とか伸ばせる**・伸ばせない（ ）
家庭でのADL	起き上がり	**できる**・介助でできる・できない（柵を持てば何とか可能。）
	座位保持	できる・**介助でできる**・できない（後ろに倒れそうになり柵を持つ。）
	歩行	できる・介助でできる・**できない**（ ）
	車いす駆動	できる・介助でできる・**できない**（ ）
	食事	できる・**介助でできる**・できない（スプーンからこぼれやすいので，介助が必要。）
	衣服・整容	できる・介助でできる・**できない**（ ）
	入浴	できる・介助でできる・**できない**（機械浴利用。）
	排泄	できる・介助でできる・**できない**（おむつを使用。）
	会話	できる・**介助でできる**・できない（簡単な内容であればできる。）
家庭でのIADL	買い物	できる・介助でできる・**できない**（家族が行っている。）
	調理	できる・介助でできる・**できない**（家族が行っている。）
	掃除・洗濯	できる・介助でできる・**できない**（家族が行っている。）
認知機能	見当識	日時：分かる・**時々分かる**・分からない（ ） 場所や人：分かる・**時々分かる**・分からない（親しい人は分かるが，場所や部屋は分からない。）
	記銘・記憶	短期：覚えている・**不確か**・忘れることが多い（食べたことを時々忘れる。） 長期：覚えている・不確か・**忘れることが多い**（ ）
	判断能力	簡単な内容：できる・意見を求める・**できない**（ ） 複雑な内容：できる・意見を求める・**できない**（ ）
	BPSD（幻覚・妄想・易怒・意欲低下等）	同じ話を何度もする。
麻痺回復（左）	肩や腕	かなり動かせる・**半分程度**・わずかに動かせる（ ）
	手指	かなり動かせる・**半分程度**・わずかに動かせる（ ）
	下肢	かなり動かせる・半分程度・**わずかに動かせる**（ ）
興味・関心・生きがい・役割		歌を聞くのが好き。
生活スタイル・活動量・交流		デイサービスで会話はあまりできていない。 レクリエーションに参加するのは，嫌いではない様子。
訓練効果，実施方法に関する評価 実施日：○.○.○		機能訓練指導員：できるだけ身体を動かすことが必要なため，短時間レクリエーションに参加してはどうだろうか。 看護職員：麻痺や関節の痛みがあるので，動きたがらない。 介護職員：車いす上でできる動作やレクリエーション等であれば参加できるのではないか。 生活相談員：家族はなるべく寝たきりにならないようにと考えている。

コメント：
- 筋力が低下しているので，少しでも身体を動かしてもらいたい（家族やケアマネジャーの意見）。機能訓練指導員も同意見
- 身体を動かすことは必要である
- デイサービスに関して楽しいと思えるようなイメージを持ってほしい
- 手をしっかりと動かすことが重要
- デイサービスで楽しい時間を過ごしてほしい

通所介護個別機能訓練計画書

作成日	○年○月○日	前回作成日	○年○月○日	計画作成者	○○			
ふりがな 氏名	○○○○	性別	生年月日	年齢	要介護度	管理者	看護	介護	機能訓練	相談員
		男	○年○月○日	76	4	○○	○○	○○	○○	○○

【本人の希望】 しんどいことはしたくない。	【家族の希望】 痛いことはしたくないようだが，硬くならないようにしてほしい。疲れるレクリエーションは嫌がる。		【障害自立度】 B2
			【認知症自立度】 Ⅱb
【病名，合併症（心疾患，呼吸器疾患等）】 脳梗塞後遺症（○年と○年） 脳血管性認知症（○年）	【生活課題】 四肢麻痺のため体が動かしにくく，脳血管性認知症も加わり自分でできることが少ない。		【在宅環境（生活課題に関連する在宅環境課題）】 長男家族と3人暮らしだ。長男の妻は腰痛がある。 居室は洋室で，電動ベッド，介助バー，車いすなどを使用。
【運動時のリスク（血圧，不整脈，呼吸等）】 特になし。			

(吹き出し: 生活全般に関する課題から機能訓練の方向性を考える)
(吹き出し: 生活全般に関する課題をまとめる)

個別機能訓練加算Ⅰ

長期目標： ○年○月	他者との交流で活動的になり，認知症の進行も防ぐ。				目標達成度 達成・(一部)・未達
短期目標： ○年○月	レクリエーションを短時間楽しみ，のんびりした時間を過ごすことができる。				目標達成度 (達成)・一部・未達
プログラム内容（何を目的に〈～のために〉～する）	留意点	頻度	時間	主な実施者
①他者と交流するために集団レクリエーションに短時間参加する。		週3回	14：00～14：15	山田
②脳を活性化するために脳トレーニングに参加し，会話しながらパズルを行う。		週3回	10：10～10：20	山田
③				
				プログラム立案者：山田

(吹き出し: 具体的に記載する)

個別機能訓練加算Ⅱ

長期目標： 　年　月					目標達成度 達成・一部・未達
短期目標： 　年　月					目標達成度 達成・一部・未達
プログラム内容（何を目的に〈～のために〉～する）	留意点	頻度	時間	主な実施者
①				
②				
③				
④				
				プログラム立案者：

【特記事項】 楽しくレクや学習を行う雰囲気を大切にする。	【プログラム実施後の変化（総括）】 再評価日：○年○月○日 他の利用者との会話は増えてきています。

(吹き出し: 医療的対応などを記載する)

上記計画の内容について説明を受けました。　　○年　○月　○日 ご本人氏名：○○○○ ご家族氏名：○○○○	上記計画書に基づきサービスの説明を行い 内容に同意頂きましたので，ご報告申し上げます。 　　　　　　　　　　　　　　○年　○月　○日 ○○　介護支援専門員様／事業所様

通所介護事業所○○　〒000-0000　住所：○○県○○市○○00-00　　管理者：○○
　　　　　　　　　Tel. 000-000-0000 ／ Fax. 000-000-0000　　　　　説明者：○○

生活機能向上グループ

　生活機能向上グループは，通所介護の提供時間が延長になったことで新たに発生したグループです。夕方の1時間延長の時間帯に生活機能向上サービスとして，日常生活動作訓練を行うグループです（**資料18**）。2012年4月の改定で新たに出てきた個別機能訓練加算（Ⅱ）に対応し，衣服着脱や調理などの生活機能の向上をグループを中心に展開します。個別機能訓練加算（Ⅰ）から（Ⅱ）へ変更した事業所は，個別またはグループで一日中生活機能の訓練を行うことになります。利用者が身体機能の訓練を望む場合は，身体機能と生活機能訓練の両方を行いながら，生活機能面の訓練の重要性についてケアマネジャーと共同して説明し，生活機能訓練（個別機能訓練加算（Ⅱ））を理解してもらいましょう。

資料18　生活機能向上グループのスケジュール（例）

時間	訓練内容	機能訓練指導員のかかわり
15：20～16：20	日常生活動作訓練（介護給付の利用者）	個別またはグループで日常生活動作（衣服着脱動作，応用歩行など）を訓練する
	生活機能向上グループ活動（予防給付の利用者）	グループでIADL訓練（掃除や調理など）の準備や声かけ，見守り

興味・関心チェックシート

生活機能向上グループ（脳梗塞の人）の記載例

| 氏名 | ○○○○ | | | | 生年月日 | ○年○月○日 | 年齢 | 76歳 | 性別 | 女 |

生活行為	している	してみたい	興味がある	生活行為	している	してみたい	興味がある
自分でトイレへ行く	○			生涯学習・歴史			
一人でお風呂に入る	○			読書			
自分で服を着る	○			俳句			
自分で食べる	○			書道・習字			
歯磨きをする	○			絵を描く・絵手紙			
身だしなみを整える	○			パソコン・ワープロ			
好きなときに眠る	○			写真			
掃除・整理整頓				映画・観劇・演奏会			
料理を作る			○	お茶・お花			
買い物				歌を歌う・カラオケ			
家や庭の手入れ・世話				音楽を聴く・楽器演奏			
洗濯・洗濯物たたみ	○			将棋・囲碁・麻雀・ゲーム等			
自転車・車の運転				体操・運動			
電車・バスでの外出				散歩			
孫・子供の世話				ゴルフ・グラウンドゴルフ・水泳・テニスなどのスポーツ			
動物の世話				ダンス・踊り			
友達とおしゃべり・遊ぶ			○	野球・相撲等観戦			
家族・親戚との団らん				競馬・競輪・競艇・パチンコ			
デート・異性との交流				編み物			
居酒屋に行く				針仕事			
ボランティア				畑仕事			
地域活動（町内会・老人クラブ）				賃金を伴う仕事			
お参り・宗教活動				旅行・温泉			
その他（　　　）				その他（　　　）			
その他（　　　）				その他（　　　）			

居宅訪問チェックシート

利用者氏名	○○○○			生年月日	○年○月○日	年齢	76歳	性別	女
訪問日・時間	○年○月○日（○） 16:40 ～ 17:00							要介護度	2
訪問スタッフ	○○, ○○		職種	機能訓練指導員，生活相談員		被聞取り者		利用者，家族	

	項目	レベル	課題	環境（実施場所・補助具等）	状況・生活課題
ADL	食事	☑自立 □見守り □一部介助 □全介助	無	食堂で家族と食べる。	脳梗塞の後遺症による左片麻痺があるため，入浴時の浴槽またぎが困難。
	排泄	☑自立 □見守り □一部介助 □全介助	有	洋式トイレで，L字手すりを使用する。	
	入浴	□自立 □見守り ☑一部介助 □全介助	有	自宅の浴槽は和洋折衷型。浴槽への出入りに介助が必要。	◀自宅浴槽での入浴の可能性を検討する
	更衣	☑自立 □見守り □一部介助 □全介助	有	大きめの服を着る。	
	整容	☑自立 □見守り □一部介助 □全介助	無		
	移乗	□自立 ☑見守り □一部介助 □全介助	有	ベッド柵や机などに軽く手を置いて行っている。	◀見守りにならざるを得ない要素を検討する
IADL	屋内移動	□自立 ☑見守り □一部介助 □全介助	有	杖歩行であるが，見守りが必要。	脳梗塞の後遺症による左片麻痺がある。T字杖を使用すれば歩行ができる。調理は昔から好きで家族と共に作る。
	屋外移動	□自立 ☑見守り □一部介助 □全介助	有	杖歩行であるが，見守りが必要。	◀見守りにならざるを得ない要素を検討する
	階段昇降	□自立 ☑見守り □一部介助 □全介助	有	玄関に手すりあり。杖歩行であるが，見守りが必要。	
	調理	□自立 ☑見守り □一部介助 □全介助	有	家族の手伝いをすることがある。	◀利用者本人ができる可能性を検討する
	洗濯	□自立 ☑見守り □一部介助 □全介助	無	洗濯物は自分でたたむ。	
	掃除	☑自立 □見守り □一部介助 □全介助	無	自室に掃除機をかけることはできる	

	項目	レベル	課題	状況・生活課題	
起居動作	起き上がり	☑自立 □見守り □一部介助 □全介助	無	起居動作はベッド柵を持ち，特に問題なし。	
	座位	☑自立 □見守り □一部介助 □全介助	無		
	立ち上がり	☑自立 □見守り □一部介助 □全介助	無		
	立位	☑自立 □見守り □一部介助 □全介助	無		

身体機能：脳梗塞後遺症による左片麻痺で左上肢は動かしにくい。構音障害のため，会話が通じにくい。 ◀専門家の意見を聞き，訓練の方針を検討する

精神・心理機能：特に問題はない。

通所介護機能訓練評価シート

評価者	○○	(訪問)評価日	○年○月○日

氏名	○○○○	性別	女	障害高齢者自立度	A1	要介護度	2
生年月日	○年○月○日	年齢	76	認知症高齢者自立度	Ⅰ		

項目		内容
関節可動域		肩：年齢相応・**(制限あり)**（ ） 肘：年齢相応・**(制限あり)**（十分には伸びにくい。） 手：年齢相応・**(制限あり)**（左手は握ったままで，開きにくい。） 股：**(年齢相応)**・制限あり（ ） 膝：**(年齢相応)**・制限あり（ ） 足：**(年齢相応)**・制限あり（ ）
痛みや痺れ等		痛み：**(あり)**・なし（肩関節を動かすと痛みあり。） 痺れ：**(あり)**・なし（左腕が痺れている。）
筋力	上肢	腕を曲げる：十分に曲げられる・**(何とか曲げられる)**・曲げられない（ ） 腕を伸ばす：十分に伸ばせる・何とか伸ばせる・**(伸ばせない)**（ ）
	下肢	足を後ろに引く：十分に引ける・**(何とか引ける)**・引けない（ ） 足を伸ばす：**(十分に伸ばせる)**・何とか伸ばせる・伸ばせない（ ）
	体幹	へそのぞき：十分にのぞける・何とかのぞける・**(のぞけない)**（ ） 背を伸ばす：**(十分に伸ばせる)**・何とか伸ばせる・伸ばせない（ ）
家庭でのADL	起き上がり	**(できる)**・介助でできる・できない（柵につかまれば可能。）
	座位保持	**(できる)**・介助でできる・できない（ ）
	歩行	**(できる)**・介助でできる・できない（T字杖を持って歩く。）
	車いす駆動	できる・介助でできる・できない（ ）
	食事	**(できる)**・介助でできる・できない（食器は持てないので，滑り止めシートを利用する。）
	衣服・整容	**(できる)**・介助でできる・できない（大きめの服を着る。）
	入浴	できる・**(介助でできる)**・できない（一般浴を利用。出入りを介助してもらう。）
	排泄	**(できる)**・介助でできる・できない（ ）
	会話	できる・**(介助でできる)**・できない（簡単な内容であればできる。）
家庭でのIADL	買い物	できる・介助でできる・**(できない)**（家族が行っている。）
	調理	できる・**(介助でできる)**・できない（家族が行っているが，時に手伝う。）
	掃除・洗濯	できる・**(介助でできる)**・できない（自分の分は行う。）
認知機能	見当識	日時：**(分かる)**・時々分かる・分からない（ ） 場所や人：**(分かる)**・時々分かる・分からない（ ）
	記銘・記憶	短期：**(覚えている)**・不確か・忘れることが多い（ ） 長期：覚えている・**(不確か)**・忘れることが多い（ ）
	判断能力	簡単な内容：**(できる)**・意見を求める・できない（ ） 複雑な内容：できる・**(意見を求める)**・できない（ ）
	BPSD (幻覚・妄想・ 易怒・意欲低下等)	
麻痺回復 (左)	肩や腕	かなり動かせる・半分程度・**(わずかに動かせる)**（ ）
	手指	かなり動かせる・半分程度・**(わずかに動かせる)**（ ）
	下肢	かなり動かせる・**(半分程度)**・わずかに動かせる（ ）
興味・関心・生きがい・役割		調理は好きで，漬物作りも得意。
生活スタイル・活動量・交流		デイサービスでは積極的に会話している。 家庭内ではあまり活動的ではない。
訓練効果，実施方法に 関する評価 実施日：○.○.○		機能訓練指導員：できるだけ身体を動かすことが必要。家庭内での活動を提案したい。 看護職員：麻痺の影響で歩きにくい。 介護職員：調理が趣味。 生活相談員：家族は仕事のため，日中は一人になる。

コメント：
- 関節の可動域制限はあるが，改善は難しそうである
- 左半身の筋力が低下しているので，身体を動かした方がよいのではないか
- 自分で着替えることが必要であると考えられる
- 手をしっかりと動かすことが重要である
- 家庭内でも活動的になってほしい

通所介護個別機能訓練計画書

作成日	○年○月○日	前回作成日	○年○月○日	計画作成者	○○			
ふりがな 氏名	○○○○	性別	生年月日	年齢	要介護度	管理者	看護	介護	機能訓練	相談員
		女	○年○月○日	76	2	○○	○○	○○	○○	○○

【本人の希望】 自分のできることは自分でした方がよいと思う。	【家族の希望】 家の中では，もう少し活動的になってくれると助かる。		【障害自立度】 A1
			【認知症自立度】 I
【病名，合併症（心疾患，呼吸器疾患等）】 脳梗塞後遺症（○年）	【生活課題】 脳梗塞の後遺症があり，ADLはほぼ自立しているものの，IADLは参加していないことが多い。	【在宅環境（生活課題に関連する在宅環境課題）】 長女夫婦と3人暮らし。長女は体調が思わしくない。
【運動時のリスク（血圧，不整脈，呼吸等）】 移乗時の転倒に注意する。		

吹き出し：
- 生活全般に関する課題から機能訓練の方向性を考える
- 医療面に関する情報を入手しておく
- 生活全般に関する課題をまとめる

個別機能訓練加算 I

長期目標： ○年○月	左上下肢が動かしやすくなり，両手で何かを持てるようになる。				目標達成度 達成・(一部)・未達
短期目標： ○年○月	左上下肢が動かしやすくなり，左手で茶碗などが持てる。				目標達成度 (達成)・一部・未達
プログラム内容（何を目的に〈〜のために〉〜する）		留意点	頻度	時間	主な実施者
①左手の動きをよくするために左腕の自動運動を10回×2行う。			週3回	15：00～15：30	山田
②					
③					

吹き出し：具体的に記入する

プログラム立案者：山田

個別機能訓練加算 II

長期目標： ○年○月	昼食は，自分で温め直して食べられるようになる。				目標達成度 達成・(一部)・未達
短期目標： ○年○月	電子レンジの操作ができるようになる。				目標達成度 (達成)・一部・未達
プログラム内容（何を目的に〈〜のために〉〜する）		留意点	頻度	時間	主な実施者
①レトルト食品を利用して，電子レンジの操作ができるようにする。			週1回	11：40～11：55	藤田
②					
③					
④					

プログラム立案者：藤田

【特記事項】	【プログラム実施後の変化（総括）】 再評価日：○年○月○日 回想法では楽しそうに話をしてくれます。他の利用者と会話をする時間が増えました。

上記計画の内容について説明を受けました。 ○年 ○月 ○日 ご本人氏名：○○○○ ご家族氏名：○○○○	上記計画書に基づきサービスの説明を行い内容に同意頂きましたので，ご報告申し上げます。 ○年 ○月 ○日 ○○ 介護支援専門員様／事業所様

通所介護事業所○○　〒000-0000　住所：○○県○○市○○00-00　管理者：○○
Tel. 000-000-0000／Fax. 000-000-0000　説明者：○○

グループ別個別機能別訓練の運営の仕方

　どのグループに参加するのかは，利用者自身に複数選んでもらいます。「今日はレクリエーショングループに参加するけど，途中から休憩するかもしれないし，次回はのんびりグループにしようかな」という具合です。職員は，朝の会などで「今日はどう過ごしますか」と希望を聞くのがよいでしょう。事業所の壁に今日のスケジュール表（**資料19**）などを掲示しておき，朝の会で紹介してはいかがでしょうか。

　このスケジュール表は，利用者がながめるだけのものではなく，職員と利用者が一緒に見て会話をすることに意味があります。その中で，その日の気分や体調，訓練やレクリエーション等に対する思いを聞くことができるでしょうから，職員と利用者との大切なコミュニケーションの機会となるのです。その会話から得られる利用者の思いや要望を，デイサービス全体の改善や個別機能訓練内容に反映させればよいのではないでしょうか。

資料19　デイサービス運営スケジュール表（例）

時間	内容1	機能訓練内容	内容2	機能訓練内容
8：30～9：30	送迎		送迎	
9：30～9：45	朝の会，バイタル測定	呼吸・言語訓練	朝の会，バイタル測定	呼吸・言語訓練
9：45～11：45	作品作り	手の訓練	入浴，のんびり	入浴・更衣動作訓練
11：45～12：00	トイレ移動歩行訓練	移動・移乗練習	トイレ休憩	トイレ動作訓練
12：00～13：00	昼食	（食事訓練）	昼食介助	食事訓練
13：00～13：30	体操	全身運動	体操	全身運動
13：30～15：00	個別機能訓練	機能訓練	脳トレーニング	ドリルや計算
15：00～15：30	おやつ	（食事訓練）	おやつ介助	（食事訓練）
15：30～16：00	歌，終わりの会	呼吸・言語訓練	歌，終わりの会	呼吸・言語訓練
16：00～17：00	送迎		送迎	
17：00～17：30	記録など		記録など	

個別機能訓練計画書の作り方

個別機能訓練計画書作成時の考え方

居宅サービス計画書を基に作成される通所介護計画書の一部とも言える個別機能訓練計画書ですが，デイサービスの機能訓練に関する内容だけではなく，デイサービスで過ごす時間に関係する計画書であるという認識を持つ必要があります。以下は，それを踏まえた計画作成までの流れ（図5）と会話の進め方（表20）です。

図5　機能訓練評価と計画作成の流れ

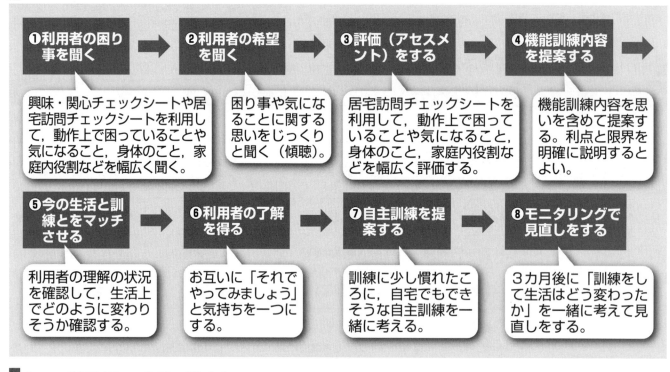

表20　利用者との会話の進め方

①利用者に生活の中で感じている困り事を聞く

例）「ケアマネジャーからデイサービスを利用したいとうかがいましたが，今の生活で何かお困りのことはありますか」
「デイサービスで機能訓練をしたいとうかがいましたが，うまくできないことがあるのですか」
「次に，今の生活でどの程度動いていますか。また，何に対して興味があるのか教えていただけませんか」

②デイサービスを利用してどうしたいかという利用者の希望を聞く

例）（困り事を聞いた後に）「なるほど，その困るなと思うことがどうなるとよいと思いますか」
（うまくできないことを聞いた後に）「それはどこまで（どんなふうに）うまくできるようになればよいと思いますか」
この2点の問いかけによって，利用者は自身の現状を認識し，機能訓練に望んでいる事柄がある程度明らかになってきます。その利用者の思いと機能訓練指導員や他職種の評価を踏まえて，機能訓練内容を提案します。

③利用者の希望に関する心身や生活の状況，社会的（家庭内）役割，社会活動がどうなっているのかを明らかにする

　例）「では，身体の調子を見せていただきながら一緒に考えてみましょう」
　　　「次に，生活の状況も見せていただきたいのですが，○○はどのようにしていらっしゃいますか」
　　　「そのような希望をかなえるために，どこをどのように訓練したらよいかを，ちょっと確認させていただけますか」

④利用者の希望に沿える訓練内容を提案し，問いかける

　例）「ケアマネジャーと一緒に作ったケアプランに『歩けるようになりたい』と書かれていますよね。それなら，下肢の筋力をつけると，立った姿勢が安定して歩きやすくなると思いますが，おもりを使ったトレーニングをしてみませんか」
　　　「閉じこもりを予防して，元気になるケアプランを考えているのですね。それなら，漢字や計算などの頭の体操をしたり，皆と会話をすればよい刺激になると思いますよ。いかがですか」

⑤提案した訓練の効果が出た時の今後の生活を予想してもらい，今の生活と訓練とをマッチさせる

　例）「下肢に筋力がついたら，家の中を楽に歩けそうですか」
　　　「皆さんと一緒に刺激を得ながら過ごすと気持ちが変わりそうですか」

⑥利用者の了解を得る

　例）利用者：「楽に動けるかもしれないから，やってみようと思う」→「頑張って楽に動けるようにしましょう」
　　　利用者：「家の中に一人でいると，物忘れが進んでしまいそうだから，刺激になって良いかもしれない」→「そうですね。刺激は自分の気持ちを変える大事なきっかけです。やってみましょう」

⑦訓練開始2～3回後に家でも自主訓練としてできそうかどうかを確認し，提案する

　例）「足に力がつきそうな感じがしてきたら，家でも足上げの練習をするとよいと思いますが，やってみませんか」
　　　「家でも新聞や雑誌に目を通してみませんか」

⑧訓練を初めて3カ月後のモニタリングで，今までの機能訓練が利用者の心身機能や生活にどのような変化をもたらしたのか一緒に考え，機能訓練内容を見直す

　例）「3カ月間頑張ってきましたね。何か変わったなと思うところはありますか」
　　　「生活の中で気持ちが変わったとか，身体が動かしやすくなったとかいうことはありますか」
　　　「このような訓練をしてみたいと思うものはありますか」

　上記のプロセスにおいて重要なことは，個別機能訓練計画書作成は機能訓練指導員が1人で作るものではなく，利用者や他職種，またケアマネジャーと共に作り上げていくということです。利用者とのやり取りがなく，機能訓練を義務付けて（組み込んで）いると長続きはしませんし，心身機能の向上は期待できません。

■ 居宅サービス計画書・通所介護計画書・個別機能訓練計画書の具体例

● 居宅サービス計画書の内容から利用者のニーズを想像する

機能訓練指導員は，吹き出しのように居宅サービス計画書から思いを想像して利用者と話し合いながら機能訓練の計画を作成します。

解決すべき課題（ニーズ）	長期目標	短期目標	サービス内容	頻度
家族と外出できるようになりたい。	屋外を片手杖にて見守りで歩ける。	屋内を片手杖にて見守りで歩ける。	歩行訓練等	週3回

- 将来的には安定して歩ける事で家族と気兼ねなく外出したいのだろうな。
- 半年後ぐらいには外もしっかりと歩きたいのだろうな。
- 2〜3カ月後には家の中を安定して歩きたいのだろうな。

● 居宅サービス計画書に沿った通所介護計画や個別機能訓練計画を提案する

サービス内容	通所介護計画内容	目標	個別機能訓練計画書
歩行訓練等	筋力強化訓練 片手杖歩行訓練	1.5kgのおもりを楽に上げられる。通所のトイレまで片手杖で歩ける。	両下肢におもり（1.5kg）を付けて20回 片手杖歩行見守りで訓練（歩行訓練グループ）

- 依頼されている大まかな内容
- デイサービスとしての提案内容
- 利用者と機能訓練指導員が一緒に目指す目標
- 利用者と機能訓練指導員としての具体的実施内容

　機能訓練指導員は，利用者と共に訓練に関するイメージを作り上げて，目指す目標を一緒に掲げますが，このプロセスが重要なのです。訓練は，受け身でなく参加型であるべきなのです。このように，自分も計画立案に参加してデイサービスを利用すると，利用者本人から心身機能の変化を教えてくれると思います。それこそが，利用者の自立につながることなのだと実感しています。

個別機能訓練計画の伝え方

　利用者は，評価と同時に計画の素案を聞くことになると思いますが，その素案をきちんと書類にしたものが個別機能訓練計画書です。素案の段階では「平行棒内歩行訓練をしましょう」と話をするだけですが，計画書ではもっと細かい設定が書き込まれて，「平行棒内を2往復歩いて，休憩後2往復する」などと具体的になってきます。

　計画書を渡して説明する時は，その具体的になった部分を分かりやすく，「疲れて膝がガクッとならないように，間に休憩を入れて，また歩きましょう」などと説明するとよいでしょう。その時に重要なのは，ジェスチャーで説明したり直接身体に触れて説明したりすることです。利用者は言葉だけでは分かりにくいものです。機能訓練指導員のジェスチャーや，実際に身体の部位を動かしながら説明することが分かりやすさにつながります。

■より具体的な個別機能訓練計画書

　2012年度介護報酬改定で新設された予防給付の生活機能向上グループ活動加算では，到達目標（概ね３カ月で達成可能な目標）と，さらに段階的に目標を達成するための目標（概ね１カ月で達成可能な目標）を設定することが求められることとなりました。また，運動器機能向上加算も同様の考えになります。１カ月ごとの目標設定に慣れるまでは，２カ月目を「○○ができる」，３カ月目を「○○が楽にできる」などとすると書きやすいと思います。

【１カ月ごとの目標記載例】

訓練項目	目標	訓練を行う際の時間や回数，声かけ内容など
両下肢におもりを付けて上げる	１カ月目：0.5kgのおもりを10回×２上げられる ２カ月目：1.0kgのおもりが上げられる ３カ月目：1.0kgのおもりが楽に上げられる	10回上げて休憩を入れてまた10回の合計20回（５〜10分程度） 個別または集団対応
通所の普通浴槽でまたぐ練習	１カ月目：座位で足を手で持ち上げられる ２カ月目：座位で足を持ち上げられる ３カ月目：座位で足を楽に持ち上げられる	浴槽をまたぐ際に膝をしっかりと曲げるように声かけする（下記と合わせて20〜30分程度個別対応）
シャワーいすに座って前にかがむ訓練	１カ月目：前かがみで手を伸ばし足首まで届く ２カ月目：前かがみで手を伸ばし足先まで届く ３カ月目：前かがみでスポンジを持って足先まで届く	前かがみ姿勢の時に前のめりに転倒しないよう注意する

　介護給付の個別機能訓練加算（Ⅰ）（Ⅱ）では，１カ月ごとの目標設定までは求められていませんが，１カ月ごとの目標設定を行うと，段階的かつ具体的な個別機能訓練計画書を作成することができ，訓練意欲の向上が望めるでしょう。

　個別機能訓練加算（Ⅱ）では，家庭での日常生活行為の自立を目指して，機能訓練指導員が日常生活行為を中心に直接訓練しなければなりません。例えば，今まで介助を受けて入浴していた利用者が「入浴できるようになりたい」と思い，その旨記載された居宅サービス計画書がケアマネジャーから渡されると，デイサービスでは介護職員が入浴介助を行うのではなく，機能訓練指導員が入浴の訓練を行うようになるのです。その訓練は，利用者の家庭生活に貢献できることが要求されているので，家庭でも継続的にできる訓練メニューを意識しなければなりません。また，その目標が達成できたり，３カ月後のモニタリングで向上していると判断されると，次の新たな「○○ができるようになる」という目標を立てて生活機能向上を目指すのですから，利用者にとって無理にならない程度の目標と訓練内容を提案しなければなりません。加えて，高すぎる目標であると目標の見直しや訓練内容の変更をしなければなりません。生活機能向上を目的とする機能訓練の目標・訓練内容を具体的に挙げてみますので，参考にしてください。

【生活機能向上を目的とする機能訓練の目標・訓練内容記載例】

（自分で排泄ができるようになりたい）

目標	訓練内容（約20～30分）
1カ月目：ベッド柵を持って起き上がれるようになる	ベッド上でへそのぞき訓練5回，膝を立てて腰を浮かす（ブリッジ）5回 ベッド柵を持って起き上がりの訓練3回×2 途中に休憩を入れて行う
2カ月目：介助バーを持って立ち上がれるようになる	ベッド上でへそのぞき訓練5回，膝を立てて腰を浮かす（ブリッジ）5回 ベッド柵を持って立ち上がりの訓練3回×2 途中に休憩を入れて行う
3カ月目：介助バーを持ってポータブルトイレへ移乗できる	ベッド柵を持って立ち上がりの訓練3回×2 立位保持して片足を交互に前に出し腰を回転させる5回 介助バーから片手を放し，ポータブルトイレの肘置きを持って移乗する3回
4カ月目：介助バーを持ってズボンを下ろすことができるようになる	介助バーから片手を放し，ズボンを下ろす3回 座位で片側の腰を浮かし，ズボンの上げ下ろしをする3回 座位で臀部を拭く訓練をする3回
5カ月目：介助バーを持ってズボンを上げられるようになる	介助バーから片手を放し，ズボンの上げ下ろしをする3回 座位で腰を浮かし，ズボンの上げ下ろしをする3回
6カ月目：自分一人でポータブルトイレができるようになる	見守りの元介助バーを持ってポータブルトイレに移り，ズボンの上げ下げなど一連の行為を行う5回

（自分で掃除ができるようになりたい）

目標	訓練内容（約20～30分）
1カ月目：ベッド上を粘着式掃除機できれいにできる	ベッド横に座り，粘着式掃除機でシーツの上を転がし掃除する3回 ベッド柵を持って立ち上がりの訓練3回×2 途中に休憩を入れて行う 立位で掛け布団を上下に動かす3回
2カ月目：ベッド周りの片付けができる	立位でベッド上にある物を周りの机などに移す3回 ベッド上の布団を畳む3回 途中に休憩を入れて行う
3カ月目：掃除機を使って座りながら自室の掃除ができる	ベッドやいすなどに座りながら部屋の中に掃除機をかける 途中で休憩を入れて行う
4カ月目：掃除機を使って他の部屋も掃除ができる	他の部屋も同様に，いすに座りながら掃除機をかける 立位でも掃除機をかける訓練をする3回
5カ月目：掃除機を使って移動しながら掃除ができる	掃除機を持って移動する 掃除機を持って壁などにもたれながら掃除機をかける
6カ月目：部屋の荷物を片付けることができる	部屋の中の小さな荷物を移動させる

　　訓練に関する目標設定は，できるようになりたいADLやIADLを細かく分けて目標として設定するのがポイントであり，その目標とする行為ができるように反復練習することが訓練内容になります。複数回実施する時は間に休憩を入れて行い，2カ月目や3カ月目にはその休憩時間を短くするとか，休憩なしで連続的に行うなどの変化をつければよいと思います。訓練を実施する際には，利用者の家庭環境の特性に配慮し，利用者自身の今までの生活スタイルやこだわりも含めて，アイデアを利用者および機能訓練指導員が出し合い，進めていくとよいでしょう。

個別機能訓練実施記録と評価

個別機能訓練実施記録の記載ポイント

　個別機能訓練の記録に必要な内容は，関係通知に次のように記載されています。
　「個別機能訓練に関する記録（実施時間，訓練内容，担当者等）は，利用者ごとに保管され，常に当該事業所の個別機能訓練の従事者により閲覧が可能であるようにすること」
　つまり，実施時間と訓練を行った内容と担当者が日々記入されている必要があるということです。これらの記載ポイントは次のとおりです。

（1）実施時間

　10：00～10：20などと具体的時間を書く方がよいでしょう（都道府県の関係職員によって解釈が違うようです）。
　個別機能訓練加算（Ⅰ）と（Ⅱ）の両方を算定する利用者の場合は，午前中に（Ⅰ）の訓練として「10：30～11：00　担当者：機能訓練指導員A」午後に（Ⅱ）の訓練として「15：20～16：20　担当者：機能訓練指導員B」などと2回以上の訓練時間が記載される必要があります。

（2）訓練内容

　訓練の実施内容とそこから得られた情報を踏まえたかかわりは，SOAP形式で書くとよいでしょう（**表21**）。SとOを含めて状況を書いた後にAを書き，最後にPの内容を書きます。また，この書き方は職種によって少し違いますので，あまりこだわる必要はないと思います。この内容はメモ欄や特記事項の欄に書くことが多いでしょう。

（3）担当者（記録者）

　その日の担当機能訓練指導員の名前を書きます。個別機能訓練加算（Ⅰ）と（Ⅱ）の両方を算定する利用者の場合は，別々の職員が担当してそれぞれ記載する必要があります。上記の実施時間の記載にあるように，それぞれの担当者がかかわった結果を記載しましょう。予防給付の生活機能向上グループ活動加算や運動器の場合は，介護職員らの名前が出てきても問題はありませんし，一度に複数のグループを運営する方が望ましいので，介護職員らの記載もあってしかるべきなのです。

（4）より良い記録を目指すために

　日々の変更や工夫の内容を通所介護実施記録の特記事項の部分に記載するとよいでしょう。
　第2編の関連書式集をご覧いただければお分かりのとおり，記録に多くの時間を割くことはありません。上述した事柄を参考にして，メモ欄や特記事項の欄に1行でも

表21 SOAP形式の記録の注意点と記載例

	記述内容	注意点	記載例1	記載例2
S (Subjective data) 主観的データ	「痛い」 「力が入らない」 「疲れた」	利用者の言動をつぶさに書く。	「痛い」をつぶやきながら、勢いをつけて何とか立ち上がっていた。	パズルゲームを「難しいな」と言って、困った顔をしていたら、隣のBさんがヒントをくれてでき上がり、うれしそうにしていた。
O (Objective data) 客観的データ	「肘関節伸展45度で痛み」 「握力が右手15kg」 「血圧140／80mmHgで脈は80回」 「平行棒3往復歩く」 「1kgのおもりを10回持ち上げる」	機能訓練指導員の見たこと聞いたことをつぶさに書く。 時間や実施内容の客観的数字データを書く。 他の人が見ても同じようにとらえられる指標で書く。	13：30～14：00歩行訓練グループに参加。立ち上がり訓練を10回。その後、1.5kgのおもりを足首に付けて10回上げて休憩し、また10回上げた。	10：30～11：00脳の活性化グループに参加。パズルゲーム小学校低学年用と漢字の読み書きトレーニングを2枚した。パズルゲームは20分かかった。
A (Assessment) 評価	「肘関節拘縮による痛み」 「握力が低下」 「血圧は正常だが呼吸が速い」 「平行棒歩行の回数は多すぎる」 「1kgのおもりでは物足りなくなっている」	上記SとOから考えられることを書く。機能訓練指導員としての考えや他のスタッフの意見も交えて書く。	今日は膝が痛いらしく、なかなか力が入らないようだ。	今日は本人からの申し出で、少しレベルの高いパズルゲームをしたが、やはり難しかったようだ。ヒントが必要である。読み書きトレーニングの難易度は妥当であった。
P (Plan) 計画	「痛みのない範囲でゆっくりと動かす」 「握力を鍛える」 「休息を入れて深呼吸する」 「平行棒2往復に変更する」 「おもりを1.5kgに変更する」	訓練時間中の実施内容に関する工夫や内容の変更点を書く。今後変更することや注意すべきことも書く。	今日の歩行訓練は中止。	次回はもう少しやさしいパズルをする。難しいものを選んだ場合は、ヒントを準備しておく。

2行でもよいので記入をしましょう。また、利用者の特に気になる言動は、記録に残しておくと、後で助かることもあります。とにかく、ため込まずに忘れずに記録しましょう。

個別機能訓練実施記録と評価

個別機能訓練の評価は、3カ月に1度の割合で実施しなければなりません。できれば、1カ月ごとに記録を見直し、その結果も記録する習慣をつけておくと、3カ月後の評価が楽になります。その見直しの際に注目するべき部分は、Aの評価とPの計画です。毎日漫然と訓練を実施し、「変化なし」と記載していると、1カ月後にはただ訓練をしただけで、何も分からないという事態になります。そうならないためにも、SOAP形式の書き方を身につけて、日々の機能訓練実施において考えながら訓練を提供し、記録にとどめておきましょう（表22）。

表22　機能訓練内容の見直しの視点の例

個別機能訓練内容	見直しの視点
筋力強化訓練	・負担なく上げられるおもりの重さや，上げる動作のスピードや身体の傾き，表情や負担感を表す言葉で評価する。 （例：「大分，楽にできるようになりました」と筋力がついた。） ・力を入れた状態の持続時間が増えたかどうかを評価する。 （例：10秒以上立っていられるようになった。）
関節可動域訓練	・関節がどの程度軟らかくなったのかを動かした時の抵抗感で評価する。 ・関節を動かした時の痛みがどれほど減ったのかを利用者の主観で評価する。 ・可動域がどの程度広がったのかを角度で評価する。
麻痺回復訓練	・麻痺した手足の動かしやすさを関節の角度で評価する。 ・麻痺した手足の動かしやすさを動きの滑らかさで評価する。 ・手先の麻痺の回復を指の動きや握る動作やつまむ動作のうまさで評価する。
基本動作訓練	・基本的な身体の動き（例：起き上がる動き）が自身の力でできるかどうかを評価する。 ・自分の力でできなくても，道具を使ったり人の手を借りることでできるかどうかも評価する。 （例：手すりを持って立てるようになった。）
歩行訓練	・歩行の安定性を見た目で評価する。 （例：身体の傾きが減った。） ・歩行のしんどさや心地よさなどを利用者の主観で評価する。 ・歩行スピードを時間で評価する。
日常生活動作訓練	・日常生活動作を自分の力でできるのかどうかを評価する。 ・自分の力でできなくても，道具を使ったり人の手を借りることでできるかどうかも評価する。
精神機能の改善	・認知機能（記憶や見当識など）をテストで評価する。 ・不安や混乱の状況を観察で評価する。 ・心理的な安定性を利用者の言動を見て評価する。 （例：パズルゲームを集中してできるようになった。）
コミュニケーション能力の改善	・会話相手やその内容を記録して評価する（意思の疎通に関する分析も含む）。 ・会話をしている時の表情や気分を評価する。
作品作りを利用した訓練	・作品を作る過程の言動を記録して評価する。 ・作品のでき具合を評価する。 ・作品を今後どのように利用したり，作品を作ることで得た気持ちを生活にどのように生かすのかについての考えを確認する。 （例：「もっと作って皆にプレゼントしたい」）
物理療法	・痛みが緩和されたかどうかを利用者の主観で評価する。 ・心地よさを感じる時間となったかどうかを利用者の主観で評価する。
レクリエーション	・他の利用者と共に楽しい時間を過ごせたかどうかを観察で評価する。 ・レクリエーション中の活動力を評価する。

家族やケアマネジャーとのかかわり方

家族や利用者から居宅の生活状況の聞き取り

　2015年度の介護報酬改定で，個別機能訓練は，利用者の居宅生活状況（起居動作，ADL，IADLなど）を確認し，多職種協働で個別機能訓練計画書を作成した上で実施することになりました。利用者宅で実際に動作や生活環境を見ることができれば，自宅で生活する上での動作を維持・向上させるための具体的な訓練を考えることができ，その状況に似た環境をデイサービスでも設定して訓練することができます。これまでは，自宅での生活に貢献できる機能訓練とは言いながらも，実際の家庭生活とはかけ離れた状況で機能訓練が行われ，その効果が疑問視されることもあったのではないでしょうか。個別機能訓練の加算を算定するには，その点を踏まえて機能訓練指導員自身が利用者宅を訪問し，状況を把握・理解することが重要です。

　特に，個別機能訓練加算（Ⅱ）においては，ケアプランに基づいて具体的な生活行為ができる・維持できるなどの目標を立て，プログラム内容は「○○が（維持）できるようになるために○○をする」などと，利用者宅を訪問した際に日常生活動作が向上するための訓練内容を具体的に提案し，利用者と家族の意見も踏まえて目標や訓練プログラムを確定させ，ケアマネジャーに報告します。また個別機能訓練加算（Ⅰ）においては，生活意欲が増進されるように心身の状態に応じた機能訓練を提案して確定させ，同じように報告します。

家族への報告の仕方

　家族は，利用者がデイサービスを利用している時間をどのように過ごしているのでしょうか。仕事に出かけたり，心身を休めたり，他の家族を介護したりと，人それぞれです。家族がどのように過ごそうと考えているのかをケアマネジャーから聞いておくと，デイサービス送迎時の家族に対する声のかけ方が違ってきます。

　表23に家族に伝えるべき内容をまとめました。例えば，精神的な安らぎを求める家族であれば，しんどいと思うことに関する原因を明らかにして，そこに対するかかわりの結果を報告するとよいでしょう。身体を休めたい家族であれば，機能訓練で利用者が頑張っている様子を報告するとよいでしょう。また，機能訓練の成果が出れば，家族の負担が減ることも伝えるとよいと思います。

　つまり，利用者の状況を第三者の視点で伝えることで，理解が深まったり利用者の見え方やかかわり方が変わったりする可能性があるのです。家族は，利用者の心身機能の向上や落ち着きを実感できると，負担感が減り，デイサービスに伝える情報が変化するかもしれないのです。

　連絡の方法は，口頭での報告に加えて連絡ノートを使うのが一般的ですが，その書き方にも工夫が必要です（**資料20**）。

表23　家族に伝えるべき内容

デイサービス利用中のしんどさ	入浴やレクリエーション，長時間座っている時のしんどい様子があるか。あるとすれば，どのように表現しているか，それに対して職員はどのようにかかわっているか。
体調や皮膚の状況	バイタルサインや皮膚の張り具合，口腔内の衛生状態，傷などの状況がどうか。
薬の効き具合	薬を飲んだ後の体調はどうか。
デイサービス利用者との交流や会話	他の利用者とどのような場面でどういった交流や会話が展開されているか。
笑顔や喜びの瞬間	どのような場面で喜怒哀楽が表出するか。
機能訓練の効果	デイサービスでのADL・IADL能力の状況がどうか。

資料20　連絡ノートの記載例

> 血圧136／80，体温36.5℃，気分も良さそうです。入浴後には膝が楽だと言われてました。
> 今日はボーリングで楽しみました。一番高得点で非常に喜んでいました。これからも皆で参加し，楽しめるような雰囲気づくりをしたいと思います。
> 29日，月曜日は小学生との交流会です。お待ちしています。

- 今日の気分や表情，調子などが記入されている。
- 入浴中の会話や入浴後の状況，会話などがあるとよい。
- 次回の内容や食事メニューなどがあってもよい。
- 「気になることを教えてください」と書いても，なかなか教えてもらえないことが多いので書いていない。

ケアマネジャーとの情報交換の方法

　2012年度の介護報酬改定では，ケアマネジャーから意見を得て，機能訓練の内容に反映させることと，機能訓練を行った結果から得られた効果や訓練内容に関する判断をケアマネジャーに報告することが求められることとなりました。2015年度の介護報酬改定では，居宅を訪問して利用者の生活状況を把握し，生活機能が維持・向上されるように計画を作成し，ケアマネジャーに通所介護計画書を渡すこととなりました。こうしたことからも，ケアマネジャーとの情報交換が非常に重要であることが分かります。状況ごとで違う情報の内容を確認しておきましょう（**表24**）。

　ケアマネジャーから情報をたくさんもらいたいのであれば，どのような情報が必要かを伝えたり，興味・関心チェックシートや居宅訪問チェックシートで得られた情報，デイサービス利用時の情報や送迎時に分かった家族や生活の情報などを提供しておくべきでしょう。ケアマネジャーは利用者宅で情報収集を行いますが，意外に情報

表24　状況別の情報交換の内容

状況	内容
最初の依頼の時	対象者の基本的情報，利用目的，希望回数・曜日，利用開始日
アセスメント情報を得る時	利用者特有の状況，家族の状況，今までの経緯
居宅サービス計画書をもらう時	ニーズ，長期・短期目標とサービス内容の持つ意味（個別機能訓練に関するニーズやサービス内容が含まれているか），興味・関心チェックシートおよび居宅訪問チェックシートの情報，細かい配慮事項
サービス担当者会議の時	上記を受けての専門的意見と確認
モニタリングで，情報を求められた時	利用時の状況や変化，通所介護計画や個別機能訓練計画の目標や内容の変更点，利用する時に気になること
その他	家族のこと

を持っていなかったり，どのような情報が必要なのか理解していなかったりすることもあります。お互いが刺激し合って，利用者にとって有益な情報を共有したいものです。

　2015年度の介護報酬改定を踏まえると，ケアマネジャーに個別機能訓練加算（Ⅱ）に関する生活機能の情報を伝えるべきでしょう。また，生活上の興味や関心，生活行為に関する思いもケアマネジャーに伝え，生活上の解決すべき課題（ニーズ）として取り上げてもらうことが重要ではないでしょうか。個別機能訓練加算（Ⅰ）であれば，ケアマネジャーが立案するケアプランに「筋力が低下しており筋力強化をして歩行を安定させたい」などのニーズがかなりの事例で挙がってくることが予想されます。しかし，個別機能訓練加算（Ⅱ）の場合は，生活上のADLやIADL行為についてはケアプランに挙がってきても，社会的活動や役割に関する行為をできるようになるなどのニーズは挙がってこない現状があります。その点について，機能訓練指導員等は利用者や家族の思いを把握できる立場にいるのですから，積極的にその情報を伝えたいものです。

〈第1編　引用・参考文献〉
1) 介護保険事業運営の手引編集委員会編：介護保険事業運営の手引―通所介護編, P.13, 80, 119, 中央法規出版, 2007.
2) 厚生労働省老健局老人保健課：要介護認定認定調査員テキスト改訂版, P.31, 2009.
3) 石井清一，平澤泰介監修：標準整形外科学 第8版, P.328〜333, 474〜481, 医学書院, 2002.
4) 厚生労働省ホームページ「第117回社会保障審議会介護給付費分科会資料」資料1　平成27年度介護報酬改定に関する審議会報告（案）
http://www.mhlw.go.jp/file/05-Shingikai-12601000-Seisakutoukatsukan-Sanjikanshitsu_Shakaihoshoutantou/0000069423.pdf（2015年11月閲覧）
5) 厚生労働省ホームページ「第117回社会保障審議会介護給付費分科会資料」参考資料（これまでの介護給付費分科会資料より抜粋）
http://www.mhlw.go.jp/file/05-Shingikai-12601000-Seisakutoukatsukan-Sanjikanshitsu_Shakaihoshoutantou/0000069425.pdf（2015年11月閲覧）
6) 厚生労働省老健局高齢者支援課・振興課・老人保健課：介護最新情報Vol.628「指定居宅サービスに要する費用の額の算定に関する基準（訪問通所サービス，居宅療養管理指導及び福祉用具貸与に係る部分）及び指定居宅介護支援に要する費用の額の算定に関する基準の制定に伴う実施上の留意事項について」等の一部改正について」等の送付について」（2018年3月22日）
7) 大塚俊男，本間昭：高齢者のための知的機能検査の手引, P.9, ワールドプランニング, 1991.
8) 日比野正己他：図解痴呆バリア・フリー百科, P.55, TBSブリタニカ, 2002.

2

個別機能訓練計画関連書式集

介護給付 編

① 居宅サービス計画書（1）
② 居宅サービス計画書（2）
③ 通所介護アセスメントシート
④ 興味・関心チェックシート
⑤ 居宅訪問チェックシート
⑥ Barthel Index
⑦ 通所介護機能訓練評価シート
⑧ 通所介護計画書
⑨ 通所介護個別機能訓練計画書
⑩ 体操・レク計画表
⑪ 通所介護実施記録用紙

予防給付 編

① 基本チェックリスト
② 介護予防サービス・支援計画表（1）
③ 介護予防サービス・支援計画表（2）
④ 介護予防通所介護アセスメントシート
⑤ 運動器の機能向上プログラム　事前・事後アセスメントシート
⑥ 興味・関心チェックシート
⑦ 居宅訪問チェックシート
⑧ 介護予防通所介護機能訓練評価シート
⑨ 介護予防通所介護計画書
⑩ 介護予防通所介護個別機能訓練計画書
⑪ 介護予防通所介護実施記録用紙
⑫ グループ活動計画表

介護給付 ①

居宅サービス計画書（1）

作成年月日　〇年11月25日

利用者名：　〇〇〇〇　殿

要介護状態区分	要介護1　要介護2　(要介護3)　要介護4　要介護5

利用者および家族の生活に対する意向	[本人] 腰が痛くて、長時間座っていられない。股にが痛なので膝も痛くすっている、家の中を動けるようになりたい。毎日さすっている。 [長男] 家族としては転ばないように、痛くならないように動いてもらいたい。デイサービスを利用して入浴してくれるとよい。物忘れが進まないようにしてほしい。
介護認定審査会の意見およびサービスの種類の指定	ケアマネジャーと利用者との間で合意した基本的な方針なので、この前提を無視しない。
総合的な援助の方針	〇〇さんが自宅で安全な生活が始められるようにサービスの調整をします。腰や膝の痛みに注意し、転倒に気をつけて生活が続けられるようにと思います。 ①痛みの治療や入院前の生活動作に近づけるように病院受診とリハビリを継続しましょう。 ②転倒しないように屋内の移動方法確認や介助方法を検討しましょう。 ③入浴が楽にできるような環境で入浴しましょう。 主治医は〇〇整形外科（××-××××）です。 緊急時は、長男〇〇様（××-××××）に連絡を取り、対応を相談します。

吹き出し（本人意向欄）： この中から機能訓練に関係がある部分を意識して、アセスメント時や機能訓練計画提案時に利用者と会話する。

吹き出し（長男意向欄）： 家族の希望も機能訓練に反映させる。特に転倒の危険性や認知機能への刺激など。

吹き出し（総合的な援助の方針欄・上）： リハビリという大まかな表現の場合は、ケアマネジャーにリハビリの内容を確認しましょう。

吹き出し（総合的な援助の方針欄・下）： 具体的内容が方針に表れているということは、その思いの強さが考えられるので注目するべき点である。

生活援助中心型の算定理由	1. 一人暮らし　2. 家族等が障害、疾病等　3. その他（　　　　）

介護給付 ②

居宅サービス計画書（2）

利用者名： ○○○○ 殿　　作成年月日 ○年11月25日

生活全般の解決すべき課題（ニーズ）	目標				援助内容				
	長期目標	(期間)	短期目標	(期間)	サービス内容	※1	サービス種別	※2	頻度	期間
家族と外出できるようになりたい。 〔腰痛と左股関節・膝関節に痛みがある。歩行は何かにつかまって歩く。両下肢の筋力が低下している。〕	屋外を片手杖で見守りで歩ける。	○.11.26～○.5.31	屋内を片手杖で一人で歩ける。	○.11.26～○.2.28	①筋力強化訓練 ②片手杖歩行訓練	○	①②通所介護		週3回	○.11.26～○.2.28
お風呂で痛みを和らげたい。 〔腰痛と左股関節・膝関節に痛みがある。立ち上がりは何かにつかまって行う。浴室には手引き歩行で移動する。長湯を楽しんでいる。長男には腰痛がある。〕	一人で肩までお湯につかり、ゆったりとお風呂に入る。	○.11.26～○.5.31	介助してもらいながら浴槽にゆったりとつかる。	○.11.26～○.2.28	①一連の入浴介助 ②更衣介助	○	①②通所介護		週3回	○.11.26～○.2.28
忘れないために気をつけられるようになりたい。 〔薬の飲み忘れがある。家族も物忘れの進行を気にしている。〕	家族と一緒に不安が少なく過ごせる。	○.11.26～○.5.31	生活場面で気をつけることができる。	○.11.26～○.2.28	①レク・ゲームなど ②生活上の行為確認	○	①通所介護		週3回	○.11.26～○.2.28

※1 「保険給付の対象となるかどうかの区分」について、保険給付対象内サービスについては○印を付す。
※2 「当該サービス提供を行う事業所」について記入する。

吹き出し：
- この内容に関して、ケアマネジャーと利用者のやり取りがなされているかを確認しておくと、訓練内容を提案しやすい。
- 具体的行為ができる目標であると望ましい。
- ニーズの背景因子まで書いてある場合は、その内容を参考にする。
- 短期目標の期間を意識して、機能訓練計画の目標も設定する。
- 短期目標が明確であると、機能訓練計画の目標も立てやすい。
- 基本的な依頼内容が書かれている部分なので、この内容が不十分であれば、ケアマネジャーに確認する。

介護給付 3

通所介護アセスメントシート

アセスメント実施日　○年11月26日　第1回　面接方法（　訪問　）　担当者　○○

氏名	○○○○	性別	女	生年月日	○年○月○日（87歳）	要介護度	介護認定日		
						3	○	○	10 29

住所	○○市○○町○丁目○番地	電話番号	XXX-XXX-XXXX	認定の有効期間
				○.10～○.9

連絡先	氏名	続柄	住所	電話番号	障害高齢者自立度	B1
	○○○○	長男	同上	同上	認知症高齢者自立度	Ⅰ
	○○○○	長男の妻	同上	同上		

家族構成
長男家族と3人暮らし。
夫は10年前に亡くなる。
長男携帯：XXX-XXX-XXXX

介護状況
主介護者　（　長男　）
仕事等　　（　なし　）
健康状態　（　腰痛　）
キーパーソン　（　長男　）

現在利用している社会資源等
在宅および施設ケアサービス：退院直後
日常生活用具等：介護用ベッド貸与　ポータブルトイレ購入

本人の希望
腰が痛くて，長時間座っていられない。がに股なので膝も痛く，毎日さすっている。家の中を動けるようになりたい。

家族の希望・要望
家族としては転倒しないように，痛くならないように動いてもらいたい。デイサービスを利用して風呂に入ってくれると助かる。物忘れが進まないようにしてほしい。

（吹き出し：家族も含めて，生活の流れを端的に記載する。）
（吹き出し：デイサービスに関する希望を確認。）

生活歴
農家の次女（3人兄弟）として生まれ，24歳で結婚。夫とみかんや野菜を栽培し，冬は土木作業員として働き，生計を立てていた。2男の子どもに恵まれ，長男は地元の銀行に勤めていたが，今年退職した。母親が入院したため，介護を始めることとなった。次男は遠方でサラリーマンをしており，年に1回程度帰ってくる。

治療状況

既往歴	現病歴	服薬状況	受診方法
腰痛（○年）変形性膝関節症（○年）	昨年10月に屋外で段差につまずき転倒し，左橈骨骨折と第4腰椎圧迫骨折となる。左腕はギプスで痛みも少なく経過したが，腰は痛みが長引き，歩行練習が遅れた。リハビリで11月の中旬から歩行練習が本格化し退院となる。	消炎・鎮痛剤（1日3回）胃薬（1日3回）痛み止め坐薬　湿布	月1回長男の車で受診予定　11月23日退院

（吹き出し：発症年月日やその後の経過を記載する。）
（吹き出し：薬の変更などの情報も記載する。）
（吹き出し：デイサービス時に飲む必要があるのか確認。）
（吹き出し：受診の結果をタイムリーに聞くため確認。）

医療機関名・担当医（　○○整形外科△△医師　　　　　　）
（　　　　　　　　　　　　　　　　　　　　　）

（吹き出し：常勤の医師かどうかなど確認。）

医療保険	後期高齢者医療制度	身障手帳	なし	年金等	国民年金，年間60万程度

身体状況

〈拘縮　麻痺　痛み　皮膚の状況〉

拘縮	左膝関節は120度程度まで曲げられる。腰は円背で十分に伸ばせない。左手首も硬い。
麻痺	麻痺はないが，両下肢の筋力が低下（1kg程度なら上げられる）。
痛み	腰の痛みが強くて眠れない時があり，左股関節・膝関節と左手首にも軽度の痛みがある。
褥瘡	なし
皮膚の状況	良好

（吹き出し：痛みの程度や頻度などを詳しく確認。痛みや麻痺などがある状況で，どのように我慢し，動かしているのか情報を記載する。）

〈目・耳の状態およびコミュニケーション能力〉

視力	老眼だが，テレビは見えている。	眼鏡	持
聴力	年相応	補聴器	な
目・耳の症状	耳は少し大きめの声で聞こえる様子。お年寄り同士では聞こえな（い）		
意思表示の手段	言葉にて可能である。		
意思の伝達	会話はスムーズにできる。自ら話しかけることは少ないが，声をかけられれば話はできる。		
指示への反応	簡単な内容の指示は理解できる。書類などの難しいことは長男に助けを求める。		
その他	腰の痛みで夜間に坐薬を使用することが度々ある。左膝の関節の痛みは（耐）えられる」と言っている。自分が転倒したことを気にして，「気をつけないといけない」と言ってい（る）。		

（吹き出し：目や耳の状況は詳しく確認。）
（吹き出し：意思を言ってくれるかどうか確認。）
（吹き出し：発言内容や発言力などの情報も記載する。）

介護保険	○○○○○○○○○○支援事業所	居宅介護支援事業所○○荘	ケアマネジャー	○○

日常生活動作能力	寝返り	基本的には楽に寝返りができるが，腰が痛い時にはベッド柵を持つ。	
	起き上がり	ベッド柵を持って起き上がる。腰が痛いので，起き上がる時はベッドから足を垂らす。	利用者の「思い」も確認。
	座位	円背と腰痛のため，長時間座っていられない。ベッド柵を持てば安定して座れる。	
	移乗・移動	ベッド柵を持って，ゆっくりと立ち上がる。 杖を使ったり家具などにつかまったりして歩く。長男が片手を持つ。屋外はまだ車いすを利用する。 移乗時は机やタンスにつかまって，転倒しないように注意しながら行っている。	
	着脱	上着は自分でできるが，ズボンは座位で介助してもらう。足を通すことはできる。	靴や靴下についても確認。
	整容	自分でできる。	
	IADL等	調理，買い物，掃除，洗濯は長男の妻が行う。	

（動作で本人が頑張る部分を確認。）

食事・栄養状態	肥満とやせ	普通	
	食べ方	箸を使って食べられる。	食事の形状や制限，好き嫌いをしっかりと確認。
	嚥下	良好	
	食事制限	特になし　好き嫌いはなし。	
	食物形態	普通の食事	好みや何時ごろ飲む習慣があるか確認。
	一日の水分量	ほぼ通常量（1,000mℓ程度）。お茶とコーヒー（砂糖2杯とミルクを入れる）を飲む。	
	口腔の状態	部分入れ歯　昼食後は口をすすいでいる。	
	その他		

（入れ歯の適合具合を確認。）
（尿意を感じてから動きはじめるまでの時間を確認。）

排泄の状況	尿	1日7〜8回程度（夜間2回ポータブルトイレで）。	
	尿失禁	なし	
	便	2日に1回程度　硬めの便	トイレの形状やトイレに座る時間を確認。踏ん張り方や洗浄器の使用状況も確認。
	便失禁	なし	
	トイレ環境	洋式トイレで，縦手すりのみ設置済み。	サービス利用している場合と自宅の情報も記載する。

	身体の清潔状況	デイサービス利用時に入浴する予定。入院中は移動時に手引き介助が必要。一般浴槽で足台に腰かけて胸までつかる。前身の洗身と洗髪は自分でできる。長湯を楽しんでいる。	入眠時間や起床時間，ぐっすり眠れるのかなどを確認。
	浴室環境	和洋折衷型浴槽。	

（入浴の長さや湯の温度，洗髪の頻度などを確認。）

精神状態	睡眠の状況	夜間トイレに起きると，すぐに眠れず1時間ほど起きていることが多い。ベッドの中で静かに腰や膝をさすることが多い。	
	認知症の症状	2年程前から時々薬を飲み忘れることがある。	BPSDと家族のかかわり方についての情報も含めて記載する。

（認知機能障害の程度とBPSDの出現内容を具体的に確認。）

家族の協力体制	長男が主介護者。長男の妻は食事などを協力する。	
興味・関心・生きがい	歌を歌うのが好き。	
生活スタイル・活動状況	以前は近所の人と畑で話をしていたが，最近は外に出ない。	住宅・環境等 玄関に15cmの段差がある。廊下と部屋の間は2.5cmの段差。居室は6畳の和室，テレビやタンス，ポータブルトイレがある。洋式トイレの立ち上がり用縦手すりと玄関の手すりを設置済み。
要支援に至った理由と経緯 以前のADLと家庭内役割 自立してできなくなったこと	退院後2日目で，まだあまり動いていない様子。家族も慣れない手つきで手を引いて歩行介助している。 長男は腰痛があって，退院時，玄関を上がる際の介助だけでも大変であった様子。移動の介助に関する指導が必要。 近所の知人がデイサービスを利用しているとのこと。週3回の利用希望があるので，その方と同じ曜日で利用する。	
現在の家事状況と役割 近隣との交流		

（過ごす部屋の状況，家庭内での動く状況，生活時間の流れや生活に関する意欲や思いなどを記載する。）
（病気などを発症してからの経緯や以前の家庭内の役割，人との交流，家事への参加状況などを記載する。）
（居住環境や近隣の状況などを記入する。屋内の移動時につかまっている場所や車いすで動く場所などを確認。手すりの持つ場所を確認。）

送迎場所	自宅部屋	送迎方法	歩行か車いす	ベッド等	介護用（2モーター）

（事業所の車いす等との違いや操作方法を確認。）
（事業所にあるベッドとの違いを確認。）

興味・関心チェックシート

介護給付 4

聞き取り日： ○年○月○日

| 氏名 | ○○○○ | | | | 生年月日 | ○年○月○日 | 年齢 | 87歳 | 性別 | 女 |

※ している：日常生活で実際に全部や一部行っている
してみたい：行っていないがしてみたい
興味がある：行っていないが興味がある

生活行為	している	してみたい	興味がある	生活行為	している	してみたい	興味がある
自分でトイレへ行く	○			生涯学習・歴史			
一人でお風呂に入る				読書			
自分で服を着る				俳句			
自分で食べる	○			書道・習字			
歯磨きをする	○			絵を描く・絵手紙			
身だしなみを整える	○			パソコン・ワープロ			
好きなときに眠る	○			写真			
掃除・整理整頓				映画・観劇・演奏会			
料理を作る				お茶・お花			
買い物				歌を歌う・カラオケ			
家や庭の手入れ・世話				音楽を聴く・楽器演奏			
洗濯・洗濯物たたみ				将棋・囲碁・麻雀・ゲーム等			
自転車・車の運転				体操・運動			
電車・バスでの外出				散歩			
孫・子供の世話				ゴルフ・グラウンドゴルフ・水泳・テニスなどのスポーツ			
動物の世話				ダンス・踊り			
友達とおしゃべり・遊ぶ	○			野球・相撲等観戦			
家族・親戚との団らん				競馬・競輪・競艇・パチンコ			
デート・異性との交流				編み物			
居酒屋に行く				針仕事			
ボランティア				畑仕事			
地域活動（町内会・老人クラブ）				賃金を伴う仕事			
お参り・宗教活動				旅行・温泉			
その他（　　　）				その他（　　　）			
その他（　　　）				その他（　　　）			

介護給付 5　居宅訪問チェックシート

氏名	○○○○			生年月日	○年○月○日	年齢	87歳	性別	女
訪問日・時間	○年○月○日（○）　○:○　〜　○:○							要介護度	3
訪問スタッフ	○○		職種	機能訓練指導員		被聞取り者		利用者	

	項目	レベル	課題	環境（実施場所・補助具等）	状況・生活課題
ADL	食事	□自立　☑見守り □一部介助　□全介助	有	食堂で食べる。	腰痛があり，両下肢筋力の低下も見られるため，浴槽またぎができない。 移乗はつかまりながら何とか行っている。
	排泄	□自立　□見守り ☑一部介助　□全介助	有	洋式トイレで，L字手すりを使用する。	
	入浴	□自立　□見守り □一部介助　☑全介助	有	自宅の浴槽は和洋折衷型で，浴槽をまたぐことが困難。	
	更衣	□自立　☑見守り □一部介助　□全介助	有	ベッド上端座位で着替える。 ズボンは介助。	
	整容	☑自立　□見守り □一部介助　□全介助	無		
	移乗	□自立　☑見守り □一部介助　□全介助	有	机やたんすなどにつかまって行っている。	
IADL	屋内移動	□自立　☑見守り □一部介助　□全介助	有	杖を使用し，ゆっくりと歩く。	屋内歩行は杖でゆっくりと歩行できるが，屋外や階段は介助が必要となる。 家事は家族に任せている。
	屋外移動	□自立　□見守り ☑一部介助　□全介助	有	玄関に手すりがある。	
	階段昇降	□自立　□見守り ☑一部介助　□全介助	有	玄関の段差に手すりがある。	
	調理	□自立　□見守り □一部介助　☑全介助	有	家族が行う。	
	洗濯	□自立　□見守り □一部介助　☑全介助	有	家族が行う。	
	掃除	□自立　□見守り □一部介助　☑全介助	有	家族が行う。	

	項目	レベル	課題	状況・生活課題
起居動作	起き上がり	☑自立　□見守り □一部介助　□全介助	無	腰痛があり，起き上がりや立ち上がりなどはベッド柵を持ち，歩行は杖やタンスなどにつかまって歩く。
	座位	☑自立　□見守り □一部介助　□全介助	無	
	立ち上がり	☑自立　□見守り □一部介助　□全介助	無	
	立位	☑自立　□見守り □一部介助　□全介助	無	

身体機能：円背で腰痛があり，夜眠れないことがある。両下肢に筋力低下があり，歩行には杖が必要である。左手首にも痛みがある。

精神・心理機能：
2年ほど前から，時々薬を飲み忘れる。

介護給付 6 Barthel Index

できる限り多職種で評価する。

氏名:○○○○　評価日:○年○月○日　実施場所:○○　評価者:○○

		点数	質問内容	得点
1	食事	10 5 0	自立。自助具などを使用してもよい。標準的時間内に食べ終えることができる 部分介助(例えば,おかずを切って細かくしてもらう,自助食器などを利用して,こぼさないように介助してもらうなど) 全介助	5
2	車いすからベッドへの移動	15 10 5 0	自立。ブレーキやフットレストの操作も含む(非行自立も含む) 軽度の部分介助または監視を要する 座ることは可能だが,ほぼ全介助 全介助または不可能	10
3	整容	5 0	自立(洗面,整髪,歯磨き,ひげ剃り) 部分介助または不可能 ※女性の場合は,化粧なども含む	5
4	トイレ動作	10 5 0	自立(衣服の操作,後始末を含む。ポータブル便器などを使用している場合は,その洗浄も含む) 部分介助。体を支える,衣服,後始末に介助を要する 全介助または不可能 ※手すりの使用などもトイレ動作に含む	5
5	入浴	5 0	自立 部分介助または不可能 ※浴槽内への出入りも入浴の動作に含むが,シャワー浴などもあり得る	0
6	歩行	15 10 5 0	45m以上の歩行。補装具(車いす,歩行器は除く)の使用の有無は問わない 45m以上の介助歩行。歩行器の使用を含む 歩行不能の場合,車いすにて45m以上の操作可能 上記以外 ※義足,装具,杖,松葉杖,歩行器(車輪なし)などの使用は可	10
7	階段昇降	10 5 0	自立。手すりなどの使用の有無は問わない 介助または監視を要する 不能 ※手すりや杖などの使用は可	5
8	着替え	10 5 0	自立。靴,ファスナー,装具の着脱を含む 部分介助,標準的な時間内,半分以上は自分で行える 上記以外	5
9	排便コントロール	10 5 0	失禁なし。浣腸,坐薬の取り扱いも可能 時に失禁あり。浣腸,坐薬の取り扱いに介助を要する者も含む 上記以外	10
10	排尿コントロール	10 5 0	失禁なし。収尿器の取り扱いも可能 時に失禁あり。収尿器の取り扱いに介助を要する者も含む 上記以外	10

合計得点 65/100

通所介護機能訓練評価シート

介護給付 7

評価者	○○	(訪問)評価日	○年○月○日(○)

○○○○

性別	女	障害高齢者自立度	B1	要介護度	
生年月日	○年○月○日	年齢	87	認知症高齢者自立度	I	3

関節可動域		肩：(年齢相応)・制限あり（　　　　　　　　　　　　　　　　　） 肘：(年齢相応)・制限あり（　　　　　　　　　　　　　　　　　） 手：年齢相応 ・(制限あり)（左手首が硬い。　　　　　　　　　　） 股：年齢相応 ・(制限あり)（左股関節は120度程度までなら曲げられる。） 膝：年齢相応 ・(制限あり)（十分には伸びない。　　　　　　　　） 足：(年齢相応)・制限あり（　　　　　　　　　　　　　　　　　）
痛みや痺れ等		痛み：(あり)・なし（立ち上がる時や歩く時に腰と股関節が少し痛む。） 痺れ：(あり)・なし（腰と左膝に常時重たいしびれ感があり，湿布を貼る。）
筋力	上肢	腕を曲げる：(十分に曲げられる)・何とか曲げられる・曲げられない（　） 腕を伸ばす：(十分に伸ばせる)・何とか伸ばせる・伸ばせない（　）
	下肢	足を後ろに引く：十分に引ける・(何とか引ける)・引けない（膝に痛みがある。） 足を伸ばす：十分に伸ばせる・(何とか伸ばせる)・伸ばせない（腰の痛みと膝拘縮。）
	体幹	へそのぞき：十分にのぞける・(何とかのぞける)・のぞけない（わずかな時間であれば可能。） 背を伸ばす：(十分に伸ばせる)・何とか伸ばせる・伸ばせない（　）
家庭でのADL	起き上がり	(できる)・介助でできる・できない（　）
	座位保持	できる・(介助でできる)・できない（後ろに倒れそうで柵を持つ。）
	歩行	できる・(介助でできる)・できない（立位は手を持って支える。）
	車いす駆動	できる・(介助でできる)・できない（方向の修正が必要。）
	食事	できる・(介助でできる)・できない（配膳と声かけ介助が必要。）
	衣服・整容	できる・(介助でできる)・できない（ズボンの上げ下ろしを介助。）
	入浴	できる・介助でできる・(できない)（浴槽をまたげない。）
	排泄	できる・(介助でできる)・できない（夜間はポータブルトイレを使用。）
	会話	(できる)・介助でできる・できない（　）
家庭でのIADL	買い物	できる・介助でできる・(できない)（家族が行っている。）
	調理	できる・介助でできる・(できない)（家族が行っている。）
	掃除・洗濯	できる・介助でできる・(できない)（家族が行っている。）
認知機能	見当識	日時：(分かる)・時々分かる・分からない（　） 場所や人：分かる・(時々分かる)・分からない（親しい人は分かるが，場所・部屋は分からない。）
	記銘・記憶	短期：覚えている・(不確か)・忘れることが多い（食事や薬を時々忘れる。） 長期：覚えている・(不確か)・忘れることが多い（昔のことはよく覚えている。）
	判断能力	簡単な内容：できる・(意見を求める)・できない（家族にどうしたらよいか聞く。） 複雑な内容：できる・意見を求める・(できない)（分からない）
	BPSD（幻覚・妄想・易怒・意欲低下等）	幻覚や妄想はなし。
麻痺回復（麻痺なし）	肩や腕	かなり動かせる・半分程度・わずかに動かせる（　）
	手指	かなり動かせる・半分程度・わずかに動かせる（　）
	下肢	かなり動かせる・半分程度・わずかに動かせる（　）
興味・関心・生きがい・役割		歌を歌うのが好き。
生活スタイル・活動量・交流		デイサービスでは近所の農家仲間と話をしている。 最近は薬やトイレの始末などの物忘れが目立つが，レクリエーションや集団での作品作りは積極的。
訓練効果，実施方法に関する評価 実施日：○.○.○		機能訓練指導員：両下肢の筋力強化が必要。おもりを付けての訓練を提案したい。 看護職員：左下肢の痺れに湿布を貼っている。 介護職員：移乗時の転倒に注意して介助する必要がある。 生活相談員：家での自主訓練を教えてほしいと希望しており，積極的である。

介護給付 8 通所介護計画書

○年12月1日	前回作成日	年 月 日	計画作成者	○○			

ふりがな 氏名	○○○○	性別	生年月日	年齢	要介護度	管理者	看護	介護	機能訓練	相談員
		女	○年○月○日	87	3	○○	○○	○○	○○	○○

【通所介護利用までの経緯（活動歴・病歴）】 昨年の10月に転倒し，第4腰椎圧迫骨折と左橈骨骨折で入院した。リハビリを行い少しずつ歩けるようになり，退院の予定。退院後はデイサービスを利用する。	【本人の希望】 家の中を動けるようになりたい。	【障害自立度】 B1
	【家族の希望】 転ばないように，痛くならないように動いてもらいたい。物忘れが進まないようにしてほしい。	【認知症自立度】 I

> デイサービスに関する希望を聞き取る。

【健康状態（病名，合併症（心疾患，呼吸器疾患等），服薬状況等）】 変形性膝関節症（○年） 左橈骨骨折，第4腰椎圧迫骨折（○年） 昼に痛み止めの薬などを服用する。湿布あり。	【ケアの上での医学的リスク（血圧，転倒，嚥下障害等）・留意事項】 転倒に注意する。

> デイサービス中の入浴や訓練に関するリスクを医師などに確認する。

【自宅での活動・参加の状況（役割など）】
現在，自宅での役割は特にない。

> 自宅内での役割や周りとのかかわりを記載する。

利用目標

> 実現可能で具体的な目標を設定する。

長期目標	設定日　○年12月 達成予定日　○年5月	家族と外出できる。	目標達成度 達成・一部・未達
短期目標	設定日　○年12月 達成予定日　○年2月	腰の痛みが軽減され，屋内での歩行が安定する。	目標達成度 (達成)・一部・未達

> 「○○ができるようになるために○○をする」という形で記載するとよい。

> 利用者や職員の主観を記載する。

サービス提供内容

目的とケアの提供方針・内容	評価		効果，満足度等
	実施	達成	
①屋内での歩行を安定させるため，下肢の筋力強化訓練や片手杖での歩行訓練を行う。 12月1日～2月28日	(実施) 一部 未実施	(達成) 一部 未達	片手杖での歩行訓練は積極的に取り組んでいる。
②お風呂で腰痛の痛みを和らげるため，浴室内移動介助，洗身部分介助で入浴する。更衣介助も行う。 12月1日～2月28日	(実施) 一部 未実施	(達成) 一部 未達	介助をしながら実現できている。
③認知機能を維持するために，パズルゲームなどの興味あるものを行う。トイレなどの日常場面で，事前に確認する声かけを行う。 12月1日～2月28日	(実施) 一部 未実施	(達成) 一部 未達	パズルゲームは楽しんで行えている。
④ 　月　日～　月　日	実施 一部 未実施	達成 一部 未達	
⑤ 　月　日～　月　日	実施 一部 未実施	達成 一部 未達	

迎え（ (有) ・ 無 ）

プログラム（1日の流れ）

予定時間	サービス内容
9：00	バイタルチェック
10：00	入浴介助
11：10	個別訓練（歩行訓練）
11：30	集団体操，口腔体操
12：00	食事
13：50	筋力強化訓練など
14：00	レクリエーション
15：00	おやつ
16：00	パズルゲームなど
16：30	終わりの会

送り（ (有) ・ 無 ）

【特記事項】 歩行時の転倒に気をつける。	【実施後の変化（総括）】　再評価日：○年2月28日 片手杖での歩行やパズルゲームなどを積極的に取り組み，楽しめています。また，階段昇降は2段昇降が可能になりました。

> デイサービスを利用する際に注意することや気になることなどを記載する。

上記計画の内容について説明を受けました。 　　　　　　　　　　　　　　○年　12月　1日 ご本人氏名：○○○○ ご家族氏名：○○○○	上記計画書に基づきサービスの説明を行い内容に同意頂きましたので，ご報告申し上げます。 　　　　　　　　　　　　　　○年　12月　1日 　　　　　　　○○　介護支援専門員様／事業所様

通所介護事業所○○○　〒000-0000　住所：○○県○○市○○○○-○○　　管理者：○○
　　　　　　　　　　Tel. 000-000-0000／Fax. 000-000-0000　　　　　説明者：○○

介護給付 9 通所介護個別機能訓練計画書

	○年12月1日	前回作成日	年　月　日	計画作成者	○○			
ふりがな 氏名	○○○○	性別	生年月日	年齢	要介護度	管理者	看護	介護	機能訓練	相談員
		女	○年○月○日	87	3	○○	○○	○○	○○	○○

【本人の希望】
家の中を動けるようになりたい。

【家族の希望】
転ばないように、痛くならないように動いてもらいたい。
物忘れが進まないようにしてほしい。

（機能訓練に関する希望を聞く。）

【障害自立度】B1
【認知症自立度】Ⅰ

【病名，合併症（心疾患，呼吸器疾患等）】
変形性膝関節症（○年）
左橈骨骨折，第4腰椎圧迫骨折（○年）

【運動時のリスク（血圧，不整脈，呼吸等）】
腰痛が悪化する可能性がある。

（医療面に関する情報を入手しておく。）

【生活課題】
腰椎圧迫骨折で入院し，退院直後である。
腰痛があるためベッド上で過ごす時間が多い。
自宅での入浴は困難。

（生活全般に関する課題をまとめる。）

【在宅環境（生活課題に関連する在宅環境課題）】
長男は腰痛があり，介護経験はない。
浴槽は和洋折衷型で，手すりはない。

（人的環境や住宅の環境，周りの状況などを記載する。）

個別機能訓練加算Ⅰ

長期目標：○年5月	片手杖での歩行が安定する。				目標達成度 達成・一部・未達
短期目標：○年2月	屋内での歩行が安定する。認知症の進行を遅らせ，生活における楽しみができる。				目標達成度 (達成)・一部・未達
プログラム内容（何を目的に〈～のために〉～する）	留意点	頻度	時間	主な実施者
①屋内での歩行を安定させるため，両下肢の筋力強化訓練1.5kgを20回	10回行ったら休憩を入れる。	週3回	13：50～14：00	山田
②認知機能を維持するため，パズルゲームや生活行為の確認	立ち上がり時は，つかまる場所を確認する。	週3回	16：00～16：20	山田，佐藤
③				

（実現可能で具体的な目標を設定する。）
（「○○ができるようになるために○○をする」という形で記載するとよい。）

プログラム立案者：山田

個別機能訓練加算Ⅱ

長期目標：○年5月	屋外での杖歩行が安定し，外出できるようになる。				目標達成度 達成・一部・未達
短期目標：○年2月	階段の上り下りができる。				目標達成度 (達成)・一部・未達
プログラム内容（何を目的に〈～のために〉～する）	留意点	頻度	時間	主な実施者
①屋内での段差超えができるように階段昇降訓練（2段）を行う。	転倒に注意する。	週3回	11：10～11：25	藤田
②				
③				
④				

（「○○ができるようになるために○○をする」という形で記載するとよい。）

プログラム立案者：藤田

【特記事項】
退院後1週間程度で体力が低下傾向にあるため，休憩を入れながら行う。

（機能訓練を利用する際に注意することや気になることなどを記載する。）

【プログラム実施後の変化（総括）】
再評価日：○年2月28日
片手杖での歩行やパズルゲームなどを積極的に取り組み，楽しめています。また，階段昇降が2段昇降が可能になりました。

上記計画の内容について説明を受けました。
　　　　　　　　　　　○年　12月　1日
ご本人氏名：○○○○
ご家族氏名：○○○○

上記計画書に基づきサービスの説明を行い
内容に同意頂きましたので，ご報告申し上げます。
　　　　　　　　　　　○年　12月　1日

○○　介護支援専門員様／事業所様

通所介護事業所○○　〒000-0000　住所：○○県○○市○○○○-00　　管理者：○○
　　　　　　　　　　Tel. 000-000-0000／Fax. 000-000-0000　　説明者：○○

介護給付 10

体操・レク計画表

実施日　〇年〇月〇日（〇）　13時20分〜14時55分

体操内容	タオル体操　←準備運動として行う体操の内容。
レク種目	だるま落とし　←レク内容は，利用者と共に命名するとよい。
準備物	いす（人数分）※25〜30人参加予定 タオル（人数分） だるまセット2　ソフトバレーボール2　←準備物の個数も明確にしておく。
職員担当	E：司会進行 A：レク介助　B：レク介助　C：排泄対応とレク介助　D：排泄対応とレク介助　←それぞれの役割を明確にしておく。
ねらい	タオル体操で全身運動（Fさん，Gさん，Hさんに背筋を伸ばしてもらおう）。 だるま落としで笑いと大声を出す（特にIさんと，Jさんを注目）。
注意点	レク中移動の際，転倒に注意。 ボールが人に当たらないように注意。 ボールを投げる際，いす等からの転倒に注意。　←全体としてのねらいや個人ごとのねらいがあるとよい。
実施内容	（配置図）←配置図を書いておくとよい（職員も含む）。 だるま E　参加者 B D　だるま A C 右側：1／2／3／頭😊／土台　ここから上をねらう ＊あいさつ：今日は何の日？　←始まりの言葉も重要なので，決めておく。　13:20〜13:30 ＊寒くても身体を縮こまらせないように体操をしましょう。 体操指導はE　←体操をする時の内容とかけ声も決めておく。　13:30〜13:50（20分） タオル体操に関する話と学習（10分程度）　13:50〜14:00 トイレおよび休憩　←体操内容に関する学習も重要である。　14:00〜14:10 ＊だるま落としレクの目的説明と注意事項 目的：ボールを投げてダンボールに当て，落ちた点数を競う。 頭まで倒れたら0点 準備は全員で　←レクの内容を説明する言葉も職員同士が分かっておくとよい。　14:10〜14:15 ＊レク（個人競技）実施 ボールを2回投げます。落とした点数を合計します。 最初に全部落としたら再度組み直して，2回目に投げて落とした点も加えます。 練習と本番，優勝決定戦などを行います。　←ルールや進め方を統一するとよい。　14:15〜14:45（30分） ＊得点発表と終わりのあいさつ　←最後にあいさつをして楽しく終わる。　14:45〜14:55
伝達事項	ボールの空気を確認しておくこと（A）
反省点	←終了後のミーティングで一緒に考える。

介護給付 11 通所介護実施記録用紙

記録者（Ⅰ）：〇〇，（Ⅱ）：〇〇，（その他）：〇〇　記録日：〇年〇月〇日（〇）

	〇〇〇〇		性別	〇	機能訓練計画 有効期間	〇.〇～〇.〇
生年月日	〇年〇月〇日	〇歳	要介護度	〇	要介護認定 有効期間	〇.〇～〇.〇

> 訓練を担当したことを意味する。

【バイタルサイン】

時間	体温	血圧（高）	血圧（低）	脈拍	その他
9：30	36.5	140 / 80		72	

> 1日に何度も測る場合は，変化に気をつける。

> 実施した項目に〇を付ける。

【実施記録】

時間	サービス内容	実施	メモ
	お迎え（車いす介助）	〇	布団から車いすまで
9：20	デイサービスセンター着	〇	事業所内は車いすを利用。
9：20	水分補給	〇	コーヒーをおいしそうに飲む。
9：30	朝の会	〇	
10：00	車いす入浴	〇	「気持ち良かった」と友人と話している。
10：00	洗身・洗髪・更衣・整容（全介助）	〇	
	衣類の入替え	〇	
10：30	水分補給	〇	お茶を一杯飲む。
10：40～11：00	個別機能訓練（歩行訓練）	〇	平行棒2往復を3回，立ち上がりは楽にできる。
	ベッドにて静養		
	交流・茶話会など		
	作品作り		
	脳トレ・頭の体操		
12：00	昼食〈(普通食)・刻み食〉（一部介助）	〇	
13：00	体操・ストレッチ・ゴムバンド・唱歌など	〇	両足に1.5kgのおもりを付けて20回上げる。「しんどくない」
	レクリエーション		
	作品作り		
	ベッドにて静養		
15：00	おやつ	〇	
15：20～16：00	生活機能・意欲向上訓練	〇	他の利用者と楽しく会話している。
16：20	帰りの会	〇	
16：40	送り（車いす介助）	〇	
	自宅着	〇	

> 利用者の状況を具体的に記載する。

> 記載内容はSOAP形式に基づき，SおよびOの情報や，Aの評価内容，Pの計画の内容の変更を記載する。

【排泄】尿	9：40，12：40
便	15：00大量に出る

> 時間や量などを具体的に記載する。

特記事項	入浴は，長時間お湯につかり鼻歌を歌っている。 足のおもりはだいぶ慣れてきている様子。次回の見直しでは2kgにすることを提案する。

予防給付 ①

基本チェックリスト

〇〇〇〇 様　　　　　　　　　　　　　記入日　〇／〇／〇

No.	質問項目	回答		
1	バスや電車で1人で外出していますか。	0. はい	(1. いいえ)	
2	日用品の買い物をしていますか。	0. はい	(1. いいえ)	
3	預貯金の出し入れをしていますか。	0. はい	(1. いいえ)	
4	友人の家を訪ねていますか。	0. はい	(1. いいえ)	
5	家族や友人の相談に乗っていますか。	0. はい	(1. いいえ)	●
6	階段を手すりや壁をつたわらずに上っていますか。	0. はい	(1. いいえ)	運動機能改善 4／5
7	いすに座った状態から何もつかまらずに立ち上がっていますか。	0. はい	(1. いいえ)	
8	15分位続けて歩いていますか。	0. はい	(1. いいえ)	
9	この1年間に転んだことがありますか。	1. はい	(0. いいえ)	
10	転倒に対する不安は大きいですか。	(1. はい)	0. いいえ	
11	6カ月間で2〜3kg以上の体重が減少しましたか。	1. はい	(0. いいえ)	栄養改善 0／2
12	身長（cm）152.0　体重（kg）50.0　（注）BMI＝21.6			
13	半年前に比べて固い物が食べにくくなりましたか。	1. はい	(0. いいえ)	口腔内ケア 1／3
14	お茶や汁物等でむせることがありますか。	1. はい	(0. いいえ)	
15	口の渇きが気になりますか。	(1. はい)	0. いいえ	●
16	週に1回以上は外出していますか。	0. はい	(1. いいえ)	閉じこもり予防 1／2
17	昨年と比べて外出の回数が減っていますか。	1. はい	(0. いいえ)	
18	周りの人から「いつも同じことを聞く」などの物忘れがあると言われますか。	1. はい	(0. いいえ)	物忘れ予防 0／3
19	自分で電話番号を調べて，電話をかけることをしていますか。	(0. はい)	1. いいえ	
20	今日が何月何日か分からない時がありますか。	1. はい	(0. いいえ)	
21	（ここ2週間）毎日の生活に充実感がない。	(1. はい)	0. いいえ	うつ予防 1／5
22	（ここ2週間）これまで楽しんでやれていたことが楽しめなくなった。	1. はい	(0. いいえ)	
23	（ここ2週間）以前は楽にできていたことが今ではおっくうに感じられる。	1. はい	(0. いいえ)	
24	（ここ2週間）自分が役に立つ人間だと思えない。	1. はい	(0. いいえ)	
25	（ここ2週間）わけもなく疲れたような感じがする。	1. はい	(0. いいえ)	

※ 生活機能向上グループ活動に関係する。（項目1〜5）
※ 運動器の機能向上訓練に関係する。（項目6〜10）

（注）BMI＝体重（kg）÷身長（m）÷身長（m）が18.5未満の場合に該当とする。

予防給付 ②

介護予防サービス・支援計画表（1）

初回・紹介・(継続)・(認定済)・申請中・要支援1・(要支援2)・地域支援事業

No. ○○○○
（介護保険被保険者番号）

認定年月日：　　認定の有効期間：○年5月1日 ～ ○年4月30日

利用者名：○○○○ 様

計画作成者氏名：　[委託の場合] 計画作成事業者・所名（連絡先：　）電話：

計画作成（変更）日：　担当地域包括支援センター：　　電話：

計画作成（初回作成日：

目標とする生活

1日	屋内を杖歩行で動き、自分の部屋以外で過ごすことができる。	1年	家族と一緒に病院受診以外の外出ができる。

総合的な援助の方針（生活の自立支援、生活機能の改善・悪化を予防するポイント）

下肢の筋力を強化し、杖歩行を安定させることで屋内での転倒を予防し、生活上の活動性を向上させる。また、足が上がりやすくなることで、入浴時のまたぎ越しが楽にできるようにする。また、右腕を積極的に動かし、腕が上がりやすくなることで、衣服や洗身動作を楽にできるようにする。

> ケアマネジャーと利用者とで合意した基本的な方針なので、この前提を無視しない。

健康状態について（主治医意見書、健診結果、観察結果等を踏まえた改善・維持・悪化予防のポイント）

高血圧症のため、降圧剤を服薬中。血圧は140程度で安定している。右肩関節に軽度の痛みがあるため、痛みに対する注意が必要です。

> 痛みや機能訓練に関する内容があれば注意を払う。

※基本チェックリストの（該当した質問項目数）/（質問項目数）を記入します。必要と思われる事業プログラムに○印を付けています。

運動機能改善	栄養改善	口腔内ケア	閉じこもり予防	物忘れ予防	うつ予防
4/5	0/2	1/3	1/2	0/3	1/5

【本来行うべき支援が実施できない場合】妥当な支援の実施に向けた方針

> ○が付いている項目で関係するところを確認する。

【意見】

計画に関する同意

上記計画について、同意いたします。

年　月　日　氏名

地域包括支援センター　　【確認印】　　㊞

介護予防サービス・支援計画表 (2-1)

予防給付 ③

吹き出し注釈:
- 一番関係がある項目なので、その内容を意識する。
- 機能訓練は家庭生活に波及するので、ここでも意識する必要がある。
- デイサービスでの交流は、機能訓練やアクティビティを通して行われることも多い。
- 訓練中の健康管理（バイタルサイン等）に関係する項目。
- 利用者の思いを理解しておく必要がある。
- 運動器の機能向上訓練および生活機能向上グループ活動の内容につながりのある項目。

アセスメント領域と現在の状況	本人・家族の意欲・意向	領域における課題（背景・原因）	総合的課題	課題に対する目標と具体策の提案	具体策についての意向 本人・家族
運動・移動について 屋内外とも、杖を使ったり、家具などにつかまったりしながら歩く。坂道は、手すりにつかまり一部介助で上り下りする。	（本人） 歩きにくいので練習をしたい。家の前が急な坂道なので、上り下りができなくなると困る。 （家族） 家の前が急な坂道なので、上り下りが大丈夫であってほしい。転ばないように動いてほしい。	■有 □無 右片麻痺による動かしにくさ 右下肢の筋力低下 左下肢の筋力若干低下 杖使用での歩行 家の前が急な坂道	右片麻痺と筋力低下による歩行の不安定さがある。	（目標） 1. 麻痺に対する動作練習で、右上肢を上げやすくする。 2. 左下肢の筋力強化で、歩行が安定する。	（本人） 腕が上がりやすくなると、服の着替えが楽になってよい。歩行について、歩行が安定したらうれしい。
日常生活（家庭生活）について 日中は部屋でテレビを見ていることが多い。自室から出る機会は、トイレと食事の時で、1日の活動量は少ない。	（本人） 用事がないし、日中は1人なので動かないが、動きやすくなると家の中でも動けるのではないだろうか。	■有 □無 日中1人 家ですることがない。杖を使うか家具につかまっての歩行	家での役割がないこと、上記に起因する活動量の低下がある。	3. 歩行が安定し、家の中でもすることができて、活動量が増える。	まずは、テレビの前だけでなく部屋の窓際まで行き、外の景色をみることなどができればよいのではないか。
社会参加、対人関係、コミュニケーション 長男夫婦は共働き、孫は社会人と大学生で日中は1人になるため、人と話すことは少ない。 デイサービス利用時に、知り合いと会話をする程度。	（本人） デイサービスで知り合いとおしゃべりをするのは楽しみ。 （家族） 楽しく過ごせる時間があるのは良いことなので、続けてほしい。	□有 ■無			
健康管理について 高血圧症なので降圧剤を飲んでいる。服薬管理は自分でできているが、脳梗塞再発の危険性を考えると、入浴時や運動時の血圧管理は必要である。	（本人） 薬に関しては心配ないが、風呂の前に血圧を測ってくれると助かる。	■有 □無 高血圧症 自宅では血圧を測っていない。	血圧の管理が十分にできていないことで、危険性が存在する。	4. 1日1回の血圧データが分かり、入浴時や運動時の判断材料ができる。	毎朝自動血圧計で測ってみようと思う。
その他					

182

介護予防サービス・支援計画表（2-2）

予防給付 ③ No.　　　　　　　　　　　　　　　　　　　　　　　　　　利用者名：○○○○ 様

目標	目標についての支援のポイント	支援計画			
		本人等のセルフケアや家族の支援、インフォーマルサービス	介護保険サービスまたは地域支援事業	サービス種別	事業所	期間

利用者の思いを理解しておく必要がある。→（目標／支援のポイント欄）

運動器の機能向上訓練および生活機能向上グループ活動の内容につながりのある項目。→（本人等のセルフケア欄）

運動器の機能向上訓練および生活機能向上グループ活動の内容につながりのある項目。→（介護保険サービス／地域支援事業欄）

目標	支援のポイント	本人等	介護保険サービス／地域支援事業	サービス種別	事業所	期間
1. 少しでも腕が上がり、服の着替えが楽になる。	入浴時の衣服着脱の際に、腕を身体の中心に向かって上げるよう声をかける。	（本人）家でも同様のやり方で着替えてみる。	右上肢の動作訓練	介護予防通所介護 運動器機能向上加算		○.5〜○.7
2. 左下肢に2kgのおもりを付けても楽に上げられる。	足に2kgのおもりを付けて、10回×2上げる。声かけをする。	いすに座って足を上げる（1日1回は行う）。	左下肢の筋力強化訓練 浴槽またぎ越し時に右下肢もち上げる練習			
3. 毎日外をながめる時間ができる。	デイサービス利用時に、家庭内の移動状況を聞く。	近所の人と日常会話をしてみる。	左下肢の筋力強化訓練 レクリエーションへ参加 会話の機会の提供			
4. 毎朝の血圧値が分かり、記録できる。	血圧値を連絡ノートに書き込む。	自分で測った日は記録する。	入浴前の血圧測定 連絡ノートへの記入と確認			

予防給付 4

介護予防通所介護アセスメントシート

アセスメント実施日 ○年○月○日　第2回　面接方法（ 訪問 ）　担当者 ○○

ガナ		性別	女	生年月日	○年○月○日（75歳）	要介護度	介護認定日		
氏名	○○○○					支2	○○	4	29

住所	○○市○○町○丁目○番地	電話番号	XXX-XXX-XXXX	認定の有効期間 ○.5～○.4

連絡先	氏名	続柄	住所	電話番号	障害高齢者自立度	J2
	○○○○	長男	同上	同上	認知症高齢者自立度	Ⅰ
	○○○○	長男の妻	同上	同上		

家族構成	現在利用している社会資源等	本人の希望
長男夫婦と孫の4人暮らし。	在宅および施設ケアサービス 介護予防通所介護 週2回	歩きにくいので練習したい。家の前が急な坂道なので，上り下りできなくなると困る。
介護状況 主介護者　（　長男の妻　） 仕事等　（　常勤　） 健康状態　（　普通　） キーパーソン　（　長男　）	日常生活用具等 介護用ベッド貸与 介助バー貸与 ポータブルトイレ購入	家族の希望・要望 家の前が急な坂道なので，上り下りが大丈夫であってほしい。転ばないように動いてほしい。風呂は家族ではできないので，デイサービスで入ってほしい。

生活歴：農家の3女（7人兄弟）として生まれ，家業の手伝いをしていた。20歳で結婚し，夫と兼業農家で生計を立てていた。長男は自営業で遠方に資材を配達することが多く，長男の妻がほとんど1人で介護している。孫は社会人と大学生で介護にかかわることはほとんどない。

既往歴	現病歴	服薬状況	受診方法
高血圧症（○年）	○年○月○日の早朝トイレで意識を失う。倒れた音で家族が気づき，救急搬送された。救急病院からリハビリ専門病院に転院し，訓練をしたが，右半身は垂れ下がり，力が入りにくく，杖をついて何とか歩けるようになった。	降圧剤（1日3回） 脳血流改善剤（1日3回） 胃薬（1日3回） 湿布	月2回長男の妻の車で受診。
	医療機関名・担当医（　○○整形外科　△△医師　　　　　　　　　　　　　　　　　　）		

医療保険	国民健康保険	身障手帳	身体障害者3級	年金等	国民年金，年間60万円程度

身体状況

〈拘縮　麻痺　痛み　皮膚の状況〉

拘縮	特になし。
麻痺	右片麻痺あり（緊張が低い）。右下肢の筋力が低下。左下肢の筋力は若干低下している程度。
痛み	腰の痛みは時々あり（挙上時右肩関節に軽度の痛みがある）。右半身にしびれ感あり。
褥瘡	なし
皮膚の状況	良好

〈目・耳の状態及びコミュニケーション能力〉

視力	白内障の手術後よく見えるようになっている。	眼鏡	持
聴力	年相応	補聴器	な
目・耳の症状	特に問題なし。		
意思表示の手段	言葉にて可能である。		
意思の伝達	会話はスムーズにできる。		
指示への反応	十分に理解できる。書類などの難しいことは長男に助けを求める。		
その他	他者と会話できるが，きつい口調になることがある。		

介護保険	○○○○○○○○○○	支援事業所	居宅介護支援事業所○○荘	ケアマネジャー	○○

日常生活動作能力	寝返り	ベッド柵を持って寝返りできる。
	起き上がり	ベッド柵を持って起き上がる。
	座位	座位は安定している（いすに座っている時は背もたれにもたれる）。
	移乗・移動	ベッド柵を持って，体をひねりながらゆっくりと立ち上がる。
		杖を使ったり家具などにつかまったりして歩く。屋外も杖を使って歩ける（坂道は手すりにつかまる）。
		移乗時はベッド柵や介助バーなどにつかまって，転倒しないように注意しながら行う。
	着脱	時間がかかっても自分で行う（ボタンやファスナーを手伝ってもらうことがある）。
	整容	自分でできる（左手で行う）。
	IADL等	歩行はゆっくり（坂道は後ろ向きで上り下りする）。家事：長男の妻が行っている。

> 利用者の「思い」も確認。
> 動作で本人が頑張る部分を確認。
> 靴や靴下についても確認。

食事・栄養状態	肥満とやせ	やせ気味
	食べ方	フォークを左手に持って食べる（時間は通常）。
	嚥下	良好
	食事制限	特になし。好き嫌いはなし。
	食物形態	普通の食事
	一日の水分量	ほぼ通常量（1,000mL程度）。お茶とコーヒー（砂糖2杯とミルクを入れる）を飲む。
	口腔の状態	部分入れ歯　昼食後は口をすすいでいる。
	その他	

> 食事の形状や制限，また好き嫌いをしっかりと確認。
> 好みや何時ごろ飲む習慣があるか確認。
> 入れ歯の適合具合を確認。

排泄の状況	尿	1日5～6回程度（夜間も1回トイレに行く）。
	尿失禁	なし
	便	2日に1回程度。通常便。
	便失禁	なし
	トイレ環境	洋式トイレで，L字手すり設置済み。

> 尿意を感じてから動きはじめるまでの時間を確認。
> トイレの形状やトイレに座る時間を確認。踏ん張り方や洗浄器の使用状況も確認。

身体の清潔状況	デイサービス利用時に入浴。移動時に手引き介助必要。一般浴槽で足台に腰かけて胸までつかる。前身の洗身と洗髪は自分でできる。
浴室環境	浴槽は和洋折衷型。

> サービス利用している場合と自宅の情報も記載する。
> 入浴の長さや湯の温度，洗髪の頻度などを確認。

精神状態	睡眠の状況	通常はよく眠れる。
	認知症の症状	特になし

> 入眠時間や起床時間，ぐっすりと眠れるのかなどを確認。
> 認知機能障害の程度とBPSDの出現内容を具体的に確認。
> 過ごす部屋の状況，家庭内での動く状況，生活時間の流れや生活に関する意欲や思いなどを記載する。

家族の協力体制	長男夫婦は共働きで，日中は1人の状態。	住宅・環境等	
興味・関心・生きがい	家の庭で花の手入れをするのが趣味で，押し花を作っては人にプレゼントしている。	玄関に18cmの段差が2段ある。廊下と部屋間は2.5cmの段差。居室は8畳の和室で，テレビ，タンスがある。洋式トイレにL字手すり，玄関に手すりを設置済み。	
生活スタイル・活動状況	テレビを見て過ごしていることが多い。デイサービス利用時に会話を楽しんでいる様子。		
要支援に至った理由と経緯　以前のADLと家庭内役割自立してできなくなったこと　現在の家事状況と役割　近隣との交流	60歳の時に脳梗塞になり，右片麻痺のため杖が必要となった。以前は畑で野菜を作っていたが，病気になってからは屋外に出ることが少なくなり，テレビを見て過ごす時間が多くなってしまった。現在はデイサービスを利用し，近所の知り合いと話をしている。日常生活は，なるべく他人の手を借りないように努力している。		
送迎場所	自宅玄関	送迎方法　杖歩行	ベッド等　介護用（2モーター）

> 病気などを発症してからの経緯や以前の家庭内の役割，人との交流，家事への参加状況などを記載する。
> 居住環境や近隣の状況などを記載する。屋内の移動時につかまっている場所や車いすで動く場所などを確認。手すりの持つ場所を確認。
> 事業所の車いす等との違いや操作方法を確認。
> 事業所にあるベッドとの違いを確認。

予防給付 5	運動器の機能向上プログラム事前・事後アセスメントシート		
	○○○○	○年○月○日生（75歳）	評価者名　○○
要介護度　【　要支援1　・　(要支援2)　】		実施プログラム　筋力強化，関節可動域訓練等	

評価実施日　1回目　○年○月○日	評価実施日　2回目　　　年　月　日
バイタルチェック　← 普段の血圧等の平均値	バイタルチェック
血圧　　　　140／90　mmHg	血圧　　　　　／　　　mmHg
脈拍　　　　　　　70回／分	脈拍　　　　　　　　回／分
不整【　(無)・有（　　回／分）　】	不整【　無・有（　　回／分）　】
形態測定	形態測定
身長：155cm　体重：53kg　BMI：22.1	身長：　　cm　体重：　　kg　BMI：
運動機能	運動機能
握力　← 測定器具がなければ評価できない。　　　18.3kg：左・(右)　　　　　　　　　　　　　　　　　　2.0kg：(左)・右	握力　　　　（　　　　　kg：左・右）　　　　　（　　　　　kg：左・右）
膝伸展筋力　　（　　　　　kg：左・右）　　　　　　　（　　　　　kg：左・右）	膝伸展筋力　（　　　　　kg：左・右）　　　　　　（　　　　　kg：左・右）
片足立ち（開眼）（　　　　1.0秒：左・(右)　← 転倒しないように気をつける。　　　　　　　　　　　　　0秒：(左)・右	片足立ち（開眼）（　　　　秒：左・右）　　　　　　　　　　　　（　　　　秒：左・右）
TUG　← 急がせて転倒しないように気をつける。　（　　70.0秒）	TUG　　　　（　　　　　秒）
通常歩行時間　　　　　　　　　　　　　　25.0秒）	通常歩行時間　（　　　　秒）
【補助具使用　(有)・無）種類（　　杖　　）】	【補助具使用（有・無）種類（　　　　　）】
最大歩行時間（5m）　← 急がせて転倒しないように気をつける。　　　　　　　　　　20.0秒）	最大歩行時間（5m）　　　（　　　　　秒）
【補助具使用　(有)・無）種類（　　杖　　）】	【補助具使用（有・無）種類（　　　　　）】

評価時の特記事項： 左手は握力計を何とか持てる程度しか伸びない。 TUGは立ち上がりに時間がかかる。 最大歩行時，杖を適切な位置につけていないが，急いで歩こうとするので危険である。 左の片足立ちはできない。	評価時の特記事項：

BMI＝体重（kg）÷身長の2乗（m²）
20未満：やせ気味　　　　　20～24未満：普通
24～26.5未満：太り気味　　26.5以上：太りすぎ
TUG：いすから立ち上がり，3m先の目印を折り返し，再びいすに座るまでの時間

予防給付 6 興味・関心チェックシート

聞き取り日： ○年○月○日

氏名	○○○○			生年月日	○年○月○日	年齢	75歳	性別	女

生活行為	している	してみたい	興味がある	生活行為	している	してみたい	興味がある
自分でトイレへ行く	○			生涯学習・歴史			
一人でお風呂に入る		○		読書			
自分で服を着る	○			俳句			
自分で食べる	○			書道・習字			
歯磨きをする	○			絵を描く・絵手紙			
身だしなみを整える	○			パソコン・ワープロ			
好きなときに眠る	○			写真			
掃除・整理整頓	○			映画・観劇・演奏会			
料理を作る			○	お茶・お花			
買い物	○			歌を歌う・カラオケ			
家や庭の手入れ・世話	○			音楽を聴く・楽器演奏			
洗濯・洗濯物たたみ	○			将棋・囲碁・麻雀・ゲーム等			
自転車・車の運転				体操・運動			
電車・バスでの外出				散歩	○		
孫・子供の世話				ゴルフ・グラウンドゴルフ・水泳・テニスなどのスポーツ			
動物の世話				ダンス・踊り			
友達とおしゃべり・遊ぶ	○			野球・相撲等観戦			
家族・親戚との団らん	○			競馬・競輪・競艇・パチンコ			
デート・異性との交流				編み物			
居酒屋に行く				針仕事			
ボランティア				畑仕事			
地域活動（町内会・老人クラブ）				賃金を伴う仕事			
お参り・宗教活動				旅行・温泉			
その他（　　　）				その他（ 押し花 ）	○		
その他（　　　）				その他（　　　）			

している‥日常生活で実際に全部や一部行っている
してみたい‥行っていないがしてみたい
興味がある‥行っていないが興味がある

予防給付 7 居宅訪問チェックシート

氏名	○○○○			生年月日	○年○月○日	年齢	75歳	性別	女
訪問日・時間	○年○月○日（○）○:○ ～ ○:○							要介護度	支2
訪問スタッフ	○○,○○		職種	生活相談員，機能訓練指導員		被聞取り者		家族，利用者	

	項目	レベル	課題	環境（実施場所・補助具等）	状況・生活課題
ADL	食事	☑自立 □見守り □一部介助 □全介助	無	食堂で食べる。	自宅浴槽は深く，浴槽からの立ち上がりが困難で通所介護を利用している。 ← 状況全体のまとめや生活上有している課題を記載する。
	排泄	☑自立 □見守り □一部介助 □全介助	無	洋式トイレで，L字手すりあり。	
	入浴	□自立 □見守り ☑一部介助 □全介助	有	自宅浴槽は和洋折衷型。浴槽のまたぎ越しが難しい。	
	更衣	☑自立 □見守り □一部介助 □全介助	無	通常の倍ぐらい時間がかかる。	← ADLなどの行為を行っている場所，使っている道具，特別な状況を記載する。
	整容	☑自立 □見守り □一部介助 □全介助	無		
	移乗	☑自立 □見守り □一部介助 □全介助	無	ベッド柵や介助バーなどを持って注意しながら行う。	
IADL	屋内移動	☑自立 □見守り □一部介助 □全介助	無	廊下と部屋の間は2.5cmの段差がある。家具につかまって歩く。	玄関に手すりはあるが，上り下りには介助が必要で，外出することは少ない。
	屋外移動	□自立 ☑見守り □一部介助 □全介助	有	杖を使用し，坂道は手すりにつかまる。	← 現場で状況を見て判断する。
	階段昇降	□自立 ☑見守り □一部介助 □全介助	有	玄関に18cmの段差が2段ある。玄関には手すりがある。	
	調理	□自立 □見守り □一部介助 ☑全介助	無	長男の妻が行う。	
	洗濯	□自立 □見守り □一部介助 ☑全介助	無	長男の妻が行う。	
	掃除	□自立 □見守り □一部介助 ☑全介助	無	長男の妻が行う。	

	項目	レベル	課題	状況・生活課題	
起居動作	起き上がり	☑自立 □見守り □一部介助 □全介助	無	ベッド柵などにつかまって慎重に動きながら生活している。	
	座位	☑自立 □見守り □一部介助 □全介助	無		
	立ち上がり	☑自立 □見守り □一部介助 □全介助	無		← 身体機能（健康状態，関節可動域，痛み，筋力など）や精神機能（記憶，見当識，判断力，BPSDの状況）などを記載する。
	立位	☑自立 □見守り □一部介助 □全介助	無		

身体機能：右片麻痺で，右肩，肘，手に拘縮があり伸びにくく，痛みもある。右手はわずかに上げられる程度で，下肢は支えて歩ける程度まで回復しているが，筋力は低下している。 ← 専門家の意見を聞く。

精神・心理機能：認知機能に問題はない。

予防給付 8 介護予防通所介護機能訓練評価シート

評価者	○○	(訪問)評価日	○年○月○日(○)
性別	女	障害高齢者自立度	J2	要介護度
年齢	75	認知症高齢者自立度	I	支2

氏名：○○○○
生年月日：○年○月○日

関節可動域		肩：年齢相応・**制限あり**（左肩関節70度くらいまでなら上げられる。 肘：年齢相応・**制限あり**（左肘関節伸展－45度。 手：年齢相応・**制限あり**（手の指が十分に開かない。 股：年齢相応・**制限あり**（左股関節120度くらいまでなら曲げられる。 膝：**年齢相応**・制限あり（ 足：**年齢相応**・制限あり（
痛みや痺れ等		痛み：**あり**・なし（肩，肘，手に軽度の痛みあり） 痺れ：あり・**なし**（
筋力	(左)上肢	腕を曲げる：十分に引ける・**何とか引ける**・引けない（　） 腕を伸ばす：十分に伸ばせる・**何とか伸ばせる**・伸ばせない（　）
	(左)下肢	足を後ろに引く：十分に引ける・**何とか引ける**・引けない（　） 足を伸ばす：十分に伸ばせる・**何とか伸ばせる**・伸ばせない（　）
	体幹	へそのぞき：十分にのぞける・**何とかのぞける**・のぞけない 背を伸ばす：十分に伸ばせる・**何とか伸ばせる**・伸ばせない
家庭でのADL	起き上がり	**できる**・介助でできる・できない（
	座位保持	**できる**・介助でできる・できない（
	歩行	**できる**・介助でできる・できない（屋内外共に，T字杖をついて歩く。場合によっては老人車を押す。)
	車いす駆動	できる・介助でできる・できない（使用しない。
	食事	**できる**・介助でできる・できない（右手に箸を持って食べる。
	衣服・整容	**できる**・介助でできる・できない（通常の倍ぐらい時間がかかる。
	入浴	できる・**介助でできる**・できない（浴槽のまたぎ越しが難しい。シャワーいすを利用。）
	排泄	**できる**・介助でできる・できない（洋式で手すりを持ちできる。　）
	会話	**できる**・介助でできる・できない（　）
家庭でのIADL	買い物	できる・**介助でできる**・できない（長男の妻が行うが，時に老人車を押して買い物に行く。　）
	調理	できる・**介助でできる**・できない（皮むきの手伝いはできる。　）
	掃除・洗濯	できる・**介助でできる**・できない（自分の部屋を小型掃除機で掃除する。　）
認知機能	見当識	日時：**分かる**・時々分かる・分からない（ 場所や人：**分かる**・時々分かる・分からない（
	記銘・記憶	短期：**覚えている**・不確か・忘れることが多い（ 長期：**覚えている**・不確か・忘れることが多い（
	判断能力	簡単な内容：**できる**・意見を求める・できない（ 複雑な内容：できる・**意見を求める**・できない（
	BPSD(幻覚・妄想・易怒・意欲低下等)	特になし
麻痺回復(右)	肩や腕	かなり動かせる・**半分程度**・わずかに動かせる（
	手指	かなり動かせる・**半分程度**・わずかに動かせる（
	下肢	かなり動かせる・**半分程度**・わずかに動かせる（
興味・関心・生きがい・役割		家の庭で花の手入れをするのが趣味で，押し花作っては人にプレゼントしている。
生活スタイル・活動量・交流		近所のスーパーにシルバーカーを押して買い物に行き，近所の知り合いと会話をしている。
訓練効果，実施方法に関する評価　実施日：○.○.○		機能訓練指導員：左下肢の筋力強化が必要。関節拘縮を予防し，麻痺側を動かす練習をする。 看護職員：肩・肘・手関節の痛みに注意して衣服の着脱とする。 介護職員：入浴の移動介助時に注意が必要。浴槽からの出入りは座位で行う。 生活相談員：長男家族と同居。デイサービスでのリハビリを楽しみにしている。

注釈：
- どの程度制限があるか目安を記載する。
- いつ，どの程度あるか記載する。
- 「通常より少し強い」「少し弱い」「ほとんど力がない」と理解して，○を付ける。
- 細かい状況や介助されている状況などを記載する。
- 細かい内容などを記載する。
- かなり動かせる：かなり回復している状況
- 半分程度：麻痺の回復が十分とは言えない状況
- わずかに動かせる：ほとんど回復していない状況
- デイサービスの場面だけでなく，家庭での交流などの情報を得て評価する。
- 評価内容に関する情報と検討内容を記載する。

予防給付 9 介護予防通所介護計画書

	○年○月○日	前回作成日	○年○月○日	計画作成者	○○				
ふりがな 氏名	○○○○	性別	生年月日	年齢	要介護度	管理者	看護	介護	機能訓練	相談員
		女	○年○月○日	75	支2	○○			○○	○○

【通所介護利用までの経緯（活動歴・病歴）】
○年に脳梗塞となり，頑張ってリハビリをして歩けるようになったが，右上肢は動かしにくく痺れ感がある。屋外に出ることが少なくなった。

【本人の希望】
足の力がつくとしっかり歩ける。
自分で入浴できるようになりたい。

（吹き出し：デイサービスに関する希望を聞き取る。）

【障害自立度】
J2

【家族の希望】
家の前が急な坂なので，上り下りが大丈夫であってほしい。転ばないように動いてほしい。

【認知症自立度】
I

【健康状態（病名，合併症（心疾患，呼吸器疾患等），服薬状況等）】
高血圧症（○年）
脳梗塞後遺症（○年）
降圧剤などを1日3回服用する。

【ケアの上での医学的リスク（血圧，転倒，嚥下障害等）・留意事項】
血圧は140／90mmHg程度で，180mmHg以上であれば入浴を中止する。

（吹き出し：デイサービス中の入浴や訓練に関するリスクを医師などに確認する。）

握力　右：18.3kg　左：2.0kg　補助具使用（有）・無
片足立ち（開眼）　右：1.0秒　左：1.0秒　種類（杖　）　最大歩行時間（5m）：（20.0秒）

【自宅での活動・参加の状況（役割など）】
長男家族と同居しているが家では特にすることがなく，近所との交流もほとんどない。

（吹き出し：自宅内での役割や周りとのかかわりを記載する。）

利用目標　（吹き出し：実現可能で具体的な目標を設定する。）

長期目標 3ヵ月	設定日 達成予定日	○年5月 ○年7月	下肢筋力強化と杖歩行の安定。 麻痺側が動かしやすくなり，入浴が自立する。	目標達成度 達成・(一部)・未達
中期目標 2ヵ月	設定日 達成予定日	○年5月 ○年6月	下肢は休憩を短時間にして膝を伸ばして上げられる。 麻痺側の手が70度まで楽に上がる。	目標達成度 (達成)・一部・未達
短期目標 1ヵ月	設定日 達成予定日	○年5月 ○年5月	下肢は2kgのおもりを休憩を入れながら上げられる。 麻痺側の手が60度まで上がる。	目標達成度 (達成)・一部・未達

（吹き出し：「○○ができるようになるために○○をする」という形で記載するとよい。）

サービス提供内容

（吹き出し：利用者や職員の主観を記載する。）

目的とケアの提供方針・内容	実施	達成	効果，満足度等
①両下肢の筋力強化のために筋力強化訓練を行う。また，杖歩行の安定のために歩行訓練を行う。 5月1日～7月31日	1カ月目 (実施) 一部 未実施	(達成) 一部 未達	おもりを10回休憩を入れながら上げられるようになった。
3カ月目の変化及び総括 (実施) 一部 未実施　達成 (一部) 未達　下肢の筋力は強化されたが，歩行は不安定さが残る。	2カ月目 (実施) 一部 未実施	(達成) 一部 未達	おもりを10回楽に上げられるようになった。
②入浴時左上肢を動かして楽に入浴ができるために，左上肢を動かす訓練を行う。 5月1日～7月31日	1カ月目 (実施) 一部 未実施	(達成) 一部 未達	麻痺側の手が60度まで何とか上げられるようになった。
3カ月目の変化及び総括 (実施) 一部 未実施　達成 (一部) 未達　左腕の動かしにくさは，まだ残っている。	2カ月目 (実施) 一部 未実施	達成 (一部) 未達	70度まで何度かチャレンジすれば上げられる。

迎え（有）・無

プログラム（1日の流れ）

予定時間	サービス内容
9:00	バイタルチェック
10:20	入浴訓練
11:10	自主的歩行訓練
11:30	集団体操
12:00	食事
13:45	筋力強化訓練
14:00	レクリエーション参加
15:00	おやつ
15:30	脳トレーニング

送り（有）・無

【特記事項】
（吹き出し：デイサービスを利用する際に注意することや気になることなどを記載する。）

【地域包括支援センターへの報告事項】
再評価日：○年7月31日
杖歩行は少し安定してきましたが，左半身の動きはまだ不十分な日が多いようです。

上記計画の内容について説明を受けました。
　　　　　　　　　　　　　　　　　○年　○月　○日
ご本人氏名：○○○○
ご家族氏名：○○○○

上記計画書に基づきサービスの説明を行い
内容に同意頂きましたので，ご報告申し上げます。
　　　　　　　　　　　　　　　　　○年　○月　○日
地域包括支援センター
○○　介護支援専門員様／事業所様

通所介護○○○　〒000-0000　住所：○○県○○市○○○○-○○　管理者：○○
　　　　　　　　Tel. 000-000-0000／Fax. 000-000-0000　説明者：○○

予防給付 10

介護予防通所介護個別機能訓練計画書

○年○月○日	前回作成日	○年○月○日	計画作成者	○○			

ふりがな 氏名	○○○○	性別	生年月日	年齢	要介護度	管理者	看護	介護	機能訓練	相談員
		女	○年○月○日	75	支2	○○	○○	○○	○○	○○

【本人の希望】
足の力がつくとしっかり歩ける。
自分で入浴できるようになりたい。
　→ 機能訓練に関する希望を聞く。

【家族の希望】
家の前が急な坂なので上り下りが大丈夫であってほしい。
転ばないように動いてほしい。
　→ 生活全般に関する課題をまとめる。

【障害自立度】 J2
【認知症自立度】 I

【病名, 合併症（心疾患, 呼吸器疾患等）】
高血圧症（○年）
脳梗塞後遺症（○年）

【運動時のリスク（血圧, 不整脈, 呼吸等）】
血圧は140／90mmHg程度で, 180mmHg以上で入浴を中止し, 運動を控える。

【生活課題】
左片麻痺のため片手で日常生活動作を行っているが, 時間がかかり家事は手伝い程度である。あまり外に出ない生活をしている。
　→ 医療面に関する情報を入手しておく。

【在宅環境（生活課題に関連する在宅環境課題）】
長男家族と同居。家の前に急な坂道がある。
　→ 人的環境や住宅の環境, 周りの状況などを記載する。

運動器の機能向上訓練

長期(到達)目標(3カ月) ○年7月	下肢筋力強化と杖歩行の安定。麻痺側が動かしやすくなり, 入浴が自立する。	目標達成度 達成・(一部)・未達
中期目標(2カ月) ○年6月	下肢は休憩を短時間にして膝を伸ばして上げられる。麻痺側の手が70度まで楽に上がる。	目標達成度 (達成)・一部・未達
短期目標(1カ月) ○年5月	下肢は2kgのおもりを休憩を入れながら上げられる。麻痺側の手が60度まで上がる。	目標達成度 (達成)・一部・未達

→ 実現可能で具体的な目標を設定する。

プログラム内容（何を目的に〈〜のために〉〜する）	留意点	頻度	時間	主な実施者
①両下肢筋力強化のために2kgのおもり10回上げる×2	ゆっくりと行う。	週2回	13：45〜14：00	山田
②杖歩行自立のために廊下2往復歩行訓練		週2回	11：10〜11：30	山田
③入浴の自立のために左上肢を動かす訓練		週2回	10：20〜10：30	山田

→ 「○○ができるようになるために○○をする」という形で記載するとよい。

プログラム立案者：山田

生活機能向上グループ活動訓練

長期(到達)目標(3カ月) ○年7月		目標達成度 達成・一部・未達
中期目標(2カ月) 年 月		目標達成度 達成・一部・未達
短期目標(1カ月) 年 月		目標達成度 達成・一部・未達

→ 「○○ができるようになるために○○をする」という形で記載するとよい。

プログラム内容（何を目的に〈〜のために〉〜する）	留意点	頻度	時間	主な実施者
①				
②				
③				

プログラム立案者：

【特記事項】
入浴時の血圧に注意して訓練を行う。
　→ 機能訓練を利用する際に注意することや気になることなどを記載する。

【プログラム実施後の変化（総括）】
再評価日：○年7月31日
両下肢の筋力は少しついてきて, 2kgは楽に上げられる状況です。歩行も少しずつ安定してきました。

上記計画の内容について説明を受けました。
　　　　　　　　　　　　　　　○年　○月　○日
ご本人氏名：○○○○
ご家族氏名：○○○○

上記計画書に基づきサービスの説明を行い内容に同意頂きましたので, ご報告申し上げます。
　　　　　　　　　　　　　　　○年　○月　○日
地域包括支援センター
○○　介護支援専門員様／事業所様

通所介護○○○　〒000-0000　住所：○○県○○市○○○○-○○　管理者：○○
Tel. 000-000-0000／Fax. 000-000-0000　説明者：○○

予防給付 11

介護予防通所介護実施記録用紙

記録者（運動器）：○○，（生活機能）：○○，（その他）：○○　記録日：○年○月○日（○）

氏名	○○○○		性別	○	機能訓練計画有効期間	○.○~○.○
生年月日	○年○月○日	○歳	要介護度	○	要介護認定有効期間	○.○~○.○

→ 訓練を担当したことを意味する。

【バイタルサイン】

時間	体温	血圧（高）	血圧（低）	脈拍	その他
9：30	36.5	140	／　80	72	

→ 1日に何度か測る場合は変化に気をつける。

→ 実施した項目に○を付ける。

【実施記録】

時間	サービス内容	実施	メモ
	お迎え（見守り）	○	
9：20	デイサービスセンター着	○	
9：20	水分補給	○	コーヒーをおいしそうに飲む。
9：30	朝の会	○	
10：00	車いす入浴	○	「気持ち良かった」と友人と話している。
10：00	洗身・洗髪・更衣・整容（見守り）	○	
	衣類の入れ替え	○	
10：30	水分補給	○	お茶を一杯飲む。
10：40~11：00	運動器の機能向上訓練（歩行訓練）	○	平行棒2往復を3回，立ち上がりは楽にできる。
	ベッドにて静養		
	交流・茶話会など		
	作品作り		
	脳トレ・頭の体操		
12：00	昼食〈普通食・刻み食〉（見守り）	○	
13：00	体操・ストレッチ・ゴムバンド・唱歌など	○	両足に1.5kgのおもりを付けて20回上げる。「しんどくない」
	レクリエーション		
	作品作り		
	ベッドにて静養		
15：00	おやつ	○	
15：20~16：00	生活機能・意欲向上訓練		平行棒で段差越えの練習を行う。
16：20	帰りの会	○	
16：40	送り（見守り）	○	
	自宅着	○	

→ 利用者の状況を具体的に記載する。

【排泄】尿	9：40，13：00，15：40
便	15：00大量に出る

→ 時間や量などを具体的に記載する。

特記事項	

→ 記載内容はSOAP形式に基づき，SおよびOの情報や，Aの評価内容，Pの計画の内容の変更を記載する。

予防給付 12 グループ活動計画表

実施日 ○年 ○月 ○日（○） ○時 ○分～ ○時 ○分

グループ活動内容	調理グループ（うどん作り）
活動メンバー	Aさん，Bさん，Cさん，Dさん
準備する物	カセットコンロ2台，まな板2，包丁2，大きめの鍋1，さい箸1，どんぶり5 ねぎ，冷凍うどん5 ※数量も明確にしておくとよい。
職員担当	F介護職員 ※それぞれの役割を明確にしておくとよい。
ねらい	Aさん，Bさんは包丁の扱いに慣れる。Cさん，Dさんはさい箸を使って盛り付けの練習をする。 ※全体としてのねらいや個人ごとのねらいがあるとよい。
注意点	包丁の扱いとやけどに注意。
実施内容	（配置図：F A B / C D ※メンバーの配置を図示しておくとよい（職員も含む）。） 1．ねぎを刻む。 　ねぎを洗い，束ねて包丁で切る（手の押さえを助言する）。 ※工程を細かく分けてそれぞれにおける配慮を準備するとよい。 2．湯を沸かす。 　水を入れた鍋をコンロに乗せ，スイッチをひねる。 　火加減を見る。 3．冷凍うどんを袋から出す。 　袋から中身が飛び散らないように助言する。はさみを使うとよい。 4．湯が沸騰したら，冷凍うどんを鍋に入れる。 　湯がはねないように静かに入れる。 　さい箸を使うとよい。 5．冷凍うどんを煮込み，ねぎも入れる。 　火加減を調整しながら煮込む。 　ねぎを入れて，さい箸でかき混ぜながら煮込む。 6．うどんを盛り付ける。 　鍋からおろし，盛り付けをする。 　さい箸やお玉を使う。 7．調理道具を片付ける。
伝達事項	
反省点	

3

個別機能訓練計画記載事例集

① 要支援1　糖尿病で足のしびれがありながら歩行を頑張る利用者
② 要支援2　片麻痺でありながら努力や工夫をしている利用者
③ 要支援2　身体機能やIADL動作の向上を目指している利用者
④ 要支援2　転倒を予防し，活動的な生活を実現したい利用者
⑤ 要支援2　家庭でできることを取り戻そうとしている利用者
⑥ 要支援2　買い物や調理ができるようになりたい利用者
⑦ 要介護1　認知症で脳への刺激が必要な利用者
⑧ 要介護2　関節が硬くならないように痛みをこらえている利用者
⑨ 要介護2　自宅での入浴を希望する認知症の利用者
⑩ 要介護2　夫の介護と家事の手伝いを希望する利用者
⑪ 要介護3　脊髄小脳変性症のため身体的動作訓練が中心になる利用者
⑫ 要介護3　退院後にデイサービスを導入する予定の利用者
⑬ 要介護3　部屋の片付けができて，衛生的な生活を望んでいる利用者
⑭ 要介護4　寝たきりであっても機能を維持したい利用者

事例1 糖尿病で足のしびれがありながら歩行を頑張る利用者

| 要介護度 | 要支援1 | 障害高齢者自立度 | A2 | 認知症高齢者自立度 | 自立 |

　Eさんは，56歳の時に糖尿病になり服薬治療を続けたが，77歳の時に両下肢にしびれが出現した。足底の感覚も鈍くなり，足が地に着いている感じが分かりにくくなった。足先が上がりにくく，つまずくようになり何度も転倒している。

　加えて，目も少しずつ見えにくくなってきたが，1m先の指は認識できる。以前に荷物の配達の仕事で腰を痛めているが，現在はわずかに痛みがある程度。

　高血圧だが，酒をよく飲み，たばこも吸っていたので，健診で再検査を勧められていたが，放置して糖尿病等は進んでしまった。病院受診はあまり気が乗らないようだが，転倒は気になるらしく，訓練は受けたいと思っている。

　妻は行動的で近所に出かけることも多いが，本人は近所との交流は少なく，外出の頻度も少ない。

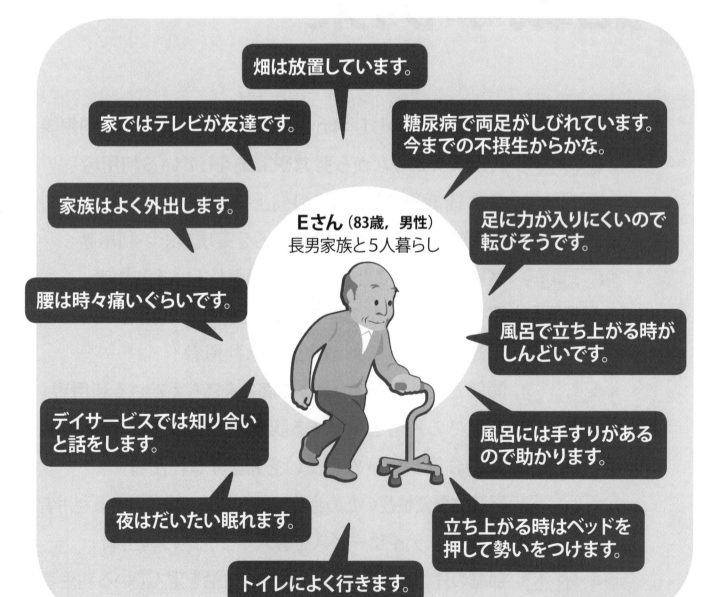

基本チェックリスト

E 様　　　　　　　　　　　　　　　　　　記入日　○／7／12

番号	質問項目	回答
1	バスや電車で1人で外出していますか。	1．いいえ
2	日用品の買い物をしていますか。	1．いいえ
3	預貯金の出し入れをしていますか。	1．いいえ
4	友人の家を訪ねていますか。	1．いいえ
5	家族や友人の相談に乗っていますか。	1．いいえ
6	階段を手すりや壁をつたわらずに上っていますか。	1．いいえ
7	いすに座った状態から何もつかまらずに立ち上がっていますか。	1．いいえ
8	15分位続けて歩いていますか。	1．いいえ
9	この1年間に転んだことがありますか。	1．はい
10	転倒に対する不安は大きいですか。	1．はい
11	6カ月間で2〜3kg以上の体重が減少しましたか。	0．いいえ
12	身長（cm）　165.0　体重（kg）　56.0　（注）BMI＝20.6	
13	半年前に比べて固い物が食べにくくなりましたか。	0．いいえ
14	お茶や汁物等でむせることがありますか。	0．いいえ
15	口の渇きが気になりますか。	0．いいえ
16	週に1回以上は外出していますか。	1．いいえ
17	昨年と比べて外出の回数が減っていますか。	0．いいえ
18	周りの人から「いつも同じことを聞く」などの物忘れがあると言われますか。	0．いいえ
19	自分で電話番号を調べて，電話をかけることをしていますか。	0．はい
20	今日が何月何日か分からない時がありますか。	0．いいえ
21	（ここ2週間）毎日の生活に充実感がない。	0．いいえ
22	（ここ2週間）これまで楽しんでやれていたことが楽しめなくなった。	0．いいえ
23	（ここ2週間）以前は楽にできていたことが今ではおっくうに感じられる。	0．いいえ
24	（ここ2週間）自分が役に立つ人間だと思えない。	0．いいえ
25	（ここ2週間）わけもなく疲れたような感じがする。	0．いいえ

運動機能改善　5／5

栄養改善　0／2

口腔内ケア　0／3

閉じこもり予防　1／2

物忘れ予防　0／3

うつ予防　0／5

（注）BMI＝体重（kg）÷身長（m）÷身長（m）が18.5未満の場合に該当とする。

介護予防サービス・支援計画表（1）

初回・紹介・(継続)　　(認定済)・申請中　　要支援1・(要支援2)　地域支援事業

No.（介護保険被保険者番号）
利用者名： E 様
認定年月日：○年7月15日　　認定の有効期間：○年8月1日 ～ ○年7月31日
計画作成者氏名：
計画作成（変更）日：　　〔委託の場合〕計画作成事業者・所名（連絡先：　　）　電話：
（初回作成日：　）　担当地域包括支援センター：　電話：

目標とする生活

1日	屋内での移動が安定し、庭に出る生活をする。
1年	自宅の庭で作物を作る。

総合的な援助の方針（生活の自立支援、生活機能の改善・悪化を予防するポイント）

両下肢の筋力を強化し、歩行時に注意を払うことで4点杖歩行を安定させ、生活上の活動性向上や転倒の危険の軽減を図る。また、両下肢の力がつけば入浴時の立ち上がり動作が楽になる。

健康状態について（主治医意見書、健診結果、観察結果等を踏まえた改善・維持・悪化予防のポイント）

高血圧症で降圧剤を服薬中、血圧160／90mmHg程度で安定している。糖尿病の合併症で目が見えにくく、両足の感覚が鈍くなっているので、転倒に注意してください。また、傷ができないように注意を払ってください。

※基本チェックリストの（該当した質問項目数）／（質問項目数）を記入します。
必要と思われる事業プログラムに○印を付けています。

運動機能改善	栄養改善	口腔内ケア	(閉じこもり予防)	物忘れ予防	うつ予防
⑤/5	0/2	0/3	1/2	0/3	0/5

【本来行うべき支援が実施できない場合】妥当な支援の実施に向けた方針

[意見]

[確認印]

計画に関する同意
上記計画について、同意いたします。
　　　年　月　日　氏名

地域包括支援センター　　　　　　　　　　　　　　　㊞

介護予防サービス・支援計画表（2－1）

利用者名： E 様

No.	アセスメント領域と現在の状況	本人・家族の意欲・意向	領域における課題（背景・原因）	総合的課題	課題に対する目標と具体策の提案	具体策についての意向 本人・家族
	運動・移動について 糖尿病によるしびれと筋力低下で両下肢のしびれと筋力低下で屋内は家具につかまって何とか歩いているが、屋外は4点杖を持ちながら歩いたち不安定ながら歩いている。	（本人） 足の力をつけて、注意をして歩きたい。 （家族） 転倒には気をつけてほしい。	■有 □無 両下肢の筋力低下 両下肢のしびれ感 家具につかまり、4点杖使用での歩行 腰痛軽度あり。	両下肢の筋力低下としびれ感による歩行の不安定さがある。	（目標） 1. 4点杖の歩行訓練で歩行が安定する。 2. 両下肢の筋力強化で歩行が安定する。 3. デイサービスの浴槽で立ち上がるコツがつかめる。	（本人） しびれはなかなか治らないだろうから、注意しながら歩く練習をしたい。 力がつけば、歩行が安定できるのではないかと思う。 風呂に安心して入るとよい。
	日常生活（家庭生活）について 自室のテレビを見て過ごし、外の景色をながめることはあるが、外に出るまでには至っていない。 日中の活動量は少ない。 入浴時、立ち上がり動作がしんどい時がある。	（本人） 足のしびれで、あまり多くは歩きたくない。でもテレビだけでは面白くない。風呂は立ち上がりがしんどい。 （家族） 無理のない範囲で動いてほしい。	■有 □無 日中1人 両下肢のしびれ感 4点杖や家具につかまっての歩行 浴槽深さ約40cm	糖尿病の影響による活動性の低下が日中の活動量の少なさと風呂の動作をつらくしている。		
	社会参加、対人関係、コミュニケーション 長男は仕事、長男の妻は外出することが多く、日中1人のため、会話することが少ない。 デイサービス利用時に知り合いと会話をする程度。	（本人） デイサービスで知り合いと話をするのはよい。 （家族） 人と話すと楽しい時間になるので、このまま続けてほしい。	□有 ■無			
	健康管理について 高血圧症で降圧剤を飲んでいる。毎朝自分で血圧を測り、ノートにつけている。たばこと酒はやめており、糖尿病食（昼は業者配達）を利用して食べている。	（本人） 薬に関しては心配ないが、風呂の前に血圧を測ってくれると助かる。	□有 ■無			
	その他					

介護予防サービス・支援計画表（2-2）

利用者名： E 様

目標	目標についての支援のポイント	本人等のセルフケアや家族の支援、インフォーマルサービス	支援計画			期間
			介護保険サービス 地域支援事業	サービス種別	事業所	
1. 4点杖歩行が安定して歩ける。	4点杖歩行練習時に足元の確認もしながら歩く練習をする。	（本人）自宅でも同様の歩き方で移動する。	4点杖歩行訓練	介護予防通所介護 運動器機能向上加算		○.8 ～ ○.10
2. 左下肢に2kgのおもりを付けて、楽に上げられる。	足に1.5kgのおもりを付け、10回×2上げる。声かけを行う。	いすに座っている時に足を上げる（1日2回朝と夕）。	両下肢の筋力強化訓練			
3. 手すりを持って立ち上がりが楽にできる。	デイサービスで、浴槽の手すりで持つ場所を特定し、立ち上がる練習をする。	自宅でも同様のやり方で立ち上がる。	入浴時の立ち上がり訓練 入浴見守り			

介護予防通所介護アセスメントシート

アセスメント実施日　○年8月1日　第2回　面接方法（　訪問　）　担当者　S

フリガナ		性別	男	生年月日	○年○月○日（83歳）	要介護度	介護認定日		
氏名	Eさん					支1	○	○ 7	15

住所	○○市○○町○丁目○番地	電話番号	×××-×××-××××	認定の有効期間
				○.8～○.7

連絡先	氏名	続柄	住所	電話番号	障害高齢者自立度	A2
	○○○○	長男	同上	同上	認知症高齢者自立度	自立
	○○○○	長男の妻	同上	同上		

家族構成	現在利用している社会資源等	本人の希望
妻，長男家族と5人暮らし。 長男携帯：XXX-XXXX-XXXX 長男の妻携帯：XXX-XXXX-XXXX	在宅および施設ケアサービス 介護予防通所介護 週1回	下肢がしびれているので，つまずきやすいのが困る。 足の力をつけたい。
介護状況 主介護者　（　　　　妻　　　　） 仕事等　　（　　　　なし　　　） 健康状態　（　　　　普通　　　） キーパーソン　（　　　妻　　　）	日常生活用具等 なし	家族の希望・要望 転倒して骨折すると大変なので，良くなってもらいたい。

生活歴	食品会社に長年勤めて配達の仕事をしていた。お酒を飲む機会が多く，たばこも1日1箱のペースで吸っていたが，糖尿病の診断を受けてからは減らしていき，○年には止めた。妻は婦人会で役員を務め交流は広いが，本人は周りとの交流はほとんどなかった。長男は公務員で県内での異動がある。

治療状況	既往歴	現病歴	服薬状況	受診方法
	腰痛症（○年） 高血圧症（○年）	○年ごろから糖尿病で薬を飲んでいたが，徐々に進行して○年ごろから右下肢にしびれを感じるようになった。翌年には左にもしびれを感じ，足が上がりにくくなりつまずきはじめた。目も少しずつ見えにくくなってきている。	降圧剤（1日3回） 糖尿病薬（1日3回） 湿布	月2回長男の妻の車で受診
	医療機関名・担当医（　　　　　○○病院内科　△△医師　　　　　）TEL（　　　　　　） （　　　　　　　　　　　　　　　　　　　　　　　　　　）TEL（　　　　　　）			

医療保険	後期高齢者医療制度	身障手帳	なし	年金等	厚生年金，年間90万円程度

身体状況	〈拘縮　麻痺　痛み　皮膚の状況〉			
	拘縮	なし		
	麻痺	両下肢筋力低下あり。尖足傾向。		
	痛み	軽度の腰痛あり。両下肢しびれ感あり，足でしっかり立っている感覚が分かりにくい。		
	褥瘡	なし		
	皮膚の状況	良好		
	〈目・耳の状態およびコミュニケーション能力〉			
	視力	ぼんやりとして見にくいが，目の前の指は分かる。	眼鏡	持っているが，使っていない。
	聴力	年相応	補聴器	なし
	目・耳の症状	特に問題なし		
	意思表示の手段	言葉にて十分可能であるが，少し早口でしゃべる。		
	意思の伝達	会話はスムーズにできる。		
	指示への反応	十分理解できる。		
	その他	血圧160／90mmHg程度		

介護保険	○○○○○○○○○○	支援事業所	居宅介護支援事業所○○荘	ケアマネジャー	S

日常生活動作能力	寝返り	自立
	起き上がり	自立
	座位	自立
	移乗・移動	立ち上がりはベッドを手で押して勢いをつける。
		家具につかまりながら何とか歩く。屋外は4点杖をついて不安定ではあるが歩く。
		移乗はベッド柵や介助バーなどにつかまり，注意しながら行う。
	着脱	自立
	整容	自立
	IADL等	歩行はゆっくりと歩く。家事は長男の妻が行っている。

食事・栄養状態	肥満とやせ	普通
	食べ方	右手箸で自立。
	嚥下	良好
	食事制限	特になく，好き嫌いもない。
	食物形態	糖尿病食
	一日の水分量	ほぼ通常量1,500mL程度
	口腔の状態	部分入れ歯（昼食後は口をすすいでいる）

排泄の状況	尿	1日10回程度（夜間も2～3回トイレに行く）
	尿失禁	なし
	便	通常便が毎日出る。
	便失禁	なし
	トイレ環境	洋式トイレで手すりはない。

	身体の清潔状況	自宅でも浴槽台を利用して入浴する。手すりにつかまって立ち上がるが，介助してもらう時もある。 洗身は自立。
	浴室環境	浴槽は約40cmと深め。浴室にはL字手すりを設置済み。

精神状態	睡眠の状況	足のしびれで夜間に目を覚ますことはあるが，通常はよく眠れる。
	認知症の症状	特になし

家族の協力体制	妻が主介護者で，長男の妻の協力も得られる。	住宅・環境等
興味・関心・生きがい	デイサービス利用時に会話を楽しんでいる様子。	玄関に20cmの段差が2段ある。廊下と部屋の間は2.5cmの段差。夫婦居室は8畳の和室で，テレビ，タンスがある。玄関には手すりを設置済み。
生活スタイル・活動状況	家族は外出することが多く，日中は1人の状態。テレビを見て過ごしていることが多い。以前は庭の野菜畑の手入れをしていたが，最近はほとんどしていない。	
要支援に至った理由と経緯 以前のADLと家庭内役割 自立してできなくなったこと 現在の家事状況と役割 近隣との交流	27年前に糖尿病になり服薬治療を続けたが，約6年前から両下肢にしびれが出現した。足底の感覚も鈍くなり，足が地に着いている感じが分りにくくなった。足先が上がりにくく，つまずくようになり何度も転倒している。加えて，少しずつ目も見えにくくなってきたが，1m先の指は認識できる。以前に荷物の配達の仕事で腰を痛めているが，現在はわずかな痛みとなっている。高血圧で酒をよく飲み，たばこも吸っていたので，健康診断では再検査を勧められていたが，放置していたため糖尿病等は進んでしまった。長男は以前転勤で県外に住んでいたが，現在は自宅から通える職場になった。	

送迎場所	自宅玄関	送迎方法	4点杖歩行	ベッド等	折りたたみベッド

運動器の機能向上プログラム事前・事後アセスメントシート

氏名　　　Eさん	○年○月○日生（83歳）	評価者名　　　K
要介護度　【 (要支援1) ・ 要支援2 】	実施プログラム　筋力強化，歩行訓練等	

評価実施日　1回目　○年8月1日	評価実施日　2回目　　　年　月　日
バイタルチェック	バイタルチェック
血圧　　　　160／90　mmHg	血圧　　　　　／　　　mmHg
脈拍　　　　　72回／分	脈拍　　　　　　回／分
不整【 (無)・有（　　回／分）】	不整【 無・有（　　回／分）】
形態測定	形態測定
身長：165cm　体重：56kg　BMI：20.6	身長：　cm　体重：　kg　BMI：
運動機能	運動機能
握力　　　（　　　35.0kg：左・(右)） 　　　　　（　　　30.0kg：(左)・右）	握力　　　（　　　kg：左・右） 　　　　　（　　　kg：左・右）
膝伸展筋力（　　　kg：左・右） 　　　　　（　　　kg：左・右）	膝伸展筋力（　　　kg：左・右） 　　　　　（　　　kg：左・右）
片足立ち（開眼）（　1.0秒：左・(右)） 　　　　　　　　（　1.0秒：(左)・右）	片足立ち（開眼）（　秒：左・右） 　　　　　　　　（　秒：左・右）
TUG　　　　　　　（　40.0秒）	TUG　　　　　　　（　　秒）
通常歩行時間　　　（　25.0秒） 【補助具使用 (有)・無）種類（　4点杖　）】	通常歩行時間　　　（　　秒） 【補助具使用（有・無）種類（　　）】
最大歩行時間 　（5m）　　　　　（　23.0秒） 【補助具使用 (有)・無）種類（　4点杖　）】	最大歩行時間 　（5m）　　　　　（　　秒） 【補助具使用（有・無）種類（　　）】

評価時の特記事項： TUGは立ち上がりに時間がかかりやすい。 最大歩行時，注意を払いながら歩くので， あまり差は見られない。 片足立ちはバランスを崩しそうになり不安定。	評価時の特記事項：

BMI＝体重（kg）÷身長の2乗（m²）
20未満：やせ気味　　　　　20〜24未満：普通
24〜26.5未満：太り気味　　26.5以上：太りすぎ
TUG：いすから立ち上がり，3m先の目印を折り返し，再びいすに座るまでの時間

興味・関心チェックシート

聞き取り日：〇年8月1日

氏名	Eさん			生年月日	〇年〇月〇日	年齢	83歳	性別	男

生活行為	している	してみたい	興味がある	生活行為	している	してみたい	興味がある
自分でトイレへ行く	○			生涯学習・歴史			
一人でお風呂に入る		○		読書			
自分で服を着る	○			俳句			
自分で食べる	○			書道・習字			
歯磨きをする	○			絵を描く・絵手紙			
身だしなみを整える	○			パソコン・ワープロ			
好きなときに眠る	○			写真			
掃除・整理整頓	○			映画・観劇・演奏会			
料理を作る				お茶・お花			
買い物				歌を歌う・カラオケ			
家や庭の手入れ・世話			○	音楽を聴く・楽器演奏			
洗濯・洗濯物たたみ				将棋・囲碁・麻雀・ゲーム等			
自転車・車の運転				体操・運動			
電車・バスでの外出				散歩			
孫・子供の世話				ゴルフ・グラウンドゴルフ・水泳・テニスなどのスポーツ			
動物の世話				ダンス・踊り			
友達とおしゃべり・遊ぶ	○			野球・相撲等観戦			
家族・親戚との団らん	○			競馬・競輪・競艇・パチンコ			
デート・異性との交流				編み物			
居酒屋に行く				針仕事			
ボランティア				畑仕事			
地域活動（町内会・老人クラブ）				賃金を伴う仕事			
お参り・宗教活動				旅行・温泉			
その他（　　　）				その他（　　　）			
その他（　　　）				その他（　　　）			

居宅訪問チェックシート

利用者氏名		Eさん		生年月日	○年○月○日	年齢	83歳	性別	男
訪問日・時間		○年8月1日（○） 16：50 ～ 17：10						要介護度	支1
訪問スタッフ		○○，○○		職種	生活相談員，機能訓練指導員	被聞取り者		家族，利用者	

	項目	レベル	課題	環境（実施場所・補助具等）	状況・生活課題
ADL	食事	☑自立　□見守り □一部介助　□全介助	無	食堂で食べる。	自宅の浴槽は深く，浴槽台と手すりを利用して立ち上がっているが，時々介助してもらう。
	排泄	☑自立　□見守り □一部介助　□全介助	無	洋式トイレ。	
	入浴	□自立　□見守り ☑一部介助　□全介助	有	自宅の浴槽は和洋折衷型。	
	更衣	☑自立　□見守り □一部介助　□全介助	無		
	整容	☑自立　□見守り □一部介助　□全介助	無		
	移乗	☑自立　□見守り □一部介助　□全介助	無	ベッド柵や介助バーなどにつかまって注意しながら行う。	
IADL	屋内移動	☑自立　□見守り □一部介助　□全介助	無	廊下と部屋の間に2.5cmの段差がある。家具につかまって歩く。	玄関には手すりがあるが，上り下りがしんどくなっており，外出することは少ない。
	屋外移動	☑自立　□見守り □一部介助　□全介助	無	4点杖を使用する。	
	階段昇降	□自立　☑見守り □一部介助　□全介助	有	玄関に20cmの段差が2段ある。玄関には手すりを設置済み。	
	調理	□自立　□見守り □一部介助　☑全介助	無	長男の妻が行う。	
	洗濯	□自立　□見守り □一部介助　☑全介助	無	長男の妻が行う。	
	掃除	□自立　□見守り □一部介助　☑全介助	無	長男の妻が行う。	

	項目	レベル	課題	状況・生活課題	
起居動作	起き上がり	☑自立　□見守り □一部介助　□全介助	無	慎重に動きながら生活している。	
	座位	☑自立　□見守り □一部介助　□全介助	無		
	立ち上がり	☑自立　□見守り □一部介助　□全介助	無		
	立位	☑自立　□見守り □一部介助　□全介助	無		

身体機能：腰痛に加えて糖尿病で両下肢のしびれと目が見えにくくなっている。

精神・心理機能：認知機能に問題はない。

介護予防通所介護 機能訓練評価シート

評価者	○○	(訪問)評価日	○年8月1日（○）

氏名	Eさん	性別	男	障害高齢者自立度	A2	要介護度	
生年月日	○年○月○日	年齢	83	認知症高齢者自立度	自立		支1

関節可動域		肩：(年齢相応)・制限あり（　　　　　　　　　　　　　　　　　　　　　　　　） 肘：(年齢相応)・制限あり（　　　　　　　　　　　　　　　　　　　　　　　　） 手：(年齢相応)・制限あり（　　　　　　　　　　　　　　　　　　　　　　　　） 股：(年齢相応)・制限あり（　　　　　　　　　　　　　　　　　　　　　　　　） 膝：(年齢相応)・制限あり（　　　　　　　　　　　　　　　　　　　　　　　　） 足：(年齢相応)・制限あり（　　　　　　　　　　　　　　　　　　　　　　　　）
痛みや痺れ等		痛み：(あり)・なし（腰痛軽度　　　　　　　　　　　　　　　　　　　　　　　　） 痺れ：(あり)・なし（両下腿にあり。足底の感覚も分かりにくい。　　　　　　　　　）
筋力	上肢	腕を曲げる：(十分に曲げられる)・何とか曲げられる・曲げられない（　　　　　　　） 腕を伸ばす：(十分に伸ばせる)・何とか伸ばせる・伸ばせない（　　　　　　　　　　）
	下肢	足を後ろに引く：十分に引ける・(何とか引ける)・引けない（　　　　　　　　　　　） 足を伸ばす：十分に伸ばせる・(何とか伸ばせる)・伸ばせない（　　　　　　　　　　）
	体幹	へそのぞき：(十分にのぞける)・何とかのぞける・のぞけない（　　　　　　　　　　） 背を伸ばす：(十分に伸ばせる)・何とか伸ばせる・伸ばせない（　　　　　　　　　　）
家庭でのADL	起き上がり	(できる)・介助でできる・できない（　　　　　　　　　　　　　　　　　　　　　）
	座位保持	(できる)・介助でできる・できない（　　　　　　　　　　　　　　　　　　　　　）
	歩行	(できる)・介助でできる・できない（屋内・外共に4点杖をついて歩く。　　　　　　）
	車いす駆動	できる・介助でできる・できない（使用しない。　　　　　　　　　　　　　　　　）
	食事	(できる)・介助でできる・できない（右手に箸を持って食べる。　　　　　　　　　　）
	衣服・整容	(できる)・介助でできる・できない（　　　　　　　　　　　　　　　　　　　　　）
	入浴	できる・(介助でできる)・できない（浴槽台を利用。見守りであるが，時々介助する。）
	排泄	(できる)・介助でできる・できない（洋式トイレ　　　　　　　　　　　　　　　　）
	会話	(できる)・介助でできる・できない（　　　　　　　　　　　　　　　　　　　　　）
家庭でのIADL	買い物	できる・介助でできる・(できない)（長男の妻が行う。　　　　　　　　　　　　　）
	調理	できる・介助でできる・(できない)（長男の妻が行う。　　　　　　　　　　　　　）
	掃除・洗濯	できる・介助でできる・(できない)（長男の妻が行う。　　　　　　　　　　　　　）
認知機能	見当識	日時：(分かる)・時々分かる・分からない（　　　　　　　　　　　　　　　　　　） 場所や人：(分かる)・時々分かる・分からない（　　　　　　　　　　　　　　　　）
	記銘・記憶	短期：(覚えている)・不確か・忘れることが多い（　　　　　　　　　　　　　　　） 長期：(覚えている)・不確か・忘れることが多い（　　　　　　　　　　　　　　　）
	判断能力	簡単な内容：(できる)・意見を求める・できない（　　　　　　　　　　　　　　　） 複雑な内容：(できる)・意見を求める・できない（　　　　　　　　　　　　　　　）
	BPSD（幻覚・妄想・易怒・意欲低下等）	特になし
麻痺回復（麻痺なし）	肩や腕	かなり動かせる・半分程度・わずかに動かせる（　　　　　　　　　　　　　　　　）
	手指	かなり動かせる・半分程度・わずかに動かせる（　　　　　　　　　　　　　　　　）
	下肢	かなり動かせる・半分程度・わずかに動かせる（　　　　　　　　　　　　　　　　）
興味・関心・生きがい・役割		自室のテレビを見て過ごし，外の景色をながめることはあるが，外に出るまでは至っていない。
生活スタイル・活動量・交流		デイサービス利用時に知り合いと会話をする。
訓練効果，実施方法に関する評価　実施日：○.8.1		機能訓練指導員：両下肢の筋力強化が必要。4点杖歩行の練習も必要。 看護職員：糖尿病。血圧は160／90mmHg程度で，200mmHg以上の時は入浴中止を考える。 介護職員：歩行時は転倒の恐れがあるので，入浴の移動介助時は注意が必要。 生活相談員：長男家族と同居。あまり外に出ない生活をしている。

介護予防通所介護計画書

※3カ月間の評価および変化も記載しています。

作成日	○年8月1日	前回作成日	○年4月30日	計画作成者	○○				
ふりがな 氏名	Eさん	性別	生年月日	年齢	要介護度	管理者	看護	介護	機能訓練	相談員
		男	○年○月○日	83	支1	○○	○○	○○	○○	○○

【通所介護利用までの経緯（活動歴・病歴）】 56歳の時に糖尿病になり，77歳の時には両下肢にしびれが出てきた。何度も転倒し，入浴が困難になってきたため，デイサービスを利用するようになった。	【本人の希望】 下肢がしびれているので，つまずきやすいのが困る。足の力をつけたい。	【障害自立度】 A2
	【家族の希望】 転倒して骨折すると大変なので，良くなってもらいたい。	【認知症自立度】 自立

【健康状態（病名，合併症（心疾患，呼吸器疾患等），服薬状況等）】 腰痛症，高血圧症（○年） 糖尿病（○年） 降圧剤などを1日3回服用する。	【ケアの上での医学的リスク（血圧，転倒，嚥下障害等）・留意事項】 血圧は160／90mmHg程度で，200mmHg以上であれば入浴を中止する。

握力　　　　　　右：35.0kg　　　左：30.0kg　　補助具使用（ 有 ・ 無 ）
片足立ち（開眼）　右：1.0秒　　　左：1.0秒　　　種類（4点杖　　　　　　　）　　最大歩行時間（5m）：（23.0秒）

【自宅での活動・参加の状況（役割など）】
妻や長男家族と同居し，仕事一本で生活していた。家では特にすることがなく，近所との交流もほとんどない。

利用目標

長期目標 3カ月	設定日 達成予定日	○年8月 ○年10月	下肢の筋力強化と杖歩行の安定。 入浴時，浴槽からの立ち上がりが楽にできる。	目標達成度 達成・(一部)・未達
中期目標 2カ月	設定日 達成予定日	○年8月 ○年9月	1.5kgのおもりを10回楽に上げられる。 入浴時に浴槽から立ち上がる際は自分で勢いをつけて上げられる。	目標達成度 (達成)・一部・未達
短期目標 1カ月	設定日 達成予定日	○年8月 ○年8月	1.5kgのおもりを5回上げた後に休憩して再び上げられる。 入浴時に浴槽から立ち上がる際は少し腰を上げられ，軽介助で入浴できる。	目標達成度 (達成)・一部・未達

サービス提供内容

目的とケアの提供方針・内容	評価			迎え（ 有 ・ 無 ）	
	実施	達成	効果，満足度等		
①両下肢の筋力強化のために筋力強化訓練を行う。また，4点杖歩行の安定のために歩行訓練を行う。 8月2日～10月31日	1カ月目 (実施)　(達成) 一部　一部 未実施　未達		おもりを5回楽に上げられるようになった。	プログラム（1日の流れ）	
				予定時間	サービス内容
3カ月目の変化及び総括	2カ月目		おもりを10回楽に上げられるようになった。	9：00	バイタルチェック
(実施)　達成 一部　(一部) 未実施　未達	下肢の筋力は強化されたが，歩行は不安定さが残る。	(実施)　(達成) 一部　一部 未実施　未達		10：20	入浴訓練
				11：10	自主的歩行訓練
				11：30	集団体操
②自宅浴槽での立ち上がりが楽にできるようになるために，浴槽内からの立ち上がり訓練を行う。 8月2日～10月31日	1カ月目 (実施)　(達成) 一部　一部 未実施　未達		腰を上げる介助をすれば立ち上がれる。	12：00	食事
				13：45	筋力強化訓練
				14：00	レクリエーション参加
				15：00	おやつ
3カ月目の変化及び総括	2カ月目		何度かチャレンジすれば立ち上がれる。	15：30	脳トレーニング
(実施)　達成 一部　(一部) 未実施　未達	体調によってできる日とできにくい日がある。	(実施)　(達成) 一部　一部 未実施　未達			
				送り（ 有 ・ 無 ）	

【特記事項】	【地域包括支援センターへの報告事項】 歩行は安定していますが，入浴は立ち上がりがまだ不十分な日があります。

上記計画の内容について説明を受けました。 　　　　　　　　　　　　　　　　　　　○年　8月　2日 ご本人氏名：○○○○ ご家族氏名：○○○○	上記計画書に基づきサービスの説明を行い内容に同意頂きましたので，ご報告申し上げます。 　　　　　　　　　　　　　　　　　　○年　8月　2日 地域包括支援センター ○○　介護支援専門員様／事業所様

通所介護○○○　　〒000-0000　　住所：○○県○○市○○○○-00　　管理者：○○
　　　　　　　　Tel. 000-000-0000　／Fax. 000-000-0000　　説明者：○○

介護予防通所介護個別機能訓練計画書

※3カ月間の評価および変化も記載しています。

作成日	○年8月1日	前回作成日	○年4月30日	計画作成者	○○			
ふりがな 氏名	Eさん	性別 男	生年月日 ○年○月○日	年齢 83	要介護度 支1	管理者 ○○	看護 ○○	介護 ○○

(追加欄: 機能訓練 ○○ / 相談員 ○○)

【本人の希望】 下肢がしびれているので，つまずきやすいのが困る。足の力をつけたい。	【家族の希望】 転倒して骨折すると大変なので，良くなってもらいたい。	【障害自立度】 A2
		【認知症自立度】 自立
【病名，合併症（心疾患，呼吸器疾患等）】 腰痛症，高血圧症（○年） 糖尿病（○年）	【生活課題】 糖尿病による神経障害のため，両下肢にしびれ感があり，腰痛で歩行がしんどい状況。	【在宅環境（生活課題に関連する在宅環境課題）】 長男家族と暮らしているが，日中は1人の状態。浴室と玄関に手すりを設置済み。就寝時は折り畳みベッドを使用している。
【運動時のリスク（血圧，不整脈，呼吸等）】 血圧160／90mmHg程度，脈拍76回/分。血圧180mmHg以上で運動を控える。		

運動器の機能向上訓練

長期(到達)目標(3カ月) ○年10月	下肢の筋力強化と杖歩行の安定。 入浴時には浴槽からの立ち上がりが楽にできる。	目標達成度 達成・(一部)・未達
中期目標(2カ月) ○年9月	1.5kgのおもりを10回楽に上げられる。 入浴時に浴槽から立ち上がる際は自分で勢いをつけて上げられる。	目標達成度 (達成)・一部・未達
短期目標(1カ月) ○年8月	1.5kgのおもりを5回上げた後に休憩して再び上げられる。 入浴時に浴槽から立ち上がる際は少し腰を上げられ，軽介助で入浴できる。	目標達成度 (達成)・一部・未達

プログラム内容（何を目的に〈～のために〉～する）	留意点	頻度	時間	主な実施者
①両下肢の筋力強化のため，1.5kgのおもりを10回上げる×2		週2回	13：45～14：00	山田
②4点杖歩行を自立させるため，廊下を2往復する歩行訓練を行う		週2回	11：10～11：30	山田
③入浴を自立させるため，浴槽からの立ち上がる訓練を2回行う		週2回	10：20～10：30	山田
			プログラム立案者：山田	

生活機能向上グループ活動訓練

長期(到達)目標(3カ月) 年 月		目標達成度 達成・一部・未達
中期目標(2カ月) 年 月		目標達成度 達成・一部・未達
短期目標(1カ月) 年 月		目標達成度 達成・一部・未達

プログラム内容（何を目的に〈～のために〉～する）	留意点	頻度	時間	主な実施者
①				
②				
③				
			プログラム立案者：	

【特記事項】 入浴時の血圧に注意して訓練を行う。	【プログラム実施後の変化（総括）】 再評価日：○年10月31日 両下肢の筋力が少しついてきて，おもりの重さも1.5kgから2kgに変更できる状況です。また，ほとんどつまずかずに歩行できるようになりました。

上記計画の内容について説明を受けました。 ○年 8月 2日 ご本人氏名：○○○○ ご家族氏名：○○○○	上記計画書に基づきサービスの説明を行い内容に同意頂きましたので，ご報告申し上げます。 ○年 8月 2日 地域包括支援センター ○○ 介護支援専門員様／事業所様

介護予防通所介護事業所○○　〒000-0000　住所：○○県○○市○○○○-○○　管理者：○○
Tel.000-000-0000／Fax.000-000-0000　説明者：○○

興味・関心チェックシート 3カ月後

聞き取り日：○年10月25日

氏名	Eさん			生年月日	○年○月○日	年齢	83歳	性別	男

生活行為	している	してみたい	興味がある	生活行為	している	してみたい	興味がある
自分でトイレへ行く	○			生涯学習・歴史			
一人でお風呂に入る	○（気持ちにも変化あり。）			読書			
自分で服を着る	○			俳句			
自分で食べる	○			書道・習字			
歯磨きをする	○			絵を描く・絵手紙			
身だしなみを整える	○			パソコン・ワープロ			
好きなときに眠る	○			写真			
掃除・整理整頓	○			映画・観劇・演奏会			
料理を作る				お茶・お花			
買い物				歌を歌う・カラオケ			
家や庭の手入れ・世話			○	音楽を聴く・楽器演奏			
洗濯・洗濯物たたみ				将棋・囲碁・麻雀・ゲーム等			
自転車・車の運転				体操・運動			
電車・バスでの外出				散歩			
孫・子供の世話				ゴルフ・グラウンドゴルフ・水泳・テニスなどのスポーツ			
動物の世話				ダンス・踊り			
友達とおしゃべり・遊ぶ	○			野球・相撲等観戦			
家族・親戚との団らん	○			競馬・競輪・競艇・パチンコ			
デート・異性との交流				編み物			
居酒屋に行く				針仕事			
ボランティア				畑仕事			
地域活動（町内会・老人クラブ）				賃金を伴う仕事			
お参り・宗教活動				旅行・温泉			
その他（　　　）				その他（　　　）			
その他（　　　）				その他（　　　）			

居宅訪問チェックシート 3カ月後

利用者氏名		Eさん		生年月日	○年○月○日	年齢	83歳	性別	男
訪問日・時間		○年10月25日（○） 16：50 ～ 17：10						要介護度	支1
訪問スタッフ		○○，○○		職種	生活相談員，機能訓練指導員	被聞取り者		家族，利用者	

	項目	レベル	課題	環境（実施場所・補助具等）	状況・生活課題
ADL	食事	☑自立 □見守り □一部介助 □全介助	無	食堂で食べる。	自宅の浴槽は深く，浴槽台と手すりを利用して立ち上がっているが，見守りでできている。
	排泄	☑自立 □見守り □一部介助 □全介助	無	洋式トイレ。	
	入浴	□自立 ☑見守り □一部介助 □全介助	有	自宅の浴槽は和洋折衷型。	
	更衣	☑自立 □見守り □一部介助 □全介助	無		
	整容	☑自立 □見守り □一部介助 □全介助	無		
	移乗	☑自立 □見守り □一部介助 □全介助	無	ベッド柵や介助バーなどにつかまって注意しながら行う。	
IADL	屋内移動	☑自立 □見守り □一部介助 □全介助	無	廊下と部屋の間に2.5cmの段差がある。家具につかまって歩く。	玄関には手すりがあるが，上り下りがしんどくなっており，外出することは少ない。
	屋外移動	☑自立 □見守り □一部介助 □全介助	無	4点杖を使用する。	
	階段昇降	□自立 ☑見守り □一部介助 □全介助	有	玄関に20cmの段差が2段ある。玄関には手すりを設置済み。	
	調理	□自立 □見守り □一部介助 ☑全介助	無	長男の妻が行う。	
	洗濯	□自立 □見守り □一部介助 ☑全介助	無	長男の妻が行う。	
	掃除	□自立 □見守り □一部介助 ☑全介助	無	長男の妻が行う。	

> 訓練による意欲向上や状況の変化があれば記載する。

	項目	レベル	課題	状況・生活課題	
起居動作	起き上がり	☑自立 □見守り □一部介助 □全介助	無	慎重に動きながら生活している。	
	座位	☑自立 □見守り □一部介助 □全介助	無		
	立ち上がり	☑自立 □見守り □一部介助 □全介助	無		
	立位	☑自立 □見守り □一部介助 □全介助	無		

身体機能：腰痛に加えて糖尿病で両下肢のしびれと目が見えにくくなっている。

精神・心理機能：認知機能に問題はない。

介護予防通所介護 機能訓練評価シート 3カ月後

評価者	○○	(訪問)評価日	○年10月25日（○）

氏名	Eさん	性別	男	障害高齢者自立度	A2	要介護度	
生年月日	○年○月○日	年齢	83	認知症高齢者自立度	自立	支1	

関節可動域		肩：**年齢相応**・制限あり（　　　　　　　　　　　　　　　　　　　　　　　） 肘：**年齢相応**・制限あり（　　　　　　　　　　　　　　　　　　　　　　　） 手：**年齢相応**・制限あり（　　　　　　　　　　　　　　　　　　　　　　　） 股：**年齢相応**・制限あり（　　　　　　　　　　　　　　　　　　　　　　　） 膝：**年齢相応**・制限あり（　　　　　　　　　　　　　　　　　　　　　　　） 足：**年齢相応**・制限あり（　　　　　　　　　　　　　　　　　　　　　　　）
痛みや痺れ等		痛み：**あり**・なし（腰痛軽度　　　　　　　　　　　　　　　　　　　　　　） 痺れ：**あり**・なし（両下腿にあり。足底の感覚も分かりにくい。　　　　　　）
筋力	上肢	腕を曲げる：**十分に曲げられる**・何とか曲げられる・曲げられない（　　　　） 腕を伸ばす：**十分に伸ばせる**・何とか伸ばせる・伸ばせない（　　　　　　）
	下肢	足を後ろに引く：**十分に引ける**・何とか引ける・引けない（下肢の筋力が向上した。） 足を伸ばす：**十分に伸ばせる**・何とか伸ばせる・伸ばせない（　　　　　　）
	体幹	へそのぞき：**十分にのぞける**・何とかのぞける・のぞけない（　　　　　　） 背を伸ばす：**十分に伸ばせる**・何とか伸ばせる・伸ばせない（　　　　　　）
家庭でのADL	起き上がり	**できる**・介助でできる・できない（　　　　　　　　　　　　　　　　　　）
	座位保持	**できる**・介助でできる・できない（　　　　　　　　　　　　　　　　　　）
	歩行	**できる**・介助でできる・できない（屋内・外共に4点杖をついて歩く。　　　）
	車いす駆動	できる・介助でできる・できない（使用しない。　　　　　　　　　　　　　　）
	食事	**できる**・介助でできる・できない（右手に箸を持って食べる。　　　　　　）
	衣服・整容	**できる**・介助でできる・できない（　　　　　　　　　　　　　　　　　　）
	入浴	できる・**介助でできる**・できない（浴槽台を利用し，見守りでできるようになった。）
	排泄	**できる**・介助でできる・できない（洋式トイレ　　　　　　　　　　　　　）
	会話	**できる**・介助でできる・できない（　　　　　　　　　　　　　　　　　　）
家庭でのIADL	買い物	できる・介助でできる・**できない**（長男の妻が行う。　　　　　　　　　　）
	調理	できる・介助でできる・**できない**（長男の妻が行う。　　　　　　　　　　）
	掃除・洗濯	できる・介助でできる・**できない**（長男の妻が行う。　　　　　　　　　　）
認知機能	見当識	日時：**分かる**・時々分かる・分からない（　　　　　　　　　　　　　　　） 場所や人：**分かる**・時々分かる・分からない（　　　　　　　　　　　　　）
	記銘・記憶	短期：**覚えている**・不確か・忘れることが多い（　　　　　　　　　　　　） 長期：**覚えている**・不確か・忘れることが多い（　　　　　　　　　　　　）
	判断能力	簡単な内容：**できる**・意見を求める・できない（　　　　　　　　　　　　） 複雑な内容：**できる**・意見を求める・できない（　　　　　　　　　　　　）
	BPSD（幻覚・妄想・易怒・意欲低下等）	特になし
麻痺回復（麻痺なし）	肩や腕	かなり動かせる・半分程度・わずかに動かせる（　　　　　　　　　　　　　　）
	手指	かなり動かせる・半分程度・わずかに動かせる（　　　　　　　　　　　　　　）
	下肢	かなり動かせる・半分程度・わずかに動かせる（　　　　　　　　　　　　　　）
興味・関心・生きがい・役割		自室のテレビを見て過ごし，外の景色をながめることはあるが，外に出るまでは至っていない。
生活スタイル・活動量・交流		デイサービス利用時に知り合いと会話をする。
訓練効果，実施方法に関する評価 実施日：○.10.25		機能訓練指導員：両下肢の筋力強化を継続することが必要。4点杖歩行の練習も必要。 看護職員：糖尿病。血圧は160／90mmHg程度で，200mmHg以上の時は入浴中止を考える。 介護職員：歩行時は転倒の恐れがあるので，入浴の移動介助時は見守りが必要。 生活相談員：長男家族と同居。あまり外に出ない生活をしている。

> 機能が向上したことを細かく記載する。

> 生活機能の向上した内容を記載する。

> 向上した生活機能を維持していくことも重要。

介護予防通所介護計画書 3カ月後

作成日	○年10月25日	前回作成日	○年8月1日	計画作成者	○○				
ふりがな 氏名	Eさん	性別	生年月日	年齢	要介護度	管理者	看護	介護	機能訓練	相談員
		男	○年○月○日	83	支1	○○	○○	○○	○○	○○

【通所介護利用までの経緯（活動歴・病歴）】 56歳の時に糖尿病になり，77歳の時には両下肢にしびれが出てきた。何度も転倒し，入浴が困難になってきたため，デイサービスを利用するようになった。	【本人の希望】 下肢がしびれているので，つまずきやすいのが困る。足の力をつけたい。	【障害自立度】 A2
	【家族の希望】 転倒して骨折すると大変なので，良くなってもらいたい。	【認知症自立度】 自立

【健康状態（病名，合併症（心疾患，呼吸器疾患等），服薬状況等）】 腰痛症，高血圧症（○年） 糖尿病（○年） 降圧剤などを1日3回服用する。	【ケアの上での医学的リスク（血圧，転倒，嚥下障害等）・留意事項】 血圧は160／90mmHg程度で，200mmHg以上であれば入浴を中止する。

握力　　　　　　右：35.0kg　　　左：31.0kg　　　補助具使用（ 有 ・ 無 ）
片足立ち（開眼）右：1.0秒　　　左：1.0秒　　　種類（4点杖　　　　　　　）　　最大歩行時間（5m）：（23.0秒）

【自宅での活動・参加の状況（役割など）】
妻や長男家族と同居し，仕事一本で生活していた。家では特にすることがなく，近所との交流もほとんどない。

利用目標

長期目標 3カ月	設定日 達成予定日	○年10月 ○年1月	杖歩行が安定し，屋外も片手杖で歩ける。 入浴が安定してできる。	目標達成度 達成・一部・未達
中期目標 2カ月	設定日 達成予定日	○年10月 ○年12月	2.0kgのおもりを10回×2楽に上げられる。 入浴が見守りでできる。	目標達成度 達成・一部・未達
短期目標 1カ月	設定日 達成予定日	○年10月 ○年11月	2.0kgのおもりを10回上げられる。 入浴時，浴槽からの立ち上がりが楽にできる。	目標達成度 達成・一部・未達

サービス提供内容

目的とケアの提供方針・内容	評価		効果，満足度等
	実施	達成	
①両下肢の筋力強化のために筋力強化訓練を行う。また，1本杖歩行の安定のために歩行訓練を行う。 11月1日〜1月31日	1カ月目 実施　達成 一部　一部 未実施　未達		
3カ月目の変化及び総括 実施　達成 一部　一部 未実施　未達	2カ月目 実施　達成 一部　一部 未実施　未達		
②自宅浴槽で見守りで入浴できるようになるために，浴槽内からの立ち上がり，浴槽まだぎなどの訓練を行う。 11月1日〜1月31日	1カ月目 実施　達成 一部　一部 未実施　未達		
3カ月目の変化及び総括 実施　達成 一部　一部 未実施　未達	2カ月目 実施　達成 一部　一部 未実施　未達		

迎え（ 有 ・ 無 ）

プログラム（1日の流れ）

予定時間	サービス内容
9：00	バイタルチェック
10：20	入浴訓練
11：10	自主的歩行訓練
11：30	集団体操
12：00	食事
13：45	筋力強化訓練
14：00	レクリエーション参加
15：00	おやつ
15：30	脳トレーニング

送り（ 有 ・ 無 ）

【特記事項】

【地域包括支援センターへの報告事項】

上記計画の内容について説明を受けました。
　　　　　　　　　　　　　　　　　○年　11月　2日
ご本人氏名：○○○○
ご家族氏名：：○○○○

上記計画書に基づきサービスの説明を行い
内容に同意頂きましたので，ご報告申し上げます。
　　　　　　　　　　　　　　　　　○年　11月　2日
地域包括支援センター
○○　介護支援専門員様／事業所様

通所介護○○○　　〒000-0000　住所：○○県○○市○○○○-00　　管理者：○○
　　　　　　　　　Tel. 000-000-0000／Fax. 000-000-0000　　　　　　説明者：○○

介護予防通所介護個別機能訓練計画書 **3カ月後**

作成日	○年10月25日	前回作成日	○年8月1日	計画作成者	○○				
ふりがな 氏名	Eさん	性別	生年月日	年齢	要介護度	管理者	看護	介護	機能訓練	相談員
		男	○年○月○日	83	支1	○○	○○	○○	○○	○○

【本人の希望】 下肢がしびれているので，つまずきやすいのが困る。 足の力をつけたい。	【家族の希望】 転倒して骨折すると大変なので，良くなってもらいたい。	【障害自立度】 A2
		【認知症自立度】 自立
【病名，合併症（心疾患，呼吸器疾患等）】 腰痛症，高血圧症（○年） 糖尿病（○年）	【生活課題】 糖尿病による神経障害のため，両下肢にしびれ感があり，腰痛で歩行がしんどい状況。	【在宅環境（生活課題に関連する在宅環境課題）】 長男家族と暮らしているが，日中は1人の状態。浴室と玄関に手すりを設置済み。就寝時は折り畳みベッドを使用している。
【運動時のリスク（血圧，不整脈，呼吸等）】 血圧160／90mmHg程度，脈拍76回／分。血圧180mmHg以上で運動を控える。		

運動器の機能向上訓練

長期(到達)目標(3カ月) ○年1月	杖歩行が安定し，屋外も片手杖で歩ける。 入浴が安定してできる。			目標達成度 達成・一部・未達	
中期目標(2カ月) ○年12月	2.0kgのおもりを10回×2楽に上げられる。 入浴が見守りでできる。			目標達成度 達成・一部・未達	
短期目標(1カ月) ○年11月	2.0kgのおもりを10回上げられる。 入浴時，浴槽からの立ち上がりが楽にできる。			目標達成度 達成・一部・未達	
プログラム内容（何を目的に〈〜のために〉〜する）	留意点	頻度	時間	主な実施者	
①両下肢筋力強化のために2.0kgのおもりを10回上げる×2		週2回	13：45～14：00	山田	
②4点杖歩行を自立させるため，廊下を2往復する歩行訓練を行う		週2回	11：10～11：30	山田	
③入浴の自立のため，浴槽からの立ち上がりと浴槽またぎを2回行う		週2回	10：20～10：30	山田	
			プログラム立案者：山田		

生活機能向上グループ活動訓練

長期(到達)目標(3カ月) 　年　月				目標達成度 達成・一部・未達
中期目標(2カ月) 　年　月				目標達成度 達成・一部・未達
短期目標(1カ月) 　年　月				目標達成度 達成・一部・未達
プログラム内容（何を目的に〈〜のために〉〜する）	留意点	頻度	時間	主な実施者
①				
②				
③				
			プログラム立案者：	

【特記事項】 入浴時の血圧に注意して訓練を行う。	【プログラム実施後の変化（総括）】 再評価日：　年　月　日

上記計画の内容について説明を受けました。 　　　　　　　　　　　　　　　○年　11月　2日 ご本人氏名：○○○○ ご家族氏名：○○○○	上記計画書に基づきサービスの説明を行い内容に同意頂きましたので，ご報告申し上げます。 　　　　　　　　　　　　　　○年　11月　2日 地域包括支援センター ○○　介護支援専門員様／事業所様

介護予防通所介護事業所○○　〒000-0000　住所：○○県○○市○○○○-00　　管理者：○○
　　　　　　　　　　　　　　　Tel. 000-000-0000／Fax. 000-000-0000　　説明者：○○

事例② 片麻痺でありながら努力や工夫をしている利用者

| 要介護度 | 要支援2 | 障害高齢者自立度 | A2 | 認知症高齢者自立度 | 自立 |

　Aさんは51歳の時から高血圧で降圧剤を飲んで治療をしていたが，60歳の時にトイレで気を失った。倒れた音に家族が気づき，救急搬送されて治療を受けたが，右片麻痺が残った。リハビリ病院へ転院して訓練を継続したが，右腕は垂れ下がり，力が入りにくい状況のままであった。右下肢は何とか膝が折れないようになり，杖をついて歩く練習をした後に自宅へ戻った。

　以前は兼業農家として，畑で少し野菜を作っていたが，病気になってからは屋外に出ることもほとんどなく，テレビを見て過ごす時間が多くなっていた。家の前が急な坂道で，一人で屋外に出るのは転倒の不安があり，長男家族も皆仕事や学校などで外出するため，日中は一人の状況となっていた。

　他者とスムーズに会話できるが，時々きつい口調になることがあり，今までに3回ほど他者と大声で言い合いになりそうなことがあった。

　介護保険開始前から，デイサービスを週2回利用し，入浴や近所の知り合いと話をする過ごし方で継続してきた。日常生活動作については，なるべく他人の手を借りないように努力してしている。食事もフォークを利用してうまく食べられている。

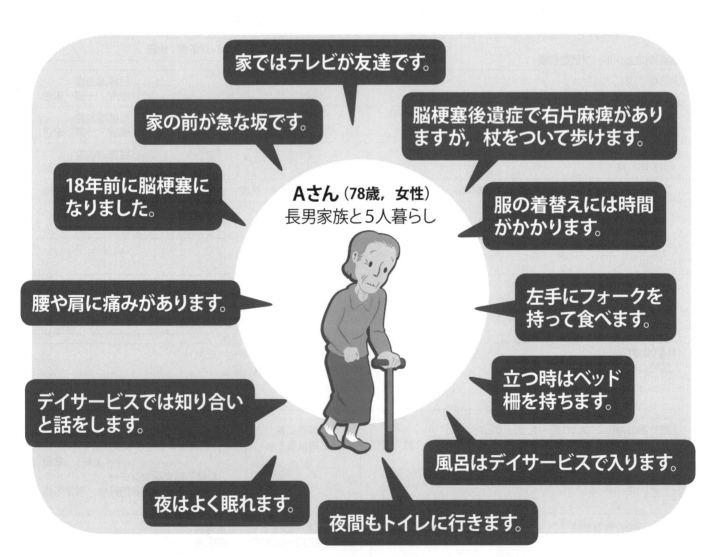

基本チェックリスト

A 様　　　　　　　　　　　　　記入日　〇／1／26

番号	質問項目	回答		
1	バスや電車で１人で外出していますか。	1．いいえ		
2	日用品の買い物をしていますか。	1．いいえ		
3	預貯金の出し入れをしていますか。	1．いいえ		
4	友人の家を訪ねていますか。	1．いいえ		
5	家族や友人の相談に乗っていますか。	1．いいえ		運動機能改善
6	階段を手すりや壁をつたわらずに上っていますか。	1．いいえ		
7	いすに座った状態から何もつかまらずに立ち上がっていますか。	1．いいえ		4／5
8	15分位続けて歩いていますか。	1．いいえ		
9	この１年間に転んだことがありますか。	0．いいえ		
10	転倒に対する不安は大きいですか。	1．はい		
11	６カ月間で２～３kg以上の体重が減少しましたか。	0．いいえ		栄養改善
12	身長（cm）　152.0　体重（kg）　50.0　（注）BMI＝21.6			0／2
13	半年前に比べて固い物が食べにくくなりましたか。	0．いいえ		口腔内ケア
14	お茶や汁物等でむせることがありますか。	0．いいえ		1／3
15	口の渇きが気になりますか。	1．はい		
16	週に１回以上は外出していますか。	1．いいえ		閉じこもり予防
17	昨年と比べて外出の回数が減っていますか。	0．いいえ		1／2
18	周りの人から「いつも同じことを聞く」などの物忘れがあると言われますか。	0．いいえ		物忘れ予防
19	自分で電話番号を調べて，電話をかけることをしていますか。	0．はい		0／3
20	今日が何月何日か分からない時がありますか。	0．いいえ		
21	（ここ２週間）毎日の生活に充実感がない。	1．はい		うつ予防
22	（ここ２週間）これまで楽しんでやれていたことが楽しめなくなった。	0．いいえ		1／5
23	（ここ２週間）以前は楽にできていたことが今ではおっくうに感じられる。	0．いいえ		
24	（ここ２週間）自分が役に立つ人間だと思えない。	0．いいえ		
25	（ここ２週間）わけもなく疲れたような感じがする。	0．いいえ		

（注）BMI＝体重（kg）÷身長（m）÷身長（m）が18.5未満の場合に該当とする。

介護予防サービス・支援計画表（1）

初回・紹介・継続　認定済・申請中　要支援1・**要支援2**　地域支援事業

No.　　　　　（介護保険被保険者番号）

利用者名： A 様　　認定年月日：〇年1月28日　　認定の有効期間：〇年2月1日 ～ 〇年1月31日

計画作成者氏名：　　［委託の場合］計画作成事業者・所名（連絡先：　　）電話：

計画作成（変更）日：　（初回作成日：　）　担当地域包括支援センター：　電話：

目標とする生活

| 1日 | 屋内を杖歩行で動き、自分の部屋以外で過ごすことができる。 | 1年 | 病院受診以外で家族と一緒に外出できる。 |

総合的な援助の方針（生活の自立支援，生活機能の改善・悪化を予防するポイント）

下肢の筋力を強化し、杖歩行を安定させることで屋内での転倒を予防し、生活上の活動性を向上させる。
また、足が上がりやすくなることで、入浴時のまたぎ越しを楽にできるようにする。
さらに、右半身の腕を積極的に動かし、腕が上がりやすくなることで、衣服の着脱や洗身動作を楽にできるようにする。

健康状態について（主治医意見書，健診結果，観察結果等を踏まえた改善・維持・悪化予防のポイント）

高血圧症で降圧剤を服薬中。血圧は140mmHg程度で安定している。
右肩関節に軽度の痛みがあるため、痛みに注意を払ってください。

【本来行うべき支援が実施できない場合】妥当な支援の実施に向けた方針

[意見]

[確認印]

※基本チェックリストの（該当した質問項目数）/（質問項目数）を記入します。
必要と思われる事業プログラムに〇印を付けています。

運動機能改善	栄養改善	口腔内ケア	（閉じこもり予防）	物忘れ予防	うつ予防
4/5	0/2	1/3	1/2	0/3	1/5

計画に関する同意

上記計画について、同意いたします。

　　　年　月　日　氏名

地域包括支援センター　　　　　　　㊞

介護予防サービス・支援計画表（2－1）

No. ___　　　利用者名： A 様

アセスメント領域と現在の状況	本人・家族の意欲・意向	領域における課題（背景・原因）	総合的課題	課題に対する目標と具体策の提案	具体策についての意向 本人・家族
運動・移動について 屋内外は杖を使ったり家具などにつかまったりして歩く。坂道は、手すりにつかまって一部介助で上り下りする。	（本人） 歩きにくいので練習をしたい。 家の前が急な坂道なので、上り下りできなくなると困る。 （家族） 家の前が急な坂道なので上り下りが大丈夫であってほしい。転倒しないように動いてほしい。	（本人） 薬に関してはは心配ないが、風呂の前に血圧を測ってくれると助かる。	右片麻痺と筋力低下による歩行の不安定さがある。	（目標） 1. 麻痺に対する動作練習により右上肢を上げやすくする。 2. 左下肢の筋力強化で歩行が安定する。	（本人） 腕が上がりやすくなると、服の着替えが楽になってよい。 力がついて、歩行が安定したらうれしい。
日常生活（家庭生活）について 日中は部屋でテレビを見ていることが多い。自室から出るのはトイレと食事の時だけで、1日の活動量は少ない。	（本人） 用事がないし、日中は１人なので動きがないが、動きやすくなれば家の中も動くかもしれない。	■有 □無 日中は１人で家ですることがなく杖を使ったり家具の歩行につかまったりしての歩行。	家での役割がないことと、上記に起因する活動量の低下がある。	3. 歩行が安定し、家の中ですることができて、活動量が増える。	まずはテレビの前だけでなく、部屋の窓際まで行って、外の景色をながめる等できればよいのではないか。
社会参加、対人関係、コミュニケーション 長男夫婦と共働きで、孫とは社会人と大学生で日中１人となるため、会話は少ない。デイサービスの利用時に知り合いと会話をする程度。	（本人） デイサービスで知り合いとおしゃべりをするのは楽しみである。 （家族） 楽しく過ごせる時間があるのは良いことなので、続けてほしい。	□有 ■無			
健康管理について 高血圧症のため降圧剤を飲んでいる。服薬管理は自分でできているが、脳梗塞再発の危険性を考えると、入浴時や運動時の血圧管理は必要である。	（本人） 薬に関してはは心配ないが、風呂の前に血圧を測ってくれると助かる。	■有 □無 高血圧症 家では血圧を測っていない。	血圧の管理が十分にできていないことで、脳梗塞再発の危険性が存在する。	4. １日１回の血圧データが分かり、入浴や運動時の判断材料ができる。	毎朝自動血圧計で測ってみるように思う。
その他					

介護予防サービス・支援計画表 (2-2)

利用者名： A 様

目標	目標についての支援のポイント	本人等のセルフケアや家族の支援、インフォーマルサービス	支援計画 介護保険サービスまたは地域支援事業	サービス種別	事業所	期間
1. 腕が少しでも上がり、服の着替えが楽になる。	入浴時の衣服着脱の際に、腕を身体の中心に向かって上げるよう声をかける。	（本人）家で着替えをする時に同様のやり方で行ってみる。	右上肢の動作訓練	介護予防通所介護運動器機能向上加算		○.2〜○.4
2. 左下肢2kgのおもりが楽に上げられる。	足に2kgのおもりを付け、10回×2上げる。声かけを行う。	いすに座っている時に足を上げる（1日1回は行う）。	左下肢の筋力強化訓練 浴槽まだぎ越し時に右下肢もち上げる練習			
3. 毎日外をながめる時間ができる。	デイサービス利用時に家庭内の移動状況を聞く。	近所の人と日常会話をしてみる。	下肢の筋力強化訓練 レクリエーションへ参加 会話の機会の提供			
4. 毎朝血圧の数値が分かり、記録ができる。	血圧の数値を連絡ノートに書き込む。	自分で測った日は記録する。	入浴前の血圧測定 連絡ノートへの記入と確認			

介護予防通所介護アセスメントシート

アセスメント実施日　○年2月1日　第10回　面接方法（　訪問　）　担当者　S

フリガナ		性別	女	生年月日	○年○月○日（78歳）	要介護度	介護認定日		
氏名	Aさん					支2	○	○	1　28

住所	○○市○○町○丁目○番地	電話番号	×××-×××-××××	認定の有効期間
				○.2～○.1

連絡先	氏名	続柄	住所	電話番号	障害高齢者自立度	A2
	○○○○	長男	同上	同上	認知症高齢者自立度	自立
	○○○○	長男の妻	同上	同上		

家族構成	現在利用している社会資源等		本人の希望
長男家族と5人暮らし。 夫は12年前に亡くなる。 長男携帯：×××－××××－×××× 長男の妻携帯：×××－××××－××××	在宅および施設ケアサービス		歩きにくいので練習したい。 家の前が急な坂道なので上り下りできなくなると困る。
	介護予防通所介護 週2回		
介護状況			家族の希望・要望
主介護者　（　　　長男の妻　　　） 仕事等　　（　　　常勤　　　　） 健康状態　（　　　普通　　　　） キーパーソン（　　　長男　　　　）	日常生活用具等		家の前が急な坂道なので上り下りが大丈夫であってほしい。転倒しないように動いてほしい。風呂は家族ではできないので，デイサービスで入ってほしい。
	介護用ベッド貸与 介助バー貸与 ポータブルトイレ購入		

生活歴	農家の3女（7人兄弟）として生まれ，家業の手伝いをしていた。20歳で結婚し，夫と兼業農家で生計を立てていた。長男は自営業で遠方に資材を配達することも多く，長男の妻がほとんど1人で介護している。孫は社会人と大学生で介護にほとんどかかわることはない。

治療状況	既往歴	現病歴	服薬状況	受診方法
	高血圧症（○年）	60歳の時にトイレで意識を失う。倒れた音で家族が気づき，救急搬送された。救急病院からリハビリ専門病院に転院し訓練をしたが，右半身は垂れ下がり，力が入りにくいままである。杖をついてなんとか歩けるようになった。	降圧剤（1日3回） 脳血流改善剤（1日3回） 胃薬（1日3回） 湿布	月2回長男の妻の車で受診
	医療機関名・担当医（　　　○○脳神経外科　△△医師　　　）TEL（　　　　　） （　　　　　　　　　　　　　　　　　　　　　　　　）TEL（　　　　　）			

医療保険	後期高齢者医療制度	身障手帳	身体障害者3級	年金等	国民年金，年間60万円程度

身体状況	〈拘縮　麻痺　痛み　皮膚の状況〉			
	拘縮	特になし		
	麻痺	右片麻痺あり（緊張が低い）。右下肢筋力低下あり。左下肢の筋力は若干低下した程度。		
	痛み	腰の痛みは時々あり（右肩関節挙上時に軽度の痛みがある）。右半身にしびれ感あり。		
	褥瘡	なし		
	皮膚の状況	良好		
	〈目・耳の状態およびコミュニケーション能力〉			
	視力	白内障の手術後はよく見えるようになっている。	眼鏡	持っているが，使っていない。
	聴力	年相応	補聴器	なし
	目・耳の症状	特に問題なし		
	意思表示の手段	言葉にて可能である。		
	意思の伝達	会話はスムーズにできる。		
	指示への反応	十分理解できる。書類などの難しいことは長男に助けを求める。		
	その他	他者と会話できるが，きつい口調になることがある。		

介護保険	○○○○○○○○○○	支援事業所	居宅介護支援事業所○○荘	ケアマネジャー	S

日常生活動作能力	寝返り	ベッド柵を持つと寝返りができる。
	起き上がり	ベッド柵を持つと起き上がることができる。
	座位	座位は安定している（いすに座っている時は背もたれにもたれる）。
	移乗・移動	ベッドの柵につかまり，体をひねりながらゆっくりと立ち上がる。
		杖を使ったり家具につかまったりしながら歩く。屋外も杖を使えば歩ける（坂道は手すりを持つ）。
		移乗時はベッド柵や介助バーなどを持ち，転倒しないように注意しながら行う。
	着脱	時間がかかるが自分で行う（ボタンやファスナーを手伝ってもらうことがある）。
	整容	自分でできる（左手で行う）。
	IADL等	歩行はゆっくり（坂道は後ろ向きで上り下りする）。家事：長男の妻が行っている。

食事・栄養状態	肥満とやせ	やせ気味
	食べ方	左手にフォークを持って食べる（時間は通常）。
	嚥下	良好
	食事制限	特になし（好き嫌いはなし）。
	食物形態	普通の食事
	一日の水分量	ほぼ通常量1,000mL程度　お茶とコーヒー（砂糖2杯とミルクを入れる）を飲む。
	口腔の状態	部分入れ歯（昼食後は口をすすいでいる）

排泄の状況	尿	1日5～6回程度　（夜間も1回トイレに行く）
	尿失禁	なし
	便	2日に1回程度（通常便）
	便失禁	なし
	トイレ環境	洋式トイレで，L字手すりを設置済み。

身体の清潔状況	デイサービス利用時に入浴（移動時に手引き介助が必要）。一般浴槽で足台に腰かけて胸まで湯につかる。前身の洗身と洗髪は自分でできる。
浴室環境	浴槽は50cmと深く，浴室も狭い。

精神状態	睡眠の状況	通常はよく眠れる。
	認知症の症状	特になし

家族の協力体制	長男の妻が1人で介護している。	住宅・環境等
興味・関心・生きがい	デイサービス利用時の会話。	玄関に18cmの段差が2段ある。廊下と部屋間は2.5cmの段差がある。居室は8畳の和室で，テレビとタンスがある。洋式トイレのL字手すりと玄関の手すりを設置済み。
生活スタイル・活動状況	長男夫婦は共働きで，日中は1人。テレビを見て過ごしていることが多い。デイサービス利用時に会話を楽しんでいる様子。	
要支援に至った理由と経緯　以前のADLと家庭内役割　自立してできなくなったこと　現在の家事状況と役割　近隣との交流	60歳の時に脳梗塞になり，右片麻痺のため杖が必要となった。以前は畑で野菜を作っていたが，病気になってからは屋外に出ることが少なくなり，テレビを見て過ごす時間が多くなってしまった。現在はデイサービスを利用し，近所の知り合いと話をしている。日常生活は，なるべく他人の手を借りないように努力している。	
送迎場所	自宅玄関　　送迎方法　　杖歩行　　ベッド等　　介護用（2モーター）	

運動器の機能向上プログラム事前・事後アセスメントシート

氏名	Aさん	○年○月○日生（78歳）	評価者名	K
要介護度	【 要支援1 ・ (要支援2) 】		実施プログラム	筋力強化，関節可動域訓練等

評価実施日　1回目　○年2月1日	評価実施日　2回目　　　年　月　日
バイタルチェック	バイタルチェック
血圧　　　　140／80　mmHg	血圧　　　　　　／　　　mmHg
脈拍　　　　　　70回／分	脈拍　　　　　　　　回／分
不整【 (無)・有（　　　回／分）】	不整【 無・有（　　　回／分）】
形態測定	形態測定
身長：152cm　体重：50kg　BMI：21.6	身長：　　cm　体重：　　kg　BMI：
運動機能	運動機能
握力　　　（　　　　0.0kg：左・(右)） 　　　　　（　　　　10.0kg：(左)・右）	握力　　　（　　　　kg：左・右） 　　　　　（　　　　kg：左・右）
膝伸展筋力（　　　　kg：左・右） 　　　　　（　　　　kg：左・右）	膝伸展筋力（　　　　kg：左・右） 　　　　　（　　　　kg：左・右）
片足立ち（開眼）（　　0.0秒：左・(右)） 　　　　　　　　（　　1.0秒：(左)・右）	片足立ち（開眼）（　　秒：左・右） 　　　　　　　　（　　秒：左・右）
TUG　　　　　　　　（　　90.0秒）	TUG　　　　　　　　（　　　秒）
通常歩行時間　　　　（　　30.0秒） 　【補助具使用 (有)・無）種類（ T字杖 ）】	通常歩行時間　　　　（　　　秒） 　【補助具使用（有・無）種類（　　　）】
最大歩行時間 　（5m）　　　　　（　　25.0秒） 　【補助具使用 (有)・無）種類（ T字杖 ）】	最大歩行時間 　（5m）　　　　　（　　　秒） 　【補助具使用（有・無）種類（　　　）】
評価時の特記事項： 左手は握力計を何とか握れる。 TUGは，立ち上がりは良いが，歩行に時間がかかる。 最大歩行時，杖を適切な位置につけていないが，急いで歩こうとするので危険性あり。 片足立ち右での支持はできない。	評価時の特記事項：

BMI＝体重（kg）÷身長の2乗（m²）
20未満：やせ気味　　　　　20～24未満：普通
24～26.5未満：太り気味　　26.5以上：太りすぎ
TUG：いすから立ち上がり，3m先の目印を折り返し，再びいすに座るまでの時間

興味・関心チェックシート

聞き取り日：○年2月1日

氏名	Aさん			生年月日	○年○月○日	年齢	78歳	性別	女

生活行為	している	してみたい	興味がある	生活行為	している	してみたい	興味がある
自分でトイレへ行く	○			生涯学習・歴史			
一人でお風呂に入る		○		読書			
自分で服を着る	○			俳句			
自分で食べる	○			書道・習字			
歯磨きをする	○			絵を描く・絵手紙			
身だしなみを整える	○			パソコン・ワープロ			
好きなときに眠る	○			写真			
掃除・整理整頓				映画・観劇・演奏会			
料理を作る	○			お茶・お花			
買い物				歌を歌う・カラオケ			
家や庭の手入れ・世話				音楽を聴く・楽器演奏			
洗濯・洗濯物たたみ	○			将棋・囲碁・麻雀・ゲーム等			
自転車・車の運転				体操・運動			
電車・バスでの外出				散歩		○	
孫・子供の世話				ゴルフ・グラウンドゴルフ・水泳・テニスなどのスポーツ			
動物の世話				ダンス・踊り			
友達とおしゃべり・遊ぶ	○			野球・相撲等観戦			
家族・親戚との団らん	○			競馬・競輪・競艇・パチンコ			
デート・異性との交流				編み物			
居酒屋に行く				針仕事			
ボランティア				畑仕事			
地域活動（町内会・老人クラブ）				賃金を伴う仕事			
お参り・宗教活動				旅行・温泉			
その他（　　　）				その他（　　　）			
その他（　　　）				その他（　　　）			

居宅訪問チェックシート

利用者氏名	Aさん		生年月日	○年○月○日	年齢	78歳	性別	女
訪問日・時間	○年2月1日（○） 16：45 ～ 17：00						要介護度	支2
訪問スタッフ	○○，○○	職種	生活相談員，機能訓練指導員			被聞取り者	家族，利用者	

	項目	レベル	課題	環境（実施場所・補助具等）	状況・生活課題
ADL	食事	☑自立　□見守り □一部介助　□全介助	無	食堂で食べる。	左手にフォークを持って食べる。自宅の浴槽のまたぎ越しが難しい。洗髪と前身の洗身はできる。
	排泄	☑自立　□見守り □一部介助　□全介助	無	洋式トイレで，L字手すりがある。	
	入浴	□自立　□見守り ☑一部介助　□全介助	有	自宅の浴槽は和式型。	
	更衣	□自立　☑見守り □一部介助　□全介助	無	ボタンやファスナーは手伝ってもらう。	
	整容	☑自立　□見守り □一部介助　□全介助	無	左手で行う。	
	移乗	☑自立　□見守り □一部介助　□全介助	無	ベッド柵や介助バーなどにつかまって注意しながら行う。	
IADL	屋内移動	☑自立　□見守り □一部介助　□全介助	無	廊下と部屋の間に2.5cmの段差があり，家具につかまって歩く。	屋外に出ることが少なく，家事は長男の妻に任せている。
	屋外移動	□自立　☑見守り □一部介助　□全介助	有	T字杖を使用する。	
	階段昇降	□自立　☑見守り □一部介助　□全介助	有	玄関に18cmの段差が2段ある。	
	調理	□自立　□見守り □一部介助　☑全介助	有	長男の妻が行う。	
	洗濯	□自立　□見守り ☑一部介助　□全介助	有	洗濯物を干したり取り入れたりはできる。	
	掃除	□自立　□見守り ☑一部介助　□全介助	有	自室の掃除はできる。	

	項目	レベル	課題	状況・生活課題
起居動作	起き上がり	☑自立　□見守り □一部介助　□全介助	無	起居動作は自分で行っている。
	座位	☑自立　□見守り □一部介助　□全介助	無	
	立ち上がり	☑自立　□見守り □一部介助　□全介助	無	
	立位	☑自立　□見守り □一部介助　□全介助	無	

身体機能：右片麻痺がある。特に右腕は力が入らずにしびれ感もある。腰の痛みもある。

精神・心理機能：認知機能に問題はないが，他者と会話をしている時に，きつい口調になることがある。

介護予防通所介護 機能訓練評価シート

評価者	○○	(訪問)評価日	○年2月1日(○)		
氏名	Aさん	性別	女	障害高齢者自立度	A2	要介護度
生年月日	○年○月○日	年齢	78	認知症高齢者自立度	自立	支2

関節可動域		肩：年齢相応・**(制限あり)**（右肩関節45度までなら可能。他動は150度まで。） 肘：**(年齢相応)**・制限あり（　） 手：年齢相応・**(制限あり)**（手先が伸びにくい。） 股：**(年齢相応)**・制限あり（　） 膝：**(年齢相応)**・制限あり（　） 足：**(年齢相応)**・制限あり（　）
痛みや痺れ等		痛み：**(あり)**・なし（肩に軽度の痛みあり。） 痺れ：**(あり)**・なし（右半身にしびれ感あり。）
筋力	上肢	腕を曲げる：十分に曲げられる・何とか曲げられる・**(曲げられない)**（　） 腕を伸ばす：十分に伸ばせる・何とか伸ばせる・**(伸ばせない)**（　）
	下肢	足を後ろに引く：十分に引ける・**(何とか引ける)**・引けない（　） 足を伸ばす：十分に伸ばせる・**(何とか伸ばせる)**・伸ばせない（　）
	体幹	へそのぞき：**(十分にのぞける)**・何とかのぞける・のぞけない（　） 背を伸ばす：**(十分に伸ばせる)**・何とか伸ばせる・伸ばせない（　）
家庭でのADL	起き上がり	**(できる)**・介助でできる・できない（　）
	座位保持	**(できる)**・介助でできる・できない（　）
	歩行	**(できる)**・介助でできる・できない（屋内は家具などにつかまり，屋外はT字杖をついて歩く。）
	車いす駆動	できる・介助でできる・できない（使用しない。）
	食事	**(できる)**・介助でできる・できない（左手にフォークを持って食べる。）
	衣服・整容	**(できる)**・介助でできる・できない（時間はかかる。）
	入浴	できる・**(介助でできる)**・できない（浴槽のまたぎ越しが難しい。シャワーいすを利用。）
	排泄	**(できる)**・介助でできる・できない（洋式トイレで手すりを持てばできる。）
	会話	**(できる)**・介助でできる・できない（　）
家庭でのIADL	買い物	できる・介助でできる・**(できない)**（長男の妻が行う。）
	調理	できる・**(介助でできる)**・できない（長男の妻が行う。）
	掃除・洗濯	できる・介助でできる・**(できない)**（長男の妻が行う。）
認知機能	見当識	日時：**(分かる)**・時々分かる・分からない（　） 場所や人：**(分かる)**・時々分かる・分からない（　）
	記銘・記憶	短期：**(覚えている)**・不確か・忘れることが多い（　） 長期：**(覚えている)**・不確か・忘れることが多い（　）
	判断能力	簡単な内容：**(できる)**・意見を求める・できない（　） 複雑な内容：できる・**(意見を求める)**・できない（　）
	BPSD (幻覚・妄想・ 易怒・意欲低下等)	特になし
麻痺回復 (右)	肩や腕	かなり動かせる・半分程度・**(わずかに動かせる)**（　）
	手指	かなり動かせる・半分程度・**(わずかに動かせる)**（　）
	下肢	かなり動かせる・半分程度・**(わずかに動かせる)**（　）
興味・関心・生きがい・役割		テレビが友達。
生活スタイル・活動量・交流		デイサービス利用時に知り合いと会話をする。
訓練効果，実施方法に関する評価 実施日：○.2.1		機能訓練指導員：両下肢の筋力強化が必要。関節拘縮を予防し，麻痺側を動かす練習をする。 看護職員：肩・手指の痛みに注意して衣服の着脱をする。 介護職員：入浴の移動介助時は注意が必要。浴槽からの出入りは座位で行う。 生活相談員：長男家族と同居。デイサービスでのリハビリを楽しみにしている。

介護予防通所介護計画書

※3カ月間の評価および変化も記載しています。

作成日	○年2月1日	前回作成日	○年10月30日	計画作成者	○○				
ふりがな 氏名	Aさん	性別	生年月日	年齢	要介護度	管理者	看護	介護	機能訓練	相談員
		女	○年○月○日	78	支2	○○	○○	○○	○○	○○

【通所介護利用までの経緯（活動歴・病歴）】 以前は農業をしていたが，60歳の時に脳梗塞になり，屋外に出なくなりテレビを見て過ごす時間が多くなった。日中は1人で入浴が困難なため，デイサービスを利用することになった。	【本人の希望】 歩くのが困難なので練習したい。 家の前が急な坂道なので上り下りできなくなると困る。	【障害自立度】 A2
	【家族の希望】家の前が急な坂道なので，上り下りが大丈夫であってほしい。 転倒しないように動いてほしい。 家では入浴できないので，デイサービスで入ってほしい。	【認知症自立度】 自立

【健康状態（病名，合併症（心疾患，呼吸器疾患等），服薬状況等）】 高血圧症（○年）　　脳梗塞後遺症（○年） 降圧剤などを1日3回服用する。	【ケアの上での医学的リスク（血圧，転倒，嚥下障害等）・留意事項】 血圧が180mmHg以上であれば入浴を中止する。

握力	右：0.0kg	左：10.0kg	補助具使用（有）・無	
片足立ち（開眼）	右：0.0秒	左：1.0秒	種類（T字杖　　　）	最大歩行時間（5m）：（25.0秒）

【自宅での活動・参加の状況（役割など）】
家の中ではすることがない。

利用目標

長期目標 3カ月	設定日 達成予定日	○年2月 ○年4月	下肢の筋力強化と杖歩行の安定。 麻痺側が動かしやすくなり移動が安定する。	目標達成度 達成・(一部)・未達
中期目標 2カ月	設定日 達成予定日	○年2月 ○年3月	下肢は休憩を短時間にして膝を伸ばして上げられる。 麻痺側の手が70度まで上がる。	目標達成度 (達成)・一部・未達
短期目標 1カ月	設定日 達成予定日	○年2月 ○年2月	下肢は2kgのおもりを休憩を入れながら膝を伸ばして上げられる。 麻痺側の手が60度まで上がる。	目標達成度 (達成)・一部・未達

サービス提供内容

目的とケアの提供方針・内容	評価		効果，満足度等	迎え（有）・無	
	実施	達成			
①両下肢の筋力強化のために筋力強化訓練を行う。麻痺側を動かしやすくするために上げる訓練を行う。 2月2日～4月30日	1カ月目 (実施)　(達成) 一部　一部 未実施　未達		2kgのおもりを休憩を入れて持ち上げられる。	プログラム（1日の流れ）	
				予定時間	サービス内容
3カ月目の変化及び総括	2カ月目		楽に持ち上げられるようになった。麻痺側の手も上がるようになった。	9：00	バイタルチェック
(実施)　達成 一部　(一部) 未実施　未達	下肢の筋力がついて歩行は安定してきた。	(実施)　(達成) 一部　一部 未実施　未達		10：10	入浴
				10：50	関節可動域訓練
				11：30	集団体操
②座位でまたぎ越しができるように，浴槽のまたぎ越しの訓練を行う。 2月2日～4月30日	1カ月目 (実施)　(達成) 一部　一部 未実施　未達		浴槽の縁まで足を上げられる。	12：00	食事
				13：45	筋力強化訓練
				14：00	レクリエーション参加
				15：00	おやつ
3カ月目の変化及び総括	2カ月目		またぎ越しは楽になってきた。	15：30	回想法など
(実施)　(達成) 一部　一部 未実施　未達	またぎ越しはほぼ問題なくできるようになった。	(実施)　(達成) 一部　一部 未実施　未達		送り（有）・無	

【特記事項】	【地域包括支援センターへの報告事項】 下肢の筋力がついて歩行は安定してきました。浴槽のまたぎ越しも行いやすくなっています。浴槽内から立ち上がる訓練が必要と思われます。

上記計画の内容について説明を受けました。 　　　　　　　　　　　　　　　　○年　2月　2日 ご本人氏名：○○○○ ご家族氏名：○○○○	上記計画書に基づきサービスの説明を行い 内容に同意頂きましたので，ご報告申し上げます。 　　　　　　　　　　　　　　　　○年　2月　2日 地域包括支援センター 　○○　介護支援専門員様／事業所様

介護予防通所介護事業所○○　　〒000-0000　住所：○○県○○市○○○○-○○　　管理者：○○
　　　　　　　　　　　　　　　　Tel. 000-000-0000 ／ Fax. 000-000-0000　　説明者：○○

介護予防通所介護個別機能訓練計画書

※3カ月間の評価および変化も記載しています。

作成日	○年2月1日	前回作成日	○年10月30日	計画作成者	○○				
ふりがな 氏名	Aさん	性別	生年月日	年齢	要介護度	管理者	看護	介護	機能訓練	相談員
		女	○年○月○日	78	支2	○○	○○	○○	○○	○○

【本人の希望】 歩くのが困難なので練習したい。 家の前が急な坂道なので上り下りできなくなると困る。	【家族の希望】 家の前が急な坂道なので,上り下りが大丈夫であってほしい。 転倒しないように動いてほしい。 入浴は家族ではできないので,デイサービスにお願いしたい。	【障害自立度】 A2 【認知症自立度】 自立
【病名,合併症(心疾患,呼吸器疾患等)】 高血圧症(○年) 脳梗塞後遺症(○年)	【生活課題】 下肢の筋力が低下し,屋外の杖歩行が不安定である。また,右手を動かすのが困難なため,左手だけでADLを行っている。	【在宅環境(生活課題に関連する在宅環境課題)】 長男の家族と同居。トイレと玄関に手すりを設置済み。
【運動時のリスク(血圧,不整脈,呼吸等)】 血圧は140／80mmHg程度で安定。 180mmHg以上であれば運動を控える。		

運動器の機能向上訓練

長期(到達)目標(3カ月) ○年4月	下肢の筋力強化と杖歩行の安定。 麻痺側が動かしやすくなり移動が安定する。	目標達成度 達成・(一部)・未達
中期目標(2カ月) ○年3月	下肢は休憩を短時間にして膝を伸ばして上げられる。 麻痺側の手が70度まで上がる。	目標達成度 (達成)・一部・未達
短期目標(1カ月) ○年2月	下肢は2kgのおもりを休憩を入れながら膝を伸ばして上げられる。 麻痺側の手が60度まで上がる。	目標達成度 (達成)・一部・未達

プログラム内容(何を目的に〈〜のために〉〜する)	留意点	頻度	時間	主な実施者
①両下肢筋力強化のために,2.0kgのおもり10回上げる×2		週2回	13:45〜14:00	山田
②麻痺側の手を動かしやすくするために,腕を上げる動作5回		週2回	10:50〜11:00	山田
③入浴動作が自立するために,座位でのまたぎ越し訓練2回		週2回	10:10〜10:20	山田
			プログラム立案者:山田	

生活機能向上グループ活動訓練

長期(到達)目標(3カ月) 年 月		目標達成度 達成・一部・未達
中期目標(2カ月) 年 月		目標達成度 達成・一部・未達
短期目標(1カ月) 年 月		目標達成度 達成・一部・未達

プログラム内容(何を目的に〈〜のために〉〜する)	留意点	頻度	時間	主な実施者
①				
②				
③				
			プログラム立案者:	

【特記事項】	【プログラム実施後の変化(総括)】 再評価日:○年4月30日 両下肢は少し筋力がついてきました。浴槽のまたぎ越しは引っ掛かることが多いです。

上記計画の内容について説明を受けました。
　　　　　　　　　　　　　　　　　○年　2月　2日
ご本人氏名:○○○○
ご家族氏名:○○○○

上記計画書に基づきサービスの説明を行い内容に同意頂きましたので,ご報告申し上げます。
　　　　　　　　　　　　　　　○年　2月　2日
地域包括支援センター
○○　介護支援専門員様／事業所様

介護予防通所介護事業所○○　〒000-0000　住所:○○県○○市○○○○-00　管理者:○○
　　　　　　　　　　　　Tel. 000-000-0000／Fax. 000-000-0000　説明者:○○

興味・関心チェックシート 3カ月後

聞き取り日：○年5月1日

氏名	Aさん			生年月日	○年○月○日	年齢	78歳	性別	女

生活行為	している	してみたい	興味がある	生活行為	している	してみたい	興味がある
自分でトイレへ行く	○			生涯学習・歴史			
一人でお風呂に入る		○		読書			
自分で服を着る	○			俳句			
自分で食べる	○			書道・習字			
歯磨きをする	○			絵を描く・絵手紙			
身だしなみを整える	○			パソコン・ワープロ			
好きなときに眠る	○			写真			
掃除・整理整頓				映画・観劇・演奏会			
料理を作る	○			お茶・お花			
買い物				歌を歌う・カラオケ			
家や庭の手入れ・世話				音楽を聴く・楽器演奏			
洗濯・洗濯物たたみ	○			将棋・囲碁・麻雀・ゲーム等			
自転車・車の運転				体操・運動			
電車・バスでの外出				散歩		○	
孫・子供の世話				ゴルフ・グラウンドゴルフ・水泳・テニスなどのスポーツ			
動物の世話				ダンス・踊り			
友達とおしゃべり・遊ぶ	○			野球・相撲等観戦			
家族・親戚との団らん	○			競馬・競輪・競艇・パチンコ			
デート・異性との交流				編み物			
居酒屋に行く				針仕事			
ボランティア				畑仕事			
地域活動（町内会・老人クラブ）				賃金を伴う仕事			
お参り・宗教活動				旅行・温泉			
その他（　　　）				その他（　　　）			
その他（　　　）				その他（　　　）			

居宅訪問チェックシート 3カ月後

利用者氏名	Aさん			生年月日	○年○月○日	年齢	78歳	性別	女
訪問日・時間	○年5月1日（○） 16：45 ～ 17：00							要介護度	支2
訪問スタッフ	○○，○○			職種	生活相談員，機能訓練指導員	被聞取り者			家族，利用者

	項目	レベル	課題	環境（実施場所・補助具等）	状況・生活課題
ADL	食事	☑自立　□見守り □一部介助　□全介助	無	食堂で食べる。	左手にフォークを持って食べる。自宅の浴槽のまたぎ越しは難しいが，デイサービスでの入浴時は行いやすくなっている。洗髪と前身の洗身はできる。 （右の上下肢の機能が向上した。）
	排泄	☑自立　□見守り □一部介助　□全介助	無	洋式トイレで，L字手すりがある。	
	入浴	□自立　□見守り ☑一部介助　□全介助	有	自宅の浴槽は和式型。	
	更衣	□自立　☑見守り □一部介助　□全介助	無	ボタンやファスナーは手伝ってもらう。	
	整容	☑自立　□見守り □一部介助　□全介助	無	左手で行う。	
	移乗	☑自立　□見守り □一部介助　□全介助	無	ベッド柵や介助バーなどにつかまって注意しながら行う。	
IADL	屋内移動	☑自立　□見守り □一部介助　□全介助	無	廊下と部屋の間に2.5cmの段差があり，家具につかまって歩く。	屋外に出ることが少なく，家事は長男の妻に任せている。
	屋外移動	□自立　☑見守り □一部介助　□全介助	有	T字杖を使用する。	
	階段昇降	□自立　☑見守り □一部介助　□全介助	有	玄関に18cmの段差が2段ある。	
	調理	□自立　□見守り □一部介助　☑全介助	有	長男の妻が行う。	
	洗濯	□自立　□見守り ☑一部介助　□全介助	有	洗濯物を干したり取り入れたりはできる。	
	掃除	□自立　□見守り ☑一部介助　□全介助	有	自室の掃除はできる。	

	項目	レベル	課題	状況・生活課題	
起居動作	起き上がり	☑自立　□見守り □一部介助　□全介助	無	起居動作は自分で行っている。	
	座位	☑自立　□見守り □一部介助　□全介助	無		
	立ち上がり	☑自立　□見守り □一部介助　□全介助	無		
	立位	☑自立　□見守り □一部介助　□全介助	無		

身体機能：右片麻痺がある。特に右腕は力が入らずにしびれ感もある。腰の痛みもある。

精神・心理機能：認知機能に問題はないが，他者と会話をしている時に，きつい口調になることがある。

介護予防通所介護 機能訓練評価シート **3カ月後**

評価者	○○	(訪問)評価日	○年5月1日(○)

氏名	Aさん	性別	女	障害高齢者自立度	A2	要介護度	支2
生年月日	○年○月○日	年齢	78	認知症高齢者自立度	自立		

関節可動域		肩：年齢相応・**制限あり**（右肩関節45度までなら可能。他動は150度まで。） 肘：**年齢相応**・制限あり（　） 手：年齢相応・**制限あり**（手先が伸びにくい。） 股：**年齢相応**・制限あり（　） 膝：**年齢相応**・制限あり（　） 足：**年齢相応**・制限あり（　）
痛みや痺れ等		痛み：**あり**・なし（肩に軽度の痛みあり。） 痺れ：**あり**・なし（右半身にしびれ感あり。）
筋力	上肢	腕を曲げる：十分に曲げられる・**何とか曲げられる**・曲げられない（力が入りやすくなった。） 腕を伸ばす：十分に伸ばせる・**何とか伸ばせる**・伸ばせない（　）
	下肢	足を後ろに引く：十分に引ける・**何とか引ける**・引けない（　） 足を伸ばす：十分に伸ばせる・**何とか伸ばせる**・伸ばせない（　）
	体幹	へそのぞき：**十分にのぞける**・何とかのぞける・のぞけない（　） 背を伸ばす：**十分に伸ばせる**・何とか伸ばせる・伸ばせない（　）
家庭でのADL	起き上がり	**できる**・介助でできる・できない（　）
	座位保持	**できる**・介助でできる・できない（　）
	歩行	**できる**・介助でできる・できない（屋内は家具などにつかまり，屋外はT字杖を使って歩く。）
	車いす駆動	できる・介助でできる・できない（使用しない。）
	食事	**できる**・介助でできる・できない（左手にフォークを持って食べる。）
	衣服・整容	**できる**・介助でできる・できない（時間はかかる。）
	入浴	できる・**介助でできる**・できない（浴槽のまたぎ越しがわずかに引っ掛かる。シャワーいすを利用。）
	排泄	**できる**・介助でできる・できない（洋式トイレで手すりを持てばできる。）
	会話	**できる**・介助でできる・できない（　）
家庭でのIADL	買い物	できる・介助でできる・**できない**（長男の妻が行う。）
	調理	できる・**介助でできる**・できない（長男の妻が行う。）
	掃除・洗濯	できる・介助でできる・**できない**（長男の妻が行う。）
認知機能	見当識	日時：**分かる**・時々分かる・分からない（　） 場所や人：**分かる**・時々分かる・分からない（　）
	記銘・記憶	短期：**覚えている**・不確か・忘れることが多い（　） 長期：**覚えている**・不確か・忘れることが多い（　）
	判断能力	簡単な内容：**できる**・意見を求める・できない（　） 複雑な内容：できる・**意見を求める**・できない（　）
	BPSD（幻覚・妄想・易怒・意欲低下等）	特になし
麻痺回復（右）	肩や腕	かなり動かせる・半分程度・**わずかに動かせる**（　）
	手指	かなり動かせる・半分程度・**わずかに動かせる**（　）
	下肢	かなり動かせる・半分程度・**わずかに動かせる**（　）
興味・関心・生きがい・役割		テレビが友達。
生活スタイル・活動量・交流		デイサービス利用時に知り合いと会話をする。
訓練効果，実施方法に関する評価 実施日：○.5.1		機能訓練指導員：両下肢の筋力強化が必要。関節拘縮を予防し，麻痺側を動かす練習を継続する。 看護職員：肩・手指の痛みに注意して衣服の着脱をする。 介護職員：入浴の移動介助時は注意が必要。浴槽からの出入りは座位で見守りで行う。 生活相談員：長男家族と同居。デイサービスでのリハビリを楽しみにしている。

注記：
- 機能が向上したことを細かく記載する。
- 機能が向上した動作を細かく記載する。
- 右の上下肢の動きをより向上させる訓練を提案する。
- 訓練で行えるようになった行為は，本人に行ってもらうことを確認する。

介護予防通所介護計画書 【3カ月後】

作成日	○年4月25日	前回作成日	○年2月1日	計画作成者	○○				
ふりがな 氏名	Aさん	性別	生年月日	年齢	要介護度	管理者	看護	介護	機能訓練	相談員
		女	○年○月○日	78	支2	○○	○○	○○	○○	○○

※上記表は項目数の都合により以下に再掲

項目	内容
ふりがな 氏名	Aさん
性別	女
生年月日	○年○月○日
年齢	78
要介護度	支2
管理者	○○
看護	○○
介護	○○
機能訓練	○○
相談員	○○

【通所介護利用までの経緯（活動歴・病歴）】
以前は農業をしていたが，60歳の時に脳梗塞になり，屋外に出なくなりテレビを見て過ごす時間が多くなった。日中は1人で入浴が困難なため，デイサービスを利用することになった。

【本人の希望】
歩くのが困難なので練習したい。
家の前が急な坂道なので上り下りできなくなると困る。

【家族の希望】家の前が急な坂道なので，上り下りが大丈夫であってほしい。
転倒しないように動いてほしい。
家では入浴できないので，デイサービスで入ってほしい。

【障害自立度】
A2

【認知症自立度】
自立

【健康状態（病名，合併症（心疾患，呼吸器疾患等），服薬状況等）】
高血圧症（○年）　　脳梗塞後遺症（○年）
降圧剤などを1日3回服用する。

【ケアの上での医学的リスク（血圧，転倒，嚥下障害等）・留意事項】
血圧が180mmHg以上であれば入浴を中止する。

握力　　　　　右：0.0kg　　　左：10.0kg　　補助具使用（有・無）
片足立ち（開眼）右：0.0秒　　　左：1.0秒　　種類（T字杖　　　　）　最大歩行時間（5m）：(24.0秒)

【自宅での活動・参加の状況（役割など）】
家の中ではすることがない。

利用目標

					目標達成度
長期目標 3カ月	設定日 達成予定日	○年4月 ○年7月		杖歩行の安定。 浴槽からの立ち上がりができる。	達成・一部・未達
中期目標 2カ月	設定日 達成予定日	○年4月 ○年6月		下肢は休憩を短時間にして膝を伸ばして上げられる。 麻痺側の手が90度まで上がる。	達成・一部・未達
短期目標 1カ月	設定日 達成予定日	○年4月 ○年5月		下肢は2.5kgのおもりを休憩を入れながら膝を伸ばして上げられる。 麻痺側の手が80度まで上がる。	達成・一部・未達

サービス提供内容

目的とケアの提供方針・内容	評価		効果，満足度等
	実施	達成	
①歩行の安定のために，筋力強化訓練を行う。麻痺側を動かしやすくするために，上げる訓練を行う。 5月1日～7月31日	1カ月目 実施／一部／未実施	達成／一部／未達	
3カ月目の変化及び総括 実施／一部／未実施　達成／一部／未達	2カ月目 実施／一部／未実施	達成／一部／未達	
②浴槽からの立ち上がりができるために，浴槽からの立ち上がり訓練を行う。 5月1日～7月31日	1カ月目 実施／一部／未実施	達成／一部／未達	
3カ月目の変化及び総括 実施／一部／未実施　達成／一部／未達	2カ月目 実施／一部／未実施	達成／一部／未達	

迎え（有・無）

プログラム（1日の流れ）

予定時間	サービス内容
9：00	バイタルチェック
10：10	入浴
10：50	関節可動域訓練
11：30	集団体操
12：00	食事
13：45	筋力強化訓練
14：00	レクリエーション参加
15：00	おやつ
15：30	回想法など

送り（有・無）

【特記事項】

【地域包括支援センターへの報告事項】

上記計画の内容について説明を受けました。
　　　　　　　　　　　　　　　　　　○年　5月　2日
ご本人氏名：○○○○
ご家族氏名：○○○○

上記計画書に基づきサービスの説明を行い
内容に同意頂きましたので，ご報告申し上げます。
　　　　　　　　　　　　　　　　　　○年　5月　2日
地域包括支援センター
○○　介護支援専門員様／事業所様

介護予防通所介護事業所○○　　〒000-0000　住所：○○県○○市○○○○-00　　管理者：○○
　　　　　　　　　　Tel. 000-000-0000 ／ Fax. 000-000-0000　　　　　　　　説明者：○○

介護予防通所介護個別機能訓練計画書 【3カ月後】

作成日	○年4月25日	前回作成日	○年2月1日	計画作成者	○○				
ふりがな 氏名	Aさん	性別	生年月日	年齢	要介護度	管理者	看護	介護	機能訓練	相談員
		女	○年○月○日	78	支2	○○	○○	○○	○○	○○

【本人の希望】 歩くのが困難なので練習したい。 家の前が急な坂道なので上り下りできなくなると困る。	【家族の希望】 家の前が急な坂道なので，上り下りが大丈夫であってほしい。 転倒しないように動いてほしい。 入浴は家族ではできないので，デイサービスにお願いしたい。	【障害自立度】 A2 【認知症自立度】 自立
【病名，合併症（心疾患，呼吸器疾患等）】 高血圧症（○年） 脳梗塞後遺症（○年）	【生活課題】 下肢の筋力が低下し，屋外の杖歩行が不安定である。また，右手を動かすのが困難なため，左手だけでADLを行っている。	【在宅環境（生活課題に関連する在宅環境課題）】 長男の家族と同居。トイレと玄関に手すりを設置済み。
【運動時のリスク（血圧，不整脈，呼吸等）】 血圧は140／80mmHg程度で安定。 180mmHg以上であれば運動を控える。		

運動器の機能向上訓練

長期(到達)目標(3カ月) ○年7月	杖歩行の安定。 浴槽からの立ち上がりができる。				目標達成度 達成・一部・未達
中期目標(2カ月) ○年6月	下肢は休憩を短時間にして膝を伸ばして上げられる。麻痺側の手が90度まで上がる。				目標達成度 達成・一部・未達
短期目標(1カ月) ○年5月	下肢は2.5kgのおもりを休憩を入れながら膝を伸ばして上げられる。麻痺側の手が80度まで上がる。				目標達成度 達成・一部・未達
プログラム内容（何を目的に〈～のために〉～する）	留意点	頻度	時間		主な実施者
①両下肢筋力強化のために，2.5kgのおもりを10回上げる×2		週2回	13：45～14：00		山田
②麻痺側の手を動かしやすくするために，腕を上げる動作5回		週2回	10：50～11：00		山田
③入浴動作が自立するために，浴槽からの立ち上がり訓練2回		週2回	10：10～10：20		山田
			プログラム立案者：山田		

生活機能向上グループ活動訓練

長期(到達)目標(3カ月) 　年　月					目標達成度 達成・一部・未達
中期目標(2カ月) 　年　月					目標達成度 達成・一部・未達
短期目標(1カ月) 　年　月					目標達成度 達成・一部・未達
プログラム内容（何を目的に〈～のために〉～する）	留意点	頻度	時間		主な実施者
①					
②					
③					
			プログラム立案者：		

【特記事項】 体調に合わせて実施する。	【プログラム実施後の変化（総括）】 再評価日：　年　月　日

上記計画の内容について説明を受けました。 　　　　　　　　　　　　　　○年　5月　2日 ご本人氏名：○○○○ ご家族氏名：○○○○	上記計画書に基づきサービスの説明を行い 内容に同意頂きましたので，ご報告申し上げます。 　　　　　　　　　　　　　　○年　5月　2日 地域包括支援センター ○○　介護支援専門員様／事業所様

介護予防通所介護事業所○○　　〒000-0000　住所：○○県○○市○○○○-00　　管理者：○○
　　　　　　　　　　　　　　　Tel．000-000-0000／Fax．000-000-0000　　説明者：○○

| 事例 3 | 身体機能やIADL動作の向上を目指している利用者 |

| 要介護度 | 要支援2 | 障害高齢者自立度 | A2 | 認知症高齢者自立度 | I |

　Fさんは，44歳の時に関節リウマチと診断され，通院治療を続けている。両肘関節と両膝関節に変形が強く，手指も軽度の変形がある。両肘関節と両膝関節の痛みが強く，手指は軽度。四肢の筋力が低下し，特に両下肢は低下が著明で，長距離歩行は困難な状況。

　寒い日や湿度の高い日，また朝早くは関節に痛みがあり，一日中横になっている日もある。痛みが強い時は坐薬を利用している。

　慢性気管支炎があるため，調子が悪い時は一日中咳込んでいる日もある。

　兼業農家で，畑で少し野菜を作っていたが，病気になってからは徐々に畑仕事をしなくなり，息子が代わりにするようになった。読書が趣味で，移動図書館が近くに来る時や病院受診時，ごみ捨て時には屋外に出るが，それ以外はほとんど外に出ることはない。

　他者との交流は少ないが，近所の友人がおかずを持参したり，時々声をかけてくれたりしている。また，図書館で借りた本をついでに返しに行ってくれることもある。

　訪問介護のサービスを利用して食事の準備を手伝ってもらっているが，長男の妻が週に2～3回は訪問して家事をしている。

Fさん（82歳，女性）
1人暮らし
長男夫婦が隣の市に住んでいる

- 家では読書とテレビです。
- リウマチで肘関節と膝関節が痛いんです。
- 手すりでなんとかなっています。
- 立つ時は介助バーを持ちます。
- 気管支炎の時はしんどいです。
- 着替える時は時間がかかります。
- 声が小さいのです。
- 柄の太いスプーンやフォークだと食べやすいです。
- 近所の人たちに助けてもらっています。
- 夜はトイレに頑張って行きます。
- 夜はあまり眠れません。
- 風呂は家でも入れます。

基本チェックリスト

F 様　　　　　　　　　　　　　　　記入日　○／２／５

番号	質問項目	回答
1	バスや電車で１人で外出していますか。	1．いいえ
2	日用品の買い物をしていますか。	1．いいえ
3	預貯金の出し入れをしていますか。	1．いいえ
4	友人の家を訪ねていますか。	1．いいえ
5	家族や友人の相談に乗っていますか。	1．いいえ
6	階段を手すりや壁をつたわらずに上っていますか。	1．いいえ
7	いすに座った状態から何もつかまらずに立ち上がっていますか。	1．いいえ
8	15分位続けて歩いていますか。	1．いいえ
9	この１年間に転んだことがありますか。	0．いいえ
10	転倒に対する不安は大きいですか。	1．はい
11	６カ月間で２〜３kg以上の体重が減少しましたか。	0．いいえ
12	身長（cm）　148.0　体重（kg）　50.0　（注）BMI＝22.8	
13	半年前に比べて固い物が食べにくくなりましたか。	0．いいえ
14	お茶や汁物等でむせることがありますか。	0．いいえ
15	口の渇きが気になりますか。	0．いいえ
16	週に１回以上は外出していますか。	1．いいえ
17	昨年と比べて外出の回数が減っていますか。	0．いいえ
18	周りの人から「いつも同じことを聞く」などの物忘れがあると言われますか。	0．いいえ
19	自分で電話番号を調べて，電話をかけることをしていますか。	0．はい
20	今日が何月何日か分からない時がありますか。	0．いいえ
21	（ここ２週間）毎日の生活に充実感がない。	1．はい
22	（ここ２週間）これまで楽しんでやれていたことが楽しめなくなった。	0．いいえ
23	（ここ２週間）以前は楽にできていたことが今ではおっくうに感じられる。	0．いいえ
24	（ここ２週間）自分が役に立つ人間だと思えない。	0．いいえ
25	（ここ２週間）わけもなく疲れたような感じがする。	0．いいえ

運動機能改善
４／５

栄養改善
０／２

口腔内ケア
０／３

閉じこもり予防
１／２

物忘れ予防
０／３

うつ予防
１／５

（注）BMI＝体重（kg）÷身長（m）÷身長（m）が18.5未満の場合に該当とする。

介護予防サービス・支援計画表（1）

No.（介護保険被保険者番号）：　　　　　　　　初回・紹介・**継続**　**認定済**・申請中　要支援1・**要支援2**　地域支援事業

利用者名：F　様

計画作成者氏名：

計画作成（変更）日：　　　　（初回作成日：　　　）

認定年月日：○年2月8日　　認定の有効期間：○年3月1日 ～ ○年2月28日

[委託の場合] 計画作成事業者・所名（連絡先：　　　）電話：

担当地域包括支援センター：　　　　　　電話：

目標とする生活

1日	1日1回は近所まで歩いて行くことができる。
1年	近所の友人と旅行に行ける。

総合的な援助の方針（生活の自立支援、生活機能の改善・悪化を予防するポイント）

膝関節の痛みを軽減させ、下肢の筋力を強化する。杖歩行を安定させることで屋内での転倒を予防し、生活上の活動性を向上させる。また、両上肢の筋力が向上することで、家事動作が楽にできるようになる。

健康状態について（主治医意見書、健診結果、観察結果等を踏まえた改善・維持・悪化予防のポイント）

関節リウマチのため、関節に変形と痛みがあり、座薬を使用している。転倒して骨折しないように気をつけてほしい。慢性気管支炎は早めに受診し、家族の協力で悪化しないようにお願いしたい。

【本来行うべき支援が実施できない場合】妥当な支援の実施に向けた方針

※基本チェックリストの（該当した質問項目数）/（質問項目数）を記入します。必要と思われる事業プログラムに○印を付けています。

運動機能改善	栄養改善	口腔内ケア	（閉じこもり予防）	物忘れ予防	うつ予防
④/5	0/2	0/3	1/2	0/3	1/5

計画に関する同意

上記計画について、同意いたします。

年　月　日　氏名　　　　　　㊞

[意見]

地域包括支援センター　　　　　【確認印】　　㊞

介護予防サービス・支援計画表（2－1）

利用者名： F 様

アセスメント領域と現在の状況	本人・家族の意欲・意向	領域における課題（背景・原因）	総合的課題	課題に対する目標と具体策の提案	具体策についての意向 本人・家族
運動・移動について 慢性関節リウマチのため、肘関節と膝関節に痛みがあり、両下肢の筋力が低下している。介助バーを持って立ち上がる。屋内外共、杖をついたり家具につかまったりして歩く。 外出頻度が少ない。 気管支の調子が悪いと、咳込みが続き、横になる時間が多い。	(本人) 膝は痛いが、何とか歩けるので維持したい。 (家族) 1人になっても、自分の家で過ごしたいようなので、思うようにさせてやりたい。	■有 □無 両肘関節・膝関節の痛み 両下肢の筋力低下 両上肢の筋力は若干低下 杖を使用しての歩行 玄関に17cm程度の段差がある。	両膝関節の変形と筋力低下による歩行の不安定さがある。	(目標) 1. 両下肢の筋力を強化することで歩行が安定する。	(本人) 痛みが軽減され、力がついてくるとられしい。
日常生活（家庭生活）について 日中は部屋でで読書をしていることが多い。テレビを見たり宅内を動くことが少なく、1日の活動量はかない。	(本人) 移動図書館が近くに来た時には何とか行こうと思うが、普段は行きたい所がない。 (家族) 1人になっても、自分の家で過ごしたいようなので、思うようにさせてやりたい。	■有 □無 1人暮らし 移動図書館以外の受診時にはあまり外出することがない。 杖をついたり家具につかまったりしての歩行 両上肢の筋力低下や肘関節の痛み。	「出かけたい」「家の中でできそうだ」と思うことが少ない。	2. 歩行が楽になることで、買い物や調理にも意欲が増す。	動きをやすくなって、腕の力がつくと、調理が楽になるかもしれない。
社会参加、対人関係、コミュニケーション 長男夫婦は隣の市に住んでおり、独居をするイサービス利用時に知り合いと会話をする程度。 時々外出するが、友人が訪ねてくることが多い。	(本人) デイサービスは楽しみの場所となっている。 (家族) 続けた方がよい。	■有 □無			
健康管理について 慢性関節リウマチで痛み止めを飲み、痛みが強い時には坐薬に頼っている。 逆流性食道炎があるが、食事が食べられないことはない。 慢性気管支炎のため、気管支拡張剤を服薬している。 服薬管理は自分でできている。	(本人) 痛み止めで我慢するしかない。 気管支炎でしんどい時に助けてもらえると助かる。	■有 □無 慢性関節リウマチは発症してからの期間が長い。 慢性気管支炎でしんどい時がある。 1人暮らし 長男家族は隣の市に住む。	体調が思わしくない時の手助けが必要と思われる。	3. 近所の人と交流する機会が増え、家族の協力も得られて独居生活が楽になる。	近所の人との交流がもっとあることを続けられるようにしようと思う。
その他					

介護予防サービス・支援計画表（2－2）

利用者名： F 様

目標	目標についての支援のポイント	本人等のセルフケアや家族の支援、インフォーマルサービス	支援計画			期間
			介護保険サービス または 地域支援事業	サービス種別	事業所	
1. 両下肢共，1.5kgのおもりが楽に上げられる。両上肢共，0.5kgのおもりが楽に上げられる。	足に1kgのおもりを付け，10回×2上げる。腕に0.5kgのおもりを付け，10回×2上げる。声かけを行う。	（本人）いすに座っている時に足を上げる（1日1回は行う）。	両下肢の筋力強化 両上肢の筋力強化	介護予防通所介護 運動器機能向上加算		○.3 ～ ○.5
2. ベッド回りなどを自分で掃除できる。	ヘルパーと一緒に掃除の仕方を確認しながら行う。	ヘルパーと一緒に掃除の仕方を確認しながら行う。	家事（掃除，買い物，調理支援）			
3. 毎日外に出ることができる。	外出や散歩の声かけを行う。	近所の人と日常会話をしてみる。	ヘルパーの声かけ			

介護予防通所介護アセスメントシート

アセスメント実施日　〇年3月1日　第3回　面接方法（　訪問　）　担当者　S

フリガナ		性別	女	生年月日	〇年〇月〇日（82歳）	要介護度	介護認定日		
氏名	Fさん					支2	〇	〇	28

住所	〇〇市〇〇町〇丁目〇番地	電話番号	XXX－XXX－XXXX	認定の有効期間
				〇.3～〇.2

連絡先	氏名	続柄	住所	電話番号	障害高齢者自立度	A2
	〇〇〇〇	長男	隣の市に在住	XXX-XXX-XXXX	認知症高齢者自立度	Ⅰ
	〇〇〇〇	長男の妻	同上	同上		

家族構成	現在利用している社会資源等	本人の希望
1人暮らし 夫は3年前に亡くなる。 長男携帯：XXX－XXXX－XXXX 長男の妻携帯：XXX－XXXX－XXXX	在宅および施設ケアサービス 介護予防通所介護週2回 介護予防訪問介護週2回 配食サービス週4回	肘と膝の関節が痛むけれど，何とか歩けているので維持したい。 家事がしんどい。
介護状況 主介護者　（　　　　長男の妻　　　　） 仕事等　　（　　　　常勤　　　　　　） 健康状態　（　　　　普通　　　　　　） キーパーソン（　　　　長男　　　　　　）	日常生活用具等 介護用ベッド貸与 介助バー貸与 シャワーいす	家族の希望・要望 1人になっても自分の家で過ごしたいようなので，思うようにさせてやりたい。

生活歴	農家の長女（5人兄弟）として生まれ，家業の手伝いや一番下の子の面倒を見ていた。23歳で結婚し，夫と兼業農家で生計を立てていた。冬場は土木作業員などで働いた。長男夫婦は共に会社員で，時々家の田や畑をするために帰ってくる。夫は認知症で6年間家で介護をした後に亡くなった。

治療状況	既往歴	現病歴	服薬状況	受診方法
	慢性気管支炎（〇年） 逆流性食道炎（〇年）	44歳の時から関節に痛みがあり，総合病院を受診して慢性関節リウマチの診断を受ける。肘と膝関節に痛みがひどく，坐薬や湿布でごまかしながら様子を見てきた。主治医から膝の手術の話があったが，手術はしたくない気持ちが強い。	気管支拡張剤（1日2回） 抗リウマチ剤（1日3回） 鎮痛剤（1日3回） 胃薬（1日3回） 坐薬（必要時） 湿布	月1回長男の車で受診
	医療機関名・担当医　（　　　〇〇病院整形外科　□□医師　　）　TEL（　　　　）			
	（　　　　　　　　　　　　　　　　　）　TEL（　　　　）			

医療保険	後期高齢者医療制度	身障手帳	なし	年金等	国民年金，年間60万円程度

身体状況	〈拘縮　麻痺　痛み　皮膚の状況〉	
	拘縮	両膝関節に変形あり。100度までしか曲げられない。両肘や両指にも変形あり。
	麻痺	両下肢の筋力が低下。両上肢の筋力低下は若干ある程度。
	痛み	両膝関節および肘関節に痛みあり。膝関節は朝の動き始めや冬場，湿度の高い日に，特に痛む。
	褥瘡	なし
	皮膚の状況	良好
	〈目・耳の状態およびコミュニケーション能力〉	
	視力	年齢相応　　　　　　眼鏡　持っているが，使っていない。
	聴力	年齢相応　　　　　　補聴器　なし
	目・耳の症状	特に問題なし
	意思表示の手段	声やジェスチャーで伝える。
	意思の伝達	声が小さく聞き取りにくいが，内容は十分に理解している。
	指示への反応	十分に理解できる。書類などの難しい内容は長男に助けを求める。
	その他	血圧130／80mmHg，脈拍76回/分 気管支の調子が悪い時には咳き込みが続き，横になる時間が多い。

介護保険	〇〇〇〇〇〇〇〇〇〇	支援事業所	居宅介護支援事業所〇〇荘	ケアマネジャー	S

日常生活動作能力	寝返り	ベッド柵を持てば寝返りできる。
	起き上がり	ベッド柵を持って起き上がる。
	座位	座位は安定しているが，長時間の座位は腰が痛くなるので，背もたれにもたれる。
	移乗・移動	立ち上がりはベッドの介助バーを持って行う。
		家具につかまって歩く。屋外では杖をついて歩くが，長距離はしんどい。
		移乗時はベッド柵や介助バーなどを持ち，転倒しないように注意しながら行う。
	着脱	時間をかけて行う。ボタンやファスナーは面ファスナー等の工夫をしている。
	整容	自分でできる。
	IADL等	歩行はゆっくりと歩く。長男の妻が週に2～3回来て掃除や洗濯などの手伝いをする。

食事・栄養状態	肥満とやせ	やせ気味
	食べ方	右手で柄の太いスプーンやフォークを持って食べる。
	嚥下	良好
	食事制限	特になし。塩分は控え，薄味にしている。
	食物形態	普通の食事
	一日の水分量	ほぼ通常量1,000mL程度。お茶とコーヒー（砂糖2杯とミルクを入れる）を飲む。
	口腔の状態	部分入れ歯で，歯磨きはしている。

排泄の状況	尿	1日7～8回程度。（夜間も1回トイレに行く）
	尿失禁	なし
	便	軟らかめの便で2日に1回程度。
	便失禁	なし
	トイレ環境	洋式トイレで，L字手すりを設置済み。

身体の清潔状況	自宅およびデイサービス利用時に入浴。移動時に手引き介助が必要。一般浴槽で足台に腰かけて胸までつかる。前身の洗身と洗髪は自分でできる。
浴室環境	浴室にL字手すりを設置済み。

精神状態	睡眠の状況	夜間に膝などの痛みで目が覚めることあり，あまり眠れていない。
	認知症の症状	特になし

家族の協力体制	時々長男夫婦が声をかけに来る程度。	住宅・環境等	
興味・関心・生きがい	デイサービスでの会話。	玄関に17cmの段差が2段ある。廊下と部屋の間に約3cmの段差がある。居室は6畳の和室で，テレビとタンスがある。玄関の手すりを設置済み。	
生活スタイル・活動状況	デイサービス利用時や近所の友人と会話する程度。		
要支援に至った理由と経緯 以前のADLと家庭内役割 自立してできなくなったこと 現在の家事状況と役割 近隣との交流	長男夫婦は共働きで，孫は社会人になって日中働いている。日中はテレビや読書で過ごしていることが多い。本は近所の友人に頼んで図書館から借りてもらったり，移動図書館が近所に来た時に出かけて行って自分で選び，借りて読んでいる。デイサービス利用時に会話を楽しんでいる様子。		

送迎場所	自宅玄関	送迎方法	杖歩行	ベッド等	介護用（2モーター）

運動器の機能向上プログラム事前・事後アセスメントシート

氏名 Fさん	○年○月○日生（82歳）	評価者名 K
要介護度【 要支援1 ・ (要支援2) 】	実施プログラム 筋力強化，関節可動域訓練等	

評価実施日 1回目 ○年3月1日	評価実施日 2回目　　　年　月　日
バイタルチェック	バイタルチェック
血圧　　　　130／80　mmHg	血圧　　　　　／　　mmHg
脈拍　　　　76回／分	脈拍　　　　　回／分
不整【 無・(有)（ 3回／分）】	不整【 無・有（ 回／分）】
形態測定	形態測定
身長：148cm　体重：50kg　BMI：22.8	身長：　cm　体重：　kg　BMI：
運動機能	運動機能
握力　　　　（　　　8.0kg：左・(右)） 　　　　　　（　　　6.0kg：(左)・右）	握力　　　　（　　　kg：左・右） 　　　　　　（　　　kg：左・右）
膝伸展筋力　（　　　kg：左・右） 　　　　　　（　　　kg：左・右）	膝伸展筋力　（　　　kg：左・右） 　　　　　　（　　　kg：左・右）
片足立ち（開眼）（　1.0秒：左・(右)） 　　　　　　　　（　1.0秒：(左)・右）	片足立ち（開眼）（　秒：左・右） 　　　　　　　　（　秒：左・右）
TUG　　　　　（　90.0秒）	TUG　　　　　（　秒）
通常歩行時間　（　30.0秒） 　【補助具使用 (有)・無）種類（ 杖 ）】	通常歩行時間　（　秒） 　【補助具使用（有・無）種類（ ）】
最大歩行時間 　（5m）　　　（　25.0秒） 　【補助具使用 (有)・無）種類（ 杖 ）】	最大歩行時間 　（5m）　　　（　秒） 　【補助具使用（有・無）種類（ ）】

評価時の特記事項： 握力計は何とか握れる。 TUGは立ち上がりに時間がかかり，歩行もゆっくりとしている。 最大歩行時間を計測をする時は，急いで歩こうとするので，転倒の危険がある。	評価時の特記事項：

BMI＝体重（kg）÷身長の2乗（m²）
20未満：やせ気味　　　　20〜24未満：普通
24〜26.5未満：太り気味　26.5以上：太りすぎ
TUG：いすから立ち上がり，3m先の目印を折り返し，再びいすに座るまでの時間

興味・関心チェックシート

聞き取り日：○年3月1日

氏名	Fさん			生年月日	○年○月○日	年齢	82歳	性別	女

生活行為	している	してみたい	興味がある	生活行為	している	してみたい	興味がある
自分でトイレへ行く	○			生涯学習・歴史			
一人でお風呂に入る		○		読書	○		
自分で服を着る	○			俳句			
自分で食べる	○			書道・習字			
歯磨きをする	○			絵を描く・絵手紙			
身だしなみを整える	○			パソコン・ワープロ			
好きなときに眠る	○			写真			
掃除・整理整頓	○			映画・観劇・演奏会			
料理を作る	○			お茶・お花			
買い物	○			歌を歌う・カラオケ			
家や庭の手入れ・世話				音楽を聴く・楽器演奏			
洗濯・洗濯物たたみ	○			将棋・囲碁・麻雀・ゲーム等			
自転車・車の運転				体操・運動			
電車・バスでの外出	○			散歩	○		
孫・子供の世話				ゴルフ・グラウンドゴルフ・水泳・テニスなどのスポーツ			
動物の世話				ダンス・踊り			
友達とおしゃべり・遊ぶ	○			野球・相撲等観戦			
家族・親戚との団らん	○			競馬・競輪・競艇・パチンコ			
デート・異性との交流				編み物			
居酒屋に行く				針仕事			
ボランティア				畑仕事			
地域活動（町内会・老人クラブ）				賃金を伴う仕事			
お参り・宗教活動				旅行・温泉			
その他（図書館に行く）	○			その他（　　　　）			
その他（　　　　）				その他（　　　　）			

居宅訪問チェックシート

利用者氏名	Fさん		生年月日	○年○月○日	年齢	82歳	性別	女
訪問日・時間	○年3月1日（○） 16：45 ～ 17：10						要介護度	支2
訪問スタッフ	○○，○○	職種	生活相談員，機能訓練指導員		被聞取り者		利用者	

	項目	レベル	課題	環境（実施場所・補助具等）	状況・生活課題
ADL	食事	☑自立 □見守り □一部介助 □全介助	無	食堂で食べる。	自宅の浴槽はまたぎ越しが難しい。洗髪と前身の洗身はできる。
	排泄	☑自立 □見守り □一部介助 □全介助	無	洋式トイレで，L字手すり設置済み。	
	入浴	□自立 ☑見守り □一部介助 □全介助	有	自宅の浴槽は和洋折衷型。家ではシャワーが多い。	
	更衣	☑自立 □見守り □一部介助 □全介助	無	ボタンは面ファスナーで工夫している。	
	整容	☑自立 □見守り □一部介助 □全介助	無	柄の長いくしを使用している。	
	移乗	☑自立 □見守り □一部介助 □全介助	無	ベッド柵や介助バーなどにつかまって注意しながら行う。	
IADL	屋内移動	☑自立 □見守り □一部介助 □全介助	無	廊下と部屋の間に約3cmの段差がある。家具につかまって歩く。	膝に痛みがあるため，長距離を移動するのはしんどい。買い物はヘルパーの協力を得ることが多い。
	屋外移動	☑自立 □見守り □一部介助 □全介助	無	T字杖を使用する。	
	階段昇降	□自立 ☑見守り □一部介助 □全介助	有	玄関に17cmの段差が2段ある。	
	調理	☑自立 □見守り □一部介助 □全介助	無	近所の友人から差し入れがある。	
	洗濯	☑自立 □見守り □一部介助 □全介助	無		
	掃除	☑自立 □見守り □一部介助 □全介助	無	自室の掃除はできる。	

	項目	レベル	課題	状況・生活課題
起居動作	起き上がり	☑自立 □見守り □一部介助 □全介助	無	慎重に動き，転倒の心配はない。
	座位	☑自立 □見守り □一部介助 □全介助	無	
	立ち上がり	☑自立 □見守り □一部介助 □全介助	無	
	立位	☑自立 □見守り □一部介助 □全介助	無	

身体機能：四肢の関節に変形があり，特に膝，肘，手関節が著明。膝と肘関節は痛みが強い。慢性気管支炎と逆流性食道炎もあり，体調が思わしくない日も多い。

精神・心理機能：認知機能に問題はないが，うつ傾向が感じられる。

介護予防通所介護 機能訓練評価シート

評価者	○○	(訪問)評価日	○年3月1日(○)

氏名	Fさん	性別	女	障害高齢者自立度	A2	要介護度	支2
生年月日	○年○月○日	年齢	82	認知症高齢者自立度	Ⅰ		

関節可動域		肩:年齢相応・**制限あり**( ) 肘:年齢相応・**制限あり**(完全に伸展できない。) 手:年齢相応・**制限あり**(手指が尺側変位している。) 股:年齢相応・**制限あり**( ) 膝:年齢相応・**制限あり**(かなり変形しており,屈曲100度まで。) 足:年齢相応・**制限あり**( )
痛みや痺れ等		痛み:**あり**・なし(両肘関節と膝関節。) 痺れ:**あり**・なし(両下腿より下に見られる。)
筋力	(右)上肢	腕を曲げる:十分に曲げられる・**何とか曲げられる**・曲げられない( ) 腕を伸ばす:十分に伸ばせる・**何とか伸ばせる**・伸ばせない( )
	(右)下肢	足を後ろに引く:十分に引ける・**何とか引ける**・引けない( ) 足を伸ばす:十分に伸ばせる・**何とか伸ばせる**・伸ばせない( )
	体幹	へそのぞき:十分にのぞける・**何とかのぞける**・のぞけない( ) 背を伸ばす:**十分に伸ばせる**・何とか伸ばせる・伸ばせない( )
家庭でのADL	起き上がり	**できる**・介助でできる・できない( )
	座位保持	**できる**・介助でできる・できない( )
	歩行	**できる**・介助でできる・できない(屋内・外共に何かを持って歩く。)
	車いす駆動	できる・介助でできる・できない(使用しない。)
	食事	**できる**・介助でできる・できない(右手にスプーンやフォークを持って食べる。)
	衣服・整容	**できる**・介助でできる・できない(時間はかかる。)
	入浴	できる・**介助でできる**・できない(浴槽のまたぎ越しが難しい。シャワーいすを使用。)
	排泄	**できる**・介助でできる・できない(洋式トイレであれば手すりを持ちできる。)
	会話	**できる**・介助でできる・できない( )
家庭でのIADL	買い物	できる・**介助でできる**・できない(本人やヘルパーが行う。)
	調理	できる・**介助でできる**・できない(本人やヘルパーが行う。)
	掃除・洗濯	できる・**介助でできる**・できない(本人やヘルパーが行う。)
認知機能	見当識	日時:**分かる**・時々分かる・分からない( ) 場所や人:**分かる**・時々分かる・分からない( )
	記銘・記憶	短期:**覚えている**・不確か・忘れることが多い( ) 長期:**覚えている**・不確か・忘れることが多い( )
	判断能力	簡単な内容:**できる**・意見を求める・できない( ) 複雑な内容:できる・**意見を求める**・できない( )
	BPSD(幻覚・妄想・易怒・意欲低下等)	特になし
麻痺回復(麻痺なし)	肩や腕	かなり動かせる・半分程度・わずかに動かせる( )
	手指	かなり動かせる・半分程度・わずかに動かせる( )
	下肢	かなり動かせる・半分程度・わずかに動かせる( )
興味・関心・生きがい・役割		読書やテレビ。
生活スタイル・活動量・交流		近所の友人やデイサービス利用時に知り合いと会話をする。
訓練効果,実施方法に関する評価 実施日:○.3.1		機能訓練指導員:両下肢の筋力強化が必要。関節拘縮を予防し,歩く練習をする。 看護職員:肘,膝,手指の痛みに注意してADLの介助を行う。バイタルサインの確認が必要。 介護職員:入浴の移動介助時は注意が必要。浴槽の出入りは座位で行う。 生活相談員:1人暮らし。長男家族が時々来る。

介護予防通所介護計画書

※3カ月間の評価および変化も記載しています。

作成日	○年3月1日	前回作成日	○年11月28日	計画作成者	○○				
ふりがな 氏名	Fさん	性別	生年月日	年齢	要介護度	管理者	看護	介護	機能訓練	相談員
		女	○年○月○日	82	支2	○○	○○	○○	○○	○○

【通所介護利用までの経緯（活動歴・病歴）】 慢性関節リウマチと慢性気管支炎で体調がすぐれない日が多いながらも独居生活を続けていたが，横になる日も多くなり，入浴が困難になってきたのでデイサービスを利用することにした。	【本人の希望】 肘と膝の関節が痛むが，何とか歩いているので維持したい。家事がつらい。	【障害自立度】 A2
	【家族の希望】 一人になっても自宅で暮らしたいようなので，思うようにさせてやりたい。	【認知症自立度】 I

【健康状態（病名，合併症（心疾患，呼吸器疾患等），服薬状況等）】 慢性気管支炎，逆流性食道炎（○年） 慢性関節リウマチ（○歳） 1日3回服薬あり。	【ケアの上での医学的リスク（血圧，転倒，嚥下障害等）・留意事項】 血圧が180mmHg以上あれば入浴を中止する。

握力　　　　右：8.0kg　　　左：6.0kg　　　補助具使用（有）・無）
片足立ち（開眼）　右：1.0秒　　左：1.0秒　　種類（杖　　　　　　）　最大歩行時間（5m）：（25.0秒）

【自宅での活動・参加の状況（役割など）】
体調が悪いながらも何とか家事を行っている。本を読むのが好きなので，移動図書館が近くに来る日は頑張って外に出るようにしている。近所の友人がおかずを差し入れてくれる。

利用目標

長期目標 3カ月	設定日 達成予定日	○年3月 ○年5月	膝関節の痛みの軽減と下肢の筋力強化と杖歩行の安定。 両上肢の痛みの軽減と筋力強化で家事動作が楽にできるようになる。	目標達成度 達成・(一部)・未達
中期目標 2カ月	設定日 達成予定日	○年3月 ○年4月	下肢1.0kg，上肢0.5kgのおもりを楽に10回上げられる。 ベッド周りの掃除が楽にできる。	目標達成度 (達成)・一部・未達
短期目標 1カ月	設定日 達成予定日	○年3月 ○年3月	下肢1.0kg，上肢0.5kgのおもりを5回上げた後に休憩して再び上げられる。ベッド周りの掃除ができる。	目標達成度 (達成)・一部・未達

サービス提供内容

目的とケアの提供方針・内容	評価			迎え（(有)・無）	
	実施	達成	効果，満足度等		
①両膝関節の痛み軽減と上下肢の筋力強化のために，筋力強化訓練を行う。 3月2日〜5月31日	1カ月目 (実施)　(達成) 一部　一部 未実施　未達		膝関節の痛みは続いているが，おもりは上げられる。	プログラム（1日の流れ）	
				予定時間	サービス内容
3カ月目の変化及び総括	2カ月目 (実施)　(達成) 一部　一部 未実施　未達		おもりを10回楽に上げられるようになった。	9：00	バイタルチェック
(実施)　達成 一部　(一部) 未実施　未達	膝の痛みは続いているが，上下肢の筋力は強化された。			10：00	入浴
				10：50	自主的歩行訓練
				11：30	集団体操
②ベッド周りの掃除ができるように，掃除機をかける訓練を行う。 3月2日〜5月31日	1カ月目 (実施)　(達成) 一部　一部 未実施　未達		掃除機が使えるように一緒に考え，工夫した。	12：00	食事
				13：45	筋力強化訓練
				14：00	レクリエーション参加
				15：00	おやつ
3カ月目の変化及び総括	2カ月目 (実施)　(達成) 一部　一部 未実施　未達		掃除機の操作には慣れたが，しんどさはある。	15：30	掃除訓練
(実施)　達成 一部　(一部) 未実施　未達	日によってできる日とできにくい日がある。			送り（(有)・無）	

【特記事項】	【地域包括支援センターへの報告事項】 その日の体調によって筋力強化訓練や掃除訓練を行うのが困難な日もありますが，意欲的に取り組んでいます。

上記計画の内容について説明を受けました。 ご本人氏名：○○○○ ご家族氏名：○○○○	○年　3月　2日	上記計画書に基づきサービスの説明を行い内容に同意頂きましたので，ご報告申し上げます。 　　　　　　　　　　　　　　　○年　3月　2日 地域包括支援センター 　○○　介護支援専門員様／事業所様

介護予防通所介護事業所○○　　〒000-0000　　住所：○○県○○市○○○○-00　　　管理者：○○
　　　　　　　　　　　　　　　　Tel. 000-000-0000　／　Fax. 000-000-0000　　　　　説明者：○○

介護予防通所介護個別機能訓練計画書

※3カ月間の評価および変化も記載しています。

作成日	○年3月1日	前回作成日	○年11月28日	計画作成者	○○				
ふりがな 氏名	Fさん	性別	生年月日	年齢	要介護度	管理者	看護	介護	機能訓練	相談員
		女	○年○月○日	82	支2	○○	○○	○○	○○	○○

【本人の希望】 肘と膝の関節が痛むが，何とか歩けているので維持したい。 家事がつらい。	【家族の希望】 一人になっても自宅で暮らしたいようなので，思うようにさせてやりたい。	【障害自立度】 A2
		【認知症自立度】 Ⅰ
【病名，合併症（心疾患，呼吸器疾患等）】 慢性気管支炎，逆流性食道炎（○年） 慢性関節リウマチ（○歳）	【生活課題】 慢性気管支炎やリウマチによる痛みがひどい時は横になる時間が多くなり，夜間にあまり眠れていない日もある中で，自分のペースで生活している。	【在宅環境（生活課題に関連する在宅環境課題）】 独居状態で，浴室，トイレ，玄関には手すりを設置済み。就寝時は電動ベッドを使用。
【運動時のリスク（血圧，不整脈，呼吸等）】 血圧は130／80mmHg程度，脈拍76回/分。 血圧が180mmHg以上であれば運動を控える。		

運動器の機能向上訓練

長期（到達）目標（3カ月） ○年5月	膝関節の痛みの軽減と下肢の筋力強化と杖歩行の安定。 両上肢の筋力向上。			目標達成度 達成・(一部)・未達	
中期目標（2カ月） ○年4月	下肢1.0kgのおもりを10回楽に上げられる。 上肢0.5kgのおもりを10回楽に上げられる。			目標達成度 (達成)・一部・未達	
短期目標（1カ月） ○年3月	下肢1.0kgのおもりを5回上げた後，休憩して再び上げられる。 上肢0.5kgのおもりを5回上げた後，休憩して再び上げられる。			目標達成度 (達成)・一部・未達	
プログラム内容（何を目的に〈〜のために〉〜する）	留意点	頻度	時間	主な実施者	
①両下肢筋力強化のために1.0kgのおもりを5回上げる×2		週2回	13：45〜14：00	山田	
②両上肢筋力強化のために0.5kgのおもりを5回上げる×2		週2回	13：45〜14：00	山田	
③					
				プログラム立案者：山田	

生活機能向上グループ活動訓練

長期（到達）目標（3カ月） ○年5月	両上肢の痛みの軽減と筋力強化により，家事動作が楽にできるようになる。			目標達成度 達成・(一部)・未達
中期目標（2カ月） ○年4月	ベッド周りの掃除が楽にできる。			目標達成度 (達成)・一部・未達
短期目標（1カ月） ○年3月	ベッド周りの掃除ができる。			目標達成度 (達成)・一部・未達
プログラム内容（何を目的に〈〜のために〉〜する）	留意点	頻度	時間	主な実施者
①ベッド周りの掃除ができるように，掃除機をかける訓練を行う。		週2回	15：30〜15：50	上田
②				
③				
				プログラム立案者：上田

【特記事項】 体調に合わせて実施する。	【プログラム実施後の変化（総括）】 再評価日：○年5月30日 両下肢の筋力が少しついてきました。その日の調子に合わせて掃除も行えるようになりました。

上記計画の内容について説明を受けました。 　　　　　　　　　　　　　　　　○年　3月　2日 ご本人氏名：○○○○ ご家族氏名：○○○○	上記計画書に基づきサービスの説明を行い内容に同意頂きましたので，ご報告申し上げます。 　　　　　　　　　　　　　　　　○年　3月　2日 地域包括支援センター ○○　介護支援専門員様／事業所様

介護予防通所介護事業所○○　〒000－0000　住所：○○県○○市○○○○－○○　管理者：○○
Tel. 000－000－0000／Fax. 000－000－0000　説明者：○○

興味・関心チェックシート 3カ月後

聞き取り日：○年5月31日

| 氏名 | Fさん | | | 生年月日 | ○年○月○日 | 年齢 | 82歳 | 性別 | 女 |

生活行為	している	してみたい	興味がある	生活行為	している	してみたい	興味がある
自分でトイレへ行く	○			生涯学習・歴史			
一人でお風呂に入る		○		読書	○		
自分で服を着る	○			俳句			
自分で食べる	○			書道・習字			
歯磨きをする	○			絵を描く・絵手紙			
身だしなみを整える	○			パソコン・ワープロ			
好きなときに眠る	○			写真			
掃除・整理整頓	○			映画・観劇・演奏会			
料理を作る	○			お茶・お花			
買い物	○			歌を歌う・カラオケ			
家や庭の手入れ・世話				音楽を聴く・楽器演奏			
洗濯・洗濯物たたみ	○			将棋・囲碁・麻雀・ゲーム等			
自転車・車の運転				体操・運動			
電車・バスでの外出	○			散歩	○		
孫・子供の世話				ゴルフ・グラウンドゴルフ・水泳・テニスなどのスポーツ			
動物の世話				ダンス・踊り			
友達とおしゃべり・遊ぶ	○			野球・相撲等観戦			
家族・親戚との団らん	○			競馬・競輪・競艇・パチンコ			
デート・異性との交流				編み物			
居酒屋に行く				針仕事			○（新たな興味。）
ボランティア				畑仕事			
地域活動（町内会・老人クラブ）				賃金を伴う仕事			
お参り・宗教活動				旅行・温泉			
その他（図書館に行く）	○			その他（　　　）			
その他（　　　）				その他（　　　）			

居宅訪問チェックシート 3カ月後

利用者氏名	Fさん		生年月日	○年○月○日	年齢	82歳	性別	女
訪問日・時間	○年5月31日（○）　16：45　～　17：10						要介護度	支2
訪問スタッフ	○○，○○	職種	生活相談員，機能訓練指導員			被聞取り者		利用者

	項目	レベル	課題	環境（実施場所・補助具等）	状況・生活課題
ADL	食事	☑自立　□見守り □一部介助　□全介助	無	食堂で食べる。	自宅の浴槽はまたぎ越しが難しい。洗髪と前身の洗身はできる。
	排泄	☑自立　□見守り □一部介助　□全介助	無	洋式トイレで，L字手すり設置済み。	
	入浴	□自立　☑見守り □一部介助　□全介助	有	自宅の浴槽は和洋折衷型。家ではシャワーが多い。	
	更衣	☑自立　□見守り □一部介助　□全介助	無	ボタンは面ファスナーで工夫している。	
	整容	☑自立　□見守り □一部介助　□全介助	無	柄の長いくしを使用している。	
	移乗	☑自立　□見守り □一部介助　□全介助	無	ベッド柵や介助バーなどにつかまって注意しながら行う。	
IADL	屋内移動	☑自立　□見守り □一部介助　□全介助	無	廊下と部屋の間に約3cmの段差がある。家具につかまって歩く。	膝に痛みがあるため，長距離を移動するのはしんどい。買い物はヘルパーの協力を得ることが多い。
	屋外移動	☑自立　□見守り □一部介助　□全介助	無	T字杖を使用する。	
	階段昇降	□自立　☑見守り □一部介助　□全介助	有	玄関に17cmの段差が2段ある。	
	調理	☑自立　□見守り □一部介助　□全介助	無	近所の友人から差し入れがある。	
	洗濯	☑自立　□見守り □一部介助　□全介助	無		
	掃除	☑自立　□見守り □一部介助　□全介助	無	自室の掃除はできる。	

	項目	レベル	課題	状況・生活課題	
起居動作	起き上がり	☑自立　□見守り □一部介助　□全介助	無	慎重に動き，転倒の心配はない。	
	座位	☑自立　□見守り □一部介助　□全介助	無		
	立ち上がり	☑自立　□見守り □一部介助　□全介助	無		
	立位	☑自立　□見守り □一部介助　□全介助	無		

身体機能：四肢の関節に変形があり，特に膝，肘，手関節が著明。膝と肘関節は痛みが強い。慢性気管支炎と逆流性食道炎もあり，体調が思わしくない日も多い。両下肢の筋力は若干向上した。

精神・心理機能：認知機能に問題はないが，うつ傾向が感じられる。

> 主観的な表現も大事にする。

介護予防通所介護 機能訓練評価シート 【3カ月後】

評価者	○○	(訪問)評価日	○年5月31日（○）

氏名	Fさん	性別	女	障害高齢者自立度	A2	要介護度	
生年月日	○年○月○日	年齢	82	認知症高齢者自立度	Ⅰ		支2

関節可動域		肩：年齢相応・**制限あり**（　　　　　） 肘：年齢相応・**制限あり**（完全に伸展できない。） 手：年齢相応・**制限あり**（手指が尺側変位している。） 股：年齢相応・**制限あり**（　　　　　） 膝：年齢相応・**制限あり**（かなり変形しており，屈曲100度まで。） 足：年齢相応・**制限あり**（　　　　　）
痛みや痺れ等		痛み：**あり**・なし（両肘関節と膝関節。） 痺れ：**あり**・なし（両下腿より下に見られる。）
筋力	（右）上肢	腕を曲げる：**十分に曲げられる**・何とか曲げられる・曲げられない（　） 腕を伸ばす：十分に伸ばせる・**何とか伸ばせる**・伸ばせない（　）
	（右）下肢	足を後ろに引く：**十分に引ける**・何とか引ける・引けない（　） 足を伸ばす：十分に伸ばせる・**何とか伸ばせる**・伸ばせない（　）
		下をのぞき：十分にのぞける・**何とかのぞける**・のぞけない（　） 背を伸ばす：**十分に伸ばせる**・何とか伸ばせる・伸ばせない（　）
家庭でのADL	起き上がり	**できる**・介助でできる・できない（　）
	座位保持	**できる**・介助でできる・できない（　）
	歩行	**できる**・介助でできる・できない（屋内・外共に何かを持って歩く。）
	車いす駆動	できる・介助でできる・できない（使用しない。）
	食事	**できる**・介助でできる・できない（右手にスプーンやフォークを持って食べる。）
	衣服・整容	**できる**・介助でできる・できない（時間はかかる。）
	入浴	できる・**介助でできる**・できない（浴槽のまたぎ越しが難しい。シャワーいすを使用。）
	排泄	**できる**・介助でできる・できない（洋式トイレであれば手すりを持ちできる。）
	会話	**できる**・介助でできる・できない（　）
家庭でのIADL	買い物	できる・**介助でできる**・できない（本人やヘルパーが行う。）
	調理	できる・**介助でできる**・できない（本人やヘルパーが行う。）
	掃除・洗濯	できる・**介助でできる**・できない（自分で行うことが増えた。）
認知機能	見当識	日時：**分かる**・時々分かる・分からない（　） 場所や人：**分かる**・時々分かる・分からない（　）
	記銘・記憶	短期：**覚えている**・不確か・忘れることが多い（　） 長期：**覚えている**・不確か・忘れることが多い（　）
	判断能力	簡単な内容：**できる**・意見を求める・できない（　） 複雑な内容：できる・**意見を求める**・できない（　）
	BPSD （幻覚・妄想・ 易怒・意欲低下等）	特になし
麻痺回復 （麻痺なし）	肩や腕	かなり動かせる・半分程度・わずかに動かせる（　）
	手指	かなり動かせる・半分程度・わずかに動かせる（　）
	下肢	かなり動かせる・半分程度・わずかに動かせる（　）
興味・関心・生きがい・役割		読書やテレビ。
生活スタイル・活動量・交流		近所の友人やデイサービス利用時に知り合いと会話をする。
訓練効果，実施方法に関する評価 実施日：○.5.31		機能訓練指導員：両下肢の筋力強化がまだ必要。関節拘縮を予防し，歩く練習をする。 看護職員：肘，膝，手指の痛みに注意してADLの介助を行う。バイタルサインの確認が必要。 介護職員：入浴の移動介助時は注意が必要。浴槽の出入りは座位で行う。 生活相談員：1人暮らし。長男家族が時々来る。

※ おもりの訓練で筋力が向上。
※ わずかな変化も見逃したり聞き逃したりしないようにして記載する。
※ 継続して行う必要性を強調する。

介護予防通所介護計画書 【3カ月後】

作成日	○年5月24日	前回作成日	○年3月1日	計画作成者	○○				
ふりがな 氏名	Fさん	性別	生年月日	年齢	要介護度	管理者	看護	介護	機能訓練	相談員
		女	○年○月○日	82	支2	○○	○○	○○	○○	○○

※上記の表は項目数の都合上、以下に整理して再掲：

項目	内容
作成日	○年5月24日
前回作成日	○年3月1日
計画作成者	○○
氏名	Fさん
性別	女
生年月日	○年○月○日
年齢	82
要介護度	支2
管理者	○○
看護	○○
介護	○○
機能訓練	○○
相談員	○○

【通所介護利用までの経緯（活動歴・病歴）】
慢性関節リウマチと慢性気管支炎で体調がすぐれない日が多いながらも独居生活を続けていたが，横になる日も多くなり，入浴が困難になってきたのでデイサービスを利用することにした。

【本人の希望】
肘と膝の関節が痛むが，何とか歩けているので維持したい。家事がつらい。

【家族の希望】
一人になっても自宅で暮らしたいようなので，思うようにさせてやりたい。

【障害自立度】 A2

【認知症自立度】 Ⅰ

【健康状態（病名，合併症（心疾患，呼吸器疾患等），服薬状況等）】
慢性気管支炎，逆流性食道炎（○年）
慢性関節リウマチ（○歳）
1日3回服薬あり。

【ケアの上での医学的リスク（血圧，転倒，嚥下障害等）・留意事項】
血圧が180mmHg以上であれば入浴を中止する。

握力	右：9.0kg	左：7.0kg	補助具使用（有・無）	
片足立ち（開眼）	右：1.0秒	左：1.0秒	種類（杖）	最大歩行時間（5m）：(25.0秒)

【自宅での活動・参加の状況（役割など）】
体調が悪いながらも何とか家事を行っている。本を読むのが好きなので，移動図書館が近くに来る日は頑張って外に出るようにしている。近所の友人がおかずを差し入れてくれる。

利用目標

	設定日	達成予定日	内容	目標達成度
長期目標 3カ月	○年5月	○年8月	膝関節の痛みの軽減と下肢の筋力強化と杖歩行の安定。両上肢の痛みの軽減と筋力強化で家事動作が楽にできるようになる。	達成・一部・未達
中期目標 2カ月	○年5月	○年7月	下肢1.5kg，上肢1.0kgのおもりを楽に10回上げられる。ベッド周りの掃除が楽にできる。	達成・一部・未達
短期目標 1カ月	○年5月	○年6月	下肢1.5kg，上肢1.0kgのおもりを5回上げた後に休憩して再び上げられる。ベッド周りの掃除ができる。	達成・一部・未達

サービス提供内容

目的とケアの提供方針・内容	評価		効果，満足度等
	実施	達成	
①両膝関節の痛み軽減と上下肢の筋力強化のために，筋力強化訓練を行う。 6月1日～8月31日	1カ月目 実施／達成 一部／一部 未実施／未達		
3カ月目の変化及び総括 実施：一部／未実施　達成：一部／未達	2カ月目 実施／達成 一部／一部 未実施／未達		
②ベッド周りの掃除ができるように，掃除機をかける訓練を行う。 6月1日～8月31日	1カ月目 実施／達成 一部／一部 未実施／未達		
3カ月目の変化及び総括 実施：一部／未実施　達成：一部／未達	2カ月目 実施／達成 一部／一部 未実施／未達		

迎え（有・無）

プログラム（1日の流れ）

予定時間	サービス内容
9：00	バイタルチェック
10：00	入浴
10：50	自主的歩行訓練
11：30	集団体操
12：00	食事
13：45	筋力強化訓練
14：00	レクリエーション参加
15：00	おやつ
15：30	掃除訓練

送り（有・無）

【特記事項】

【地域包括支援センターへの報告事項】

上記計画の内容について説明を受けました。
　　　　　　　　　　　　　　　○年　6月　2日
ご本人氏名：○○○○
ご家族氏名：○○○○

上記計画書に基づきサービスの説明を行い内容に同意頂きましたので，ご報告申し上げます。
　　　　　　　　　　　　　　　○年　6月　2日
地域包括支援センター
○○　介護支援専門員様／事業所様

介護予防通所介護事業所○○　〒000-0000　住所：○○県○○市○○○○-00　管理者：○○
Tel. 000-000-0000／Fax. 000-000-0000　説明者：○○

介護予防通所介護個別機能訓練計画書 [3カ月後]

作成日	○年5月24日	前回作成日	○年3月1日	計画作成者	○○				
ふりがな 氏名	Fさん	性別	生年月日	年齢	要介護度	管理者	看護	介護	機能訓練	相談員
		女	○年○月○日	82	支2	○○	○○	○○	○○	○○

【本人の希望】 肘と膝の関節が痛むが，何とか歩けているので維持したい。 家事がつらい。	【家族の希望】 一人になっても自宅で暮らしたいようなので，思うようにさせてやりたい。	【障害自立度】 A2
		【認知症自立度】 Ⅰ

【病名，合併症（心疾患，呼吸器疾患等）】 慢性気管支炎，逆流性食道炎（○年） 慢性関節リウマチ（○歳）	【生活課題】 慢性気管支炎やリウマチによる痛みがひどい時は横になる時間が多くなり，夜間にあまり眠れていない日もある中で，自分のペースで生活している。	【在宅環境（生活課題に関連する在宅環境課題）】 独居状態で，浴室，トイレ，玄関には手すりを設置済み。就寝時は電動ベッドを使用。
【運動時のリスク（血圧，不整脈，呼吸等）】 血圧は130／80mmHg程度，脈拍76回/分。 血圧が180mmHg以上であれば運動を控える。		

運動器の機能向上訓練

長期(到達)目標(3カ月) ○年8月	膝関節の痛みの軽減と下肢の筋力強化と杖歩行の安定。 両上肢の筋力向上。			目標達成度 達成・一部・未達
中期目標(2カ月) ○年7月	下肢1.5kg，上肢1.0kgのおもりを10回楽に上げられる。 ベッド周りの掃除が楽にできる。			目標達成度 達成・一部・未達
短期目標(1カ月) ○年6月	下肢1.5kg，上肢1.0kgのおもりを5回上げた後，休憩して再び上げられる。 ベッド周りの掃除が楽にできる。			目標達成度 達成・一部・未達
プログラム内容（何を目的に〈～のために〉～する）	留意点	頻度	時間	主な実施者
①両下肢筋力強化のために1.5kgのおもりを5回上げる×2		週2回	13：45～14：00	山田
②両上肢筋力強化のために1.0kgのおもりを5回上げる×2		週2回	13：45～14：00	山田
③				
			プログラム立案者：山田	

生活機能向上グループ活動訓練

長期(到達)目標(3カ月) ○年8月	両上肢の痛みの軽減と筋力強化により，家事動作が楽にできるようになる。			目標達成度 達成・一部・未達
中期目標(2カ月) ○年7月	居室の掃除が楽にできる。			目標達成度 達成・一部・未達
短期目標(1カ月) ○年6月	ベッド周りの掃除が楽にできる。			目標達成度 達成・一部・未達
プログラム内容（何を目的に〈～のために〉～する）	留意点	頻度	時間	主な実施者
①ベッド周りの掃除ができるように，掃除機をかける訓練を行う。		週2回	15：30～15：50	上田
②				
③				
			プログラム立案者：上田	

【特記事項】 体調に合わせて実施する。	【プログラム実施後の変化（総括）】 再評価日：

上記計画の内容について説明を受けました。 　　　　　　　　　　　　　　　○年　6月　2日 ご本人氏名：○○○○ ご家族氏名：○○○○	上記計画書に基づきサービスの説明を行い内容に同意頂きましたので，ご報告申し上げます。 　　　　　　　　　　　　　　　○年　6月　2日 地域包括支援センター 　○○　介護支援専門員様／事業所様

介護予防通所介護事業所○○　〒000-0000　住所：○○県○○市○○00-00　管理者：○○
Tel. 000-000-0000／Fax. 000-000-0000　説明者：○○

| 事例 4 | 転倒を予防し，活動的な生活を実現したい利用者 |

| 要介護度 | 要支援2 | 障害高齢者自立度 | J1 | 認知症高齢者自立度 | Ⅰ |

　Ⅰさんは，21歳で結婚し，夫（83歳）と共に小売店を経営していた。店の仕事をしながら2人の子を育てて，毎日働きづめの生活であった。店は6年前に閉めて，現在は夫と2人で年金生活をしている。約6年前に脳梗塞になり，病院でリハビリテーションを受けて歩行できるようになった。右半身にしびれ感が残り，右手は細かい作業ができないので，家事は夫が協力している。夫は糖尿病があり，妻と協力して家事をして，2人の生活が何とか成り立っている。

　以前は夫婦で店を経営していたので，基本的にはⅠさんが家事を行っていたが，夫もいろいろと手伝ってくれていた。

　近隣は住宅街であるが，昔からの知り合いが多く，交流は深い。また，町内会の役割や婦人会の役などをしていたこともあり，知り合いも多い。毎日の散歩の時には，知人や友人と会話し，散歩が長時間になることも多い。

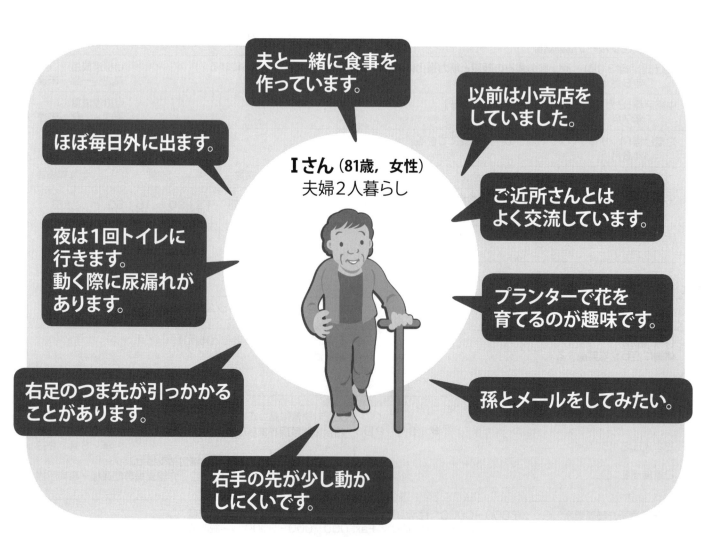

基本チェックリスト

I 様　　　　　　　　　　　　　　　　記入日　○／6／10

番号	質問項目	回答
1	バスや電車で1人で外出していますか。	0. はい
2	日用品の買い物をしていますか。	0. はい
3	預貯金の出し入れをしていますか。	0. はい
4	友人の家を訪ねていますか。	0. はい
5	家族や友人の相談に乗っていますか。	0. はい
6	階段を手すりや壁をつたわらずに上っていますか。	1. いいえ
7	いすに座った状態から何もつかまらずに立ち上がっていますか。	1. いいえ
8	15分位続けて歩いていますか。	0. はい
9	この1年間に転んだことがありますか。	0. いいえ
10	転倒に対する不安は大きいですか。	1. はい
11	6カ月間で2〜3kg以上の体重が減少しましたか。	0. いいえ
12	身長（cm）　160.0　体重（kg）　59.0　（注）BMI＝23.0	
13	半年前に比べて固い物が食べにくくなりましたか。	0. いいえ
14	お茶や汁物等でむせることがありますか。	0. いいえ
15	口の渇きが気になりますか。	0. いいえ
16	週に1回以上は外出していますか。	0. はい
17	昨年と比べて外出の回数が減っていますか。	0. いいえ
18	周りの人から「いつも同じことを聞く」などの物忘れがあると言われますか。	0. いいえ
19	自分で電話番号を調べて，電話をかけることをしていますか。	0. はい
20	今日が何月何日か分からない時がありますか。	0. いいえ
21	（ここ2週間）毎日の生活に充実感がない。	0. いいえ
22	（ここ2週間）これまで楽しんでやれていたことが楽しめなくなった。	0. いいえ
23	（ここ2週間）以前は楽にできていたことが今ではおっくうに感じられる。	0. いいえ
24	（ここ2週間）自分が役に立つ人間だと思えない。	0. いいえ
25	（ここ2週間）わけもなく疲れたような感じがする。	0. いいえ

運動機能改善　3／5

栄養改善　0／2

口腔内ケア　0／3

閉じこもり予防　0／2

物忘れ予防　0／3

うつ予防　0／5

（注）BMI＝体重（kg）÷身長（m）÷身長（m）が18.5未満の場合に該当とする。

介護予防サービス・支援計画表（1）

初回・紹介・(継続)　(認定済)・申請中　要支援1　(要支援2)　地域支援事業

No.
（介護保険被保険者番号）

利用者名：I　様

認定年月日：○年6月12日　認定の有効期間：○年7月1日 ～ ○年6月30日

計画作成者氏名：B

[委託の場合] 計画作成事業者・所名（連絡先：　　）電話：

計画作成（変更）日：　（初回作成日：　　）　担当地域包括支援センター：　電話：

目標とする生活

1日	毎日安全に外出できる。	1年	孫とメールのやり取りをしながら、楽しく過ごせる。

総合的な援助の方針（生活の自立支援、生活機能の改善・悪化を予防するポイント）

転倒を予防し、夫と2人の生活を継続させる。
2人で協力しながら家事をして、近隣の方々との交流も続ける。
孫との交流も継続し、豊かな生活にする。

健康状態について（主治医意見書、健診結果、観察結果等を踏まえた改善・維持・悪化予防のポイント）

血圧を管理し、夏冬の外出時には無理をしないようにしてください。

【本来行うべき支援が実施できない場合】妥当な支援の実施に向けた方針

※基本チェックリストの（該当した質問項目数）/（質問項目数）を記入します。
必要と思われる事業プログラムに○印を付けています。

運動機能改善	栄養改善	口腔内ケア	閉じこもり予防	物忘れ予防	うつ予防
③/5	0/2	0/3	0/2	0/3	0/5

計画に関する同意

上記計画について、同意いたします。

年　月　日　氏名

地域包括支援センター

[意見]

[確認印]　㊞

介護予防サービス・支援計画表（2-1）

No.　　　　　　　　　　　　　　　　　　　　　　　　利用者名：　I　様

アセスメント領域と現在の状況	本人・家族の意欲・意向	領域における課題（背景・原因）	総合的課題	課題に対する目標と具体策の提案	具体策についての意向 本人・家族
運動・移動について 右足のつま先が上がりにくく、引っかかることがあり、気をつけて歩いている。屋外の歩行は、T字杖を持って休憩しながらであれば1km程度歩ける。病院で教えてもらっている手足のリハビリを毎日続けている。	（本人） 歩く時につまずかないようにして、転倒の心配を少なくしたい。	■有 □無 麻痺の影響で、右足のつま先が上がりにくい。	麻痺の影響は軽度であるが、外に出かけることが多いので、課題は転倒に注意すること、つま先を楽に上げられるようになること。	（目標） 1. 歩行時にはつま先がしっかりと上がり、転倒の危険性が少なくなる。リハビリ的な指導を毎日練習する。	（本人） やり方を教わって毎日練習したい。
日常生活（家庭生活）について 夫は協力的ので、夫婦2人で助け合いながら家事や近所付き合いをしている。午前中は家の中で過ごし、午後は外に出る生活スタイルができ上がっている。長男は長距離トラックの運転手で、日常的に介護にかかわるのは難しい。	（本人） 今までと同じように夫婦2人で協力しながら生活を続けたい。 （家族：夫） 助け合えば何とかなりそうだ。	□有 ■無			
社会参加、対人関係、コミュニケーション 小売店をしていた関係で、近所との交流や地域の役割などを行ってきた。近所の人々との交流は日々あり、助けてもらったり、相談にのったりすることもある。長男との交流は少ないが、次男家族（特に孫）との交流がある。	（本人） 孫とメールのやり取りができるとうれしい。 （家族：長男） 普段介護はできないので、できるだけ2人で頑張ってほしい。	□有 ■無 メールのやり取りができると生活がもっと豊かになる。		2. 孫とメールのやり取りができる。	ぜひできるようにしたい。
健康管理について 毎日自動血圧計で血圧を測り、月に2回夫と共にバスで通院し、健康管理をしている。しんどい時は夫と相談して、毎日の家事や外出などを行っている。夜間に何度も起きてトイレに行くこともある。夜間に何度か目が覚めてトイレに行くこともある。動く際に軽い尿漏れがある。	（本人） 尿漏れしなくなるとうれしい。 （家族：夫） 尿漏れに何度も起きるので、妻も夜間に何度も起こしてしまい申し訳ないと思っている。	■有 □無 尿漏れがある。	骨盤底筋の機能低下と動作時の過剰努力により尿漏れが発生しているのではないか。	3. 骨盤底筋の筋力を強化して尿漏れしにくくなる。骨盤底筋体操の習得	練習したい。
その他					

介護予防サービス・支援計画表（2-2）

利用者名： I 様

目標	目標についての支援のポイント	本人等のセルフケアや家族の支援、インフォーマルサービス	支援計画			期間
			介護保険サービス又は地域支援事業	サービス種別	事業所	
1. 右足のつま先がしっかりと上げて歩けるようになる（転倒の心配が少なくなる）。	個別の練習で上げるコツをつかんでもらう。自宅でできるように、壁に図を貼ってそれを見ながら毎日行う。	夫も一緒に行ってみる。	介護予防通所介護	機能訓練指導員		○.7〜○.9
2. メール操作ができる。	メール操作を練習する。	孫と簡単なメールをやりとりする。	介護予防通所介護	介護職員機能訓練指導員		
3. 骨盤底筋体操が習得でき、自分で毎日できる。	体操をデイサービスで習得し、家でも行う。		介護予防通所介護	機能訓練指導員		

254

介護予防通所介護アセスメントシート

アセスメント実施日　○年7月2日　第2回　面接方法（ 訪問 ）　担当者　S

フリガナ			性別	女	生年月日	○年○月○日（81歳）	要介護度	介護認定日		
氏名	Iさん						支2	○○	6	12

住所	○○市○○町○丁目○番地	電話番号	XXX-XXX-XXXX	認定の有効期間 ○.7～○.6

連絡先	氏名	続柄	住所	電話番号	障害高齢者自立度	J1
	○○○○	夫	同上	同上	認知症高齢者自立度	I
	○○○○	長男	隣町	XXX-XXX-XXXX		

家族構成	現在利用している社会資源等		本人の希望
夫婦2人暮らし。 長男携帯：XXX-XXXX-XXXX 次男携帯：XXX-XXXX-XXXX	在宅および施設ケアサービス	つまずいて転倒したくない。 右手がもう少し動きやすいと助かる。 身体が硬くならないようにしたい。 孫とメールができたらよいのだが…。	
	介護予防通所介護週1回		
介護状況 主介護者　（　　　夫　　　） 仕事等　　（　　　なし　　） 健康状態　（前立腺肥大，糖尿病） キーパーソン（　　　夫　　　）	日常生活用具等		家族の希望・要望
	シャワーいす 浴槽台	助け合って2人での生活を続けたい。 お互いに無理はできない身体なので，できる範囲で動いてほしい。 2人で外出し，元気でいたい。	

生活歴	21歳で結婚後，夫（83歳）と共に小売店を経営していた。店の仕事をしながら2人の子を育てて，毎日働きづめの生活であった。店は6年前に閉めて，現在は夫と2人で年金生活をしている。店を止めた直後に脳梗塞で軽い右片麻痺となり，病院でリハビリを受けて歩けるようになって退院した。今は自宅の周りや近所の散歩，買い物にも出かけている。夫は，糖尿病で下肢に軽いしびれがあり，月に2回バスで総合病院へ通院している。本人も同じ病院に同様にして通うが，ノンステップバスの乗り降りには夫の協力が必要である。夫は家事に協力的であり，2人で何とか生活できている。

治療状況	既往歴	現病歴	服薬状況	受診方法
	38歳の時に子宮筋腫で手術をする。54歳の時には高血圧の診断を受けて，服薬治療を継続していた。血圧は150／90mmHg程度で推移。	○年3月13日に脳梗塞を発症。約半年間入院してリハビリを受けた。杖をついて歩けるまで回復し，退院。リハビリに対して積極的で，退院後も毎日のように外を歩き，歩行能力を高めて，1km先程度であれば問題なく歩けるようになった。ただ，手先は少し動かしにくく，指先で細かいものをつかんだり物を操作したりすることがうまくできない状況。	降圧剤（1日3回） 脳血流改善剤（1日3回）	月2回夫と一緒にバスを利用して受診
医療機関名・担当医	（　　○○脳神経外科　△△医師　　）TEL（　　　　） （　　　　　　　　　　　　　　　）TEL（　　　　）			

医療保険	後期高齢者医療制度	身障手帳	なし	年金等	国民年金，年間90万円程度

身体状況	〈拘縮　麻痺　痛み　皮膚の状況〉			
	拘縮	特になし		
	麻痺	右半身に軽度麻痺がある。右手は細かい動きができにくいので，もう少し動けばと思っている。		
	痛み	右半身にしびれ感あるが，もう6年にもなるので慣れてきている。		
	褥瘡	なし		
	皮膚の状況	特に問題なし		
	〈目・耳の状態およびコミュニケーション能力〉			
	視力	白内障でぼんやりと見えているが，問題はない。	眼鏡	なし
	聴力	軽度難聴	補聴器	なし
	目・耳の症状	耳は少し大きめの声で聞こえる。		
	意思表示の手段	言葉で十分可能であるが，少し聞き取りにくい。		
	意思の伝達	会話は十分に可能であるが，自から話しかけることは少ない。		
	指示への反応	簡単な内容の指示は理解できる。書類などの難しいことは夫に助けを求める。		
	その他			

介護保険	○○○○○○○○○	支援事業所	居宅介護支援事業所○○荘	ケアマネジャー	B

日常生活動作能力	寝返り	寝返りはできるが，右半身を下にすることは嫌がり，あまりしようとしない。
	起き上がり	ベッド柵につかまって起き上がる。柵を引っ張るようにして時間をかけて起き上がっている。
	座位	右へ少し傾いた状態で座っている。特に心配はしていない。
	移乗・移動	立ち上がりはベッド柵につかまって立ち上がる。
		通常何も持たずに歩くが，方向を変える時には机などにつかまる。屋外ではT字杖を使用。
		移乗時はいすや机，タンスなどにつかまり，注意しながら行っている。
	着脱	前開きのシャツを好む。脱ぎ着は自分でできるが，ボタンは面ファスナーで工夫している。
	整容	自分でできる。
	IADL等	自室の簡単な掃除はできるが，買い物，調理，洗濯は夫と一緒に行っている。ごみ捨ては夫にしてもらっている。家事は休憩をしながら行っている。

食事・栄養状態	肥満とやせ	普通　160cm，59kg
	食べ方	左手フォークとスプーンで食べられる。食器を滑らないように滑り止めシートを使っている。
	嚥下	特に問題なし。
	食事制限	特になし　好き嫌いはなし。
	食物形態	普通の食事　味付けは少し濃い目を好む。
	一日の水分量	通常量（1,500mL程度）　野菜ジュース，お茶，コーヒー。
	口腔の状態	部分入れ歯　1日3回の歯磨きと入れ歯洗浄剤できれいにしている。

排泄の状況	尿	1日7～8回程度。
	尿失禁	動いた時に尿漏れすることがあり，尿漏れ用のパッドを使用している。何とかしたいと思っている。
	便	3日に1度出るが，硬い便で長時間便座に座らないといけなくなる。
	便失禁	なし
	トイレ環境	トイレは洋式で，立ち座り用のL字手すりがある。

身体の清潔状況	自宅の浴槽で入浴している。浴室にはL字手すりを設置し，浴槽台も利用して何とか立ち上がれている。ただ，胸まで湯につかれないのが不満である。 洗身：シャワーいすに座って，前身と洗髪は自分でできる。背中はループ付きタオルで一応洗えている。
浴室環境	浴室にはL字手すりがあり，シャワーいす，浴槽台を購入している。

精神状態	睡眠の状況	夫が前立腺肥大症で夜間に2～3回はトイレに行く。その時に目を覚ましてしまい，自分も1度はトイレに行く。
	認知症の症状	問題なし

家族の協力体制	夫が介護しているが，2人で助け合って生活している。	住宅・環境等	玄関に15cmの段差が2段ある。廊下と部屋の間には2.5cmの段差がある。廊下や玄関にも手すりを設置済み。 居間にはテーブル，いす，テレビがある。 夫婦の寝室は，別の8畳間に電動ベッドが2つ並び，タンスもある。
興味・関心・生きがい	プランターで花を育てる。孫との会話。		
生活スタイル・活動状況	朝は夫と共に起き，朝食はパンを食べる。昼食や夕食は夫と協力しながら作って食べている。日中は，夫と共に散歩や買い物にも出かけて活動的である。		
要支援に至った理由と経緯 以前のADLと家庭内役割 自立してできなくなったこと 現在の家事状況と役割 近隣との交流	約6年前に脳梗塞になり，病院でリハビリを受けて歩行できるようになった。右半身にしびれ感が残り，右手は細かい作業ができないので，家事は夫に協力してもらう。夫は糖尿病がありながらも妻と協力して家事をし，2人での生活が何とか成り立っている。以前は夫婦で店を経営していたので，基本的には自分一人で家事を行っていたが，夫もいろいろと手伝ってくれていた。 近隣は住宅街で昔からの知り合いが多く，交流は深い。また，町内会の役割や婦人会の役などをしていたこともあり，知り合いも多い。毎日の散歩時には，知人や友人と会話し，散歩が長時間になることも多い。		

送迎場所	自宅玄関	送迎方法	歩行	ベッド等	電動ベッド

運動器の機能向上プログラム事前・事後アセスメントシート

氏名　　Iさん	○年○月○日生（81歳）	評価者名　　K
要介護度　【　要支援1　・　(要支援2)　】	実施プログラム　筋力強化，関節可動域訓練等	

評価実施日　1回目　○年7月2日	評価実施日　2回目　　　年　月　日
バイタルチェック	バイタルチェック
血圧　　　　130／88　mmHg	血圧　　　　　　／　　　mmHg
脈拍　　　　　72回／分	脈拍　　　　　　　回／分
不整【 (無)・有　（　　回／分）】	不整【 (無)・有　（　　回／分）】
形態測定	形態測定
身長：155cm　体重：52kg　BMI：21.6	身長：　　cm　体重：　　kg　BMI：
運動機能	運動機能
握力　　（　　　　1.0kg：左・(右)） 　　　　（　　　22.0kg：(左)・右）	握力　　（　　　　　kg：左・右） 　　　　（　　　　　kg：左・右）
膝伸展筋力（　　　　　kg：左・右） 　　　　　（　　　　　kg：左・右）	膝伸展筋力（　　　　　kg：左・右） 　　　　　（　　　　　kg：左・右）
片足立ち（開眼）（　0.0秒：左・(右)） 　　　　　　　　（　1.0秒：(左)・右）	片足立ち（開眼）（　　秒：左・右） 　　　　　　　　（　　秒：左・右）
TUG　　　　　（　　　50.0秒）	TUG　　　　　（　　　　秒）
通常歩行時間　（　　　22.0秒） 【補助具使用 (有)・無）種類（　杖　）】	通常歩行時間　（　　　　秒） 【補助具使用 （有・無）種類（　　）】
最大歩行時間 　（5m）　　　（　　　18.0秒） 【補助具使用 (有)・無）種類（　杖　）】	最大歩行時間 　（5m）　　　（　　　　秒） 【補助具使用 （有・無）種類（　　）】
評価時の特記事項： 右手は，握力計を何とか持てる程度にしか伸びない。 TUGは立ち上がりに時間がかかる。 最大歩行時，杖を適切な位置につけておらず， 急いで歩こうとするので危険である。 片足立ちは右での支持ができない。	評価時の特記事項：

BMI＝体重（kg）÷身長の2乗（m²）
20未満：やせ気味　　　　　20〜24未満：普通
24〜26.5未満：太り気味　　26.5以上：太りすぎ
TUG：いすから立ち上がり，3m先の目印を折り返し，再びいすに座るまでの時間

興味・関心チェックシート

聞き取り日：○年7月2日

氏名	Iさん			生年月日	○年○月○日	年齢	81歳	性別	女

生活行為	している	してみたい	興味がある	生活行為	している	してみたい	興味がある
自分でトイレへ行く	○			生涯学習・歴史			
一人でお風呂に入る	○			読書			
自分で服を着る	○			俳句			
自分で食べる	○			書道・習字			
歯磨きをする	○			絵を描く・絵手紙			
身だしなみを整える	○			パソコン・ワープロ			
好きなときに眠る	○			写真			
掃除・整理整頓	○			映画・観劇・演奏会			
料理を作る	○			お茶・お花			
買い物	○			歌を歌う・カラオケ			
家や庭の手入れ・世話				音楽を聴く・楽器演奏			
洗濯・洗濯物たたみ	○			将棋・囲碁・麻雀・ゲーム等			
自転車・車の運転				体操・運動			
電車・バスでの外出				散歩	○		
孫・子供の世話	○			ゴルフ・グラウンドゴルフ・水泳・テニスなどのスポーツ			
動物の世話				ダンス・踊り			
友達とおしゃべり・遊ぶ	○			野球・相撲等観戦			
家族・親戚との団らん	○			競馬・競輪・競艇・パチンコ			
デート・異性との交流				編み物			
居酒屋に行く				針仕事			
ボランティア				畑仕事			
地域活動（町内会・老人クラブ）				賃金を伴う仕事			
お参り・宗教活動				旅行・温泉			
その他（孫とのメール）		○		その他（花を育てる）	○		
その他（　　　）				その他（　　　）			

居宅訪問チェックシート

利用者氏名	Ｉさん			生年月日	○年○月○日	年齢	81歳	性別	女
訪問日・時間	○年7月2日（○）　16：50　～　17：00					要介護度		支2	
訪問スタッフ	○○，○○			職種	生活相談員，機能訓練指導員	被聞取り者		利用者	

	項目	レベル	課題	環境（実施場所・補助具等）	状況・生活課題
ADL	食事	☑自立　□見守り □一部介助　□全介助	無	食堂で食べる。	日常生活動作は注意をしながら時間をかけて行っている。
	排泄	☑自立　□見守り □一部介助　□全介助	無	洋式トイレで，L字手すりがある。	
	入浴	☑自立　□見守り □一部介助　□全介助	無	自宅の浴槽は和洋折衷型。	
	更衣	☑自立　□見守り □一部介助　□全介助	無	ボタンは面ファスナーで工夫している。	
	整容	☑自立　□見守り □一部介助　□全介助	無		
	移乗	☑自立　□見守り □一部介助　□全介助	無	いす，机，タンスなどにつかまって行う。	
IADL	屋内移動	☑自立　□見守り □一部介助　□全介助	無	廊下と部屋の間に2.5cmの段差がある。	外出時はほとんど夫と一緒で，夫が見守りながら注意して歩行や階段昇降をしている。 家事も夫婦で助け合って行っている。
	屋外移動	□自立　☑見守り □一部介助　□全介助	有	T字杖を使用する。	
	階段昇降	□自立　☑見守り □一部介助　□全介助	有	玄関に15cmの段差が2段ある。	
	調理	□自立　☑見守り □一部介助　□全介助	無	夫と共に調理している。	
	洗濯	☑自立　□見守り □一部介助　□全介助	無	洗濯物を干す時は夫が手伝う。	
	掃除	☑自立　□見守り □一部介助　□全介助	無	自室の掃除はできる。	

	項目	レベル	課題	状況・生活課題	
起居動作	起き上がり	☑自立　□見守り □一部介助　□全介助	無	慎重に動き，転倒の心配はない。	
	座位	☑自立　□見守り □一部介助　□全介助	無		
	立ち上がり	☑自立　□見守り □一部介助　□全介助	無		
	立位	☑自立　□見守り □一部介助　□全介助	無		

身体機能：右半身に軽度麻痺が残っているため，右手の細かい動きは困難。白内障でぼんやりと見えている。

精神・心理機能：特に問題なし。

介護予防通所介護 機能訓練評価シート

評価者	○○	(訪問)評価日	○年7月2日(○)

氏名	Iさん	性別	女	障害高齢者自立度	J1	要介護度	支2
生年月日	○年○月○日	年齢	81	認知症高齢者自立度	I		

関節可動域		肩：年齢相応・**制限あり**（わずかに制限あり。　　　　　　） 肘：**年齢相応**・制限あり（　　　　　　　　　　　　　　） 手：年齢相応・**制限あり**（指が伸びにくい。　　　　　　） 股：**年齢相応**・制限あり（　　　　　　　　　　　　　　） 膝：**年齢相応**・制限あり（　　　　　　　　　　　　　　） 足：**年齢相応**・制限あり（　　　　　　　　　　　　　　）
痛みや痺れ等		痛み：**あり**・なし（指を伸ばした時には痛みがある。） 痺れ：**あり**・なし（右半身に常時しびれ感あり。）
筋力	（右）上肢	腕を曲げる：**十分に引ける**・何とか引ける・引けない（　） 腕を伸ばす：十分に伸ばせる・**何とか伸ばせる**・伸ばせない（　）
	（右）下肢	足を後ろに引く：**十分に引ける**・何とか引ける・引けない（　） 足を伸ばす：**十分に伸ばせる**・何とか伸ばせる・伸ばせない（　）
	体幹	へそのぞき：十分にのぞける・**何とかのぞける**・のぞけない（　） 背を伸ばす：**十分に伸ばせる**・何とか伸ばせる・伸ばせない（　）
家庭でのADL	起き上がり	**できる**・介助でできる・できない（　）
	座位保持	**できる**・介助でできる・できない（　）
	歩行	**できる**・介助でできる・できない（屋外はT字杖を使用する。）
	車いす駆動	できる・介助でできる・できない（使用しない。）
	食事	**できる**・介助でできる・できない（左手フォーク，スプーン）
	衣服・整容	**できる**・介助でできる・できない（前開きシャツが中心。）
	入浴	**できる**・介助でできる・できない（浴槽手すりを持つ。シャワーいすと浴槽台を利用。）
	排泄	**できる**・介助でできる・できない（洋式トイレ）
	会話	**できる**・介助でできる・できない（軽い構音障害で，聞き取りにくさがある。）
家庭でのIADL	買い物	**できる**・介助でできる・できない（夫と共に買い物に行く。夫が荷物を持つ。）
	調理	できる・**介助でできる**・できない（鍋の操作や皮むきなどを手伝ってもらい，一緒に食事を作る。）
	掃除・洗濯	**できる**・介助でできる・できない（簡単な掃除はできる。重い物を動かしたり，洗濯物を干したりするのは夫が行う。）
認知機能	見当識	日時：**分かる**・時々分かる・分からない（　） 場所や人：**分かる**・時々分かる・分からない（　）
	記銘・記憶	短期：**覚えている**・不確か・忘れることが多い（　） 長期：**覚えている**・不確か・忘れることが多い（　）
	判断能力	簡単な内容：**できる**・意見を求める・できない（　） 複雑な内容：できる・**意見を求める**・できない（夫に協力を求める。）
	BPSD（幻覚・妄想・易怒・意欲低下等）	特になし
麻痺回復（右）	肩や腕	**かなり動かせる**・半分程度・わずかに動かせる（　）
	手指	かなり動かせる・**半分程度**・わずかに動かせる（　）
	下肢	**かなり動かせる**・半分程度・わずかに動かせる（　）
興味・関心・生きがい・役割		プランターで花を育てるのが趣味で，時々花の苗を買い，夫の協力を得て植え，部屋に飾っている。また，次男の子どもと電話をするのが楽しみで，携帯電話も使うが，メール操作ができるようになりたいと思っている。
生活スタイル・活動量・交流		朝は夫と共に起き，朝食はパンを食べ，昼食や夕食は夫と協力しながら作って食べている。日中は，夫と共に散歩や買い物にも出かけて活動的である。
訓練効果，実施方法に関する評価　実施日：○.7.2		機能訓練指導員：足のつま先を上げる訓練と，メールの練習をしてはどうか。 看護職員：右片麻痺，構音障害がある。　介護職員：尿漏れがある。 生活相談員：夫と2人暮らし。長男は長距離トラックの運転手でかかわりが少ない。

介護予防通所介護計画書

※3カ月間の評価および変化も記載しています。

作成日	○年7月2日	前回作成日	○年3月30日	計画作成者	○○				
ふりがな 氏名	Iさん	性別	生年月日	年齢	要介護度	管理者	看護	介護	機能訓練	相談員
		女	○年○月○日	81	支2	○○	○○	○○	○○	○○

【通所介護利用までの経緯（活動歴・病歴）】
約6年前に脳梗塞になり右半身に麻痺が残った。リハビリを続けて体の機能を維持する目的でデイサービスを利用することにした。

【本人の希望】つまずいて転倒したくない。右手がもう少し動きやすいと助かる。体が硬くならないようにしたい。孫とメールのやり取りをしたい。

【家族の希望】
お互いに無理はできない身体なので，できる範囲で動いてほしい。2人で外出し，元気でいたい。

【障害自立度】
J2

【認知症自立度】
I

【健康状態（病名，合併症（心疾患，呼吸器疾患等），服薬状況等）】
高血圧症（○年）
脳梗塞後遺症（○年）
降圧剤などを1日3回服用する。

【ケアの上での医学的リスク（血圧，転倒，嚥下障害等）・留意事項】
血圧が180mmHg以上であれば入浴を中止する。

握力　　　　　右：2.0kg　　　左：15.0kg　　補助具使用（ 有 ・ 無 ）
片足立ち（開眼）右：0.0秒　　左：1.0秒　　種類（ 杖　　　　　）　　最大歩行時間（5m）：(20.0秒)

【自宅での活動・参加の状況（役割など）】
家事を行い，掃除，洗濯，買い物，調理などに対して積極的である。
毎日散歩して近所の知人や友人と会話することも多い。

利用目標

長期目標 3カ月	設定日 達成予定日	○年7月 ○年9月	歩行時につま先がしっかりと上がり，転倒の危険が減る。 孫に長文のメールを送ることができる。	目標達成度 達成・一部・未達
中期目標 2カ月	設定日 達成予定日	○年7月 ○年8月	骨盤底筋筋力強化により，尿漏れしにくくなる。 足のつま先がしっかりと上がる。孫とメールのやり取りができる。	目標達成度 達成・一部・未達
短期目標 1カ月	設定日 達成予定日	○年7月 ○年7月	骨盤底筋体操に慣れ，足のつま先を上げる感覚が分かる。 携帯電話のメール操作に慣れる。	目標達成度 達成・一部・未達

サービス提供内容

目的とケアの提供方針・内容	実施	達成	効果，満足度等	迎え（ 有 ・ 無 ）	
①歩行時に転倒しないように，つま先をしっかり上げる訓練を行う。また，尿漏れがないように，骨盤底筋体操をマスターする。 7月1日～9月30日	1カ月目 実施／一部／未実施	達成／一部／未達	骨盤底筋体操は慣れてきた。つま先上げも意識している。	プログラム（1日の流れ）	
				予定時間	サービス内容
3カ月目の変化及び総括 実施／一部／未実施　達成／一部／未達 距離が長くなると，つま先が引っ掛かりそうになる。	2カ月目 実施／一部／未実施	達成／一部／未達	尿漏れしなくなってきた。歩く時はつま先も上がっている。	9：00 10：00 10：50 11：30 12：00 13：30 14：00 15：00 15：50	バイタルチェック 入浴 自主的歩行訓練 集団体操 食事 骨盤底筋体操，歩行訓練 レクリエーション参加 おやつ メール操作訓練
②孫とメールのやり取りができるように，携帯電話のメール機能を練習する。 7月1日～9月30日	1カ月目 実施／一部／未実施	達成／一部／未達	操作に時間はかかるが，短文のメールは送れるようになった。		
3カ月目の変化及び総括 実施／一部／未実施　達成／一部／未達 孫に写真をメールで送れるようになった。	2カ月目 実施／一部／未実施	達成／一部／未達	メールのやり取りもできるようになってきた。	送り（ 有 ・ 無 ）	

【特記事項】

【地域包括支援センターへの報告事項】
施設内外の歩行訓練を自主的に行い，足のつま先は上がりやすくなりましたが，長距離になると上がりが悪くなります。また，尿漏れは心配なくなりました。孫とのメールも楽しんでいます。

上記計画の内容について説明を受けました。
　　　　　　　　　　　　　　　　　　○年　7月　2日
ご本人氏名：○○○○
ご家族氏名：○○○○

上記計画書に基づきサービスの説明を行い
内容に同意頂きましたので，ご報告申し上げます。
　　　　　　　　　　　　　　　　　　○年　7月　2日
　　　　　　　地域包括支援センター
　　　　　　　○○　介護支援専門員様／事業所様

介護予防通所介護事業所○○　　〒000-0000　　住所：○○県○○市○○○○-○○　　管理者：○○
　　　　　　　　　　　　　　　Tel. 000-000-0000／Fax. 000-000-0000　　　　　　　説明者：○○

介護予防通所介護個別機能訓練計画書

※3カ月間の評価および変化も記載しています。

作成日	○年7月2日	前回作成日	○年3月30日	計画作成者	○○			
ふりがな 氏名	Iさん	性別	生年月日	年齢	要介護度	管理者	看護	介護	機能訓練	相談員
		女	○年○月○日	81	支2	○○	○○	○○	○○	○○

【本人の希望】 つまずいて転倒したくない。右手がもう少し動きやすいと助かる。体が硬くならないようにしたい。孫とメールのやり取りをしたい。	【家族の希望】 お互いに無理はできない身体なので,できる範囲で動いてほしい。2人で外出し,元気でいたい。	【障害自立度】 J1
		【認知症自立度】 I
【病名,合併症（心疾患,呼吸器疾患等）】 高血圧症（○年） 脳梗塞後遺症（○年）	【生活課題】 右片麻痺が残り右手先が動きにくいが,T字杖を使えば1kmの歩行はできる。	【在宅環境（生活課題に関連する在宅環境課題）】 夫と2人暮らし。家の廊下や玄関,トイレ,浴室には手すりがある。
【運動時のリスク（血圧,不整脈,呼吸等）】 血圧は150／90mmHg程度。血圧が180mmHg以上であれば運動を控える。		

運動器の機能向上訓練

長期(到達)目標(3カ月) ○年9月	歩行時につま先がしっかりと上がり,転倒の危険が減る。	目標達成度 達成・(一部)・未達
中期目標(2カ月) ○年8月	骨盤底筋の筋力強化により尿漏れしにくくなる。 足のつま先がしっかりと上がる。	目標達成度 (達成)・一部・未達
短期目標(1カ月) ○年7月	骨盤底筋体操に慣れ,足のつま先を上げる感覚が分かる。	目標達成度 (達成)・一部・未達

プログラム内容（何を目的に〈〜のために〉〜する）	留意点	頻度	時間	主な実施者
①尿漏れをなくすために,骨盤底筋体操を覚える。		週1回	13：30〜13：45	山田
②歩行時につま先を上げるために,立位でつま先上げ訓練を10回行う。		週1回	13：45〜13：50	山田
③				

プログラム立案者：山田

生活機能向上グループ活動訓練

長期(到達)目標(3カ月) ○年9月	長文のメールを送ることができる。	目標達成度 達成・(一部)・未達
中期目標(2カ月) ○年8月	孫とメールのやり取りができる。	目標達成度 (達成)・一部・未達
短期目標(1カ月) ○年7月	携帯電話のメール操作に慣れる。	目標達成度 (達成)・一部・未達

プログラム内容（何を目的に〈〜のために〉〜する）	留意点	頻度	時間	主な実施者
①孫とメールのやり取りができるように,携帯電話のメール操作を練習する。		週1回	15：50〜16：10	上田
②				
③				

プログラム立案者：上田

【特記事項】	【プログラム実施後の変化（総括）】 再評価日：○年9月30日 尿漏れが少なくなり足のつま先も引っ掛かる心配がなくなってきました。メールのやり取りも上達し,写真も送っています。

上記計画の内容について説明を受けました。
　　　　　　　　　　　　　　　　　　○年　7月　2日
ご本人氏名：○○○○
ご家族氏名：○○○○

上記計画書に基づきサービスの説明を行い内容に同意頂きましたので,ご報告申し上げます。
　　　　　　　　　　　　　　　　　　○年　7月　2日
地域包括支援センター
○○　介護支援専門員様／事業所様

介護予防通所介護事業所○○　〒000-0000　住所：○○県○○市○○○○-00　　管理者：○○
　　　　　　　　　　　　　Tel. 000-000-0000／Fax. 000-000-0000　　説明者：○○

興味・関心チェックシート 3カ月後

聞き取り日：○年9月30日

氏名	Iさん			生年月日	○年○月○日	年齢	81歳	性別	女

生活行為	している	してみたい	興味がある	生活行為	している	してみたい	興味がある
自分でトイレへ行く	○			生涯学習・歴史			
一人でお風呂に入る	○			読書			
自分で服を着る	○			俳句			
自分で食べる	○			書道・習字			
歯磨きをする	○			絵を描く・絵手紙			
身だしなみを整える	○			パソコン・ワープロ			
好きなときに眠る	○			写真			
掃除・整理整頓	○			映画・観劇・演奏会			
料理を作る	○			お茶・お花			
買い物	○			歌を歌う・カラオケ			
家や庭の手入れ・世話				音楽を聴く・楽器演奏			
洗濯・洗濯物たたみ	○			将棋・囲碁・麻雀・ゲーム等			
自転車・車の運転				体操・運動			
電車・バスでの外出				散歩	○		
孫・子供の世話	○			ゴルフ・グラウンドゴルフ・水泳・テニスなどのスポーツ			
動物の世話				ダンス・踊り			
友達とおしゃべり・遊ぶ	○			野球・相撲等観戦			
家族・親戚との団らん	○			競馬・競輪・競艇・パチンコ			
デート・異性との交流				編み物			
居酒屋に行く				針仕事			
ボランティア				畑仕事			
地域活動（町内会・老人クラブ）				賃金を伴う仕事			
お参り・宗教活動				旅行・温泉			
その他（孫とのメール）	○			その他（花を育てる）	○		
その他（　　　）				その他（　　　）			

（訓練によって実現できた。）

居宅訪問チェックシート 3カ月後

利用者氏名	Iさん		生年月日	○年○月○日	年齢	81歳	性別	女
訪問日・時間	○年9月30日（○） 16：50 ～ 17：00						要介護度	支2
訪問スタッフ	○○，○○		職種	生活相談員，機能訓練指導員	被聞取り者			利用者

	項目	レベル	課題	環境（実施場所・補助具等）	状況・生活課題
ADL	食事	☑自立 □見守り □一部介助 □全介助	無	食堂で食べる。	日常生活動作は注意をしながら時間をかけて行っている。
	排泄	☑自立 □見守り □一部介助 □全介助	無	洋式トイレで，L字手すりがある。	
	入浴	☑自立 □見守り □一部介助 □全介助	無	自宅の浴槽は和洋折衷型。	
	更衣	☑自立 □見守り □一部介助 □全介助	無	ボタンは面ファスナーで工夫している。	
	整容	☑自立 □見守り □一部介助 □全介助	無		
	移乗	☑自立 □見守り □一部介助 □全介助	無	いす，机，タンスなどにつかまって行う。	
IADL	屋内移動	☑自立 □見守り □一部介助 □全介助	無	廊下と部屋の間に2.5cmの段差がある。	外出時はほとんど夫と一緒で，夫が見守りながら注意して歩行や階段昇降をしている。家事も夫婦で助け合って行っている。
	屋外移動	□自立 ☑見守り □一部介助 □全介助	有	T字杖を使用する。	
	階段昇降	□自立 ☑見守り □一部介助 □全介助	有	玄関に15cmの段差が2段ある。	
	調理	□自立 ☑見守り □一部介助 □全介助	無	夫と共に調理している。	
	洗濯	☑自立 □見守り □一部介助 □全介助	無	洗濯物を干す時は夫が手伝う。	
	掃除	☑自立 □見守り □一部介助 □全介助	無	自室の掃除はできる。	

	項目	レベル	課題	状況・生活課題
起居動作	起き上がり	☑自立 □見守り □一部介助 □全介助	無	慎重に動き，転倒の心配はない。
	座位	☑自立 □見守り □一部介助 □全介助	無	
	立ち上がり	☑自立 □見守り □一部介助 □全介助	無	
	立位	☑自立 □見守り □一部介助 □全介助	無	

身体機能：右半身に軽度麻痺が残っているため，右手の細かい動きは困難。白内障でぼんやりと見えている。

精神・心理機能：特に問題なし。意欲の向上が見られる。

> 生活意欲の向上などの情報も記載する。

介護予防通所介護 機能訓練評価シート **3カ月後**

評価者	○○	(訪問)評価日	○年9月30日(○)

氏名	Iさん	性別	女	障害高齢者自立度	J1	要介護度	支2
生年月日	○年○月○日	年齢	81	認知症高齢者自立度	I		

関節可動域		肩：年齢相応・**制限あり**（わずかに制限あり。） 肘：**年齢相応**・制限あり（　） 手：年齢相応・**制限あり**（指が伸びにくい。） 股：**年齢相応**・制限あり（　） 膝：**年齢相応**・制限あり（　） 足：**年齢相応**・制限あり（　）
痛みや痺れ等		痛み：**あり**・なし（指を伸ばした時には痛みがある。） 痺れ：**あり**・なし（右半身に常時しびれ感あり。）
筋力	(右)上肢	腕を曲げる：**十分に引ける**・何とか引ける・引けない（　） 腕を伸ばす：十分に伸ばせる・**何とか伸ばせる**・伸ばせない（　）
	(右)下肢	足を後ろに引く：**十分に引ける**・何とか引ける・引けない（　） 足を伸ばす：**十分に伸ばせる**・何とか伸ばせる・伸ばせない（　）
	体幹	へそのぞき：十分にのぞける・**何とかのぞける**・のぞけない（　） 背を伸ばす：**十分に伸ばせる**・何とか伸ばせる・伸ばせない（　）
家庭でのADL	起き上がり	**できる**・介助でできる・できない（　）
	座位保持	**できる**・介助でできる・できない（　）
	歩行	**できる**・介助でできる・できない（屋外はT字杖を使用する。）
	車いす駆動	できる・介助でできる・できない（使用しない。）
	食事	**できる**・介助でできる・できない（左手フォーク，スプーン）
	衣服・整容	**できる**・介助でできる・できない（前開きシャツが中心。）
	入浴	**できる**・介助でできる・できない（浴槽手すりを持つ。シャワーいすと浴槽台を利用。）
	排泄	**できる**・介助でできる・できない（洋式トイレ）
	会話	**できる**・介助でできる・できない（軽い構音障害で，聞き取りにくさがある。）
家庭でのIADL	買い物	**できる**・介助でできる・できない（夫と共に買い物に行く。夫が荷物を持つ。）
	調理	できる・**介助でできる**・できない（鍋の操作や皮むきなどを手伝ってもらい，一緒に食事を作る。）
	掃除・洗濯	**できる**・介助でできる・できない（簡単な掃除はできる。重い物を動かしたり，洗濯物を干したりするのは夫が行う。）
認知機能	見当識	日時：**分かる**・時々分かる・分からない（　） 場所や人：**分かる**・時々分かる・分からない（　）
	記銘・記憶	短期：**覚えている**・不確か・忘れることが多い（　） 長期：**覚えている**・不確か・忘れることが多い（　）
	判断能力	簡単な内容：**できる**・意見を求める・できない（　） 複雑な内容：できる・**意見を求める**・できない（夫に協力を求める。）
	BPSD (幻覚・妄想・易怒・意欲低下等)	特になし
麻痺回復(右)	肩や腕	**かなり動かせる**・半分程度・わずかに動かせる（　）
	手指	かなり動かせる・**半分程度**・わずかに動かせる（　）
	下肢	**かなり動かせる**・半分程度・わずかに動かせる（　）
興味・関心・生きがい・役割		プランターで花を育てるのが趣味で，時々花の苗を買い，夫の協力を得て植え，部屋に飾っている。また，次男の子どもと電話をするのが楽しみで，携帯電話でメールのやりとりも行っている。
生活スタイル・活動量・交流		朝は夫と共に起き，朝食はパンを食べ，昼食や夕食は夫と協力しながら作って食べている。日中は，夫と共に散歩や買い物にも出かけて活動的である。
訓練効果，実施方法に関する評価 実施日：○.9.30		機能訓練指導員：足のつま先を上げる訓練を継続し，デコメールなどの練習をしてはどうか。 看護職員：右片麻痺，構音障害がある。　介護職員：尿漏れは改善されてきた。 生活相談員：夫と2人暮らし。長男は長距離トラックの運転手でかかわりが少ない。

> 生きがいについても記載する。

> 生活上の情報を他のスタッフから得る。

介護予防通所介護計画書 3カ月後

作成日	○年9月30日	前回作成日	○年7月2日	計画作成者	○○				
ふりがな 氏名	Iさん	性別	生年月日	年齢	要介護度	管理者	看護	介護	機能訓練	相談員
		女	○年○月○日	81	支2	○○	○○	○○	○○	○○

【通所介護利用までの経緯（活動歴・病歴）】
約6年前に脳梗塞になり右半身に麻痺が残った。リハビリを続けて体の機能を維持する目的でデイサービスを利用することにした。

【本人の希望】つまずいて転倒したくない。右手がもう少し動きやすいと助かる。体が硬くならないようにしたい。孫とメールのやり取りをしたい。

【家族の希望】
お互いに無理はできない身体なので，できる範囲で動いてほしい。2人で外出し，元気でいたい。

【障害自立度】
J2

【認知症自立度】
I

【健康状態（病名，合併症（心疾患，呼吸器疾患等），服薬状況等）】
高血圧症（○歳）
脳梗塞後遺症（○年）
降圧剤などを1日3回服用する。

【ケアの上での医学的リスク（血圧，転倒，嚥下障害等）・留意事項】
血圧が180mmHg以上であれば入浴を中止する。

握力　　　　　　右：2.0kg　　　左：16.5kg　　補助具使用（有・無）
片足立ち（開眼）右：0.0秒　　　左：1.0秒　　種類（杖　　　　　　）　最大歩行時間（5m）：（20.0秒）

【自宅での活動・参加の状況（役割など）】
家事を行い，掃除，洗濯，買い物，調理などに対して積極的である。
毎日散歩して近所の知人や友人と会話することも多い。

利用目標

	設定日			目標達成度
長期目標 3カ月	設定日 達成予定日	○年9月 ○年12月	屋外での長距離歩行が安定する。 メール交換をする友達が増える。	目標達成度 達成・一部・未達
中期目標 2カ月	設定日 達成予定日	○年9月 ○年11月	屋外での歩行が安定する。 孫以外ともメールのやり取りができる。	目標達成度 達成・一部・未達
短期目標 1カ月	設定日 達成予定日	○年9月 ○年10月	歩行時につま先がしっかりと上がり，転倒の危険が減る。 孫とのメールでデコメールができる。	目標達成度 達成・一部・未達

サービス提供内容

目的とケアの提供方針・内容	評価		効果，満足度等
	実施	達成	
①歩行時転倒しないためにつま先がしっかりと上がる訓練と屋外歩行訓練を行う。 10月1日～12月31日	1カ月目 実施 / 一部 / 未実施	達成 / 一部 / 未達	
3カ月目の変化及び総括 実施：一部／未実施　達成：一部／未達	2カ月目 実施 / 一部 / 未実施	達成 / 一部 / 未達	
②メールをやり取りする友達が増えるように，携帯電話のメール機能を練習する。 10月1日～12月31日	1カ月目 実施 / 一部 / 未実施	達成 / 一部 / 未達	
3カ月目の変化及び総括 実施：一部／未実施　達成：一部／未達	2カ月目 実施 / 一部 / 未実施	達成 / 一部 / 未達	

迎え（有・無）

プログラム（1日の流れ）

予定時間	サービス内容
9:00	バイタルチェック
10:00	入浴
10:50	自主的歩行訓練
11:30	集団体操
12:00	食事
13:30	歩行訓練
14:00	レクリエーション参加
15:00	おやつ
15:50	メール操作訓練

送り（有・無）

【特記事項】

【地域包括支援センターへの報告事項】

上記計画の内容について説明を受けました。
　　　　　　　　　　　　　　　○年　10月　2日
ご本人氏名：○○○○
ご家族氏名：○○○○

上記計画書に基づきサービスの説明を行い内容に同意頂きましたので，ご報告申し上げます。
　　　　　　　　　　　　　　　○年　10月　2日
地域包括支援センター
○○　介護支援専門員様／事業所様

介護予防通所介護事業所○○　　〒000-0000　住所：○○県○○市○○○-00　　管理者：○○
　　　　　　　　　　　　　　　Tel. 000-000-0000 ／ Fax. 000-000-0000　　　　説明者：○○

介護予防通所介護個別機能訓練計画書 【3カ月後】

作成日	○年9月30日	前回作成日	○年7月2日	計画作成者	○○				
ふりがな 氏名	Iさん	性別	生年月日	年齢	要介護度	管理者	看護	介護	機能訓練	相談員
		女	○年○月○日	81	支2	○○	○○	○○	○○	○○

【本人の希望】	【家族の希望】	【障害自立度】
つまずいて転倒したくない。右手がもう少し動きやすいと助かる。体が硬くならないようにしたい。孫とメールのやり取りをしたい。	お互いに無理はできない身体なので，できる範囲で動いてほしい。2人で外出し，元気でいたい。	J1
		【認知症自立度】
		I

【病名，合併症（心疾患，呼吸器疾患等）】	【生活課題】	【在宅環境（生活課題に関連する在宅環境課題）】
高血圧症（○年） 脳梗塞後遺症（○年）	右片麻痺が残り右手先が動きにくいが，T字杖を使えば1kmの歩行はできる。	夫と2人暮らし。家の廊下や玄関，トイレ，浴室には手すりがある。
【運動時のリスク（血圧，不整脈，呼吸等）】 血圧は150／90mmHg程度。血圧が180mmHg以上であれば運動を控える。		

運動器の機能向上訓練

長期(到達)目標(3カ月) ○年12月	屋外での長距離歩行が安定する。	目標達成度 達成・一部・未達
中期目標(2カ月) ○年11月	屋外での歩行が安定する。	目標達成度 達成・一部・未達
短期目標(1カ月) ○年10月	歩行時につま先がしっかりと上がり，転倒の危険が減る。	目標達成度 達成・一部・未達

プログラム内容（何を目的に〈～のために〉～する）	留意点	頻度	時間	主な実施者
①屋外での歩行が安定するように，屋外で歩行練習をする。		週1回	13：30～13：45	山田
②歩行時につま先を上げられるように，立位でつま先を10回上げる訓練を2回行う。		週1回	13：45～13：50	山田
③				

プログラム立案者：山田

生活機能向上グループ活動訓練

長期(到達)目標(3カ月) ○年12月	メールを交換する友達が増える。	目標達成度 達成・一部・未達
中期目標(2カ月) ○年11月	孫以外ともメールのやり取りができる。	目標達成度 達成・一部・未達
短期目標(1カ月) ○年10月	孫とのメールでデコメールができる。	目標達成度 達成・一部・未達

プログラム内容（何を目的に〈～のために〉～する）	留意点	頻度	時間	主な実施者
①メール交換をする友達が増えるように，携帯電話のメール機能を練習する。		週1回	15：50～16：10	上田
②				
③				

プログラム立案者：上田

【特記事項】	【プログラム実施後の変化（総括）】 再評価日：　年　月　日

上記計画の内容について説明を受けました。 　　　　　　　　　　　　　　○年　10月　2日 ご本人氏名：○○○○ ご家族氏名：○○○○	上記計画書に基づきサービスの説明を行い内容に同意頂きましたので，ご報告申し上げます。 　　　　　　　　　　　　　　○年　10月　2日 地域包括支援センター ○○　介護支援専門員様／事業所様

介護予防通所介護事業所○○　〒000-0000　住所：○○県○○市○○○○-○○　管理者：○○
Tel. 000-000-0000 ／ Fax. 000-000-0000　説明者：○○

| 事例 ⑤ | 家庭でできることを取り戻そうとしている利用者 |

| 要介護度 | 要支援2 | 障害高齢者自立度 | J2 | 認知症高齢者自立度 | Ⅰ |

　Jさんは，夫と2人でキウイフルーツと野菜を栽培し，農業で生計を立てていた。冬場は土木作業員として働きながらの生活であった。2年前に夫を亡くし，あまり外出しなくなった。膝や腰の痛みも朝方は強く，昼前までベッドで横になりがちになっていた。今年6月ごろは雨が多いことから外にも出なくなり，1日中こたつに入って，ぼんやりとテレビをながめているようになった。腰の痛みで歩行が不安定となり，常に転倒の心配があるので，ゆっくりと動くように気をつけている。

　夫を亡くしてからは，長女に家事をしてもらうようになり，現在は自分の部屋を掃除するぐらいである。外に出なくなったので，近隣との交流は少なくなっているが，農作業仲間や整形外科に通う友人から週に1回程度電話がある。

Jさん（86歳，女性）
長女夫婦と3人暮らし

- 夫と2人でキウイフルーツと野菜を栽培し，農業で生計を立てていました。
- 2年前に夫を亡くしました。
- 月に2回受診して物理療法を受け，痛み止めの塗り薬をもらっています。
- 腰の痛みが強い時には坐薬を使います。
- 昼前まで寝てしまいます。
- 家でも何かできることはないだろうかと思っています。
- 動かなければと思っていますが，することもないし，ぼんやりとしてしまいます。
- 何かにつかまりながら歩いています。
- 転倒しないように気をつけています。

基本チェックリスト

J 様　　　記入日　○／6／17

番号	質問項目	回答
1	バスや電車で1人で外出していますか。	1．いいえ
2	日用品の買い物をしていますか。	1．いいえ
3	預貯金の出し入れをしていますか。	1．いいえ
4	友人の家を訪ねていますか。	1．いいえ
5	家族や友人の相談に乗っていますか。	1．いいえ
6	階段を手すりや壁をつたわらずに上っていますか。	1．いいえ
7	いすに座った状態から何もつかまらずに立ち上がっていますか。	1．いいえ
8	15分位続けて歩いていますか。	1．いいえ
9	この1年間に転んだことがありますか。	0．いいえ
10	転倒に対する不安は大きいですか。	0．いいえ
11	6カ月間で2～3kg以上の体重が減少しましたか。	0．いいえ
12	身長（cm）　150.0　体重（kg）　56.0　（注）BMI＝24.9	
13	半年前に比べて固い物が食べにくくなりましたか。	0．いいえ
14	お茶や汁物等でむせることがありますか。	0．いいえ
15	口の渇きが気になりますか。	1．はい
16	週に1回以上は外出していますか。	1．いいえ
17	昨年と比べて外出の回数が減っていますか。	1．はい
18	周りの人から「いつも同じことを聞く」などの物忘れがあると言われますか。	0．いいえ
19	自分で電話番号を調べて，電話をかけることをしていますか。	1．いいえ
20	今日が何月何日か分からない時がありますか。	0．いいえ
21	（ここ2週間）毎日の生活に充実感がない。	1．はい
22	（ここ2週間）これまで楽しんでやれていたことが楽しめなくなった。	0．いいえ
23	（ここ2週間）以前は楽にできていたことが今ではおっくうに感じられる。	1．はい
24	（ここ2週間）自分が役に立つ人間だと思えない。	0．いいえ
25	（ここ2週間）わけもなく疲れたような感じがする。	0．いいえ

運動機能改善　3／5

栄養改善　0／2

口腔内ケア　1／3

閉じこもり予防　2／2

物忘れ予防　1／3

うつ予防　2／5

（注）BMI＝体重（kg）÷身長（m）÷身長（m）が18.5未満の場合に該当とする。

介護予防サービス・支援計画表（1）

No.（介護保険被保険者番号）

利用者名： J 様

計画作成者氏名： B

計画作成（変更）日：

計画作成（初回作成日）：

認定年月日：○年6月24日

[委託の場合] 計画作成事業者・所名（連絡先： ） 電話：

担当地域包括支援センター： 電話：

初回・紹介・継続 ・ 認定済・申請中 ・ 要支援1・要支援2 地域支援事業

認定の有効期間：○年7月1日 ～ ○年6月30日

目標とする生活

| 1日 | 家庭でお菓子作りができる。 |

| 1年 | 家庭内やデイサービスで、楽しく続けられそうなことが見つかり継続できる。 |

総合的な援助の方針（生活の自立支援、生活機能の改善・悪化を予防するポイント）

趣味のお菓子作りができることで家庭内での活動が増えて、ぼんやりと過ごすことが少なくなるようにしましょう。買い物の希望を家族に伝えたり、家族と一緒に買い物に行き物が楽しめたりするようにしましょう。

健康状態について（主治医意見書、健診結果、観察結果等を踏まえた改善・維持・悪化予防のポイント）

痛みの強い時には無理をしないようにしましょう。

【本来行うべき支援が実施できない場合】妥当な支援の実施に向けた方針

[意見]

[確認印]

※基本チェックリストの（該当した質問項目数）/（質問項目数）を記入します。
※必要と思われる事業プログラムに○印を付けています。

運動機能改善	栄養改善	口腔内ケア	閉じこもり予防	物忘れ予防	うつ予防
③/5	0/2	1/3	②/2	1/3	②/5

計画に関する同意

上記計画について、同意いたします。

年 月 日 氏名

地域包括支援センター ㊞

介護予防サービス・支援計画表（2−1）

利用者名： J 様

No.

アセスメント領域と現在の状況	本人・家族の意欲・意向	領域における課題（背景・原因）	総合的課題	課題に対する目標と具体策の提案	具体策についての意向 本人・家族
運動・移動について 腰痛の治療は受けているが、朝方の痛みへの対応がうまくいかず、腰痛体操なども継続できていない。屋内でも移動する機会が減っている。	（本人） 家の中でも少し動かないといけないと思う。	■有 □無 腰痛の影響で、屋内での移動量が少ない。	体操が現状と合っていない。朝方や腰が痛い時は、横になる方法しか知らない。	（目標） 1. 現状に合った体操や過ごし方が必要。体操と動き方を整形外科で教えてもらう。	（本人） 教えてもらえると助かる。
日常生活（家庭生活）について 日中はベッドに入ってテレビを見るのが日課になっている。夜間の不眠傾向にもつながっている。屋外に出ることも少なくなっている。	（本人） 何かできることがあればよいが……。	■有 □無 家庭内でできることがない。	家族は午前中不在で一人になり、家庭内でするごとがない。	2. 家庭で趣味活動ができる。	簡単なお菓子作りをやってみようか。
社会参加、対人関係、コミュニケーション 家庭内では会話が少なく、友人たちと電話で話す程度となっている。	（本人） （家族） 一緒に夕食を食べるようにしようと思う。	□有 ■無			
健康管理について 腰痛については、月2回受診し、物理療法と投薬治療を受けている。	（本人）	□有 ■無			
その他					

介護予防サービス・支援計画表（2-2）

利用者名： J 様

支援計画

目標	目標についての支援のポイント	本人等のセルフケアや家族の支援、インフォーマルサービス	介護保険サービス又は地域支援事業	サービス種別	事業所	期間
1. 腰痛が強い時の過ごし方と現状でできる体操が分かる。	整形外科を受診する時に指導を受ける。 介護予防通所介護でも、一緒に体操ができる。		 介護予防通所介護	整形外科医やリハビリ職員 機能訓練指導員		次回受診時 ○.7 〜 ○.9
2. 家族と一緒にお菓子作りができる。	長女に午後協力してもらう。 デイサービスでも、お菓子作りができる。	長女に協力してもらう。	 介護予防通所介護	 介護職員 機能訓練指導員		

介護予防通所介護アセスメントシート

アセスメント実施日　○年7月1日　第1回　面接方法（　訪問　）　担当者　S

フリガナ		性別	女	生年月日	○年○月○日（86歳）	要介護度	介護認定日		
氏名	Jさん					支2	○○	6	24

住所	○○市○○町○丁目○番地	電話番号	×××-×××-××××	認定の有効期間
				○.7〜○.6

連絡先	氏名	続柄	住所	電話番号	障害高齢者自立度	J2
	○○○○	長女	同上	同上	認知症高齢者自立度	Ⅰ
	○○○○	長女の夫	同上	同上		

家族構成	現在利用している社会資源等	本人の希望
長女夫婦と3人暮らし。 夫は2年前に亡くなる。 長男携帯：×××-××××-××××	在宅および施設ケアサービス	年をとって腰も痛いし，雨が降ると，外に出る気持ちにならない。動かなければと思うが，することもないし，ぼんやりとしてしまう。 家でも何かできることはないだろうか。
	特になし	
介護状況 主介護者　（　　　長女　　　） 仕事等　　（　週5日パート　） 健康状態　（　　　良好　　　） キーパーソン（　　　長女　　　）	日常生活用具等	家族の希望・要望
		テレビの前でじっとしていることが多くなったし，外に出なくなってきた。もう少し動いて元気でいてほしい。

生活歴	夫と2人でキウイフルーツと野菜を栽培し，農業で生計を立てていた。冬場は土木作業員として働きながらの生活であった。仕事柄うつむく姿勢の作業が多く，50代後半には円背になりはじめ，腰痛で整形外科にも通っていた。80歳になってからはキウイフルーツ畑の作業はやめて夫と共に近所の畑で野菜を作っていたが，83歳のころからは膝にも痛みが出はじめ，畑での作業も徐々に減っていった。2年前に夫を亡くし，あまり外出をしなくなり，膝や腰の痛みも朝方は強く，昼前までベッドで横になりがちだった。今年6月ごろは雨が多いことから外にも出なくなり，1日中こたつに入って，テレビをぼんやりとながめているようになった。

治療状況	既往歴	現病歴	服薬状況	受診方法
	腰痛症（○年10月） 変形性膝関節症（○年）	83歳のころに膝が痛くなり，月に2回受診し，物理療法と痛み止めの塗り薬をもらっている。	痛い止め塗り薬（朝・寝る前） 痛み止め座薬 湿布（朝・寝る前） 市販の栄養剤（サプリメント） 1日2回朝・夕	月2回長女の車で受診
	医療機関名・担当医　（　　○○整形外科　△△医師　　）　TEL（　　　　） 　　　　　　　　　　（　　　　　　　　　　　　　　）　TEL（　　　　）			

医療保険	後期高齢者医療制度	身障手帳	なし	年金等	国民年金，年間60万円程度

身体状況	〈拘縮　麻痺　痛み　皮膚の状況〉	
	拘縮	両膝関節が十分に伸びきらない。腰は円背で十分に伸ばせない。
	麻痺	麻痺はないが，両下肢の筋力が低下している。
	痛み	腰の痛みが強い時は坐薬を使う（月に1〜2回）。両膝関節にも軽度の痛みがある。
	褥瘡	なし
	皮膚の状況	良好
	〈目・耳の状態およびコミュニケーション能力〉	
	視力	老眼だが，テレビも見える。　　　　　眼鏡　老眼鏡を使用する。
	聴力	年相応　　　　　　　　　　　　　　　補聴器　なし
	目・耳の症状	耳は少し大きめの声で聞こえる様子。
	意思表示の手段	言葉にて可能である。
	意思の伝達	会話はスムーズにできる。自分から話しかけることは少ないが，声をかけられれば話す。
	指示への反応	簡単な内容の指示は理解できる。書類などの難しいことは長女に助けを求める。
	その他	自分が転倒したことを気にして，「気をつけないといけない」と言っている。

介護保険	○○○○○○○○○○	支援事業所	居宅介護支援事業所○○荘	ケアマネジャー	B

日常生活活動能力	寝返り	基本的には寝返りは楽にできるが，腰が痛い時にはベッド柵につかまって行う。
	起き上がり	ベッドの柵につかまって起き上がる。腰が痛いので，起き上がる時はベッドから足を垂らす。
	座位	円背と腰が痛いので長時間座っていられない。ベッド柵につかまれば安定して座れる。
	移乗・移動	立ち上がりはベッドの柵につかまって行う。ゆっくりと立ち上がっている。
		歩行は机やドア・家具などにつかまりながら歩く。屋外はシルバーカーを利用する。
		移乗時は机やタンスなどにつかまり，転倒しないように注意して行っている。
	着脱	自分でできるが，腰が痛い時にはズボンの脱ぎ着に時間がかかる。
	整容	自分でできる。
	IADL等	自室の掃除はできるが，買い物，調理，洗濯，ごみ捨ては長女がする。

食事・栄養状態	肥満とやせ	普通
	食べ方	箸で食べられる。
	嚥下	良好
	食事制限	特になし　好き嫌いはなし。
	食物形態	普通の食事
	一日の水分量	少し少なめ（1,000mL程度）。お茶やコーヒー。
	口腔の状態	部分入れ歯　1日2回（昼・夜）歯磨きをしている。

排泄の状況	尿	1日6～7回程度。
	尿失禁	なし
	便	2日に1回程度。硬めの便。
	便失禁	なし
	トイレ環境	洋式トイレで，手すりを設置済み。

	身体の清潔状況	自宅の浴槽に浴槽台を利用して入浴する。L字手すりが設置されているので，それにつかまって何とか立ち上がっている。腰の調子が悪い時は浴槽に入らずに，シャワーですませている。 洗身：前身と洗髪は自分ででき，背中は不十分ながらも一応洗えている。
	浴室環境	浴室にはL字手すりが設置され，浴槽台もある。

精神状態	睡眠の状況	朝起きるのが遅く（9時ごろ），夜寝るのも遅くなっている（23時ごろ）。良眠。
	認知症の症状	特に問題となる物忘れはない。

家族の協力体制	長女が家事を担い，長女の夫は声をかける程度のかかわり。		住宅・環境等
興味・関心・生きがい	農作業の仲間との会話や家事の手伝い。以前はお菓子作りが趣味で，家族（孫）のおやつを作っていた。		玄関に15cmの段差2段あり。廊下と部屋間は2.5cmの段差。居室は6畳の和室でテレビ，タンス，こたつがある。玄関には手すりが付いている。浴室はL字手すり。洋式トイレ。
生活スタイル・活動状況	朝起きるのが遅く，昼前までベッドで横になっていることが多い。日中もこたつに入ってテレビをぼんやりとながめている。		
要支援に至った理由と経緯　以前のADLと家庭内役割　自立してできなくなったこと　現在の家事状況と役割　近隣との交流	2年前に夫を亡くし，あまり外出をしなくなり，朝方は膝や腰の痛みも強く，昼前までベッドで横になりがちである。今年6月ごろは雨が多いことから外にも出なくなり，1日中こたつに入って，テレビをぼんやりとながめているようになった。夫を亡くしてからは長女に家事をしてもらうようになり，現在は自分の部屋の掃除をする程度である。ADL能力については，移動能力が徐々に低下している。外に出なくなったので，近隣との交流は少なくなっているが，農作業仲間と整形外科に通う友人から週に1回程度電話がある。		
送迎場所	自宅玄関	送迎方法　歩行	ベッド等　木製ベッド（手すりあり）

興味・関心チェックシート

聞き取り日：○年7月1日

| 氏名 | Jさん | | | 生年月日 | ○年○月○日 | 年齢 | 86歳 | 性別 | 女 |

生活行為	している	してみたい	興味がある	生活行為	している	してみたい	興味がある
自分でトイレへ行く	○			生涯学習・歴史			
一人でお風呂に入る	○			読書			
自分で服を着る	○			俳句			
自分で食べる	○			書道・習字			
歯磨きをする	○			絵を描く・絵手紙			
身だしなみを整える	○			パソコン・ワープロ			
好きなときに眠る	○			写真			
掃除・整理整頓	○			映画・観劇・演奏会			
料理を作る		○		お茶・お花			
買い物	○			歌を歌う・カラオケ			
家や庭の手入れ・世話				音楽を聴く・楽器演奏			
洗濯・洗濯物たたみ	○			将棋・囲碁・麻雀・ゲーム等			
自転車・車の運転				体操・運動			
電車・バスでの外出				散歩			
孫・子供の世話				ゴルフ・グラウンドゴルフ・水泳・テニスなどのスポーツ			
動物の世話				ダンス・踊り			
友達とおしゃべり・遊ぶ			○	野球・相撲等観戦			
家族・親戚との団らん	○			競馬・競輪・競艇・パチンコ			
デート・異性との交流				編み物	○		
居酒屋に行く				針仕事			
ボランティア				畑仕事			
地域活動（町内会・老人クラブ）				賃金を伴う仕事			
お参り・宗教活動				旅行・温泉			
その他（　　　）				その他（　　　）			
その他（　　　）				その他（　　　）			

居宅訪問チェックシート

利用者氏名		Jさん		生年月日	○年○月○日	年齢	86歳	性別	女
訪問日・時間		○年7月1日（○）　16：40　～　16：55						要介護度	支2
訪問スタッフ		○○，○○		職種	生活相談員，機能訓練指導員	被聞取り者		家族，利用者	

	項目	レベル	課題	環境（実施場所・補助具等）	状況・生活課題
ADL	食事	☑自立　□見守り □一部介助　□全介助	無	食堂で食べる。	腰が痛い時は手伝ってもらうこともあるが，基本的には自分でできる。
	排泄	☑自立　□見守り □一部介助　□全介助	無	洋式トイレ。	
	入浴	☑自立　□見守り □一部介助　□全介助	無	自宅の浴槽は和洋折衷型。	
	更衣	☑自立　□見守り □一部介助　□全介助	無	腰が痛い時は，ズボンの着脱に時間がかかる。	
	整容	☑自立　□見守り □一部介助　□全介助	無		
	移乗	☑自立　□見守り □一部介助　□全介助	無		
IADL	屋内移動	☑自立　□見守り □一部介助　□全介助	無	廊下と部屋の間に2.5cmの段差がある。	机やドアなどにつかまって歩き，屋外はシルバーカーを押して歩く。円背と腰痛があるので，長時間の立位や歩行はきつい。
	屋外移動	□自立　☑見守り □一部介助　□全介助	有	シルバーカーを押して歩く。	
	階段昇降	□自立　☑見守り □一部介助　□全介助	有	玄関に15cmの段差がある。	
	調理	□自立　□見守り ☑一部介助　□全介助	有	電磁調理器具を使わない簡単なものであればできる。	
	洗濯	☑自立　□見守り □一部介助　□全介助	無		
	掃除	☑自立　□見守り □一部介助　□全介助	無	自室の掃除はできる。	

	項目	レベル	課題	状況・生活課題
起居動作	起き上がり	☑自立　□見守り □一部介助　□全介助	無	腰が痛い時はベッド柵につかまって，ゆっくりと起き上がったり立ち上がったりする。
	座位	☑自立　□見守り □一部介助　□全介助	無	
	立ち上がり	☑自立　□見守り □一部介助　□全介助	無	
	立位	☑自立　□見守り □一部介助　□全介助	無	

身体機能：円背で軽度の腰痛がある。

精神・心理機能：飲み薬を忘れることがあるが，特に問題となるほどではない。

介護予防通所介護 機能訓練評価シート

		評価者	○○	(訪問)評価日	○年7月1日(○)		
氏名	Jさん	性別	女	障害高齢者自立度	J2	要介護度	
生年月日	○年○月○日	年齢	86	認知症高齢者自立度	Ⅰ	支2	

関節可動域		肩：(年齢相応)・制限あり（　　　　　　　　　　　　　　　　　　　　　　　） 肘：(年齢相応)・制限あり（　　　　　　　　　　　　　　　　　　　　　　　） 手：(年齢相応)・制限あり（　　　　　　　　　　　　　　　　　　　　　　　） 股：年齢相応・(制限あり)（両股関節は，120度ぐらいまでなら曲げられる。） 膝：年齢相応・(制限あり)（両膝関節の伸展は，−20度程度。） 足：(年齢相応)・制限あり（　　　　　　　　　　　　　　　　　　　　　　　）
痛みや痺れ等		痛み：(あり)・なし（腰と両膝に軽度の痛みあり。） 痺れ：あり・(なし)（　　　　　　　　　　　　　　）
筋力	上肢	腕を曲げる：(十分に曲げられる)・何とか曲げられる・曲げられない（　） 腕を伸ばす：(十分に伸ばせる)・何とか伸ばせる・伸ばせない（　）
	下肢	足を後ろに引く：(十分に引ける)・何とか引ける・引けない（　） 足を伸ばす：(十分に伸ばせる)・何とか伸ばせる・伸ばせない（　）
	体幹	へそのぞき：(十分にのぞける)・何とかのぞける・のぞけない（　） 背を伸ばす：十分に伸ばせる・(何とか伸ばせる)・伸ばせない（　）
家庭でのADL	起き上がり	(できる)・介助でできる・できない（　）
	座位保持	(できる)・介助でできる・できない（　）
	歩行	(できる)・介助でできる・できない（屋内は机やドア，家具などにつかまりながら歩く。屋外はシルバーカーを使用。）
	車いす駆動	できる・介助でできる・できない（使用しない。）
	食事	(できる)・介助でできる・できない（右手で箸を使って食べる。）
	衣服・整容	(できる)・介助でできる・できない（腰が痛い時には時間がかかる。）
	入浴	(できる)・介助でできる・できない（浴槽台を利用する。腰が痛い日はシャワーいすを利用。）
	排泄	(できる)・介助でできる・できない（トイレは洋式。手すりにつかまってできる。）
	会話	(できる)・介助でできる・できない（　）
家庭でのIADL	買い物	できる・介助でできる・(できない)（　）
	調理	できる・介助でできる・(できない)（　）
	掃除・洗濯	できる・介助でできる・(できない)（自室は掃除できる。）
認知機能	見当識	日時：(分かる)・時々分かる・分からない（　） 場所や人：(分かる)・時々分かる・分からない（　）
	記銘・記憶	短期：(覚えている)・不確か・忘れることが多い（　） 長期：(覚えている)・不確か・忘れることが多い（　）
	判断能力	簡単な内容：(できる)・意見を求める・できない（　） 複雑な内容：できる・(意見を求める)・できない（　）
	BPSD （幻覚・妄想・ 易怒・意欲低下等）	特になし
麻痺回復 （麻痺なし）	肩や腕	かなり動かせる・半分程度・わずかに動かせる（　）
	手指	かなり動かせる・半分程度・わずかに動かせる（　）
	下肢	かなり動かせる・半分程度・わずかに動かせる（　）
興味・関心・生きがい・役割		以前はお菓子作りが趣味で，家族（孫）のおやつを作っていた。
生活スタイル・活動量・交流		朝起きるのが遅く，昼前までベッドで横になっていることが多い。また，日中もこたつに入ってぼんやりとテレビをながめている。外に出ることも少なくなった。
訓練効果，実施方法に関する評価 実施日：○.7.1		機能訓練指導員：腰の痛みに対する体操と動作指導が必要。 看護職員：腰痛の軽減が必要。 介護職員：入浴の移動介助や出入り介助。衣服の着脱見守りなど必要ではないか。 生活相談員：長女夫婦と3人暮らし。デイサービスを利用する予定。

介護予防通所介護計画書

※3カ月間の評価および変化も記載しています。

作成日	○年7月1日	前回作成日	年　月　日	計画作成者	○○				
ふりがな 氏名	Jさん	性別	生年月日	年齢	要介護度	管理者	看護	介護	機能訓練	相談員
		女	○年○月○日	86	支2	○○	○○	○○	○○	○○

【通所介護利用までの経緯（活動歴・病歴）】 夫が亡くなってからは長女が家事をしており，外に出なくなった。腰痛で歩行が不安定のため，ゆっくりと動いている。	【本人の希望】 腰も痛いし雨が降るので外に出る気持ちにならないが，動かなければと思う。家でもできることはないだろうか。	【障害自立度】 J2
	【家族の希望】 もう少し動いて元気でいてほしい。	【認知症自立度】 Ⅰ

【健康状態（病名，合併症（心疾患，呼吸器疾患等），服薬状況等）】 腰痛症（○年） 変形性膝関節症（○年） 腰に痛み止めの塗り薬を塗る。	【ケアの上での医学的リスク（血圧，転倒，嚥下障害等）・留意事項】 血圧が180mmHg以上であれば入浴を中止する。

握力　　　　　右：18.0kg　　　左：16.0kg　補助具使用（　有 ・ 無　）
片足立ち（開眼）右：1.0秒　　　左：1.0秒　　種類（屋外はシルバーカー　）　最大歩行時間（5m）：（7.0秒）

【自宅での活動・参加の状況（役割など）】
夫が亡くなってからは家事をしなくなり，昼前までベッドで横になっていることが多い。
自室の掃除はしている。

利用目標

長期目標 3カ月	設定日 達成予定日	○年7月 ○年9月	腰痛がひどい時の過ごし方と現状でできる体操が分かる。 家族と一緒にお菓子作りができる。	目標達成度 達成・(一部)・未達
中期目標 2カ月	設定日 達成予定日	○年7月 ○年8月	自宅でも腰痛体操ができる。 デイサービスで簡単なお菓子作りができる。	目標達成度 (達成)・一部・未達
短期目標 1カ月	設定日 達成予定日	○年7月 ○年7月	資料を見ながら腰痛体操ができる。 お菓子作りのメニューが増える。	目標達成度 (達成)・一部・未達

サービス提供内容

目的とケアの提供方針・内容	評価			迎え（ 有 ・ 無 ）	
	実施	達成	効果，満足度等		
①腰痛を軽減させるために腰痛体操を覚え，自宅でも行う。 7月1日～9月30日	1カ月目 (実施)　(達成) 一部　一部 未実施　未達		腰痛体操を何とか覚えて実施できるようになった。	プログラム（1日の流れ）	
				予定時間	サービス内容
3カ月目の変化及び総括	2カ月目 (実施)　(達成) 一部　一部 未実施　未達		自宅の壁に貼り，1日1回実施できた。	9：00	バイタルチェック
(実施)　達成 一部　(一部) 未実施　未達	腰痛がひどい時の過ごし方がまだよく分からない。			10：00	入浴
				10：50	自主的筋力強化訓練
				11：30	集団体操
②お菓子を作れるようになるために計画を立て，他者と一緒に作る。 7月1日～9月30日	1カ月目 (実施)　(達成) 一部　一部 未実施　未達		以前のメニューを思い出してレシピを完成させた。	12：00	食事
				13：30	腰痛体操訓練
				14：00	レクリエーション参加
3カ月目の変化及び総括	2カ月目 (実施)　(達成) 一部　一部 未実施　未達		以前のようにうまく作れた時もあり，喜んでいた。	15：00	おやつ
(実施)　達成 一部　一部 未実施　未達	自宅での実施は1回のみであるが，デイサービスでは数回実施できた。			15：20	メニュー・菓子作り訓練
				送り（ 有 ・ 無 ）	

【特記事項】	【地域包括支援センターへの報告事項】 他の利用者と共に，筋力トレーニングやお菓子作りの訓練に参加して楽しく過ごせています。 友人も増えて共に過ごす時間も多くなり，表情も明るくなりました。

上記計画の内容について説明を受けました。 　　　　　　　　　　　　　　○年　7月　1日 ご本人氏名：○○○○ ご家族氏名：○○○○	上記計画書に基づきサービスの説明を行い内容に同意頂きましたので，ご報告申し上げます。 　　　　　　　　　　　　　　○年　7月　1日 地域包括支援センター ○○　介護支援専門員様／事業所様

介護予防通所介護事業所○○　〒000-0000　住所：○○県○○市○○○○-00　　管理者：○○
　　　　　　　　　　　Tel. 000-000-0000　／　Fax. 000-000-0000　　　　　　　説明者：○○

介護予防通所介護個別機能訓練計画書

※3カ月間の評価および変化も記載しています。

作成日	○年7月1日	前回作成日	年 月 日	計画作成者	○○				
ふりがな 氏名	Jさん	性別	生年月日	年齢	要介護度	管理者	看護	介護	機能訓練	相談員
		女	○年○月○日	86	支2	○○	○○	○○	○○	○○

【本人の希望】 腰も痛いし雨が降るので外に出る気持ちにならないが,動かなければと思う。家でもできることはないだろうか。	【家族の希望】 もう少し動いて元気でいてほしい。	【障害自立度】 J2
		【認知症自立度】 Ⅰ
【病名,合併症(心疾患,呼吸器疾患等)】 腰痛症(○年) 変形性膝関節症(○年)	【生活課題】 テレビの前でじっとしていることが多く,外に出なくなっている。	【在宅環境(生活課題に関連する在宅環境課題)】 長女家族と3人暮らし。長女夫婦は共働きで,長女は週5日パートである。玄関などには手すりがある。
【運動時のリスク(血圧,不整脈,呼吸等)】 腰痛と膝痛の悪化に注意。		

運動器の機能向上訓練

長期(到達)目標(3カ月) ○年9月	腰痛が強い時の過ごし方と現状でできる体操が分かる。	目標達成度 達成・(一部)・未達
中期目標(2カ月) ○年8月	自宅でも腰痛体操ができる。	目標達成度 (達成)・一部・未達
短期目標(1カ月) ○年7月	資料を見ながら腰痛体操ができる。	目標達成度 (達成)・一部・未達

プログラム内容(何を目的に〈~のために〉~する)	留意点	頻度	時間	主な実施者
①腰痛を軽減するため,腰痛体操を学んで自分で行う。		週2回	13:30~13:50	山田
②体力を維持・向上させるため,集団体操に参加する。		週2回	11:30~11:40	山田
③				

プログラム立案者:山田

生活機能向上グループ活動訓練

長期(到達)目標(3カ月) ○年9月	家族と一緒にお菓子作りができる。	目標達成度 達成・(一部)・未達
中期目標(2カ月) ○年8月	デイサービスで簡単なお菓子作りができる。	目標達成度 (達成)・一部・未達
短期目標(1カ月) ○年7月	お菓子作りのメニューが増える。	目標達成度 (達成)・一部・未達

プログラム内容(何を目的に〈~のために〉~する)	留意点	頻度	時間	主な実施者
①簡単なお菓子が作れるようになるために,メニューを考えて作ってみる。	お菓子の本やインターネットを活用する。	週1・2回	15:20~15:50	上田
②				
③				

プログラム立案者:上田

【特記事項】 日中は他の利用者と会話できるような場面づくりを配慮する。	【プログラム実施後の変化(総括)】 再評価日:○年9月30日 家族とのお菓子作りは1度実施できました。腰痛体操は毎日自宅で行えており,痛みは軽減しています。

上記計画の内容について説明を受けました。 ○年 7月 1日 ご本人氏名:○○○○ ご家族氏名:○○○○	上記計画書に基づきサービスの説明を行い 内容に同意頂きましたので,ご報告申し上げます。 ○年 7月 1日 地域包括支援センター ○○ 介護支援専門員様/事業所様

介護予防通所介護事業所○○　〒000-0000　住所:○○県○○市○○○-00　管理者:○○
Tel. 000-000-0000 / Fax. 000-000-0000　説明者:○○

興味・関心チェックシート 3カ月後

聞き取り日：○年9月30日

氏名	Jさん			生年月日	○年○月○日	年齢	86歳	性別	女

生活行為	している	してみたい	興味がある	生活行為	している	してみたい	興味がある
自分でトイレへ行く	○			生涯学習・歴史			
一人でお風呂に入る	○			読書			
自分で服を着る	○			俳句			
自分で食べる	○			書道・習字			
歯磨きをする	○			絵を描く・絵手紙			
身だしなみを整える	○			パソコン・ワープロ			
好きなときに眠る	○			写真			
掃除・整理整頓	○			映画・観劇・演奏会			
料理を作る	○			お茶・お花			
買い物	○			歌を歌う・カラオケ			
家や庭の手入れ・世話				音楽を聴く・楽器演奏			
洗濯・洗濯物たたみ	○			将棋・囲碁・麻雀・ゲーム等			
自転車・車の運転				体操・運動			
電車・バスでの外出				散歩			
孫・子供の世話				ゴルフ・グラウンドゴルフ・水泳・テニスなどのスポーツ			
動物の世話				ダンス・踊り			
友達とおしゃべり・遊ぶ	○			野球・相撲等観戦			
家族・親戚との団らん	○			競馬・競輪・競艇・パチンコ			
デート・異性との交流				編み物	○		
居酒屋に行く				針仕事			
ボランティア				畑仕事			
地域活動（町内会・老人クラブ）				賃金を伴う仕事			
お参り・宗教活動				旅行・温泉			
その他（　　　）				その他（　　　）			
その他（　　　）				その他（　　　）			

料理を作る：お菓子作りなども含めて考える。

友達とおしゃべり・遊ぶ：デイサービスで友人が増えた。

居宅訪問チェックシート 3カ月後

利用者氏名		Jさん		生年月日	○年○月○日	年齢	86歳	性別	女
訪問日・時間		○年9月30日（○） 16：40 ～ 16：55						要介護度	支2
訪問スタッフ		○○，○○		職種	生活相談員，機能訓練指導員	被聞取り者			家族，利用者

	項目	レベル	課題	環境（実施場所・補助具等）	状況・生活課題
ADL	食事	☑自立 □見守り □一部介助 □全介助	無	食堂で食べる。	腰が痛い時は手伝ってもらうこともあるが，基本的には自分でできる。
	排泄	☑自立 □見守り □一部介助 □全介助	無	洋式トイレ。	
	入浴	☑自立 □見守り □一部介助 □全介助	無	自宅の浴槽は和洋折衷型。	
	更衣	☑自立 □見守り □一部介助 □全介助	無	腰が痛い時は，ズボンの着脱に時間がかかる。	
	整容	☑自立 □見守り □一部介助 □全介助	無		
	移乗	☑自立 □見守り □一部介助 □全介助	無		
IADL	屋内移動	☑自立 □見守り □一部介助 □全介助	無	廊下と部屋の間に2.5cmの段差がある。	机やドアなどにつかまって歩き，屋外はシルバーカーを押して歩く。円背と腰痛があるので，長時間の立位や歩行はきつい。
	屋外移動	□自立 ☑見守り □一部介助 □全介助	有		
	階段昇降	□自立 ☑見守り □一部介助 □全介助	有	玄関に15cmの段差がある。	
	調理	□自立 □見守り ☑一部介助 □全介助	有	電磁調理器具を使わない簡単なものであればできる。	
	洗濯	☑自立 □見守り □一部介助 □全介助	無		
	掃除	☑自立 □見守り □一部介助 □全介助	無	自室の掃除はできる。	

	項目	レベル	課題	状況・生活課題	
起居動作	起き上がり	☑自立 □見守り □一部介助 □全介助	無	腰が痛い時はベッド柵につかまって，ゆっくりと起き上がったり立ち上がったりする。	
	座位	☑自立 □見守り □一部介助 □全介助	無		
	立ち上がり	☑自立 □見守り □一部介助 □全介助	無		
	立位	☑自立 □見守り □一部介助 □全介助	無		

身体機能：円背で軽度の腰痛があるが，以前より楽になっている。

> 以前から変化した点はしっかりと記載する。

精神・心理機能：飲み薬を忘れることがあるが，特に問題となるほどではない。

介護予防通所介護 機能訓練評価シート 【3カ月後】

評価者	○○	(訪問)評価日	○年9月30日(○)

氏名	Jさん	性別	女	障害高齢者自立度	J2	要介護度	
生年月日	○年○月○日	年齢	86	認知症高齢者自立度	Ⅰ		支2

関節可動域		肩：**年齢相応**・制限あり（　　　　　　　　　　　　　　　　　　　） 肘：**年齢相応**・制限あり（　　　　　　　　　　　　　　　　　　　） 手：**年齢相応**・制限あり（　　　　　　　　　　　　　　　　　　　） 股：年齢相応・**制限あり**（両股関節は、120度ぐらいまでなら曲げられる。） 膝：年齢相応・**制限あり**（両膝関節の伸展は、−20度程度。） 足：**年齢相応**・制限あり（　　　　　　　　　　　　　　　　　　　）
痛みや痺れ等		痛み：**あり**・なし（腰と両膝に軽度の痛みあり。） 痺れ：あり・**なし**（　　　　　　　　　　　　　　　　　　　）
筋力	上肢	腕を曲げる：**十分に曲げられる**・何とか曲げられる・曲げられない（　） 腕を伸ばす：**十分に伸ばせる**・何とか伸ばせる・伸ばせない（　）
	下肢	足を後ろに引く：**十分に引ける**・何とか引ける・引けない（　） 足を伸ばす：**十分に伸ばせる**・何とか伸ばせる・伸ばせない（　）
	体幹	へそのぞき：**十分にのぞける**・何とかのぞける・のぞけない（　） 背を伸ばす：**十分に伸ばせる**・何とか伸ばせる・伸ばせない（　）
家庭でのADL	起き上がり	**できる**・介助でできる・できない（　） ※腰痛の軽減により、動作が楽になった。
	座位保持	**できる**・介助でできる・できない（　）
	歩行	**できる**・介助でできる・できない（屋内は机やドア、家具などにつかまりながら歩く。屋外はシルバーカーを使用。）
	車いす駆動	できる・介助でできる・できない（使用しない。）
	食事	**できる**・介助でできる・できない（右手で箸を使って食べる。）
	衣服・整容	**できる**・介助でできる・できない（腰が痛い時には時間がかかる。）
	入浴	**できる**・介助でできる・できない（浴槽台を利用する。腰が痛い日はシャワーいすを利用。）
	排泄	**できる**・介助でできる・できない（トイレは洋式の手すりをつかまってできる。）
	会話	**できる**・介助でできる・できない（　）
家庭でのIADL	買い物	できる・介助でできる・**できない**（　） ※自分でも行ってみた。
	調理	できる・**介助でできる**・できない（　） ※できる部分は行っている。
	掃除・洗濯	**できる**・介助でできる・できない（自室を掃除し、洗濯物もたたむ。）
認知機能	見当識	日時：**分かる**・時々分かる・分からない（　） 場所や人：**分かる**・時々分かる・分からない（　）
	記銘・記憶	短期：**覚えている**・不確か・忘れることが多い（　） 長期：**覚えている**・不確か・忘れることが多い（　）
	判断能力	簡単な内容：**できる**・意見を求める・できない（　） 複雑な内容：できる・**意見を求める**・できない（　）
	BPSD （幻覚・妄想・易怒・意欲低下等）	特になし
麻痺回復 （麻痺なし）	肩や腕	かなり動かせる・半分程度・わずかに動かせる（　）
	手指	かなり動かせる・半分程度・わずかに動かせる（　） ※腰痛予防のために訓練継続は必要。
	下肢	かなり動かせる・半分程度・わずかに動かせる（　）
興味・関心・生きがい・役割		以前はお菓子作りが趣味で、家族（孫）のおやつを作っていた。
生活スタイル・活動量・交流		朝起きるのが遅く、昼前までベッドで横になっていることが多い。また、日中もこたつに入ってぼんやりとテレビをながめている。外に出ることも少なくなった。
訓練効果、実施方法に関する評価 実施日：○.9.30		機能訓練指導員：腰の痛みに対する体操と動作指導を継続することが必要。 看護職員：腰痛は軽減してきた。 ※動作を観察した結果を情報提供する。 介護職員：入浴の移動介助や出入り介助、衣服の着脱見守りなどは、時間がかかるができる。 生活相談員：長女夫婦と3人暮らし。デイサービスで友人が増えた。 ※対人交流の変化は大切な情報。

介護予防通所介護計画書 [3カ月後]

作成日	○年10月1日	前回作成日	○年7月1日	計画作成者	○○				
ふりがな 氏名	Jさん	性別	生年月日	年齢	要介護度	管理者	看護	介護	機能訓練	相談員
		女	○年○月○日	86	支2	○○	○○	○○	○○	○○

【通所介護利用までの経緯（活動歴・病歴）】
夫が亡くなってからは長女が家事をしており，外に出なくなった。腰痛で歩行が不安定のため，ゆっくりと動いている。

【本人の希望】
腰も痛いし雨が降るので外に出る気持ちにならないが，動かなければと思う。家でもできることはないだろうか。

【家族の希望】
もう少し動いて元気でいてほしい。

【障害自立度】 J2

【認知症自立度】 I

【健康状態（病名，合併症（心疾患，呼吸器疾患等），服薬状況等）】
腰痛症（○年）
変形性膝関節症（○年）
腰に痛み止めの塗り薬を塗る。

【ケアの上での医学的リスク（血圧，転倒，嚥下障害等）・留意事項】
血圧が180mmHg以上であれば入浴を中止する。

握力　右：18.0kg　左：16.0kg　補助具使用（有・無）
片足立ち（開眼）　右：2.0秒　左：1.0秒　種類（屋外はシルバーカー）　最大歩行時間（5m）：（7.0秒）

【自宅での活動・参加の状況（役割など）】
夫が亡くなってからは家事をしなくなり，昼前までベッドで横になっていることが多い。
自室の掃除はしている。

利用目標

	設定日	達成予定日	内容	目標達成度
長期目標 3カ月	○年10月	○年12月	腰痛の具合に応じた過ごし方ができる。料理作りにチャレンジできる。	達成・一部・未達
中期目標 2カ月	○年10月	○年11月	腰痛の具合に応じた過ごし方ができる。お菓子作りのメニューが増える。	達成・一部・未達
短期目標 1カ月	○年10月	○年10月	腰痛が強い時の過ごし方と現状でできる体操が分かる。家族と一緒にお菓子作りができる。	達成・一部・未達

サービス提供内容

目的とケアの提供方針・内容	評価			迎え（有・無）	
	実施	達成	効果，満足度等		
①腰痛を軽減させるために，腰痛体操と生活上の動き方を覚えて家でも行う。 10月1日～12月31日	1カ月目 実施／達成 一部／一部 未実施／未達			プログラム（1日の流れ）	
				予定時間	サービス内容
3カ月目の変化及び総括 実施／達成 一部／一部 未実施／未達	2カ月目 実施／達成 一部／一部 未実施／未達			9：00	バイタルチェック
				10：00	入浴
				10：50	自主的筋力強化訓練
				11：30	集団体操
②お菓子を作れるようになるために計画を立て，他者と一緒に作る。 10月1日～12月31日	1カ月目 実施／達成 一部／一部 未実施／未達			12：00	食事
				13：30	腰痛体操訓練
				14：00	レクリエーション参加
				15：00	おやつ
3カ月目の変化及び総括 実施／達成 一部／一部 未実施／未達	2カ月目 実施／達成 一部／一部 未実施／未達			15：20	メニュー・菓子作り訓練
				送り（有・無）	

【特記事項】

【地域包括支援センターへの報告事項】

上記計画の内容について説明を受けました。　　○年　10月　1日
ご本人氏名：○○○○
ご家族氏名：○○○○

上記計画書に基づきサービスの説明を行い内容に同意頂きましたので，ご報告申し上げます。
○年　10月　1日
地域包括支援センター
○○　介護支援専門員様／事業所様

介護予防通所介護事業所○○　〒000-0000　住所：○○県○○市○○○○-○○　管理者：○○
Tel. 000-000-0000／Fax. 000-000-0000　説明者：○○

介護予防通所介護個別機能訓練計画書 **3カ月後**

作成日	○年10月1日	前回作成日	○年7月1日	計画作成者	○○				
ふりがな 氏名	Jさん	性別	生年月日	年齢	要介護度	管理者	看護	介護	機能訓練	相談員
		女	○年○月○日	86	支2	○○	○○	○○	○○	○○

【本人の希望】 腰も痛いし雨が降るので外に出る気持ちにならないが、動かなければと思う。家でもできることはないだろうか。	【家族の希望】 もう少し動いて元気でいてほしい。	【障害自立度】 J2
		【認知症自立度】 I
【病名,合併症（心疾患,呼吸器疾患等）】 腰痛症（○年） 変形性膝関節症（○年）	【生活課題】 テレビの前でじっとしていることが多く、外に出なくなっている。	【在宅環境（生活課題に関連する在宅環境課題）】 長女家族と3人暮らし。長女夫婦は共働きで、長女は週5日パートである。玄関などには手すりがある。
【運動時のリスク（血圧,不整脈,呼吸等）】 腰痛と膝痛の悪化に注意。		

運動器の機能向上訓練

長期(到達)目標(3カ月) ○年12月	腰痛の具合に応じた過ごし方ができる。				目標達成度 達成・一部・未達
中期目標(2カ月) ○年11月	腰痛の具合に応じた過ごし方ができる。				目標達成度 達成・一部・未達
短期目標(1カ月) ○年10月	腰痛が強い時の過ごし方と現状でできる体操が分かる。				目標達成度 達成・一部・未達
プログラム内容（何を目的に〈〜のために〉〜する）		留意点	頻度	時間	主な実施者
①腰痛を軽減するため、腰痛がある時の生活動作の工夫を学んで自分で行う。			週2回	13:30〜13:50	山田
②体力を維持・向上させるため、集団体操に参加する。			週2回	11:30〜11:40	山田
③					

プログラム立案者：山田

生活機能向上グループ活動訓練

長期(到達)目標(3カ月) ○年12月	料理にもチャレンジできる。				目標達成度 達成・一部・未達
中期目標(2カ月) ○年11月	お菓子作りのメニューが増える。				目標達成度 達成・一部・未達
短期目標(1カ月) ○年10月	家族と一緒にお菓子作りができる。				目標達成度 達成・一部・未達
プログラム内容（何を目的に〈〜のために〉〜する）		留意点	頻度	時間	主な実施者
①家族とお菓子が作れるようになるために、メニューを考えて作ってみる。		お菓子の本やインターネットを活用する。	週1・2回	15:20〜15:50	上田
②					
③					

プログラム立案者：上田

【特記事項】 日中は他の利用者と会話できるような場面づくりを配慮する。	【プログラム実施後の変化（総括）】 再評価日： 年 月 日

上記計画の内容について説明を受けました。
　　　　　　　　　　　　　　　　　○年 10月 1日
ご本人氏名：○○○○
ご家族氏名：○○○○

上記計画書に基づきサービスの説明を行い内容に同意頂きましたので、ご報告申し上げます。
　　　　　　　　　　　　　　　　　○年 10月 1日
地域包括支援センター
○○ 介護支援専門員様／事業所様

介護予防通所介護事業所○○　〒000-0000　住所：○○県○○市○○○-00　管理者：○○
　　　　　　　　　　　　　　Tel. 000-000-0000 ／ Fax. 000-000-0000　　説明者：○○

事例 6　買い物や調理ができるようになりたい利用者

| 要介護度 | 要支援2 | 障害高齢者自立度 | J2 | 認知症高齢者自立度 | I |

　Kさんは，20歳で結婚。夫は電力会社に勤めていたことから，転勤が何度もあった。転勤生活が長かったことで，社宅に居たころの友人や知人は各地に多くいるが，半年前から住みはじめた長女宅の近くに友人・知人が少ない。近隣は若い家族が多く，交流はまだできていない。以前の友人から週に1回電話がある程度。

　夫が3年程寝込んで介護をしていたため，腰痛になり，病院受診が欠かせない状態である。約1年前に夫を亡くし，半年前に長女宅に同居することになった。以前は夫の介護や家事を行っていたが，現在は長女夫婦に遠慮し，また家電の操作もよく分からないため家事は手伝わず，1日中手芸や編み物，またテレビをぼんやりとながめているようになった。

　徐々に家事をする感覚が遠のいており，何とかしたいと思っている。

- 夫の介護で腰痛になってしまいました。
- 週に1回物理療法に行ってます。
- 風呂は浴槽台を使って毎日入っています。
- Kさん（77歳，女性）長女夫婦と3人暮らし
- 半年前に長女家族と一緒に暮らしはじめました。
- 週に1〜2回は買い物に行きます。
- 長女がいろいろしてくれるので，何もしていません。
- 長女夫婦の家事を少しでも助けたいと思っています。
- 近所の人との交流はほとんどありません。
- 編み物や手芸が好きで毎日しています。

基本チェックリスト

K 様　　　記入日 ○／4／11

番号	質問項目	回答
1	バスや電車で1人で外出していますか。	1．いいえ
2	日用品の買い物をしていますか。	0．はい
3	預貯金の出し入れをしていますか。	0．はい
4	友人の家を訪ねていますか。	1．いいえ
5	家族や友人の相談に乗っていますか。	1．いいえ
6	階段を手すりや壁をつたわらずに上っていますか。	1．いいえ
7	いすに座った状態から何もつかまらずに立ち上がっていますか。	1．いいえ
8	15分位続けて歩いていますか。	1．いいえ
9	この1年間に転んだことがありますか。	0．いいえ
10	転倒に対する不安は大きいですか。	0．いいえ
11	6カ月間で2〜3kg以上の体重が減少しましたか。	0．いいえ
12	身長（cm）　153.0　体重（kg）　58.0　（注）BMI＝24.8	
13	半年前に比べて固い物が食べにくくなりましたか。	0．いいえ
14	お茶や汁物等でむせることがありますか。	0．いいえ
15	口の渇きが気になりますか。	0．いいえ
16	週に1回以上は外出していますか。	0．はい
17	昨年と比べて外出の回数が減っていますか。	1．はい
18	周りの人から「いつも同じことを聞く」などの物忘れがあると言われますか。	0．いいえ
19	自分で電話番号を調べて，電話をかけることをしていますか。	0．はい
20	今日が何月何日か分からない時がありますか。	0．いいえ
21	（ここ2週間）毎日の生活に充実感がない。	0．いいえ
22	（ここ2週間）これまで楽しんでやれていたことが楽しめなくなった。	0．いいえ
23	（ここ2週間）以前は楽にできていたことが今ではおっくうに感じられる。	0．いいえ
24	（ここ2週間）自分が役に立つ人間だと思えない。	0．いいえ
25	（ここ2週間）わけもなく疲れたような感じがする。	0．いいえ

運動機能改善　3／5

栄養改善　0／2

口腔内ケア　0／3

閉じこもり予防　1／2

物忘れ予防　0／3

うつ予防　0／5

（注）BMI＝体重（kg）÷身長（m）÷身長（m）が18.5未満の場合に該当とする。

介護予防サービス・支援計画表（1）

初回・紹介・**継続** ／ **認定済**・申請中 ／ 要支援1・**要支援2** ／ 地域支援事業

No.（介護保険被保険者番号）：

利用者名： K　様　　認定年月日：○年4月16日　　認定の有効期間：○年5月1日 ～ ○年4月30日

計画作成者氏名： B　　[委託の場合] 計画作成事業者・所名（連絡先：　　）電話：

計画作成（変更）日：　　（初回作成日：）　　担当地域包括支援センター：　電話：

目標とする生活

1日	買い物や調理ができるようになりたい。	1年	長女の代わりに食事を作ることができる。

総合的な援助の方針（生活の自立支援、生活機能の改善・悪化を予防するポイント）

家庭内で活動的になり、新たな生活スタイルを作りましょう。
調理メニューを考えて買い物をし、調理をしましょう。

健康状態について（主治医意見書、健診結果、観察結果等を踏まえた改善・維持・悪化予防のポイント）

腰の痛みが強い時には無理をしないようにしましょう。

【本来行うべき支援が実施できない場合】 妥当な支援の実施に向けた方針

※基本チェックリストの（該当した質問項目数）／（質問項目数）を記入します。
必要と思われる事業プログラムに○印を付けています。

運動機能改善	栄養改善	口腔内ケア	閉じこもり予防	物忘れ予防	うつ予防
㊂／5	0／2	0／3	1／2	0／3	0／5

計画に関する同意

上記計画について、同意いたします。

　　年　月　日　氏名

[意見]

地域包括支援センター　　[確認印]　　㊞

介護予防サービス・支援計画表（2－1）

利用者名： K 様

No.	アセスメント領域と現在の状況	本人・家族の意欲・意向	領域における課題（背景・原因）	総合的課題	課題に対する目標と具体策の提案	具体策についての意向 本人・家族
	運動・移動について 腰痛の影響を受けて、長時間の立位や歩行がしんどい状況にある。屋内移動の量が少なく、外に出る機会も少ない。	（本人） 家の中でやることを見つけて、もう少し動きたい。	■有 □無 腰痛の影響で、屋内・外の移動量が少ない。	腰痛ありながらも適度に動けるが、家庭内で動く機会が少ない。	（目標） 1. 家庭内で動く機会をつくり、外出もする。	（本人） しんどくない範囲で動きたい。
	日常生活（家庭生活）について 朝は長女夫婦の生活スタイルに合わせ、日中は手芸や編み物をしたり、テレビを見たりして過ごすのが習慣になっている。長女夫婦の家事ができることから始めたいと思っているが、調理の手伝いから始めたいと思っている。	（本人） 簡単な調理であれば手伝えるのではないか。	■有 □無 長女夫婦への遠慮と最近の道具をうまく使えないこと。	家族は日中不在で1人になり、家庭内ですることがない。	2. 家庭で買い物や調理ができる。	買い物と簡単な調理を行ってみたい。
	社会参加、対人関係、コミュニケーション 長女夫婦は忙しく、家庭内では会話が少ない。友人とは電話で話す程度になっている。	（本人） （家族） できる範囲で話をしようと思うが、外で友人をつくり楽しい生活もしてほしい。	□有 ■無			
	健康管理について 腰痛に関する治療は週1回受診し、物理療法と投薬治療を受けている。	（本人）	□有 ■無			
その他						

288

介護予防サービス・支援計画表（2-2）

No. ____　　　　　　　　　　　　　　　　　　　　　　　　　　　　　利用者名： K 様

目標	目標についての支援のポイント	本人等のセルフケアや家族の支援、インフォーマルサービス	支援計画			
			介護保険サービス または 地域支援事業	サービス種別	事業所	期間
1. 家庭内で積極的に移動ができる。	整形外科受診時に物理療法を受ける。			リハビリ職員		受診時
	介護予防通所介護で一緒に体操できる。		介護予防通所介護	機能訓練指導員		○.5 〜 ○.7
2. 買い物の計画を作り、簡単な調理ができる。	長女に協力してもらう。デイサービスで調理訓練を行う。	長女に協力してもらう。	介護予防通所介護	介護職員 機能訓練指導員		

介護予防通所介護アセスメントシート

アセスメント実施日　○年5月2日　第2回　面接方法（ 訪問 ）　担当者　S

フリガナ			性別	女	生年月日	○年○月○日（77歳）	要介護度	介護認定日		
氏名		Kさん					支2	○○	4	16

住所	○○市○○町○丁目○番地	電話番号	×××-×××-××××	認定の有効期間
				○.5～○.4

連絡先	氏名	続柄	住所	電話番号	障害高齢者自立度	J2
	○○○○	長女	同上	同上	認知症高齢者自立度	Ⅰ
	○○○○	長女夫	同上	同上		

家族構成	現在利用している社会資源等	本人の希望
長女夫婦と3人暮らし。 夫は約1年前に亡くなる。 長女携帯：×××-××××-××××	在宅および施設ケアサービス 介護予防通所介護 週2回	家に居る時は手芸や編み物などをしている。 長女夫婦の家事を少しでも助けたいと思う。
介護状況 主介護者　（　　長女　　） 仕事等　　（　　教師　　） 健康状態　（　　良好　　） キーパーソン（　長女　）	日常生活用具等 浴槽はさみ手すり購入	家族の希望・要望 自分のことをしてもらうだけでよいのだが，家事を手伝ってもらうのもよいと思う。もう少し動いて元気でいてほしい。

生活歴
20歳で結婚。夫は電力会社に勤めていたことから，転勤が何度もあった。転勤生活が長かったことで，社宅に居たころの友人や知人は各地に多くいるが，半年前から住みはじめた長女宅の近くには友人・知人は少ない。夫が3年程寝込んだため介護をしていたが，腰痛になってしまい，病院受診が欠かせない状態である。
趣味は編み物や手芸で，部屋の中には手芸作品が多くあり，孫の服やバッグなども手作りしていた。最近は，長時間すると腰がしんどくなるので，1日2～3回に分けて短時間やっている。自宅の近くにある商店には，シルバーカーを押して買い物に行くことは何とかできているので，週に1～2回程度は買い物に行っている。しかし，長女夫婦に気兼ねして，家事は長女に任せてお客さん状態となっている。

治療状況

既往歴	現病歴	服薬状況	受診方法
○年4月高血圧症	○年2月：腰痛症 夫の介護をしていたころから，腰痛がひどくなる。円背あり。 週に1回近くの整形外科を受診し，物理療法を受けている。痛み止めの塗り薬を塗って，受診時に物理療法を受ければ，翌日までは動きやすい。	降圧剤（1日2回） 痛い止めの塗り薬（朝・寝る前） 湿布（朝・寝る前）	週1回シルバーカーを押して歩き，受診

医療機関名・担当医　（　　○○整形外科　△△医師　　）　TEL（　　　　　　　）
　　　　　　　　　（　　　　　　　　　　　　　　　　）　TEL（　　　　　　　）

医療保険	後期高齢者医療制度	身障手帳	なし	年金等	国民年金，年間80万円程度

身体状況

〈拘縮　麻痺　痛み　皮膚の状況〉

拘縮	腰は円背と腰痛で十分に伸ばせない。年なので仕方がないと思っている。
麻痺	麻痺はなし
痛み	腰の痛みが強い時には塗り薬を塗る。普段は湿布を貼ることが多く，皮膚がかゆくなることもある。
褥瘡	なし
皮膚の状況	湿布でかゆくなったら，早めに剥がすようにしている。

〈目・耳の状態およびコミュニケーション能力〉

視力	老眼だが，テレビも見える。	眼鏡	老眼鏡はあるが使用していない。
聴力	軽度難聴	補聴器	なし
目・耳の症状	耳は少し大きめの声で聞こえる様子。		
意思表示の手段	言葉にて十分可能である。		
意思の伝達	会話はスムーズにできる。自分から話しかけること少ないが，声をかけられれば話す。		
指示への反応	簡単な内容の指示は理解できる。書類などの難しいことは長女に助けを求める。		
その他			

介護保険	○○○○○○○○○○	支援事業所	居宅介護支援事業所○○荘	ケアマネジャー	B

日常生活動作能力	寝返り	寝返りはできるが，腰が痛い時にはベッドの端を持つ。
	起き上がり	ベッドの端を持って起き上がる。腰が痛い時には，ゆっくりと時間をかけて起き上がっている。
	座位	円背と腰が痛いので，長時間座っていられない。長年かけて円背になり，介護で無理をしたのでやむを得ないと思っている。
	移乗・移動	立ち上がりは，ベッドに手をついて勢いをつけて立ち上がる。
		歩行は机やドア・家具などにつかまりながら歩く。屋外はシルバーカーを利用する。シルバーカーはちょっと恥ずかしいと思っている。
		移乗時は，机や家具などにつかまり，注意しながら行う。
	着脱	自分でできるが，腰が痛い時にはズボンの脱ぎ着に時間がかかる。
	整容	自分でできる。
	IADL等	自室の簡単な掃除はできるが，買い物や調理，洗濯，ごみ捨ては長女にしてもらっている。掃除機をかけると腰がしんどくなってしまうので，簡単にできる掃除用具が欲しいと思っている。

食事・栄養状態	肥満とやせ	普通　159cm，58kg
	食べ方	箸で食べられる。
	嚥下	良好
	食事制限	特になし。好き嫌いもない。
	食物形態	普通の食事。食事はおいしいし，長女には感謝している。
	一日の水分量	少なめ（1,000mL程度）　お茶やコーヒー。
	口腔の状態	入れ歯なし。1日2回（朝・夜）歯磨きをしている。

排泄の状況	尿	1日6～7回程度。
	尿失禁	なし
	便	毎日1回出るので特に心配はない。
	便失禁	なし
	トイレ環境	洋式トイレで手すりはない。

身体の清潔状況	自宅の浴槽で入浴している。浴槽にはさむ手すりを設置しているので，それにつかまって出入りできている。腰の調子が悪い時は浴槽には入らずに，シャワーですませることがある。 洗身：前身と洗髪は自分ででき，背中は不十分ながらも一応洗えている。
浴室環境	浴槽ははさみ手すりを設置済み。

精神状態	睡眠の状況	通常は良眠。腰が痛い時には，夜間に1～2度目を覚ますことがある。
	認知症の症状	飲み薬を稀に飲み忘れることがあるが，特に問題となる程度ではない。

家族の協力体制	長女は仕事があり，ほとんど介護はできない。	住宅・環境等
興味・関心・生きがい	編み物や手芸。	玄関に12cmの段差が2段ある。廊下と部屋の間に2.5cmの段差。居室は6畳の和室でテレビ，ベッド，タンス，こたつがある。玄関には手すりが付いている。浴室ははさみ手すり。トイレは洋式。長女の家なので手すりなどはなるべく付けないようにしたいと思っている。
生活スタイル・活動状況	朝早く起きて長女夫婦家族の生活スタイルに合わせているが，日中は手芸や編み物で過ごしたり，こたつに入ってぼんやりとテレビをながめたりしていることもある。長女の家の家電は最新式で，使い方が分かりにくいものが多い。	
要支援に至った理由と経緯 以前のADLと家庭内役割 自立してできなくなったこと	約1年前に夫を亡くし，半年前に長女宅に同居することになった。長女夫婦に遠慮し，また家電の操作もよく分からずに家事は手伝わずにいた。1日中手芸や編み物をしたり，テレビをぼんやりとながめていたりするようになった。以前は夫の介護や家事を行っていたが，現在のADL能力については徐々に家事をする感覚が遠のいている。	
現在の家事状況と役割 近隣との交流	近隣は若い家族が多く，交流はまだできていない。以前の友人から週に1回程度電話がある。	

送迎場所	自宅玄関	送迎方法	歩行	ベッド等	木製ベッド

興味・関心チェックシート

聞き取り日：○年5月2日

氏名	Kさん			生年月日	○年○月○日	年齢	77歳	性別	女

生活行為	している	してみたい	興味がある	生活行為	している	してみたい	興味がある
自分でトイレへ行く	○			生涯学習・歴史			
一人でお風呂に入る	○			読書			
自分で服を着る	○			俳句			
自分で食べる	○			書道・習字			
歯磨きをする	○			絵を描く・絵手紙			
身だしなみを整える	○			パソコン・ワープロ			
好きなときに眠る	○			写真			
掃除・整理整頓	○			映画・観劇・演奏会			
料理を作る		○		お茶・お花			
買い物				歌を歌う・カラオケ			
家や庭の手入れ・世話				音楽を聴く・楽器演奏			
洗濯・洗濯物たたみ	○			将棋・囲碁・麻雀・ゲーム等			
自転車・車の運転				体操・運動			
電車・バスでの外出				散歩			
孫・子供の世話				ゴルフ・グラウンドゴルフ・水泳・テニスなどのスポーツ			
動物の世話				ダンス・踊り			
友達とおしゃべり・遊ぶ		○		野球・相撲等観戦			
家族・親戚との団らん	○			競馬・競輪・競艇・パチンコ			
デート・異性との交流				編み物	○		
居酒屋に行く				針仕事			
ボランティア				畑仕事			
地域活動（町内会・老人クラブ）				賃金を伴う仕事			
お参り・宗教活動				旅行・温泉			
その他（　　　）				その他（　　　）			
その他（　　　）				その他（　　　）			

居宅訪問チェックシート

利用者氏名	Kさん		生年月日	○年○月○日	年齢	77歳	性別	女
訪問日・時間	○年5月2日（○） 17：00 ～ 17：20						要介護度	支2
訪問スタッフ	○○，○○	職種	生活相談員，機能訓練指導員		被聞取り者		家族，利用者	

	項目	レベル	課題	環境（実施場所・補助具等）	状況・生活課題
ADL	食事	☑自立 □見守り □一部介助 □全介助	無	食堂で食べる。	腰が痛いと時は手伝ってもらうこともあるが，基本的には自分でできる。
	排泄	☑自立 □見守り □一部介助 □全介助	無	洋式トイレ。	
	入浴	☑自立 □見守り □一部介助 □全介助	無	自宅の浴槽は和洋折衷型。	
	更衣	☑自立 □見守り □一部介助 □全介助	無	腰が痛い時は，ズボンの着脱に時間がかかる。	
	整容	☑自立 □見守り □一部介助 □全介助	無		
	移乗	☑自立 □見守り □一部介助 □全介助	無		
IADL	屋内移動	☑自立 □見守り □一部介助 □全介助	無	廊下と部屋の間に2.5cmの段差がある。	机やドアなどにつかまって歩き，屋外はシルバーカーを押して歩く。円背と腰痛があるので，長時間の立位や歩行はつらい。
	屋外移動	□自立 ☑見守り □一部介助 □全介助	有		
	階段昇降	□自立 ☑見守り □一部介助 □全介助	有	玄関に12cmの段差がある。	
	調理	□自立 □見守り ☑一部介助 □全介助	有	電磁調理器具を使わない簡単なものであればできる。	
	洗濯	□自立 □見守り ☑一部介助 □全介助	有		
	掃除	☑自立 □見守り □一部介助 □全介助	無	自室の掃除はできる。	

	項目	レベル	課題	状況・生活課題	
起居動作	起き上がり	☑自立 □見守り □一部介助 □全介助	無	腰が痛い時はベッド柵につかまって，ゆっくりと起き上がったり立ち上がったりする。	
	座位	☑自立 □見守り □一部介助 □全介助	無		
	立ち上がり	☑自立 □見守り □一部介助 □全介助	無		
	立位	☑自立 □見守り □一部介助 □全介助	無		

身体機能：円背で軽度の腰痛がある。

精神・心理機能：飲み薬を忘れることがあるが，特に問題になるほどではない。

介護予防通所介護 機能訓練評価シート

評価者	○○	（訪問）評価日	○年5月2日（○）		
氏名	Kさん	性別	女	障害高齢者自立度	J2	要介護度
生年月日	○年○月○日	年齢	77	認知症高齢者自立度	I	支2

関節可動域		肩：(年齢相応)・制限あり（　　　） 肘：(年齢相応)・制限あり（　　　） 手：(年齢相応)・制限あり（　　　） 股：(年齢相応)・制限あり（　　　） 膝：(年齢相応)・制限あり（　　　） 足：(年齢相応)・制限あり（　　　）
痛みや痺れ等		痛み：(あり)・なし（腰に痛み軽度あり　　） 痺れ：あり・(なし)（　　　）
筋力	上肢	腕を曲げる：(十分に曲げられる)・何とか曲げられる・曲げられない（　　　） 腕を伸ばす：(十分に伸ばせる)・何とか伸ばせる・伸ばせない（　　　）
	下肢	足を後ろに引く：(十分に引ける)・何とか引ける・引けない（　　　） 足を伸ばす：(十分に伸ばせる)・何とか伸ばせる・伸ばせない（　　　）
	体幹	へそのぞき：(十分にのぞける)・何とかのぞける・のぞけない（　　　） 背を伸ばす：十分に伸ばせる・(何とか伸ばせる)・伸ばせない（　　　）
家庭でのADL	起き上がり	(できる)・介助でできる・できない（　　　）
	座位保持	(できる)・介助でできる・できない（　　　）
	歩行	(できる)・介助でできる・できない（屋外はシルバーカーを押す。）
	車いす駆動	できる・介助でできる・できない（使用しない。）
	食事	(できる)・介助でできる・できない（右手で箸を使って食べる。）
	衣服・整容	(できる)・介助でできる・できない（腰が痛い時には時間がかかる。）
	入浴	(できる)・介助でできる・できない（浴槽の出入りは手すりを持つ。腰が痛い日はシャワーいすを使用。）
	排泄	(できる)・介助でできる・できない（　　　）
	会話	(できる)・介助でできる・できない（　　　）
家庭でのIADL	買い物	(できる)・介助でできる・できない（　　　）
	調理	できる・(介助でできる)・できない（　　　）
	掃除・洗濯	できる・(介助でできる)・できない（自室の掃除はできる。）
認知機能	見当識	日時：(分かる)・時々分かる・分からない（　　　） 場所や人：(分かる)・時々分かる・分からない（　　　）
	記銘・記憶	短期：(覚えている)・不確か・忘れることが多い（　　　） 長期：(覚えている)・不確か・忘れることが多い（　　　）
	判断能力	簡単な内容：(できる)・意見を求める・できない（　　　） 複雑な内容：できる・(意見を求める)・できない（　　　）
	BPSD（幻覚・妄想・易怒・意欲低下等）	特になし
麻痺回復（麻痺なし）	肩や腕	かなり動かせる・半分程度・わずかに動かせる（　　　）
	手指	かなり動かせる・半分程度・わずかに動かせる（　　　）
	下肢	かなり動かせる・半分程度・わずかに動かせる（　　　）
興味・関心・生きがい・役割		編み物や手芸を趣味としており，現在も毎日少しずつ行っている。部屋の中には手芸の作品が多く飾ってある。
生活スタイル・活動量・交流		朝早く起きて長女夫婦の生活スタイルに合わせている。日中は，編み物や手芸で過ごしたり，こたつに入ってぼんやりとテレビをながめていたりすることもある。長女の家の家電は最新式で使い方が分かりにくいものが多い。
訓練効果，実施方法に関する評価 実施日：○.5.2		機能訓練指導員：調理家電の操作方法を習得できれば調理できる。 看護職員：腰痛の軽減が必要である。 介護職員：立位での動作指導などが必要ではないか。 生活相談員：長女夫婦と3人暮らし，長女夫婦は教師。

介護予防通所介護計画書

※3カ月間の評価および変化も記載しています。

作成日	○年5月2日	前回作成日	○年1月30日	計画作成者	○○				
ふりがな 氏名	Kさん	性別	生年月日	年齢	要介護度	管理者	看護	介護	機能訓練	相談員
		女	○年○月○日	77	支2	○○	○○	○○	○○	○○

【通所介護利用までの経緯（活動歴・病歴）】 腰痛になりながらも夫の介護を続けていた。夫が亡くなり半年前から長女宅に同居。慣れない環境のため家に閉じこもり，家事もしていない。	【本人の希望】長女夫婦の家事を少しでも助けたいと思う。	【障害自立度】 J2
	【家族の希望】自分のことをしてもらうだけで構わないのだが，家事を手伝ってもらうのもよいと思う。もう少し動いて元気でいてほしい。	【認知症自立度】 Ⅰ

【健康状態（病名，合併症（心疾患，呼吸器疾患等），服薬状況等）】 高血圧症（○年） 腰痛症（○年） 昼の薬なし。	【ケアの上での医学的リスク（血圧，転倒，嚥下障害等）・留意事項】 血圧が180mmHg以上であれば入浴を中止する。

握力	右：20.0kg	左：20.0kg	補助具使用（有・無）	
片足立ち（開眼）	右：2.0秒	左：2.0秒	種類（　　　　）	最大歩行時間（5m）：（10.0秒）

【自宅での活動・参加の状況（役割など）】
半年前に長女宅で同居を始めたが，長女夫婦に遠慮している。また，長女自宅の家電製品は最新のものが多く使うことができない。趣味である編み物をしながら家の中で生活している。

利用目標

長期目標 3カ月	設定日 達成予定日	○年5月 ○年7月	自宅で動く機会をつくり，外出もする。 家庭で買い物や調理活動ができる。	目標達成度 達成・(一部)・未達
中期目標 2カ月	設定日 達成予定日	○年5月 ○年6月	家の中では積極的に移動できる。 簡単な調理ができる。	目標達成度 達成・(一部)・未達
短期目標 1カ月	設定日 達成予定日	○年5月 ○年5月	玄関の上り下りが楽になる。 買い物の計画を立てられる。	目標達成度 (達成)・一部・未達

サービス提供内容

目的とケアの提供方針・内容	評価			迎え（ (有) ・ 無 ）	
	実施	達成	効果，満足度等		
①両下肢の筋力強化のために筋力強化訓練を行う（1.0kgのおもりを10回上げる×2）。 5月6日～7月31日	1カ月目 (実施) (達成) 一部　一部 未実施　未達		休憩を入れながらおもりを上げることができた。	プログラム（1日の流れ）	
				予定時間	サービス内容
3カ月目の変化及び総括	2カ月目		上げるスピードが速くなった。	9：00	バイタルチェック
(実施) (達成) 一部　一部 未実施　未達	楽に10回上げられるようになったため，15回に増やした。	(実施) (達成) 一部　一部 未実施　未達		10：00	入浴
				10：50	自主的筋力強化訓練
				11：30	集団体操
②簡単な調理ができるように買い物計画を立て，レトルト食品でレンジ操作を訓練する。 5月6日～7月31日	1カ月目 (実施) (達成) 一部　一部 未実施　未達		買い物の計画を立て家族に伝えられた。	11：45	調理訓練
				12：00	食事
				13：30	筋力強化訓練
				14：00	レクリエーション参加
3カ月目の変化及び総括	2カ月目		レトルト食品を調理することはできたが，まだ十分に慣れたとは言えない。	15：00	おやつ
(実施) 達成 一部 (一部) 未実施　未達	レンジ操作は少しずつ慣れてきている。	(実施) 達成 一部 (一部) 未実施　未達		15：20	買い物訓練
				送り（ (有) ・ 無 ）	

【特記事項】	【地域包括支援センターへの報告事項】 他の利用者と共に筋力トレーニングや買い物・調理訓練に参加して，楽しく過ごせています。 友人も増えて会話することも多くなり，表情も明るくなりました。

上記計画の内容について説明を受けました。 　　　　　　　　　　　　　　　　　　　○年　5月　6日 ご本人氏名：○○○○ ご家族氏名：○○○○	上記計画書に基づきサービスの説明を行い内容に同意頂きましたので，ご報告申し上げます。 　　　　　　　　　　　　　　　　　　　○年　5月　6日 地域包括支援センター ○○　介護支援専門員様／事業所様

介護予防通所介護事業所○○　　〒000-0000　住所：○○県○○市○○○○-00　　管理者：○○
　　　　　　　　　　　　　　　　Tel. 000-000-0000　／　Fax. 000-000-0000　　説明者：○○

介護予防通所介護個別機能訓練計画書

※3カ月間の評価および変化も記載しています。

作成日	○年5月2日	前回作成日	○年1月30日	計画作成者	○○				
ふりがな 氏名	Kさん	性別	生年月日	年齢	要介護度	管理者	看護	介護	機能訓練	相談員
		女	○年○月○日	77	支2	○○	○○	○○	○○	○○

【本人の希望】 長女夫婦の家事を少しでも助けたいと思う。	【家族の希望】 自分のことをしてもらうだけで構わないのだが、家事を手伝ってもらうのもよいと思う。 もう少し動いて元気でいてほしい。	【障害自立度】 J2
		【認知症自立度】 I
【病名，合併症（心疾患，呼吸器疾患等）】 高血圧症（○年） 腰痛症（○年）	【生活課題】 円背と腰痛があり，長時間の作業や歩行が困難である。	【在宅環境（生活課題に関連する在宅環境課題）】 長女家族と3人暮らし。長女夫婦は共働きで，日中1人になる。最新式の家電が多く，操作できないものが多い。
【運動時のリスク（血圧，不整脈，呼吸等）】 腰痛の悪化に注意。		

運動器の機能向上訓練

長期(到達)目標(3カ月) ○年7月	自宅で動く機会をつくり，外出もする。	目標達成度 達成・(一部)・未達
中期目標(2カ月) ○年6月	家の中では積極的に移動できる。	目標達成度 達成・(一部)・未達
短期目標(1カ月) ○年5月	玄関の上り下りが楽になる。	目標達成度 (達成)・一部・未達

プログラム内容（何を目的に〈～のために〉～する）	留意点	頻度	時間	主な実施者
①体力を維持・向上させるために，集団体操に参加する。		週2回	11：30～11：40	山田
②両下肢の筋力強化のために，筋力強化訓練を行う（1.0kgのおもりを10回上げる×2）。		週2回	13：30～13：40	山田
③				

プログラム立案者：山田

生活機能向上グループ活動訓練

長期(到達)目標(3カ月) ○年7月	家庭で買い物や調理ができる。	目標達成度 達成・(一部)・未達
中期目標(2カ月) ○年6月	簡単な調理ができる。	目標達成度 達成・(一部)・未達
短期目標(1カ月) ○年5月	買い物の計画を立てられる。	目標達成度 (達成)・一部・未達

プログラム内容（何を目的に〈～のために〉～する）	留意点	頻度	時間	主な実施者
①簡単な調理ができるように，買い物の計画を立てる。	新聞広告を活用する。	週1・2回	15：20～15：35	上田
②簡単に調理できるように，レトルト食品でレンジ操作を行う。		週1回	11：45～12：00	上田
③				

プログラム立案者：上田

【特記事項】 日中は他の利用者と会話できるような場面づくりを配慮する。	【プログラム実施後の変化（総括）】 再評価日：○年7月31日 家の調理器具と同じ方法で何度か練習したことで，自信がついてきた様子です。

上記計画の内容について説明を受けました。　　　　　○年　5月　6日
ご本人氏名：○○○○
ご家族氏名：○○○○

上記計画書に基づきサービスの説明を行い
内容に同意頂きましたので，ご報告申し上げます。
　　　　　　　　　　　　　　　　　　　○年　5月　6日
地域包括支援センター
○○　介護支援専門員様／事業所様

介護予防通所介護事業所○○　　〒000-0000　住所：○○県○○市○○○○-○○　　管理者：○○
　　　　　　　　　　　　　　Tel．000-000-0000／Fax．000-000-0000　　説明者：○○

興味・関心チェックシート 3カ月後

聞き取り日：○年7月31日

氏名	Kさん				生年月日	○年○月○日	年齢	77歳	性別	女

生活行為	している	してみたい	興味がある	生活行為	している	してみたい	興味がある
自分でトイレへ行く	○			生涯学習・歴史			
一人でお風呂に入る	○			読書			
自分で服を着る	○			俳句			
自分で食べる	○			書道・習字			
歯磨きをする	○			絵を描く・絵手紙			
身だしなみを整える	○			パソコン・ワープロ			
好きなときに眠る	○			写真			
掃除・整理整頓	○			映画・観劇・演奏会			
料理を作る	○			お茶・お花			
買い物	○			歌を歌う・カラオケ			
家や庭の手入れ・世話				音楽を聴く・楽器演奏			
洗濯・洗濯物たたみ	○			将棋・囲碁・麻雀・ゲーム等			
自転車・車の運転				体操・運動			
電車・バスでの外出				散歩			
孫・子供の世話				ゴルフ・グラウンドゴルフ・水泳・テニスなどのスポーツ			
動物の世話				ダンス・踊り			
友達とおしゃべり・遊ぶ	○			野球・相撲等観戦			
家族・親戚との団らん	○			競馬・競輪・競艇・パチンコ			
デート・異性との交流				編み物	○		
居酒屋に行く				針仕事			
ボランティア				畑仕事			
地域活動（町内会・老人クラブ）				賃金を伴う仕事			
お参り・宗教活動				旅行・温泉			
その他（　　　　）				その他（　　　　）			
その他（　　　　）				その他（　　　　）			

料理を作る／買い物：家事に積極的にかかわるようになった。

友達とおしゃべり・遊ぶ：デイサービスで友人との会話が増えた。

居宅訪問チェックシート 3カ月後

利用者氏名	Kさん			生年月日	○年○月○日	年齢	77歳	性別	女
訪問日・時間	○年7月31日（○） 17：00 ～ 17：20							要介護度	支2
訪問スタッフ	○○，○○			職種	生活相談員，機能訓練指導員		被聞取り者	家族，利用者	

	項目	レベル	課題	環境（実施場所・補助具等）	状況・生活課題
ADL	食事	☑自立　□見守り　□一部介助　□全介助	無	食堂で食べる。	腰が痛い時は手伝ってもらうこともあるが，基本的には自分でできる。
	排泄	☑自立　□見守り　□一部介助　□全介助	無	洋式トイレ。	
	入浴	☑自立　□見守り　□一部介助　□全介助	無	自宅の浴槽は和洋折衷型。	
	更衣	☑自立　□見守り　□一部介助　□全介助	無	腰が痛い時は，ズボンの着脱に時間がかかる。	
	整容	☑自立　□見守り　□一部介助　□全介助	無		
	移乗	☑自立　□見守り　□一部介助　□全介助	無		
IADL	屋内移動	☑自立　□見守り　□一部介助　□全介助	無	廊下と部屋の間に2.5cmの段差がある。	机やドアなどにつかまって歩き，屋外はシルバーカーを押して歩く。円背と腰痛があるので，長時間の立位や歩行はつらい。
	屋外移動	□自立　☑見守り　□一部介助　□全介助	有		
	階段昇降	□自立　☑見守り　□一部介助　□全介助	有	玄関に12cmの段差がある。	
	調理	□自立　☑見守り　□一部介助　□全介助	有	電磁調理器具を使って，簡単なものを作れる。【調理に関する意欲が向上した。】	
	洗濯	☑自立　□見守り　□一部介助　□全介助	無		
	掃除	☑自立　□見守り　□一部介助　□全介助	無	自室の掃除はできる。	

	項目	レベル	課題	状況・生活課題	
起居動作	起き上がり	☑自立　□見守り　□一部介助　□全介助	無	腰が痛い時はベッド柵につかまって，ゆっくりと起き上がったり立ち上がったりする。	
	座位	☑自立　□見守り　□一部介助　□全介助	無		
	立ち上がり	☑自立　□見守り　□一部介助　□全介助	無		
	立位	☑自立　□見守り　□一部介助　□全介助	無		

身体機能：円背で軽度の腰痛がある。

精神・心理機能：飲み薬を忘れることがあるが，特に問題になるほどではない。

介護予防通所介護 機能訓練評価シート 【3カ月後】

評価者	○○	(訪問)評価日	○年7月31日（○）

氏名	Kさん	性別	女	障害高齢者自立度	J2	要介護度	
生年月日	○年○月○日	年齢	77	認知症高齢者自立度	Ⅰ		支2

関節可動域		肩：**年齢相応**・制限あり（　　　） 肘：**年齢相応**・制限あり（　　　） 手：**年齢相応**・制限あり（　　　） 股：**年齢相応**・制限あり（　　　） 膝：**年齢相応**・制限あり（　　　） 足：**年齢相応**・制限あり（　　　）
痛みや痺れ等		痛み：**あり**・なし（腰に痛み軽度あり） 痺れ：あり・**なし**（　　　）
筋力	上肢	腕を曲げる：**十分に曲げられる**・何とか曲げられる・曲げられない（　　　） 腕を伸ばす：**十分に伸ばせる**・何とか伸ばせる・伸ばせない（　　　）
	下肢	足を後ろに引く：**十分に引ける**・何とか引ける・引けない（　　　） 足を伸ばす：**十分に伸ばせる**・何とか伸ばせる・伸ばせない（　　　）
	体幹	へそのぞき：**十分にのぞける**・何とかのぞける・のぞけない（　　　） 背を伸ばす：十分に伸ばせる・**何とか伸ばせる**・伸ばせない（　　　）
家庭でのADL	起き上がり	**できる**・介助でできる・できない（　　　）
	座位保持	**できる**・介助でできる・できない（　　　）
	歩行	**できる**・介助でできる・できない（屋外はシルバーカーを押す。）
	車いす駆動	できる・介助でできる・できない（使用しない。）
	食事	**できる**・介助でできる・できない（右手で箸を使って食べる。）
	衣服・整容	**できる**・介助でできる・できない（腰が痛い時には時間がかかる。）
	入浴	**できる**・介助でできる・できない（浴槽の出入りは手すりを持つ。腰が痛い日はシャワーいすを使用。）
	排泄	**できる**・介助でできる・できない（　　　）
	会話	**できる**・介助でできる・できない（　　　）
家庭でのIADL	買い物	**できる**・介助でできる・できない（　　　）
	調理	できる・**介助でできる**・できない（レンジ操作は上達している。）　※調理訓練の効果が出ている。
	掃除・洗濯	**できる**・介助でできる・できない（自室の掃除はできる。ごみ出しも行う。）　※掃除への積極的な参加を記載する。
認知機能	見当識	日時：**分かる**・時々分かる・分からない（　　　） 場所や人：**分かる**・時々分かる・分からない（　　　）
	記銘・記憶	短期：**覚えている**・不確か・忘れることが多い（　　　） 長期：**覚えている**・不確か・忘れることが多い（　　　）
	判断能力	簡単な内容：**できる**・意見を求める・できない（　　　） 複雑な内容：できる・**意見を求める**・できない（　　　）
	BPSD（幻覚・妄想・易怒・意欲低下等）	特になし
麻痺回復（麻痺なし）	肩や腕	かなり動かせる・半分程度・わずかに動かせる（　　　）
	手指	かなり動かせる・半分程度・わずかに動かせる（　　　）
	下肢	かなり動かせる・半分程度・わずかに動かせる（　　　）
興味・関心・生きがい・役割		編み物や手芸を趣味としており，現在も毎日少しずつ行っている。部屋の中には手芸の作品が多く飾ってある。
生活スタイル・活動量・交流		朝早く起きて長女夫婦の生活スタイルに合わせている。日中は，編み物や手芸で過ごしたり，こたつに入ってぼんやりとテレビをながめていたりすることもある。家のレンジで調理をしてみた。　※家庭生活上の活動を記載する。
訓練効果，実施方法に関する評価　実施日：○.7.31		機能訓練指導員：調理家電の操作方法をかなり習得できた。 看護職員：腰痛の軽減が必要である。 介護職員：デイサービスでの活動量が増えた。 生活相談員：長女夫婦と3人暮らし，長女夫婦は教師。　※訓練効果を出し合ってお互いが確認する。

介護予防通所介護計画書 【3カ月後】

作成日	○年7月31日	前回作成日	○年5月2日	計画作成者	○○				
ふりがな 氏名	Kさん	性別 女	生年月日 ○年○月○日	年齢 77	要介護度 支2	管理者 ○○	看護 ○○	介護 ○○	機能訓練 ○○ / 相談員 ○○

【通所介護利用までの経緯（活動歴・病歴）】
腰痛になりながらも夫の介護を続けていた。夫が亡くなり半年前から長女宅に同居。慣れない環境のため家に閉じこもり，家事もしていない。

【本人の希望】
長女夫婦の家事を少しでも助けたいと思う。

【家族の希望】自分のことをしてもらうだけで構わないのだが，家事を手伝ってもらうのもよいと思う。もう少し動いて元気でいてほしい。

【障害自立度】 J2

【認知症自立度】 I

【健康状態（病名，合併症（心疾患，呼吸器疾患等），服薬状況等）】
高血圧症（○年）
腰痛症（○年）
昼の薬なし。

【ケアの上での医学的リスク（血圧，転倒，嚥下障害等）・留意事項】
血圧が180mmHg以上であれば入浴を中止する。

握力　　　　　右：21.0kg　　左：20.0kg　　補助具使用（　有　・　無　）
片足立ち（開眼）右：2.0秒　　左：2.0秒　　種類（　　　　　　　　）　最大歩行時間（5m）：（10.0秒）

【自宅での活動・参加の状況（役割など）】
半年前に長女宅で同居を始めたが，長女夫婦に遠慮している。また，長女自宅の家電製品は最新のものが多く使うことができない。趣味である編み物をしながら家の中で生活している。

利用目標

	設定日／達成予定日		内容	目標達成度
長期目標 3カ月	設定日　○年7月 達成予定日　○年10月		外出が増える。 家庭で買い物や調理活動を継続できる。	達成・一部・未達
中期目標 2カ月	設定日　○年7月 達成予定日　○年9月		家の中で動く機会をつくり，外出もする。 家庭で買い物や調理活動ができる。	達成・一部・未達
短期目標 1カ月	設定日　○年7月 達成予定日　○年8月		家の中で積極的に移動できる。 簡単な調理ができる。	達成・一部・未達

サービス提供内容

目的とケアの提供方針・内容	評価		効果，満足度等
	実施	達成	
①両下肢の筋力強化のために筋力強化訓練を行う（1.5kgのおもりを10回上げる×2）。 8月1日～10月31日	1カ月目 実施／一部／未実施	達成／一部／未達	
3カ月目の変化及び総括 実施／一部／未実施　達成／一部／未達	2カ月目 実施／一部／未実施	達成／一部／未達	
②簡単な調理ができるように買い物計画を立て，レトルト食品でレンジ操作を訓練する。 8月1日～10月31日	1カ月目 実施／一部／未実施	達成／一部／未達	
3カ月目の変化及び総括 実施／一部／未実施　達成／一部／未達	2カ月目 実施／一部／未実施	達成／一部／未達	

迎え（　有　・　無　）

プログラム（1日の流れ）

予定時間	サービス内容
9：00	バイタルチェック
10：00	入浴
10：50	自主的筋力強化訓練
11：30	集団体操
11：45	調理訓練
12：00	食事
13：30	筋力強化訓練
14：00	レクリエーション参加
15：00	おやつ

送り（　㊒　・　無　）

【特記事項】

【地域包括支援センターへの報告事項】

上記計画の内容について説明を受けました。　○年　8月　1日
ご本人氏名：○○○○
ご家族氏名：○○○○

上記計画書に基づきサービスの説明を行い内容に同意頂きましたので，ご報告申し上げます。
○年　8月　1日
地域包括支援センター
○○　介護支援専門員様／事業所様

介護予防通所介護事業所○○　〒000-0000　住所：○○県○○市○○00-00
Tel. 000-000-0000 ／ Fax. 000-000-0000
管理者：○○
説明者：○○

介護予防通所介護個別機能訓練計画書 【3カ月後】

作成日	○年7月31日	前回作成日	○年5月2日	計画作成者	○○				
ふりがな 氏名	Kさん	性別	生年月日	年齢	要介護度	管理者	看護	介護	機能訓練	相談員
		女	○年○月○日	77	支2	○○	○○	○○	○○	○○

【本人の希望】 長女夫婦の家事を少しでも助けたいと思う。	【家族の希望】 自分のことをしてもらうだけで構わないのだが，家事を手伝ってもらうのもよいと思う。 もう少し動いて元気でいてほしい。	【障害自立度】 J2
		【認知症自立度】 Ⅰ
【病名，合併症（心疾患，呼吸器疾患等）】 高血圧症（○年） 腰痛症（○年）	【生活課題】 円背と腰痛があり，長時間の作業や歩行が困難である。	【在宅環境（生活課題に関連する在宅環境課題）】 長女家族と3人暮らし。長女夫婦は共働きで，日中1人になる。最新式の家電が多く，操作できないものが多い。
【運動時のリスク（血圧,不整脈,呼吸等）】 腰痛の悪化に注意。		

運動器の機能向上訓練

長期(到達)目標(3カ月) ○年10月	外出が増える。				目標達成度 達成・一部・未達
中期目標(2カ月) ○年9月	家の中で動く機会をつくり，外出もする。				目標達成度 達成・一部・未達
短期目標(1カ月) ○年8月	家の中で積極的に移動できる。				目標達成度 達成・一部・未達
プログラム内容（何を目的に〈〜のために〉〜する）	留意点	頻度	時間	主な実施者
①体力を維持・向上させるために，集団体操に参加する。		週2回	11：30〜11：40	山田
②両下肢の筋力強化のために，筋力強化訓練を行う（1.5kgのおもりを10回上げる×2）。		週2回	13：30〜13：40	山田
③				

プログラム立案者：山田

生活機能向上グループ活動訓練

長期(到達)目標(3カ月) ○年10月	家庭で買い物や調理活動が継続できる。				目標達成度 達成・一部・未達
中期目標(2カ月) ○年9月	家庭で買い物や調理活動ができる。				目標達成度 達成・一部・未達
短期目標(1カ月) ○年8月	簡単な調理ができる。				目標達成度 達成・一部・未達
プログラム内容（何を目的に〈〜のために〉〜する）	留意点	頻度	時間	主な実施者
①簡単に調理できるように，レトルト食品でレンジ操作を行う。		週1回	11：45〜12：00	上田
②				
③				

プログラム立案者：上田

【特記事項】 日中は他の利用者と会話できるような場面づくりを配慮する。	【プログラム実施後の変化（総括）】 再評価日： 年 月 日

上記計画の内容について説明を受けました。
　　　　　　　　　　　　　　　　　　　　○年 8月 1日
ご本人氏名：○○○○
ご家族氏名：○○○○

上記計画書に基づきサービスの説明を行い
内容に同意頂きましたので，ご報告申し上げます。
　　　　　　　　　　　　　　　　　　　　○年 8月 1日
地域包括支援センター
○○　介護支援専門員様／事業所様

介護予防通所介護事業所○○　〒000-0000　住所：○○県○○市○○○○-00　　管理者：○○
　　　　　　　　　　　　　　Tel．000-000-0000／Fax．000-000-0000　　　説明者：○○

事例7 認知症で脳への刺激が必要な利用者

| 要介護度 | 要介護1 | 障害高齢者自立度 | J2 | 認知症高齢者自立度 | Ⅱb |

　Gさんは，75歳の時に漁師だった夫を亡くしてから，話がかみ合わなくなったり，朝早くから漁港へ出かけたりするなどの行動が出てきた。夜間も十分に眠れていないようで，家の中を歩き回っていることがあるため，家族も目が覚めて睡眠不足になった。漁港は家の近くでもあり，漁師仲間などが声をかけてくれるので迷子になることもなく家に帰って来られるが，家族としては心配で，脳に刺激を与えた方がよいし，昼間は1人になるので，デイサービスを利用したいとケアマネジャーに相談があった。Gさん自身も物忘れを気にしている様子で，何とかしたいと思っている。

　身体機能面は特に問題はなく，時々腰が痛いと言うものの湿布を貼るほどでもない。足は丈夫で歩くのも早く，足音も静かなので家族は外に出ることに気づきにくい。

　もともと話し好きなようで，デイサービスに来て皆と一緒に過ごすことは気に入っているが，話は同じ内容を言っていることが多い。

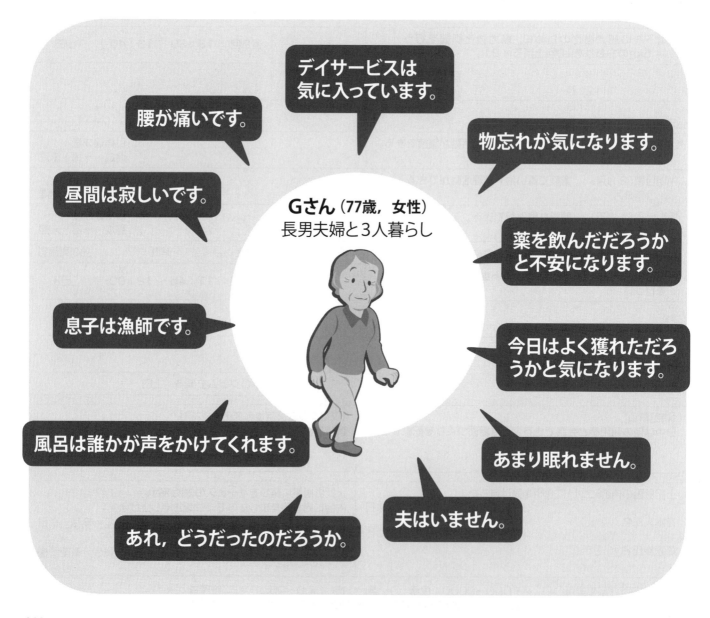

居宅サービス計画書 (1)

利用者名： G 殿　　　　　　　　　　　　　　　　　　　　　　　作成年月日 ○年6月29日

要介護状態区分	⓵要介護1　　要介護2　　要介護3　　要介護4　　要介護5
利用者および家族の生活に対する意向	[本人] どこに物を置いたのか忘れてしまうので、捜さないといけない。薬を飲んだかどうか分からなくなることがある。 [長男] 認知症が進んできたので、手がかかるようになってきた。刺激が必要だと思う。
介護認定審査会の意見およびサービスの種類の指定	
総合的な援助の方針	Gさんが、皆さんと話したり一緒に楽しんだりして、脳が若返る気持ちで頑張りましょう。 ①デイサービスを会話や交流の場にして、脳への刺激を増やしましょう。 ②作品作りなどを通して注意・集中する時間を設けましょう。 主治医は○○診療所（×××-××××）です。 緊急時は長男の△△様（×××-××××）に連絡を取り、対応を相談します。
生活援助中心型の算定理由	1. 一人暮らし　　2. 家族等が障害、疾病等　　3. その他（　　）

居宅サービス計画書（2）

利用者名： G 殿　　　　　　　　　　　　　　　　　　　　　作成年月日 ○年6月29日

生活全般の解決すべき課題（ニーズ）	目標					援助内容				
	長期目標	（期間）	短期目標	（期間）	サービス内容	※1	サービス種別	※2	頻度	期間
物忘れの進行をできるだけ遅くしたい。 認知症 置き忘れや薬の飲み忘れがある。 話がかみ合わないことがある。 夜間に家の中を歩き回る。	心配や不安な気持ちがありながらも、人の助けで安心が得られる。	○.7.1 〜 ○.12.31	心配や不安な気持ちになることが少なくなる。	○.7.1 〜 ○.9.30	①レクリエーション参加 ②会話 ③脳トレーニング	○	①②③通所介護 ②近所の友人		週3回	○.7.1 〜 ○.9.30
続けられることをやってみたい。 認知症 自ら楽しみだと思えることが少ない。	手工芸などの作品作りを通して人と話ができる。	○.7.1 〜 ○.12.31	手工芸などで日々楽しむことができる。	○.7.1 〜 ○.9.30	①作品作り	○	①通所介護		週3回	○.7.1 〜 ○.9.30

※1 「保険給付の対象となるかどうかの区分」について、保険給付対象内サービスについては○印を付す。
※2 「当該サービス提供を行う事業所」について記入する。

通所介護アセスメントシート

| アセスメント実施日 | ○年7月1日 | 第2回 | 面接方法（ 訪問 ） | 担当者 | S |

	フリガナ		性別	女	生年月日	○年○月○日（77歳）	要介護度	介護認定日
	氏名	Gさん					1	○○ 6 2

住所	○○市○○町○丁目○番地	電話番号	×××-×××-××××	認定の有効期間 ○.7～○.6

連絡先	氏名	続柄	住所	電話番号	障害高齢者自立度	J2
	○○○○	長男	同上	同上	認知症高齢者自立度	Ⅱb
	○○○○	長男の妻	同上	同上		

家族構成	現在利用している社会資源等	本人の希望
長男夫婦と3人暮らし。 夫は2年前に亡くなる。 長男携帯：×××-××××-××××	在宅および施設ケアサービス 通所介護週3回	どこに物を置いたのか忘れるので，捜さないといけない。 薬を飲んだかどうか分からなくなることがある。
介護状況 主介護者　（　　　長男の妻　　　） 仕事等　　（　　　漁師　　　　　） 健康状態　（　　　腰痛　　　　　） キーパーソン（　　　長男　　　　　）	日常生活用具等 なし	家族の希望・要望 認知症が進んできたので，手がかかるようになってきた。刺激が必要だと思う。

生活歴	夫婦で漁師をしていたが，夫が肺がんで2年前に亡くなってから少しずつ物忘れが出はじめた。仲間の漁船を見に，港に出かけて行って海をながめていたが，少しずつ話がかみ合わなくなってきた。物忘れの進行が気になり，近くのデイサービスを勧めたところ，通うようになった。

	既往歴	現病歴	服薬状況	受診方法
治療状況	白内障（○年）	75歳の時に夫が亡くなってから言動がかみ合わなくなってきた。近くの診療所で認知症の出はじめであると言われ，デイサービスを利用するようになった。	脳血流改善剤（1日3回）	月2回長男の妻と共に受診
	医療機関名・担当医　（　　　○○診療所　△△医師　　　）　TEL（　　　　） 　　　　　　　　　　（　　　　　　　　　　　　　　　）　TEL（　　　　）			

医療保険	後期高齢者医療制度	身障手帳	なし	年金等	国民年金，年間80万円程度

身体状況	〈拘縮　麻痺　痛み　皮膚の状況〉	
	拘縮	なし
	麻痺	なし
	痛み	漁師時代に腰を少し痛めているので時々，腰が痛い様子。
	褥瘡	なし
	皮膚の状況	良好
	〈目・耳の状態およびコミュニケーション能力〉	
	視力	テレビや新聞は十分見えている。　　　眼鏡　なし
	聴力	年相応　　　補聴器　なし
	目・耳の症状	年相応
	意思表示の手段	言葉で十分可能である。
	意思の伝達	自分の意思は言うが，話の内容とかみ合わないことがある。
	指示への反応	大体は理解できている。
	その他	血圧は120～130／80mmHgで安定している。

| 介護保険 | ○○○○○○○○○ | 支援事業所 | 居宅介護支援事業所○○荘 | ケアマネジャー | S |

日常生活動作能力	寝返り	問題なくできる。
	起き上がり	問題なくできる。
	座位	安定している。
	移乗・移動	立ち上がりは自立。
		安定して歩ける。
		移乗も問題なくできる。
	着脱	自分でできるが、シャツの背中をうまくしまいこめていない。
	整容	特に問題なし。
	IADL等	家事：自室の掃除や洗濯物を畳むことなどはできる。それ以外は長男の妻が行っている。

食事・栄養状態	肥満とやせ	普通
	食べ方	だいたいは箸で食べられる。
	嚥下	良好
	食事制限	特になし。好き嫌いはなし。
	食物形態	普通の食事
	一日の水分量	ほぼ通常量（1,200mL程度）お茶とコーヒー（砂糖1杯とミルクを入れる）を飲む。
	口腔の状態	部分入れ歯　昼食後は歯磨きをする。

排泄の状況	尿	1日6〜7回程度（夜間2回ぐらいトイレへ行く）
	尿失禁	なし
	便	2日に1回程度通常の便
	便失禁	なし
	トイレ環境	洋式トイレ

身体の清潔状況	デイサービス利用時に入浴している。職員の声かけで洗身できる。家庭でも家族に見守ってもらいながら入浴しているが、洗身が十分にできていない様子。
浴室環境	浴槽の深さは約50cm、浴室に手すりなし。

精神状態	睡眠の状況	夜間の眠りが浅く、何度もトイレに行ったり、冷蔵庫の所に行って茶を飲んだりしているが、家族を起こそうとはしない。
	認知症の症状	夜間に歩き回るので家族は目が覚めてしまう。夜間外に出ることはしないが、明るくなるとすぐに港に行くことが多い。 同じことを何度も尋ねてくる。 近所の同年代の女性とは話がよくかみ合っている。

家族の協力体制	長男夫婦は朝早くから漁に出て14時ごろに帰宅する。	住宅・環境等	
興味・関心・生きがい	漁のことや漁師仲間のこと。	玄関に15cmの段差がある。 廊下と部屋間に2.5cmの段差がある。 居室は6畳の和室で、テレビとタンスがある。 トイレや浴室に手すりなし。	
生活スタイル・活動状況	日中は1人の状態。1人で昼食を食べるが、薬の飲み忘れが多い。 近所の漁師仲間とよく話をしている。		
要支援に至った理由と経緯以前のADLと家庭内役割自立してできなくなったこと	75歳の時に夫を亡くし、話がかみ合わなくなったり家の中を歩き回ったりするようになった。以前は漁師の夫の仕事を手伝い、家事も長男の妻と共に行っていた。認知症症状が出はじめてからは調理や洗濯などを行わなくなり、衣服や洗身などにも声かけが必要となった。		
現在の家事状況と役割近隣との交流	現在は家事に関して興味が続かず、長男の妻が行っているが、近所の漁師仲間との会話は継続できている。		

送迎場所	自宅玄関	送迎方法	歩行	ベッド等	木製ベッド

興味・関心チェックシート

聞き取り日：○年7月1日

氏名	Gさん			生年月日	○年○月○日	年齢	77歳	性別	女

生活行為	している	してみたい	興味がある	生活行為	している	してみたい	興味がある
自分でトイレへ行く	○			生涯学習・歴史			
一人でお風呂に入る	○			読書			
自分で服を着る	○			俳句			
自分で食べる	○			書道・習字			
歯磨きをする	○			絵を描く・絵手紙			
身だしなみを整える	○			パソコン・ワープロ			
好きなときに眠る	○			写真			
掃除・整理整頓	○			映画・観劇・演奏会			
料理を作る	○			お茶・お花			
買い物			○	歌を歌う・カラオケ			
家や庭の手入れ・世話				音楽を聴く・楽器演奏			
洗濯・洗濯物たたみ	○			将棋・囲碁・麻雀・ゲーム等			
自転車・車の運転				体操・運動			
電車・バスでの外出				散歩			
孫・子供の世話				ゴルフ・グラウンドゴルフ・水泳・テニスなどのスポーツ			
動物の世話				ダンス・踊り			
友達とおしゃべり・遊ぶ	○			野球・相撲等観戦			
家族・親戚との団らん	○			競馬・競輪・競艇・パチンコ			
デート・異性との交流				編み物			
居酒屋に行く				針仕事			
ボランティア				畑仕事			
地域活動（町内会・老人クラブ）				賃金を伴う仕事			
お参り・宗教活動				旅行・温泉			
その他（　　　）				その他（魚の選別など）			○
その他（　　　）				その他（　　　）			

居宅訪問チェックシート

利用者氏名	Gさん		生年月日	○年○月○日	年齢	77歳	性別	女
訪問日・時間	○年7月1日（○）　17：00　～　17：15						要介護度	1
訪問スタッフ	○○		職種	機能訓練指導員	被聞取り者		家族，利用者	

	項目	レベル	課題	環境（実施場所・補助具等）	状況・生活課題
ADL	食事	☑自立　□見守り □一部介助　□全介助	無	食堂で食べる。	認知症のため，衣服着脱の順番や前後の指示，衣服の背中部分の入れ直しのほか，入浴時には洗身・洗髪の声かけが必要。
	排泄	☑自立　□見守り □一部介助　□全介助	無	洋式トイレ。	
	入浴	□自立　☑見守り □一部介助　□全介助	有	自宅の浴槽は和式型。	
	更衣	□自立　☑見守り □一部介助　□全介助	有	背中は十分に入っていないことがある。	
	整容	☑自立　□見守り □一部介助　□全介助	無		
	移乗	☑自立　□見守り □一部介助　□全介助	無		
IADL	屋内移動	☑自立　□見守り □一部介助　□全介助	無	廊下と部屋の間に2.5cmの段差がある。	移動は問題なくできる。家事は自分で行うこともあるが，鍋を焦がしたり味付けがおかしかったりする。掃除は自分の部屋を軽くはく程度で，洗濯機は使えない。
	屋外移動	☑自立　□見守り □一部介助　□全介助	無		
	階段昇降	☑自立　□見守り □一部介助　□全介助	無	玄関に15cmの段差がある。	
	調理	□自立　□見守り ☑一部介助　□全介助	有	簡単な調理であれば可能。	
	洗濯	□自立　□見守り ☑一部介助　□全介助	無	洗濯ものを畳むことはできる。	
	掃除	□自立　□見守り ☑一部介助　□全介助	無	自室の掃除はできる。	

	項目	レベル	課題	状況・生活課題
起居動作	起き上がり	☑自立　□見守り □一部介助　□全介助	無	問題なし。
	座位	☑自立　□見守り □一部介助　□全介助	無	
	立ち上がり	☑自立　□見守り □一部介助　□全介助	無	
	立位	☑自立　□見守り □一部介助　□全介助	無	

身体機能：軽度の腰痛がある。

精神・心理機能：物忘れがあり，夜間に歩き回って港まで行ってしまうため，家族が心配している。また，同じことを何度も尋ねてくる。

Barthel Index

氏名：Gさん　　評価日：○年7月1日（○）　　実施場所：○○　　評価者：○○

		点数	質問内容	得点
1	食事	10 5 0	自立。自助具などを使用してもよい。標準的時間内に食べ終えることができる 部分介助（例えば，おかずを切って細かくしてもらう，自助食器などを利用して，こぼさないような介助してもらうなど） 全介助	10
2	車いすからベッドへの移動	15 10 5 0	自立。ブレーキやフットレストの操作も含む（非行自立も含む） 軽度の部分介助または監視を要する 座ることは可能だが，ほぼ全介助 全介助または不可能	15
3	整容	5 0	自立（洗面，整髪，歯磨き，ひげ剃り） 部分介助または不可能 ※女性の場合は，化粧なども含む	5
4	トイレ動作	10 5 0	自立（衣服の操作，後始末を含む。ポータブル便器などを使用している場合は，その洗浄も含む） 部分介助。体を支える，衣服，後始末に介助を要する 全介助または不可能 ※手すりの使用などもトイレ動作に含む	10
5	入浴	5 0	自立 部分介助または不可能 ※浴槽内への出入りも入浴の動作に含むが，シャワー浴などもあり得る	0
6	歩行	15 10 5 0	45m以上の歩行。補装具（車いす，歩行器は除く）の使用の有無は問わない 45m以上の介助歩行。歩行器の使用を含む 歩行不能の場合，車いすにて45m以上の操作可能 上記以外 ※義足，装具，杖，松葉杖，歩行器（車輪なし）などの使用は可	15
7	階段昇降	10 5 0	自立。手すりなどの使用の有無は問わない 介助または監視を要する 不能 ※手すりや杖などの使用は可	10
8	着替え	10 5 0	自立。靴，ファスナー，装具の着脱を含む 部分介助，標準的な時間内，半分以上は自分で行える 上記以外	5
9	排便コントロール	10 5 0	失禁なし。浣腸，坐薬の取り扱いも可能 時に失禁あり。浣腸，坐薬の取り扱いに介助を要する者も含む 上記以外	10
10	排尿コントロール	10 5 0	失禁なし。収尿器の取り扱いも可能 時に失禁あり。収尿器の取り扱いに介助を要する者も含む 上記以外	10

合計得点
90／100

通所介護機能訓練評価シート

			評価者	○○	(訪問)評価日	○年7月1日(○)
氏名	Gさん	性別	女	障害高齢者自立度	J2	要介護度
生年月日	○年○月○日	年齢	77	認知症高齢者自立度	Ⅱb	1

関節可動域		肩:**年齢相応**・制限あり( ) 肘:**年齢相応**・制限あり( ) 手:**年齢相応**・制限あり( ) 股:**年齢相応**・制限あり( ) 膝:**年齢相応**・制限あり( ) 足:**年齢相応**・制限あり( )
痛みや痺れ等		痛み:**あり**・なし(**軽度の腰痛あり。**) 痺れ:あり・**なし**( )
筋力	上肢	腕を曲げる:**十分に曲げられる**・何とか曲げられる・曲げられない( ) 腕を伸ばす:**十分に伸ばせる**・何とか伸ばせる・伸ばせない( )
	下肢	足を後ろに引く:**十分に引ける**・何とか引ける・引けない( ) 足を伸ばす:**十分に伸ばせる**・何とか伸ばせる・伸ばせない( )
	体幹	へそのぞき:**十分にのぞける**・何とかのぞける・のぞけない( ) 背を伸ばす:**十分に伸ばせる**・何とか伸ばせる・伸ばせない( )
家庭でのADL	起き上がり	**できる**・介助でできる・できない ( )
	座位保持	**できる**・介助でできる・できない ( )
	歩行	**できる**・介助でできる・できない ( )
	車いす駆動	できる・介助でできる・できない ( )
	食事	**できる**・介助でできる・できない (箸を使用。)
	衣服・整容	**できる**・介助でできる・できない ( )
	入浴	できる・**介助でできる**・できない (声かけが必要。)
	排泄	**できる**・介助でできる・できない ( )
	会話	**できる**・介助でできる・できない ( )
家庭でのIADL	買い物	できる・介助でできる・**できない** (家族やヘルパーが行っている。)
	調理	できる・**介助でできる**・できない (本人,またはヘルパーが行っている。)
	掃除・洗濯	できる・**介助でできる**・できない (本人,または家族やヘルパーが行っている。)
認知機能	見当識	日時:**分かる**・時々分かる・分からない ( ) 場所や人:**分かる**・時々分かる・分からない ( )
	記銘・記憶	短期:覚えている・**不確か**・忘れることが多い (薬の飲み忘れあり。) 長期:覚えている・不確か・**忘れることが多い** ( )
	判断能力	簡単な内容:**できる**・意見を求める・できない ( ) 複雑な内容:できる・**意見を求める**・できない ( )
	BPSD (幻覚・妄想・易怒・意欲低下等)	夜間自宅内を歩き回り,夜が明けると港に行っていることが多い。今のところ,迷子にならず家には帰っている。 同じことを何度も尋ねてくる。
麻痺回復 (麻痺なし)	肩や腕	かなり動かせる・半分程度・わずかに動かせる ( )
	手指	かなり動かせる・半分程度・わずかに動かせる ( )
	下肢	かなり動かせる・半分程度・わずかに動かせる ( )
興味・関心・生きがい・役割		船や漁師,魚のこと。
生活スタイル・活動量・交流		近所の漁師仲間とよく話している。
訓練効果,実施方法に関する評価 実施日:○.7.1		機能訓練指導員:認知機能への刺激が必要である。 看護職員:認知症で会話がかみ合わないことがある。 介護職員:物の置き忘れ,薬の飲み忘れを気にしている。 生活相談員:家族は漁師で朝早く漁に出るので,日中は誰もいないことが多い。

通所介護計画書

※3カ月間の評価および変化も記載しています。

作成日	○年7月1日	前回作成日	○年3月29日	計画作成者	○○				
ふりがな 氏名	Gさん	性別	生年月日	年齢	要介護度	管理者	看護	介護	機能訓練	相談員
		女	○年○月○日	77	1	○○	○○	○○	○○	○○

【通所介護利用までの経緯(活動歴・病歴)】 約2年前に夫を亡くしてから,話がかみ合わなくなったり夜中に漁港に出かけたりするなどの行動が出てきた。	【本人の希望】 どこに物を置いたのか忘れるので,捜さないといけない。	【障害自立度】 J2
	【家族の希望】 認知症が進んで手がかかるようになってきたので,刺激が必要だと思う。	【認知症自立度】 Ⅱb

【健康状態(病名,合併症(心疾患,呼吸器疾患等),服薬状況等)】 腰痛 認知症(○年ごろ) 昼に認知症の薬を服用する。	【ケアの上での医学的リスク(血圧,転倒,嚥下障害等)・留意事項】 血圧が180mmHg以上であれば入浴を中止する。

【自宅での活動・参加の状況(役割など)】
漁師仲間と付き合いがあり,よく漁港に出かけては話をしているが,何度も同じ話をしたり,夜中に1人で出かけたりしている。家事を手伝おうとすることもあるが,うまくやれないことがある。

利用目標

長期目標	設定日 ○年7月 達成予定日 ○年12月	物忘れの進行を遅らせ,心配したり不安になったりすることが少なくなる。	目標達成度 達成・一部・未達
短期目標	設定日 ○年7月 達成予定日 ○年9月	利用者と楽しく会話ができ,集中できる時間をつくれる。	目標達成度 達成・(一部)・未達

サービス提供内容

目的とケアの提供方針・内容	評価			迎え((有)・無)	
	実施	達成	効果,満足度等		
①物忘れの進行を防ぐため,回想法や脳トレーニングに参加する。 7月1日~9月30日	(実施) 一部 未実施	達成 (一部) 未達	回想法に楽しく参加し,会話を重ねている。	プログラム(1日の流れ)	
				予定時間	サービス内容
②楽しいことが持続的に行えるように,作品作りに参加する。 7月1日~9月30日	(実施) 一部 未実施	達成 (一部) 未達	友人と一緒に作品作りができている。	9:00 10:00 10:30 11:30 12:00 13:00 14:00 15:00 15:30 16:30	バイタルチェック 入浴介助 作品作り 集団体操 食事 のんびり レクリエーション参加 おやつ 学習・回想法 終わりの会
③ 月 日~ 月 日	実施 一部 未実施	達成 一部 未達			
④ 月 日~ 月 日	実施 一部 未実施	達成 一部 未達			
⑤ 月 日~ 月 日	実施 一部 未実施	達成 一部 未達		送り((有)・無)	

【特記事項】 他の利用者と会話の機会を多く作る。	【実施後の変化(総括)】 再評価日:○年9月30日 他の利用者と共に作品作りや脳トレーニング,回想法に参加して楽しく過ごせています。 表情も明るくなりました。

上記計画の内容について説明を受けました。 　　　　　　　　　　　　　　○年 7月 1日 ご本人氏名:○○○○ ご家族氏名:○○○○	上記計画書に基づきサービスの説明を行い 内容に同意頂きましたので,ご報告申し上げます。 　　　　　　　　　　　　　　○年 7月 1日 ○○ 介護支援専門員様/事業所様

通所介護事業所○○○　〒000-0000　住所:○○県○○市○○○○-○○　管理者:○○
　　　　　　　　　　Tel. 000-000-0000 / Fax. 000-000-0000　説明者:○○

通所介護個別機能訓練計画書

※3カ月間の評価および変化も記載しています。

作成日	○年7月1日	前回作成日	○年3月29日	計画作成者	○○				
ふりがな 氏名	Gさん	性別	生年月日	年齢	要介護度	管理者	看護	介護	機能訓練	相談員
		女	○年○月○日	77	1	○○	○○	○○	○○	○○

【本人の希望】 どこに物を置いたのか忘れるので，捜さないといけない。	【家族の希望】 認知症が進み手がかかるようになってきたので，刺激が必要だと思う。	【障害自立度】 J2
		【認知症自立度】 Ⅱb
【病名，合併症（心疾患，呼吸器疾患等）】 腰痛 認知症（○年ごろ）	【生活課題】 物忘れが進み，BPSDが出はじめている。	【在宅環境（生活課題に関連する在宅環境課題）】 長男家族と3人暮らしであるが，長男夫婦は漁に出て昼間はいないことも多い。
【運動時のリスク（血圧，不整脈，呼吸等）】 血圧は120～130／80mmHg程度で安定している。		

個別機能訓練加算Ⅰ

長期目標： ○年12月	認知機能への刺激により，物忘れの進行を防止できる。			目標達成度 達成・一部・未達	
短期目標： ○年9月	会話がスムーズに続けられる。			目標達成度 達成・(一部)・未達	
プログラム内容（何を目的に〈～のために〉～する）		留意点	頻度	時間	主な実施者
①物の置き忘れが減ったり思い出すことを増やしたりするために，回想法に参加する。		日常生活上の話題	週3回	15：30～15：50	山田
②楽しく会話したり，集中する時間を持ったりするために，レクリエーションや作品作りに参加する。			週3回	10：30～11：00	山田
③					
				プログラム立案者：山田	

個別機能訓練加算Ⅱ

長期目標： 　　年　月				目標達成度 達成・一部・未達	
短期目標： 　　年　月				目標達成度 達成・一部・未達	
プログラム内容（何を目的に〈～のために〉～する）		留意点	頻度	時間	主な実施者
①					
②					
③					
④					
				プログラム立案者：	

【特記事項】 日中は他の利用者と会話できるような場面づくりを配慮する。	【プログラム実施後の変化（総括）】 再評価日：○年9月30日 レクリエーションや作品作りへの参加は積極的であり，十分に会話ができている。何度も同じ話をするのは続いています。

上記計画の内容について説明を受けました。 　　　　　　　　　　　　　　　　　○年　7月　1日 ご本人氏名：○○○○ ご家族氏名：○○○○	上記計画書に基づきサービスの説明を行い 内容に同意頂きましたので，ご報告申し上げます。 　　　　　　　　　　　　　　　　　○年　7月　1日 　　　　　○○　介護支援専門員様／事業所様

通所介護事業所○○　　〒000-0000　住所：○○県○○市○○○○-00　　管理者：○○
　　　　　　　　　　　Tel. 000-000-0000／Fax. 000-000-0000　　説明者：○○

興味・関心チェックシート 3カ月後

聞き取り日：○年9月30日

氏名	Gさん			生年月日	○年○月○日	年齢	77歳	性別	女

生活行為	している	してみたい	興味がある	生活行為	している	してみたい	興味がある
自分でトイレへ行く	○			生涯学習・歴史			
一人でお風呂に入る	○			読書			
自分で服を着る	○			俳句			
自分で食べる	○			書道・習字			
歯磨きをする	○			絵を描く・絵手紙			
身だしなみを整える	○			パソコン・ワープロ			
好きなときに眠る	○			写真			
掃除・整理整頓	○			映画・観劇・演奏会			
料理を作る	○			お茶・お花			
買い物			○	歌を歌う・カラオケ			
家や庭の手入れ・世話				音楽を聴く・楽器演奏			
洗濯・洗濯物たたみ	○			将棋・囲碁・麻雀・ゲーム等			
自転車・車の運転				体操・運動			
電車・バスでの外出				散歩			
孫・子供の世話				ゴルフ・グラウンドゴルフ・水泳・テニスなどのスポーツ			
動物の世話				ダンス・踊り			
友達とおしゃべり・遊ぶ	○			野球・相撲等観戦			
家族・親戚との団らん	○			競馬・競輪・競艇・パチンコ			
デート・異性との交流				編み物			
居酒屋に行く				針仕事			
ボランティア				畑仕事			
地域活動（町内会・老人クラブ）				賃金を伴う仕事			
お参り・宗教活動				旅行・温泉			
その他（　　　）				その他（魚の選別など）			○
その他（　　　）				その他（デイサービスでの作品作り）	○		

※デイサービスで新たに行うようになったこと。

居宅訪問チェックシート 3カ月後

利用者氏名		Gさん		生年月日	○年○月○日	年齢	77歳	性別	女
訪問日・時間		○年9月30日（○）17：00 ～ 17：15						要介護度	1
訪問スタッフ		○○		職種	機能訓練指導員	被聞取り者		家族，利用者	

	項目	レベル	課題	環境（実施場所・補助具等）	状況・生活課題
ADL	食事	☑自立　□見守り □一部介助　□全介助	無	食堂で食べる。	認知症のため，衣服着脱の順番や前後の指示，衣服の背中部分の入れ直しのほか，入浴時には洗身・洗髪の声かけが必要。
	排泄	☑自立　□見守り □一部介助　□全介助	無	洋式トイレ。	
	入浴	□自立　☑見守り □一部介助　□全介助	有	自宅の浴槽は和式型。	
	更衣	□自立　☑見守り □一部介助　□全介助	有	背中は十分に入っていないことがある。	
	整容	☑自立　□見守り □一部介助　□全介助	無		
	移乗	☑自立　□見守り □一部介助　□全介助	無		
IADL	屋内移動	☑自立　□見守り □一部介助　□全介助	無	廊下と部屋の間に2.5cmの段差がある。	移動は問題なくできる。家事は自分で行うこともあるが，鍋を焦がしたり味付けがおかしかったりする。掃除は自分の部屋を軽くはく程度で，洗濯機は使えない。
	屋外移動	☑自立　□見守り □一部介助　□全介助	無		
	階段昇降	☑自立　□見守り □一部介助　□全介助	無	玄関に15cmの段差がある。	
	調理	□自立　□見守り ☑一部介助　□全介助	有	簡単な調理であれば可能。	
	洗濯	□自立　□見守り ☑一部介助　□全介助	無	洗濯ものを畳むことはできる。	
	掃除	□自立　□見守り ☑一部介助　□全介助	無	自室の掃除はできる。	

	項目	レベル	課題	状況・生活課題	
起居動作	起き上がり	☑自立　□見守り □一部介助　□全介助	無	問題なし。	
	座位	☑自立　□見守り □一部介助　□全介助	無		
	立ち上がり	☑自立　□見守り □一部介助　□全介助	無		
	立位	☑自立　□見守り □一部介助　□全介助	無		

身体機能：軽度の腰痛がある。

精神・心理機能：物忘れがあり，夜間に歩き回って港まで行ってしまうため家族は心配している。
また，同じことを何度も尋ねてくる。友人との会話が増えて，表情は明るくなっている。

> 他者と交流する効果が出ている。

Barthel Index 3カ月後

氏名：Gさん　　評価日：○年9月30日（○）　　実施場所：○○　　評価者：○○

		点数	質問内容	得点
1	食事	10	自立。自助具などを使用してもよい。標準的時間内に食べ終えることができる	10
		5	部分介助（例えば，おかずを切って細かくしてもらう，自助食器などを利用して，こぼさないような介助してもらうなど）	
		0	全介助	
2	車いすからベッドへの移動	15	自立。ブレーキやフットレストの操作も含む（非行自立も含む）	15
		10	軽度の部分介助または監視を要する	
		5	座ることは可能だが，ほぼ全介助	
		0	全介助または不可能	
3	整容	5	自立（洗面，整髪，歯磨き，ひげ剃り）	5
		0	部分介助または不可能	
			※女性の場合は，化粧なども含む	
4	トイレ動作	10	自立（衣服の操作，後始末を含む。ポータブル便器などを使用している場合は，その洗浄も含む）	10
		5	部分介助。体を支える，衣服，後始末に介助を要する	
		0	全介助または不可能	
			※手すりの使用などもトイレ動作に含む	
5	入浴	5	自立	0
		0	部分介助または不可能	
			※浴槽内への出入りも入浴の動作に含むが，シャワー浴などもあり得る	
6	歩行	15	45m以上の歩行。補装具（車いす，歩行器は除く）の使用の有無は問わない	15
		10	45m以上の介助歩行。歩行器の使用を含む	
		5	歩行不能の場合，車いすにて45m以上の操作可能	
		0	上記以外	
			※義足，装具，杖，松葉杖，歩行器（車輪なし）などの使用は可	
7	階段昇降	10	自立。手すりなどの使用の有無は問わない	10
		5	介助または監視を要する	
		0	不能	
			※手すりや杖などの使用は可	
8	着替え	10	自立。靴，ファスナー，装具の着脱を含む	5
		5	部分介助，標準的な時間内，半分以上は自分で行える	
		0	上記以外	
9	排便コントロール	10	失禁なし。浣腸，坐薬の取り扱いも可能	10
		5	時に失禁あり。浣腸，坐薬の取り扱いに介助を要する者も含む	
		0	上記以外	
10	排尿コントロール	10	失禁なし。収尿器の取り扱いも可能	10
		5	時に失禁あり。収尿器の取り扱いに介助を要する者も含む	
		0	上記以外	

合計得点
90／100

通所介護 機能訓練評価シート 3カ月後

評価者	○○	（訪問）評価日	○年9月30日（○）

氏名	Gさん	性別	女	障害高齢者自立度	J2	要介護度	1
生年月日	○年○月○日	年齢	77	認知症高齢者自立度	Ⅱb		

関節可動域		肩：**年齢相応**・制限あり（　　　　　　　　　　　　　　　　　　　　　　　） 肘：**年齢相応**・制限あり（　　　　　　　　　　　　　　　　　　　　　　　） 手：**年齢相応**・制限あり（　　　　　　　　　　　　　　　　　　　　　　　） 股：**年齢相応**・制限あり（　　　　　　　　　　　　　　　　　　　　　　　） 膝：**年齢相応**・制限あり（　　　　　　　　　　　　　　　　　　　　　　　） 足：**年齢相応**・制限あり（　　　　　　　　　　　　　　　　　　　　　　　）
痛みや痺れ等		痛み：**あり**・なし（**軽度の腰痛あり。**　　　　　　　　　　　　　　　） 痺れ：あり・**なし**（　　　　　　　　　　　　　　　　　　　　　　　　）
筋力	上肢	腕を曲げる：**十分に曲げられる**・何とか曲げられる・曲げられない（　　） 腕を伸ばす：**十分に伸ばせる**・何とか伸ばせる・伸ばせない（　　　　）
	下肢	足を後ろに引く：**十分に引ける**・何とか引ける・引けない（　　　　　） 足を伸ばす：**十分に伸ばせる**・何とか伸ばせる・伸ばせない（　　　　）
	体幹	へそのぞき：**十分にのぞける**・何とかのぞける・のぞけない（　　　　） 背を伸ばす：**十分に伸ばせる**・何とか伸ばせる・伸ばせない（　　　　）
家庭でのADL	起き上がり	**できる**・介助でできる・できない（　　　　　　　　　　　　　　　　）
	座位保持	**できる**・介助でできる・できない（　　　　　　　　　　　　　　　　）
	歩行	**できる**・介助でできる・できない（　　　　　　　　　　　　　　　　）
	車いす駆動	できる・介助でできる・できない（　　　　　　　　　　　　　　　　　　）
	食事	**できる**・介助でできる・できない（**箸を使用。**　　　　　　　　　）
	衣服・整容	**できる**・介助でできる・できない（　　　　　　　　　　　　　　　　）
	入浴	できる・**介助でできる**・できない（**声かけが必要。**　　　　　　　）
	排泄	**できる**・介助でできる・できない（　　　　　　　　　　　　　　　　）
	会話	**できる**・介助でできる・できない（　　　　　　　　　　　　　　　　）
家庭でのIADL	買い物	できる・介助でできる・**できない**（**家族やヘルパーが行っている。**）
	調理	できる・**介助でできる**・できない（**本人，またはヘルパーが行っている。**）
	掃除・洗濯	できる・**介助でできる**・できない（**本人，または家族やヘルパーが行っている。**）
認知機能	見当識	日時：**分かる**・時々分かる・分からない（　　　　　　　　　　　　　） 場所や人：**分かる**・時々分かる・分からない（　　　　　　　　　　　）
	記銘・記憶	短期：覚えている・**不確か**・忘れることが多い（**薬の飲み忘れあり。**） 長期：覚えている・不確か・**忘れることが多い**（　　　　　　　　　　　）
	判断能力	簡単な内容：**できる**・意見を求める・できない（　　　　　　　　　　） 複雑な内容：できる・**意見を求める**・できない（　　　　　　　　　　）
	BPSD （幻覚・妄想・ 易怒・意欲低下等）	夜間自宅内を歩き回り，夜が明けると港に行っていることが多い。今のところ，迷子にならず家には帰っている。 同じことを何度も尋ねてくる。
麻痺回復 （麻痺なし）	肩や腕	かなり動かせる・半分程度・わずかに動かせる（　　　　　　　　　　　　）
	手指	かなり動かせる・半分程度・わずかに動かせる（　　　　　　　　　　　　）
	下肢	かなり動かせる・半分程度・わずかに動かせる（　　　　　　　　　　　　）
興味・関心・生きがい・役割		船や漁師，魚のこと。
生活スタイル・活動量・交流		近所の漁師仲間とよく話している。
訓練効果，実施方法に関する評価 実施日：○.9.30		機能訓練指導員：認知機能への刺激を継続し，日々会話をすることが必要である。 看護職員：認知症であるが，友人との会話はつながることも多い。 介護職員：物の置き忘れ，薬の飲み忘れを気にしている。 生活相談員：家族は漁師で朝早く漁に出るので，日中は誰もいないことが多い。

> 今後の訓練内容についても検討する。

通所介護計画書 3カ月後

作成日	○年9月30日		前回作成日	○年7月1日		計画作成者	○○			
ふりがな 氏名	Gさん	性別	生年月日	年齢	要介護度	管理者	看護	介護	機能訓練	相談員
		女	○年○月○日	77	1	○○	○○	○○	○○	○○

【通所介護利用までの経緯（活動歴・病歴）】 約2年前に夫を亡くしてから，話がかみ合わなくなったり夜中に漁港に出かけたりするなどの行動が出てきた。	【本人の希望】 どこに物を置いたのか忘れるので，捜さないといけない。	【障害自立度】 J2
	【家族の希望】 認知症が進んで手がかかるようになってきたので，刺激が必要だと思う。	【認知症自立度】 Ⅱb
【健康状態（病名，合併症（心疾患，呼吸器疾患等），服薬状況等）】 腰痛 認知症（○年ごろ） 昼に認知症の薬を服用する。	【ケアの上での医学的リスク（血圧，転倒，嚥下障害等）・留意事項】 血圧が180mmHg以上であれば入浴を中止する。	
【自宅での活動・参加の状況（役割など）】 漁師仲間と付き合いがあり，よく漁港に出かけては話をしているが，何度も同じ話をしたり，夜中に1人で出かけたりしている。家事を手伝おうとすることもあるが，うまくやれないことがある。		

利用目標

長期目標	設定日 達成予定日	○年9月 ○年3月	物忘れの進行を遅らせ，心配したり不安になったりすることが少なくなる。	目標達成度 達成・一部・未達
短期目標	設定日 達成予定日	○年9月 ○年12月	利用者と楽しく会話ができ，集中できる時間をつくれる。	目標達成度 達成・一部・未達

サービス提供内容

目的とケアの提供方針・内容	評価		効果，満足度等
	実施	達成	
①物忘れの進行を防ぐため，回想法や脳トレーニングに参加する。 10月1日〜12月31日	実施	達成	
	一部	一部	
	未実施	未達	
②楽しいことが持続的に行えるように，作品作りやレクリエーションに参加する。 10月1日〜12月31日	実施	達成	
	一部	一部	
	未実施	未達	
③ 月 日〜 月 日	実施	達成	
	一部	一部	
	未実施	未達	
④ 月 日〜 月 日	実施	達成	
	一部	一部	
	未実施	未達	
⑤ 月 日〜 月 日	実施	達成	
	一部	一部	
	未実施	未達	

迎え（ 有 ・ 無 ）

プログラム（1日の流れ）

予定時間	サービス内容
9：00	バイタルチェック
10：00	入浴介助
10：30	作品作り
11：30	集団体操
12：00	食事
13：00	のんびり
14：00	レクリエーション参加
15：00	おやつ
15：30	学習・回想法
16：30	終わりの会

送り（ 有 ・ 無 ）

【特記事項】 他の利用者と会話の機会を多く作る。	【実施後の変化（総括）】 再評価日： 年 月 日

上記計画の内容について説明を受けました。　　　○年 10月 1日
ご本人氏名：○○○○
ご家族氏名：○○○○

上記計画書に基づきサービスの説明を行い内容に同意頂きましたので，ご報告申し上げます。
○年 10月 1日
○○ 介護支援専門員様／事業所様

通所介護事業所○○○　〒000-0000　住所：○○県○○市○○00-00　管理者：○○
Tel. 000-000-0000／Fax. 000-000-0000　説明者：○○

通所介護個別機能訓練計画書 　3カ月後

作成日	○年9月30日	前回作成日	○年7月1日	計画作成者	○○				
ふりがな 氏名	Gさん	性別	生年月日	年齢	要介護度	管理者	看護	介護	機能訓練	相談員
		女	○年○月○日	77	1	○○	○○	○○	○○	○○

【本人の希望】 どこに物を置いたのか忘れるので，捜さないといけない。	【家族の希望】 認知症が進み手がかかるようになってきたので，刺激が必要だと思う。	【障害自立度】 J2
		【認知症自立度】 Ⅱb

【病名，合併症（心疾患，呼吸器疾患等）】 腰痛 認知症（○年ごろ）	【生活課題】 物忘れが進み，BPSDが出はじめている。	【在宅環境（生活課題に関連する在宅環境課題）】 長男家族と3人暮らしであるが，長男夫婦は漁に出て昼間はいないことも多い。
【運動時のリスク（血圧，不整脈，呼吸等）】 血圧は120～130／80mmHg程度で安定している。		

個別機能訓練加算Ⅰ

長期目標： ○年3月	認知機能への刺激により，物忘れの進行を防止できる。			目標達成度 達成・一部・未達	
短期目標： ○年12月	友人と会話がスムーズに続けられる。			目標達成度 達成・一部・未達	
プログラム内容（何を目的に〈～のために〉～する）		留意点	頻度	時間	主な実施者
①物の置き忘れが減ったり思い出すことを増やしたりするために，回想法に参加する。		日常生活のことを話題にするとよい。	週3回	15：30～15：50	山田
②楽しく会話したり，集中する時間を持ったりするために，レクリエーションや作品作りに参加する。			週3回	10：30～11：00	山田
③					
				プログラム立案者：山田	

個別機能訓練加算Ⅱ

長期目標： 　年　月				目標達成度 達成・一部・未達	
短期目標： 　年　月				目標達成度 達成・一部・未達	
プログラム内容（何を目的に〈～のために〉～する）		留意点	頻度	時間	主な実施者
①					
②					
③					
④					
				プログラム立案者：	

【特記事項】 日中は他の利用者と会話できるような場面づくりを配慮する。	【プログラム実施後の変化（総括）】 再評価日：　年　月　日

上記計画の内容について説明を受けました。 　　　　　　　　　　　　　　○年　10月　1日 ご本人氏名：○○○○ ご家族氏名：○○○○	上記計画書に基づきサービスの説明を行い内容に同意頂きましたので，ご報告申し上げます。 　　　　　　　　　　　　　　○年　10月　1日 　　　○○　介護支援専門員様／事業所様

通所介護事業所○○　　〒000-0000　住所：○○県○○市○○○○-00　　管理者：○○
　　　　　　　　　　Tel．000-000-0000／Fax．000-000-0000　　説明者：○○

事例 8 関節が硬くならないように痛みをこらえている利用者

| 要介護度 | 要介護2 | 障害高齢者自立度 | A2 | 認知症高齢者自立度 | 自立 |

　Bさんは，73歳の時に脳梗塞後遺症で3カ月入院した。左に軽度の麻痺があるが，日常歩行は杖をついて1km程度できていた。74歳の時に再発作を起こし，左半身は動かしにくくなった。リハビリ病院に転院し，歩行訓練や左上肢の訓練も実施し，4点杖を使用してゆっくりと歩行ができるようになった。階段の上り下りは介助が必要で，外出時にも介助が必要となる。左上肢はあまり上げられず，左手も握ったままである。左肩関節には亜脱臼があり，上肢全体にしびれと痛みがある。

　看護師である長女が遠方から家に戻り，新たに就職して介護をするようになったが，職業柄，勤務が不規則で，食卓においてある食事をレンジで温め直す必要がある。家事については長女が行い，Bさんは，ベッド周りを片付ける程度である。

　74歳の時に夫が亡くなってからは，近所との付き合いも疎遠になってきた。趣味は編み物であったが，手が不自由になってからは行っていない。

Bさん（76歳，女性）
長女と2人暮らし

- 4点杖を使うと安心します。
- 外に出るのは大変です。
- ベッド周りは粘着テープクリーナーできれいにできます。
- デイサービスで歩く練習をするのが楽しみです。
- 食事はレンジで温めればおいしく食べられます。
- ゆっくりなら歩けます。
- 長女には迷惑をかけています。
- 腕がしびれてなかなか眠れない時があります。
- 着替えは時間がかかって大変です。
- 痛みはさすっていれば何とか我慢できます。
- 家の風呂は入れません。
- 痛みやしびれを我慢しないといけません。
- 近所の人が来てくれるから話ができます。

居宅サービス計画書（1）

作成年月日 ○年6月24日

利用者名： B 殿

要介護状態区分	要介護1	**要介護2**	要介護3	要介護4	要介護5

利用者および家族の生活に対する意向	【本人】ゆっくりとしか歩けないので、もう少しうまく歩けるようになりたい。左手にしびれと痛みがあって動かせないので、硬くならないようにしたい。 【長女】少しでもうまく歩けるようになってもらいたい。デイサービスで風呂に入ってくれると助かる。
介護認定審査会の意見およびサービスの種類の指定	
総合的な援助の方針	Bさんがスムーズに歩けるようになって、屋外へ散歩に行けるようになることを目指しましょう。 ①血圧の変動に気をつけて、体調の安定を図りましょう。 ②筋力強化や歩行訓練等で歩行を安定させましょう。 ③入浴が楽にできるような環境で入浴しましょう。 主治医は○○病院（××-××××）です。 緊急時は長男の△△様（××-××××）に連絡を取り、対応を相談します。

生活援助中心型の算定理由　　1. 一人暮らし　　2. 家族等が障害、疾病等　　3. その他（　　　　）

居宅サービス計画書 (2)

利用者名： B 殿　　　作成年月日 ○年6月24日

生活全般の解決すべき課題(ニーズ)	目標					援助内容				
	長期目標	(期間)	短期目標	(期間)	サービス内容	※1	サービス種別	※2	頻度	期間
もう少しうまく歩けるようになりたい。 (左片麻痺あり。左下肢の筋力低下4点杖使用 ゆっくり歩く。屋外歩行見守り階段介助必要)	近所なら1人で散歩に出かけられる。	○.7.1〜○.12.31	屋内は1本杖で見守りで歩ける。	○.7.1〜○.9.30	①筋力強化訓練 ②1本杖による歩行訓練 ③階段昇降訓練	○	①②通所介護 ①②③訪問リハビリ		週3回	○.7.1〜○.9.30
安全に入浴したい。 (高血圧 足台に腰かけて入浴している。 浴槽の深さ50cm 浴室に手すりなし 日中は1人 長女は勤務が不規則)	風呂の出入りが自分でできる。	○.7.1〜○.12.31	デイサービスの浴槽で見守りで入れる。	○.7.1〜○.9.30	①入浴移動介助 ②洗身介助 ③更衣見守り介助	○	①②③通所介護		週3回	○.7.1〜○.9.30
左手をもう少し動かせるようになりたい。 (左片麻痺あり。左肘関節は曲がったまま。左手は握ったまま。左肩から指先までしびれと痛みがある。)	左手が少し動かしやすくなる。	○.7.1〜○.12.31	左手指が開きやすくなる。	○.7.1〜○.9.30	①左上肢の関節可動域訓練	○	①通所介護		週3回	○.7.1〜○.9.30

※1「保険給付の対象となるかどうかの区分」について、保険給付対象内サービスについては○印を付す。
※2「当該サービス提供を行う事業所」について記入する。

通所介護アセスメントシート

アセスメント実施日　○年7月1日　第3回　面接方法（ 訪問 ）　担当者　S

フリガナ		性別	女	生年月日	○年○月○日（76歳）	要介護度	介護認定日		
氏名	Bさん					2	○	○6	7

住所	○○市○○町○丁目○番地	電話番号	×××-×××-××××	認定の有効期間
				○.7～○.6

連絡先	氏名 ○○○○	続柄 長女	住所 同上	電話番号 同上	障害高齢者自立度	A2
					認知症高齢者自立度	自立

家族構成
長女と2人暮らし。
夫は2年前に亡くなる。
長女携帯：×××-××××-××××

介護状況
主介護者　（　　　　長女　　　　）
仕事等　　（　　　　看護師　　　）
健康状態　（　　　　腰痛　　　　）
キーパーソン（　　　長女　　　　）

現在利用している社会資源等
在宅および施設ケアサービス
通所介護週3回
訪問リハビリ週1回

日常生活用具等
介護用ベッド貸与
ポータブルトイレ購入

本人の希望
ゆっくりとしか歩けないので，もう少しうまく歩けるようになりたい。
左手にしびれと痛みがあって動かせないので，硬くなると困る。

家族の希望・要望
少しでもうまく歩けるようになってもらいたい。
デイサービスで風呂に入ってくれると助かる。

生活歴
夫婦でみかん農家をしていたが，夫は2年前の9月に脳出血で倒れ，そのまま亡くなった。3年前に脳梗塞で軽度の左片麻痺になった。麻痺は回復していたが2年前の12月に再発作を起こし，入院した。退院を機会に長女が遠方から帰り，2人暮らしとなった。

治療状況

既往歴	現病歴	服薬状況	受診方法
高血圧症（○年）	○年7月に脳梗塞で入院するが，回復が早く3カ月で歩けるようになり退院した。○年12月に再発作を起こし，リハビリ病院に転院して訓練したが，歩行はできるものの左手はほとんど動かせない状況で退院した。	脳血流改善剤（1日3回） 降圧剤（1日3回）	月1回長女の車で受診

医療機関名・担当医（　　　　○○医院　△△医師　　　　）TEL（　　　　　　）
　　　　　　　　　（　　　　　　　　　　　　　　　　　）　（　　　　　　）

医療保険	後期高齢者医療制度	身障手帳	なし	年金等	国民年金，年間60万円程度

身体状況

〈拘縮　麻痺　痛み　皮膚の状況〉

拘縮	左肘関節は曲がったままで，十分に伸ばせない。手指は握り込んだままの状態である。
麻痺	左片麻痺と筋力低下がある。股関節や膝を何とか曲げて歩けるが，左手はほとんど動かせない。
痛み	左の肩から指先まで軽度のしびれと痛みがある。雨の日や冬場はずっとさすっていると楽である。
褥瘡	なし
皮膚の状況	良好

〈目・耳の状態およびコミュニケーション能力〉

視力	テレビや新聞は十分見えている。	眼鏡	なし
聴力	年相応	補聴器	なし
目・耳の症状	年相応		
意思表示の手段	言葉は少ししゃべりにくいが，発語内容は十分に分かる。初対面でも理解できた。		
意思の伝達	ゆっくりと話し，言葉数は少ない。		
指示への反応	職員の説明を十分に理解できている。		
その他	麻痺になった後に痛みとしびれで悩まされている。夜間に目が覚めると，さすって眠くなるのを待っている。 血圧は140～160／90mmHgで変動がある。		

介護保険	○○○○○○○○○○	支援事業所	居宅介護支援事業所○○荘	ケアマネジャー	S

日常生活動作能力	寝返り	右側にのみ寝返りができる。左側へは肩が少し浮かせる程度までなら痛みがないので可能。
	起き上がり	自分で起き上がることができる。起き上がった瞬間にはベッドの柵を持つことがある。
	座位	座位は安定している。普通のいすに座っていても座り直しができる。
	移乗・移動	立ち上がりはベッドの柵や杖を持って行う。ゆっくりと立ち上がっている。 4点杖を使うか家具などにつかまってゆっくり歩く。屋外では階段の上り下りは介助が必要だが、歩行は見守りのみ。移乗時はベッド柵やタンスなどを持ち、転倒しないように注意しながら行っている。
	着脱	自分で可能だが、かなり時間がかかる。かぶりシャツは大きめの物で。時々長女に介助してもらう。
	整容	右手だけで行う。
	IADL等	ゆっくりと歩き、時々立ち止まって休憩してから歩き始める（トイレと食堂へ行く程度）。

食事・栄養状態	肥満とやせ	少し肥満傾向
	食べ方	だいたいは箸で食べられる。
	嚥下	良好
	食事制限	特になし。好き嫌いはなし。
	食物形態	普通の食事
	一日の水分量	ほぼ通常量（1日1,000mL程度）　お茶とコーヒー（砂糖1杯とミルクを入れる）を飲む。
	口腔の状態	部分入れ歯　昼食後は歯磨きをする。

排泄の状況	尿	1日6～7回程度（夜間2回もトイレへ行く）
	尿失禁	なし
	便	2日に1回程度通常の便
	便失禁	なし
	トイレ環境	念のためポータブルトイレを置いてあるが、ほとんど使っていない。

身体の清潔状況	デイサービス利用時に入浴している。 一般浴槽で、足台に腰かけて胸までつかる。 前身の洗身と洗髪は自分でできる。短めで早く出る。
浴室環境	浴槽の深さは約50cm、浴室に手すりなし。

精神状態	睡眠の状況	夜間トイレに起きるとすぐに眠れずに、1時間ほど腕をさすりながら起きていることが多い。
	認知症の症状	特になし

家族の協力体制	長女と2人暮らしだが、長女は不規則な勤務である。	住宅・環境等	
興味・関心・生きがい	歩くことに熱心。	玄関に20cmの段差がある。 玄関外に階段が3段あり、一人での外出は困難。 廊下と部屋間に2.5cmの段差がある。 居室は6畳の和室で、テレビとタンス、ポータブルトイレがある。 洋式トイレにL字手すり、玄関に手すりあり。	
生活スタイル・活動状況	以前は近所の人と店や畑で会話していたが、最近は外出しない。		
要支援に至った理由と経緯 以前のADLと家庭内役割 自立してできなくなったこと	物静かであるが、デイサービスでは廊下を歩く練習を熱心にしている。 近所の知人がデイサービスを利用していて、よく話をしている。 長女は3交代制勤務で夜勤も多い。食事を作っておき、レンジで本人が温め直して食べている。		
現在の家事状況と役割近隣との交流	最近は、近所との交流はない。		
送迎場所	自宅玄関	送迎方法	歩行	ベッド等	介護用（2モーター）

興味・関心チェックシート

聞き取り日：○年6月24日

氏名	Bさん			生年月日	○年○月○日	年齢	76歳	性別	女

生活行為	している	してみたい	興味がある	生活行為	している	してみたい	興味がある
自分でトイレへ行く	○			生涯学習・歴史			
一人でお風呂に入る				読書			
自分で服を着る	○			俳句			
自分で食べる	○			書道・習字			
歯磨きをする	○			絵を描く・絵手紙			
身だしなみを整える	○			パソコン・ワープロ			
好きなときに眠る	○			写真			
掃除・整理整頓	○			映画・観劇・演奏会			
料理を作る		○		お茶・お花			
買い物			○	歌を歌う・カラオケ			
家や庭の手入れ・世話				音楽を聴く・楽器演奏			
洗濯・洗濯物たたみ	○			将棋・囲碁・麻雀・ゲーム等			
自転車・車の運転				体操・運動			
電車・バスでの外出				散歩			
孫・子供の世話				ゴルフ・グラウンドゴルフ・水泳・テニスなどのスポーツ			
動物の世話				ダンス・踊り			
友達とおしゃべり・遊ぶ			○	野球・相撲等観戦			
家族・親戚との団らん				競馬・競輪・競艇・パチンコ			
デート・異性との交流				編み物			○
居酒屋に行く				針仕事			
ボランティア				畑仕事			
地域活動（町内会・老人クラブ）				賃金を伴う仕事			
お参り・宗教活動				旅行・温泉			
その他（　　）				その他（　　）			
その他（　　）				その他（　　）			

居宅訪問チェックシート

利用者氏名	Bさん		生年月日	○年○月○日	年齢	76歳	性別	女
訪問日・時間	○年6月24日（○） 16：40 ～ 17：00				要介護度	2		
訪問スタッフ	○○	職種	機能訓練指導員		被聞取り者	利用者		

	項目	レベル	課題	環境（実施場所・補助具等）	状況・生活課題
ADL	食事	☑自立 □見守り □一部介助 □全介助	無	食堂で長女と食べるか，自室で食べる。	左半身に麻痺があり，上肢には屈曲拘縮があるため，衣服の着脱には時間がかかり，時に介助を要する。
	排泄	☑自立 □見守り □一部介助 □全介助	無	洋式トイレで，L字手すりを使用する。	
	入浴	□自立 □見守り ☑一部介助 □全介助	有	自宅の浴槽は和式型で，浴槽をまたぐことが困難。	
	更衣	□自立 ☑見守り □一部介助 □全介助	有	ベッド上端座位で着替える。	
	整容	☑自立 □見守り □一部介助 □全介助	無		
	移乗	☑自立 □見守り □一部介助 □全介助	無	ベッド柵やタンスなどにつかまって行っている。	
IADL	屋内移動	☑自立 □見守り □一部介助 □全介助	無	4点杖を使用してゆっくりと歩行する。	屋内は4点杖を使ってゆっくりと歩行できるが，屋外や階段は介助が必要である。自室の掃除程度であれば何とかできる。調理は家族に任せているが，自分で電子レンジを使って温め直している。
	屋外移動	□自立 ☑見守り □一部介助 □全介助	有	玄関に手すりがある。	
	階段昇降	□自立 □見守り ☑一部介助 □全介助	有	玄関の段差に手すりがある。	
	調理	□自立 □見守り ☑一部介助 □全介助	有	電子レンジを使った簡単な調理であれば可能。	
	洗濯	□自立 □見守り ☑一部介助 □全介助	有		
	掃除	☑自立 □見守り □一部介助 □全介助	無	自室の掃除はできる。	

	項目	レベル	課題	状況・生活課題	
起居動作	起き上がり	☑自立 □見守り □一部介助 □全介助	無	左片麻痺があるため寝返りは右側のみで，立ち上がりはベッド柵などにつかまって行う。	
	座位	☑自立 □見守り □一部介助 □全介助	無		
	立ち上がり	☑自立 □見守り □一部介助 □全介助	無		
	立位	☑自立 □見守り □一部介助 □全介助	無		

身体機能：左半身には麻痺があり，上肢には屈曲拘縮がある。また，下肢に筋力低下があるため，歩行には4点杖が必要である。

精神・心理機能：特に問題はなく，歩行訓練に対しては意欲的である。

Barthel Index

氏名：Bさん　　評価日：○年7月1日（○）　　実施場所：○○　　評価者：○○

		点数	質問内容	得点
1	食事	10	自立。自助具などを使用してもよい。標準的時間内に食べ終えることができる	10
		5	部分介助（例えば，おかずを切って細かくしてもらう，自助食器などを利用して，こぼさないような介助してもらうなど）	
		0	全介助	
2	車いすからベッドへの移動	15	自立。ブレーキやフットレストの操作も含む（非行自立も含む）	15
		10	軽度の部分介助または監視を要する	
		5	座ることは可能だが，ほぼ全介助	
		0	全介助または不可能	
3	整容	5	自立（洗面，整髪，歯磨き，ひげ剃り）	5
		0	部分介助または不可能	
			※女性の場合は，化粧なども含む	
4	トイレ動作	10	自立（衣服の操作，後始末を含む。ポータブル便器などを使用している場合は，その洗浄も含む）	10
		5	部分介助。体を支える，衣服，後始末に介助を要する	
		0	全介助または不可能	
			※手すりの使用などもトイレ動作に含む	
5	入浴	5	自立	0
		0	部分介助または不可能	
			※浴槽内への出入りも入浴の動作に含むが，シャワー浴などもあり得る	
6	歩行	15	45m以上の歩行。補装具（車いす，歩行器は除く）の使用の有無は問わない	10
		10	45m以上の介助歩行。歩行器の使用を含む	
		5	歩行不能の場合，車いすにて45m以上の操作可能	
		0	上記以外	
			※義足，装具，杖，松葉杖，歩行器（車輪なし）などの使用は可	
7	階段昇降	10	自立。手すりなどの使用の有無は問わない	5
		5	介助または監視を要する	
		0	不能	
			※手すりや杖などの使用は可	
8	着替え	10	自立。靴，ファスナー，装具の着脱を含む	5
		5	部分介助，標準的な時間内，半分以上は自分で行える	
		0	上記以外	
9	排便コントロール	10	失禁なし。浣腸，坐薬の取り扱いも可能	10
		5	時に失禁あり。浣腸，坐薬の取り扱いに介助を要する者も含む	
		0	上記以外	
10	排尿コントロール	10	失禁なし。収尿器の取り扱いも可能	10
		5	時に失禁あり。収尿器の取り扱いに介助を要する者も含む	
		0	上記以外	

合計得点 80／100

通所介護機能訓練評価シート

評価者	○○	（訪問）評価日	○年7月1日（○）

氏名	Bさん	性別	女	障害高齢者自立度	A2	要介護度	
生年月日	○年○月○日	年齢	76	認知症高齢者自立度	自立		2

関節可動域		肩：年齢相応・(制限あり)（ ） 肘：年齢相応・(制限あり)（屈曲拘縮。 ） 手：年齢相応・(制限あり)（左手指は握り込んだ状態。 ） 股：年齢相応・(制限あり)（左股関節は120度程度までなら曲げられる。 ） 膝：年齢相応・(制限あり)（膝を曲げる時に硬さがある。 ） 足：年齢相応・(制限あり)（背屈に硬さがある。 ）
痛みや痺れ等		痛み：(あり)・なし（左上肢の肩・肘・手に痛みがある。 ） 痺れ：(あり)・なし（左上肢に常にしびれがある。 ）
筋力	上肢	腕を曲げる：十分に曲げられる・(何とか曲げられる)・曲げられない（ ） 腕を伸ばす：十分に伸ばせる・何とか伸ばせる・(伸ばせない)（ ）
	下肢	足を後ろに引く：十分に引ける・(何とか引ける)・引けない（膝だけを曲げにくい。 ） 足を伸ばす：十分に伸ばせる・(何とか伸ばせる)・伸ばせない（ ）
	体幹	へそのぞき：十分にのぞける・(何とかのぞける)・のぞけない（わずかな時間であれば可能。 ） 背を伸ばす：十分に伸ばせる・(何とか伸ばせる)・伸ばせない（ ）
家庭でのADL	起き上がり	(できる)・介助でできる・できない（ ）
	座位保持	(できる)・介助でできる・できない（起き上がった瞬間は、横に倒れそうで柵を持つ。 ）
	歩行	(できる)・介助でできる・できない（立位保持は4点杖などを持って支える。 ）
	車いす駆動	できる・介助でできる・できない（ ）
	食事	(できる)・介助でできる・できない（箸を使用。 ）
	衣服・整容	できる・(介助でできる)・できない（時々手伝ってもらう。 ）
	入浴	できる・(介助でできる)・できない（浴槽をまたげない。移動は介助。 ）
	排泄	(できる)・介助でできる・できない（ ）
	会話	(できる)・介助でできる・できない（ ）
家庭でのIADL	買い物	できる・介助でできる・(できない)（家族が行っている。 ）
	調理	できる・介助でできる・(できない)（家族が行っている。電子レンジを使った温め直しは自分で行う。）
	掃除・洗濯	できる・(介助でできる)・できない（基本的には家族が行っているが、ベッド周りは自分で行う。）
認知機能	見当識	日時：(分かる)・時々分かる・分からない（ ） 場所や人：(分かる)・時々分かる・分からない（ ）
	記銘・記憶	短期：(覚えている)・不確か・忘れることが多い（ ） 長期：(覚えている)・不確か・忘れることが多い（ ）
	判断能力	簡単な内容：(できる)・意見を求める・できない（ ） 複雑な内容：(できる)・意見を求める・できない（ ）
	BPSD（幻覚・妄想・易怒・意欲低下等）	なし
麻痺回復（左）	肩や腕	かなり動かせる・半分程度・(わずかに動かせる)（ ）
	手指	かなり動かせる・半分程度・(わずかに動かせる)（ ）
	下肢	かなり動かせる・(半分程度)・わずかに動かせる（ ）
興味・関心・生きがい・役割		デイサービスでは、廊下で歩く練習を熱心にしている。
生活スタイル・活動量・交流		家の中で閉じこもり傾向。 近所の友人と、デイサービスの場を利用して会話している。
訓練効果、実施方法に関する評価　実施日：○.7.1		機能訓練指導員：左下肢の筋力強化と歩行訓練が必要。 看護職員：左下肢のしびれや痛みをかなり気にしている。 介護職員：歩行時の転倒に注意して介助する必要がある（特に入浴時）。 生活相談員：家族は日中いないことが多く、夜勤もある。

通所介護計画書

※3カ月間の評価および変化も記載しています。

作成日	○年7月1日	前回作成日	○年3月28日	計画作成者	○○				
ふりがな 氏名	Bさん	性別	生年月日	年齢	要介護度	管理者	看護	介護	機能訓練	相談員
		女	○年○月○日	76	2	○○	○○	○○	○○	○○

【通所介護利用までの経緯（活動歴・病歴）】 介護をしていた夫が亡くなった後に2度脳梗塞になり，長女が同居するようになったが，不規則な勤務のため十分な介護はできない。	【本人の希望】 ゆっくりとしか歩けないので，もう少しうまく歩けるようになりたい。左手にしびれと痛みがあって動かせないので，硬くなると困る。	【障害自立度】 A2
	【家族の希望】 少しでもうまく歩けるようになってもらいたい。	【認知症自立度】 自立
【健康状態（病名，合併症（心疾患，呼吸器疾患等），服薬状況等）】 高血圧症（○年） 脳梗塞後遺症（○年） 降圧剤などを1日3回服用する。	【ケアの上での医学的リスク（血圧，転倒，嚥下障害等）・留意事項】 血圧が180mmHgであれば入浴を中止する。	
【自宅での活動・参加の状況（役割など）】 家の中で閉じこもり傾向。近所の友人とデイサービスを利用して話をしている。		

利用目標

長期目標	設定日　○年7月 達成予定日　○年12月	歩行が安定し，外出ができる。	目標達成度 達成・一部・未達
短期目標	設定日　○年7月 達成予定日　○年9月	左半身が動かしやすくなり，杖歩行も安定する。	目標達成度 達成・(一部)・未達

サービス提供内容

目的とケアの提供方針・内容	評価		効果，満足度等	迎え（ 有 ・ 無 ）
	実施	達成		
①左半身の関節を動かしやすくするために，関節可動域訓練を行う。 7月1日～9月30日	(実施) 一部 未実施	達成 (一部) 未達	肘は少し伸ばしやすくなった。	プログラム（1日の流れ）

予定時間	サービス内容
9：00	バイタルチェック
10：00	入浴介助
10：40	左上下肢可動域訓練
11：30	集団体操
12：00	食事
13：00	のんびり
14：10	屋外歩行訓練など
15：00	おやつ
15：30	学習・回想法
16：30	終わりの会

目的とケアの提供方針・内容	実施	達成	効果，満足度等
②外出できるようになるため，屋外歩行訓練や段差超え訓練を行う。 7月1日～9月30日	(実施) 一部 未実施	達成 (一部) 未達	段差超えは恐怖感が少なくなった。4点杖歩行は安定している。
③手の機能を維持するために，入浴を洗身・洗髪は見守り・軽介助で，浴室内移動は片手を介助で行う。更衣動作は，上着は自分で，ズボンは介助で行う。　7月1日～9月30日	(実施) 一部 未実施	達成 (一部) 未達	更衣は自分で時間をかけながら行えている。
④ 　月　日～　月　日	実施 一部 未実施	達成 一部 未達	
⑤ 　月　日～　月　日	実施 一部 未実施	達成 一部 未達	

送り（ 有 ・ 無 ）

【特記事項】 衣服はゆったりとしたものを依頼する。	【実施後の変化（総括）】　再評価日：○年9月30日 4点杖歩行は安定してきていますので，今後1本杖での訓練を実施する予定です。

上記計画の内容について説明を受けました。 　　　　　　　　　　　　　　　　　○年　7月　1日 ご本人氏名：○○○○ ご家族氏名：○○○○	上記計画書に基づきサービスの説明を行い 内容に同意頂きましたので，ご報告申し上げます。 　　　　　　　　　　　　　　　　　○年　7月　1日 　　　　　　　○○　介護支援専門員様／事業所様

通所介護事業所○○○　〒000-0000　住所：○○県○○市○○○○-00　　管理者：○○
　　　　　　　　　　　Tel. 000-000-0000　／　Fax. 000-000-0000　　　　　説明者：○○

通所介護個別機能訓練計画書

※3カ月間の評価および変化も記載しています。

作成日	○年7月1日		前回作成日	○年3月28日	計画作成者	○○			
ふりがな 氏名	Bさん	性別	生年月日	年齢	要介護度	管理者	看護	介護	機能訓練	相談員
		女	○年○月○日	76	2	○○	○○	○○	○○	○○

【本人の希望】 ゆっくりとしか歩けないので，もう少しうまく歩けるようになりたい。左手にしびれと痛みがあって動かせないので，硬くなると困る。	【家族の希望】 少しでもうまく歩けるようになってもらいたい。	【障害自立度】 A2
		【認知症自立度】 自立
【病名，合併症（心疾患，呼吸器疾患等）】 高血圧症（○年） 脳梗塞後遺症（○年）	【生活課題】 左片麻痺のため，4点杖を使用。左半身には上肢に拘縮があり，右手で生活動作を行っている。また，麻痺側にしびれがあり，夜中にさすってこらえている。	【在宅環境（生活課題に関連する在宅環境課題）】 長女と2人暮らしであるが，長女は不規則な勤務である。玄関には階段が3段あり，1人での外出は困難。
【運動時のリスク（血圧，不整脈，呼吸等）】 血圧は140～160/90mmHg程度で，変動に注意。		

個別機能訓練加算Ⅰ

長期目標： ○年12月	屋内での歩行が安定する。				目標達成度 達成・一部・未達
短期目標： ○年9月	左半身の関節可動域が広がる。				目標達成度 達成・⦿一部⦿・未達
プログラム内容（何を目的に〈～のために〉～する）		留意点	頻度	時間	主な実施者
①左半身の各関節の可動性を増すために，左半身の関節可動域訓練を行う。5回×2		ゆっくりと行う。	週3回	10：40～11：00	山田
②体力の維持・向上のために，集団体操に参加する。			週3回	11：30～11：45	山田
③					
				プログラム立案者：山田	

個別機能訓練加算Ⅱ

長期目標： ○年12月	病院受診のために軽介助で外出できる。				目標達成度 達成・一部・未達
短期目標： ○年9月	玄関の階段昇降ができる。				目標達成度 達成・⦿一部⦿・未達
プログラム内容（何を目的に〈～のために〉～する）		留意点	頻度	時間	主な実施者
①玄関の階段昇降ができるために，段差超えの訓練を行う。3回		転倒に注意する。	週3回	14：10～14：20	藤田
②屋外での歩行を安定させるために，デイサービスの屋外を歩行訓練する。5分程度		転倒に注意する。	週3回	14：20～14：25	藤田
③					
④					
				プログラム立案者：藤田	

【特記事項】 衣服はゆったりとしたものを依頼する。	【プログラム実施後の変化（総括）】 再評価日：○年9月30日 衣服を自身で着る努力をされて，できるようになってきました。4点杖歩行は安定してきていますので，屋外歩行を目指すのであれば，1本杖の訓練が必要と考えられます。

上記計画の内容について説明を受けました。 　　　　　　　　　　　　　　○年　7月　1日 ご本人氏名：○○○○ ご家族氏名：○○○○	上記計画書に基づきサービスの説明を行い内容に同意頂きましたので，ご報告申し上げます。 　　　　　　　　　　　　　　○年　7月　1日 ○○　介護支援専門員様／事業所様

通所介護事業所○○　　〒000-0000　住所：○○県○○市○○○○-00　　管理者：○○
　　　　　　　　　　　Tel. 000-000-0000／Fax. 000-000-0000　　　説明者：○○

興味・関心チェックシート 3カ月後

聞き取り日：〇年9月27日

| 氏名 | Bさん | | | 生年月日 | 〇年〇月〇日 | 年齢 | 76歳 | 性別 | 女 |

生活行為	している	してみたい	興味がある	生活行為	している	してみたい	興味がある
自分でトイレへ行く	○			生涯学習・歴史			
一人でお風呂に入る				読書			
自分で服を着る	○			俳句			
自分で食べる	○			書道・習字			
歯磨きをする	○			絵を描く・絵手紙			
身だしなみを整える	○			パソコン・ワープロ			
好きなときに眠る	○			写真			
掃除・整理整頓	○			映画・観劇・演奏会			
料理を作る		○		お茶・お花			
買い物			○	歌を歌う・カラオケ			
家や庭の手入れ・世話				音楽を聴く・楽器演奏			
洗濯・洗濯物たたみ	○			将棋・囲碁・麻雀・ゲーム等			
自転車・車の運転				体操・運動			
電車・バスでの外出				散歩			
孫・子供の世話				ゴルフ・グラウンドゴルフ・水泳・テニスなどのスポーツ			
動物の世話				ダンス・踊り			
友達とおしゃべり・遊ぶ	○			野球・相撲等観戦			
家族・親戚との団らん				競馬・競輪・競艇・パチンコ			
デート・異性との交流				編み物			○
居酒屋に行く				針仕事			
ボランティア				畑仕事			
地域活動（町内会・老人クラブ）				賃金を伴う仕事			
お参り・宗教活動				旅行・温泉			
その他（　　　）				その他（　　　）			
その他（　　　）				その他（　　　）			

> デイサービスで会話をする機会が増えた。

居宅訪問チェックシート 3カ月後

利用者氏名	Bさん			生年月日	○年○月○日	年齢	76歳	性別	女
訪問日・時間	○年9月27日（○） 16：40 ～ 17：00							要介護度	2
訪問スタッフ	○○			職種	機能訓練指導員		被聞取り者	利用者	

	項目	レベル	課題	環境（実施場所・補助具等）	状況・生活課題
ADL	食事	☑自立 □見守り □一部介助 □全介助	無	食堂で長女と食べるか，自室で食べる。	左半身に麻痺があり，上肢には屈曲拘縮があるため，衣服の着脱には時間がかかるが何とか自分で行っている。
	排泄	☑自立 □見守り □一部介助 □全介助	無	洋式トイレで，L字手すりを使用する。	
	入浴	□自立 □見守り ☑一部介助 □全介助	有	自宅の浴槽は和式型で，浴槽をまたぐことが困難。	
	更衣	☑自立 □見守り □一部介助 □全介助	無	ベッド上端座位で時間はかかるが自分で着替える。	
	整容	☑自立 □見守り □一部介助 □全介助	無		
	移乗	☑自立 □見守り □一部介助 □全介助	無	ベッド柵やタンスなどにつかまって行っている。	
IADL	屋内移動	☑自立 □見守り □一部介助 □全介助	無	4点杖を使用してゆっくりと歩行する。	屋内は4点杖を使ってゆっくりと歩行できるが，屋外や階段は介助が必要である。 自室の掃除程度であれば何とかできる。調理は家族に任せているが，自分で電子レンジを使って温め直している。
	屋外移動	□自立 ☑見守り □一部介助 □全介助	有	玄関に手すりがある。	
	階段昇降	□自立 □見守り ☑一部介助 □全介助	有	玄関の段差に手すりがある。	
	調理	□自立 □見守り ☑一部介助 □全介助	有	電子レンジを使った簡単な調理であれば可能。	
	洗濯	□自立 □見守り ☑一部介助 □全介助	有		
	掃除	☑自立 □見守り □一部介助 □全介助	無	自室の掃除はできる。	

	項目	レベル	課題	状況・生活課題	
起居動作	起き上がり	☑自立 □見守り □一部介助 □全介助	無	左片麻痺があるため寝返りは右側のみで，立ち上がりはベッド柵などにつかまって行う。	
	座位	☑自立 □見守り □一部介助 □全介助	無		
	立ち上がり	☑自立 □見守り □一部介助 □全介助	無		
	立位	☑自立 □見守り □一部介助 □全介助	無		

身体機能：左半身には麻痺があり，上肢には屈曲拘縮がある。また，下肢に筋力低下があるため，4点杖歩行を練習し，かなり安定してきた。

精神・心理機能：特に問題はなく，歩行訓練に対しては意欲的である。

Barthel Index　3カ月後

氏名：Bさん　　評価日：○年9月30日（○）　　実施場所：○○　　評価者：○○

		点数	質問内容	得点
1	食事	10	自立。自助具などを使用してもよい。標準的時間内に食べ終えることができる	10
		5	部分介助（例えば，おかずを切って細かくしてもらう，自助食器などを利用して，こぼさないような介助してもらうなど）	
		0	全介助	
2	車いすからベッドへの移動	15	自立。ブレーキやフットレストの操作も含む（非行自立も含む）	15
		10	軽度の部分介助または監視を要する	
		5	座ることは可能だが，ほぼ全介助	
		0	全介助または不可能	
3	整容	5	自立（洗面，整髪，歯磨き，ひげ剃り）	5
		0	部分介助または不可能	
			※女性の場合は，化粧なども含む	
4	トイレ動作	10	自立（衣服の操作，後始末を含む。ポータブル便器などを使用している場合は，その洗浄も含む）	10
		5	部分介助。体を支える，衣服，後始末に介助を要する	
		0	全介助または不可能	
			※手すりの使用などもトイレ動作に含む	
5	入浴	5	自立	0
		0	部分介助または不可能	
			※浴槽内への出入りも入浴の動作に含むが，シャワー浴などもあり得る	
6	歩行	15	45m以上の歩行。補装具（車いす，歩行器は除く）の使用の有無は問わない	10
		10	45m以上の介助歩行。歩行器の使用を含む	
		5	歩行不能の場合，車いすにて45m以上の操作可能	
		0	上記以外	
			※義足，装具，杖，松葉杖，歩行器（車輪なし）などの使用は可	
7	階段昇降	10	自立。手すりなどの使用の有無は問わない	5
		5	介助または監視を要する	
		0	不能	
			※手すりや杖などの使用は可	
8	着替え	10	自立。靴，ファスナー，装具の着脱を含む	10
		5	部分介助，標準的な時間内，半分以上は自分で行える	
		0	上記以外	
9	排便コントロール	10	失禁なし。浣腸，坐薬の取り扱いも可能	10
		5	時に失禁あり。浣腸，坐薬の取り扱いに介助を要する者も含む	
		0	上記以外	
10	排尿コントロール	10	失禁なし。収尿器の取り扱いも可能	10
		5	時に失禁あり。収尿器の取り扱いに介助を要する者も含む	
		0	上記以外	

（自立できた。）

合計得点　85／100

通所介護 機能訓練評価シート 【3カ月後】

評価者	○○	(訪問)評価日	○年9月30日（○）

氏名	Bさん	性別	女	障害高齢者自立度	A2	要介護度	2
生年月日	○年○月○日	年齢	76	認知症高齢者自立度	自立		

関節可動域		肩：年齢相応・(制限あり)（　　　　　　　　　　　　　　） 肘：年齢相応・(制限あり)（屈曲拘縮。　　　　　　　　） 手：年齢相応・(制限あり)（左手指は握り込んだ状態。　） 股：年齢相応・(制限あり)（左股関節は120度程度までなら曲げられる。） 膝：年齢相応・(制限あり)（膝を曲げる時に硬さがある。） 足：年齢相応・(制限あり)（背屈に硬さがある。　　　　　）
痛みや痺れ等		痛み：(あり)・なし（左上肢の肩・肘・手に痛みがある。） 痺れ：(あり)・なし（左上肢に常にしびれがある。）
筋力	上肢	腕を曲げる：十分に曲げられる・(何とか曲げられる)・曲げられない（　　） 腕を伸ばす：十分に伸ばせる・何とか伸ばせる・(伸ばせない)（　　）
	下肢	足を後ろに引く：十分に引ける・(何とか引ける)・引けない（膝だけを曲げにくい。） 足を伸ばす：十分に伸ばせる・(何とか伸ばせる)・伸ばせない（　　）
	体幹	へそのぞき：十分にのぞける・(何とかのぞける)・のぞけない（わずかな時間であれば可能。） 背を伸ばす：十分に伸ばせる・(何とか伸ばせる)・伸ばせない（　　）
家庭でのADL	起き上がり	(できる)・介助でできる・できない（　　）
	座位保持	(できる)・介助でできる・できない（起き上がった瞬間は，横に倒れそうで柵を持つ。）
	歩行	(できる)・介助でできる・できない（立位保持は4点杖などを持って支える。）
	車いす駆動	できる・介助でできる・できない（　　）
	食事	できる・介助でできる・できない（箸を使用。）
	衣服・整容	(できる)・介助でできる・できない（時間はかかるが，腕をしっかりと伸ばしてできる。）
	入浴	できる・(介助でできる)・できない（浴槽をまたげない。移動は介助。）
	排泄	(できる)・介助でできる・できない（　　）
	会話	(できる)・介助でできる・できない（　　）
家庭でのIADL	買い物	できる・介助でできる・(できない)（家族が行っている。）
	調理	できる・介助でできる・(できない)（家族が行っている。電子レンジを使った温め直しは自分で行う。）
	掃除・洗濯	できる・(介助でできる)・できない（基本的には家族が行っているが，ベッド周りは自分で行う。）
認知機能	見当識	日時：(分かる)・時々分かる・分からない（　　） 場所や人：(分かる)・時々分かる・分からない（　　）
	記銘・記憶	短期：(覚えている)・不確か・忘れることが多い（　　） 長期：(覚えている)・不確か・忘れることが多い（　　）
	判断能力	簡単な内容：(できる)・意見を求める・できない（　　） 複雑な内容：(できる)・意見を求める・できない（　　）
	BPSD（幻覚・妄想・易怒・意欲低下等）	なし
麻痺回復（左）	肩や腕	かなり動かせる・半分程度・(わずかに動かせる)（　　）
	手指	かなり動かせる・半分程度・(わずかに動かせる)（　　）
	下肢	かなり動かせる・(半分程度)・わずかに動かせる（　　）
興味・関心・生きがい・役割		デイサービスでは，廊下で歩く練習を熱心にしている。
生活スタイル・活動量・交流		家の中で閉じこもり傾向。 近所の友人と，デイサービスの場を利用して会話している。
訓練効果，実施方法に関する評価 実施日：○.9.30		機能訓練指導員：左下肢の筋力強化を継続し，1本杖を使った歩行訓練が必要。 看護職員：左下肢のしびれや痛みをかなり気にしている。 介護職員：歩行時の転倒に注意して介助する必要がある（特に入浴時）。 生活相談員：家族は日中いないことが多く，夜勤もある。

※ できる部分を細かく記載する。
※ 訓練内容の変更を提案する。

通所介護計画書 3カ月後

作成日	○年10月1日	前回作成日	○年7月1日	計画作成者	○○				
ふりがな 氏名	Bさん	性別	生年月日	年齢	要介護度	管理者	看護	介護	機能訓練	相談員
		女	○年○月○日	76	2	○○	○○	○○	○○	○○

【通所介護利用までの経緯（活動歴・病歴）】
介護をしていた夫が亡くなった後に2度脳梗塞になり，長女が同居するようになったが，不規則な勤務のため十分な介護はできない。

【本人の希望】
ゆっくりとしか歩けないので，もう少しうまく歩けるようになりたい。左手にしびれと痛みがあって動かせないので，硬くなると困る。

【家族の希望】
少しでもうまく歩けるようになってもらいたい。

【障害自立度】
A2

【認知症自立度】
自立

【健康状態（病名，合併症（心疾患，呼吸器疾患等），服薬状況等）】
高血圧症（○年）
脳梗塞後遺症（○年）
降圧剤などを1日3回服用する。

【ケアの上での医学的リスク（血圧，転倒，嚥下障害等）・留意事項】
血圧が180mmHgであれば入浴を中止する。

【自宅での活動・参加の状況（役割など）】
家の中で閉じこもり傾向。近所の友人とデイサービスを利用して話をしている。

利用目標

	設定日	達成予定日			目標達成度
長期目標	○年10月	○年3月	歩行が安定し，外出ができる。		達成・一部・未達
短期目標	○年10月	○年12月	左半身が動かしやすくなり，杖歩行も安定する。		達成・一部・未達

サービス提供内容

目的とケアの提供方針・内容	評価		効果，満足度等
	実施	達成	
①左半身の関節を動かしやすくするために，関節可動域訓練を行う。 10月1日～12月31日	実施 一部 未実施	達成 一部 未達	
②外出できるようになるため，屋外歩行訓練や段差超え訓練を行う。 10月1日～12月31日	実施 一部 未実施	達成 一部 未達	
③手の機能を維持するために，入浴を洗身・洗髪は見守り・軽介助で，浴室内移動は片手を介助で行う。更衣動作は，上着は自分で，ズボンは見守りで行う。　10月1日～12月31日	実施 一部 未実施	達成 一部 未達	
④　　月　日～　月　日	実施 一部 未実施	達成 一部 未達	
⑤　　月　日～　月　日	実施 一部 未実施	達成 一部 未達	

迎え（有・無）

プログラム（1日の流れ）

予定時間	サービス内容
9：00	バイタルチェック
10：00	入浴介助
10：40	左上下肢可動域訓練
11：30	集団体操
12：00	食事
13：00	のんびり
14：10	屋外歩行訓練など
15：00	おやつ
15：30	学習・回想法
16：30	終わりの会

送り（有・無）

【特記事項】
衣服はゆったりとしたものを依頼する。

【実施後の変化（総括）】　再評価日：　年　月　日

上記計画の内容について説明を受けました。　　○年　10月　1日
ご本人氏名：○○○○
ご家族氏名：○○○○

上記計画書に基づきサービスの説明を行い内容に同意頂きましたので，ご報告申し上げます。
　　　　　　　　　　　　　　　　　　　　○年　10月　1日
○○　介護支援専門員様／事業所様

通所介護事業所○○○　〒000-0000　住所：○○県○○市○○00-00　管理者：○○
Tel. 000-000-0000／Fax. 000-000-0000　説明者：○○

通所介護個別機能訓練計画書 3カ月後

作成日	○年10月1日	前回作成日	○年7月1日	計画作成者	○○			
ふりがな 氏名	Bさん	性別	生年月日	年齢	要介護度	管理者	看護	介護	機能訓練	相談員
		女	○年○月○日	76	2	○○	○○	○○	○○	○○

【本人の希望】 ゆっくりとしか歩けないので，もう少しうまく歩けるようになりたい。左手にしびれと痛みがあって動かせないので，硬くなると困る。	【家族の希望】 少しでもうまく歩けるようになってもらいたい。	【障害自立度】 A2
		【認知症自立度】 自立
【病名，合併症（心疾患，呼吸器疾患等）】 高血圧症（○年） 脳梗塞後遺症（○年）	【生活課題】 左片麻痺のため，4点杖を使用。左半身には上肢に拘縮があり，右手で生活動作を行っている。また，麻痺側にしびれがあり，夜中にさすってこらえている。	【在宅環境（生活課題に関連する在宅環境課題）】 長女と2人暮らしであるが，長女は不規則な勤務である。玄関には階段が3段あり，1人での外出は困難。
【運動時のリスク（血圧，不整脈，呼吸等）】 血圧は140～160／90mmHg程度で，変動に注意。		

個別機能訓練加算Ⅰ

長期目標： ○年3月	歩行が安定し，外出ができる。				目標達成度 達成・一部・未達
短期目標： ○年12月	左半身が動かしやすくなる。				目標達成度 達成・一部・未達
プログラム内容（何を目的に〈～のために〉～する）		留意点	頻度	時間	主な実施者
①左半身の各関節の可動性を増すために，左半身の関節可動域訓練を行う。5回×2		ゆっくりと行う。	週3回	10：40～11：00	山田
②体力の維持・向上のために，集団体操に参加する。			週3回	11：30～11：45	山田
③					
				プログラム立案者：山田	

個別機能訓練加算Ⅱ

長期目標： ○年3月	歩行が安定し，外出ができる				目標達成度 達成・一部・未達
短期目標： ○年12月	左半身が動かしやすくなり，1本杖歩行も安定する。				目標達成度 達成・一部・未達
プログラム内容（何を目的に〈～のために〉～する）		留意点	頻度	時間	主な実施者
①玄関の階段昇降ができるために，段差超えの訓練を行う。3回		転倒に注意する。	週3回	14：10～14：20	藤田
②屋外での1本杖歩行を安定させるために，デイサービスの屋外を歩行訓練する。5分程度		転倒に注意する。	週3回	14：20～14：25	藤田
③					
④					
				プログラム立案者：藤田	

【特記事項】 衣服はゆったりとしたものを依頼する。	【プログラム実施後の変化（総括）】 再評価日：　年　月　日

上記計画の内容について説明を受けました。
　　　　　　　　　　　　　　　　　○年　10月　1日
ご本人氏名：○○○○
ご家族氏名：○○○○

上記計画書に基づきサービスの説明を行い
内容に同意頂きましたので，ご報告申し上げます。
　　　　　　　　　　　　　　　　　○年　10月　1日
　　　　　　　○○　介護支援専門員様／事業所様

通所介護事業所○○　　〒000-0000　住所：○○県○○市○○○○-00　　管理者：○○
　　　　　　　　　　　Tel. 000-000-0000／Fax. 000-000-0000　　説明者：○○

事例 9

自宅での入浴を希望する認知症の利用者

| 要介護度 | 要介護2 | 障害高齢者自立度 | A2 | 認知症高齢者自立度 | Ⅱb |

　Lさんは，40歳ごろに腰痛症になり，腰も曲がるようになった。10年前には腰椎圧迫骨折になり，円背と腰痛はひどくなった。痛みは軽度になったものの，円背で歩行はゆっくりと歩くようになった。

　昨年2月ごろより物忘れが出はじめ，何度も同じ話をするようになり，医師からはアルツハイマー型認知症と言われている。最近は夜間にごそごそ動き，たんすの中身を引っ張り出して，服を確認している。また，失敗した下着の汚れを隠したり，気になることがあると夜中でも長男夫婦に尋ねてきたりするなど家族を困らせている。夜間に活動するため，時々昼寝をしている。

　現在は，日中家で過ごし，何もすることがない状況。近隣との交流はあったが，最近は同年代の人が少なくなり，交流は少なくなっている。

336

居宅サービス計画書（1）

利用者名： L 殿　　　　　　　　　　　　　　　　　作成年月日 ○年5月25日

要介護状態区分	要介護1　　（要介護2）　　要介護3　　要介護4　　要介護5
利用者および家族の生活に対する意向	[本人] 1歩でも歩けるようになりたい。 　　　　家でも風呂に入りたい。 　　　　デイサービスに行くと家族も喜ぶだろう。 [家族] 我がままなので困る。 　　　　日中一人にするのが心配。 　　　　認知症が進まないようにしてほしい。
介護認定審査会の意見およびサービスの種類の指定	
総合的な援助の方針	自宅で歩きやすくなるためにリハビリを頑張り、自宅でできる運動を実施しましょう。 自宅で入浴できるように、リハビリの指導を受けて練習してみましょう。 外に出かけて、会話を続けましょう。 主治医は○○○診療所（内科△△医師、×××-×××××）です。 緊急時は長男の△△△様　携帯電話（××××-××××-××××）に連絡を取り、対応を相談します。

生活援助中心型の算定理由	1．一人暮らし　　2．家族等が障害、疾病等　　3．その他（　　　　）

居宅サービス計画書（2）

利用者名： L　殿　　　　　　　　　　　　　　　　　　　　　　　　　作成年月日　〇年5月25日

生活全般の解決すべき課題（ニーズ）	目標				援助内容				
	長期目標	（期間）	短期目標	（期間）	サービス内容	※1	サービス種別	※2	頻度	期間
1歩でも歩けるようになりたい。	転倒の心配なく歩ける。	〇.6.1〜〇.11.30	屋内での移動が楽にできる。	〇.6.1〜〇.8.31	①歩行訓練 ②全身の機能訓練	〇 〇	①訪問リハビリテーション ①②通所介護		週1回 週3回	〇.6.1〜〇.8.31
家でも風呂に入りたい。	自宅の浴槽で入浴できる。	〇.6.1〜〇.11.30	介助を受けて自宅での入浴に慣れる。	〇.6.1〜〇.8.31	①浴室内移動介助 ②入浴見守り、声かけ ③入浴方法指導 ④浴室環境整備	〇 〇 〇 〇	①②訪問介護（身体介護） ③訪問リハビリテーションからの指導 ①②通所介護 ④住宅改修		週1回 随時 週3回 1週間以内	〇.6.1〜〇.8.31
家の中ですることができて楽しく過ごしたい。	日中一人でも安心して過ごせる。	〇.6.1〜〇.11.30	自宅生活ですることが増える。	〇.6.1〜〇.8.31	①脳トレーニング ②レクリエーション	〇	通所介護		週3回	〇.6.1〜〇.8.31

※1 「保険給付の対象となるかどうかの区分」について、保険給付対象内サービスについては〇印を付す。
※2 「当該サービス提供を行う事業所」について記入する。

通所介護アセスメントシート

アセスメント実施日　○年5月25日　第3回　面接方法（　訪問　）　担当者　S

フリガナ		性別	男	生年月日	○年○月○日（79歳）	要介護度	介護認定日		
氏名	Lさん					2	○	○	5　8

住所	○○市○○町○丁目○番地	電話番号	×××-×××-××××	認定の有効期間
				○.6 ～ ○.5

連絡先	氏名	続柄	住所	電話番号	障害高齢者自立度	A2
	○○○○	長男	同上	同上	認知症高齢者自立度	Ⅱb
	○○○○	長男の妻	同上	同上		

家族構成	現在利用している社会資源等	本人の希望
長男家族と同居。 長男夫婦は農業で日中は1人になる。	在宅および施設ケアサービス 訪問リハビリテーション週1回 通所介護週3回	歩けるようになりたい。 家でも風呂に入りたい。 デイサービスに行けば，家族も喜ぶだろう。
介護状況 主介護者　（　　長男の妻　　） 仕事等　　（　　農業　　） 健康状態　（　　良好　　） キーパーソン（　　長男　　）	日常生活用具等 電動ベッド ベッド介助バー	家族の希望・要望 我がままなので困る。 日中1人にするのが心配。 認知症が進まないようにしてほしい。

生活歴
22歳で結婚し，子供が5人いる。長男と3男以外は遠方に出ている。みかん農家で，長年の作業で腰が曲がり，畑で転落して腰椎圧迫骨折や右上腕骨折をしたことがある。また，胃がんで胃を半分摘出し，痩せている。最近認知症が進み，同じ服を何日も着たり，何枚も重ねて着たりしている。トイレも間に合わないことがあるが，汚れた下着を隠そうとする。

治療状況

既往歴	現病歴	服薬状況	受診方法
腰痛症（40歳ごろ） 胃がん術後（65歳） 腰椎圧迫骨折，右上腕骨幹部骨折（69歳）	昨年2月ごろより物忘れが出始め，何度も同じ話をするようになった。医師からはアルツハイマー型認知症と言われている。最近は下着の汚れを隠したり，部屋のタンスの中身を出したり乱雑に入れたりして，家族を困らせている。	胃薬（1日2回） 緩下剤（1日2回） 痛み止め塗り薬 湿布	月2回訪問診療

医療機関名・担当医（　　○○診療所　内科　△△医師　　）　TEL（　　　　）
　　　　　　　　　（　　　　　　　　　　　　　　　　）　TEL（　　　　）

医療保険	後期高齢者医療制度	身障手帳	なし	年金等	国民年金：年間80万円程度

身体状況

〈拘縮　麻痺　痛み　皮膚の状況〉

拘縮	腰はかなり曲がったままで，背筋を伸ばしにくい。右肩も90度程度しか上がらない。
麻痺	両下肢の筋力が低下している。
痛み	腰と右腕の痛みは軽度であり，気にするほどではない。
褥瘡	特になし
皮膚の状況	

〈目・耳の状態およびコミュニケーション能力〉

視力	特に問題なし	眼鏡	なし
聴力	聞こえる。	補聴器	なし
目・耳の症状	大体は見えている。		
意思表示の手段	言葉で十分に伝えられる。言い出したら聞こうとせず，話が長くなると，大声で怒り出すことが多い。		
意思の伝達	自分の要求だけを言うことが多い。人の話をあまり聞こうとしない。		
指示への反応	簡単な内容は理解できる。		
その他	163cm，49kg		

介護保険	○○○○○○○○○○○	支援事業所	居宅介護支援事業所○○荘	ケアマネジャー	S

日常生活動作能力	寝返り	ベッド柵につかまって引っ張るようにして寝返る。
	起き上がり	ベッド柵につかまって起き上がる。
	座位	安定しているが，長時間座っていると，腰がしんどくなる。骨を折ったので仕方ないと思う。
	移乗・移動	立ち上がりはベッドの介助バーにつかまることが多い。「つかまって立った方が楽だ」
		ベッド柵や机などにつかまったり，膝を両腕で支えたりしながら歩くが，休憩する必要がある。
		移乗時は机やいすにつかまって行う。
	着脱	時間はかかるができる。何枚も重ね着をする。「寒いので着ておく」と受け入れてくれない。
	整容	時間はかかるができる。
	IADL等	調理，買い物，掃除，洗濯は，長男の妻が行う。

食事・栄養状態	肥満とやせ	やせ型。
	食べ方	自分で食べられるが，食べこぼしがある。水分はペットボトルに入れておいたものを飲む。
	嚥下	良好
	食事制限	特になし
	食物形態	普通食。何でも食べる。
	一日の水分量	1,000mL程度で少なめ。「もらしたらいけない」
	口腔の状態	総入れ歯。外すことはほとんどない。

排泄の状況	尿	1日何度もトイレに行っているようだが，出ているのかどうかよく分からない。
	尿失禁	ズボンが濡れているのを見たことがあるので，間に合わないことがあるようだ。
	便	ほぼ毎日出ているようだが，汚れた下着が時々たんすに入っている。
	便失禁	失禁よりも肛門をしっかりと拭けていない場合が多い様子。
	トイレ環境	洋式トイレで，手すりはない。

身体の清潔状況	現在は，デイサービス利用日にシャワーいすと手すり付きの浴槽で入浴している。自宅の浴槽に手すりは付いていない。風呂は好きな様子で，以前は毎日入っていた。
浴室環境	浴槽に手すりは付いていない。

精神状態	睡眠の状況	夜間にごそごそと動いている。たんすの中身を引っ張り出し，服を確認している。また，時計もどこに置いたのか分からなくなる。時々昼寝をしている。
	認知症の症状	夜間にごそごそと動き，気になることがあると長男夫婦に尋ねてくるので，長男夫婦は怒ってきつい言葉かけをしている。薬の管理が難しいので，家族が朝夕の食事時間に渡して飲ませている。

家族の協力体制	長男夫婦は日中仕事のため，介護は難しい。	住宅・環境等	
興味・関心・生きがい	服や時計のことが気になる。	6畳の部屋にベッドとタンスがある。玄関には手すりを取り付けている。近所にはスーパー，病院などがない住宅街。	
生活スタイル・活動状況	自室と居間，トイレの間を動く程度であるが，自室内のたんすや押し入れなどの中身を確認していることが多い。服や時計のことが気になり，たんすにあるものをいくつか何度も出したり入れたりしているが，同じものを身に着けている傾向。		
要支援に至った理由と経緯以前のADLと家庭内役割自立してできなくなったこと	40歳ごろに腰痛症になり，腰も曲がってきた。69歳の時に腰椎圧迫骨折になり，円背と腰痛はひどくなった。痛みは軽度になったものの，円背で歩行は歩くようになった。以前から家事はしたことがなく，長男の妻が行っていた。		
現在の家事状況と役割近隣との交流	現在は，日中家で過ごし，何もすることがない状況。近隣との交流はあったが，最近は同年代の人が少なくなり，交流は少なくなっている。		
送迎場所	自宅玄関	送迎方法	歩行見守り	ベッド等	電動ベッド

興味・関心チェックシート

聞き取り日：○年5月25日

氏名	Lさん			生年月日	○年○月○日	年齢	79歳	性別	男

生活行為	している	してみたい	興味がある	生活行為	している	してみたい	興味がある
自分でトイレへ行く	○			生涯学習・歴史			
一人でお風呂に入る		○		読書			
自分で服を着る	○			俳句			
自分で食べる	○			書道・習字			
歯磨きをする	○			絵を描く・絵手紙			
身だしなみを整える	○			パソコン・ワープロ			
好きなときに眠る	○			写真			
掃除・整理整頓	○			映画・観劇・演奏会			
料理を作る				お茶・お花			
買い物				歌を歌う・カラオケ			
家や庭の手入れ・世話				音楽を聴く・楽器演奏			
洗濯・洗濯物たたみ	○			将棋・囲碁・麻雀・ゲーム等			
自転車・車の運転				体操・運動			
電車・バスでの外出				散歩			
孫・子供の世話				ゴルフ・グラウンドゴルフ・水泳・テニスなどのスポーツ			
動物の世話				ダンス・踊り			
友達とおしゃべり・遊ぶ			○	野球・相撲等観戦			
家族・親戚との団らん				競馬・競輪・競艇・パチンコ			
デート・異性との交流				編み物			
居酒屋に行く				針仕事			
ボランティア				畑仕事			
地域活動（町内会・老人クラブ）				賃金を伴う仕事			
お参り・宗教活動				旅行・温泉			
その他（　　　　）				その他（　　　　）			
その他（　　　　）				その他（　　　　）			

居宅訪問チェックシート

利用者氏名	Lさん		生年月日	○年○月○日	年齢	79歳	性別	男
訪問日・時間	○年5月25日（○） 16：50 ～ 17：10						要介護度	2
訪問スタッフ	○○，○○	職種	生活相談員，機能訓練指導員		被聞取り者	家族，利用者		

	項目	レベル	課題	環境（実施場所・補助具等）	状況・生活課題
ADL	食事	☑自立 □見守り □一部介助 □全介助	無	食べこぼしがある。	認知機能低下による問題があるため，トイレに間に合わないとズボンを汚し，その衣服をタンスにしまうことがある。
	排泄	☑自立 □見守り □一部介助 □全介助	無	洋式トイレ。	
	入浴	□自立 □見守り ☑一部介助 □全介助	有	自宅の浴槽は和洋折衷型で，浴槽をまたぐことが困難。手すりはない。	
	更衣	☑自立 □見守り □一部介助 □全介助	無		
	整容	☑自立 □見守り □一部介助 □全介助	無		
	移乗	☑自立 □見守り □一部介助 □全介助	無	机やいすなどにつかまって行っている。	
IADL	屋内移動	☑自立 □見守り □一部介助 □全介助	無		腰痛があるが，何かにつかまれば立ち上がりは楽にできる。歩行は時々休憩を入れる必要がある。 以前から家事はしたことがない。 夜中にタンスの中身を出すため，長男家族とトラブルになっている。
	屋外移動	□自立 ☑見守り □一部介助 □全介助	有	何かをつかまったり，膝を押さえたりしながら歩く。	
	階段昇降	□自立 ☑見守り □一部介助 □全介助	有		
	調理	□自立 □見守り □一部介助 ☑全介助	無	長男の妻が行う。	
	洗濯	□自立 □見守り □一部介助 ☑全介助	無	長男の妻が行う。	
	掃除	□自立 □見守り □一部介助 ☑全介助	有	長男の妻が行う。	

	項目	レベル	課題	状況・生活課題	
起居動作	起き上がり	☑自立 □見守り □一部介助 □全介助	無	腰痛があるため，立ち上がりは何かにつかまって行う。 基本的な動きは問題ない。	
	座位	☑自立 □見守り □一部介助 □全介助	無		
	立ち上がり	☑自立 □見守り □一部介助 □全介助	無		
	立位	☑自立 □見守り □一部介助 □全介助	無		

身体機能：円背で軽度の腰痛があり，前かがみ姿勢である。

精神・心理機能：物忘れがあり，気になることは家族に何度も聞く。
　　　　　　　　服を何枚も重ね着をしており，注意すると怒り出す。

Barthel Index

氏名：Lさん　　評価日：〇年5月25日（〇）　　実施場所：〇〇　　評価者：〇〇

		点数	質問内容	得点
1	食事	10 5 0	自立。自助具などを使用してもよい。標準的時間内に食べ終えることができる 部分介助（例えば，おかずを切って細かくしてもらう，自助食器などを利用して，こぼさないような介助してもらうなど） 全介助	10
2	車いすからベッドへの移動	15 10 5 0	自立。ブレーキやフットレストの操作も含む（非行自立も含む） 軽度の部分介助または監視を要する 座ることは可能だが，ほぼ全介助 全介助または不可能	10
3	整容	5 0	自立（洗面，整髪，歯磨き，ひげ剃り） 部分介助または不可能 ※女性の場合は，化粧なども含む	5
4	トイレ動作	10 5 0	自立（衣服の操作，後始末を含む。ポータブル便器などを使用している場合は，その洗浄も含む） 部分介助。体を支える，衣服，後始末に介助を要する 全介助または不可能 ※手すりの使用などもトイレ動作に含む	5
5	入浴	5 0	自立 部分介助または不可能 ※浴槽内への出入りも入浴の動作に含むが，シャワー浴などもあり得る	0
6	歩行	15 10 5 0	45m以上の歩行。補装具（車いす，歩行器は除く）の使用の有無は問わない 45m以上の介助歩行。歩行器の使用を含む 歩行不能の場合，車いすにて45m以上の操作可能 上記以外 ※義足，装具，杖，松葉杖，歩行器（車輪なし）などの使用は可	10
7	階段昇降	10 5 0	自立。手すりなどの使用の有無は問わない 介助または監視を要する 不能 ※手すりや杖などの使用は可	5
8	着替え	10 5 0	自立。靴，ファスナー，装具の着脱を含む 部分介助，標準的な時間内，半分以上は自分で行える 上記以外	10
9	排便コントロール	10 5 0	失禁なし。浣腸，坐薬の取り扱いも可能 時に失禁あり。浣腸，坐薬の取り扱いに介助を要する者も含む 上記以外	10
10	排尿コントロール	10 5 0	失禁なし。収尿器の取り扱いも可能 時に失禁あり。収尿器の取り扱いに介助を要する者も含む 上記以外	5

合計得点
70／100

通所介護機能訓練評価シート

評価者	○○	（訪問）評価日	○年5月25日（○）

氏名	Lさん	性別	男	障害高齢者自立度	A2	要介護度	
生年月日	○年○月○日	年齢	79	認知症高齢者自立度	Ⅱb		2

関節可動域		肩：年齢相応・**制限あり**（右肩関節90度までしか上がらない。　　　　　　） 肘：**年齢相応**・制限あり（　　　　　　　　　　　　　　　　　　　　） 手：**年齢相応**・制限あり（　　　　　　　　　　　　　　　　　　　　） 股：**年齢相応**・制限あり（　　　　　　　　　　　　　　　　　　　　） 膝：**年齢相応**・制限あり（　　　　　　　　　　　　　　　　　　　　） 足：**年齢相応**・制限あり（　　　　　　　　　　　　　　　　　　　　）
痛みや痺れ等		痛み：**あり**・なし（腰と右腕の痛みは軽度　　　　　　　　　　　　　　） 痺れ：あり・**なし**（　　　　　　　　　　　　　　　　　　　　　　　）
筋力	上肢	腕を曲げる：**十分に曲げられる**・何とか曲げられる・曲げられない（　　　） 腕を伸ばす：**十分に伸ばせる**・何とか伸ばせる・伸ばせない（　　　　　）
	下肢	足を後ろに引く：**十分に引ける**・何とか引ける・引けない（　　　　　　） 足を伸ばす：十分に伸ばせる・**何とか伸ばせる**・伸ばせない（膝が折れそうになる。）
	体幹	へそのぞき：十分にのぞける・**何とかのぞける**・のぞけない（　　　　　） 背を伸ばす：十分に伸ばせる・**何とか伸ばせる**・伸ばせない（　　　　　）
家庭でのADL	起き上がり	**できる**・介助でできる・できない（ベッド柵につかまって起き上がる。　）
	座位保持	**できる**・介助でできる・できない（　　　　　　　　　　　　　　　　　）
	歩行	**できる**・介助でできる・できない（机やベッド柵などにつかまって歩く。）
	車いす駆動	できる・介助でできる・できない（　　　　　　　　　　　　　　　　　　）
	食事	**できる**・介助でできる・できない（　　　　　　　　　　　　　　　　　）
	衣服・整容	**できる**・介助でできる・できない（時間がかかる。　　　　　　　　　　）
	入浴	できる・**介助でできる**・できない（浴室内移動を手引き介助し，浴槽に入る時も足を介助してもらう。）
	排泄	できる・**介助でできる**・できない（トイレが間に合わないことがあり，ズボンや便器を汚す。）
	会話	**できる**・介助でできる・できない（人の話をあまり聞こうとしない。　）
家庭でのIADL	買い物	できる・介助でできる・**できない**（長男の妻が行う。　　　　　　　　　）
	調理	できる・介助でできる・**できない**（長男の妻が行う。　　　　　　　　　）
	掃除・洗濯	できる・介助でできる・**できない**（長男の妻が行う。　　　　　　　　　）
認知機能	見当識	日時：**分かる**・時々分かる・分からない（　　　　　　　　　　　　　　） 場所や人：**分かる**・時々分かる・分からない（　　　　　　　　　　　）
	記銘・記憶	短期：覚えている・**不確か**・忘れることが多い（　　　　　　　　　　　） 長期：覚えている・不確か・**忘れることが多い**（　　　　　　　　　　　）
	判断能力	簡単な内容：**できる**・意見を求める・できない（　　　　　　　　　　　） 複雑な内容：できる・**意見を求める**・できない（　　　　　　　　　　　）
	BPSD（幻覚・妄想・易怒・意欲低下等）	夜間にごそごそと動き，気になることがあると長男夫婦に尋ねてくるので，長男夫婦は怒ってきつい言葉かけをしている。 薬の管理が難しいので，家族が朝夕の食事時間に渡して飲ませている。
麻痺回復（麻痺なし）	肩や腕	かなり動かせる・半分程度・わずかに動かせる（　　　　　　　　　　　　）
	手指	かなり動かせる・半分程度・わずかに動かせる（　　　　　　　　　　　　）
	下肢	かなり動かせる・半分程度・わずかに動かせる（　　　　　　　　　　　　）
興味・関心・生きがい・役割		服や時計のことが気になる。
生活スタイル・活動量・交流		自室と居間，トイレの間を動く程度であるが，自室内のたんすや押し入れなどの中身を確認していることが多い。服や時計のことが気になり，引っ張り出すが，同じ服を着る傾向がある。
訓練効果，実施方法に関する評価　実施日：○.5.25		機能訓練指導員：自宅で入浴したいということなので，立ち上がりの訓練を実施してはどうか。 看護職員：認知症で言い出したら聞こうとしない。 介護職員：トイレが間に合わないことがある。 生活相談員：長男夫婦と同居している。

通所介護計画書

※3カ月間の評価および変化も記載しています。

作成日	○年5月25日	前回作成日	○年2月27日	計画作成者	○○				
ふりがな 氏名	Lさん	性別	生年月日	年齢	要介護度	管理者	看護	介護	機能訓練	相談員
		男	○年○月○日	79	2	○○	○○	○○	○○	○○

【通所介護利用までの経緯（活動歴・病歴）】 昨年の2月ごろより物忘れが出はじめ，同じ話を何度もしたり，夜中にたんすの中の服を出し入れしたりするようになった。同じことを家族に何度も尋ねてトラブルになっている。	【本人の希望】 1歩でも歩けるようになりたい。 家でも風呂に入りたい。	【障害自立度】 A2
	【家族の希望】 認知症が進まないようにしてほしい。	【認知症自立度】 Ⅱb

【健康状態（病名，合併症（心疾患，呼吸器疾患等），服薬状況等）】 腰痛症（○年）　　腰椎圧迫骨折（○年） アルツハイマー型認知症（○年） 腰に痛み止めの塗り薬を塗る。	【ケアの上での医学的リスク（血圧，転倒，嚥下障害等）・留意事項】 血圧が180mmHg以上であれば入浴を中止する。

【自宅での活動・参加の状況（役割など）】
近所との交流も少なく，家の中でタンスの服を触るなどして過ごしている。

利用目標

長期目標	設定日　　○年6月 達成予定日　○年11月	歩行が安定し，見守りで入浴できるようになる。	目標達成度 達成・一部・未達
短期目標	設定日　　○年6月 達成予定日　○年8月	入浴時は自分で立ち上がれるようになり，歩行も安定する。	目標達成度 (達成)・一部・未達

サービス提供内容

目的とケアの提供方針・内容	評価			迎え（ 有 ・ 無 ）	
	実施	達成	効果，満足度等		
①安定した歩行のために，施設内を移動する時は，見守りで歩行し，背筋を伸ばすように声かけをする。 6月1日～8月31日	(実施) 一部 未実施	(達成) 一部 未達	見守りと声かけで移動時の安全性は保たれている。	プログラム（1日の流れ）	
				予定時間	サービス内容
②入浴が見守りでできるために，入浴時，浴室内の移動は手引きで行い，立ち座りは手すりにつかまって行う。洗身・洗髪などはできない部分のみ介助する。6月1日～8月31日	(実施) 一部 未実施	(達成) 一部 未達	浴室内の立ち上がりは安定してできるようになった。	9：00 10：30 11：30 12：00	バイタルチェック 入浴訓練 集団体操 食事
③認知機能への刺激のために，脳トレーニングやレクリエーションに参加する。 6月1日～8月31日	(実施) 一部 未実施	達成 (一部) 未達	日によって集中度にばらつきがある。	13：00 14：00 15：00 15：30 16：30	のんびり レクリエーション おやつ 学習・回想法 終わりの会
④ 　月　日～　月　日	実施 一部 未実施	達成 一部 未達			
⑤ 　月　日～　月　日	実施 一部 未実施	達成 一部 未達		送り（ (有) ・ 無 ）	

【特記事項】 移乗・移動の際は，転倒に注意する。	【実施後の変化（総括）】　再評価日：○年8月31日 移動は安定してできています。入浴時の立ち上がりも見守りと声かけでできるようになり，自信がついてきたようです。

上記計画の内容について説明を受けました。 　　　　　　　　　　　　　　○年　6月　1日 ご本人氏名：○○○○ ご家族氏名：○○○○	上記計画書に基づきサービスの説明を行い内容に同意頂きましたので，ご報告申し上げます。 　　　　　　　　　　　　　○年　6月　1日 ○○　介護支援専門員様／事業所様

通所介護○○○　　〒000-0000　　住所：○○県○○市○○○○-00　　管理者：○○
　　　　　　　　　Tel. 000-000-0000 ／ Fax. 000-000-0000　　　　説明者：○○

通所介護個別機能訓練計画書

※3カ月間の評価および変化も記載しています。

作成日	○年5月25日	前回作成日	○年2月27日	計画作成者	○○			
ふりがな 氏名	Lさん	性別 男	生年月日 ○年○月○日	年齢 79	要介護度 2	管理者 ○○	看護 ○○	介護 ○○

(機能訓練：○○ 相談員：○○)

【本人の希望】 1歩でも歩けるようになりたい。 家でも風呂に入りたい。	【家族の希望】 認知症が進まないようにしてほしい。	【障害自立度】 A2 【認知症自立度】 Ⅱb
【病名，合併症（心疾患，呼吸器疾患等）】 腰痛症（○年）　腰椎圧迫骨折（○年） アルツハイマー型認知症（○年2月）	【生活課題】 物忘れや気になる行動のため，家族と気持ち良く過ごせていない。 円背で腰痛があるため，少し動くと休憩が必要である。	【在宅環境（生活課題に関連する在宅環境課題）】 玄関以外は手すりが付いていない。
【運動時のリスク（血圧，不整脈，呼吸等）】 腰痛の悪化に注意する。		

個別機能訓練加算Ⅰ

長期目標： ○年11月	屋内での移動が楽にできる。			目標達成度 達成・一部・未達	
短期目標： ○年8月	屋内での段差超えが楽にできる。			目標達成度 (達成)・一部・未達	
プログラム内容（何を目的に〈～のために〉～する）	留意点	頻度	時間	主な実施者	
①体力の維持・向上のため，レクリエーションに参加する。		週3回	14：00～14：50	山田	
②体幹の可動性向上のため，集団体操に参加する。		週3回	11：30～11：45	山田	
③					

プログラム立案者：山田

個別機能訓練加算Ⅱ

長期目標： ○年11月	自宅での入浴が見守りと声かけでできる。			目標達成度 達成・一部・未達
短期目標： ○年8月	自宅の浴槽内で立ち座りができる。			目標達成度 (達成)・一部・未達
プログラム内容（何を目的に〈～のために〉～する）	留意点	頻度	時間	主な実施者
①浴槽内で立ち座りができるために，浴槽内で手すりにつかまって立ち座りの訓練を行う。3回	転倒に注意する。	週3回	10：30～10：50	藤田
②浴室内の移動を安定させるために，浴室内歩行を手すりにつかまって歩行訓練をする。2回	転倒に注意する。	週3回	10：30～10：50	藤田
③				
④				

プログラム立案者：藤田

【特記事項】 入浴中の訓練のため，過度な負担にならないよう配慮する。	【プログラム実施後の変化（総括）】 再評価日：○年8月31日 移動は安定してできています。入浴時の立ち上がりも見守りと声かけでできるようになり，自信がついてきたようです。

上記計画の内容について説明を受けました。 　　　　　　　　　　　　　　　○年　6月　1日 ご本人氏名：○○○○ ご家族氏名：○○○○	上記計画書に基づきサービスの説明を行い内容に同意頂きましたので，ご報告申し上げます。 　　　　　　　　　　　　　　　○年　6月　1日 ○○　介護支援専門員様／事業所様

通所介護○○○　〒000-0000　住所：○○県○○市○○○○-00　管理者：○○
　　　　　　　Tel．000-000-0000／Fax．000-000-0000　説明者：○○

興味・関心チェックシート 3カ月後

聞き取り日：○年8月27日

氏名	Lさん			生年月日	○年○月○日	年齢	79歳	性別	男

生活行為	している	してみたい	興味がある	生活行為	している	してみたい	興味がある
自分でトイレへ行く	○			生涯学習・歴史			
一人でお風呂に入る		○		読書			
自分で服を着る	○			俳句			
自分で食べる	○			書道・習字			
歯磨きをする	○			絵を描く・絵手紙			
身だしなみを整える	○			パソコン・ワープロ			
好きなときに眠る	○			写真			
掃除・整理整頓	○			映画・観劇・演奏会			
料理を作る				お茶・お花			
買い物				歌を歌う・カラオケ			
家や庭の手入れ・世話				音楽を聴く・楽器演奏			
洗濯・洗濯物たたみ	○			将棋・囲碁・麻雀・ゲーム等			
自転車・車の運転				体操・運動			
電車・バスでの外出				散歩			
孫・子供の世話				ゴルフ・グラウンドゴルフ・水泳・テニスなどのスポーツ			
動物の世話				ダンス・踊り			
友達とおしゃべり・遊ぶ	○（会話の機会が増えた。）			野球・相撲等観戦			
家族・親戚との団らん				競馬・競輪・競艇・パチンコ			
デート・異性との交流				編み物			
居酒屋に行く				針仕事			
ボランティア				畑仕事			
地域活動（町内会・老人クラブ）				賃金を伴う仕事			
お参り・宗教活動				旅行・温泉			
その他（　　）				その他（　　）			
その他（　　）				その他（　　）			

居宅訪問チェックシート 3カ月後

利用者氏名	Lさん		生年月日	○年○月○日	年齢	79歳	性別	男
訪問日・時間	○年8月27日（○） 16：50 ～ 17：10						要介護度	2
訪問スタッフ	○○，○○	職種	生活相談員，機能訓練指導員		被聞取り者	家族，利用者		

	項目	レベル	課題	環境（実施場所・補助具等）	状況・生活課題
ADL	食事	☑自立 □見守り □一部介助 □全介助	無	食べこぼしがある。	認知機能低下による問題があるため，トイレに間に合わないとズボンを汚し，その衣服をタンスにしまうことがある。浴槽からの立ち上がりは安定してきた。 **訓練の効果。**
	排泄	☑自立 □見守り □一部介助 □全介助	無	洋式トイレ。	
	入浴	□自立 □見守り ☑一部介助 □全介助	有	自宅の浴槽は和洋折衷型で，浴槽をまたぐことが困難。手すりはない。	
	更衣	☑自立 □見守り □一部介助 □全介助	無		
	整容	☑自立 □見守り □一部介助 □全介助	無		
	移乗	☑自立 □見守り □一部介助 □全介助	無	机やいすなどにつかまって行っている。	
IADL	屋内移動	☑自立 □見守り □一部介助 □全介助	無		腰痛があるが，何かにつかまれば立ち上がりは楽にできる。歩行は時々休憩を入れる必要がある。以前から家事はしたことがない。夜中にタンスの中身を出すため，長男家族とトラブルになっている。
	屋外移動	□自立 ☑見守り □一部介助 □全介助	有	何かをつかまったり，膝を押さえたりしながら歩く。	
	階段昇降	□自立 ☑見守り □一部介助 □全介助	有		
	調理	□自立 □見守り □一部介助 ☑全介助	無	長男の妻が行う。	
	洗濯	□自立 □見守り □一部介助 ☑全介助	無	長男の妻が行う。	
	掃除	□自立 □見守り □一部介助 ☑全介助	有	長男の妻が行う。	

	項目	レベル	課題	状況・生活課題
起居動作	起き上がり	☑自立 □見守り □一部介助 □全介助	無	腰痛があるため，立ち上がりは何かにつかまって行う。基本的な動きは問題ない。
	座位	☑自立 □見守り □一部介助 □全介助	無	
	立ち上がり	☑自立 □見守り □一部介助 □全介助	無	
	立位	☑自立 □見守り □一部介助 □全介助	無	**他者との交流による効果。**

身体機能：円背で軽度の腰痛があり，前かがみ姿勢である。

精神・心理機能：物忘れがあり，気になることは家族に何度も聞く。脳トレーニングやレクリエーションには参加できる。服を何枚も重ね着をしており，注意すると怒り出す。

Barthel Index 3カ月後

氏名：Lさん　　評価日：○年8月27日（○）　　実施場所：○○　　評価者：○○

		点数	質問内容	得点
1	食事	10	自立。自助具などを使用してもよい。標準的時間内に食べ終えることができる	10
		5	部分介助（例えば，おかずを切って細かくしてもらう，自助食器などを利用して，こぼさないような介助してもらうなど）	
		0	全介助	
2	車いすからベッドへの移動	15	自立。ブレーキやフットレストの操作も含む（非行自立も含む）	10
		10	軽度の部分介助または監視を要する	
		5	座ることは可能だが，ほぼ全介助	
		0	全介助または不可能	
3	整容	5	自立（洗面，整髪，歯磨き，ひげ剃り）	5
		0	部分介助または不可能	
			※女性の場合は，化粧なども含む	
4	トイレ動作	10	自立（衣服の操作，後始末を含む。ポータブル便器などを使用している場合は，その洗浄も含む）	5
		5	部分介助。体を支える，衣服，後始末に介助を要する	
		0	全介助または不可能	
			※手すりの使用などもトイレ動作に含む	
5	入浴	5	自立	0
		0	部分介助または不可能	
			※浴槽内への出入りも入浴の動作に含むが，シャワー浴などもあり得る	
6	歩行	15	45m以上の歩行。補装具（車いす，歩行器は除く）の使用の有無は問わない	10
		10	45m以上の介助歩行。歩行器の使用を含む	
		5	歩行不能の場合，車いすにて45m以上の操作可能	
		0	上記以外	
			※義足，装具，杖，松葉杖，歩行器（車輪なし）などの使用は可	
7	階段昇降	10	自立。手すりなどの使用の有無は問わない	5
		5	介助または監視を要する	
		0	不能	
			※手すりや杖などの使用は可	
8	着替え	10	自立。靴，ファスナー，装具の着脱を含む	10
		5	部分介助，標準的な時間内，半分以上は自分で行える	
		0	上記以外	
9	排便コントロール	10	失禁なし。浣腸，坐薬の取り扱いも可能	10
		5	時に失禁あり。浣腸，坐薬の取り扱いに介助を要する者も含む	
		0	上記以外	
10	排尿コントロール	10	失禁なし。収尿器の取り扱いも可能	5
		5	時に失禁あり。収尿器の取り扱いに介助を要する者も含む	
		0	上記以外	

合計得点
70／100

通所介護 機能訓練評価シート 3カ月後

評価者	○○	(訪問)評価日	○年8月27日(○)

氏名	Lさん	性別	男	障害高齢者自立度	A2	要介護度	
生年月日	○年○月○日	年齢	79	認知症高齢者自立度	Ⅱb		2

関節可動域		肩:年齢相応・**制限あり**(右肩関節90度までしか上がらない。) 肘:**年齢相応**・制限あり ( ) 手:**年齢相応**・制限あり ( ) 股:**年齢相応**・制限あり ( ) 膝:**年齢相応**・制限あり ( ) 足:**年齢相応**・制限あり ( )
痛みや痺れ等		痛み:**あり**・なし(腰と右腕の痛みは軽度) 痺れ:あり・**なし**( )
筋力	上肢	腕を曲げる:**十分に曲げられる**・何とか曲げられる・曲げられない ( ) 腕を伸ばす:**十分に伸ばせる**・何とか伸ばせる・伸ばせない ( )
	下肢	足を後ろに引く:**十分に引ける**・何とか引ける・引けない ( ) 足を伸ばす:十分に伸ばせる・**何とか伸ばせる**・伸ばせない(膝が折れそうになる。)
	体幹	へそのぞき:十分にのぞける・**何とかのぞける**・のぞけない ( ) 背を伸ばす:十分に伸ばせる・**何とか伸ばせる**・伸ばせない ( )
家庭でのADL	起き上がり	**できる**・介助でできる・できない(ベッド柵につかまって起き上がる。)
	座位保持	**できる**・介助でできる・できない ( )
	歩行	**できる**・介助でできる・できない(机やベッド柵などにつかまって歩く。)
	車いす駆動	できる・介助でできる・できない ( )
	食事	**できる**・介助でできる・できない ( )
	衣服・整容	**できる**・介助でできる・できない(時間がかかる。)
	入浴	できる・**介助でできる**・できない(浴室内移動を手引き介助し,浴槽からの立ち上がりは安定してきた。)
	排泄	できる・**介助でできる**・できない(トイレが間に合わないことがあり,ズボンや便器を汚す。)
	会話	**できる**・介助でできる・できない(人の話をあまり聞こうとしない。)
家庭でのIADL	買い物	できる・介助でできる・**できない**(長男の妻が行う。)
	調理	できる・介助でできる・**できない**(長男の妻が行う。)
	掃除・洗濯	できる・介助でできる・**できない**(長男の妻が行う。)
認知機能	見当識	日時:**分かる**・時々分かる・分からない ( ) 場所や人:**分かる**・時々分かる・分からない ( )
	記銘・記憶	短期:覚えている・**不確か**・忘れることが多い ( ) 長期:覚えている・不確か・**忘れることが多い** ( )
	判断能力	簡単な内容:**できる**・意見を求める・できない ( ) 複雑な内容:できる・**意見を求める**・できない ( )
	BPSD(幻覚・妄想・易怒・意欲低下等)	夜間にごそごそと動き,気になることがあると長男夫婦に尋ねてくるので,長男夫婦は怒ってきつい言葉かけをしている。 薬の管理が難しいので,家族が朝夕の食事時間に渡して飲ませている。
麻痺回復(麻痺なし)	肩や腕	かなり動かせる・半分程度・わずかに動かせる ( )
	手指	かなり動かせる・半分程度・わずかに動かせる ( )
	下肢	かなり動かせる・半分程度・わずかに動かせる ( )
興味・関心・生きがい・役割		服や時計のことが気になる。
生活スタイル・活動量・交流		自室と居間,トイレの間を動く程度であるが,自室内のたんすや押し入れなどの中身を確認していることが多い。服や時計のことが気になり,引っ張り出すが,同じ服を着る傾向がある。
訓練効果,実施方法に関する評価 実施日:○.8.27		機能訓練指導員:立ち上がりの訓練を継続し,またぎ越しの訓練も行う。 看護職員:認知症で言い出したら聞こうとしないが,脳トレーニングやレクリエーションには参加できる。 介護職員:トイレが間に合わないことがある。 生活相談員:長男夫婦と同居している。

> 変化した部分を細かく記載する。

> 変化した部分の情報交換も必要。

通所介護計画書 **3カ月後**

作成日	○年8月27日	前回作成日	○年5月25日	計画作成者	○○				
ふりがな 氏名	Lさん	性別	生年月日	年齢	要介護度	管理者	看護	介護	機能訓練	相談員
		男	○年○月○日	79	2	○○	○○	○○	○○	○○

【通所介護利用までの経緯（活動歴・病歴）】 昨年の2月ごろより物忘れが出はじめ，同じ話を何度もしたり，夜中にたんすの中の服を出し入れしたりするようになった。同じことを家族に何度も尋ねてトラブルになっている。	【本人の希望】 1歩でも歩けるようになりたい。 家でも風呂に入りたい。	【障害自立度】 A2
	【家族の希望】 認知症が進まないようにしてほしい。	【認知症自立度】 Ⅱb

【健康状態（病名，合併症（心疾患，呼吸器疾患等），服薬状況等）】 腰痛症（○年）　腰椎圧迫骨折（○年） アルツハイマー型認知症（○年） 腰に痛み止めの塗り薬を塗る。	【ケアの上での医学的リスク（血圧，転倒，嚥下障害等）・留意事項】 血圧が180mmHg以上であれば入浴を中止する。

【自宅での活動・参加の状況（役割など）】
近所との交流も少なく，家の中でタンスの服を触るなどして過ごしている。

利用目標

長期目標	設定日　○年8月 達成予定日　○年2月	歩行が安定し，見守りによる入浴が継続できる。	目標達成度 達成・一部・未達
短期目標	設定日　○年8月 達成予定日　○年11月	歩行が安定し，見守りで入浴できるようになる。	目標達成度 達成・一部・未達

サービス提供内容

目的とケアの提供方針・内容	評価		効果，満足度等
	実施	達成	

迎え（ 有 ・ 無 ）

①安定した歩行のために，施設内を移動する時は，見守りで歩行し，背筋を伸ばすように声かけをする。 9月1日～11月30日	実施 一部 未実施	達成 一部 未達	
②入浴が見守りでできるために，入浴時，浴室内の移動は手引きで行い，立ち座りは手すりにつかまって行う。洗身・洗髪などはできない部分のみ介助する。9月1日～11月30日	実施 一部 未実施	達成 一部 未達	
③認知機能への刺激のために，脳トレーニングやレクリエーションに参加する。 9月1日～11月30日	実施 一部 未実施	達成 一部 未達	
④ 　月　日～　月　日	実施 一部 未実施	達成 一部 未達	
⑤ 　月　日～　月　日	実施 一部 未実施	達成 一部 未達	

プログラム（1日の流れ）

予定時間	サービス内容
9:00	バイタルチェック
10:30	入浴訓練
11:30	集団体操
12:00	食事
13:00	のんびり
14:00	レクリエーション
15:00	おやつ
15:30	学習・回想法
16:30	終わりの会

送り（ 有 ・ 無 ）

【特記事項】
移乗・移動の際は，転倒に注意する。

【実施後の変化（総括）】　再評価日：　年　月　日

上記計画の内容について説明を受けました。　　　○年　9月　1日
ご本人氏名：○○○○
ご家族氏名：○○○○

上記計画書に基づきサービスの説明を行い
内容に同意頂きましたので，ご報告申し上げます。
○年　9月　1日
○○　介護支援専門員様／事業所様

通所介護○○○　　〒000-0000　住所：○○県○○市○○○○-00　　管理者：○○
　　　　　　　　　Tel. 000-000-0000 ／ Fax. 000-000-0000　　　　説明者：○○

通所介護個別機能訓練計画書 3カ月後

作成日	○年8月27日	前回作成日	○年5月25日	計画作成者	○○				
ふりがな 氏名	Lさん	性別	生年月日	年齢	要介護度	管理者	看護	介護	機能訓練	相談員
		男	○年○月○日	79	2	○○	○○	○○	○○	○○

【本人の希望】 1歩でも歩けるようになりたい。 家でも風呂に入りたい。	【家族の希望】 認知症が進まないようにしてほしい。	【障害自立度】 A2
		【認知症自立度】 Ⅱb
【病名, 合併症（心疾患, 呼吸器疾患等）】 腰痛症（○歳）　腰椎圧迫骨折（○歳） アルツハイマー型認知症（○年2月）	【生活課題】 物忘れや気になる行動のため, 家族と気持ち良く過ごせていない。 円背で腰痛があるため, 少し動くと休憩が必要である。	【在宅環境（生活課題に関連する在宅環境課題）】 玄関以外は手すりが付いていない。
【運動時のリスク（血圧, 不整脈, 呼吸等）】 腰痛の悪化に注意する。		

個別機能訓練加算Ⅰ

長期目標： ○年2月	屋外での移動が楽にできる。				目標達成度 達成・一部・未達
短期目標： ○年11月	屋内での段差超えが楽にできる。				目標達成度 達成・一部・未達
プログラム内容（何を目的に〈～のために〉～する）		留意点	頻度	時間	主な実施者
①体力の維持・向上のため, レクリエーションに参加する。			週3回	14:00～14:50	山田
②下肢の筋力向上のため, 集団体操に参加する。			週3回	11:30～11:45	山田
③					
				プログラム立案者：山田	

個別機能訓練加算Ⅱ

長期目標： ○年2月	自宅での入浴が見守りと声かけでできる。				目標達成度 達成・一部・未達
短期目標： ○年11月	自宅の浴槽内で立ち座りができる。				目標達成度 達成・一部・未達
プログラム内容（何を目的に〈～のために〉～する）		留意点	頻度	時間	主な実施者
①浴槽内で立ち座りができるために, 浴槽内で手すりにつかまって立ち座りとまたぎ超しの訓練を行う。3回		転倒に注意する。	週3回	10:30～10:50	藤田
②浴室内の移動を安定させるために, 浴室内歩行を手すりにつかまって歩行訓練をする。2回		転倒に注意する。	週3回	10:30～10:50	藤田
③					
④					
				プログラム立案者：藤田	

【特記事項】 入浴中の訓練のため, 過度な負担にならないよう配慮する。	【プログラム実施後の変化（総括）】 再評価日：　年　月　日

上記計画の内容について説明を受けました。 　　　　　　　　　　　　　　　　　○年　9月　1日 ご本人氏名：○○○○ ご家族氏名：○○○○	上記計画書に基づきサービスの説明を行い 内容に同意頂きましたので, ご報告申し上げます。 　　　　　　　　　　　　　　　　　○年　9月　1日 　　　　　○○　介護支援専門員様／事業所様

通所介護○○○　　〒000-0000　住所：○○県○○市○○○○-00　　管理者：○○
　　　　　　　　　Tel. 000-000-0000　／　Fax. 000-000-0000　　説明者：○○

事例10 夫の介護と家事の手伝いを希望する利用者

| 要介護度 | 要介護2 | 障害高齢者自立度 | A2 | 認知症高齢者自立度 | Ⅱa |

　Mさんは，79歳の冬，寝たきりの夫を介護中にトイレで意識がなくなり，救急搬送された。脳梗塞と診断され，右片麻痺となった。半年間入院し，リハビリの結果，歩けるまでに回復したが，左肩は以前から上がりにくく，右肩も麻痺の影響で日常生活に支障が出るほど動かしにくくなってしまった。

　退院後は，夫の介護をする生活を再開した。以前のように十分に介護できないが，できる範囲で介護している。現在は夫の介護（おむつ交換，衣服の着替えなど）と部屋の簡単な掃除をし，それ以外は長男家族が行っている。

　外に出なくなったので，近隣との交流は少なくなっている。

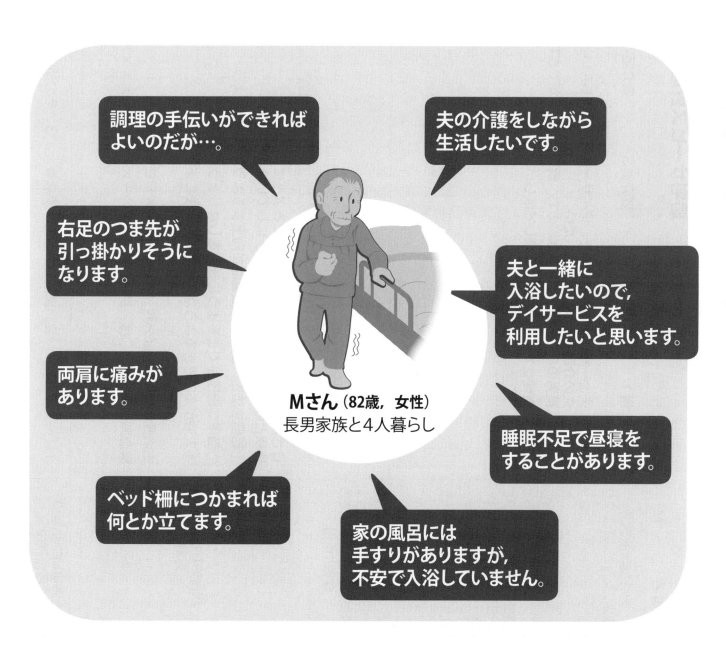

居宅サービス計画書（1）

作成年月日　○年6月27日

利用者名：　M　　殿

要介護状態区分	要介護1　　(要介護2)　　要介護3　　要介護4　　要介護5
利用者および家族の生活に対する意向	[本人] 夫と一緒に入浴したいので、デイサービスを利用したい。 　　　　夫の介護をしながら生活したい。 　　　　長男の体調がすぐれないので、調理の手伝いができればよいと思う。 [長男] 無理せずに夫の介護を継続してほしい。
介護認定審査会の意見およびサービスの種類の指定	
総合的な援助の方針	Dさんが夫と共に家で安全に生活できるようにしましょう。 家族と協力して、家事ができるようにしていきましょう。 ①転倒を防ぎ、家事や生活機能が向上するようになりましょう。 ②簡単な調理ができるように練習をしましょう。 ③入浴が楽にできるような環境で入浴しましょう。 主治医は○○脳神経外科（×××-××××）です。 緊急時は長男の○○様　携帯電話（×××-××××-××××）に連絡を取り、対応を相談します。

生活援助中心型の算定理由	1．一人暮らし　　2．家族等が障害、疾病等　　3．その他（　　　　　　　）

居宅サービス計画書 (2)

利用者名： M 殿　　　　　　　　　　　　　　　　　　　　　　　　　　　作成年月日 ○年6月27日

生活全般の解決すべき課題（ニーズ）	目標					援助内容			
	長期目標	(期間)	短期目標	(期間)	サービス内容	※1	サービス種別	※2	頻度	期間
身体を動かす能力を維持したい。 両肩関節に可動域制限と痛みがある。服の着脱に時間がかかる。 歩行時はすり足になる。 長距離歩行はしんどい。	歩行が安定し、服の脱ぎ着も楽になる。	○.7.1〜○.12.31	肩関節や足首が動かしやすくなる。	○.7.1〜○.9.30	①関節可動域訓練 ②集団体操など	○	①②通所介護		週3回	○.7.1〜○.9.30
安心して入浴したい。 歩行時はすり足になる。 自宅の浴槽はまたぎしがしづらい。 背中は何とか洗えている。 夫がデイサービスを利用している。	一人で浴槽に出入りでき、ゆったりと風呂に入れる。	○.7.1〜○.12.31	見守りしてもらいながら浴槽に出入りできる。	○.7.1〜○.9.30	①入浴移動・移乗時見守り ②浴槽またぎ時介助 ③更衣見守り	○	①②③通所介護		週3回	○.7.1〜○.9.30
調理ができるようになりたい。 長男の妻が病弱である。 長男は仕事がある。 夫を介護している。 以前は料理が趣味だった。	調理動作が自立する。	○.7.1〜○.12.31	簡単な調理動作が自立する。	○.7.1〜○.9.30	①調理訓練		①通所介護		週3回	○.7.1〜○.9.30

※「保険給付の対象となるかどうかの区分」について、保険給付対象内サービスについては○印を付す。
※「当該サービス提供を行う事業所」について記入する。

通所介護アセスメントシート

アセスメント実施日　○年6月27日　第2回　面接方法（ 訪問 ）　担当者　S

フリガナ		性別	女	生年月日	○年○月○日（82歳）	要介護度	介護認定日	
氏名	Mさん					2	○○ 6	21

住所	○○市○○町○丁目○番地	電話番号	×××-×××-××××	認定の有効期間 ○.7～○.6

連絡先	氏名	続柄	住所	電話番号	障害高齢者自立度	A2
	○○○○	長男	同上	同上	認知症高齢者自立度	Ⅱa
	○○○○	長男妻	同上	同上		

家族構成	現在利用している社会資源等	本人の希望
長男家族と4人暮らし。夫は84歳でデイサービスを利用中。長男携帯：×××-××××-××××	在宅および施設ケアサービス：通所介護週3回	夫と一緒に入浴したいので，デイサービスを利用したい。夫の介護をしながら生活したい。長男の妻も体調がすぐれないので，調理の手伝いができればよいと思う。

介護状況		日常生活用具等	家族の希望・要望
主介護者（ 長男の妻 ）仕事等（ なし ）健康状態（ 寝たり起きたり ）キーパーソン（ 長男 ）		電動ベッド貸与	無理をせずに夫の介護を継続してほしい。

生活歴
19歳で結婚し，学校給食の調理員として定年まで働いた。子どもは長男1人で，長男の妻は昨年12月に子宮がんの手術をし，その後も体調はすぐれず，寝たり起きたりの生活になっている。夫と共にデイサービスで入浴を利用しながら，家では夫の世話をしている。

治療状況

既往歴	現病歴	服薬状況	受診方法
腰痛症（44歳）高血圧症（45歳）左五十肩（49歳）腸閉塞（77歳）	79歳の冬にトイレで意識がなくなり，救急搬送される。脳梗塞と診断されたが手当が早く，右半身に軽度の麻痺が残る程度に回復した。	降圧剤（朝・夕）脳血流改善剤（朝・夕）緩下剤（朝・昼・夕）	月2回長男の車で受診

医療機関名・担当医（　△△脳神経外科　△△医師　）TEL（　　　）
（　　　）（　　　）

医療保険	後期高齢者医療制度	身障手帳	なし	年金等	厚生年金，年間100万円程度

身体状況

〈拘縮　麻痺　痛み　皮膚の状況〉

拘縮	左肩関節は上がりにくく，髪を何とか梳ける。右肩も同程度までしか上がらない。
麻痺	右下肢が少し硬く，つま先をするようにして歩く。
痛み	時々腰が痛くなることがあるが，長く続くことはない。右肩関節に軽度の痛みがある。
褥瘡	なし
皮膚の状況	良好

〈目・耳の状態およびコミュニケーション能力〉

視力	老眼だが，テレビも見える。	眼鏡	なし
聴力	年相応	補聴器	なし
目・耳の症状	問題なし		
意思表示の手段	言葉にて可能である。		
意思の伝達	構音障害で多少聞き取りにくさはあるが，十分に発音できる。意思は伝えられる。		
指示への反応	通常内容の指示は理解できる。		
その他			

介護保険	○○○○○○○○○○	支援事業所	居宅介護支援事業所○○荘	ケアマネジャー	B

日常生活動作能力	寝返り	ベッド柵につかまれば寝返りができる。
	起き上がり	ベッドの柵につかまって起き上がる。起き上がる時はベッドから足を垂らす。
	座位	背もたれを使えば座位が保持できる。
	移乗・移動	立ち上がりはベッドの柵につかまって行う。
		屋内外共に何も持たずに歩けるが，屋外はシルバーカーを使うと楽に歩ける。
		移乗時は机やタンスなどにつかまって，転倒しないように注意しながら行っている。
	着脱	ゆったりした服を着ているので自分でできるが，時間がかかる。
	整容	何とか自分でできる。
	IADL等	自室の掃除はできるが，買い物，調理，洗濯，ごみ捨ては長男や長男の妻にしてもらっている。

食事・栄養状態	肥満とやせ	普通
	食べ方	箸とスプーンで食べられる。
	嚥下	良好
	食事制限	特になし　好き嫌いはなし。
	食物形態	普通の食事
	一日の水分量	少し少なめ（1,000mL程度）
	口腔の状態	部分入れ歯　1日2回（朝・夜）歯磨きをしている。

排泄の状況	尿	1日7〜8回程度
	尿失禁	なし
	便	2日に1回程度。普通便
	便失禁	なし
	トイレ環境	洋式トイレで，手すりを設置済み。

身体の清潔状況	自宅では入浴していないが，L字手すりを持てば何とか入浴できるだけの能力はある。浴槽台とシャワーいすを持っている。 洗身：前身と洗髪は自分ででき，背中は不十分ながらも一応洗えている。
浴室環境	浴室はL字手すりを設置済み。

精神状態	睡眠の状況	夫の介護をしており，夜間におむつを交換するために起きる（2回程度）。 夫が眠れない時は，物音で目を覚まし，昼寝を取りながら過ごす日もある。
	認知症の症状	お金の計算を間違えることはあるが，特に問題となる物忘れはない。

家族の協力体制	長男夫婦がMさん夫婦の介護を行っている。	住宅・環境等
興味・関心・生きがい	料理が得意であった。	玄関に15cmの段差2段あり。廊下と部屋の間に2.5cmの段差。居室は6畳の和室で，本人の木製ベッド，テレビ，タンス，こたつがある。すぐ隣の部屋（ふすまを開けっ放し）に夫が寝ている電動ベッドがある。 玄関には手すりが付いている。洋式トイレや浴室にも手すりが付いている。
生活スタイル・活動状況	夫を介護しているので，昼間は家の中で過ごし，夫婦の部屋を簡単に掃除したりする。	
要支援に至った理由と経緯 以前のADLと家庭内役割 自立してできなくなったこと 現在の家事状況と役割 近隣との交流	4年前から寝たきりの夫を介護している。79歳の時に脳梗塞で右片麻痺となった。半年間入院し，リハビリの結果，歩けるまでに回復したが，左肩は以前から上がりにくく，右肩も麻痺の影響で日常生活に支障が出るほど動かしにくくなってしまった。 退院後は，夫の介護をする生活を再開した。以前のように十分に介護できないが，できる範囲で介護している。現在は夫の介護（おむつ交換，衣服の着替えなど）と部屋の簡単な掃除をしている。洗濯物畳みなどを時々協力している。 外に出なくなったので，近隣との交流は少なくなっている。	
送迎場所	自宅玄関　送迎方法　歩行	ベッド等　木製ベッド（手すりあり）

興味・関心チェックシート

聞き取り日：○年6月27日

氏名	Mさん			生年月日	○年○月○日	年齢	82歳	性別	女

生活行為	している	してみたい	興味がある	生活行為	している	してみたい	興味がある
自分でトイレへ行く				生涯学習・歴史			
一人でお風呂に入る			○	読書			
自分で服を着る	○			俳句			
自分で食べる	○			書道・習字			
歯磨きをする	○			絵を描く・絵手紙			
身だしなみを整える	○			パソコン・ワープロ			
好きなときに眠る	○			写真			
掃除・整理整頓	○			映画・観劇・演奏会			
料理を作る		○		お茶・お花			
買い物			○	歌を歌う・カラオケ			
家や庭の手入れ・世話				音楽を聴く・楽器演奏			
洗濯・洗濯物たたみ	○			将棋・囲碁・麻雀・ゲーム等			
自転車・車の運転				体操・運動			
電車・バスでの外出				散歩			
孫・子供の世話				ゴルフ・グラウンドゴルフ・水泳・テニスなどのスポーツ			
動物の世話				ダンス・踊り			
友達とおしゃべり・遊ぶ			○	野球・相撲等観戦			
家族・親戚との団らん				競馬・競輪・競艇・パチンコ			
デート・異性との交流				編み物			
居酒屋に行く				針仕事			
ボランティア				畑仕事			
地域活動（町内会・老人クラブ）				賃金を伴う仕事			
お参り・宗教活動				旅行・温泉			
その他（　　）				その他（　　）			
その他（　　）				その他（　　）			

居宅訪問チェックシート

利用者氏名	Mさん		生年月日	○年○月○日	年齢	82歳	性別	女
訪問日・時間	○年6月27日（○） 16：40 ～ 17：00						要介護度	2
訪問スタッフ	○○，○○		職種	生活相談員，機能訓練指導員		被聞取り者	家族，利用者	

	項目	レベル	課題	環境（実施場所・補助具等）	状況・生活課題
ADL	食事	☑自立 □見守り □一部介助 □全介助	無		自宅では入浴していないが，浴槽を出入りするだけの能力はある。
	排泄	☑自立 □見守り □一部介助 □全介助	無	洋式トイレで手すりにつかまる。	
	入浴	□自立 □見守り ☑一部介助 □全介助	有	自宅の浴槽は和洋折衷型で，浴槽をまたぐことが困難。	
	更衣	☑自立 □見守り □一部介助 □全介助	無		
	整容	☑自立 □見守り □一部介助 □全介助	無		
	移乗	☑自立 □見守り □一部介助 □全介助	無	机やタンスなどにつかまって行っている。	
IADL	屋内移動	☑自立 □見守り □一部介助 □全介助	無		屋外歩行は，シルバーカーがあると安定する。 夫の介護をしているが，腰と両肩に痛みがあり，調理や洗濯はつらい。
	屋外移動	□自立 ☑見守り □一部介助 □全介助	有	シルバーカーを使用。	
	階段昇降	□自立 ☑見守り □一部介助 □全介助	有	シルバーカーを使用。	
	調理	□自立 □見守り ☑一部介助 □全介助	有		
	洗濯	□自立 □見守り ☑一部介助 □全介助	有		
	掃除	☑自立 □見守り □一部介助 □全介助	無	自室の掃除はできる。	

	項目	レベル	課題	状況・生活課題	
起居動作	起き上がり	☑自立 □見守り □一部介助 □全介助	無	腰痛はあるものの，基本的な動きは問題ない。	
	座位	☑自立 □見守り □一部介助 □全介助	無		
	立ち上がり	☑自立 □見守り □一部介助 □全介助	無		
	立位	☑自立 □見守り □一部介助 □全介助	無		

身体機能：軽度ではあるが腰痛と両肩関節痛があり，重いものは持てない。右半身は麻痺の影響で少し動かしにくい。

精神・心理機能：お金の計算を間違えることはあるが，特に問題となるほどではない。

Barthel Index

氏名：Mさん　　評価日：○年6月27日（○）　　実施場所：○○　　評価者：○○

		点数	質問内容	得点
1	食事	10	自立。自助具などを使用してもよい。標準的時間内に食べ終えることができる	10
		5	部分介助（例えば，おかずを切って細かくしてもらう，自助食器などを利用して，こぼさないような介助してもらうなど）	
		0	全介助	
2	車いすからベッドへの移動	15	自立。ブレーキやフットレストの操作も含む（非行自立も含む）	15
		10	軽度の部分介助または監視を要する	
		5	座ることは可能だが，ほぼ全介助	
		0	全介助または不可能	
3	整容	5	自立（洗面，整髪，歯磨き，ひげ剃り）	5
		0	部分介助または不可能	
			※女性の場合は，化粧なども含む	
4	トイレ動作	10	自立（衣服の操作，後始末を含む。ポータブル便器などを使用している場合は，その洗浄も含む）	10
		5	部分介助。体を支える，衣服，後始末に介助を要する	
		0	全介助または不可能	
			※手すりの使用などもトイレ動作に含む	
5	入浴	5	自立	0
		0	部分介助または不可能	
			※浴槽内への出入りも入浴の動作に含むが，シャワー浴などもあり得る	
6	歩行	15	45m以上の歩行。補装具（車いす，歩行器は除く）の使用の有無は問わない	10
		10	45m以上の介助歩行。歩行器の使用を含む	
		5	歩行不能の場合，車いすにて45m以上の操作可能	
		0	上記以外	
			※義足，装具，杖，松葉杖，歩行器（車輪なし）などの使用は可	
7	階段昇降	10	自立。手すりなどの使用の有無は問わない	5
		5	介助または監視を要する	
		0	不能	
			※手すりや杖などの使用は可	
8	着替え	10	自立。靴，ファスナー，装具の着脱を含む	10
		5	部分介助，標準的な時間内，半分以上は自分で行える	
		0	上記以外	
9	排便コントロール	10	失禁なし。浣腸，坐薬の取り扱いも可能	10
		5	時に失禁あり。浣腸，坐薬の取り扱いに介助を要する者も含む	
		0	上記以外	
10	排尿コントロール	10	失禁なし。収尿器の取り扱いも可能	10
		5	時に失禁あり。収尿器の取り扱いに介助を要する者も含む	
		0	上記以外	

合計得点
85／100

通所介護機能訓練評価シート

評価者	○○	(訪問)評価日	○年6月27日（○）

氏名	Mさん	性別	女	障害高齢者自立度	A2	要介護度	
生年月日	○年○月○日	年齢	82	認知症高齢者自立度	Ⅱa		2

関節可動域		肩：年齢相応・**制限あり**（　　　　　　　　　　　　　　　　　　　　　　　　） 肘：年齢相応・**制限あり**（　　　　　　　　　　　　　　　　　　　　　　　　） 手：年齢相応・**制限あり**（　　　　　　　　　　　　　　　　　　　　　　　　） 股：年齢相応・**制限あり**（右股関節は，120度くらいまでなら曲げられる。） 膝：**年齢相応**・制限あり（　　　　　　　　　　　　　　　　　　　　　　　　） 足：年齢相応・**制限あり**（　　　　　　　　　　　　　　　　　　　　　　　　）
痛みや痺れ等		痛み：**あり**・なし（腰と両肩に軽度の痛みあり。） 痺れ：あり・**なし**（　　　　　　　　　　　　　　　　　　）
筋力	上肢	腕を曲げる：**十分に曲げられる**・何とか曲げられる・曲げられない（　　　） 腕を伸ばす：**十分に伸ばせる**・何とか伸ばせる・伸ばせない（　　　）
	下肢	足を後ろに引く：十分に引ける・**何とか引ける**・引けない（　　　） 足を伸ばす：**十分に伸ばせる**・何とか伸ばせる・伸ばせない（　　　）
	体幹	へそのぞき：十分にのぞける・**何とかのぞける**・のぞけない（　　　） 背を伸ばす：十分に伸ばせる・**何とか伸ばせる**・伸ばせない（　　　）
家庭でのADL	起き上がり	**できる**・介助でできる・できない（　　　）
	座位保持	**できる**・介助でできる・できない（　　　）
	歩行	**できる**・介助でできる・できない（屋内は何かにつかまることなく歩く。屋外はシルバーカーを利用する。）
	車いす駆動	できる・介助でできる・できない（使用しない。）
	食事	**できる**・介助でできる・できない（右手で箸とスプーンを使って食べる。）
	衣服・整容	**できる**・介助でできる・できない（大きめの服を着るが，時間がかかる。）
	入浴	できる・**介助でできる**・できない（浴槽をまたぐ時に足を介助してもらう。）
	排泄	**できる**・介助でできる・できない（洋式トイレで，手すりにつかまる。）
	会話	**できる**・介助でできる・できない（　　　）
家庭でのIADL	買い物	できる・介助でできる・**できない**（店が遠いため，歩いて行けない。長男に連れて行ってもらえば，カートを押しながら買い物はできる。）
	調理	できる・**介助でできる**・できない（簡単な調理で，片手鍋を使用すれば可能ではないか。）
	掃除・洗濯	できる・**介助でできる**・できない（自室の掃除はできる。）
認知機能	見当識	日時：**分かる**・時々分かる・分からない（　　　） 場所や人：**分かる**・時々分かる・分からない（　　　）
	記銘・記憶	短期：**覚えている**・不確か・忘れることが多い（　　　） 長期：**覚えている**・不確か・忘れることが多い（　　　）
	判断能力	簡単な内容：**できる**・意見を求める・できない（　　　） 複雑な内容：できる・**意見を求める**・できない（　　　）
	BPSD（幻覚・妄想・易怒・意欲低下等）	特になし
麻痺回復（右）	肩や腕	かなり動かせる・**半分程度**・わずかに動かせる（肩が上がりにくい。）
	手指	**かなり動かせる**・半分程度・わずかに動かせる（　　　）
	下肢	かなり動かせる・**半分程度**・わずかに動かせる（足が曲げにくい。）
興味・関心・生きがい・役割		以前は料理が得意であった。
生活スタイル・活動量・交流		夫を介護しているので，昼間は家の中で過ごし，夫婦の部屋を簡単に掃除したりしている。
訓練効果，実施方法に関する評価 実施日：○.6.27		機能訓練指導員：簡単な調理の訓練を提案したい。 看護職員：肩の痛みを軽減させることが必要。 介護職員：入浴の移動介助や出入り介助。衣服の着脱見守りなども必要ではないか。 生活相談員：長男家族と4人暮らし。夫もデイサービスを利用している。

通所介護計画書

※3カ月間の評価および変化も記載しています。

作成日	○年6月27日	前回作成日	○年3月27日	計画作成者	○○				
ふりがな 氏名	Mさん	性別	生年月日	年齢	要介護度	管理者	看護	介護	機能訓練	相談員
		女	○年○月○日	82	2	○○	○○	○○	○○	○○

【通所介護利用までの経緯（活動歴・病歴）】 79歳で脳梗塞になり，右肩が動かしにくくなったが，夫の介護をしながら生活している。	【本人の希望】 長男の妻も体調がすぐれないので，調理の手伝いができればよいと思う。	【障害自立度】 A2
	【家族の希望】 無理をせずに夫の介護を継続してほしい。	【認知症自立度】 Ⅱa
【健康状態（病名，合併症（心疾患，呼吸器疾患等），服薬状況等）】 腰痛症（○年）　左五十肩（○年） 脳梗塞後遺症右片麻痺（○年） 昼に緩下剤のみ服用する。	【ケアの上での医学的リスク（血圧，転倒，嚥下障害等）・留意事項】 血圧が180mmHg以上であれば入浴を中止する。	
【自宅での活動・参加の状況（役割など）】 夫を介護しているので，昼間は家の中で過ごし，夫婦の部屋を簡単に掃除したりしている。		

利用目標

長期目標	設定日　○年7月 達成予定日　○年12月	夫の介護を続けながら，家事を手伝うことができる。	目標達成度 達成・一部・未達
短期目標	設定日　○年7月 達成予定日　○年9月	右半身が動かしやすくなり，調理ができる。	目標達成度 達成・(一部)・未達

サービス提供内容

目的とケアの提供方針・内容	評価		効果，満足度等	迎え（ 有 ・ 無 ）	
	実施	達成			
①両肩関節を動かしやすくするために，関節可動域訓練を行う。 7月1日〜9月30日	(実施) 一部 未実施	達成 (一部) 未達	肩関節の可動域はわずかに改善された。	プログラム（1日の流れ）	
				予定時間	サービス内容
②調理ができるようになるために，調理動作の訓練を行う。 7月1日〜9月30日	(実施) 一部 未実施	達成 (一部) 未達	調理には時間がかかる状態。	9:00 10:00 10:40 11:30 12:00 13:00 14:00 14:30 15:00 15:30 16:30	バイタルチェック 入浴介助 両上下肢筋力強化訓練 集団体操 食事 のんびり レクリエーション 調理訓練 おやつ 学習・回想法 終わりの会
③軽介助で入浴する。 7月1日〜9月30日	(実施) 一部 未実施	(達成) 一部 未達	介助で問題なく入浴できている。		
④ 　月　日〜　月　日	実施 一部 未実施	達成 一部 未達			
⑤ 　月　日〜　月　日	実施 一部 未実施	達成 一部 未達		送り（ 有 ・ 無 ）	

【特記事項】 移乗・移動の際は，転倒に注意する。	【実施後の変化（総括）】　再評価日：○年9月30日 肩関節の可動域はわずかに広がりました。 調理はまだ時間がかかっていますので，引き続き訓練が必要と考えられます。

上記計画の内容について説明を受けました。　　　　○年　7月　1日
ご本人氏名：○○○○
ご家族氏名：○○○○

上記計画書に基づきサービスの説明を行い
内容に同意頂きましたので，ご報告申し上げます。
　　　　　　　　　　　　　　　　　○年　7月　1日
○○　介護支援専門員様／事業所様

通所介護○○○　　〒000-0000　住所：○○県○○市○○○-00　　管理者：○○
　　　　　　　　Tel. 000-000-0000／Fax. 000-000-0000　　説明者：○○

通所介護個別機能訓練計画書

※3カ月間の評価および変化も記載しています。

作成日	○年6月27日	前回作成日	○年3月27日	計画作成者	○○				
ふりがな 氏名	Mさん	性別	生年月日	年齢	要介護度	管理者	看護	介護	機能訓練	相談員
		女	○年○月○日	82	2	○○	○○	○○	○○	○○

【本人の希望】 長男の妻も体調がすぐれないので、調理の手伝いができればよいと思う。	【家族の希望】 無理をせずに夫の介護を継続してほしい。	【障害自立度】 A2
		【認知症自立度】 Ⅱa
【病名,合併症(心疾患,呼吸器疾患等)】 腰痛症(○年) 左五十肩(○年) 脳梗塞後遺症右片麻痺(○年)	【生活課題】 夫の介護をしている。 夜間に目を覚ましおむつ交換などをしているが、両肩や腰に痛みがあり無理はできない。	【在宅環境(生活課題に関連する在宅環境課題)】 居室は6畳の和室で、本人の木製ベッド、テレビ、タンス、こたつがある。すぐ隣の部屋(ふすまを開けっ放し)に夫の電動ベッドがある。
【運動時のリスク(血圧,不整脈,呼吸等)】 血圧の変動に注意。		

個別機能訓練加算Ⅰ

長期目標: ○年12月	夫の介護が続けられるように、上下肢の能力を維持できる。			目標達成度 達成・一部・未達	
短期目標: ○年9月	両肩関節の可動性が増す。			目標達成度 達成・(一部)・未達	
プログラム内容(何を目的に〈〜のために〉〜する)		留意点	頻度	時間	主な実施者
①肩関節の可動性を良くするために、両肩関節の可動域訓練10回×2		ゆっくりと行う。	週3回	10:40〜10:50	山田
②体力を維持するために、集団体操に参加する。			週3回	11:30〜11:45	山田
③					
				プログラム立案者:山田	

個別機能訓練加算Ⅱ

長期目標: ○年12月	簡単な調理動作が自立する。			目標達成度 達成・一部・未達	
短期目標: ○年9月	片手鍋での料理ができる。			目標達成度 達成・(一部)・未達	
プログラム内容(何を目的に〈〜のために〉〜する)		留意点	頻度	時間	主な実施者
①片手鍋で調理ができるために、煮物料理を作る。		火の取り扱いに注意する。	週1回	14:30〜14:50	藤田
②片手鍋で湯を沸かしてコップに注ぐ。		火の取り扱いに注意する。	週3回	14:30〜14:45	藤田
③					
④					
				プログラム立案者:藤田	

【特記事項】 家族と協力し、家事が実現できるように調整する。	【プログラム実施後の変化(総括)】 再評価日:○年9月30日 肩関節の可動性はわずかに広がりました。 調理はまだ時間がかかっていますので、引き続き訓練が必要と考えられます。

上記計画の内容について説明を受けました。 　　　　　　　　　　　　　　　○年　7月　1日 ご本人氏名:○○○○ ご家族氏名:○○○○	上記計画書に基づきサービスの説明を行い内容に同意頂きましたので、ご報告申し上げます。 　　　　　　　　　　　　　　　○年　7月　1日 ○○　介護支援専門員様/事業所様

通所介護○○○　　〒000-0000　住所:○○県○○市○○○○-00　　管理者:○○
　　　　　　　　Tel. 000-000-0000 / Fax. 000-000-0000　　説明者:○○

興味・関心チェックシート 3カ月後

聞き取り日：○年9月27日

| 氏名 | Mさん | | | 生年月日 | ○年○月○日 | 年齢 | 82歳 | 性別 | 女 |

生活行為	している	してみたい	興味がある	生活行為	している	してみたい	興味がある
自分でトイレへ行く				生涯学習・歴史			
一人でお風呂に入る			○	読書			
自分で服を着る	○			俳句			
自分で食べる	○			書道・習字			
歯磨きをする	○			絵を描く・絵手紙			
身だしなみを整える	○			パソコン・ワープロ			
好きなときに眠る	○			写真			
掃除・整理整頓	○			映画・観劇・演奏会			
料理を作る	○（訓練で簡単な料理はできるようになった。）			お茶・お花			
買い物			○	歌を歌う・カラオケ			
家や庭の手入れ・世話				音楽を聴く・楽器演奏			
洗濯・洗濯物たたみ	○			将棋・囲碁・麻雀・ゲーム等			
自転車・車の運転				体操・運動			
電車・バスでの外出				散歩			
孫・子供の世話				ゴルフ・グラウンドゴルフ・水泳・テニスなどのスポーツ			
動物の世話				ダンス・踊り			
友達とおしゃべり・遊ぶ	○（デイサービスで気軽に会話できるようになった。）			野球・相撲等観戦			
家族・親戚との団らん				競馬・競輪・競艇・パチンコ			
デート・異性との交流				編み物			
居酒屋に行く				針仕事			
ボランティア				畑仕事			
地域活動（町内会・老人クラブ）				賃金を伴う仕事			
お参り・宗教活動				旅行・温泉			
その他（　　）				その他（　　）			
その他（　　）				その他（　　）			

居宅訪問チェックシート 3カ月後

利用者氏名	Mさん		生年月日	○年○月○日	年齢	82歳	性別	女
訪問日・時間	○年9月27日（○） 16：40 ～ 17：00						要介護度	2
訪問スタッフ	○○，○○		職種	生活相談員，機能訓練指導員		被聞取り者	家族，利用者	

	項目	レベル	課題	環境（実施場所・補助具等）	状況・生活課題
ADL	食事	☑自立 □見守り □一部介助 □全介助	無		自宅では入浴していないが，浴槽を出入りするだけの能力はある。
	排泄	☑自立 □見守り □一部介助 □全介助	無	洋式トイレで手すりにつかまる。	
	入浴	□自立 □見守り ☑一部介助 □全介助	有	自宅の浴槽は和洋折衷型で，浴槽をまたぐことが困難。	
	更衣	☑自立 □見守り □一部介助 □全介助	無		
	整容	☑自立 □見守り □一部介助 □全介助	無		
	移乗	☑自立 □見守り □一部介助 □全介助	無	机やタンスなどにつかまって行っている。	
IADL	屋内移動	☑自立 □見守り □一部介助 □全介助	無		屋外歩行は，シルバーカーがあると安定する。夫の介護をしているが，腰と両肩に痛みがあり，調理や洗濯には時間がかかる。
	屋外移動	□自立 ☑見守り □一部介助 □全介助	有	シルバーカーを使用。	
	階段昇降	□自立 ☑見守り □一部介助 □全介助	有	シルバーカーを使用。	
	調理	□自立 ☑見守り □一部介助 □全介助	有	簡単な調理であれば可能。	（吹き出し：訓練で調理が少し楽になった。）（吹き出し：簡単な調理と洗濯であれば可能となった。）
	洗濯	□自立 ☑見守り □一部介助 □全介助	有		
	掃除	☑自立 □見守り □一部介助 □全介助	無	自室の掃除はできる。	

	項目	レベル	課題	状況・生活課題	
起居動作	起き上がり	☑自立 □見守り □一部介助 □全介助	無	腰痛はあるものの，基本的な動きは問題ない。	
	座位	☑自立 □見守り □一部介助 □全介助	無		
	立ち上がり	☑自立 □見守り □一部介助 □全介助	無		
	立位	☑自立 □見守り □一部介助 □全介助	無		

身体機能：軽度ではあるが腰痛と両肩関節痛があり，重いものは持てない。右半身は麻痺の影響で少し動かしにくい。

精神・心理機能：お金の計算を間違えることはあるが，特に問題となるほどではない。

Barthel Index 3カ月後

氏名：Mさん　　評価日：○年9月27日（○）　　実施場所：○○　　評価者：○○

		点数	質問内容	得点
1	食事	10	自立。自助具などを使用してもよい。標準的時間内に食べ終えることができる	10
		5	部分介助（例えば，おかずを切って細かくしてもらう，自助食器などを利用して，こぼさないような介助してもらうなど）	
		0	全介助	
2	車いすからベッドへの移動	15	自立。ブレーキやフットレストの操作も含む（非行自立も含む）	15
		10	軽度の部分介助または監視を要する	
		5	座ることは可能だが，ほぼ全介助	
		0	全介助または不可能	
3	整容	5	自立（洗面，整髪，歯磨き，ひげ剃り）	5
		0	部分介助または不可能	
			※女性の場合は，化粧なども含む	
4	トイレ動作	10	自立（衣服の操作，後始末を含む。ポータブル便器などを使用している場合は，その洗浄も含む）	10
		5	部分介助。体を支える，衣服，後始末に介助を要する	
		0	全介助または不可能	
			※手すりの使用などもトイレ動作に含む	
5	入浴	5	自立	0
		0	部分介助または不可能	
			※浴槽内への出入りも入浴の動作に含むが，シャワー浴などもあり得る	
6	歩行	15	45m以上の歩行。補装具（車いす，歩行器は除く）の使用の有無は問わない	10
		10	45m以上の介助歩行。歩行器の使用を含む	
		5	歩行不能の場合，車いすにて45m以上の操作可能	
		0	上記以外	
			※義足，装具，杖，松葉杖，歩行器（車輪なし）などの使用は可	
7	階段昇降	10	自立。手すりなどの使用の有無は問わない	5
		5	介助または監視を要する	
		0	不能	
			※手すりや杖などの使用は可	
8	着替え	10	自立。靴，ファスナー，装具の着脱を含む	10
		5	部分介助，標準的な時間内，半分以上は自分で行える	
		0	上記以外	
9	排便コントロール	10	失禁なし。浣腸，坐薬の取り扱いも可能	10
		5	時に失禁あり。浣腸，坐薬の取り扱いに介助を要する者も含む	
		0	上記以外	
10	排尿コントロール	10	失禁なし。収尿器の取り扱いも可能	10
		5	時に失禁あり。収尿器の取り扱いに介助を要する者も含む	
		0	上記以外	

合計得点
85／100

通所介護 機能訓練評価シート 3カ月後

評価者	○○	(訪問)評価日	○年9月27日（○）

氏名	Mさん	性別	女	障害高齢者自立度	A2	要介護度	
生年月日	○年○月○日	年齢	82	認知症高齢者自立度	Ⅱa	2	

関節可動域		肩：年齢相応・**制限あり**（ ） 肘：年齢相応・**制限あり**（ ） 手：年齢相応・**制限あり**（ ） 股：年齢相応・**制限あり**（右股関節は，120度くらいまでなら曲げられる。） 膝：**年齢相応**・制限あり（ ） 足：年齢相応・**制限あり**（ ）
痛みや痺れ等		痛み：**あり**・なし（腰と両肩に軽度の痛みあり。） 痺れ：あり・**なし**（ ）
筋力	上肢	腕を曲げる：**十分に曲げられる**・何とか曲げられる・曲げられない（ ） 腕を伸ばす：**十分に伸ばせる**・何とか伸ばせる・伸ばせない（ ）
	下肢	足を後ろに引く：十分に引ける・**何とか引ける**・引けない（ ） 足を伸ばす：**十分に伸ばせる**・何とか伸ばせる・伸ばせない（ ）
	体幹	へそのぞき：十分にのぞける・**何とかのぞける**・のぞけない（ ） 背を伸ばす：十分に伸ばせる・**何とか伸ばせる**・伸ばせない（ ）
家庭でのADL	起き上がり	**できる**・介助でできる・できない（ ）
	座位保持	**できる**・介助でできる・できない（ ）
	歩行	**できる**・介助でできる・できない（屋内は何かにつかまることなく歩く。屋外はシルバーカーを利用する。）
	車いす駆動	できる・介助でできる・できない（使用しない。）
	食事	**できる**・介助でできる・できない（右手で箸とスプーンを使って食べる。）
	衣服・整容	**できる**・介助でできる・できない（大きめの服を着るが，時間がかかる。）
	入浴	できる・**介助でできる**・できない（浴槽をまたぐ時に足を介助してもらう。）
	排泄	**できる**・介助でできる・できない（洋式トイレで，手すりにつかまる。）
	会話	**できる**・介助でできる・できない（ ）
家庭でのIADL	買い物	できる・介助でできる・**できない**（店が遠いため，歩いて行けない。長男に連れて行ってもらえば，カートを押しながら買い物はできる。）
	調理	**できる**・介助でできる・できない（片手鍋を使った簡単な調理であればできる。）
	掃除・洗濯	できる・**介助でできる**・できない（自室の掃除はできる。）
認知機能	見当識	日時：**分かる**・時々分かる・分からない（ ） 場所や人：**分かる**・時々分かる・分からない（ ）
	記銘・記憶	短期：**覚えている**・不確か・忘れることが多い（ ） 長期：**覚えている**・不確か・忘れることが多い（ ）
	判断能力	簡単な内容：**できる**・意見を求める・できない（ ） 複雑な内容：できる・**意見を求める**・できない（ ）
	BPSD（幻覚・妄想・易怒・意欲低下等）	特になし
麻痺回復（右）	肩や腕	かなり動かせる・**半分程度**・わずかに動かせる（肩が上がりにくい。）
	手指	**かなり動かせる**・半分程度・わずかに動かせる（ ）
	下肢	かなり動かせる・**半分程度**・わずかに動かせる（足が曲げにくい。）
興味・関心・生きがい・役割		以前は料理が得意であった。
生活スタイル・活動量・交流		夫を介護しているので，昼間は家の中で過ごし，夫婦の部屋を簡単に掃除したりしている。
訓練効果，実施方法に関する評価 実施日：○.9.27		機能訓練指導員：簡単な調理の訓練を継続する。 看護職員：肩の痛みを軽減させることが必要。 介護職員：入浴の移動介助や出入り介助。衣服の着脱などは見守りでできる。 生活相談員：長男家族と4人暮らし。夫もデイサービスを利用している。

> できるようになった動作を細かく記載する。

> 訓練の継続が必要であることを確認する。

通所介護計画書 3カ月後

作成日	○年10月1日	前回作成日	○年6月27日	計画作成者	○○				
ふりがな 氏名	Mさん	性別	生年月日	年齢	要介護度	管理者	看護	介護	機能訓練	相談員
		女	○年○月○日	82	2	○○	○○	○○	○○	○○

ふりがな 氏名	性別	生年月日	年齢	要介護度	管理者	看護	介護	機能訓練	相談員
Mさん	女	○年○月○日	82	2	○○	○○	○○	○○	○○

【通所介護利用までの経緯（活動歴・病歴）】 79歳で脳梗塞になり，右肩が動かしにくくなったが，夫の介護をしながら生活している。	【本人の希望】 長男の妻も体調がすぐれないので，調理の手伝いができればよいと思う。	【障害自立度】 A2
	【家族の希望】 無理をせずに夫の介護を継続してほしい。	【認知症自立度】 Ⅱa

【健康状態（病名，合併症（心疾患，呼吸器疾患等），服薬状況等）】 腰痛症（○年） 左五十肩（○年） 脳梗塞後遺症右片麻痺（○年） 昼に緩下剤のみ服用する。	【ケアの上での医学的リスク（血圧，転倒，嚥下障害等）・留意事項】 血圧が180mmHg以上であれば入浴を中止する。

【自宅での活動・参加の状況（役割など）】
夫を介護しているので，昼間は家の中で過ごし，夫婦の部屋を簡単に掃除したりしている。

利用目標

長期目標	設定日 達成予定日	○年10月 ○年3月	夫の介護を続けながら，家事を手伝うことができる。	目標達成度 達成・一部・未達
短期目標	設定日 達成予定日	○年10月 ○年12月	右半身が動かしやすくなり，調理が楽にできる。	目標達成度 達成・一部・未達

サービス提供内容

目的とケアの提供方針・内容	評価 実施	評価 達成	効果，満足度等
①両肩関節を動かしやすくするために，関節可動域訓練を行う。 10月1日～12月31日	実施 一部 未実施	達成 一部 未達	
②調理ができるようになるために，両手を使った調理動作の訓練を行う。 10月1日～12月31日	実施 一部 未実施	達成 一部 未達	
③軽介助で入浴する。 10月1日～12月31日	実施 一部 未実施	達成 一部 未達	
④ 　月　日～　月　日	実施 一部 未実施	達成 一部 未達	
⑤ 　月　日～　月　日	実施 一部 未実施	達成 一部 未達	

迎え（ 有 ・ 無 ）

プログラム（1日の流れ）

予定時間	サービス内容
9：00	バイタルチェック
10：00	入浴介助
10：40	両上下肢筋力強化訓練
11：30	集団体操
12：00	食事
13：00	のんびり
14：00	レクリエーション
14：30	調理訓練
15：00	おやつ
15：30	学習・回想法
16：30	終わりの会

送り（ 有 ・ 無 ）

【特記事項】
移乗・移動の際は，転倒に注意する。

【実施後の変化（総括）】　再評価日：　年　月　日

上記計画の内容について説明を受けました。
　　　　　　　　　　　　　　　○年　10月　1日
ご本人氏名：○○○○
ご家族氏名：○○○○

上記計画書に基づきサービスの説明を行い内容に同意頂きましたので，ご報告申し上げます。
　　　　　　　　　　　　　　　○年　10月　1日
○○　介護支援専門員様／事業所様

通所介護○○○　　〒000-0000　住所：○○県○○市○○○○-00　　管理者：○○
　　　　　　　　　Tel. 000-000-0000 ／ Fax. 000-000-0000　　説明者：○○

通所介護個別機能訓練計画書 【3カ月後】

作成日	○年10月1日	前回作成日	○年6月27日	計画作成者	○○			
ふりがな 氏名	Mさん	性別	生年月日	年齢	要介護度	管理者	看護	介護	機能訓練	相談員
		女	○年○月○日	82	2	○○	○○	○○	○○	○○

【本人の希望】 長男の妻も体調がすぐれないので，調理の手伝いができればよいと思う。	【家族の希望】 無理をせずに夫の介護を継続してほしい。	【障害自立度】 A2
		【認知症自立度】 Ⅱa
【病名，合併症（心疾患，呼吸器疾患等）】 腰痛症（○年） 左五十肩（○年） 脳梗塞後遺症右片麻痺（○年）	【生活課題】 夫の介護をしている。 夜間に目を覚ましおむつ交換などをしているが，両肩や腰に痛みがあり無理はできない。	【在宅環境（生活課題に関連する在宅環境課題）】 居室は6畳の和室で，本人の木製ベッド，テレビ，タンス，こたつがある。すぐ隣の部屋（ふすまを開けっ放し）に夫の電動ベッドがある。
【運動時のリスク（血圧，不整脈，呼吸等）】 血圧の変動に注意。		

個別機能訓練加算Ⅰ

長期目標： ○年3月	夫の介護が続けられるように，上下肢の能力を維持できる。			目標達成度 達成・一部・未達	
短期目標： ○年12月	両肩関節の可動性が増す。			目標達成度 達成・一部・未達	
プログラム内容（何を目的に〈〜のために〉〜する）	留意点	頻度	時間	主な実施者
①肩関節の可動性を良くするために，両肩関節の可動域訓練10回×2	ゆっくりと行う。	週3回	10：40〜10：50	山田
②体力を維持するために，集団体操に参加する。		週3回	11：30〜11：45	山田
③				
			プログラム立案者：山田	

個別機能訓練加算Ⅱ

長期目標： ○年3月	簡単な調理動作が自立する。			目標達成度 達成・一部・未達	
短期目標： ○年12月	両手鍋での料理ができる。			目標達成度 達成・一部・未達	
プログラム内容（何を目的に〈〜のために〉〜する）	留意点	頻度	時間	主な実施者
①両手鍋で調理ができるために，煮物料理を作る。	火の取り扱いに注意する。	週1回	14：30〜14：50	藤田
②調理ができるようになるために，自助具を利用して両手で切る訓練をする。	火の取り扱いに注意する。	週3回	14：30〜14：45	藤田
③				
④				
			プログラム立案者：藤田	

【特記事項】
家族と協力し，家事が実現できるように調整する。

【プログラム実施後の変化（総括）】
再評価日： 年 月 日

上記計画の内容について説明を受けました。
　　　　　　　　　　　　　　　○年 10月 1日
ご本人氏名：○○○○
ご家族氏名：○○○○

上記計画書に基づきサービスの説明を行い
内容に同意頂きましたので，ご報告申し上げます。
　　　　　　　　　　　　　　　○年 10月 1日
　　　　　　　　　　○○ 介護支援専門員様／事業所様

通所介護○○○　〒000-0000　住所：○○県○○市○○○○-00　管理者：○○
Tel. 000-000-0000 ／ Fax. 000-000-0000　説明者：○○

事例11 脊髄小脳変性症のため身体的動作訓練が中心になる利用者

| 要介護度 | 要介護3 | 障害高齢者自立度 | B1 | 認知症高齢者自立度 | Ⅱb |

　Dさんは，パーキンソン症候群の夫と2人暮らし。74歳の時から転倒しやすくなり，脊髄小脳変性症と診断された。その翌年にはつまずいて転倒し，左前腕骨を骨折した。徐々に筋力が低下し，78歳には歩けなくなった。手の筋力も低下しているが，現在は柄の太いスプーンですくって食べることができている。

　本人は病気のことを自覚しており，できる限り動けるようにしていたいと思っているが，何度か転倒しているので転ぶことに関して不安を感じている。また，ポータブルトイレで排泄をしたい気持ちがあり，夫が来るのを待たずに移ろうとすることも多い。

　居室内の移動は車いすを利用し，移乗時には夫の手助けを借りているが，あまりあてにならない。

　Dさんも夫も家事（特に調理）が困難となり，毎日夕方にヘルパーに夕食と次の日の朝食の準備をしてもらっている。夫がレンジで温め直して食べている。また，飲み込みが不十分で誤嚥の恐れがあるので，水分にとろみを付けて飲んでいる。

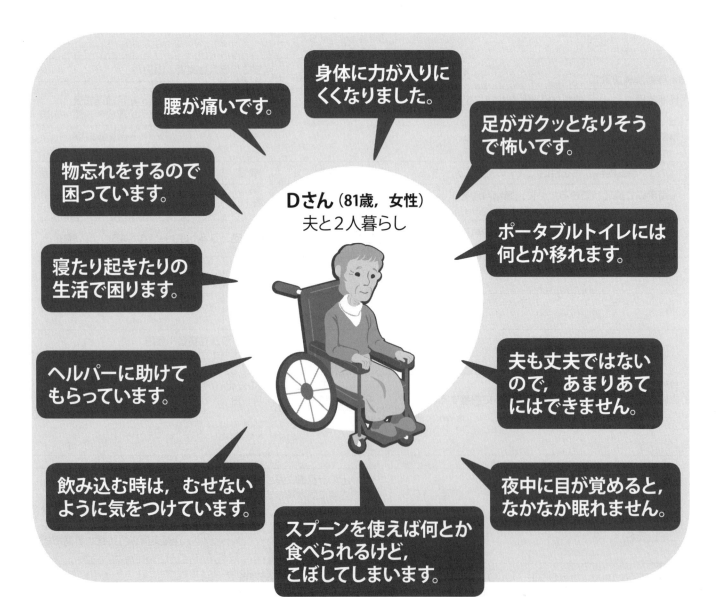

居宅サービス計画書（1）

作成年月日 ○年8月30日

利用者名： D 殿

要介護状態区分	要介護1　　要介護2　　(要介護3)　　要介護4　　要介護5
利用者および家族の生活に対する意向	[本人] 立つとふらふらするので、転ばないように訓練したい。 　　　　ベッドからポータブルトイレにスムーズに移れるようになりたい。 [夫] 自分の身体もうまく動かせないので介護が大変だ。 　　　ヘルパーに手伝ってもらって助かる。
介護認定審査会の意見およびサービスの種類の指定	
総合的な援助の方針	Dさんが身体の機能を維持できるようにサービスを利用しましょう。 ご主人と共に生活できるように工夫しましょう。 ①筋力を維持し、立ち上がりや移乗が安定できるよう対応を一緒に考えましょう。 ②生活が成り立つように、調理や買い物を手伝ってもらいましょう。 ③入浴が楽にできるような環境で入浴しましょう。 ④家の中で動きやすくなるように道具を活用しましょう。 主治医は○○○診療所（☆☆医師、×××-××××）です。 緊急時は長男の妻の△△△様（×××-××××）に連絡を取り、対応を相談します。
生活援助中心型の算定理由	1．一人暮らし　　(2)．家族等が障害、疾病等　　3．その他（　　　　）

居宅サービス計画書（2）

利用者名： D 殿
作成年月日 ○年8月30日

生活全般の解決すべき課題（ニーズ）	目標					援助内容				
	長期目標	（期間）	短期目標	（期間）	サービス内容	※1	サービス種別	※2	頻度	期間
立ち上がりや立位保持、移乗が楽にできるようになりたい。 （四肢麻痺 四肢の筋力低下あり。 腰痛あり。 立ち上がりは何とかできる。 ポータブルトイレと車いすを利用）	移乗が自立する。	○.9.1 〜 ○.2.28	移乗が見守りで安定する。	○.9.1 〜 ○.11.30	①立ち上がり訓練 ②立位保持訓練 ③移乗訓練 ④筋力強化訓練	○ ○	①②③④ 通所介護 ①②③ 訪問介護		週4回 週7回	○.9.1 〜 ○.11.30
2人での生活を継続したい。 （立位保持はごく短時間 移乗は見守り 移動は車いす 家事動作が困難 屋内に段差あり。 夫も高齢で転倒しやすい。）	2人の協力でできる家事を継続できる。	○.9.1 〜 ○.2.28	夫と2人で生活が継続できる。	○.9.1 〜 ○.11.30	①買い物や調理などの援助	○	①訪問介護		週7回	○.9.1 〜 ○.11.30
安全に入浴したい。 （四肢麻痺 四肢の筋力低下あり。 腰痛あり。 立ち上がりは何とかできる。 家庭の浴槽では入浴困難 夫も高齢で転倒しやすい。）	自分の力で移乗しながら入浴できる。	○.9.1 〜 ○.2.28	移動や移乗を介助してもらいながら入浴できる。	○.9.1 〜 ○.11.30	①入浴介助 ②移動・移乗介助 ③更衣介助	○	①②③ 通所介護		週4回	○.9.1 〜 ○.11.30
転倒しにくい環境を整えたい。 （四肢麻痺 四肢の筋力低下あり。 移乗は見守り ベッド柵を持って移乗する。 ポータブルトイレと車いすを利用）	安定した移乗ができる。	○.9.1 〜 ○.2.28	安定した物を持って移乗できる。	○.9.1 〜 ○.11.30	①電動ベッドの利用 ②介助バーの利用 ③車いすの利用	○	①②③ 福祉用具貸与		毎日	○.9.1 〜 ○.11.30

※1 「保険給付の対象となるかどうかの区分」について、保険給付対象内サービスについては○印を付す。
※2 「当該サービス提供を行う事業所」について記入する。

通所介護アセスメントシート

アセスメント実施日　○年8月30日　第5回　面接方法（　訪問　）　担当者　S

フリガナ		性別	女	生年月日	○年○月○日（81歳）	要介護度	介護認定日		
氏名	Dさん					3	○	○	8　9

住所	○○市○○町○丁目○番地	電話番号	×××-×××-××××	認定の有効期間
				○.9～○.8

連絡先	氏名	続柄	住所	電話番号	障害高齢者自立度	B1
	○○○○	夫	同上	同上	認知症高齢者自立度	Ⅱb
	○○○○	長男の妻	○○	×××-×××-××××		

家族構成	現在利用している社会資源等		本人の希望
夫と2人暮らし。 長男の妻携帯　×××-××××-××××	在宅および施設ケアサービス		立つとふらふらするので，転ばないように訓練したい。 ベッドからポータブルトイレへスムーズに移れるようになりたい。
	通所介護週4回 訪問介護週7回		
介護状況 主介護者　　（　　夫　　） 仕事等　　　（　なし　） 健康状態　　（パーキンソン症候群） キーパーソン（長男の妻）	日常生活用具等 電動ベッド 介助バー 車いす		家族の希望・要望 自分の身体もうまく動かせないので介護が大変だ。 ヘルパーに手伝ってもらって助かる。

生活歴
22歳で結婚し，夫と共に農業で生活をしていた。長男は県外で働いていたが，現在は鬱で閉じこもりがちの生活をしている。近所には親戚が少なく，夫婦で助け合いながら何とか生活している。

治療状況

既往歴	現病歴	服薬状況	受診方法
子宮筋腫（○年） 腰痛症（○年） 左前腕骨折（○年）	○年1月ごろからよくつまずくようになり，5月に受診したところ，脊髄小脳変性症の診断を受ける。徐々に筋力が低下し，○年には歩けなくなる。立位保持は，ごく短時間可能だが，膝折れがある。上肢の筋力も低下しているが，スプーンで食べられる。	胃薬（1日3回） 鎮痛消炎剤（1日3回）	週1回往診

医療機関名・担当医　（　　○○診療所　☆☆医師　）　TEL（　　　）
　　　　　　　　　　（　　　　　　　　　　　　　）　TEL（　　　）

医療保険	後期高齢者医療制度	身障手帳	なし	年金等	国民年金，年間60万円程度

身体状況

〈拘縮　麻痺　痛み　皮膚の状況〉

拘縮	特に関節拘縮はない。
麻痺	四肢に筋緊張の低下あり。手足に力が入りにくい。
痛み	腰痛があり，同じ姿勢を長時間保持できない。
褥そう	なし
皮膚の状況	特になし

〈目・耳の状態およびコミュニケーション能力〉

視力	年相応	眼鏡	なし
聴力	年相応	補聴器	なし
目・耳の症状	良好		
意思表示の手段	言葉で伝える。		
意思の伝達	言葉で十分に伝えられる。		
指示への反応	簡単な内容の指示は理解できる。複雑な内容は困難。		
その他	寝たり起きたりの生活をしている。日中は車いすに座ったり，ベッドで横になったりしている。血圧は120／70mmHg程度で安定している。		

介護保険	○○○○○○○○○○	支援事業所	居宅介護支援事業所○○荘	ケアマネ	S

日常生活動作能力	寝返り	ベッド柵を持てば何とか寝返りできる。
	起き上がり	ベッド柵につかまって起き上がるが，努力を要する。
	座位	座位保持はベッド柵を持って可能。後ろへ倒れそうになるので長時間は困難。
	移乗・移動	立ち上がりは介助バーを持てば努力で何とかできる。
		移乗は介助バーを持ち見守りでできている。夫はパーキンソン症候群があり，介助するのは難しい。
		歩行は困難。車いすで屋内を移動する。
	着脱	寝た状態で大部分を介助で行う。袖を通す協力はあり。
	整容	整髪は頭の後ろ部分などは，一部介助で行う。
	IADL等	家事は夫やヘルパーが行っている。

食事・栄養状態	肥満とやせ	やせ気味
	食べ方	スプーンを使って食べるが，食べこぼしがあり，配膳や汁物を飲む時には介助が必要。
	嚥下	誤嚥の可能性あり。とろみ剤使用。
	食事制限	特になし。好き嫌いなし。
	食物形態	軟飯と副食は刻み。
	一日の水分量	ほぼ通常量（1,500mL程度）にとろみを付ける。
	口腔の状態	入れ歯はあるが，合わなくなったため使用していない。

排泄の状況	尿	ポータブルトイレに移乗して排泄するが，夜間はおむつを使用している。
	尿失禁	なし
	便	2日に1回程度で普通の便。
	便失禁	なし
	トイレ環境	洋式トイレで，縦・横手すりを設置済み。

身体の清潔状況	デイサービス利用時に入浴（車いす用浴槽）。 前身の洗身は自分で行う。
浴室環境	和洋折衷型の浴槽で，深さは約40cm。手すりはない。

精神状態	睡眠の状況	デイサービス利用時に入浴（車いす用浴槽）。 前身の洗身は自分で行う。
	認知症の症状	物忘れがあり，注意・集中力が低下している。 見当識障害があり，状況にそぐわない判断をしたり，話をしたりする。

家族の協力体制	夫が主介護者，長男は県外在住のためで介護の協力は望めない。		住宅・環境等
興味・関心・生きがい	動きたい気持ちがある。		玄関に30cmの段差あり。 廊下と部屋間は2.5cmの段差。 居室は6畳の洋室で，ベッド，ポータブルトイレ，タンスがある。 トイレには以前に手すりを付けている，浴室には手すりなし。
生活スタイル・活動状況	デイサービスで知人と会話することがある。		
要支援に至った理由と経緯 以前のADLと家庭内役割 自立してできなくなったこと 現在の家事状況と役割 近隣との交流	長男の妻は遠方に住んでおり，年に1～2回程度帰省する程度。 夫はパーキンソン症候群で小刻み歩行となり，立位バランスも悪く転倒しやすい。屋内は手すりや机などにつかまり，屋外は杖をついて歩く。 夫はレンジで温めることはできるが，調理はうまくできない。 ヘルパーは毎日16時から1時間程度訪問し，調理と台所の片付けなどを行う。		
送迎場所	自宅玄関	送迎方法　モジュール型車いす	ベッド等　介護用（2モーター）

興味・関心チェックシート

聞き取り日：○年8月30日

氏名	Dさん			生年月日	○年○月○日	年齢	81歳	性別	女

生活行為	している	してみたい	興味がある	生活行為	している	してみたい	興味がある
自分でトイレへ行く			○	生涯学習・歴史			
一人でお風呂に入る				読書			
自分で服を着る		○		俳句			
自分で食べる	○			書道・習字			
歯磨きをする	○			絵を描く・絵手紙			
身だしなみを整える	○			パソコン・ワープロ			
好きなときに眠る				写真			
掃除・整理整頓				映画・観劇・演奏会			
料理を作る				お茶・お花			
買い物				歌を歌う・カラオケ			
家や庭の手入れ・世話				音楽を聴く・楽器演奏			
洗濯・洗濯物たたみ				将棋・囲碁・麻雀・ゲーム等			
自転車・車の運転				体操・運動			
電車・バスでの外出				散歩			
孫・子供の世話				ゴルフ・グラウンドゴルフ・水泳・テニスなどのスポーツ			
動物の世話				ダンス・踊り			
友達とおしゃべり・遊ぶ	○			野球・相撲等観戦			
家族・親戚との団らん				競馬・競輪・競艇・パチンコ			
デート・異性との交流				編み物			
居酒屋に行く				針仕事			
ボランティア				畑仕事			
地域活動（町内会・老人クラブ）				賃金を伴う仕事			
お参り・宗教活動				旅行・温泉			
その他（　　）				その他（　　）			
その他（　　）				その他（　　）			

居宅訪問チェックシート

利用者氏名	Dさん		生年月日	○年○月○日	年齢	81歳	性別	女
訪問日・時間	○年8月30日（○） 16：45 ～ 17：00						要介護度	3
訪問スタッフ	○○，○○		職種	生活相談員，機能訓練指導員		被聞取り者	家族，利用者	

	項目	レベル	課題	環境（実施場所・補助具等）	状況・生活課題
ADL	食事	☐自立 ☐見守り ☑一部介助 ☐全介助	有	食堂で食べるが，食べこぼしがある。	夜間はおむつを使用。 移乗の際は転倒する危険がある。 夫はパーキンソン症候群のため，介護は困難。
	排泄	☐自立 ☐見守り ☑一部介助 ☐全介助	有	ポータブルトイレを使用。	
	入浴	☐自立 ☐見守り ☑一部介助 ☐全介助	有	自宅の浴槽は和洋折衷型で，入浴は困難。	
	更衣	☐自立 ☐見守り ☑一部介助 ☐全介助	有		
	整容	☐自立 ☐見守り ☑一部介助 ☐全介助	有		
	移乗	☐自立 ☑見守り ☐一部介助 ☐全介助	有	介助バーを使用して見守りで行っている。	
IADL	屋内移動	☐自立 ☑見守り ☐一部介助 ☐全介助	有	車いすを使用。	デイサービス以外は外出をしない。 家事は夫とヘルパーが行う。
	屋外移動	☐自立 ☐見守り ☐一部介助 ☑全介助	有	車いすを使用。	
	階段昇降	☐自立 ☐見守り ☐一部介助 ☑全介助	有		
	調理	☐自立 ☐見守り ☐一部介助 ☑全介助	有		
	洗濯	☐自立 ☐見守り ☐一部介助 ☑全介助	有		
	掃除	☐自立 ☐見守り ☐一部介助 ☑全介助	有		

	項目	レベル	課題	状況・生活課題
起居動作	起き上がり	☑自立 ☐見守り ☐一部介助 ☐全介助	無	手すりなどにつかまれば起居動作は何とかできるが，脊髄小脳変性症の影響で震えがあるため，立位は不安定である。 自分で立ち上がることはできるが，日常生活で立ち上がることはあまりない。
	座位	☐自立 ☑見守り ☐一部介助 ☐全介助	有	
	立ち上がり	☐自立 ☑見守り ☐一部介助 ☐全介助	有	
	立位	☐自立 ☑見守り ☐一部介助 ☐全介助	有	

身体機能：軽度の腰痛と両下肢に筋力低下があるため，立位時は膝折れしやすい。四肢の筋緊張が低く失調様の動き。

精神・心理機能：見当識障害と注意・集中力は低下しているが，日常会話はできる。

Barthel Index

氏名：Dさん　　評価日：○年9月1日（○）　　実施場所：○○　　評価者：○○

		点数	質問内容	得点
1	食事	10 5 0	自立。自助具などを使用してもよい。標準的時間内に食べ終えることができる 部分介助（例えば，おかずを切って細かくしてもらう，自助食器などを利用して，こぼさないような介助してもらうなど） 全介助	5
2	車いすから ベッドへの 移動	15 10 5 0	自立。ブレーキやフットレストの操作も含む（非行自立も含む） 軽度の部分介助または監視を要する 座ることは可能だが，ほぼ全介助 全介助または不可能	10
3	整容	5 0	自立（洗面，整髪，歯磨き，ひげ剃り） 部分介助または不可能 ※女性の場合は，化粧なども含む	0
4	トイレ動作	10 5 0	自立（衣服の操作，後始末を含む。ポータブル便器などを使用している場合は，その洗浄も含む） 部分介助。体を支える，衣服，後始末に介助を要する 全介助または不可能 ※手すりの使用などもトイレ動作に含む	5
5	入浴	5 0	自立 部分介助または不可能 ※浴槽内への出入りも入浴の動作に含むが，シャワー浴などもあり得る	0
6	歩行	15 10 5 0	45m以上の歩行。補装具（車いす，歩行器は除く）の使用の有無は問わない 45m以上の介助歩行。歩行器の使用を含む 歩行不能の場合，車いすにて45m以上の操作可能 上記以外 ※義足，装具，杖，松葉杖，歩行器（車輪なし）などの使用は可	0
7	階段昇降	10 5 0	自立。手すりなどの使用の有無は問わない 介助または監視を要する 不能 ※手すりや杖などの使用は可	0
8	着替え	10 5 0	自立。靴，ファスナー，装具の着脱を含む 部分介助，標準的な時間内，半分以上は自分で行える 上記以外	0
9	排便コント ロール	10 5 0	失禁なし。浣腸，坐薬の取り扱いも可能 時に失禁あり。浣腸，坐薬の取り扱いに介助を要する者も含む 上記以外	10
10	排尿コント ロール	10 5 0	失禁なし。収尿器の取り扱いも可能 時に失禁あり。収尿器の取り扱いに介助を要する者も含む 上記以外	10

合計得点
40／100

通所介護機能訓練評価シート

評価者	○○	(訪問)評価日	○年9月1日(○)

氏名	Dさん	性別	女	障害高齢者自立度	B1	要介護度	
生年月日	○年○月○日	年齢	81	認知症高齢者自立度	Ⅱb		3

関節可動域		肩：(年齢相応)・制限あり（　　　） 肘：(年齢相応)・制限あり（　　　） 手：(年齢相応)・制限あり（　　　） 股：(年齢相応)・制限あり（　　　） 膝：(年齢相応)・制限あり（　　　） 足：(年齢相応)・制限あり（　　　）
痛みや痺れ等		痛み：(あり)・なし（腰痛　　　） 痺れ：あり・(なし)（　　　）
筋力	上肢	腕を曲げる：十分に曲げられる・(何とか曲げられる)・曲げられない（　　　） 腕を伸ばす：十分に伸ばせる・(何とか伸ばせる)・伸ばせない（持続して力を入れることができない。）
	下肢	足を後ろに引く：十分に引ける・(何とか引ける)・引けない（　　　） 足を伸ばす：十分に伸ばせる・(何とか伸ばせる)・伸ばせない（膝がすぐに曲がってしまう。）
	体幹	へそのぞき：十分にのぞける・何とかのぞける・(のぞけない)（　　　） 背を伸ばす：十分に伸ばせる・(何とか伸ばせる)・伸ばせない（　　　）
家庭でのADL	起き上がり	(できる)・介助でできる・できない（ベッド柵を持つ。）
	座位保持	(できる)・介助でできる・できない（ベッド柵を持つ。）
	歩行	できる・介助でできる・(できない)（　　　）
	車いす駆動	(できる)・介助でできる・できない（段差を越えることは難しい。）
	食事	(できる)・介助でできる・できない（食べこぼしがある。）
	衣服・整容	できる・(介助でできる)・できない（ベッド上介助で着替える。）
	入浴	できる・介助でできる・(できない)（デイサービスの車いす用浴槽）
	排泄	できる・(介助でできる)・できない（　　　）
	会話	(できる)・介助でできる・できない（　　　）
家庭でのIADL	買い物	できる・介助でできる・(できない)（ヘルパーや家族が行っている。）
	調理	できる・介助でできる・(できない)（ヘルパーや家族が行っている。）
	掃除・洗濯	できる・介助でできる・(できない)（ヘルパーや家族が行っている。）
認知機能	見当識	日時：分かる・(時々分かる)・分からない（　　　） 場所や人：分かる・(時々分かる)・分からない（人の名前をよく忘れる。）
	記銘・記憶	短期：(覚えている)・不確か・忘れることが多い（　　　） 長期：覚えている・(不確か)・忘れることが多い（　　　）
	判断能力	簡単な内容：できる・(意見を求める)・できない（　　　） 複雑な内容：できる・意見を求める・(できない)（　　　）
	BPSD(幻覚・妄想・易怒・意欲低下等)	注意・集中力が低下している。
麻痺回復(四肢)	肩や腕	かなり動かせる・(半分程度)・わずかに動かせる（腕が震えて力が入りにくい。）
	手指	かなり動かせる・(半分程度)・わずかに動かせる（指先が震えて力が入りにくい。）
	下肢	かなり動かせる・(半分程度)・わずかに動かせる（下肢が震えて力が入りにくい。）
興味・関心・生きがい・役割		動きたい気持ちがある。
生活スタイル・活動量・交流		デイサービスで知人と会話することがある。
訓練効果，実施方法に関する評価　実施日：○.9.1		機能訓練指導員：四肢の筋力を維持・向上したい。 看護職員：誤嚥の可能性がある。 介護職員：移乗の際は転倒に注意。 生活相談員：機能訓練（立ち上がりや立位訓練）を希望している。

通所介護計画書

※3カ月間の評価および変化も記載しています。

作成日	○年9月1日	前回作成日	○年5月30日	計画作成者	○○			
ふりがな 氏名	Dさん	性別	生年月日	年齢	要介護度	管理者	看護	介護	機能訓練	相談員
		女	○年○月○日	81	3	○○	○○	○○	○○	○○

【通所介護利用までの経緯（活動歴・病歴）】
脊髄小脳変性症のため転倒しやすくなり，74歳の時に転倒して左前腕骨折し，4年後には歩けなくなった。夫はパーキンソン症候群で，2人で助け合って生活している。

【本人の希望】
立つとふらふらするので，転ばないように訓練したい。ベッドからポータブルトイレにスムーズに移れるようになりたい。

【家族の希望】
自分の身体もうまく動かせないので，介護が大変だ。

【障害自立度】 B1

【認知症自立度】 Ⅱb

【健康状態（病名，合併症（心疾患，呼吸器疾患等），服薬状況等）】
腰痛症（○年）
脊髄小脳変性症（○年）
昼に胃薬などを服用する。

【ケアの上での医学的リスク（血圧，転倒，嚥下障害等）・留意事項】
立位が不安定なので，膝折れや転倒・骨折に注意する。
嚥下が困難なため，とろみ剤を使用する。

【自宅での活動・参加の状況（役割など）】
自宅ではあまり動かず，ベッド上で寝たり起きたりの生活をしている。
夫が行う家事に関して意見を言う協力はしている。

利用目標

	設定日		目標	目標達成度
長期目標	設定日 達成予定日	○年9月 ○年2月	移乗動作が自立し，ベッドからポータブルトイレや車いすなどへの移乗が安定してできる。	達成・一部・未達
短期目標	設定日 達成予定日	○年9月 ○年11月	立ち上がりや立位が安定し，自分で動くことが増える。	(達成)・一部・未達

サービス提供内容

目的とケアの提供方針・内容	評価		効果，満足度等
	実施	達成	
①起居移動が安定するために，両上下肢の筋力強化訓練を行う。 9月1日～11月30日	(実施)／一部／未実施	(達成)／一部／未達	両下肢は重りを付けて楽に上げられるようになった。
②移乗が安全に行えるために，立ち上がり・移乗動作訓練を行う。 9月1日～11月30日	(実施)／一部／未実施	(達成)／一部／未達	立ち上がり動作も安定してきた。
③物忘れへの刺激のために，レクリエーションや学習，パズル，回想法などに参加する。 9月1日～11月30日	(実施)／一部／未実施	達成／(一部)／未達	時々参加している。
④ 月 日～ 月 日	実施／一部／未実施	達成／一部／未達	
⑤ 月 日～ 月 日	実施／一部／未実施	達成／一部／未達	

迎え（ (有) ・ 無 ）

プログラム（1日の流れ）

予定時間	サービス内容
9：00	バイタルチェック
10：00	両上下肢の筋力強化訓練など
10：30	入浴介助
12：00	食事
13：00	のんびり
14：00	レクリエーション
15：00	おやつ
15：30	学習・回想法
16：30	終わりの会

送り（ (有) ・ 無 ）

【特記事項】
立ち上がりや移乗の際は，転倒に注意する。

【実施後の変化（総括）】 再評価日：○年11月30日
両下肢の筋力は強化され，立ち上がりと立位保持が安定してきました。

上記計画の内容について説明を受けました。　　○年 9月 1日
ご本人氏名：○○○○
ご家族氏名：○○○○

上記計画書に基づきサービスの説明を行い内容に同意頂きましたので，ご報告申し上げます。
○年 9月 1日
○○　介護支援専門員様／事業所様

通所介護○○○　〒000-0000　住所：○○県○○市○○○○-○○　管理者：○○
Tel. 000-000-0000／Fax. 000-000-0000　説明者：○○

通所介護個別機能訓練計画書

※3カ月間の評価および変化も記載しています。

作成日	○年9月1日	前回作成日	○年5月30日	計画作成者	○○				
ふりがな 氏名	Dさん	性別 女	生年月日 ○年○月○日	年齢 81	要介護度 3	管理者 ○○	看護 ○○	介護 ○○	機能訓練 ○○ |相談員 ○○

【本人の希望】 立つとふらふらするので，転ばないように訓練したい。 ベッドからポータブルトイレにスムーズに移れるようになりたい。	【家族の希望】 自分の身体もうまく動かせないので，介護が大変だ。	【障害自立度】 B1
		【認知症自立度】 Ⅱb
【病名，合併症（心疾患，呼吸器疾患等）】 腰痛症（○年） 脊髄小脳変性症（○年）	【生活課題】 四肢が失調様の動きで姿勢保持や移乗・移動動作が不安定である。 家の中でも動くことが少なく，寝たり起きたりの生活となっている。	【在宅環境（生活課題に関連する在宅環境課題）】 夫はパーキンソン症候群のため介護が困難で，夫の家事も不十分である。
【運動時のリスク（血圧，不整脈，呼吸等）】 血圧は120／70mmHgで安定している。		

個別機能訓練加算Ⅰ

長期目標： ○年2月	移乗動作が自立する。				目標達成度 達成・一部・未達
短期目標： ○年11月	立ち上がりや立位が安定する。				目標達成度 (達成)・一部・未達
プログラム内容（何を目的に〈～のために〉～する）		留意点	頻度	時間	主な実施者
①起居移動が安定するために，両上下肢の筋力強化訓練 （上肢0.5kg，下肢1kgのおもり10回×2）		途中で休憩を入れる。	週4回	10：00～10：10	山田
②移乗が安全に行えるために，立ち上がり・移乗訓練3回			週4回	10：10～10：20	山田
③					
				プログラム立案者：山田	

個別機能訓練加算Ⅱ

長期目標： 　年　月					目標達成度 達成・一部・未達
短期目標： 　年　月					目標達成度 達成・一部・未達
プログラム内容（何を目的に〈～のために〉～する）		留意点	頻度	時間	主な実施者
①					
②					
③					
④					
				プログラム立案者：	

【特記事項】 訪問介護職員と協力して，夫の移乗介助方法に関する助言・指導を行う。	【プログラム実施後の変化（総括）】 再評価日：○年11月30日 両下肢の筋力は強化され，立ち上がりと立位保持が安定してきました。

上記計画の内容について説明を受けました。 　　　　　　　　　　　　　　　○年　9月　1日 ご本人氏名：○○○○ ご家族氏名：○○○○	上記計画書に基づきサービスの説明を行い 内容に同意頂きましたので，ご報告申し上げます。 　　　　　　　　　　　　　　　○年　9月　1日 ○○　介護支援専門員様／事業所様

通所介護○○○　　〒000-0000　住所：○○県○○市○○○○-00　　管理者：○○
　　　　　　　　　Tel. 000-000-0000／Fax. 000-000-0000　　説明者：○○

興味・関心チェックシート　3カ月後

聞き取り日：○年11月30日

| 氏名 | Dさん | | 生年月日 | ○年○月○日 | 年齢 | 81歳 | 性別 | 女 |

生活行為	している	してみたい	興味がある	生活行為	している	してみたい	興味がある
自分でトイレへ行く	○			生涯学習・歴史			
一人でお風呂に入る				読書			
自分で服を着る		○		俳句			
自分で食べる	○			書道・習字			
歯磨きをする	○			絵を描く・絵手紙			
身だしなみを整える	○			パソコン・ワープロ			
好きなときに眠る				写真			
掃除・整理整頓				映画・観劇・演奏会			
料理を作る				お茶・お花			
買い物				歌を歌う・カラオケ			
家や庭の手入れ・世話				音楽を聴く・楽器演奏			
洗濯・洗濯物たたみ				将棋・囲碁・麻雀・ゲーム等			
自転車・車の運転				体操・運動			
電車・バスでの外出				散歩			
孫・子供の世話				ゴルフ・グラウンドゴルフ・水泳・テニスなどのスポーツ			
動物の世話				ダンス・踊り			
友達とおしゃべり・遊ぶ	○			野球・相撲等観戦			
家族・親戚との団らん				競馬・競輪・競艇・パチンコ			
デート・異性との交流				編み物			
居酒屋に行く				針仕事			
ボランティア				畑仕事			
地域活動（町内会・老人クラブ）				賃金を伴う仕事			
お参り・宗教活動				旅行・温泉			
その他（　　）				その他（　　）			
その他（　　）				その他（　　）			

※「自分でトイレへ行く」欄：ポータブルトイレを使うようになった。

居宅訪問チェックシート 3カ月後

利用者氏名	Dさん			生年月日	○年○月○日	年齢	81歳	性別	女
訪問日・時間	○年11月30日（○）　16：45　〜　17：00							要介護度	3
訪問スタッフ	○○，○○			職種	生活相談員，機能訓練指導員	被聞取り者		家族，利用者	

	項目	レベル		課題	環境（実施場所・補助具等）	状況・生活課題
ADL	食事	☐自立　☐見守り ☑一部介助　☐全介助		有	食堂で食べるが，食べこぼしがある。	夜間はおむつを使用。 移乗の際は転倒する危険がある。 夫はパーキンソン症候群のため，介護は困難。
	排泄	☐自立　☐見守り ☑一部介助　☐全介助		有	ポータブルトイレを使用。	
	入浴	☐自立　☐見守り ☑一部介助　☐全介助		有	自宅浴槽は和洋折衷型で，入浴は困難。	
	更衣	☐自立　☐見守り ☑一部介助　☐全介助		有		
	整容	☐自立　☐見守り ☑一部介助　☐全介助		有		
	移乗	☐自立　☑見守り ☐一部介助　☐全介助		有	介助バーを使用して見守りで行っている。	
IADL	屋内移動	☐自立　☑見守り ☐一部介助　☐全介助		有	車いすを使用。	デイサービス以外は外出をしない。 家事は夫とヘルパーが行う。
	屋外移動	☐自立　☐見守り ☐一部介助　☑全介助		有	車いすを使用。	
	階段昇降	☐自立　☐見守り ☐一部介助　☑全介助		有		
	調理	☐自立　☐見守り ☐一部介助　☑全介助		有		
	洗濯	☐自立　☐見守り ☐一部介助　☑全介助		有		
	掃除	☐自立　☐見守り ☐一部介助　☑全介助		有		
	項目	レベル		課題	状況・生活課題	
起居動作	起き上がり	☑自立　☐見守り ☐一部介助　☐全介助		無	手すりなどにつかまれば起居動作は何とかできる。脊髄小脳変性症の影響で震えはあるものの，立位は安定してきた。 自分で立ち上がることはできるが，日常生活で立ち上がることはあまりない。	
	座位	☑自立　☐見守り ☐一部介助　☐全介助		無		
	立ち上がり	☑自立　☐見守り ☐一部介助　☐全介助		無		
	立位	☐自立　☑見守り ☐一部介助　☐全介助		有		

（吹き出し）両下肢の筋力が強化され，立位が安定した。
（吹き出し）座位や立ち上がりは安定してきた。
（吹き出し）不安要素はある。

身体機能：軽度の腰痛と両下肢に筋力低下があるため，立位時は膝折れの危険性が残っている。四肢の筋緊張が低く失調様の動き。

精神・心理機能：見当識障害と注意・集中力は低下しているが，日常会話はできる。

Barthel Index 3カ月後

氏名：Dさん　　評価日：〇年11月30日（〇）　　実施場所：〇〇　　評価者：〇〇

		点数	質問内容	得点
1	食事	10	自立。自助具などを使用してもよい。標準的時間内に食べ終えることができる	5
		5	部分介助（例えば，おかずを切って細かくしてもらう，自助食器などを利用して，こぼさないような介助してもらうなど）	
		0	全介助	
2	車いすからベッドへの移動	15	自立。ブレーキやフットレストの操作も含む（非行自立も含む）	10
		10	軽度の部分介助または監視を要する	
		5	座ることは可能だが，ほぼ全介助	
		0	全介助または不可能	
3	整容	5	自立（洗面，整髪，歯磨き，ひげ剃り）	0
		0	部分介助または不可能	
			※女性の場合は，化粧なども含む	
4	トイレ動作	10	自立（衣服の操作，後始末を含む。ポータブル便器などを使用している場合は，その洗浄も含む）	5
		5	部分介助。体を支える，衣服，後始末に介助を要する	
		0	全介助または不可能	
			※手すりの使用などもトイレ動作に含む	
5	入浴	5	自立	0
		0	部分介助または不可能	
			※浴槽内への出入りも入浴の動作に含むが，シャワー浴などもあり得る	
6	歩行	15	45m以上の歩行。補装具（車いす，歩行器は除く）の使用の有無は問わない	0
		10	45m以上の介助歩行。歩行器の使用を含む	
		5	歩行不能の場合，車いすにて45m以上の操作可能	
		0	上記以外	
			※義足，装具，杖，松葉杖，歩行器（車輪なし）などの使用は可	
7	階段昇降	10	自立。手すりなどの使用の有無は問わない	0
		5	介助または監視を要する	
		0	不能	
			※手すりや杖などの使用は可	
8	着替え	10	自立。靴，ファスナー，装具の着脱を含む	0
		5	部分介助，標準的な時間内，半分以上は自分で行える	
		0	上記以外	
9	排便コントロール	10	失禁なし。浣腸，坐薬の取り扱いも可能	10
		5	時に失禁あり。浣腸，坐薬の取り扱いに介助を要する者も含む	
		0	上記以外	
10	排尿コントロール	10	失禁なし。収尿器の取り扱いも可能	10
		5	時に失禁あり。収尿器の取り扱いに介助を要する者も含む	
		0	上記以外	

合計得点 40／100

通所介護 機能訓練評価シート 3カ月後

評価者	○○	(訪問)評価日	○年11月30日（○）

氏名	Dさん	性別	女	障害高齢者自立度	B1	要介護度	
生年月日	○年○月○日	年齢	81	認知症高齢者自立度	Ⅱb		3

関節可動域		肩：**年齢相応**・制限あり（　　　　） 肘：**年齢相応**・制限あり（　　　　） 手：**年齢相応**・制限あり（　　　　） 股：**年齢相応**・制限あり（　　　　） 膝：**年齢相応**・制限あり（　　　　） 足：**年齢相応**・制限あり（　　　　）
痛みや痺れ等		痛み：**あり**・なし（腰痛　　　） 痺れ：あり・**なし**（　　　　）
筋力	上肢	腕を曲げる：十分に曲げられる・**何とか曲げられる**・曲げられない（　　） 腕を伸ばす：十分に伸ばせる・**何とか伸ばせる**・伸ばせない（持続して力を入れることができない。）
	下肢	足を後ろに引く：**十分に引ける**・何とか引ける・引けない（　　） 足を伸ばす：**十分に伸ばせる**・何とか伸ばせる・伸ばせない（膝がすぐに曲がってしまう。）
	体幹	へそのぞき：十分にのぞける・何とかのぞける・**のぞけない**（　　） 背を伸ばす：十分に伸ばせる・**何とか伸ばせる**・伸ばせない（　　）
家庭での ADL	起き上がり	**できる**・介助でできる・できない　（ベッド柵を持つ。）
	座位保持	**できる**・介助でできる・できない　（ベッド柵を持つ。）
	歩行	できる・介助でできる・**できない**　（立ち上がりと立位保持は安定してきた。）
	車いす駆動	**できる**・介助でできる・できない　（段差を越えることは難しい。）
	食事	**できる**・介助でできる・できない　（食べこぼしがある。）
	衣服・整容	できる・**介助でできる**・できない　（ベッド上介助で着替える。）
	入浴	できる・介助でできる・**できない**　（デイサービスの車いす用浴槽）
	排泄	できる・**介助でできる**・できない　（　　）
	会話	**できる**・介助でできる・できない　（　　）
家庭での IADL	買い物	できる・介助でできる・**できない**　（ヘルパーや家族が行っている。）
	調理	できる・介助でできる・**できない**　（ヘルパーや家族が行っている。）
	掃除・洗濯	できる・介助でできる・**できない**　（ヘルパーや家族が行っている。）
認知機能	見当識	日時：分かる・**時々分かる**・分からない（　　） 場所や人：分かる・**時々分かる**・分からない（人の名前をよく忘れる。）
	記銘・記憶	短期：**覚えている**・不確か・忘れることが多い（　　） 長期：覚えている・**不確か**・忘れることが多い（　　）
	判断能力	簡単な内容：できる・**意見を求める**・できない（　　） 複雑な内容：できる・意見を求める・**できない**（　　）
	BPSD （幻覚・妄想・ 易怒・意欲低下等）	注意・集中力が低下している。
麻痺回復 （四肢）	肩や腕	かなり動かせる・**半分程度**・わずかに動かせる（腕が震えて力が入りにくい。）
	手指	かなり動かせる・**半分程度**・わずかに動かせる（指先が震えて力が入りにくい。）
	下肢	かなり動かせる・**半分程度**・わずかに動かせる（下肢が震えて力が入りにくい。）
興味・関心・生きがい・役割		動きたい気持ちがある。
生活スタイル・活動量・交流		デイサービスで知人と会話することがある。
訓練効果, 実施方法に 関する評価 実施日：○.11.30		機能訓練指導員：2～3歩の歩行を目指したい。 看護職員：誤嚥の可能性がある。 介護職員：移乗の際は転倒に注意。 生活相談員：機能訓練（立ち上がりや立位訓練）を希望している。

通所介護計画書　3カ月後

作成日	○年11月30日	前回作成日	○年9月1日	計画作成者	○○				
ふりがな 氏名	Dさん	性別	生年月日	年齢	要介護度	管理者	看護	介護	機能訓練	相談員
		女	○年○月○日	81	3	○○	○○	○○	○○	○○

【通所介護利用までの経緯（活動歴・病歴）】 脊髄小脳変性症のため転倒しやすくなり，74歳の時に転倒して左前腕骨折し，4年後には歩けなくなった。夫はパーキンソン症候群で，2人で助け合って生活している。	【本人の希望】 立つとふらふらするので，転ばないように訓練したい。ベッドからポータブルトイレにスムーズに移れるようになりたい。	【障害自立度】 B1
	【家族の希望】 自分の身体もうまく動かせないので，介護が大変だ。	【認知症自立度】 Ⅱb
【健康状態（病名，合併症（心疾患，呼吸器疾患等），服薬状況等）】 腰痛症（○年） 脊髄小脳変性症（○年） 昼に胃薬などを服用する。	【ケアの上での医学的リスク（血圧，転倒，嚥下障害等）・留意事項】 立位が不安定なので，膝折れや転倒・骨折に注意する。 嚥下が困難なため，とろみ剤を使用する。	
【自宅での活動・参加の状況（役割など）】 自宅ではあまり動かず，ベッド上で寝たり起きたりの生活をしている。 夫が行う家事に関して意見を言う協力はしている。		

利用目標

長期目標	設定日　○年11月 達成予定日　○年5月	移乗動作が自立し，ベッドからポータブルトイレや車いすなどへの移乗が安定してできる。	目標達成度 達成・一部・未達
短期目標	設定日　○年11月 達成予定日　○年2月	立ち上がりや立位が安定し，自分で動くことが増える。	目標達成度 達成・一部・未達

サービス提供内容

目的とケアの提供方針・内容	評価		効果，満足度等	迎え（有・無）	
	実施	達成			
①起居移動が安定するために，両上下肢の筋力強化訓練を行う。 12月1日～2月28日	実施 一部 未実施	達成 一部 未達		プログラム（1日の流れ）	
				予定時間	サービス内容
②移乗が安全に行えるために，立ち上がり・移乗動作訓練を行う。 12月1日～2月28日	実施 一部 未実施	達成 一部 未達		9：00 10：00 10：30 12：00 13：00 14：00 15：00 15：30 16：30	バイタルチェック 両上下肢の筋力強化訓練など 入浴介助 食事 のんびり レクリエーション おやつ 学習・回想法 終わりの会
③物忘れへの刺激のために，レクリエーションや学習，パズル，回想法などに参加する。 12月1日～2月28日	実施 一部 未実施	達成 一部 未達			
④ 月　日～　月　日	実施 一部 未実施	達成 一部 未達			
⑤ 月　日～　月　日	実施 一部 未実施	達成 一部 未達		送り（有・無）	

【特記事項】 立ち上がりや移乗の際は，転倒に注意する。	【実施後の変化（総括）】　再評価日：　年　月　日

上記計画の内容について説明を受けました。
　　　　　　　　　　　　　　　　　　　○年　12月　1日
ご本人氏名：○○○○
ご家族氏名：○○○○

上記計画書に基づきサービスの説明を行い
内容に同意頂きましたので，ご報告申し上げます。
　　　　　　　　　　　　　　　　　　　○年　12月　1日
○○　介護支援専門員様／事業所様

通所介護○○○　　〒000-0000　住所：○○県○○市○○○○-○○　　管理者：○○
　　　　　　　　　Tel. 000-000-0000 ／ Fax. 000-000-0000　　説明者：○○

通所介護個別機能訓練計画書 3カ月後

作成日	○年11月30日	前回作成日	○年9月1日	計画作成者	○○				
ふりがな 氏名	Dさん	性別	生年月日	年齢	要介護度	管理者	看護	介護	機能訓練	相談員
		女	○年○月○日	81	3	○○	○○	○○	○○	○○

【本人の希望】 立つとふらふらするので，転ばないように訓練したい。 ベッドからポータブルトイレにスムーズに移れるようになりたい。	【家族の希望】 自分の身体もうまく動かせないので，介護が大変だ。	【障害自立度】 B1
		【認知症自立度】 Ⅱb
【病名，合併症（心疾患，呼吸器疾患等）】 腰痛症（○年） 脊髄小脳変性症（○年）	【生活課題】 四肢が失調様の動きで姿勢保持や移乗・移動動作が不安定である。 家の中でも動くことが少なく，寝たり起きたりの生活となっている。	【在宅環境（生活課題に関連する在宅環境課題）】 夫はパーキンソン症候群のため介護が困難で，夫の家事も不十分である。
【運動時のリスク（血圧，不整脈，呼吸等）】 血圧は120／70mmHgで安定している。		

個別機能訓練加算Ⅰ

長期目標： ○年5月	移乗動作が自立する。				目標達成度 達成・一部・未達
短期目標： ○年2月	立ち上がりや立位が安定する。				目標達成度 達成・一部・未達
プログラム内容（何を目的に〈～のために〉～する）	留意点	頻度	時間	主な実施者	
①起居移動が安定するために，両上下肢の筋力強化訓練（上肢0.5kg，下肢1.5kgのおもり10回×2）	途中で休憩を入れる。	週4回	10：00～10：10	山田	
②移乗が安全に行えるために，立ち上がり・移乗訓練3回		週4回	10：10～10：20	山田	
③					
				プログラム立案者：山田	

個別機能訓練加算Ⅱ

長期目標： 　年　月					目標達成度 達成・一部・未達
短期目標： 　年　月					目標達成度 達成・一部・未達
プログラム内容（何を目的に〈～のために〉～する）	留意点	頻度	時間	主な実施者	
①					
②					
③					
④					
				プログラム立案者：	

【特記事項】 訪問介護職員と協力して，夫の移乗介助方法に関する助言・指導を行う。	【プログラム実施後の変化（総括）】 再評価日：　年　月　日

上記計画の内容について説明を受けました。 　　　　　　　　　　　　　　○年　12月　1日 ご本人氏名：○○○○ ご家族氏名：○○○○	上記計画書に基づきサービスの説明を行い内容に同意頂きましたので，ご報告申し上げます。 　　　　　　　　　　　　　　○年　12月　1日 　　　○○　介護支援専門員様／事業所様

通所介護○○○　　〒000-0000　住所：○○県○○市○○○○-○○　　管理者：○○
　　　　　　　　　Tel. 000-000-0000／Fax. 000-000-0000　　　　説明者：○○

事例12　退院後にデイサービスを導入する予定の利用者

| 要介護度 | 要介護3 | 障害高齢者自立度 | B1 | 認知症高齢者自立度 | Ⅰ |

　Hさんは長男夫婦と3人暮らし。69歳の時に腰痛がひどくなり、翌年には両膝関節にも痛みが出てきたため、近くの整形外科に通いながら生活していた。膝や腰は痛いながらも近くの畑で野菜を作っていた。

　畑では近所の人たちとよく話し、お互いにできた野菜を持ち寄ったりしながらの生活であったが、昨年10月に段差につまずいて転倒し、左橈骨骨折と第4腰椎圧迫骨折で入院した。腰の痛みが長引き、11月中旬に歩く練習が本格化した。長男は腰痛があり、本人もまだ足に力が入りにくいので、退院した時には玄関の段差を引っ張り上げて家の中まであがるのに苦労したようだと、ケアマネジャーから情報を得た。

　入院中に生活相談員が病院でアセスメントを行い、また病院でカンファレンスにも参加している。11月に退院し、通所介護を週3回利用する予定である。

　Hさんは物静かで、人から話しかけられれば会話をするが、耳が少し遠いので、知り合いの人と隣同士で話をしている。また、いすに座っている時は膝の辺りに手を置いて、ずーっとさすっているようなしぐさが見える。

　長男は退職したばかりであり、介護の経験もなく、腰痛がある。長男の妻はパートで働いている。退院前からデイサービスで入浴することが決まっていたので、長男夫婦が移動の介助をすることはあまりない。

Hさん（女性、87歳）
長男夫婦と3人暮らし

- 背中が伸びないんです。
- 転んだら大変なので気をつけないといけません。
- 腰も痛いんです。
- ちょっと耳が遠いので大きな声で話してください。
- 膝が痛くて眠れない時もあります。
- ちょっと物忘れをすることがあります。
- さすっていれば何とか我慢できます。
- ベッド柵を持つと何とか立てます。
- 湿布は手放せません。
- 休憩しながら歩いています。
- デイサービスは知っている人がいるからいいですね。
- ズボンははきにくいです。
- デイサービスで風呂に入れるのは助かります。

居宅サービス計画書（1）

利用者名： H 殿　　　　　　　　　　　　作成年月日 ○年11月25日
利用日 ○年11月25日

要介護状態区分	要介護1　要介護2　**要介護3**　要介護4　要介護5
利用者および家族の生活に対する意向	[本人] 腰が痛くて、長時間座っていられない。がに股なので膝も痛くて毎日さすっている。家の中を動けるようになりたい。 [長男] 転ばないように、痛くならないように動いてもらいたい。デイサービスを利用して風呂に入ってくれると助かる。物忘れが進まないようにしてほしい。
介護認定審査会の意見およびサービスの種類の指定	
総合的な援助の方針	Hさんが家で安全な生活が始められるようにサービスを調整します。腰や膝の痛みに注意し、転倒に気をつけて生活が続けられるよう考えます。 ①痛みの治療や入院前の生活動作に近づけるように、病院受診とリハビリを継続しましょう。 ②転倒しないように、屋内の移動方法や介助方法を検討しましょう。 ③入浴が楽にできるような環境を整えましょう。 主治医は○○整形外科（×××-××××）です。 緊急時は長男の△△様（×××-××××）に連絡を取り、対応を相談します。
生活援助中心型の算定理由	1．一人暮らし　　2．家族等が障害、疾病等　　3．その他（　　　）

居宅サービス計画書（2）

利用者名： H 殿　　　　　　　　　　　　　　　　　　　　　　　　　　作成年月日 ○年11月25日

利用日 ○年11月25日

生活全般の解決すべき課題（ニーズ）	目標					援助内容				
	長期目標	（期間）	短期目標	（期間）	サービス内容	※1	サービス種別	※2	頻度	期間
家族と外出できるようになりたい。 〔腰痛と左股関節・膝関節に痛みあり。歩行は何かにつかまって歩く。両下肢の筋力が低下〕	屋外を片手杖で見守りで歩ける。	○.11.26 〜 ○.5.31	屋内を片手杖で1人で歩ける。	○.11.26 〜 ○.2.28	①筋力強化訓練 ②片手杖歩行訓練	○	①②通所介護		週3回	○.11.26 〜 ○.2.28
お風呂で痛みを和らげたい。 〔腰痛と左股関節・膝関節に痛みあり。立ち上がりは何かにつかまって行う。浴室移動時は手引歩行、長男は腰痛がある。〕	1人で肩までお湯につかり、ゆったりとお風呂に入る。	○.11.26 〜 ○.5.31	介助してもらいながら、浴槽にゆったりとつかる。	○.11.26 〜 ○.2.28	①一連の入浴介助 ②更衣介助	○	①②通所介護		週3回	○.11.26 〜 ○.2.28
忘れないように気をつけたい。 〔薬の飲み忘れがある。家族も物忘れの進行を気にしている。〕	家族と一緒に不安が少なく過ごせる。	○.11.26 〜 ○.5.31	生活場面で気をつけることができる。	○.11.26 〜 ○.2.28	①レクリエーション・ゲームなど ②生活上の行為確認	○	①通所介護		週3回	○.11.26 〜 ○.2.28

※1 「保険給付の対象となるかどうかの区分」について、保険給付対象内サービスについては○印を付す。
※2 「当該サービス提供を行う事業所」について記入する。

通所介護アセスメントシート

アセスメント実施日　○年11月26日　第1回　面接方法（ 訪問 ）　担当者　S

フリガナ		性別	女	生年月日	○年○月○日（87歳）	要介護度	介護認定日	
氏名	Hさん					3	○○9	1

住所	○○市○○町○丁目○番地	電話番号	×××-×××-××××	認定の有効期間 ○.9～○.8

連絡先	氏名	続柄	住所	電話番号	障害高齢者自立度	B1
	○○○○	長男	同上	同上	認知症高齢者自立度	Ⅰ
	○○○○	長男の妻	同上	同上		

家族構成	現在利用している社会資源等	本人の希望
長男夫婦と3人暮らし。夫は10年前に亡くなる。長男携帯：×××-××××-××××	在宅および施設ケアサービス：退院直後	腰が痛くて，長時間座っていられない。がに股なので膝も痛くて毎日さすっている。家の中を動けるようになりたい。

介護状況	日常生活用具等	家族の希望・要望
主介護者（長男の妻） 仕事等（パート） 健康状態（普通） キーパーソン（長男）	介護用ベッド貸与 ポータブルトイレ購入	転ばないように，痛くならないように動いてもらいたい。デイサービスを利用して風呂に入ってくれると助かる。物忘れが進まないようにしてほしい。

生活歴
農家の次女（3人兄弟）として生まれ，24歳で結婚。2男の子どもに恵まれる。夫とみかんや野菜を作り，冬には土木作業で生計を立てていた。長男は地元の銀行に勤めていたが，今年退職した。母親が入院し，介護を始めることとなった。次男は遠方でサラリーマンをしており，年に1回程度帰ってくる。

治療状況

既往歴	現病歴	服薬状況	受診方法
腰痛（○年） 変形性膝関節症（○年）	○年10月に屋外で段差につまずいて転倒し，左橈骨骨折と第4腰椎圧迫骨折となる。左腕はギプスで痛みも少なく経過したが，腰は痛みが長引き，歩行練習が遅れた。リハビリで11月中旬から歩く練習が本格化し退院となった。	消炎・鎮痛剤（1日3回） 胃薬（1日3回） 痛み止め坐薬 湿布	月1回長男の車で受診予定 11月23日退院

医療機関名・担当医（○○整形外科　△△医師）　TEL（　）
（　）　TEL（　）

医療保険	後期高齢者医療制度	身障手帳	なし	年金等	国民年金，年間60万円程度

身体状況

〈拘縮　麻痺　痛み　皮膚の状況〉

拘縮	左膝関節は120度程度まで曲げられる。腰は円背で十分に伸ばせない。左手首も硬い。
麻痺	麻痺はないが，両下肢に筋力低下あり（おもり1kg程度なら上げられる）。
痛み	腰の痛みは強く眠れない時があり，左股関節・膝関節と左手首にも軽度の痛みがある。
褥瘡	なし
皮膚の状況	良好

〈目・耳の状態およびコミュニケーション能力〉

視力	老眼だが，テレビも見えている。	眼鏡	持っているが，使っていない。
聴力	年相応	補聴器	なし
目・耳の症状	耳は少し大きめの声で聞こえる様子。お年寄り同士では聞こえないこともありそう。		
意思表示の手段	言葉にて可能である。		
意思の伝達	会話はスムーズにできる。自分から話しかけることは少ないが，声をかけられれば話す。		
指示への反応	簡単な内容の指示は理解できる。書類などの難しいことは長男に助けを求める。		
その他	腰の痛みで夜間に坐薬を使用することが度々ある。左膝関節の痛みは「湿布で何とか我慢できる」と言っている。自分が転倒したことを気にして，「気をつけないといけない」と言っている。		

介護保険	○○○○○○○○○○	支援事業所	居宅介護支援事業所○○荘	ケアマネジャー	S

	項目	内容
日常生活動作能力	寝返り	基本的には楽に寝返りできるが，腰が痛い時にはベッド柵を持つ。
	起き上がり	ベッド柵につかまって起き上がる。腰が痛いので，起き上がる時はベッドから足を垂らす。
	座位	円背と腰の痛みのために長時間座れない。ベッド柵を持てば安定して座れる。
	移乗・移動	立ち上がりはベッド柵につかまって行う。ゆっくりと立ち上がっている。
		杖をついたり家具などにつかまったりして歩く。屋外はまだ車いすを利用する。長男が片手を持つ。
		移乗時は机やタンスにつかまって，転倒しないように注意しながら行っている。
	着脱	上着は自分でできるが，ズボンは座位で介助してもらう。足を通すことはできる。
	整容	自分でできる。
	IADL等	歩行はゆっくりと歩き，時々立ち止まって休憩してから歩き始める（トイレと食堂へ行く程度）。 家事：長男の妻が行っている。

	項目	内容
食事・栄養状態	肥満とやせ	普通
	食べ方	箸で食べられる。
	嚥下	良好
	食事制限	特になし。好き嫌いはなし。
	食物形態	普通の食事
	一日の水分量	ほぼ通常量（1,000mL程度） お茶とコーヒー（砂糖2杯とミルクを入れる）を飲む。
	口腔の状態	部分入れ歯 昼食後は口をすすいでいる。

	項目	内容
排泄の状況	尿	1日7〜8回程度（夜間2回ポータブルトイレで）
	尿失禁	なし
	便	2日に1回程度硬めの便
	便失禁	なし
	トイレ環境	洋式トイレで，立ち上がり用縦手すりを設置済み。

項目	内容
身体の清潔状況	デイサービス利用時に入浴する予定。入院中は移動時に手引き介助が必要。 一般浴槽で足台に腰かけて胸までつかる。前身の洗身と洗髪は自分でできる。長湯を楽しんでいる。
浴室環境	浴槽は和洋折衷型で，手すりはない。

	項目	内容
精神状態	睡眠の状況	夜間トイレに起きるとすぐに眠れずに，1時間ほど起きていることが多い。 ベッドの中で静かに腰や膝をさすることが多い。
	認知症の症状	薬の飲み忘れが2年ほど前から時々ある。

項目	内容		項目	内容
家族の協力体制	長男家族と同居。長男の妻は腰痛がある。		住宅・環境等	玄関に15cmの段差あり。 廊下と部屋間は2.5cmの段差あり。 居室は6畳の和室で，テレビ，タンス，ポータブルトイレがある。 洋式トイレの立ち上がり用縦手すりと玄関の手すり設置済み。
興味・関心・生きがい	以前は近所の人と畑で会話していたが，最近は外に出ない。			
生活スタイル・活動状況	ベッドで横になっている時間が多い。			
要支援に至った理由と経緯 以前のADLと家庭内役割 自立してできなくなったこと 現在の家事状況と役割 近隣との交流	退院後2日目で，まだあまり動いていない様子。家族も慣れない手つきで手を持って歩行介助している。 長男は腰痛があり，退院時玄関の上がりの介助だけでも大変であった様子。移動の介助に関する指導が必要。 近所の知人がデイサービスを利用しているとのこと，週3回利用の希望があり，その方と同じ曜日で利用する。			

送迎場所	自宅部屋	送迎方法	歩行か車いす	ベッド等	介護用（2モーター）

興味・関心チェックシート

聞き取り日：○年11月26日

氏名	Hさん			生年月日	○年○月○日	年齢	87歳	性別	女

生活行為	している	してみたい	興味がある	生活行為	している	してみたい	興味がある
自分でトイレへ行く	○			生涯学習・歴史			
一人でお風呂に入る				読書			
自分で服を着る	○			俳句			
自分で食べる	○			書道・習字			
歯磨きをする	○			絵を描く・絵手紙			
身だしなみを整える				パソコン・ワープロ			
好きなときに眠る				写真			
掃除・整理整頓				映画・観劇・演奏会			
料理を作る				お茶・お花			
買い物				歌を歌う・カラオケ			○
家や庭の手入れ・世話				音楽を聴く・楽器演奏			
洗濯・洗濯物たたみ				将棋・囲碁・麻雀・ゲーム等			
自転車・車の運転				体操・運動			
電車・バスでの外出				散歩			
孫・子供の世話				ゴルフ・グラウンドゴルフ・水泳・テニスなどのスポーツ			
動物の世話				ダンス・踊り			
友達とおしゃべり・遊ぶ			○	野球・相撲等観戦			
家族・親戚との団らん				競馬・競輪・競艇・パチンコ			
デート・異性との交流				編み物			
居酒屋に行く				針仕事			
ボランティア				畑仕事			
地域活動（町内会・老人クラブ）				賃金を伴う仕事			
お参り・宗教活動				旅行・温泉			
その他（　　　）				その他（　　　）			
その他（　　　）				その他（　　　）			

居宅訪問チェックシート

利用者氏名		Hさん			生年月日	○年○月○日	年齢	87歳	性別	女
訪問日・時間		○年11月26日（○）16：50 ～ 17：10							要介護度	3
訪問スタッフ		○○，○○			職種	生活相談員，機能訓練指導員	被聞取り者		家族，利用者	

	項目	レベル	課題	環境（実施場所・補助具等）	状況・生活課題
ADL	食事	☐自立　☑見守り　☐一部介助　☐全介助	有	食事の準備が必要。食堂で食べる。	ベッド周りや食堂などへは，自分で移動している。日中はトイレ，夜間はポータブルトイレを使用する。
	排泄	☐自立　☐見守り　☑一部介助　☐全介助	有	夜間はポータブルトイレを使用する。	
	入浴	☐自立　☐見守り　☑一部介助　☐全介助	有	自宅の浴槽は和洋折衷型で，入浴は困難。	
	更衣	☐自立　☐見守り　☑一部介助　☐全介助	有	ズボンはベッド上端座位で行い，介助が必要。	
	整容	☑自立　☐見守り　☐一部介助　☐全介助	無		
	移乗	☐自立　☑見守り　☐一部介助　☐全介助	有	電動ベッド，杖，車いすを使用。	
IADL	屋内移動	☐自立　☐見守り　☑一部介助　☐全介助	有	杖や家具につかまって移動する。	屋内移動は見守りや片手を持つ介助が必要。屋外にはほとんど出ていない。調理，洗濯，掃除などのIADLは，家族が行っている。
	屋外移動	☐自立　☐見守り　☐一部介助　☑全介助	有	車いすを使用。	
	階段昇降	☐自立　☐見守り　☐一部介助　☑全介助	有		
	調理	☐自立　☐見守り　☐一部介助　☑全介助	有		
	洗濯	☐自立　☐見守り　☐一部介助　☑全介助	有		
	掃除	☐自立　☐見守り　☐一部介助　☑全介助	有		

	項目	レベル	課題	状況・生活課題	
起居動作	起き上がり	☑自立　☐見守り　☐一部介助　☐全介助	無	起き上がりはベッド柵につかまれば何とか可能であるが，長時間座っていることはできない。転倒の危険があるため，家族が見守っている。	
	座位	☐自立　☑見守り　☐一部介助　☐全介助	無		
	立ち上がり	☐自立　☑見守り　☐一部介助　☐全介助	有		
	立位	☐自立　☑見守り　☐一部介助　☐全介助	有		

身体機能：円背で腰痛があり，両下肢の筋力が低下している。また，左股関節と膝関節にも軽度の痛みがある。まだ退院後2日目なので，体力も低下しており，あまり動いていない。

精神・心理機能：時々薬の飲み忘れがある。

Barthel Index

氏名：Hさん　　評価日：○年11月26日（○）　　実施場所：○○　　評価者：○○

		点数	質問内容	得点
1	食事	10 5 0	自立。自助具などを使用してもよい。標準的時間内に食べ終えることができる 部分介助（例えば，おかずを切って細かくしてもらう，自助食器などを利用して，こぼさないような介助してもらうなど） 全介助	5
2	車いすからベッドへの移動	15 10 5 0	自立。ブレーキやフットレストの操作も含む（非行自立も含む） 軽度の部分介助または監視を要する 座ることは可能だが，ほぼ全介助 全介助または不可能	10
3	整容	5 0	自立（洗面，整髪，歯磨き，ひげ剃り） 部分介助または不可能 ※女性の場合は，化粧なども含む	5
4	トイレ動作	10 5 0	自立（衣服の操作，後始末を含む。ポータブル便器などを使用している場合は，その洗浄も含む） 部分介助。体を支える，衣服，後始末に介助を要する 全介助または不可能 ※手すりの使用などもトイレ動作に含む	5
5	入浴	5 0	自立 部分介助または不可能 ※浴槽内への出入りも入浴の動作に含むが，シャワー浴などもあり得る	0
6	歩行	15 10 5 0	45m以上の歩行。補装具（車いす，歩行器は除く）の使用の有無は問わない 45m以上の介助歩行。歩行器の使用を含む 歩行不能の場合，車いすにて45m以上の操作可能 上記以外 ※義足，装具，杖，松葉杖，歩行器（車輪なし）などの使用は可	10
7	階段昇降	10 5 0	自立。手すりなどの使用の有無は問わない 介助または監視を要する 不能 ※手すりや杖などの使用は可	5
8	着替え	10 5 0	自立。靴，ファスナー，装具の着脱を含む 部分介助，標準的な時間内，半分以上は自分で行える 上記以外	5
9	排便コントロール	10 5 0	失禁なし。浣腸，坐薬の取り扱いも可能 時に失禁あり。浣腸，坐薬の取り扱いに介助を要する者も含む 上記以外	10
10	排尿コントロール	10 5 0	失禁なし。収尿器の取り扱いも可能 時に失禁あり。収尿器の取り扱いに介助を要する者も含む 上記以外	10

合計得点
65／100

通所介護機能訓練評価シート

評価者	○○	（訪問）評価日	○年11月26日（○）

氏名	Hさん	性別	女	障害高齢者自立度	B1	要介護度	
生年月日	○年○月○日	年齢	87	認知症高齢者自立度	I	3	

項目		内容
関節可動域		肩：(年齢相応)・制限あり（　　　　　　　　　　　　　　　　　　　　　　） 肘：(年齢相応)・制限あり（　　　　　　　　　　　　　　　　　　　　　　） 手：年齢相応・(制限あり)（左手首が硬い。　　　　　　　　　　　　　　） 股：年齢相応・(制限あり)（左股関節は120度程度までなら曲げられる。） 膝：年齢相応・(制限あり)（十分には伸びない。　　　　　　　　　　　　） 足：(年齢相応)・制限あり（　　　　　　　　　　　　　　　　　　　　　　）
痛みや痺れ等		痛み：(あり)・なし（立ち上がる時や歩く時に腰と股関節が少し痛む。） 痺れ：(あり)・なし（腰と左膝に常時重たいしびれ感があるので，湿布を貼る。）
筋力	上肢	腕を曲げる：(十分に曲げられる)・何とか曲げられる・曲げられない（　　　） 腕を伸ばす：(十分に伸ばせる)・何とか伸ばせる・伸ばせない（　　　　）
	下肢	足を後ろに引く：十分に引ける・(何とか引ける)・引けない（膝に痛みがある。） 足を伸ばす：十分に伸ばせる・(何とか伸ばせる)・伸ばせない（腰の痛みと膝に拘縮がある。）
	体幹	へそのぞき：十分にのぞける・(何とかのぞける)・のぞけない（わずかな時間であれば可能。） 背を伸ばす：(十分に伸ばせる)・何とか伸ばせる・伸ばせない（　　　）
家庭でのADL	起き上がり	(できる)・介助でできる・できない（　　　）
	座位保持	できる・(介助でできる)・できない（後ろに倒れそうなので柵を持つ。）
	歩行	できる・(介助でできる)・できない（立位保持は手で支える。）
	車いす駆動	できる・(介助でできる)・できない（方向の修正が必要。）
	食事	できる・(介助でできる)・できない（配膳と声かけ介助が必要。）
	衣服・整容	できる・(介助でできる)・できない（ズボンは介助。）
	入浴	できる・介助でできる・(できない)（浴槽をまたげない。）
	排泄	できる・(介助でできる)・できない（夜間はポータブルトイレを使用。）
	会話	(できる)・介助でできる・できない（　　　）
家庭でのIADL	買い物	できる・介助でできる・(できない)（家族が行っている。）
	調理	できる・介助でできる・(できない)（家族が行っている。）
	掃除・洗濯	できる・介助でできる・(できない)（家族が行っている。）
認知機能	見当識	日時：(分かる)・時々分かる・分からない（　　　） 場所や人：分かる・(時々分かる)・分からない（親しい人は分かるが，場所は分からない。）
	記銘・記憶	短期：覚えている・(不確か)・忘れることが多い（食事や薬を時々忘れる。） 長期：覚えている・(不確か)・忘れることが多い（昔のことはよく覚えている。）
	判断能力	簡単な内容：できる・(意見を求める)・できない（家族にどうしたらよいか聞く。） 複雑な内容：できる・意見を求める・(できない)（分からないと言う。）
	BPSD（幻覚・妄想・易怒・意欲低下等）	幻覚や妄想はなし。
麻痺回復（麻痺なし）	肩や腕	かなり動かせる・半分程度・わずかに動かせる（　　　）
	手指	かなり動かせる・半分程度・わずかに動かせる（　　　）
	下肢	かなり動かせる・半分程度・わずかに動かせる（　　　）
興味・関心・生きがい・役割		歌を歌うのが好き。
生活スタイル・活動量・交流		デイサービスでは近所の農家仲間と話をしている。 最近は薬やトイレの始末などの物忘れが目立つが，レクリエーションや集団での作品作りは積極的。
訓練効果，実施方法に関する評価　実施日：○.11.26		機能訓練指導員：両下肢の筋力強化が必要。おもりを付けての訓練を提案したい。 看護職員：左下肢のしびれに湿布を貼っている。 介護職員：移乗時の転倒に注意して介助する必要がある。 生活相談員：家での自主訓練を教えてほしいと希望がある。積極的な姿勢が見られる。

通所介護計画書

※3カ月間の評価および変化も記載しています。

作成日	○年12月1日	前回作成日	年　月　日	計画作成者	○○			
ふりがな 氏名	Hさん	性別	生年月日	年齢	要介護度	管理者	看護	介護	機能訓練	相談員
		女	○年○月○日	87	3	○○	○○	○○	○○	○○

【通所介護利用までの経緯（活動歴・病歴）】 昨年の10月に転倒し，第4腰椎圧迫骨折と左橈骨骨折で入院した。リハビリを行い少しずつ歩けるようになり，退院の予定。退院後はデイサービスを利用する。	【本人の希望】 家の中を動けるようになりたい。	【障害自立度】 B1
	【家族の希望】 転ばないように，痛くならないように動いてもらいたい。物忘れが進まないようにしてほしい。	【認知症自立度】 Ⅰ
【健康状態（病名，合併症（心疾患，呼吸器疾患等），服薬状況等）】 変形性膝関節症（○年） 左橈骨骨折，第4腰椎圧迫骨折（○年） 昼に痛み止めの薬などを服用する。湿布あり。	【ケアの上での医学的リスク（血圧，転倒，嚥下障害等）・留意事項】 転倒に注意する。	
【自宅での活動・参加の状況（役割など）】 現在，自宅での役割は特にない。		

利用目標

長期目標	設定日　○年12月 達成予定日　○年5月	家族と外出できる。	目標達成度 達成・一部・未達
短期目標	設定日　○年12月 達成予定日　○年2月	腰の痛みが軽減され，屋内での歩行が安定する。	目標達成度 (達成)・一部・未達

サービス提供内容

目的とケアの提供方針・内容	評価		効果，満足度等	迎え（有・無）	
	実施	達成			
①屋内での歩行を安定させるため，下肢の筋力強化訓練や片手杖での歩行訓練を行う。 12月1日～2月28日	(実施) 一部 未実施	(達成) 一部 未達	片手杖での歩行訓練は積極的に取り組んでいる。	プログラム（1日の流れ）	
				予定時間	サービス内容
②お風呂で腰痛の痛みを和らげるため，浴室内移動介助，洗身部分介助で入浴する。更衣介助も行う。 12月1日～2月28日	(実施) 一部 未実施	(達成) 一部 未達	介助をしながら実現できている。	9：00 10：00 11：10 11：30	バイタルチェック 入浴介助 個別訓練（歩行訓練） 集団体操，口腔体操
③認知機能を維持するために，パズルゲームなどの興味あるものを行う。トイレなどの日常場面で，事前に確認する声かけを行う。 12月1日～2月28日	(実施) 一部 未実施	(達成) 一部 未達	パズルゲームは楽しんで行えている。	12：00 13：50 14：00 15：00	食事 筋力強化訓練など レクリエーション おやつ
④ 　月　日～　月　日	実施 一部 未実施	達成 一部 未達		16：00 16：30	パズルゲームなど 終わりの会
⑤ 　月　日～　月　日	実施 一部 未実施	達成 一部 未達		送り（有・無）	

【特記事項】 歩行時の転倒に気をつける。	【実施後の変化（総括）】　再評価日：○年2月28日 片手杖での歩行やパズルゲームなどを積極的に取り組み，楽しめています。また，階段昇降は2段昇降が可能になりました。

上記計画の内容について説明を受けました。 　　　　　　　　　　　　○年　12月　1日 ご本人氏名：○○○○ ご家族氏名：○○○○	上記計画書に基づきサービスの説明を行い内容に同意頂きましたので，ご報告申し上げます。 　　　　　　　　　　　　○年　12月　1日 　　○○　介護支援専門員様／事業所様

通所介護事業所○○○　〒000-0000　住所：○○県○○市○○○○-00　　管理者：○○
　　　　　　　　　　　Tel. 000-000-0000／Fax. 000-000-0000　　　　　説明者：○○

通所介護個別機能訓練計画書

※3カ月間の評価および変化も記載しています。

作成日	○年12月1日	前回作成日	年　月　日	計画作成者	○○				
ふりがな 氏名	Hさん	性別	生年月日	年齢	要介護度	管理者	看護	介護	機能訓練	相談員
		女	○年○月○日	87	3	○○	○○	○○	○○	○○

【本人の希望】 家の中を動けるようになりたい。	【家族の希望】 転ばないように，痛くならないように動いてもらいたい。 物忘れが進まないようにしてほしい。	【障害自立度】 B1
		【認知症自立度】 I

【病名，合併症（心疾患，呼吸器疾患等）】 変形性膝関節症（○年） 左橈骨骨折，第4腰椎圧迫骨折（○年）	【生活課題】 腰椎圧迫骨折で入院し，退院直後である。 腰痛があるためベッド上で過ごす時間が多い。 自宅での入浴は困難。	【在宅環境（生活課題に関連する在宅環境課題）】 長男は腰痛があり，介護経験はない。 浴槽は和洋折衷型で，手すりはない。
【運動時のリスク（血圧，不整脈，呼吸等）】 腰痛が悪化する可能性がある。		

個別機能訓練加算 I

長期目標： ○年5月	片手杖での歩行が安定する。				目標達成度 達成・一部・未達
短期目標： ○年2月	屋内での歩行が安定する。 認知症の進行を遅らせ，生活における楽しみができる。				目標達成度 (達成)・一部・未達
プログラム内容（何を目的に〈～のために〉～する）		留意点	頻度	時間	主な実施者
①屋内での歩行を安定させるため，両下肢の筋力強化訓練1.5kgを20回		10回行ったら休憩を入れる。	週3回	13：50～14：00	山田
②認知機能を維持するため，パズルゲームや生活行為の確認		立ち上がり時は，つかまる場所を確認する。	週3回	16：00～16：20	山田，佐藤
③					
				プログラム立案者：山田	

個別機能訓練加算 II

長期目標： ○年5月	屋外での杖歩行が安定し，外出できるようになる。				目標達成度 達成・一部・未達
短期目標： ○年2月	階段の上り下りができる。				目標達成度 (達成)・一部・未達
プログラム内容（何を目的に〈～のために〉～する）		留意点	頻度	時間	主な実施者
①屋内での段差超えができるように階段昇降訓練（2段）を行う。		転倒に注意する。	週3回	11：10～11：25	藤田
②					
③					
④					
				プログラム立案者：藤田	

【特記事項】 退院後1週間程度で体力が低下傾向にあるため，休憩を入れながら行う。	【プログラム実施後の変化（総括）】 再評価日：○年2月28日 片手杖での歩行やパズルゲームなどを積極的に取り組み，楽しめています。また，階段昇降が2段昇降が可能になりました。

上記計画の内容について説明を受けました。 　　　　　　　　　　　　　　　○年　12月　1日 ご本人氏名：○○○○ ご家族氏名：○○○○	上記計画書に基づきサービスの説明を行い 内容に同意頂きましたので，ご報告申し上げます。 　　　　　　　　　　　　　　　○年　12月　1日 　　　○○　介護支援専門員様／事業所様

通所介護事業所○○　　〒000-0000　住所：○○県○○市○○00-00　　管理者：○○
　　　　　　　　　　　Tel. 000-000-0000／Fax. 000-000-0000　　　　　説明者：○○

興味・関心チェックシート 3カ月後

聞き取り日：○年2月28日

氏名	Hさん			生年月日	○年○月○日	年齢	87歳	性別	女

生活行為	している	してみたい	興味がある	生活行為	している	してみたい	興味がある
自分でトイレへ行く	○			生涯学習・歴史			
一人でお風呂に入る				読書			
自分で服を着る	○			俳句			
自分で食べる	○			書道・習字			
歯磨きをする	○			絵を描く・絵手紙			
身だしなみを整える	○			パソコン・ワープロ			
好きなときに眠る				写真			
掃除・整理整頓				映画・観劇・演奏会			
料理を作る				お茶・お花			
買い物				歌を歌う・カラオケ			○
家や庭の手入れ・世話				音楽を聴く・楽器演奏			
洗濯・洗濯物たたみ				将棋・囲碁・麻雀・ゲーム等			
自転車・車の運転				体操・運動			
電車・バスでの外出				散歩			
孫・子供の世話				ゴルフ・グラウンドゴルフ・水泳・テニスなどのスポーツ			
動物の世話				ダンス・踊り			
友達とおしゃべり・遊ぶ	○			野球・相撲等観戦			
家族・親戚との団らん				競馬・競輪・競艇・パチンコ			
デート・異性との交流				編み物			
居酒屋に行く				針仕事			
ボランティア				畑仕事			
地域活動（町内会・老人クラブ）				賃金を伴う仕事			
お参り・宗教活動				旅行・温泉			
その他（　　）				その他（　　）			
その他（　　）				その他（　　）			

> 退院直前に比べて生活が安定し，身だしなみに気をつかうようになった。

> デイサービスで近所の知人と会話をしている。

居宅訪問チェックシート 3カ月後

利用者氏名	Hさん			生年月日	○年○月○日	年齢	87歳	性別	女
訪問日・時間	○年2月28日（○） 16：50 ～ 17：10							要介護度	3
訪問スタッフ	○○，○○			職種	生活相談員，機能訓練指導員	被聞取り者		家族，利用者	

	項目	レベル		課題	環境（実施場所・補助具等）	状況・生活課題
ADL	食事	□自立　☑見守り　□一部介助　□全介助		有	準備が必要。食堂で食べる。	ベッド周りや食堂などへは，自分で移動している。日中はトイレ，夜間はポータブルトイレを使用する。
	排泄	□自立　☑見守り　□一部介助　□全介助		有	夜間はポータブルトイレを使用する。【安定して移乗できるようになった。】	
	入浴	□自立　□見守り　☑一部介助　□全介助		有	自宅の浴槽は和洋折衷型で，入浴は困難。	
	更衣	□自立　☑見守り　□一部介助　□全介助		有	ズボンはベッド上端座位で行い，介助が必要。【ベッド上端座位が安定してきた。】	
	整容	☑自立　□見守り　□一部介助　□全介助		無		【以前より活動的になった。】
	移乗	□自立　☑見守り　□一部介助　□全介助		有	電動ベッド，杖，車いすを使用。	
IADL	屋内移動	□自立　☑見守り　□一部介助　□全介助		有	片手杖や家具につかまって移動する。	屋内移動は見守りや片手を持つ介助が必要。屋外に出る回数は少ない。調理，洗濯，掃除などのIADLは，家族が行っている。
	屋外移動	□自立　□見守り　☑一部介助　□全介助		有	杖や車いすを使用。【立位と歩行が安定してきた。】	
	階段昇降	□自立　□見守り　□一部介助　☑全介助		有		
	調理	□自立　□見守り　□一部介助　☑全介助		有		
	洗濯	□自立　□見守り　□一部介助　☑全介助		有		
	掃除	□自立　□見守り　□一部介助　☑全介助		有		

	項目	レベル		課題	状況・生活課題	
起居動作	起き上がり	☑自立　□見守り　□一部介助　□全介助		無	起き上がりはベッド柵につかまれば何とか可能であるが，長時間座っていることはできない。転倒の危険があるため，家族が見守っている。	
	座位	□自立　☑見守り　□一部介助　□全介助		無		
	立ち上がり	□自立　☑見守り　□一部介助　□全介助		有		
	立位	□自立　☑見守り　□一部介助　□全介助		有		

身体機能：円背で腰痛があり，両下肢の筋力が低下している。また，左股関節と膝関節にも軽度の痛みがある。
退院後約3カ月が経過して，かなり動けるようになってきた。【利用者・家族共に効果を実感している。】

精神・心理機能：時々薬の飲み忘れがある。

Barthel Index 3カ月後

氏名：Hさん　　評価日：〇年2月28日（〇）　　実施場所：〇〇　　評価者：〇〇

		点数	質問内容	得点
1	食事	10 5 0	自立。自助具などを使用してもよい。標準的時間内に食べ終えることができる 部分介助（例えば，おかずを切って細かくしてもらう，自助食器などを利用して，こぼさないような介助してもらうなど） 全介助	5
2	車いすからベッドへの移動	15 10 5 0	自立。ブレーキやフットレストの操作も含む（非行自立も含む） 軽度の部分介助または監視を要する 座ることは可能だが，ほぼ全介助 全介助または不可能	10
3	整容	5 0	自立（洗面，整髪，歯磨き，ひげ剃り） 部分介助または不可能 ※女性の場合は，化粧なども含む	5
4	トイレ動作	10 5 0	自立（衣服の操作，後始末を含む。ポータブル便器などを使用している場合は，その洗浄も含む） 部分介助。体を支える，衣服，後始末に介助を要する 全介助または不可能 ※手すりの使用などもトイレ動作に含む	5
5	入浴	5 0	自立 部分介助または不可能 ※浴槽内への出入りも入浴の動作に含むが，シャワー浴などもあり得る	0
6	歩行	15 10 5 0	45m以上の歩行。補装具（車いす，歩行器は除く）の使用の有無は問わない 45m以上の介助歩行。歩行器の使用を含む 歩行不能の場合，車いすにて45m以上の操作可能 上記以外 ※義足，装具，杖，松葉杖，歩行器（車輪なし）などの使用は可	10
7	階段昇降	10 5 0	自立。手すりなどの使用の有無は問わない 介助または監視を要する 不能 ※手すりや杖などの使用は可	5
8	着替え	10 5 0	自立。靴，ファスナー，装具の着脱を含む 部分介助，標準的な時間内，半分以上は自分で行える 上記以外	5
9	排便コントロール	10 5 0	失禁なし。浣腸，坐薬の取り扱いも可能 時に失禁あり。浣腸，坐薬の取り扱いに介助を要する者も含む 上記以外	10
10	排尿コントロール	10 5 0	失禁なし。収尿器の取り扱いも可能 時に失禁あり。収尿器の取り扱いに介助を要する者も含む 上記以外	10

合計得点　65／100

通所介護 機能訓練評価シート 3カ月後

評価者	○○	(訪問)評価日	○年2月28日（○）

氏名	Hさん	性別	女	障害高齢者自立度	B1	要介護度	3
生年月日	○年○月○日	年齢	87	認知症高齢者自立度	I		

関節可動域		肩：(年齢相応)・制限あり（　） 肘：(年齢相応)・制限あり（　） 手：年齢相応・(制限あり)（左手首が硬い。） 股：年齢相応・(制限あり)（左股関節は120度程度までなら曲げられる。） 膝：年齢相応・(制限あり)（十分には伸びない。） 足：(年齢相応)・制限あり（　）
痛みや痺れ等		痛み：(あり)・なし（立ち上がる時や歩く時に腰と股関節が少し痛む。） 痺れ：(あり)・なし（腰と左膝に常時重たいしびれ感があるので，湿布を貼る。）
筋力	上肢	腕を曲げる：(十分に曲げられる)・何とか曲げられる・曲げられない（　） 腕を伸ばす：(十分に伸ばせる)・何とか伸ばせる・伸ばせない（　）
	下肢	足を後ろに引く：十分に引ける・(何とか引ける)・引けない（膝に痛みがある。） 足を伸ばす：十分に伸ばせる・(何とか伸ばせる)・伸ばせない（腰の痛みと膝に拘縮がある。）
	体幹	へそのぞき：十分にのぞける・(何とかのぞける)・のぞけない（わずかな時間であれば可能。） 背を伸ばす：(十分に伸ばせる)・何とか伸ばせる・伸ばせない（　）
家庭でのADL	起き上がり	(できる)・介助でできる・できない（　）
	座位保持	できる・(介助でできる)・できない（後ろに倒れそうなので柵を持つ。）
	歩行	できる・(介助でできる)・できない（片手杖での歩行が可能。）
	車いす駆動	できる・(介助でできる)・できない（外出時に時々使用する。）
	食事	できる・(介助でできる)・できない（配膳と声かけ介助が必要。）
	衣服・整容	できる・(介助でできる)・できない（ズボンは介助。）
	入浴	できる・介助でできる・(できない)（浴槽をまたげない。）
	排泄	できる・(介助でできる)・できない（夜間はポータブルトイレを使用。）
	会話	(できる)・介助でできる・できない（　）
家庭でのIADL	買い物	できる・介助でできる・(できない)（家族が行っている。）
	調理	できる・介助でできる・(できない)（家族が行っている。）
	掃除・洗濯	できる・介助でできる・(できない)（家族が行っている。）
認知機能	見当識	日時：(分かる)・時々分かる・分からない（　） 場所や人：分かる・(時々分かる)・分からない（親しい人は分かるが，場所は分からない。）
	記銘・記憶	短期：覚えている・(不確か)・忘れることが多い（食事や薬を時々忘れる。） 長期：覚えている・(不確か)・忘れることが多い（昔のことはよく覚えている。）
	判断能力	簡単な内容：できる・(意見を求める)・できない（家族にどうしたらよいか聞く。） 複雑な内容：できる・意見を求める・(できない)（分からないと言う。）
	BPSD（幻覚・妄想・易怒・意欲低下等）	幻覚や妄想はなし。
麻痺回復（麻痺なし）	肩や腕	かなり動かせる・半分程度・わずかに動かせる（　）
	手指	かなり動かせる・半分程度・わずかに動かせる（　）
	下肢	かなり動かせる・半分程度・わずかに動かせる（　）
興味・関心・生きがい・役割		歌を歌うのが好き。
生活スタイル・活動量・交流		デイサービスでは近所の農家仲間と話をしている。最近は薬やトイレの始末などの物忘れが目立つが，レクリエーションや集団での作品作りは積極的。
訓練効果，実施方法に関する評価　実施日：○.2.28		機能訓練指導員：両下肢の筋力強化が必要。おもりを2.0kgに変更したい。 看護職員：左下肢のしびれに湿布を貼っている。 介護職員：移乗時の転倒に注意して介助する必要がある。 生活相談員：家での自主訓練を教えてほしいと希望がある。積極的な姿勢が見られる。

> 身体機能が変化した状況を細かく記載する。

> 使用状況の変化を記載する。

> 訓練の効果が期待できる場合は，おもりを重くするなど訓練内容の変更を提案する。

通所介護計画書 3カ月後

作成日	○年2月28日	前回作成日	○年12月1日	計画作成者	○○				
ふりがな 氏名	Hさん	性別	生年月日	年齢	要介護度	管理者	看護	介護	機能訓練	相談員
		女	○年○月○日	87	3	○○	○○	○○	○○	○○

【通所介護利用までの経緯（活動歴・病歴）】 昨年の10月に転倒し，第4腰椎圧迫骨折と左橈骨骨折で入院した。リハビリを行い少しずつ歩けるようになり，退院の予定。退院後はデイサービスを利用する。	【本人の希望】 家の中を動けるようになりたい。	【障害自立度】 B1
	【家族の希望】 転ばないように，痛くならないように動いてもらいたい。物忘れが進まないようにしてほしい。	【認知症自立度】 I
【健康状態（病名，合併症（心疾患，呼吸器疾患等），服薬状況等）】 変形性膝関節症（○年） 左橈骨骨折，第4腰椎圧迫骨折（○年） 昼に痛み止めの薬などを服用する。湿布あり。	【ケアの上での医学的リスク（血圧，転倒，嚥下障害等）・留意事項】 転倒に注意する。	
【自宅での活動・参加の状況（役割など）】 現在，自宅での役割は特にない。		

利用目標

長期目標	設定日 ○年2月 達成予定日 ○年8月	家族と外出できる。	目標達成度 達成・一部・未達
短期目標	設定日 ○年2月 達成予定日 ○年5月	腰の痛みが軽減され，片手杖での歩行が安定する。	目標達成度 達成・一部・未達

サービス提供内容

目的とケアの提供方針・内容	評価		効果，満足度等
	実施	達成	
①屋内での歩行を安定させるため，下肢の筋力強化訓練や片手杖での歩行訓練を行う。 3月1日～5月31日	実施	達成	
	一部	一部	
	未実施	未達	
②お風呂で腰痛の痛みを和らげるため，浴室内移動介助，洗身部分介助で入浴する。更衣介助も行う。 3月1日～5月31日	実施	達成	
	一部	一部	
	未実施	未達	
③認知機能を維持するために，パズルゲームなどの興味あるものを行う。トイレなどの日常場面で，事前に確認する声かけを行う。 3月1日～5月31日	実施	達成	
	一部	一部	
	未実施	未達	
④ 　月　日～　月　日	実施	達成	
	一部	一部	
	未実施	未達	
⑤ 　月　日～　月　日	実施	達成	
	一部	一部	
	未実施	未達	

迎え（ 有 ・ 無 ）

プログラム（1日の流れ）

予定時間	サービス内容
9：00	バイタルチェック
10：00	入浴介助
11：10	個別訓練（歩行訓練）
11：30	集団体操，口腔体操
12：00	食事
13：50	筋力強化訓練など
14：00	レクリエーション
15：00	おやつ
16：00	パズルゲームなど
16：30	終わりの会

送り（ 有 ・ 無 ）

【特記事項】 歩行時の転倒に気をつける。	【実施後の変化（総括）】 再評価日： 年 月 日

上記計画の内容について説明を受けました。
　　　　　　　　　　　　　　　　　　○年　2月　28日
ご本人氏名：○○○○
ご家族氏名：○○○○

上記計画書に基づきサービスの説明を行い
内容に同意頂きましたので，ご報告申し上げます。
　　　　　　　　　　　　　　　　　　○年　2月　28日
　　　　　　　　○○　介護支援専門員様／事業所様

通所介護事業所○○○　　〒000-0000　　住所：○○県○○市○○○○-00　　管理者：○○
　　　　　　　　　　Tel．000-000-0000／Fax．000-000-0000　　説明者：○○

通所介護個別機能訓練計画書 【3カ月後】

作成日	○年2月28日	前回作成日	○年12月1日	計画作成者	○○				
ふりがな 氏名	Hさん	性別	生年月日	年齢	要介護度	管理者	看護	介護	機能訓練	相談員
		女	○年○月○日	87	3	○○	○○	○○	○○	○○

【本人の希望】 家の中を動けるようになりたい。	【家族の希望】 転ばないように，痛くならないように動いてもらいたい。 物忘れが進まないようにしてほしい。	【障害自立度】 B1
		【認知症自立度】 Ⅰ
【病名，合併症（心疾患，呼吸器疾患等）】 変形性膝関節症（○年） 左橈骨骨折，第4腰椎圧迫骨折（○年）	【生活課題】 腰椎圧迫骨折で入院し，退院直後である。 腰痛があるためベッド上で過ごす時間が多い。 自宅での入浴は困難。	【在宅環境（生活課題に関連する在宅環境課題）】 長男は腰痛があり，介護経験はない。 浴槽は和洋折衷型で，手すりはない。
【運動時のリスク（血圧，不整脈，呼吸等）】 腰痛が悪化する可能性がある。		

個別機能訓練加算Ⅰ

長期目標： ○年8月	片手杖での歩行が安定する。				目標達成度 達成・一部・未達
短期目標： ○年5月	屋内での杖歩行が安定する。 認知症の進行を遅らせ，生活における楽しみができる。				目標達成度 達成・一部・未達
プログラム内容（何を目的に〈～のために〉～する）		留意点	頻度	時間	主な実施者
①屋内での歩行を安定させるため，両下肢の筋力強化訓練2.0kgを20回×2		20回行ったら休憩を入れて再び20回行う。	週3回	13：50～14：00	山田
②認知機能を維持するため，パズルゲームや生活行為の確認		立ち上がり時は，つかまる場所を確認する。	週3回	16：00～16：20	山田，佐藤
③					
				プログラム立案者：山田	

個別機能訓練加算Ⅱ

長期目標： ○年8月	屋外での杖歩行が安定し，外出できるようになる。				目標達成度 達成・一部・未達
短期目標： ○年5月	階段の上り下りができる。				目標達成度 達成・一部・未達
プログラム内容（何を目的に〈～のために〉～する）		留意点	頻度	時間	主な実施者
①屋内での段差超えができるように階段昇降訓練（2段）を行う。		転倒に注意する。	週3回	11：10～11：25	藤田
②					
③					
④					
				プログラム立案者：藤田	

【特記事項】 転倒に注意する。	【プログラム実施後の変化（総括）】 再評価日：　年　月　日

上記計画の内容について説明を受けました。 　　　　　　　　　　　　　　　○年　2月　28日 ご本人氏名：○○○○ ご家族氏名：○○○○	上記計画書に基づきサービスの説明を行い 内容に同意頂きましたので，ご報告申し上げます。 　　　　　　　　　　　　　○年　2月　28日 　　○○　介護支援専門員様／事業所様

通所介護事業所○○　　〒000-0000　　住所：○○県○○市○○00-00　　管理者：○○
　　　　　　　　　　　Tel. 000-000-0000　／　Fax. 000-000-0000　　　　説明者：○○

事例13

部屋の片付けができて，衛生的な生活を望んでいる利用者

| 要介護度 | 要介護3 | 障害高齢者自立度 | A2 | 認知症高齢者自立度 | Ⅱb |

　Nさんは，13年前に後縦靭帯骨化症になり，腰痛および下肢のしびれのため動きがとりにくくなった。その状態でも妻の介護をしていたが，妻に厳しく接し，長男家族とトラブルになった。その後徐々に痛みが強くなり，ベッド柵や机，廊下の手すりなどにつかまらないと歩けなくなった。それでも，度々転倒しそうになるので，動く気力が低下し，外出もしなくなってきた。以前から調理や買い物は500mほど離れた場所に住んでいる長男家族が行い，掃除や洗濯は自分でしていたが，3年前から洗濯もできにくくなっている。現在は，時々部屋の掃除をする程度で，部屋は散らかっている。

　外出は，デイサービスを利用して屋外に出る程度で，近隣との交流はない。

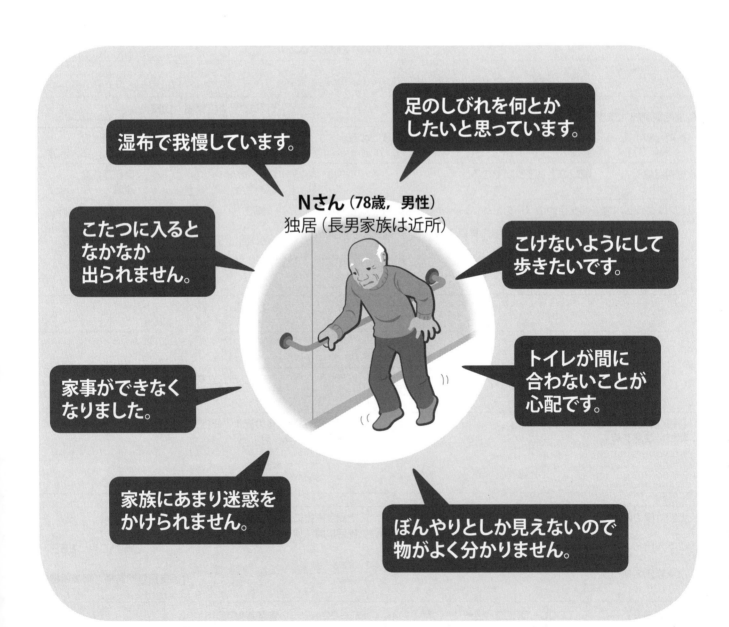

居宅サービス計画書（1）

利用者名： N 殿　　　　　　　　　　　　　　　　　　　　　作成年月日 ○年5月28日

要介護状態区分	要介護1	要介護2	要介護3 (〇)	要介護4	要介護5

利用者および家族の生活に対する意向	[本人] 足のしびれを何とかしたい。家の中を自由に動けるようになるとよいと思う。家族にあまり迷惑はかけられない。 [家族] なるべく自分で動いてほしい。食事は作って持って行きます。
介護認定審査会の意見およびサービスの種類の指定	
総合的な援助の方針	自室に閉じこもらないように、動きやすくする練習をしましょう。自室を掃除して、清潔な環境で過ごしましょう。 主治医は□□整形外科（○○医師、××××-××××）です。 緊急時は長男の△△△様　携帯電話（××××-××××-×××××）に連絡を取り、対応を相談します。

生活援助中心型の算定理由	1．一人暮らし　2．家族等が障害、疾病等　3．その他（　　）

居宅サービス計画書（2）

利用者名： N 殿　　　　　　　　　　　　　　　作成年月日 〇年5月28日

生活全般の解決すべき課題（ニーズ）	目標					援助内容				
	長期目標	（期間）	短期目標	（期間）	サービス内容	※1	サービス種別	※2	頻度	期間
家の中を楽に歩きたい。	家の中を自由に歩ける。	〇.6.1～〇.11.30	転倒の心配なく歩ける。	〇.6.1～〇.8.31	筋力強化 応用的な歩行の練習	〇	通所介護 個別機能訓練加算（Ⅰ）（Ⅱ）		週3回	〇.6.1～〇.8.31
掃除や片付けができるようになりたい。	部屋の掃除ができる。	〇.6.1～〇.11.30	ベッド周りの掃除ができる。	〇.6.1～〇.8.31	掃除の訓練	〇	通所介護 個別機能訓練加算（Ⅱ）		週3回	〇.6.1～〇.8.31
安全に入浴したい。	手すりにつかまって浴槽まjust(またぎ)ができる。	〇.6.1～〇.11.30	介助してもらいながら浴槽に入れる。	〇.6.1～〇.8.31	入浴介助	〇	通所介護		週3回	〇.6.1～〇.8.31

※「保険給付の対象となるかどうかの区分」について、保険給付対象内サービスについては〇印を付す。
※「当該サービス提供を行う事業所」について記入する。

通所介護アセスメントシート

アセスメント実施日　○年5月28日　第5回　面接方法（　）　担当者　M

フリガナ		性別	男	生年月日	○年○月○日（78歳）	要介護度	介護認定日		
氏名	Nさん					3	○	○ 5	18

住所	○○市○○町○丁目○番地	電話番号	×××-×××-××××	認定の有効期間 ○.6〜○.5

連絡先	氏名	続柄	住所	電話番号	障害高齢者自立度	A2
	○○○○	長男	同町内	×××-×××-××××	認知症高齢者自立度	Ⅱb
	○○○○	長男の妻	同上	同上		

家族構成
長男家族は500mほど離れた場所に住んでいる。
家族（長男）は食事を運び，他の家族はあまり交流はない。

現在利用している社会資源等
在宅および施設ケアサービス
通所介護週3回
短期入所生活介護 月6日間

日常生活用具等
電動ベッド

本人の希望
足のしびれを何とかしたい。
家の中を自由に動けるようになるとよいと思う。
家族にあまり迷惑はかけられない。

介護状況
主介護者　　（　　　長男　　　）
仕事等　　　（　　　会社員　　）
健康状態　　（　　　良好　　　）
キーパーソン（　　　長男　　　）

家族の希望・要望
なるべく自分で動いてほしい。
食事は作って持って行きます。

生活歴
妻は7年前に亡くなったが，約2年間の家族介護の時に，本人のこだわりと妻の認知症がぶつかりうまくいかなかった。当時，長男の妻は，介護を拒否されたり，被害妄想の対象者となってしまったりしたことから介護に参加しなくなった。妻が亡くなった後も，ぎくしゃくした関係が続き，現在に至っている。本人は短気で怒りっぽく，長男ともよくけんかをする。

治療状況

既往歴	現病歴	服薬状況	受診方法
腰痛症（53歳）	腰痛がひどくなり，専門的な検査をした結果，後縦靭帯骨化症と診断された（65歳）。常に両下肢のしびれと腰痛があり，痛み止めや湿布で我慢している。	痛み止め坐薬 痛み止め塗り薬 湿布	月2回訪問診療

医療機関名・担当医（　　□□整形外科　　）TEL（　　）

医療保険	後期高齢者医療制度	身障手帳	なし	年金等	国民年金：年間80万円程度

身体状況

〈拘縮　麻痺　痛み　皮膚の状況〉

拘縮	腰を前に曲げられない。
麻痺	麻痺はないが，両下肢の筋力が低下している。
痛み	腰から下に常にしびれ感がある。
褥瘡	特になし
皮膚の状況	

〈目・耳の状態およびコミュニケーション能力〉

視力	白内障で両眼共に見えづらい。	眼鏡	使っていない。
聴力	聞こえる。	補聴器	なし
目・耳の症状	目の前の食事はぼんやりと見えるが，足元はよく見えない。		
意思表示の手段	言葉で十分に伝えられる。		
意思の伝達	意思はしっかり伝えられるが，話の内容がずれてくる。		
指示への反応	簡単な内容は理解できる。		
その他	172cm，65kg		

介護保険	○○○○○○○○○○	支援事業所	居宅介護支援事業所○○荘	ケアマネジャー	M

日常生活動作能力	寝返り	ベッド柵につかまって寝返る。
	起き上がり	ベッド柵につかまって起き上がる。
	座位	安定している。
	移乗・移動	立ち上がりはベッド柵につかまることが多い。つかまると安定して立ち上がれる。
		ベッド柵や机，廊下の手すりなどにつかまって歩くが，度々転倒しそうになるため，動く気にならない。
		移乗は，机やいすにつかまって行うが，膝が崩れそうになることがある。
	着脱	大きめの服を着ているので，時間はかかるができる。
	整容	時間はかかるが，自立している。
	IADL等	調理や買い物は長男の妻が行う。食事はでき上がったものを長男が3食持って来る。掃除は時々長男が行う。洗濯は長男の妻が行う。

食事・栄養状態	肥満とやせ	普通の体形
	食べ方	箸でかき込むようにして食べる。
	嚥下	良好
	食事制限	特になし
	食物形態	普通食。家族が軟らかめに調理している。
	一日の水分量	1,000mL程度で少なめ。ペットボトルに入っていると，自分で飲んでいる。
	口腔の状態	部分入れ歯。ほとんど外していない。

排泄の状況	尿	部屋の隣にあるトイレに行っているが，間に合わないことが多く便器を汚し，服も汚れている。
	尿失禁	尿意を催すと，トイレまで我慢できない様子。
	便	3日に1回程度。市販の下剤を飲むことがあり，コントロールはうまくいっていない。
	便失禁	下痢になった時には，間に合わないことがある。
	トイレ環境	洋式トイレで，手すりが付いている。

身体の清潔状況	デイサービスを利用した時に入浴する。浴室内移動は手引き介助をしてもらい，浴槽の段差も介助してもらう。洗身は，足先が洗いにくいので手伝ってもらう。
浴室環境	浴槽は和式で狭い。手すりはない。

精神状態	睡眠の状況	夜間に足腰のしびれで目を覚ますことがある。夜間に2～3度は眼を覚まし，昼寝をすることもある。
	認知症の症状	物忘れがあり，同じことを何度も聞く。夜間に戸締りのことが気になり，鍵がかかっているか何度も見て回る。時々夜間に長男宅のチャイムを鳴らし，怒られている。

家族の協力体制	長男が介護している。	住宅・環境等
興味・関心・生きがい	部屋でテレビを見たり，昔の新聞を読んだりしている。	母屋に1人で住んでいる。6畳の和室とダイニングがある。部屋の隣にトイレがある。廊下にも手すりが付いている。
生活スタイル・活動状況	長男が食事を持って行った時に部屋を片付けるように話すと，すぐに怒り出し，けんかになる。自室とトイレ，食堂を動く程度で，部屋のこたつから動こうとしない。	
要支援に至った理由と経緯 以前のADLと家庭内役割 自立してできなくなったこと 現在の家事状況と役割 近隣との交流	65歳の時に後縦靭帯骨化症になり，腰痛と下肢のしびれで動きづらくなった。その状態でも妻の介護をしていたが，妻に厳しく接し，長男家族とトラブルになった。その後徐々に痛みが強くなり，外にも出られなくなってきた。以前から調理や買い物は長男家族が行い，掃除や洗濯は自分でしていたが，3年前から洗濯もできにくくなっている。現在は，時々部屋の掃除をする程度で，部屋は散らかっている。外出は，デイサービスを利用して屋外に出る程度で，近隣との交流はない。	
送迎場所	自宅玄関	送迎方法	歩行	ベッド等	電動ベッド

興味・関心チェックシート

聞き取り日：○年5月28日

氏名	Nさん			生年月日	○年○月○日	年齢	78歳	性別	男

生活行為	している	してみたい	興味がある	生活行為	している	してみたい	興味がある
自分でトイレへ行く	○			生涯学習・歴史			
一人でお風呂に入る				読書			
自分で服を着る	○			俳句			
自分で食べる	○			書道・習字			
歯磨きをする	○			絵を描く・絵手紙			
身だしなみを整える	○			パソコン・ワープロ			
好きなときに眠る				写真			
掃除・整理整頓	○			映画・観劇・演奏会			
料理を作る				お茶・お花			
買い物				歌を歌う・カラオケ			
家や庭の手入れ・世話				音楽を聴く・楽器演奏			
洗濯・洗濯物たたみ				将棋・囲碁・麻雀・ゲーム等			
自転車・車の運転				体操・運動			
電車・バスでの外出				散歩			
孫・子供の世話				ゴルフ・グラウンドゴルフ・水泳・テニスなどのスポーツ			
動物の世話				ダンス・踊り			
友達とおしゃべり・遊ぶ				野球・相撲等観戦	○		
家族・親戚との団らん				競馬・競輪・競艇・パチンコ			
デート・異性との交流				編み物			
居酒屋に行く				針仕事			
ボランティア				畑仕事			
地域活動（町内会・老人クラブ）				賃金を伴う仕事			
お参り・宗教活動				旅行・温泉			
その他（　　　）				その他（　　　）			
その他（　　　）				その他（　　　）			

居宅訪問チェックシート

利用者氏名	Nさん		生年月日	○年○月○日	年齢	78歳	性別	男
訪問日・時間	○年5月28日（○） 16：45 ～ 17：00						要介護度	3
訪問スタッフ	○○，○○		職種	生活相談員，機能訓練指導員		被聞取り者	家族，利用者	

	項目	レベル	課題	環境（実施場所・補助具等）	状況・生活課題
ADL	食事	☑自立 □見守り □一部介助 □全介助	無	自室の机で食べる。	トイレに間に合わないと便器を汚す。 移乗の際は，転倒の危険がある。
	排泄	□自立 □見守り ☑一部介助 □全介助	有	トイレに行くが，間に合わないことがある。	
	入浴	□自立 □見守り ☑一部介助 □全介助	有	自宅の浴槽は和式で，入浴は困難。	
	更衣	☑自立 □見守り □一部介助 □全介助	無		
	整容	☑自立 □見守り □一部介助 □全介助	無		
	移乗	□自立 ☑見守り □一部介助 □全介助	有	机やいすにつかまって移乗する。	
IADL	屋内移動	□自立 ☑見守り □一部介助 □全介助	有	ベッド柵や机，廊下の手すりなどにつかまって歩く。	度々転倒しそうになる。 部屋のごみは自分で捨てることがある。 調理，洗濯，掃除などのIADLは，家族が行っている。
	屋外移動	□自立 ☑見守り □一部介助 □全介助	有	何かにつかまりながら歩く。	
	階段昇降	□自立 □見守り ☑一部介助 □全介助	有		
	調理	□自立 □見守り □一部介助 ☑全介助	有		
	洗濯	□自立 □見守り □一部介助 ☑全介助	有		
	掃除	□自立 □見守り □一部介助 ☑全介助	有		

	項目	レベル	課題	状況・生活課題	
起居動作	起き上がり	☑自立 □見守り □一部介助 □全介助	無	立位が不安定で転倒の危険があるが，本人はいろいろなことが気になって動いてしまう。	
	座位	☑自立 □見守り □一部介助 □全介助	無		
	立ち上がり	☑自立 □見守り □一部介助 □全介助	無		
	立位	□自立 ☑見守り □一部介助 □全介助	有		

身体機能：腰から下に痛みとしびれ感があり，夜間に強い痛みを感じることがある。両下肢の筋力が低下しており，膝が折れそうになる。

精神・心理機能：戸締りをしたことを忘れる。幻覚や妄想などはないが，易怒性が見られる。自分の思いどおりの答えが返ってこないと怒る。

Barthel Index

氏名：Nさん　　評価日：〇年5月28日（〇）　　実施場所：〇〇　　評価者：〇〇

		点数	質問内容	得点
1	食事	10 5 0	自立。自助具などを使用してもよい。標準的時間内に食べ終えることができる 部分介助（例えば，おかずを切って細かくしてもらう，自助食器などを利用して，こぼさないような介助してもらうなど） 全介助	10
2	車いすからベッドへの移動	15 10 5 0	自立。ブレーキやフットレストの操作も含む（非行自立も含む） 軽度の部分介助または監視を要する 座ることは可能だが，ほぼ全介助 全介助または不可能	15
3	整容	5 0	自立（洗面，整髪，歯磨き，ひげ剃り） 部分介助または不可能 ※女性の場合は，化粧なども含む	5
4	トイレ動作	10 5 0	自立（衣服の操作，後始末を含む。ポータブル便器などを使用している場合は，その洗浄も含む） 部分介助。体を支える，衣服，後始末に介助を要する 全介助または不可能 ※手すりの使用などもトイレ動作に含む	5
5	入浴	5 0	自立 部分介助または不可能 ※浴槽内への出入りも入浴の動作に含むが，シャワー浴などもあり得る	0
6	歩行	15 10 5 0	45m以上の歩行。補装具（車いす，歩行器は除く）の使用の有無は問わない 45m以上の介助歩行。歩行器の使用を含む 歩行不能の場合，車いすにて45m以上の操作可能 上記以外 ※義足，装具，杖，松葉杖，歩行器（車輪なし）などの使用は可	5
7	階段昇降	10 5 0	自立。手すりなどの使用の有無は問わない 介助または監視を要する 不能 ※手すりや杖などの使用は可	5
8	着替え	10 5 0	自立。靴，ファスナー，装具の着脱を含む 部分介助，標準的な時間内，半分以上は自分で行える 上記以外	10
9	排便コントロール	10 5 0	失禁なし。浣腸，坐薬の取り扱いも可能 時に失禁あり。浣腸，坐薬の取り扱いに介助を要する者も含む 上記以外	5
10	排尿コントロール	10 5 0	失禁なし。収尿器の取り扱いも可能 時に失禁あり。収尿器の取り扱いに介助を要する者も含む 上記以外	5

合計得点
65／100

通所介護機能訓練評価シート

| 評価者 | ○○ | (訪問)評価日 | ○年5月28日(○) |

氏名	Nさん	性別	男	障害高齢者自立度	A2	要介護度	
生年月日	○年○月○日	年齢	78	認知症高齢者自立度	Ⅱb		3

関節可動域		肩:(年齢相応)・制限あり ( ) 肘:(年齢相応)・制限あり ( ) 手:(年齢相応)・制限あり ( ) 股:(年齢相応)・制限あり ( ) 膝:(年齢相応)・制限あり ( ) 足:(年齢相応)・制限あり ( )
痛みや痺れ等		痛み:(あり)・なし (腰から下に痛みとしびれ感がある。夜間に痛み強く感じることがある。) 痺れ:(あり)・なし (常にあるので足が地に着いている感覚が分かり難い。)
筋力	上肢	腕を曲げる:(十分に曲げられる)・何とか曲げられる・曲げられない ( ) 腕を伸ばす:(十分に伸ばせる)・何とか伸ばせる・伸ばせない ( )
	下肢	足を後ろに引く:十分に引ける・(何とか引ける)・引けない (足に力が入りにくい。) 足を伸ばす:十分に伸ばせる・(何とか伸ばせる)・伸ばせない (膝が折れそうになる。)
	体幹	へそのぞき:十分にのぞける・(何とかのぞける)・のぞけない ( ) 背を伸ばす:(十分に伸ばせる)・何とか伸ばせる・伸ばせない ( )
家庭でのADL	起き上がり	(できる)・介助でできる・できない (ベッド柵を引っ張って起き上がる。)
	座位保持	(できる)・介助でできる・できない ( )
	歩行	(できる)・介助でできる・できない (机や手すりなどにつかまって歩く。)
	車いす駆動	できる・介助でできる・できない ( )
	食事	(できる)・介助でできる・できない ( )
	衣服・整容	(できる)・介助でできる・できない (大きめの服を着る。)
	入浴	できる・(介助でできる)・できない (浴室内移動を手引き介助し,浴槽に入る時も足を介助してもらう。洗身も足先は介助が必要。)
	排泄	できる・(介助でできる)・できない (トイレに間に合わないことがあり,便器を汚す。)
	会話	(できる)・介助でできる・できない ( )
家庭でのIADL	買い物	できる・介助でできる・(できない) (長男の妻が行う。)
	調理	できる・介助でできる・(できない) (長男の妻が行う。)
	掃除・洗濯	できる・介助でできる・(できない) (ベッド上のごみは自分で捨てることはあるが,それ以外は時々長男が行う程度。)
認知機能	見当識	日時:(分かる)・時々分かる・分からない ( ) 場所や人:(分かる)・時々分かる・分からない ( )
	記銘・記憶	短期:覚えている・(不確か)・忘れることが多い (戸締まりしたことを忘れる。) 長期:覚えている・不確か・(忘れることが多い) ( )
	判断能力	簡単な内容:(できる)・意見を求める・できない ( ) 複雑な内容:できる・(意見を求める)・できない (戸締まりやお金のことなどを聞く。)
	BPSD(幻覚・妄想・易怒・意欲低下等)	幻覚や妄想などはないが,易怒性が見られる。自分の思いどおりの答えが返ってこないと怒る。
麻痺回復(麻痺なし)	肩や腕	かなり動かせる・半分程度・わずかに動かせる ( )
	手指	かなり動かせる・半分程度・わずかに動かせる ( )
	下肢	かなり動かせる・半分程度・わずかに動かせる ( )
興味・関心・生きがい・役割		特になし。部屋でテレビを見たり,昔の新聞を読んだりしている。
生活スタイル・活動量・交流		トイレに行く以外は,ほとんど動かない。 近所との交流はない。
訓練効果,実施方法に関する評価 実施日:○.5.28		機能訓練指導員:家の中を楽に動ける訓練と掃除の自立を提案したい。 看護職員:腰から下に常にしびれ感がある。 介護職員:トイレに間に合わないことがある。 生活相談員:長男が食事を持って来ている。

通所介護計画書

※3カ月間の評価および変化も記載しています。

作成日	○年5月28日	前回作成日	○年2月26日	計画作成者	○○				
ふりがな 氏名	Nさん	性別	生年月日	年齢	要介護度	管理者	看護	介護	機能訓練	相談員
		男	○年○月○日	78	3	○○	○○	○○	○○	○○

【通所介護利用までの経緯（活動歴・病歴）】 後縦靱帯骨化症のため，腰痛および下肢のしびれが出現し，度々転倒するようになった。また，認知症があり，同じことを何度も聞くようになっている。	【本人の希望】 足のしびれを何とかしたい。 家の中を自由に歩けるようになるとよいと思う。	【障害自立度】 A2
	【家族の希望】 なるべく自分で動いてほしい。	【認知症自立度】 Ⅱb

【健康状態（病名，合併症（心疾患，呼吸器疾患等），服薬状況等）】 腰痛症（○年） 後縦靱帯骨化症（○年） 腰に痛み止めの塗り薬を塗る。湿布あり。	【ケアの上での医学的リスク（血圧，転倒，嚥下障害等）・留意事項】 腰痛や下肢のしびれの悪化に注意する（運動は軽度に）。

【自宅での活動・参加の状況（役割など）】
自宅ではあまり動かずに過ごし，部屋は散らかっている。

利用目標

長期目標	設定日 ○年5月 達成予定日 ○年11月	家の中を楽に歩けるようになる。	目標達成度 達成・一部・未達
短期目標	設定日 ○年5月 達成予定日 ○年8月	自室内を安全に歩け，ベッド周りの掃除ができる。	目標達成度 達成・(一部)・未達

サービス提供内容

目的とケアの提供方針・内容	評価 実施	評価 達成	効果，満足度等
①転倒しないために，両下肢の筋力強化訓練を行う。 6月1日～8月31日	(実施) 一部 未実施	(達成) 一部 未達	おもりを1kgから1.5kgに変更した。
②家の中を安全に歩くために，段差越えなどの歩行訓練を行う。 6月1日～8月31日	(実施) 一部 未実施	達成 (一部) 未達	15cmの段差越えは軽介助で行えている。
③自室の掃除ができるために，粘着式ごみ取り器でベッド周りの掃除訓練を行う。 6月1日～8月31日	(実施) 一部 未実施	達成 (一部) 未達	ベッド周りの移動に時間がかかっている。
④安全に入浴するために，普通浴槽で浴室内移動や出入りを介助し，洗身・洗髪は見守りで入浴する。 6月1日～8月31日	(実施) 一部 未実施	(達成) 一部 未達	入浴は安全にできている。
⑤ 月 日～ 月 日	実施 一部 未実施	達成 一部 未達	

迎え（ (有) ・ 無 ）

プログラム（1日の流れ）

予定時間	サービス内容
9：00	バイタルチェック
10：00	入浴介助
10：30	両下肢の筋力強化訓練
12：00	食事
13：00	のんびり
14：00	レクリエーション
15：00	おやつ
15：30	歩行訓練や掃除訓練
16：30	終わりの会

送り（ (有) ・ 無 ）

【特記事項】 転倒に注意する。	【実施後の変化（総括）】 再評価日：○年8月30日 屋内での移動は安定しつつありますが，何かにつかまったままなので，掃除機などを持って移動する時は注意が必要です。 入浴は軽介助でできています。

上記計画の内容について説明を受けました。 　　　　　　　　　　　　　　　　○年 6月 1日 ご本人氏名：○○○○ ご家族氏名：○○○○	上記計画書に基づきサービスの説明を行い 内容に同意頂きましたので，ご報告申し上げます。 　　　　　　　　　　　　　　　　○年 6月 1日 ○○　介護支援専門員様／事業所様

通所介護事業所○○○　〒000-0000　住所：○○県○○市○○00-00　管理者：○○
　　　　　　　　　　　Tel. 000-000-0000 ／ Fax. 000-000-0000　　説明者：○○

通所介護個別機能訓練計画書

※3カ月間の評価および変化も記載しています。

作成日	○年5月28日	前回作成日	○年2月26日	計画作成者	○○				
ふりがな 氏名	Nさん	性別	生年月日	年齢	要介護度	管理者	看護	介護	機能訓練	相談員
		男	○年○月○日	78	3	○○	○○	○○	○○	○○

【本人の希望】 足のしびれを何とかしたい。 家の中を自由に歩けるようになるとよいと思う。	【家族の希望】 なるべく自分で動いてほしい。	【障害自立度】 A2
		【認知症自立度】 Ⅱb
【病名,合併症(心疾患,呼吸器疾患等)】 腰痛症(○年) 後縦靱帯骨化症(○年)	【生活課題】 独居のため,足のしびれがひどくても家の中を何とか歩いているが,転倒の危険がある。 認知症があり,同じことを何度も聞いたり,夜間に何度も戸締まりをしたりする。	【在宅環境(生活課題に関連する在宅環境課題)】 自室とトイレ,食堂を動く程度で,部屋の中が片付いていないため,転倒の危険性も高い。
【運動時のリスク(血圧,不整脈,呼吸等)】 足のしびれが悪化する可能性がある。		

個別機能訓練加算Ⅰ

長期目標: ○年11月	家の中を自由に動けるようになる。				目標達成度 達成・一部・未達
短期目標: ○年8月	下肢の筋力が向上し,歩行が安定する。				目標達成度 達成・一部・未達
プログラム内容(何を目的に〈〜のために〉〜する)		留意点	頻度	時間	主な実施者
①転倒しないために,両下肢の筋力強化訓練1kgのおもり10回×2		途中で休憩を入れる。	週3回	10:30〜10:40	山田
②					
③					
				プログラム立案者:山田	

個別機能訓練加算Ⅱ

長期目標: ○年11月	掃除や片付けが自分でできるようになる。				目標達成度 達成・一部・未達
短期目標: ○年8月	屋内の段差を超えて,物を持ったまま動けるようになる。				目標達成度 達成・⦿一部・未達
プログラム内容(何を目的に〈〜のために〉〜する)		留意点	頻度	時間	主な実施者
①屋内の段差を超えられるように,段差超えの訓練5回		転倒に注意する。	週3回	15:30〜15:40	藤田
②部屋の掃除ができるように,立位で粘着式ごみ取り器を動かす訓練10回			週3回	15:40〜15:50	藤田
③					
④					
				プログラム立案者:藤田	

【特記事項】 家の中の片付けを少しずつしていただくように,家族に協力を依頼する。	【プログラム実施後の変化(総括)】 再評価日:○年8月30日 屋内での移動は安定しつつありますが,何かにつかまったままなので,掃除で動く時などは注意が必要です。

上記計画の内容について説明を受けました。 　　　　　　　　　　　　　　　　○年　6月　1日 ご本人氏名:○○○○ ご家族氏名:○○○○	上記計画書に基づきサービスの説明を行い 内容に同意頂きましたので,ご報告申し上げます。 　　　　　　　　　　　　　　　　○年　6月　1日 ○○　介護支援専門員様／事業所様

通所介護事業所○○　　〒000-0000　住所:○○県○○市○○○○-00　　管理者:○○
　　　　　　　　　　　Tel. 000-000-0000／Fax. 000-000-0000　　説明者:○○

興味・関心チェックシート 3カ月後

聞き取り日：○年8月28日

氏名	Nさん				生年月日	○年○月○日	年齢	78歳	性別	男

生活行為	している	してみたい	興味がある	生活行為	している	してみたい	興味がある
自分でトイレへ行く	○			生涯学習・歴史			
一人でお風呂に入る		○		読書			
自分で服を着る	○			俳句			
自分で食べる	○			書道・習字			
歯磨きをする	○			絵を描く・絵手紙			
身だしなみを整える	○			パソコン・ワープロ			
好きなときに眠る				写真			
掃除・整理整頓	○			映画・観劇・演奏会			
料理を作る				お茶・お花			
買い物				歌を歌う・カラオケ			
家や庭の手入れ・世話				音楽を聴く・楽器演奏			
洗濯・洗濯物たたみ				将棋・囲碁・麻雀・ゲーム等			
自転車・車の運転				体操・運動			
電車・バスでの外出				散歩			
孫・子供の世話				ゴルフ・グラウンドゴルフ・水泳・テニスなどのスポーツ			
動物の世話				ダンス・踊り			
友達とおしゃべり・遊ぶ				野球・相撲等観戦	○		
家族・親戚との団らん				競馬・競輪・競艇・パチンコ			
デート・異性との交流				編み物			
居酒屋に行く				針仕事			
ボランティア				畑仕事			
地域活動（町内会・老人クラブ）				賃金を伴う仕事			
お参り・宗教活動				旅行・温泉			
その他（　　）				その他（　　）			
その他（　　）				その他（　　）			

※「一人でお風呂に入る」の「してみたい」欄コメント：立位や歩行が安定し，気持ちが変化した。

居宅訪問チェックシート 3カ月後

利用者氏名	Nさん		生年月日	○年○月○日	年齢	78歳	性別	男
訪問日・時間	○年8月28日（○） 16：45 ～ 17：00						要介護度	3
訪問スタッフ	○○，○○	職種	生活相談員，機能訓練指導員	被聞取り者			家族，利用者	

	項目	レベル	課題	環境（実施場所・補助具等）	状況・生活課題
ADL	食事	☑自立 □見守り □一部介助 □全介助	無	自室の机で食べる。	トイレに間に合わないと便器を汚す。 移乗の際は，転倒の危険がある。
	排泄	□自立 □見守り ☑一部介助 □全介助	有	トイレに行くが，間に合わないことがある。	
	入浴	□自立 □見守り ☑一部介助 □全介助	有	自宅の浴槽は和式で，入浴は困難。	
	更衣	☑自立 □見守り □一部介助 □全介助	無		
	整容	☑自立 □見守り □一部介助 □全介助	無		**生活機能が向上している。**
	移乗	□自立 ☑見守り □一部介助 □全介助	有	机やいすにつかまって移乗する。	
IADL	屋内移動	□自立 ☑見守り □一部介助 □全介助	有	ベッド柵や机，廊下の手すりなどにつかまって歩く。	歩行が安定し，転倒の危険は減っている。 部屋のごみは自分で捨てることがある。 調理，洗濯，掃除などのIADLは，家族が行っている。
	屋外移動	□自立 ☑見守り □一部介助 □全介助	有	何かにつかまりながら歩く。	
	階段昇降	□自立 □見守り ☑一部介助 □全介助	有		
	調理	□自立 □見守り □一部介助 ☑全介助	有		
	洗濯	□自立 □見守り □一部介助 ☑全介助	有		**生活上の動作に気になる点がある。**
	掃除	□自立 □見守り □一部介助 ☑全介助	有		
	項目	レベル	課題	状況・生活課題	
起居動作	起き上がり	☑自立 □見守り □一部介助 □全介助	無	立位が少し不安定なので転倒の危険があるが，本人はいろいろなことが気になって動いてしまう。	
	座位	☑自立 □見守り □一部介助 □全介助	無		
	立ち上がり	☑自立 □見守り □一部介助 □全介助	無		
	立位	□自立 ☑見守り □一部介助 □全介助	有	**訓練の効果が表れた。**	

身体機能：腰から下に痛みとしびれ感があり，夜間に強い痛みを感じることがある。両下肢の筋力が向上し，膝折れは問題ない。

精神・心理機能：戸締りをしたことを忘れる。幻覚や妄想などはないが，易怒性が見られる。自分の思いどおりの答えが返ってこないと怒る。

Barthel Index 3カ月後

氏名：Nさん　　評価日：○年8月28日（○）　　実施場所：○○　　評価者：○○

		点数	質問内容	得点
1	食事	10 5 0	自立。自助具などを使用してもよい。標準的時間内に食べ終えることができる 部分介助（例えば，おかずを切って細かくしてもらう，自助食器などを利用して，こぼさないような介助してもらうなど） 全介助	10
2	車いすからベッドへの移動	15 10 5 0	自立。ブレーキやフットレストの操作も含む（非行自立も含む） 軽度の部分介助または監視を要する 座ることは可能だが，ほぼ全介助 全介助または不可能	15
3	整容	5 0	自立（洗面，整髪，歯磨き，ひげ剃り） 部分介助または不可能 ※女性の場合は，化粧なども含む	5
4	トイレ動作	10 5 0	自立（衣服の操作，後始末を含む。ポータブル便器などを使用している場合は，その洗浄も含む） 部分介助。体を支える，衣服，後始末に介助を要する 全介助または不可能 ※手すりの使用などもトイレ動作に含む	5
5	入浴	5 0	自立 部分介助または不可能 ※浴槽内への出入りも入浴の動作に含むが，シャワー浴などもあり得る	0
6	歩行	15 10 5 0	45m以上の歩行。補装具（車いす，歩行器は除く）の使用の有無は問わない 45m以上の介助歩行。歩行器の使用を含む 歩行不能の場合，車いすにて45m以上の操作可能 上記以外 ※義足，装具，杖，松葉杖，歩行器（車輪なし）などの使用は可	10（歩行能力が向上した。）
7	階段昇降	10 5 0	自立。手すりなどの使用の有無は問わない 介助または監視を要する 不能 ※手すりや杖などの使用は可	5
8	着替え	10 5 0	自立。靴，ファスナー，装具の着脱を含む 部分介助，標準的な時間内，半分以上は自分で行える 上記以外	10
9	排便コントロール	10 5 0	失禁なし。浣腸，坐薬の取り扱いも可能 時に失禁あり。浣腸，坐薬の取り扱いに介助を要する者も含む 上記以外	5
10	排尿コントロール	10 5 0	失禁なし。収尿器の取り扱いも可能 時に失禁あり。収尿器の取り扱いに介助を要する者も含む 上記以外	5

合計得点 70／100

通所介護 機能訓練評価シート 3カ月後

評価者	○○	(訪問)評価日	○年8月28日(○)

氏名	Nさん	性別	男	障害高齢者自立度	A2	要介護度	
生年月日	○年○月○日	年齢	78	認知症高齢者自立度	Ⅱb		3

関節可動域		肩:**年齢相応**・制限あり( ) 肘:**年齢相応**・制限あり( ) 手:**年齢相応**・制限あり( ) 股:**年齢相応**・制限あり( ) 膝:**年齢相応**・制限あり( ) 足:**年齢相応**・制限あり( )
痛みや痺れ等		痛み:**あり**・なし(腰から下に痛みとしびれ感がある。夜間に痛み強く感じることがある。) 痺れ:**あり**・なし(常にあるので足が地に着いている感覚が分かり難い。)
筋力	上肢	腕を曲げる:**十分に曲げられる**・何とか曲げられる・曲げられない( ) 腕を伸ばす:**十分に伸ばせる**・何とか伸ばせる・伸ばせない( )
	下肢	足を後ろに引く:**十分に引ける**・何とか引ける・引けない(両下肢に力が入りやすくなった。) 足を伸ばす:**十分に伸ばせる**・何とか伸ばせる・伸ばせない(両下肢に力が入りやすくなった。)
	体幹	へそのぞき:十分にのぞける・**何とかのぞける**・のぞけない( ) 背を伸ばす:**十分に伸ばせる**・何とか伸ばせる・伸ばせない( )
家庭でのADL	起き上がり	**できる**・介助でできる・できない(ベッド柵を引っ張って起き上がる。)
	座位保持	**できる**・介助でできる・できない( )
	歩行	**できる**・介助でできる・できない(机や手すりなどにつかまって歩く。)
	車いす駆動	できる・介助でできる・できない( )
	食事	**できる**・介助でできる・できない( )
	衣服・整容	**できる**・介助でできる・できない(大きめの服を着る。)
	入浴	できる・**介助でできる**・できない(浴室内移動を手引き介助し、浴槽に入る時も足を介助してもらう。洗身も足先は介助が必要。)
	排泄	できる・**介助でできる**・できない(トイレに間に合わないことがあり、便器を汚す。)
	会話	**できる**・介助でできる・できない( )
家庭でのIADL	買い物	できる・介助でできる・**できない**(長男の妻が行う。)
	調理	できる・介助でできる・**できない**(長男の妻が行う。)
	掃除・洗濯	できる・介助でできる・**できない**(ベッド上のごみは自分で捨てることはあるが、それ以外は時々長男が行う程度。)
認知機能	見当識	日時:**分かる**・時々分かる・分からない( ) 場所や人:**分かる**・時々分かる・分からない( )
	記銘・記憶	短期:覚えている・**不確か**・忘れることが多い(戸締まりしたことを忘れる。) 長期:覚えている・不確か・**忘れることが多い**( )
	判断能力	簡単な内容:**できる**・意見を求める・できない( ) 複雑な内容:できる・**意見を求める**・できない(戸締まりやお金のことなどを聞く。)
	BPSD(幻覚・妄想・易怒・意欲低下等)	幻覚や妄想などはないが、易怒性が見られる。自分の思いどおりの答えが返ってこないと怒る。
麻痺回復(麻痺なし)	肩や腕	かなり動かせる・半分程度・わずかに動かせる( )
	手指	かなり動かせる・半分程度・わずかに動かせる( )
	下肢	かなり動かせる・半分程度・わずかに動かせる( )
興味・関心・生きがい・役割		特になし。部屋でテレビを見たり、昔の新聞を読んだりしている。
生活スタイル・活動量・交流		トイレに行く以外は、ほとんど動かない。 近所との交流はない。
訓練効果、実施方法に関する評価 実施日:○.8.28		機能訓練指導員:歩行できる距離を延ばし、移動を安定させたい。 看護職員:腰から下に常にしびれ感がある。 介護職員:トイレに間に合わないことがある。 生活相談員:長男が食事を持って来ている。

※ 身体機能が変化した様子を細かく記載する。

※ 今後の訓練方針を提案する。

通所介護計画書 3カ月後

作成日	○年8月28日	前回作成日	○年5月28日	計画作成者	○○				
ふりがな 氏名	Nさん	性別	生年月日	年齢	要介護度	管理者	看護	介護	機能訓練	相談員
		男	○年○月○日	78	3	○○	○○	○○	○○	○○

※上記表は列構成上まとめて以下に再掲:

項目	内容
ふりがな氏名	Nさん
性別	男
生年月日	○年○月○日
年齢	78
要介護度	3
管理者	○○
看護	○○
介護	○○
機能訓練	○○
相談員	○○

【通所介護利用までの経緯（活動歴・病歴）】	【本人の希望】	【障害自立度】
後縦靱帯骨化症のため，腰痛および下肢のしびれが出現し，度々転倒するようになった。また，認知症があり，同じことを何度も聞くようになっている。	足のしびれを何とかしたい。家の中を自由に歩けるようになるとよいと思う。	A2
	【家族の希望】	【認知症自立度】
	なるべく自分で動いてほしい。	Ⅱb

【健康状態（病名，合併症（心疾患，呼吸器疾患等），服薬状況等）】	【ケアの上での医学的リスク（血圧，転倒，嚥下障害等）・留意事項】
腰痛症（○年） 後縦靱帯骨化症（○年） 腰に痛み止めの塗り薬を塗る。湿布あり。	腰痛や下肢のしびれの悪化に注意する（運動は軽度に）。

【自宅での活動・参加の状況（役割など）】
自宅ではあまり動かずに過ごし，部屋は散らかっている。

利用目標

	設定日		内容	目標達成度
長期目標	設定日 達成予定日	○年8月 ○年2月	家の中を楽に歩けるようになる。	達成・一部・未達
短期目標	設定日 達成予定日	○年8月 ○年11月	自室内を安全に歩け，ベッド周りの掃除ができる。	達成・一部・未達

サービス提供内容

目的とケアの提供方針・内容	評価（実施）	評価（達成）	効果，満足度等
①転倒しないために，両下肢の筋力強化訓練を行う。 9月1日～11月30日	実施／一部／未実施	達成／一部／未達	
②家の中を安全に歩くために，段差越えなどの歩行訓練を行う。 9月1日～11月30日	実施／一部／未実施	達成／一部／未達	
③自室の掃除ができるために，粘着式ごみ取り器でベッド周りの掃除訓練を行う。 9月1日～11月30日	実施／一部／未実施	達成／一部／未達	
④安全に入浴するために，普通浴槽で浴室内移動や出入りを介助し，洗身・洗髪は見守りで入浴する。 9月1日～11月30日	実施／一部／未実施	達成／一部／未達	
⑤ 月　日～　月　日	実施／一部／未実施	達成／一部／未達	

迎え（ 有 ・ 無 ）

プログラム（1日の流れ）

予定時間	サービス内容
9：00	バイタルチェック
10：00	入浴介助
10：30	両下肢の筋力強化訓練
12：00	食事
13：00	のんびり
14：00	レクリエーション
15：00	おやつ
15：30	歩行訓練や掃除訓練
16：30	終わりの会

送り（ 有 ・ 無 ）

【特記事項】
転倒に注意する。

【実施後の変化（総括）】　再評価日：　年　月　日

上記計画の内容について説明を受けました。　　○年 9月 1日
ご本人氏名：○○○○
ご家族氏名：○○○○

上記計画書に基づきサービスの説明を行い内容に同意頂きましたので，ご報告申し上げます。
○年 9月 1日
○○　介護支援専門員様／事業所様

通所介護事業所○○○　〒000-0000　住所：○○県○○市○○00-00　　管理者：○○
Tel. 000-000-0000／Fax. 000-000-0000　　説明者：○○

通所介護個別機能訓練計画書 3カ月後

作成日	○年8月28日	前回作成日	○年5月28日	計画作成者	○○					
ふりがな 氏名	Nさん	性別	生年月日	年齢	要介護度	管理者	看護	介護	機能訓練	相談員
		男	○年○月○日	78	3	○○	○○	○○	○○	○○

【本人の希望】 足のしびれを何とかしたい。 家の中を自由に歩けるようになるとよいと思う。	【家族の希望】 なるべく自分で動いてほしい。	【障害自立度】 A2
		【認知症自立度】 Ⅱb
【病名，合併症（心疾患，呼吸器疾患等）】 腰痛症（○年） 後縦靭帯骨化症（○年）	【生活課題】 独居のため，足のしびれがひどくても家の中を何とか歩いているが，転倒の危険がある。 認知症があり，同じことを何度も聞いたり，夜間に何度も戸締まりをしたりする。	【在宅環境（生活課題に関連する在宅環境課題）】 自室とトイレ，食堂を動く程度で，部屋の中が片付いていないため，転倒の危険性も高い。
【運動時のリスク（血圧，不整脈，呼吸等）】 足のしびれが悪化する可能性がある。		

個別機能訓練加算Ⅰ

長期目標： ○年2月	家の中を自由に動けるようになる。				目標達成度 達成・一部・未達
短期目標： ○年11月	下肢の筋力が向上し，歩行が安定する。				目標達成度 達成・一部・未達
プログラム内容（何を目的に〈～のために〉～する）		留意点	頻度	時間	主な実施者
①転倒しないために，両下肢の筋力強化訓練1.5kgのおもり10回×2		途中で休憩を入れる。	週3回	10：30～10：40	山田
②					
③					
				プログラム立案者：山田	

個別機能訓練加算Ⅱ

長期目標： ○年2月	掃除や片付けが自分でできるようになる。				目標達成度 達成・一部・未達
短期目標： ○年11月	屋内の段差を超えて，物を持ったまま安定して動けるようになる。				目標達成度 達成・一部・未達
プログラム内容（何を目的に〈～のために〉～する）		留意点	頻度	時間	主な実施者
①屋内の段差を超えられるように，15cmの段差超えの訓練5回		転倒に注意する。	週3回	15：30～15：40	藤田
②部屋の掃除ができるように，立位で粘着式ごみ取り器を動かす訓練10回		動く範囲を広げる。	週3回	15：40～15：50	藤田
③					
④					
				プログラム立案者：藤田	

【特記事項】 家の中の片付けを少しずつしていただくように，家族に協力を依頼する。	【プログラム実施後の変化（総括）】 再評価日： 年 月 日

上記計画の内容について説明を受けました。 　　　　　　　　　　　　　　　○年 9月 1日 ご本人氏名：○○○○ ご家族氏名：○○○○	上記計画書に基づきサービスの説明を行い内容に同意頂きましたので，ご報告申し上げます。 　　　　　　　　　　　　　　　○年 9月 1日 ○○　介護支援専門員様／事業所様

通所介護事業所○○　〒000-0000　住所：○○県○○市○○○○-00　管理者：○○
　　　　　　　　　　Tel. 000-000-0000／Fax. 000-000-0000　　説明者：○○

| 事例14 | 寝たきりであっても機能を維持したい利用者 |

| 要介護度 | 要介護4 | 障害高齢者自立度 | C1 | 認知症高齢者自立度 | Ⅲb |

　Cさんは，75歳の時にクモ膜下出血を起こし，救急搬送された。右上下肢に重度の麻痺が残り，構音障害も加わって，寝たきりで会話ができにくい状態が続いた。徐々に左下肢も動かさなくなり，膝や股関節が硬くなって屈曲拘縮になった。左手は動かすことができるので，ベッド柵を持って横向きにはなるが，引っ張るだけなので，身体が斜めになりしんどい状況である。特に夜間にベッド上で動き，布団がかかっていない状態で寝ていることもある。

　「うー」や「痛い」しか発語がないので，家族は表情や身体の強張り具合などから判断して介助している。おむつ交換時にはかなり痛みがあるようで，抵抗するが，おむつ交換に必要な程度は開き，すばやく股間を拭かないといけないので，家族は排泄の介護も難しいと感じている様子。長男の妻は腰痛があり，Cさんの夜間の行動もあるので，家族は睡眠不足になり，月に10日程度はショートステイを利用している。

　Cさんは，自営で酒屋を経営し，配達などもしていた。以前は，配達先の友人たちとお酒を飲むことが多かったが，病気を境に，交流はほとんどなくなっている。

　部屋のベッドを起こせば窓から外の景色が見えるので，外をながめるように声をかけるが，ながめているのかどうかはよく分からない。

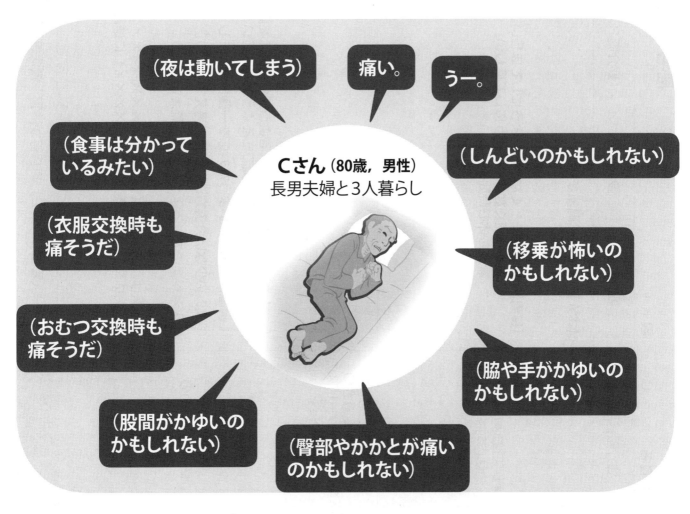

居宅サービス計画書（1）

作成年月日 ○年7月28日

利用者名： C 殿

要介護状態区分	要介護1	要介護2	要介護3	要介護4（○）	要介護5

利用者および家族の生活に対する意向

[本人] 背中や股関節が痛い。しんどい。

[長男] 褥瘡がひどくならないようにしてほしい。
関節が硬くならないようにしてほしい。
家族も休む時間がほしい。

介護認定審査会の意見およびサービスの種類の指定

総合的な援助の方針

Cさんが家で生活が続けられるようにサービスを調整します。
家族の負担を少しでも軽減できるように一緒に考えていきましょう。
① 褥瘡が悪化しないような対応を一緒に考えましょう。
② 痛みの少ない介護方法を一緒に考えましょう。
③ 入浴が楽にできるような環境を整えましょう。

主治医は○○○診療所（☆☆医師，×××-××××）です。
緊急時は長男の△△△様（××××-××××）に連絡を取り，対応を相談します。

生活援助中心型の算定理由　1．一人暮らし　2．家族等が障害，疾病等　3．その他（　　　）

居宅サービス計画書 (2)

利用者名： C 殿　　　　　　　　　　　　　　　　　　　　　　　　　　　　作成年月日 ○年7月28日

生活全般の解決すべき課題（ニーズ）	目標				援助内容				
	長期目標	（期間）	短期目標	（期間）	サービス内容	※1	サービス種別	※2	頻度	期間
褥瘡が悪化しないようにしたい。 寝たきり状態 右片麻痺 四肢に屈曲拘縮あり 左方向の寝返りならばできる。 臀部やかかとに褥瘡あり。 リクライニング車いすを利用	褥瘡が治癒する。	○.8.1 〜 ○.1.31	右向きの側臥位もとれるようになる。	○.8.1 〜 ○.10.31	①体位変換 ②寝返り動作訓練 ③褥瘡処置 ④褥瘡予防マット利用	○ ○ ○ ○	①②③通所介護 ①②③訪問看護 ④福祉用具貸与 ①②③④短期入所生活介護		週3回 週2回 毎日 月10日	○.8.1 〜 ○.10.31
痛みの少ない生活をしたい。 寝たきり状態 移乗は全介助 四肢の屈曲拘縮あり おむつ交換時に痛みあり。 臀部やかかとに褥瘡あり。 リクライニング車いすを利用	痛みのない介助ができる。	○.8.1 〜 ○.1.31	介助時の痛みが少なくなる。	○.8.1 〜 ○.10.31	①関節可動域訓練 ②おむつ交換介助 ③おむつ交換介助法指導	○ ○ ○	①②通所介護 ①②短期入所生活介護 ①②③訪問看護		週3回 月10日 週2回	○.8.1 〜 ○.10.31
楽にお風呂に入りたい。 寝たきり状態 移乗は全介助 四肢に屈曲拘縮あり 臀部やかかとに褥瘡あり。 家庭の浴槽は深くて狭い。 長男の妻は日中不在 長男は日中不在	痛みがなく入浴できる。	○.8.1 〜 ○.1.31	介助してもらいながら入浴できる。	○.8.1 〜 ○.10.31	①入浴介助 ②移動・移乗介助 ③更衣介助 ④褥瘡処置	○ ○	①②③④通所介護 ①②③④短期入所生活介護		週3回 月10日	○.8.1 〜 ○.10.31

※1 「保険給付の対象となるかどうかの区分」について、保険給付対象内サービスについては○印を付す。
※2 「当該サービス提供を行う事業所」について記入する。

通所介護アセスメントシート

アセスメント実施日　〇年8月1日　第5回　面接方法（ 訪問 ）　担当者　S

フリガナ		性別	男	生年月日	〇年〇月〇日（80歳）	要介護度	介護認定日		
氏名	Cさん					4	〇〇	7	6

住所	〇〇市〇〇町〇丁目〇番地	電話番号	×××-×××-××××	認定の有効期間
				〇.8～〇.7

連絡先	氏名	続柄	住所	電話番号	障害高齢者自立度	C1
	〇〇〇〇	長男	同上	同上	認知症高齢者自立度	Ⅲb
	〇〇〇〇	長男の妻	同上	同上		

家族構成	現在利用している社会資源等		本人の希望
長男夫婦と3人暮らし。 妻は8年前に亡くなる。 長男携帯：×××-××××-××××	在宅および施設ケアサービス	通所介護週3回 短期入所生活介護 月に10日程度 訪問看護週2回	「痛い」（背中や股関節が痛い） 「うー」（しんどい）
介護状況 主介護者　（　　　長男の妻　　　） 仕事等　　（　　　なし　　　） 健康状態　（　　　腰痛　　　） キーパーソン　（　　長男　　）	日常生活用具等	介護用ベッド貸与 エアーマット	家族の希望・要望 褥瘡がひどくならないようにしてほしい。 関節が硬くならないようにしてほしい。 家族も休む時間がほしい。

生活歴	約50年前から酒屋を経営し，長男が後を継いだ。子どもは3人いるが，次男と三男は遠方でサラリーマン生活をしており，2～3年に1回帰省する程度。妻は8年前にがんで5年ほど闘病の末に亡くなった。酒屋の仕事一筋で，趣味は配達先の人たちとの交流（飲み会）であった。

治療状況	既往歴	現病歴	服薬状況	受診方法
	五十肩（〇年） 高血圧（〇年） 腰痛（〇年）	5年前にクモ膜下出血で救急搬送される。一命は取り留めたが，右上下肢に重度の麻痺が残り，構音障害も加わった。その後も，徐々に関節拘縮が強くなって四肢の関節が屈曲拘縮状態となった。	降圧剤（1日3回） 胃薬（1日3回） 鎮痛消炎剤（1日3回） 緩下剤（1日2回）	週1回往診
	医療機関名・担当医（　　　〇〇診療所　☆☆医師　　　）TEL（　　　　　） （　　　　　　　　　　　　　　　　　）TEL（　　　　　）			

医療保険	後期高齢者医療制度	身障手帳	なし	年金等	国民年金，年間80万円程度

身体状況	〈拘縮　麻痺　痛み　皮膚の状況〉	
	拘縮	四肢に屈曲拘縮あり，股関節は30～40度程度しか開かないので，おむつ交換が大変。
	麻痺	右半身にあるが，左下肢もほとんど動かすことがなくなり，現在は動かせない。
	痛み	四肢の関節を動かすと痛みを訴える表情となり「痛い」と声が出る。また，移乗時にも痛みがある。
	褥瘡	仙骨部および両方のかかとに3cm大の褥瘡あり。長男の妻が毎日軟膏を塗っている。
	皮膚の状況	脇や背中に汗をかきやすく，指の間に白癬がある。空気が通りにくくなかなか良くならない。
	〈目・耳の状態およびコミュニケーション能力〉	
	視力	見えている様子。　　　　　　　　　　　　　　　　　　　　　　眼鏡　なし
	聴力	年相応　　　　　　　　　　　　　　　　　　　　　　　　　　　補聴器　なし
	目・耳の症状	少し大きめの声で聞こえる様子。家族が声をかけると分かっている（食事の時など）。
	意思表示の手段	言葉は「うー」や「痛い」のみ。
	意思の伝達	家族は表情を読み取って介護している。
	指示への反応	簡単な内容の指示は理解できる。
	その他	寝たきり状態で全身に力が入っている。 血圧は140／80mmHg程度で落ち着いている。

介護保険	〇〇〇〇〇〇〇〇〇〇	支援事業所	居宅介護支援事業所〇〇荘	ケアマネジャー	S

日常生活動作能力	寝返り	左手でベッド柵につかまり，左方向へは何とか可能である。
	起き上がり	全介助で起き上がる。
	座位	座位保持は困難。リクライニング車いす上座位も右へ傾きやすい。
	移乗・移動	立ち上がりや歩行は困難。
		移乗は全介助で行う。長男の妻は腰痛があるので，家族が移乗することはない。
		寝ている時に「うー」と苦痛の表情でいることがある。体位を少し動かすと楽になる様子。
	着脱	全介助で行う。袖を通す際は，痛みを訴える表情となり，「痛い」と言う。
	整容	全介助で行う。
	IADL等	家事は長男の妻が行っている。

食事・栄養状態	肥満とやせ	やせ気味
	食べ方	介助で食べるが，家族が声をかけると口を開ける。スプーン使用。
	嚥下	誤嚥の可能性あり。とろみ剤使用。
	食事制限	特になし。好き嫌いなし。
	食物形態	軟飯と副食は刻み。
	一日の水分量	ほぼ通常量（1,000mL程度）にとろみを付ける。
	口腔の状態	入れ歯はあるが，合わなくなって使用していない。昼食後は口をすすいでいる。

排泄の状況	尿	おむつ使用で，1日7～8回程度交換する。
	尿失禁	あり
	便	2日に1回程度固めの便
	便失禁	あり
	トイレ環境	洋式トイレで，手すりはない。

身体の清潔状況	デイサービス利用時に機械浴にて入浴。前身の洗身を少しできる。
浴室環境	浴室に手すりはない。

精神状態	睡眠の状況	昼夜逆転傾向にある。夜間にごそごそ動いているが，家族は眠いのでそのままにしておくことが多い。
	認知症の症状	昼夜逆転傾向で，ベッド上で動こうとしている。以前におむつの中に手を突っ込んでいることがあったが，最近は少なくなっている。

家族の協力体制	長男の妻は腰痛があり，移乗の介護はできていない。長男は日中仕事で帰りが遅く，介護への参加は難しい。	住宅・環境等
興味・関心・生きがい	歌謡曲を聞くのは好きではないか。	玄関に18cmの段差がある。廊下と部屋間は2.5cmの段差がある。居室は6畳の和室で，タンスがある。廊下やトイレ，浴室などに手すりはなし。
生活スタイル・活動状況	デイサービスでは特に会話することはない。	
要支援に至った理由と経緯 以前のADLと家庭内役割 自立してできなくなったこと	くも膜下出血後，寝たきり状態となった。以前は酒屋を営み，ADLは自立していた。長男の妻は腰痛があり，移乗の介護はできていない。長男は日中仕事で帰りは遅く，介護への参加は難しい。	
現在の家事状況と役割 近隣との交流		
送迎場所	自宅玄関　送迎方法　リクライニング車いす　ベッド等　介護用（3モーター）	

興味・関心チェックシート

聞き取り日：〇年8月1日

氏名	Cさん			生年月日	〇年〇月〇日	年齢	80歳	性別	男

生活行為	している	してみたい	興味がある	生活行為	している	してみたい	興味がある
自分でトイレへ行く				生涯学習・歴史			
一人でお風呂に入る				読書			
自分で服を着る				俳句			
自分で食べる				書道・習字			
歯磨きをする				絵を描く・絵手紙			
身だしなみを整える				パソコン・ワープロ			
好きなときに眠る				写真			
掃除・整理整頓				映画・観劇・演奏会			
料理を作る				お茶・お花			
買い物				歌を歌う・カラオケ			
家や庭の手入れ・世話				音楽を聴く・楽器演奏			〇
洗濯・洗濯物たたみ				将棋・囲碁・麻雀・ゲーム等			
自転車・車の運転				体操・運動			
電車・バスでの外出				散歩			
孫・子供の世話				ゴルフ・グラウンドゴルフ・水泳・テニスなどのスポーツ			
動物の世話				ダンス・踊り			
友達とおしゃべり・遊ぶ				野球・相撲等観戦			
家族・親戚との団らん				競馬・競輪・競艇・パチンコ			
デート・異性との交流				編み物			
居酒屋に行く				針仕事			
ボランティア				畑仕事			
地域活動（町内会・老人クラブ）				賃金を伴う仕事			
お参り・宗教活動				旅行・温泉			
その他（　　）				その他（　　）			
その他（　　）				その他（　　）			

居宅訪問チェックシート

利用者氏名	Cさん			生年月日	○年○月○日	年齢	80歳	性別	男
訪問日・時間	○年8月1日（○） 16：50 ～ 17：10							要介護度	4
訪問スタッフ	○○，○○			職種	生活相談員，機能訓練指導員		被聞取り者	家族，利用者	

	項目	レベル		課題	環境（実施場所・補助具等）	状況・生活課題
ADL	食事	□自立　□見守り	□一部介助　☑全介助	有	ベッド上で，ベッドを起こして食べる。自助食器を使用。	常にベッド上での生活になっている。関節拘縮があり，服の袖を通す時やおむつ交換時に痛みを訴えることが多い。
	排泄	□自立　□見守り	□一部介助　☑全介助	有	ベッド上でおむつを交換する。	
	入浴	□自立　□見守り	□一部介助　☑全介助	有	自宅の浴槽は和洋折衷型で，入浴は困難。	
	更衣	□自立　□見守り	□一部介助　☑全介助	有		
	整容	□自立　□見守り	□一部介助　☑全介助	有		
	移乗	□自立　□見守り	□一部介助　☑全介助	有	電動ベッド，リクライニング車いすを使用。	
IADL	屋内移動	□自立　□見守り	□一部介助　☑全介助	有	リクライニング車いすを使用。	車いすへの移乗は，家族では困難なためほとんど行っていない。調理，洗濯，掃除などのIADLは，家族が行っている。
	屋外移動	□自立　□見守り	□一部介助　☑全介助	有	リクライニング車いすを使用。	
	階段昇降	□自立　□見守り	□一部介助　☑全介助	有		
	調理	□自立　□見守り	□一部介助　☑全介助	有		
	洗濯	□自立　□見守り	□一部介助　☑全介助	有		
	掃除	□自立　□見守り	□一部介助　☑全介助	有		

	項目	レベル		課題	状況・生活課題	
起居動作	起き上がり	□自立　□見守り	□一部介助　☑全介助	有	左方向への寝返りは，ベッド柵につかまって何とかできる。それ以外は全介助。	
	座位	□自立　□見守り	□一部介助　☑全介助	有		
	立ち上がり	□自立　□見守り	□一部介助　☑全介助	有		
	立位	□自立　□見守り	□一部介助　☑全介助	有		

身体機能：四肢の関節に屈曲拘縮がある。股関節は可動域制限が強くすべての関節に痛みがあり，筋力の低下も著明。

精神・心理機能：以前はおむつの中に手を入れる行為があったが，最近は少なくなっている。昼夜逆転の傾向がある。

Barthel Index

氏名：Cさん　　評価日：〇年8月1日（〇）　　実施場所：〇〇　　評価者：〇〇

		点数	質問内容	得点
1	食事	10	自立。自助具などを使用してもよい。標準的時間内に食べ終えることができる	0
		5	部分介助（例えば，おかずを切って細かくしてもらう，自助食器などを利用して，こぼさないような介助してもらうなど）	
		0	全介助	
2	車いすからベッドへの移動	15	自立。ブレーキやフットレストの操作も含む（非行自立も含む）	0
		10	軽度の部分介助または監視を要する	
		5	座ることは可能だが，ほぼ全介助	
		0	全介助または不可能	
3	整容	5	自立（洗面，整髪，歯磨き，ひげ剃り）	0
		0	部分介助または不可能	
			※女性の場合は，化粧なども含む	
4	トイレ動作	10	自立（衣服の操作，後始末を含む。ポータブル便器などを使用している場合は，その洗浄も含む）	0
		5	部分介助。体を支える，衣服，後始末に介助を要する	
		0	全介助または不可能	
			※手すりの使用などもトイレ動作に含む	
5	入浴	5	自立	0
		0	部分介助または不可能	
			※浴槽内への出入りも入浴の動作に含むが，シャワー浴などもあり得る	
6	歩行	15	45m以上の歩行。補装具（車いす，歩行器は除く）の使用の有無は問わない	0
		10	45m以上の介助歩行。歩行器の使用を含む	
		5	歩行不能の場合，車いすにて45m以上の操作可能	
		0	上記以外	
			※義足，装具，杖，松葉杖，歩行器（車輪なし）などの使用は可	
7	階段昇降	10	自立。手すりなどの使用の有無は問わない	0
		5	介助または監視を要する	
		0	不能	
			※手すりや杖などの使用は可	
8	着替え	10	自立。靴，ファスナー，装具の着脱を含む	0
		5	部分介助，標準的な時間内，半分以上は自分で行える	
		0	上記以外	
9	排便コントロール	10	失禁なし。浣腸，坐薬の取り扱いも可能	0
		5	時に失禁あり。浣腸，坐薬の取り扱いに介助を要する者も含む	
		0	上記以外	
10	排尿コントロール	10	失禁なし。収尿器の取り扱いも可能	0
		5	時に失禁あり。収尿器の取り扱いに介助を要する者も含む	
		0	上記以外	

合計得点
0／100

通所介護機能訓練評価シート

評価者	○○	（訪問）評価日	○年8月1日（○）

氏名	Cさん	性別	男	障害高齢者自立度	C1	要介護度	
生年月日	○年○月○日	年齢	80	認知症高齢者自立度	Ⅲb	4	

関節可動域		肩：年齢相応・(制限あり)（　　　　　　　　　　　　　　　　　　） 肘：年齢相応・(制限あり)（曲がったままで伸びない。　　　　　　） 手：年齢相応・(制限あり)（握り込んでいる。　　　　　　　　　　） 股：年齢相応・(制限あり)（30〜40度程度しか開かない。　　　　　） 膝：年齢相応・(制限あり)（曲がったままで伸びない。　　　　　　） 足：年齢相応・(制限あり)（尖足傾向。　　　　　　　　　　　　　）
痛みや痺れ等		痛み：(あり)・なし（移乗時や全身の関節を動かす時にあり。　　　） 痺れ：あり・(なし)（　　　　　　　　　　　　　　　　　　　　）
筋力	上肢	腕を曲げる：十分に曲げられる・何とか曲げられる・(曲げられない)（　） 腕を伸ばす：十分に伸ばせる・何とか伸ばせる・(伸ばせない)（　）
	下肢	足を後ろに引く：十分に引ける・何とか引ける・(引けない)（　） 足を伸ばす：十分に伸ばせる・何とか伸ばせる・(伸ばせない)（　）
	体幹	へそのぞき：十分にのぞける・何とかのぞける・(のぞけない)（　） 背を伸ばす：十分に伸ばせる・何とか伸ばせる・(伸ばせない)（　）
家庭でのADL	起き上がり	できる・介助でできる・(できない)（　）
	座位保持	できる・介助でできる・(できない)（　）
	歩行	できる・介助でできる・(できない)（　）
	車いす駆動	できる・介助でできる・(できない)（　）
	食事	できる・介助でできる・(できない)（　）
	衣服・整容	できる・介助でできる・(できない)（　）
	入浴	できる・介助でできる・(できない)（　）
	排泄	できる・介助でできる・(できない)（ベッド上でおむつ交換をする。）
	会話	できる・(介助でできる)・できない（「痛い」「うー」程度の発語あり。）
家庭でのIADL	買い物	できる・介助でできる・(できない)（家族が行っている。）
	調理	できる・介助でできる・(できない)（家族が行っている。）
	掃除・洗濯	できる・介助でできる・(できない)（家族が行っている。）
認知機能	見当識	日時：分かる・時々分かる・(分からない)（　） 場所や人：分かる・時々分かる・(分からない)（　）
	記銘・記憶	短期：覚えている・不確か・(忘れることが多い)（　） 長期：覚えている・不確か・(忘れることが多い)（　）
	判断能力	簡単な内容：できる・意見を求める・(できない)（　） 複雑な内容：できる・意見を求める・(できない)（　）
	BPSD（幻覚・妄想・易怒・意欲低下等）	昼夜逆転傾向。 以前はおむつの中に手を突っ込むことがあった。
麻痺回復（右）	肩や腕	かなり動かせる・半分程度・わずかに動かせる（回復が困難）
	手指	かなり動かせる・半分程度・わずかに動かせる（回復が困難）
	下肢	かなり動かせる・半分程度・わずかに動かせる（回復が困難）
興味・関心・生きがい・役割		歌謡曲を聞くのは好きではないか。
生活スタイル・活動量・交流		デイサービスでは人との交流はない。
訓練効果，実施方法に関する評価　実施日：○.8.1		機能訓練指導員：四肢の関節拘縮を改善したい。寝返りの訓練もしたい。 看護職員：臀部やかかとに褥瘡あり。体位変換が必要。 介護職員：移乗時やおむつ交換時の痛みに注意する。 生活相談員：家でのおむつ交換の仕方を教えてほしいと希望あり。

通所介護計画書

※3カ月間の評価および変化も記載しています。

作成日	○年8月1日	前回作成日	○年4月30日	計画作成者	○○			
ふりがな 氏名	Cさん	性別	生年月日	年齢	要介護度	管理者	看護	介護	機能訓練	相談員
		男	○年○月○日	80	4	○○	○○	○○	○○	○○

【通所介護利用までの経緯（活動歴・病歴）】 病院退院後は家族で介護を行っていたが，夜間にベッド上で動き，家族は見守ることが多くなった。介護負担を減らす目的で，デイサービスとショートステイの利用を始めた。	【本人の希望】 背中や股関節が痛い。	【障害自立度】 C1
	【家族の希望】 褥瘡がひどくならないようにしてほしい。 関節が硬くならないようにしてほしい。	【認知症自立度】 Ⅲb
【健康状態（病名，合併症（心疾患，呼吸器疾患等），服薬状況等）】 くも膜下出血（○年） 高血圧症（○年） 降圧剤などを1日3回服用する。	【ケアの上での医学的リスク（血圧，転倒，嚥下障害等）・留意事項】 血圧が180mmHg以上であれば入浴を中止する。 とろみ剤を使用し，誤嚥に注意する。	
【自宅での活動・参加の状況（役割など）】 自宅では寝たきり状態で，何もしていない。		

利用目標

長期目標	設定日 ○年8月 達成予定日 ○年1月	機能訓練で，右方向への寝返りができるようになる。	目標達成度 達成・一部・未達
短期目標	設定日 ○年8月 達成予定日 ○年10月	股関節が動かしやすくなり，褥瘡が改善される。	目標達成度 達成・(一部)・未達

サービス提供内容

目的とケアの提供方針・内容	評価			迎え（ 有 ・ 無 ）	
	実施	達成	効果，満足度等		
①関節を柔らかくするために，股関節や膝関節を中心に関節を動かす。 8月1日～10月31日	(実施) 一部 未実施	達成 (一部) 未達	関節を動かした時に痛みがあり，現状維持。	プログラム（1日の流れ）	
				予定時間	サービス内容
②褥瘡を改善するために，入浴時には皮膚状態を観察し，褥瘡の処置をする。 8月1日～10月31日	(実施) 一部 未実施	(達成) 一部 未達	褥瘡はかなり改善されている。	9：00 10：00 11：00 12：00 13：30 14：00 15：00 16：00 16：30	バイタルチェック 入浴介助 横になる 食事 関節可動域訓練など レクリエーション おやつ 横になる 終わりの会
③ 月 日～ 月 日	実施 一部 未実施	達成 一部 未達			
④ 月 日～ 月 日	実施 一部 未実施	達成 一部 未達			
⑤ 月 日～ 月 日	実施 一部 未実施	達成 一部 未達		送り（ 有 ・ 無 ）	

【特記事項】 関節を動かす際や移乗の際は，痛みに配慮する。	【実施後の変化（総括）】 再評価日：○年10月30日 褥瘡はかなり改善されましたが，関節は痛みがあるため十分に動かせていません。

上記計画の内容について説明を受けました。 　　　　　　　　　　　　　　　　　　　　○年　8月　1日 ご本人氏名：○○○○ ご家族氏名：○○○○	上記計画書に基づきサービスの説明を行い 内容に同意頂きましたので，ご報告申し上げます。 　　　　　　　　　　　　　　　　　　　○年　8月　1日 ○○　介護支援専門員様／事業所様

通所介護○○○　〒000-0000　住所：○○県○○市○○○○-○○　管理者：○○
　　　　　　　　Tel. 000-000-0000／Fax. 000-000-0000　　説明者：○○

通所介護個別機能訓練計画書

※3カ月間の評価および変化も記載しています。

作成日	○年8月1日	前回作成日	○年4月30日	計画作成者	○○				
ふりがな 氏名	Cさん	性別	生年月日	年齢	要介護度	管理者	看護	介護	機能訓練	相談員
		男	○年○月○日	80	4	○○	○○	○○	○○	○○

【本人の希望】 背中や股関節が痛い。	【家族の希望】 褥瘡がひどくならないようにしてほしい。 関節が硬くならないようにしてほしい。	【障害自立度】 C1
		【認知症自立度】 Ⅲb

【病名，合併症（心疾患，呼吸器疾患等）】 くも膜下出血（○年） 高血圧症（○年）	【生活課題】 関節拘縮があり，衣服やおむつ交換時には痛みが強い。 家族による移乗は困難なため，ほぼ寝たきりである。	【在宅環境（生活課題に関連する在宅環境課題）】 電動ベッドやリクライニング車いすを使用しているが，家族は腰痛があるため移乗が困難。
【運動時のリスク（血圧，不整脈，呼吸等）】 血圧は140／80mmHg程度で落ち着いている。		

個別機能訓練加算Ⅰ

長期目標：○年1月	右方向への寝返りができる。			目標達成度 達成・一部・未達	
短期目標：○年10月	股関節が動かしやすくなる。			目標達成度 達成・(一部)・未達	
プログラム内容（何を目的に〈〜のために〉〜する）	留意点	頻度	時間	主な実施者	
①関節を柔らかくするために，四肢関節可動域訓練10回程度	ゆっくりと伸ばす。	週3回	13：30〜13：40	山田	
②寝返りができるために，右方向への寝返り訓練		週3回	13：40〜13：50	山田	
③					
			プログラム立案者：山田		

個別機能訓練加算Ⅱ

長期目標：　年　月				目標達成度 達成・一部・未達
短期目標：　年　月				目標達成度 達成・一部・未達
プログラム内容（何を目的に〈〜のために〉〜する）	留意点	頻度	時間	主な実施者
①				
②				
③				
④				
			プログラム立案者：	

【特記事項】	【プログラム実施後の変化（総括）】 再評価日：○年10月30日 褥瘡はかなり改善されましたが，関節は痛みがあるため十分に動かせていません。

上記計画の内容について説明を受けました。　　　　　　　　　　○年　8月　1日 ご本人氏名：○○○○ ご家族氏名：○○○○	上記計画書に基づきサービスの説明を行い内容に同意頂きましたので，ご報告申し上げます。 　　　　　　　　　　○年　8月　1日 ○○　介護支援専門員様／事業所様

通所介護○○○　　〒000-0000　住所：○○県○○市○○○○-○○　　管理者：○○
　　　　　　　　Tel. 000-000-0000／Fax. 000-000-0000　　説明者：○○

興味・関心チェックシート 3カ月後

聞き取り日：○年10月30日

氏名	Cさん			生年月日	○年○月○日	年齢	80歳	性別	男

生活行為	している	してみたい	興味がある	生活行為	している	してみたい	興味がある
自分でトイレへ行く				生涯学習・歴史			
一人でお風呂に入る				読書			
自分で服を着る				俳句			
自分で食べる				書道・習字			
歯磨きをする				絵を描く・絵手紙			
身だしなみを整える				パソコン・ワープロ			
好きなときに眠る				写真			
掃除・整理整頓				映画・観劇・演奏会			
料理を作る				お茶・お花			
買い物				歌を歌う・カラオケ			
家や庭の手入れ・世話				音楽を聴く・楽器演奏			○
洗濯・洗濯物たたみ				将棋・囲碁・麻雀・ゲーム等			
自転車・車の運転				体操・運動			
電車・バスでの外出				散歩			
孫・子供の世話				ゴルフ・グラウンドゴルフ・水泳・テニスなどのスポーツ			
動物の世話				ダンス・踊り			
友達とおしゃべり・遊ぶ				野球・相撲等観戦			
家族・親戚との団らん				競馬・競輪・競艇・パチンコ			
デート・異性との交流				編み物			
居酒屋に行く				針仕事			
ボランティア				畑仕事			
地域活動（町内会・老人クラブ）				賃金を伴う仕事			
お参り・宗教活動				旅行・温泉			
その他（　　）				その他（　　）			
その他（　　）				その他（　　）			

居宅訪問チェックシート 3カ月後

利用者氏名	Cさん		生年月日	○年○月○日	年齢	80歳	性別	男
訪問日・時間	○年10月30日（○） 16：50 ～ 17：10						要介護度	4
訪問スタッフ	○○，○○	職種	生活相談員，機能訓練指導員		被聞取り者	家族，利用者		

	項目	レベル	課題	環境（実施場所・補助具等）	状況・生活課題
ADL	食事	□自立 □見守り □一部介助 ☑全介助	有	ベッド上で，ベッドを起こして食べる。自助食器を使用。	常にベッド上での生活になっている。関節拘縮があり，服の袖を通す時やおむつ交換時に痛みを訴えることが多い。
	排泄	□自立 □見守り □一部介助 ☑全介助	有	ベッド上でおむつを交換する。	
	入浴	□自立 □見守り □一部介助 ☑全介助	有	自宅の浴槽は和洋折衷型で，入浴は困難。	
	更衣	□自立 □見守り □一部介助 ☑全介助	有		
	整容	□自立 □見守り □一部介助 ☑全介助	有		
	移乗	□自立 □見守り □一部介助 ☑全介助	有	電動ベッド，リクライニング車いすを使用。	
IADL	屋内移動	□自立 □見守り □一部介助 ☑全介助	有	リクライニング車いすを使用。	車いすへの移乗は，家族では困難なためほとんど行っていない。調理，洗濯，掃除などのIADLは，家族が行っている。
	屋外移動	□自立 □見守り □一部介助 ☑全介助	有	リクライニング車いすを使用。	
	階段昇降	□自立 □見守り □一部介助 ☑全介助	有		
	調理	□自立 □見守り □一部介助 ☑全介助	有		
	洗濯	□自立 □見守り □一部介助 ☑全介助	有		
	掃除	□自立 □見守り □一部介助 ☑全介助	有		

	項目	レベル	課題	状況・生活課題	
起居動作	起き上がり	□自立 □見守り □一部介助 ☑全介助	有	左方向への寝返りは，ベッド柵につかまって何とかできる。それ以外は全介助。	
	座位	□自立 □見守り □一部介助 ☑全介助	有		
	立ち上がり	□自立 □見守り □一部介助 ☑全介助	有		関節可動域の訓練や体位変換で改善された。
	立位	□自立 □見守り □一部介助 ☑全介助	有		

身体機能：四肢の関節に屈曲拘縮がある。股関節は可動域制限が強くすべての関節に痛みがあり，筋力の低下も著明。臀部やかかとの褥瘡は改善されつつある。

精神・心理機能：以前はおむつの中に手を入れる行為があったが，最近は少なくなっている。昼夜逆転の傾向がある。

Barthel Index 3カ月後

氏名：Cさん　　評価日：○年10月30日（○）　　実施場所：○○　　評価者：○○

		点数	質問内容	得点
1	食事	10	自立。自助具などを使用してもよい。標準的時間内に食べ終えることができる	0
		5	部分介助（例えば，おかずを切って細かくしてもらう，自助食器などを利用して，こぼさないような介助してもらうなど）	
		0	全介助	
2	車いすからベッドへの移動	15	自立。ブレーキやフットレストの操作も含む（非行自立も含む）	0
		10	軽度の部分介助または監視を要する	
		5	座ることは可能だが，ほぼ全介助	
		0	全介助または不可能	
3	整容	5	自立（洗面，整髪，歯磨き，ひげ剃り）	0
		0	部分介助または不可能	
			※女性の場合は，化粧なども含む	
4	トイレ動作	10	自立（衣服の操作，後始末を含む。ポータブル便器などを使用している場合は，その洗浄も含む）	0
		5	部分介助。体を支える，衣服，後始末に介助を要する	
		0	全介助または不可能	
			※手すりの使用などもトイレ動作に含む	
5	入浴	5	自立	0
		0	部分介助または不可能	
			※浴槽内への出入りも入浴の動作に含むが，シャワー浴などもあり得る	
6	歩行	15	45m以上の歩行。補装具（車いす，歩行器は除く）の使用の有無は問わない	0
		10	45m以上の介助歩行。歩行器の使用を含む	
		5	歩行不能の場合，車いすにて45m以上の操作可能	
		0	上記以外	
			※義足，装具，杖，松葉杖，歩行器（車輪なし）などの使用は可	
7	階段昇降	10	自立。手すりなどの使用の有無は問わない	0
		5	介助または監視を要する	
		0	不能	
			※手すりや杖などの使用は可	
8	着替え	10	自立。靴，ファスナー，装具の着脱を含む	0
		5	部分介助，標準的な時間内，半分以上は自分で行える	
		0	上記以外	
9	排便コントロール	10	失禁なし。浣腸，坐薬の取り扱いも可能	0
		5	時に失禁あり。浣腸，坐薬の取り扱いに介助を要する者も含む	
		0	上記以外	
10	排尿コントロール	10	失禁なし。収尿器の取り扱いも可能	0
		5	時に失禁あり。収尿器の取り扱いに介助を要する者も含む	
		0	上記以外	

合計得点
0／100

通所介護 機能訓練評価シート 3カ月後

評価者	○○	(訪問)評価日	○年10月30日(○)

氏名	Cさん	性別	男	障害高齢者自立度	C1	要介護度	4
生年月日	○年○月○日	年齢	80	認知症高齢者自立度	Ⅲb		

関節可動域		肩:年齢相応・**制限あり**( ) 肘:年齢相応・**制限あり**(曲がったままで伸びない。) 手:年齢相応・**制限あり**(握り込んでいる。) 股:年齢相応・**制限あり**(30〜40度程度しか開かない。) 膝:年齢相応・**制限あり**(曲がったままで伸びない。) 足:年齢相応・**制限あり**(尖足傾向。)
痛みや痺れ等		痛み:**あり**・なし(移乗時や全身の関節を動かす時にあり。) 痺れ:あり・**なし**( )
筋力	上肢	腕を曲げる:十分に曲げられる・何とか曲げられる・**曲げられない**( ) 腕を伸ばす:十分に伸ばせる・何とか伸ばせる・**伸ばせない**( )
	下肢	足を後ろに引く:十分に引ける・何とか引ける・**引けない**( ) 足を伸ばす:十分に伸ばせる・何とか伸ばせる・**伸ばせない**( )
	体幹	へそのぞき:十分にのぞける・何とかのぞける・**のぞけない**( ) 背を伸ばす:十分に伸ばせる・何とか伸ばせる・**伸ばせない**( )
家庭でのADL	起き上がり	できる・介助でできる・**できない**( )
	座位保持	できる・介助でできる・**できない**( )
	歩行	できる・介助でできる・**できない**( )
	車いす駆動	できる・介助でできる・**できない**( )
	食事	できる・介助でできる・**できない**( )
	衣服・整容	できる・介助でできる・**できない**( )
	入浴	できる・介助でできる・**できない**( )
	排泄	できる・介助でできる・**できない**(ベッド上でおむつ交換をする。)
	会話	できる・**介助でできる**・できない(「痛い」「うー」程度の発語あり。)
家庭でのIADL	買い物	できる・介助でできる・**できない**(家族が行っている。)
	調理	できる・介助でできる・**できない**(家族が行っている。)
	掃除・洗濯	できる・介助でできる・**できない**(家族が行っている。)
認知機能	見当識	日時:分かる・時々分かる・**分からない**( ) 場所や人:分かる・時々分かる・**分からない**( )
	記銘・記憶	短期:覚えている・不確か・**忘れることが多い**( ) 長期:覚えている・不確か・**忘れることが多い**( )
	判断能力	簡単な内容:できる・意見を求める・**できない**( ) 複雑な内容:できる・意見を求める・**できない**( )
	BPSD(幻覚・妄想・易怒・意欲低下等)	昼夜逆転傾向。 以前はおむつの中に手を突っ込むことがあった。
麻痺回復(右)	肩や腕	かなり動かせる・半分程度・わずかに動かせる・**回復が困難**
	手指	かなり動かせる・半分程度・わずかに動かせる・**回復が困難**
	下肢	かなり動かせる・半分程度・わずかに動かせる・**回復が困難**
興味・関心・生きがい・役割		歌謡曲を聞くのは好きではないか。
生活スタイル・活動量・交流		デイサービスでは人との交流はない。
訓練効果,実施方法に関する評価 実施日:○.10.30		機能訓練指導員:四肢の関節拘縮を改善したい。寝返りの訓練もしたい。 看護職員:臀部やかかとの褥瘡は改善されつつある。 介護職員:移乗時やおむつ交換時の痛みに注意する。 生活相談員:家でのおむつ交換の仕方を教えてほしいと希望あり。

> 身体が変化した様子を細かく記載する。

通所介護計画書　3カ月後

作成日	○年10月30日	前回作成日	○年8月1日	計画作成者	○○				
ふりがな 氏名	Cさん	性別	生年月日	年齢	要介護度	管理者	看護	介護	機能訓練	相談員
		男	○年○月○日	80	4	○○	○○	○○	○○	○○

【通所介護利用までの経緯（活動歴・病歴）】 病院退院後は家族で介護を行っていたが，夜間にベッド上で動き，家族は見守ることが多くなった。介護負担を減らす目的で，デイサービスとショートステイの利用を始めた。	【本人の希望】 背中や股関節が痛い。	【障害自立度】 C1
	【家族の希望】 褥瘡がひどくならないようにしてほしい。 関節が硬くならないようにしてほしい。	【認知症自立度】 Ⅲb
【健康状態（病名，合併症（心疾患，呼吸器疾患等），服薬状況等）】 くも膜下出血（○年） 高血圧症（○年） 降圧剤などを1日3回服用する。	【ケアの上での医学的リスク（血圧，転倒，嚥下障害等）・留意事項】 血圧が180mmHg以上であれば入浴を中止する。 とろみ剤を使用し，誤嚥に注意する。	
【自宅での活動・参加の状況（役割など）】 自宅では寝たきり状態で，何もしていない。		

利用目標

長期目標	設定日　○年10月 達成予定日　○年4月	機能訓練で，右方向への寝返りができるようになる。	目標達成度 達成・一部・未達
短期目標	設定日　○年10月 達成予定日　○年1月	股関節が動かしやすくなり，褥瘡が改善される。	目標達成度 達成・一部・未達

サービス提供内容

目的とケアの提供方針・内容	評価		効果，満足度等
	実施	達成	
①関節を柔らかくするために，股関節や膝関節を中心に関節を動かす。 11月1日～1月31日	実施	達成	
	一部	一部	
	未実施	未達	
②褥瘡を改善するために，入浴時には皮膚状態を観察し，褥瘡の処置をする。 11月1日～1月31日	実施	達成	
	一部	一部	
	未実施	未達	
③ 　月　日～　月　日	実施	達成	
	一部	一部	
	未実施	未達	
④ 　月　日～　月　日	実施	達成	
	一部	一部	
	未実施	未達	
⑤ 　月　日～　月　日	実施	達成	
	一部	一部	
	未実施	未達	

迎え（ 有 ・ 無 ）

プログラム（1日の流れ）

予定時間	サービス内容
9：00	バイタルチェック
10：00	入浴介助
11：00	横になる
12：00	食事
13：30	関節可動域訓練など
14：00	レクリエーション
15：00	おやつ
16：00	横になる
16：30	終わりの会

送り（ 有 ・ 無 ）

【特記事項】 関節を動かす際や移乗の際は，痛みに配慮する。	【実施後の変化（総括）】　再評価日：　年　月　日

上記計画の内容について説明を受けました。
　　　　　　　　　　　　　　　　　○年　11月　1日
ご本人氏名：○○○○
ご家族氏名：○○○○

上記計画書に基づきサービスの説明を行い
内容に同意頂きましたので，ご報告申し上げます。
　　　　　　　　　　　　　　　　　○年　11月　1日
　　　　　　○○　介護支援専門員様／事業所様

通所介護○○○　　〒000-0000　住所：○○県○○市○○00-00　　管理者：○○
　　　　　　　　　Tel. 000-000-0000／Fax. 000-000-0000　　説明者：○○

通所介護個別機能訓練計画書 3カ月後

作成日	○年10月30日	前回作成日	○年8月1日	計画作成者	○○				
ふりがな 氏名	Cさん	性別 男	生年月日 ○年○月○日	年齢 80	要介護度 4	管理者 ○○	看護 ○○	介護 ○○	機能訓練 ○○
								相談員 ○○	

【本人の希望】 背中や股関節が痛い。	【家族の希望】 褥瘡がひどくならないようにしてほしい。 関節が硬くならないようにしてほしい。	【障害自立度】 C1
		【認知症自立度】 Ⅲb
【病名，合併症（心疾患，呼吸器疾患等）】 くも膜下出血（○年） 高血圧症（○年）	【生活課題】 関節拘縮があり，衣服やおむつ交換時には痛みが強い。 家族による移乗は困難なため，ほぼ寝たきりである。	【在宅環境（生活課題に関連する在宅環境課題）】 電動ベッドやリクライニング車いすを使用しているが，家族は腰痛があるため移乗が困難。
【運動時のリスク（血圧，不整脈，呼吸等）】 血圧は140／80mmHg程度で落ち着いている。		

個別機能訓練加算Ⅰ

長期目標：○年4月	右方向への寝返りができる。			目標達成度 達成・一部・未達	
短期目標：○年1月	股関節が動かしやすくなる。			目標達成度 達成・一部・未達	
プログラム内容（何を目的に〈～のために〉～する）	留意点	頻度	時間	主な実施者	
①関節を柔らかくするために，四肢関節可動域訓練10回程度	ゆっくりと伸ばす。	週3回	13：30～13：40	山田	
②寝返りができるために，右方向への寝返り訓練		週3回	13：40～13：50	山田	
③					
			プログラム立案者：山田		

個別機能訓練加算Ⅱ

長期目標：年 月				目標達成度 達成・一部・未達
短期目標：年 月				目標達成度 達成・一部・未達
プログラム内容（何を目的に〈～のために〉～する）	留意点	頻度	時間	主な実施者
①				
②				
③				
④				
			プログラム立案者：	

【特記事項】	【プログラム実施後の変化（総括）】 再評価日： 年 月 日

上記計画の内容について説明を受けました。 　　　　　　　　　　　　　　○年　11月　1日 ご本人氏名：○○○○ ご家族氏名：○○○○	上記計画書に基づきサービスの説明を行い内容に同意頂きましたので，ご報告申し上げます。 　　　　　　　　　　　　　　○年　11月　1日 ○○　介護支援専門員様／事業所様

通所介護○○　　〒000-0000　住所：○○県○○市○○○○-00　　管理者：○○
　　　　　　　　Tel. 000-000-0000　／　Fax. 000-000-0000　　説明者：○○

4

デイサービス機能訓練指導員の実務Q&A

> **注意**
> デイサービス機能訓練指導員が感じる疑問点と回答をまとめたものです。管轄自治体によって指導内容が異なる場合がありますので，判断に迷う時は管轄自治体へ確認した上で，対応方法を決定しましょう。

Q1 機能訓練を実施する際に必要とされる道具を教えてください。

A 少なくとも次に挙げるものはそろえておきましょう。

- 集団体操または筋肉トレーニング用の棒
- タオル
- ゴムチューブ
- 巻き付け型の重り（0.25kg，0.5kg，1.0kg，1.5kg，2.0kg，2.5kg，3.0kg）
- 握力計
- ストップウォッチ
- ボール（いろいろな大きさがあるとよい）
- ゲーム・パズル類

金銭的に許されるのであれば，次のようなものがあるとよいでしょう。

- 平行棒
- 筋トレマシーン各種
- 物理療法器具（例：ホットパック，超短波治療器，空圧マッサージ器，足浴器など）

Q2 機能訓練の実施時間はどれくらいが適当ですか。

A 機能訓練に関する目標とプログラムの内容によって，10～30分程度の幅があります。

　実施する内容だけで時間を決めるのではなく，利用者の体力や集中できる時間なども考慮して決めましょう。一般的には，15～20分程度で実施している事業所が多いようです。

Q3 筋力強化訓練の実施回数はどのように決めるのでしょうか。

A 基本的には，デイサービスを利用する日に毎回訓練を実施します。

　ただし，毎回実施することが体力的にしんどい場合は，休むことも必要です。週1回の筋力訓練だけでは効果は少ないでしょうが，デイサービスを利用しない日に自主訓練をすることで効果は出ると思います。また，支給限度基準額の関係でデイサービスの利用回数を減らさないといけない場合などには，個別機能訓練加算を算定しないことが考えられます。その場合は，デイサービスを利用しても，機能訓練を実施しないこともあるでしょう。

Q4 重りの重さはどのように決定するのでしょうか。

A 重さは,利用者の性別,年齢,既往歴・現病歴,体格,体調などを考慮して決めるものであり,一定の法則はありません。

　まずは,手首であれば0.25kg,足首であれば0.5kgの重りを巻き付け,手または足を上げてもらいます。楽に上げられるようなら,0.5kg,0.75kgと重くしていきます。「上げることはできるが,少し重い」と感じる程度の重さで訓練を始めましょう。最初は,3回または5回上げて一休みし,さらに3回または5回上げます。これに慣れたら,10回上げて一休みし,また10回上げます。このようにして,楽に20回上げられるようになったら,重りを1段階重くします。利用者の主観によって決める方法ですが,利用者としても安心できる方法だと思います。

Q5 関節の痛みがある場合,どこまで動かしてよいのでしょうか。

A 動かしてもよい範囲は,痛みの原因によって違いますので,それに応じた対応をしましょう。

　関節の構造物に問題がある一般的な痛みの場合は,痛みが出始めるところまでしか動かさないとするのが基本です。腱が縮み,その腱を伸ばしていく際の痛みは,腱を触りながら腱に伸びる余力のないところまで伸ばしましょう。

Q6 腱はどこまで伸ばしてよいのでしょうか。

A 皆さんは左右開脚をすると内股の腱が張って痛みが生じませんか。その痛みが出てきたら,腱を痛める危険信号です。

　通常は,痛みが出てきたところまでしか伸ばさないとする方が危険を回避できます。リハビリテーションの専門職は,それ以上に腱を伸ばす技術を持っていますのでそれ以上伸ばすこともありますが,無理はしない方がよいでしょう。

Q7 口腔機能体操はどの程度行うとよいのでしょうか。

A 口腔機能体操は,食事の前に集団で行います。

　良い姿勢で肩から首,腕全体を上下・前後などに動かす,口を横に広げる,口を開閉する,頬を膨らませたりすぼめたりする,舌を前後・左右に動かす,深呼吸をする,息をゆっくりと長く吐き出す,空咳をする,唾液腺を刺激するなどの項目を15分程度で行うとよいでしょう。

Q8 集団体操をアレンジする方法を教えてください。

A 例えば、次のような方法があります。
①歌謡曲や唱歌などに合わせて、ゆっくりと体を動かす
②棒やタオルを使って体を動かす
③ボールやポールなどを利用して体を動かす
④地域独自の体操を取り入れる　など

　始まりの挨拶、体操の見本、終わりの挨拶などの役割を利用者にも担っていただき、協力してもらいながら行うとよいでしょう。

Q9 マッサージは訓練と考えてもよいのでしょうか。

A マッサージは利用者に好評なことが多いですが、それだけで機能訓練とは言い難いと思います。

　マッサージに加えて、利用者自身が手足を動かして（自動運動）こそ機能訓練と言えるのではないでしょうか。しっかりと説明しながら行いましょう。

Q10 やる気のない利用者にはどのように対応すればよいのでしょうか。

A 利用者にやる気が見られない原因として、次のことが考えられます。
①家族が機能訓練を依頼しているが、利用者本人は望んでおらず、ケアマネジャーと一緒にケアプランを作成する際に十分に説明されていない。
②機能訓練を実施することには同意しているものの、しんどい訓練はしたくないと思っている。

　①の場合は、ケアマネジャーに再度ケアプランに関する説明をしてもらい、同意を得ましょう。②の場合は、利用者と一緒に機能訓練の目的と負荷の度合いを説明した上で、利用者・家族、事業所の生活相談員、ケアマネジャーと共に話し合いましょう。

Q11 指示が伝わりにくい認知症の方にはどのようにかかわればよいのでしょうか。

A 認知症の方には、落ち着いて物事を判断できる場所で、その方の理解力や生活史を踏まえた言葉かけをしないと、理解してもらえません。

　一般的に、「指示」をする時は、相手の気持ちに関係なく言葉を投げかけがちです。しかし、デイサービスにおいて「指示」を伝わりやすくするには、相手が指示者をどのように理解し、どのような感情の世界にいるのかを理解した上で、相手にとって通じやすい言葉やジェスチャーなどを用いて伝えていくことが大切です。利用者が指示に従うのは当然であるという考えは捨てましょう。

Q12 個別機能訓練計画書の同意はいつまでにもらえばよいのでしょうか。

A 基本的には，ケアプランが確定した後，利用開始までに同意を得ます。

　ケアマネジャーが個別機能訓練の内容を盛り込んだケアプランを説明し，同意を得，ケアプランを確定させます。その後，デイサービス事業所は，利用開始日までに利用者宅を訪問し，個別機能訓練の内容を提案・説明をして同意を得ます。事前に同意を得られない場合は，初回利用の朝，迎えに行った時に同意を得ましょう。次に新しい個別機能訓練計画書を作成した際も，訓練開始前に計画書の内容を説明して，同意を得るべきでしょう。同意を得ないまま，個別機能訓練を実施して加算を算定すると問題になる可能性が高いです。

Q13 個別機能訓練加算（Ⅰ）と（Ⅱ）を算定する場合，個別機能訓練実施記録はどのように書けばよいのですか。

A 個別機能訓練加算（Ⅰ）と（Ⅱ）について，それぞれの担当者が記載することが必要です。

　実施時間，訓練内容，担当者は必ず記載してください。訓練時の様子も記載しておくと，利用者の変化が分かりやすくなります。記録用紙の様式には以下のように自由に記載するものもありますが，チェック方式の様式もあります。必要事項（実施時間，訓練内容，担当者）がちゃんと記載されていれば，どのような様式でも構いません。

■記録用紙の例

日	時間	訓練内容等	担当者
4/1	9：30〜9：44	（Ⅰ）両股関節〜膝関節の自動可動域訓練5分間 両下肢ゴムチューブでの筋力強化訓練5分間 立ち上がり訓練5回はスムーズにできた。	山田
	15：00〜15：20	（Ⅱ）トイレでズボンの上げ下げ訓練3回 上着の入れ直し訓練3回	藤田
4/5	9：15〜9：29	（Ⅰ）両股関節〜膝関節の自動可動域訓練5分間 両下肢ゴムチューブでの筋力強化訓練5分間 立ち上がり訓練5回	山田
	15：00〜15：20	（Ⅱ）トイレでズボンの上げ下げ訓練3回 バランスが崩れそうになる。 上着の入れ直し訓練3回 指先に力が入りにくく，時間がかかった。	藤田

Q14 看護職員と機能訓練指導員の業務の分担はどうすればよいでしょうか。

A 看護職員として届け出ていれば看護業務を行うのが基本ですが，次のような場合が考えられます。

①看護職員（看護師，准看護師）以外に常勤専従の機能訓練指導員がいて個別機能訓練加算（Ⅰ）を算定する場合

看護職員が看護業務を行い，機能訓練指導員が機能訓練業務を担います。看護職員が複数人いて，1人の看護職員が機能訓練指導員の届け出をされている場合は，その看護職員は看護業務を行いません。バイタルサインのチェックや集団体操の実施，休憩時の過ごし方の確認などはお互いに協力して行います。

②看護職員（看護師，准看護師）以外に常勤専従の機能訓練指導員がいて個別機能訓練加算（Ⅱ）を算定する場合

看護職員が看護業務を行い，機能訓練指導員が機能訓練業務を担います。バイタルサインのチェック，休憩時の過ごし方の確認などはお互いに協力して行いますが，機能訓練業務は，機能訓練指導員だけが行います。集団体操は誰が行っても構いませんが，体操は個別機能訓練加算（Ⅱ）の内容ではありません。

③看護職員（看護師，准看護師）が機能訓練指導員を兼務していて個別機能訓練加算（Ⅱ）を算定する場合

看護業務をしている時間帯と機能訓練業務をしている時間帯を，管轄する自治体に届け出る必要があります。その時間帯どおりに，機能訓練指導員が直接利用者にかかわり，衣服着脱などの訓練を反復的に行います。

Q15 機能訓練指導員が休んだ場合，個別機能訓練加算は算定できませんか。

A 個別機能訓練加算（Ⅰ）は，機能訓練指導員が常勤専従であることが要件となっています。

ですから，機能訓練指導員が休むと，加算算定できないと解釈している自治体がほとんどです。個別機能訓練加算（Ⅱ）は，要件が専従だけですから，機能訓練指導員が短時間勤務の場合や午後から休みという場合などにおいても，事業所にいる時間帯においては算定可能です。ただし，管轄する自治体に届け出ている内容によっては算定困難な場合もあるかもしれません。例えば，看護職員として4時間配置を届け出ていた場合，午前中に4時間看護業務を行い，午後に休みをとったのであれば算定できません。届け出状況に応じて判断してください。

おわりに

　2015年度の介護報酬改定では，利用者宅を訪問し，興味・関心チェックシートと居宅訪問チェックシートを用いて生活機能を把握し，心身機能の向上訓練に加えて，生活機能の維持・向上や社会的（家庭内）役割，生きがい的活動を行うことが求められました。また，中重度者や認知症者を積極的に受け入れて長時間のサービスを提供し，在宅生活を支えることが期待されました。しかし，生活機能の向上を目指して個別機能訓練加算（Ⅱ）のサービスを利用しても，利用者の日常生活上の行動変化は進んでいないように感じられます。予防給付の利用者（要支援者）の中には，地域支援事業の対象に移行した人もいますが，サービス内容が変わっていない市町村が多いのが現状のように感じます。

　2018年度の介護報酬改定は，デイサービスに対して心身機能および生活機能の維持または改善を求める加算が追加されました。これからは，利用者自らの努力や家族の協力，機能訓練サービスや福祉用具などを利用して機能を維持させなければ，収益が下がってしまうことが予想されます。今までどおりの介助を中心としたサービスを継続し，6カ月後のBarthel Indexの評価でほとんどの利用者に変化が見られず，ごく一部の利用者は評価が下がったために加算要件を満たさなかったと嘆いていても仕方ありません。つまり，ADL・IADLの能力を維持・改善するための機能訓練サービスを提供できるように，事業所自体が変わる機会を得たと考えてみてはどうでしょうか。

　事業所が変わるには，事業所全体の雰囲気を変えなければいけません。靴箱に靴を出し入れする，衣服をかける，バッグから連絡ノートを出す，お茶をついで飲む，着替える，体や髪を洗う，ドライヤーで髪を乾かす，櫛で髪をとく，化粧水を塗る，ひげをそる，トイレでズボンをしっかりと上げる，漢字ドリルやパズルなどを所定の場所に取りに行く，テーブルを拭く，お膳を運ぶ，箸をそろえる，食器を持ち替える，新聞や雑誌を取りに行く，レクリエーションの道具を取りに行く，帰りの準備をするなど，さまざまな機会において利用者自身が行うことを演出する必要があります。職員はそのための声かけや楽しい会話，利用者が行いたくなるような配慮を駆使しなければなりません。また，利用者や家族に対して十分な説明も必要です。

　今後も事業所がデイサービスを続けていくには，心身機能や生活機能を向上させる取り組みに積極的であることが大切です。もし貴事業所の機能訓練に関する改革がまだ始まっていないのならば，すぐに改革を始めてください。次回の介護報酬改定までには，個別機能訓練加算（Ⅰ）（Ⅱ）を両方とも算定し，利用者の自立度を高められる環境を整えましょう。

藤田健次

著者略歴

藤田健次（ふじた・けんじ）

株式会社アクティブサポート代表取締役
心身機能訓練・レクリエーション研究所 所長
作業療法士／主任介護支援専門員

肢体不自由児施設・病院・訪問看護ステーションなどで作業療法士業務を経験，介護保険制度施行後は居宅介護支援事業所の介護支援専門員業務や特別養護老人ホームの機能訓練指導員業務と施設全体の業務管理を行う。サービス付高齢者向け住宅の施設長業務を経験後，2014年4月に株式会社アクティブサポートを起業，介護支援専門員業務以外に特別養護老人ホーム・デイサービスの機能訓練指導員や障がい者施設等における機能訓練およびレクリエーションの指導にも当たっている。著書『施設機能訓練指導員の実践的教科書』『事例増強版デイサービス機能訓練指導員の実践的教科書』（いずれも日総研出版）

デイサービス機能訓練指導員の実践的教科書

2011年12月30日 発行	第1版第1刷	2018年12月20日 発行　第4版第1刷
2012年11月2日 発行	第2版第1刷	
2016年1月17日 発行	第3版第1刷	
2017年7月12日 発行	第2刷	

著者：藤田健次（ふじたけんじ）©

企　画：日総研グループ
代　表：岸田良平
発行所：日総研出版

本部　〒451-0051 名古屋市西区則武新町3-7-15（日総研ビル）
☎(052)569-5628　FAX(052)561-1218

日総研お客様センター　名古屋市中村区則武本通1-38
日総研グループ縁ビル　〒453-0017
電話 0120-057671　FAX 0120-052690

[札　幌]☎(011)272-1821　[仙　台]☎(022)261-7660　[東　京]☎(03)5281-3721
[名古屋]☎(052)569-5628　[大　阪]☎(06)6262-3215　[広　島]☎(082)227-5668
[福　岡]☎(092)414-9311　[編　集]☎(052)569-5665　[商品センター]☎(052)443-7368

・乱丁・落丁はお取り替えいたします。本書の無断複写複製（コピー）やデータベース化は著作権・出版権の侵害となります。
・この本に関するご意見は，ホームページまたはEメールでお寄せください。E-mail cs@nissoken.com
・この本に関する訂正等はホームページをご覧ください。www.nissoken.com/sgh

VFがない施設でも、
頸部聴診法・臨床所見・
食事場面の観察で評価ができる！

30年の臨床経験から得た工夫例！
想定外に対応する際の指針に！

大宿 茂
兵庫県立淡路医療センター
言語神経心理室 言語聴覚士

主な内容
・嚥下・誤嚥のメカニズムと嚥下器官の働き
・頸部聴診法
・摂食嚥下障害のフィジカルアセスメント
・嚥下病態別アプローチ法
・姿勢と喉頭挙上障害 ほか

最新刊
B5判 180頁 2色刷
＋DVD（約60分）
定価 4,700円＋税
（商品番号 601878）

知識が無ければ
観察はできない、
観察ができなければ
適切なケアはできない

観察＋評価＋スプーン操作を知り食事にまつわる悩み事を解決！

佐藤良枝
認知症疾患医療センター曽我病院
作業療法士＆バリデーションワーカー

主な内容
・食事介助の基礎知識
・食事介助における工夫
　スプーンの持ち方と食具の工夫 ほか
・事例で学ぶ食事介助の工夫
　正しいポジショニングで
　BPSDを改善 ほか

B5判 2色刷 80頁
定価 1,945円＋税
（商品番号 601824）

【営業】【ベッドコントロール】
【現場との連携】
【リスク管理】【新規開拓】

現場で培った「稼働率を上げる」実務を公開！

口村 淳 博士（社会福祉学）
社会福祉法人恩賜財団済生会
特別養護老人ホーム淡海荘 介護課長
社会福祉士／介護支援専門員／介護福祉士

主な内容
・「利益を生み出す」ための相談員の心構え
・「利益を生み出す」相談員の稼働率対策〈段取り編〉
・「利益を生み出す」相談員の稼働率対策〈実践編〉
・稼働率対策としてのリスクマネジメント

B5判 2色刷 128頁
定価 2,223円＋税
（商品番号 601857）

成功事例・失敗事例から学ぶ
勝ち残り方

現場の問題とその改善方法

福岡 浩
有限会社 業務改善創研 代表取締役
http://www.kaigo-consulting.net/
介護事業運営コンサルティング・
業務改善コンサルティング

主な内容
・介護事業所のサービスの質が
　向上しない原因
・介護事業所運営の
　最低限のルールである
　運営基準を深く理解する
・実地指導と監査の違いも
　知らないから怖くて不安
・『介護サービス情報の公表』制度の
　運営情報項目の重要性 ほか

B5判 2色刷 152頁
定価 2,315円＋税
（商品番号 601838）

営業が苦手、できればやりたく
ないと思っている人に！

ケアマネがどんどん紹介してくれるマーケティングの仕組みづくり

村上和之
有限会社 HMM-JAPAN 代表取締役
つどい場「さくらんぼ」代表

主な内容
・稼働率アップに
　ケアマネ営業はいらない
・ポジショニング（USP、強み）が
　稼働率を決める！
・3カ月で稼働率90パーセント
　以上を実現する方法
・稼働率90パーセント以上を
　維持するためには、
　スタッフの成長が不可欠 ほか

A5判 2色刷 448頁
定価 3,519円＋税
（商品番号 601822）

基本チェックリスト＋
興味関心シートを使いこなして
本人も納得の
自立支援型予防プランが完成！

本人の「やってみたい！」を支援する

高室成幸
ケアタウン総合研究所 代表

奥田亜由子
ふくしの人づくり研究所 所長

主な内容
・自立（自律）支援のケアマネジメント
・トータルアプローチ
・基本チェックリスト活用法
・興味関心シート活用法
・プランニング ・サービス担当者会議
・モニタリング ほか

2月刊行予定
B5判 200頁予定
予価 2,593円＋税
（商品番号 601872）

日総研　詳細・お申し込みは　商品番号　日総研 601872　検索

電話 0120-054977
FAX 0120-052690（無料）

個別機能訓練加算＋
生活機能向上連携加算
ADL維持等加算で
自立支援介護を目指す！

機能訓練指導員の役割と実務が明確に！

張本浩平　株式会社gene 代表／理学療法士

梅田典宏　株式会社ジェネラス 理学療法士

大山敦史　MOTETTO 鶴舞クリニック 作業療法士

改訂出来
B5判 320頁
+DVD（82分）
定価 4,500円+税
（商品番号601871）

主な内容
・リハビリテーションの観点から個別機能訓練を再考する
・通所介護での機能訓練における問題点　ほか

手順がわかり、
すぐに仕事ができるように！
報酬改定対応改訂版

生活相談員のすべての業務を明確化！

大田区通所介護事業者連絡会 編

改訂出来
B5判 2色刷 272頁
＋Webダウンロード
書式30点
定価 3,800円+税
（商品番号601870）

主な内容
・平成30年度介護報酬改定
・地域包括ケアシステム時代のデイサービスのあり方
・デイサービスの生活相談員とは
・経営的側面での役割
・生活相談員に求められる役割
・生活相談員の業務手順
・デイサービスの機能訓練　ほか

利用者の自立支援につながる
64種類のプログラム！

脱"レクのマンネリ化"！お金をかけずに簡単に！

[著者]尾渡順子
医療法人中村会
介護老人保健施設あさひな
認知症介護レクリエーション
実践研究会

[監修]山口健一

新刊
A5判 2色刷 184頁
定価 2,200円+税
（商品番号601868）

主な内容
・認知症予防に効果的なレクリエーション
・障がいのある人や寝たきりの人へのレクリエーション　ほか

仲間同士の見守りと声かけで
"家族のような介護"を
重荷を感じずに実践！

自分はいつか虐待をしてしまうかも…

どこの施設にもいる
そんな職員への処方箋

髙口光子　介護アドバイザー
介護老人保健施設「星のしずく」
看介護部長／理学療法士
介護支援専門員／介護福祉士

増刷出来
A5判 160頁
定価 2,300円+税
（商品番号601867）

主な内容
・認知症ケアを紐解くことで介護の意味を考える
・職員が育つ組織の作り方と育て方の実際　ほか

抄読会・勉強会で
この本を読めば、
明日からはもっと、もっと
誇りを持てる。志気が上がる。

閉塞感を打破・未来に繋がる介護を創る珠玉のエッセイ

菊地雅洋
北海道介護福祉道場 あかい花 代表

A5判 192頁
定価 1,800円+税
（商品番号601831）

主な内容
・介護の誇りを穢す闇
・介護のプロとして護るべきもの
・対人援助の専門職としての誇り
・認知症の人々の心に寄り添う
・命に寄り添う使命
・誇り高き介護を創るために

脳の機能と症状が結びつき、
適切なケアとその根拠が分かる！

症状の改善・緩和につながる！ありがちな事例で心が通い合う対応法を学ぶ！

市村幸美
認知症専門ナースケアマネ

A5判 176頁
定価 1,852円+税
（商品番号601854）

主な内容
・認知症を理解するためのファーストステップ
・脳の働き・メカニズムを知ると認知症の症状が分かる
・信頼関係の構築につながるコミュニケーション　ほか

 日総研　詳細・お申し込みは　商品番号 [日総研 601854] 検索

電話 0120-054977
FAX 0120-052690（無料）